I0369614

HOLY QURAN VOCABULARY AND VERSE

مفردات و آيات القرآن الكريم

WITH ENGLISH TRANSLATION BOOK 1/2

Hamza Muhammad Dakka

Copyright © *Hamza Muhammad Dakka*, 2023

All Rights Reserved

This book is subject to the condition that no part of this book is to be reproduced, transmitted in any form or means; electronic or mechanical, stored in a retrieval system, photocopied, recorded, scanned, or otherwise. Any of these actions require the proper written permission of the author.

	Holy Quran Vocabulary and Verse **مفردات و آيات القرآن الكريم**
	الاحرف أَ-خ **حرف أَ**
	أَ ب ت ث ج ح خ
	الْأَبْرَارِ **the righteous**
3 آل عمران 193	رَّبَّنَا إِنَّنَا سَمِعْنَا مُنَادِيًا يُنَادِي لِلْإِيمَانِ أَنْ آمِنُوا بِرَبِّكُمْ فَآمَنَّا ۚ رَبَّنَا فَاغْفِرْ لَنَا ذُنُوبَنَا وَكَفِّرْ عَنَّا سَيِّئَاتِنَا وَتَوَفَّنَا مَعَ **الْأَبْرَارِ**
76 الانسان 5	إِنَّ **الْأَبْرَارَ** يَشْرَبُونَ مِن كَأْسٍ كَانَ مِزَاجُهَا كَافُورًا
82 الإنفطار 13	إِنَّ **الْأَبْرَارَ** لَفِي نَعِيمٍ
83 المطففين 18	كَلَّا إِنَّ كِتَابَ **الْأَبْرَارِ** لَفِي عِلِّيِّينَ
22	إِنَّ **الْأَبْرَارَ** لَفِي نَعِيمٍ
	أَبْصَارُ **the eyes**

خَتَمَ اللَّهُ عَلَىٰ قُلُوبِهِمْ وَعَلَىٰ سَمْعِهِمْ ۖ وَعَلَىٰ **أَبْصَارِهِمْ** غِشَاوَةٌ ۖ وَلَهُمْ عَذَابٌ عَظِيمٌ	2 البقرة 7
يَكَادُ الْبَرْقُ يَخْطَفُ **أَبْصَارَهُمْ** ۖ كُلَّمَا أَضَاءَ لَهُم مَّشَوْا فِيهِ وَإِذَا أَظْلَمَ عَلَيْهِمْ قَامُوا ۚ وَلَوْ شَاءَ اللَّهُ لَذَهَبَ بِسَمْعِهِمْ **وَأَبْصَارِهِمْ** ۚ إِنَّ اللَّهَ عَلَىٰ كُلِّ شَيْءٍ قَدِيرٌ	20
قَدْ كَانَ لَكُمْ آيَةٌ فِي فِئَتَيْنِ الْتَقَتَا ۖ فِئَةٌ تُقَاتِلُ فِي سَبِيلِ اللَّهِ وَأُخْرَىٰ كَافِرَةٌ يَرَوْنَهُم مِّثْلَيْهِمْ رَأْيَ الْعَيْنِ ۚ وَاللَّهُ يُؤَيِّدُ بِنَصْرِهِ مَن يَشَاءُ ۗ إِنَّ فِي ذَٰلِكَ لَعِبْرَةً لِّأُولِي **الْأَبْصَارِ**	3 آل عمران 13
قُلْ أَرَأَيْتُمْ إِنْ أَخَذَ اللَّهُ سَمْعَكُمْ **وَأَبْصَارَكُمْ** وَخَتَمَ عَلَىٰ قُلُوبِكُم مَّنْ إِلَٰهٌ غَيْرُ اللَّهِ يَأْتِيكُم بِهِ ۗ انظُرْ كَيْفَ نُصَرِّفُ الْآيَاتِ ثُمَّ هُمْ يَصْدِفُونَ	6 الأنعام 46
لَّا تُدْرِكُهُ **الْأَبْصَارُ** وَهُوَ يُدْرِكُ **الْأَبْصَارَ** ۖ وَهُوَ اللَّطِيفُ الْخَبِيرُ	103
وَنُقَلِّبُ أَفْئِدَتَهُمْ **وَأَبْصَارَهُمْ** كَمَا لَمْ يُؤْمِنُوا بِهِ أَوَّلَ مَرَّةٍ وَنَذَرُهُمْ فِي طُغْيَانِهِمْ يَعْمَهُونَ	110
۞ وَإِذَا صُرِفَتْ **أَبْصَارُهُمْ** تِلْقَاءَ أَصْحَابِ النَّارِ قَالُوا رَبَّنَا لَا تَجْعَلْنَا مَعَ الْقَوْمِ الظَّالِمِينَ	7 الأعراف 47
قُلْ مَن يَرْزُقُكُم مِّنَ السَّمَاءِ وَالْأَرْضِ أَمَّن يَمْلِكُ السَّمْعَ **وَالْأَبْصَارَ** وَمَن يُخْرِجُ الْحَيَّ مِنَ الْمَيِّتِ وَيُخْرِجُ الْمَيِّتَ مِنَ الْحَيِّ وَمَن يُدَبِّرُ الْأَمْرَ ۚ فَسَيَقُولُونَ اللَّهُ ۚ فَقُلْ أَفَلَا تَتَّقُونَ	10 يونس 31
وَلَا تَحْسَبَنَّ اللَّهَ غَافِلًا عَمَّا يَعْمَلُ الظَّالِمُونَ ۚ إِنَّمَا يُؤَخِّرُهُمْ لِيَوْمٍ تَشْخَصُ فِيهِ **الْأَبْصَارُ**	14 ابراهيم 42
لَقَالُوا إِنَّمَا سُكِّرَتْ **أَبْصَارُنَا** بَلْ نَحْنُ قَوْمٌ مَّسْحُورُونَ	15 الحجر 15
وَاللَّهُ أَخْرَجَكُم مِّن بُطُونِ أُمَّهَاتِكُمْ لَا تَعْلَمُونَ شَيْئًا وَجَعَلَ لَكُمُ السَّمْعَ **وَالْأَبْصَارَ** وَالْأَفْئِدَةَ ۙ لَعَلَّكُمْ تَشْكُرُونَ	16 النحل 78
أُولَٰئِكَ الَّذِينَ طَبَعَ اللَّهُ عَلَىٰ قُلُوبِهِمْ وَسَمْعِهِمْ **وَأَبْصَارِهِمْ** ۖ وَأُولَٰئِكَ هُمُ الْغَافِلُونَ	108

21 الأنبياء 97	وَاقْتَرَبَ الْوَعْدُ الْحَقُّ فَإِذَا هِيَ شَاخِصَةٌ **أَبْصَارُ** الَّذِينَ كَفَرُوا يَا وَيْلَنَا قَدْ كُنَّا فِي غَفْلَةٍ مِّنْ هَٰذَا بَلْ كُنَّا ظَالِمِينَ	
22 الحج 46	أَفَلَمْ يَسِيرُوا فِي الْأَرْضِ فَتَكُونَ لَهُمْ قُلُوبٌ يَعْقِلُونَ بِهَا أَوْ آذَانٌ يَسْمَعُونَ بِهَا ۖ فَإِنَّهَا لَا تَعْمَى **الْأَبْصَارُ** وَلَٰكِن تَعْمَى الْقُلُوبُ الَّتِي فِي الصُّدُورِ	
23 المؤمنون 78	وَهُوَ الَّذِي أَنشَأَ لَكُمُ السَّمْعَ **وَالْأَبْصَارَ** وَالْأَفْئِدَةَ ۚ قَلِيلًا مَّا تَشْكُرُونَ	
24 النور 30	قُل لِّلْمُؤْمِنِينَ يَغُضُّوا مِنْ **أَبْصَارِهِمْ** وَيَحْفَظُوا فُرُوجَهُمْ ۚ ذَٰلِكَ أَزْكَىٰ لَهُمْ ۗ إِنَّ اللَّهَ خَبِيرٌ بِمَا يَصْنَعُونَ	
31	وَقُل لِّلْمُؤْمِنَاتِ يَغْضُضْنَ مِنْ **أَبْصَارِهِنَّ** وَيَحْفَظْنَ فُرُوجَهُنَّ وَلَا يُبْدِينَ زِينَتَهُنَّ إِلَّا مَا ظَهَرَ مِنْهَا ۖ وَلْيَضْرِبْنَ بِخُمُرِهِنَّ عَلَىٰ جُيُوبِهِنَّ ۖ وَلَا يُبْدِينَ زِينَتَهُنَّ إِلَّا لِبُعُولَتِهِنَّ أَوْ آبَائِهِنَّ أَوْ آبَاءِ بُعُولَتِهِنَّ أَوْ أَبْنَائِهِنَّ أَوْ أَبْنَاءِ بُعُولَتِهِنَّ أَوْ إِخْوَانِهِنَّ أَوْ بَنِي إِخْوَانِهِنَّ أَوْ بَنِي أَخَوَاتِهِنَّ أَوْ نِسَائِهِنَّ أَوْ مَا مَلَكَتْ أَيْمَانُهُنَّ أَوِ التَّابِعِينَ غَيْرِ أُولِي الْإِرْبَةِ مِنَ الرِّجَالِ أَوِ الطِّفْلِ الَّذِينَ لَمْ يَظْهَرُوا عَلَىٰ عَوْرَاتِ النِّسَاءِ ۖ وَلَا يَضْرِبْنَ بِأَرْجُلِهِنَّ لِيُعْلَمَ مَا يُخْفِينَ مِن زِينَتِهِنَّ ۚ وَتُوبُوا إِلَى اللَّهِ جَمِيعًا أَيُّهَ الْمُؤْمِنُونَ لَعَلَّكُمْ تُفْلِحُونَ	
37	رِجَالٌ لَّا تُلْهِيهِمْ تِجَارَةٌ وَلَا بَيْعٌ عَن ذِكْرِ اللَّهِ وَإِقَامِ الصَّلَاةِ وَإِيتَاءِ الزَّكَاةِ ۙ يَخَافُونَ يَوْمًا تَتَقَلَّبُ فِيهِ الْقُلُوبُ **وَالْأَبْصَارُ**	
43	أَلَمْ تَرَ أَنَّ اللَّهَ يُزْجِي سَحَابًا ثُمَّ يُؤَلِّفُ بَيْنَهُ ثُمَّ يَجْعَلُهُ رُكَامًا فَتَرَى الْوَدْقَ يَخْرُجُ مِنْ خِلَالِهِ وَيُنَزِّلُ مِنَ السَّمَاءِ مِن جِبَالٍ فِيهَا مِن بَرَدٍ فَيُصِيبُ بِهِ مَن يَشَاءُ وَيَصْرِفُهُ عَن مَّن يَشَاءُ ۖ يَكَادُ سَنَا بَرْقِهِ يَذْهَبُ **بِالْأَبْصَارِ**	
44	يُقَلِّبُ اللَّهُ اللَّيْلَ وَالنَّهَارَ ۚ إِنَّ فِي ذَٰلِكَ لَعِبْرَةً لِّأُولِي **الْأَبْصَارِ**	
32 السجدة 9	ثُمَّ سَوَّاهُ وَنَفَخَ فِيهِ مِن رُّوحِهِ ۖ وَجَعَلَ لَكُمُ السَّمْعَ **وَالْأَبْصَارَ** وَالْأَفْئِدَةَ ۚ قَلِيلًا مَّا تَشْكُرُونَ	
33 الأحزاب 10	إِذْ جَاءُوكُم مِّن فَوْقِكُمْ وَمِنْ أَسْفَلَ مِنكُمْ وَإِذْ زَاغَتِ **الْأَبْصَارُ** وَبَلَغَتِ الْقُلُوبُ الْحَنَاجِرَ وَتَظُنُّونَ بِاللَّهِ الظُّنُونَا	
38 ص 45	وَاذْكُرْ عِبَادَنَا إِبْرَاهِيمَ وَإِسْحَاقَ وَيَعْقُوبَ أُولِي الْأَيْدِي **وَالْأَبْصَارِ**	

63	أَتَّخَذْنَاهُمْ سِخْرِيًّا أَمْ زَاغَتْ عَنْهُمُ **الْأَبْصَارُ**	
41 فصلت 20	حَتَّىٰ إِذَا مَا جَاءُوهَا شَهِدَ عَلَيْهِمْ سَمْعُهُمْ وَ**أَبْصَارُهُمْ** وَجُلُودُهُم بِمَا كَانُوا يَعْمَلُونَ	
22	وَمَا كُنتُمْ تَسْتَتِرُونَ أَن يَشْهَدَ عَلَيْكُمْ سَمْعُكُمْ وَلَا **أَبْصَارُكُمْ** وَلَا جُلُودُكُمْ وَلَٰكِن ظَنَنتُمْ أَنَّ اللَّهَ لَا يَعْلَمُ كَثِيرًا مِّمَّا تَعْمَلُونَ	
46 الأحقاف 26	وَلَقَدْ مَكَّنَّاهُمْ فِيمَا إِن مَّكَّنَّاكُمْ فِيهِ وَجَعَلْنَا لَهُمْ سَمْعًا وَ**أَبْصَارًا** وَأَفْئِدَةً فَمَا أَغْنَىٰ عَنْهُمْ سَمْعُهُمْ وَلَا **أَبْصَارُهُمْ** وَلَا أَفْئِدَتُهُم مِّن شَيْءٍ إِذْ كَانُوا يَجْحَدُونَ بِآيَاتِ اللَّهِ وَحَاقَ بِهِم مَّا كَانُوا بِهِ يَسْتَهْزِئُونَ	
47 محمد 23	أُولَٰئِكَ الَّذِينَ لَعَنَهُمُ اللَّهُ فَأَصَمَّهُمْ وَأَعْمَىٰ **أَبْصَارَهُمْ**	
54 القمر 7	خُشَّعًا **أَبْصَارُهُمْ** يَخْرُجُونَ مِنَ الْأَجْدَاثِ كَأَنَّهُمْ جَرَادٌ مُّنتَشِرٌ	
59 الحشر 2	هُوَ الَّذِي أَخْرَجَ الَّذِينَ كَفَرُوا مِنْ أَهْلِ الْكِتَابِ مِن دِيَارِهِمْ لِأَوَّلِ الْحَشْرِ ۚ مَا ظَنَنتُمْ أَن يَخْرُجُوا ۖ وَظَنُّوا أَنَّهُم مَّانِعَتُهُمْ حُصُونُهُم مِّنَ اللَّهِ فَأَتَاهُمُ اللَّهُ مِنْ حَيْثُ لَمْ يَحْتَسِبُوا ۖ وَقَذَفَ فِي قُلُوبِهِمُ الرُّعْبَ ۚ يُخْرِبُونَ بُيُوتَهُم بِأَيْدِيهِمْ وَأَيْدِي الْمُؤْمِنِينَ فَاعْتَبِرُوا يَا أُولِي **الْأَبْصَارِ**	
67 الملك 23	قُلْ هُوَ الَّذِي أَنشَأَكُمْ وَجَعَلَ لَكُمُ السَّمْعَ وَ**الْأَبْصَارَ** وَالْأَفْئِدَةَ ۖ قَلِيلًا مَّا تَشْكُرُونَ	
68 القلم 43	خَاشِعَةً **أَبْصَارُهُمْ** تَرْهَقُهُمْ ذِلَّةٌ ۖ وَقَدْ كَانُوا يُدْعَوْنَ إِلَى السُّجُودِ وَهُمْ سَالِمُونَ	
51	وَإِن يَكَادُ الَّذِينَ كَفَرُوا لَيُزْلِقُونَكَ بِ**أَبْصَارِهِمْ** لَمَّا سَمِعُوا الذِّكْرَ وَيَقُولُونَ إِنَّهُ لَمَجْنُونٌ	
70 المعارج 44	خَاشِعَةً **أَبْصَارُهُمْ** تَرْهَقُهُمْ ذِلَّةٌ ۚ ذَٰلِكَ الْيَوْمُ الَّذِي كَانُوا يُوعَدُونَ	
79 النازعات 9	**أَبْصَارُهَا** خَاشِعَةٌ	

	أَتْرَابٌ **equal age**
38 ص 52	۞ وَعِندَهُمْ قَاصِرَاتُ الطَّرْفِ **أَتْرَابٌ**
56 الواقعة 37	عُرُبًا **أَتْرَابًا**
78 النبإ 33	وَكَوَاعِبَ **أَتْرَابًا**
	أَتَمَّهَا **completed it**
12 يوسف 6	وَكَذَٰلِكَ يَجْتَبِيكَ رَبُّكَ وَيُعَلِّمُكَ مِن تَأْوِيلِ الْأَحَادِيثِ **وَيُتِمُّ** نِعْمَتَهُ عَلَيْكَ وَعَلَىٰ آلِ يَعْقُوبَ كَمَا **أَتَمَّهَا** عَلَىٰ أَبَوَيْكَ مِن قَبْلُ إِبْرَاهِيمَ وَإِسْحَاقَ ۚ إِنَّ رَبَّكَ عَلِيمٌ حَكِيمٌ
	أَثْقَالَهَا **its burdens**
99 الزلزلة 2	وَأَخْرَجَتِ الْأَرْضُ **أَثْقَالَهَا**
	أَجْنِحَةٍ **Wings**
35 فاطر 1	الْحَمْدُ لِلَّهِ فَاطِرِ السَّمَاوَاتِ وَالْأَرْضِ جَاعِلِ الْمَلَائِكَةِ رُسُلًا أُولِي **أَجْنِحَةٍ** مَّثْنَىٰ وَثُلَاثَ وَرُبَاعَ ۚ يَزِيدُ فِي الْخَلْقِ مَا يَشَاءُ ۚ إِنَّ اللَّهَ عَلَىٰ كُلِّ شَيْءٍ قَدِيرٌ
	أَحْقَابًا **ages** [unending]
78 النبإ 23	لَّابِثِينَ فِيهَا **أَحْقَابًا**
	أَحْلَامُهُم **their minds**

52 الطور 32	أَمْ تَأْمُرُهُمْ **أَحْلَامُهُم** بِهَٰذَا ۚ أَمْ هُمْ قَوْمٌ طَاغُونَ
	أَخْدَانٍ **[secret] lovers**
4 النساء 25	وَمَن لَّمْ يَسْتَطِعْ مِنكُمْ طَوْلًا أَن يَنكِحَ الْمُحْصَنَاتِ الْمُؤْمِنَاتِ فَمِن مَّا مَلَكَتْ أَيْمَانُكُم مِّن فَتَيَاتِكُمُ الْمُؤْمِنَاتِ ۚ وَاللَّهُ أَعْلَمُ بِإِيمَانِكُم ۚ بَعْضُكُم مِّن بَعْضٍ ۚ فَانكِحُوهُنَّ بِإِذْنِ أَهْلِهِنَّ وَآتُوهُنَّ أُجُورَهُنَّ بِالْمَعْرُوفِ مُحْصَنَاتٍ غَيْرَ مُسَافِحَاتٍ وَلَا مُتَّخِذَاتِ **أَخْدَانٍ** ۚ فَإِذَا أُحْصِنَّ فَإِنْ أَتَيْنَ بِفَاحِشَةٍ فَعَلَيْهِنَّ نِصْفُ مَا عَلَى الْمُحْصَنَاتِ مِنَ الْعَذَابِ ۚ ذَٰلِكَ لِمَنْ خَشِيَ الْعَنَتَ مِنكُمْ ۚ وَأَن تَصْبِرُوا خَيْرٌ لَّكُمْ ۗ وَاللَّهُ غَفُورٌ رَّحِيمٌ
5 المائدة 5	الْيَوْمَ أُحِلَّ لَكُمُ الطَّيِّبَاتُ ۖ وَطَعَامُ الَّذِينَ أُوتُوا الْكِتَابَ حِلٌّ لَّكُمْ وَطَعَامُكُمْ حِلٌّ لَّهُمْ ۖ وَالْمُحْصَنَاتُ مِنَ الْمُؤْمِنَاتِ وَالْمُحْصَنَاتُ مِنَ الَّذِينَ أُوتُوا الْكِتَابَ مِن قَبْلِكُمْ إِذَا آتَيْتُمُوهُنَّ أُجُورَهُنَّ مُحْصِنِينَ غَيْرَ مُسَافِحِينَ وَلَا مُتَّخِذِي **أَخْدَانٍ** ۗ وَمَن يَكْفُرْ بِالْإِيمَانِ فَقَدْ حَبِطَ عَمَلُهُ وَهُوَ فِي الْآخِرَةِ مِنَ الْخَاسِرِينَ
	أُخْفِيهَا **conceal it**
20 طه 15	إِنَّ السَّاعَةَ آتِيَةٌ أَكَادُ **أُخْفِيهَا** لِتُجْزَىٰ كُلُّ نَفْسٍ بِمَا تَسْعَىٰ
	الْآخِرِ and **the Last**
57 الحديد 3	هُوَ الْأَوَّلُ وَ**الْآخِرُ** وَالظَّاهِرُ وَالْبَاطِنُ ۖ وَهُوَ بِكُلِّ شَيْءٍ عَلِيمٌ
	أَدْخِلْنِي cause me **to enter**

17 الإسراء 80	وَقُل رَّبِّ **أَدْخِلْنِي** مُدْخَلَ صِدْقٍ وَأَخْرِجْنِي مُخْرَجَ صِدْقٍ وَاجْعَل لِّي مِن لَّدُنكَ سُلْطَانًا نَّصِيرًا	
27 النمل 19	فَتَبَسَّمَ ضَاحِكًا مِّن قَوْلِهَا وَقَالَ رَبِّ أَوْزِعْنِي أَنْ أَشْكُرَ نِعْمَتَكَ الَّتِي أَنْعَمْتَ عَلَيَّ وَعَلَىٰ وَالِدَيَّ وَأَنْ أَعْمَلَ صَالِحًا تَرْضَاهُ **وَأَدْخِلْنِي** بِرَحْمَتِكَ فِي عِبَادِكَ الصَّالِحِينَ	

أَذْكُرْكُمْ
I will remember you

2 البقرة 152	فَاذْكُرُونِي **أَذْكُرْكُمْ** وَاشْكُرُوا لِي وَلَا تَكْفُرُونِ	

أَذَٰلِكَ
Is that better

25 الفرقان 15	قُلْ **أَذَٰلِكَ** خَيْرٌ أَمْ جَنَّةُ الْخُلْدِ الَّتِي وُعِدَ الْمُتَّقُونَ ۚ كَانَتْ لَهُمْ جَزَاءً وَمَصِيرًا	
37 الصافات 62	**أَذَٰلِكَ** خَيْرٌ نُّزُلًا أَمْ شَجَرَةُ الزَّقُّومِ	

أَرَهْطِي
is my family

11 هود 92	قَالَ يَا قَوْمِ **أَرَهْطِي** أَعَزُّ عَلَيْكُم مِّنَ اللَّهِ وَاتَّخَذْتُمُوهُ وَرَاءَكُمْ ظِهْرِيًّا ۖ إِنَّ رَبِّي بِمَا تَعْمَلُونَ مُحِيطٌ	

أَرَادَنِيَ
intended me

39 الزمر 38	وَلَئِن سَأَلْتَهُم مَّنْ خَلَقَ السَّمَاوَاتِ وَالْأَرْضَ لَيَقُولُنَّ اللَّهُ ۚ قُلْ أَفَرَأَيْتُم مَّا تَدْعُونَ مِن دُونِ اللَّهِ إِنْ **أَرَادَنِيَ** اللَّهُ بِضُرٍّ هَلْ هُنَّ كَاشِفَاتُ ضُرِّهِ أَوْ **أَرَادَنِي** بِرَحْمَةٍ هَلْ هُنَّ مُمْسِكَاتُ رَحْمَتِهِ ۚ قُلْ حَسْبِيَ اللَّهُ ۖ عَلَيْهِ يَتَوَكَّلُ الْمُتَوَكِّلُونَ	

أَرْجِهْ
Postpone

7 الأعراف 111	قَالُوا أَرْجِهْ وَأَخَاهُ وَأَرْسِلْ فِي الْمَدَائِنِ حَاشِرِينَ	
26 الشعراء 36	قَالُوا أَرْجِهْ وَأَخَاهُ وَابْعَثْ فِي الْمَدَائِنِ حَاشِرِينَ	
	## أَزَاغَ to deviate	
61 الصف 5	وَإِذْ قَالَ مُوسَىٰ لِقَوْمِهِ يَا قَوْمِ لِمَ تُؤْذُونَنِي وَقَد تَّعْلَمُونَ أَنِّي رَسُولُ اللَّهِ إِلَيْكُمْ ۖ فَلَمَّا زَاغُوا أَزَاغَ اللَّهُ قُلُوبَهُمْ ۚ وَاللَّهُ لَا يَهْدِي الْقَوْمَ الْفَاسِقِينَ	
	## أَزِفَتِ has approached	
53 النجم 57	أَزِفَتِ الْآزِفَةُ	
	## أَزْرِي / اشْدُدْ Increase through him my strength	
20 طه 31	اشْدُدْ بِهِ أَزْرِي	
	## اسْتَغْفِرُ Ask forgiveness	
2 البقرة 199	ثُمَّ أَفِيضُوا مِنْ حَيْثُ أَفَاضَ النَّاسُ وَاسْتَغْفِرُوا اللَّهَ ۚ إِنَّ اللَّهَ غَفُورٌ رَّحِيمٌ	
3 آل عمران 135	وَالَّذِينَ إِذَا فَعَلُوا فَاحِشَةً أَوْ ظَلَمُوا أَنفُسَهُمْ ذَكَرُوا اللَّهَ فَاسْتَغْفَرُوا لِذُنُوبِهِمْ وَمَن يَغْفِرُ الذُّنُوبَ إِلَّا اللَّهُ وَلَمْ يُصِرُّوا عَلَىٰ مَا فَعَلُوا وَهُمْ يَعْلَمُونَ	
159	فَبِمَا رَحْمَةٍ مِّنَ اللَّهِ لِنتَ لَهُمْ ۖ وَلَوْ كُنتَ فَظًّا غَلِيظَ الْقَلْبِ لَانفَضُّوا مِنْ حَوْلِكَ ۖ فَاعْفُ عَنْهُمْ وَاسْتَغْفِرْ لَهُمْ وَشَاوِرْهُمْ فِي الْأَمْرِ ۖ فَإِذَا عَزَمْتَ فَتَوَكَّلْ عَلَى اللَّهِ ۚ إِنَّ اللَّهَ يُحِبُّ الْمُتَوَكِّلِينَ	
4 النساء 64	وَمَا أَرْسَلْنَا مِن رَّسُولٍ إِلَّا لِيُطَاعَ بِإِذْنِ اللَّهِ ۚ وَلَوْ أَنَّهُمْ إِذ ظَّلَمُوا أَنفُسَهُمْ جَاءُوكَ فَاسْتَغْفَرُوا اللَّهَ وَاسْتَغْفَرَ لَهُمُ الرَّسُولُ لَوَجَدُوا اللَّهَ تَوَّابًا رَّحِيمًا	

106	وَاسْتَغْفِرِ اللَّهَ ۚ إِنَّ اللَّهَ كَانَ غَفُورًا رَّحِيمًا	
9 التوبة 80	اسْتَغْفِرْ لَهُمْ أَوْ لَا تَسْتَغْفِرْ لَهُمْ إِن تَسْتَغْفِرْ لَهُمْ سَبْعِينَ مَرَّةً فَلَن يَغْفِرَ اللَّهُ لَهُمْ ۚ ذَٰلِكَ بِأَنَّهُمْ كَفَرُوا بِاللَّهِ وَرَسُولِهِ ۗ وَاللَّهُ لَا يَهْدِي الْقَوْمَ الْفَاسِقِينَ	
11 هود 3	وَأَنِ اسْتَغْفِرُوا رَبَّكُمْ ثُمَّ تُوبُوا إِلَيْهِ يُمَتِّعْكُم مَّتَاعًا حَسَنًا إِلَىٰ أَجَلٍ مُّسَمًّى وَيُؤْتِ كُلَّ ذِي فَضْلٍ فَضْلَهُ ۖ وَإِن تَوَلَّوْا فَإِنِّي أَخَافُ عَلَيْكُمْ عَذَابَ يَوْمٍ كَبِيرٍ	
52	وَيَا قَوْمِ اسْتَغْفِرُوا رَبَّكُمْ ثُمَّ تُوبُوا إِلَيْهِ يُرْسِلِ السَّمَاءَ عَلَيْكُم مِّدْرَارًا وَيَزِدْكُمْ قُوَّةً إِلَىٰ قُوَّتِكُمْ وَلَا تَتَوَلَّوْا مُجْرِمِينَ	
61	وَإِلَىٰ ثَمُودَ أَخَاهُمْ صَالِحًا ۚ قَالَ يَا قَوْمِ اعْبُدُوا اللَّهَ مَا لَكُم مِّنْ إِلَٰهٍ غَيْرُهُ ۖ هُوَ أَنشَأَكُم مِّنَ الْأَرْضِ وَاسْتَعْمَرَكُمْ فِيهَا فَاسْتَغْفِرُوهُ ثُمَّ تُوبُوا إِلَيْهِ ۚ إِنَّ رَبِّي قَرِيبٌ مُّجِيبٌ	
90	وَاسْتَغْفِرُوا رَبَّكُمْ ثُمَّ تُوبُوا إِلَيْهِ ۚ إِنَّ رَبِّي رَحِيمٌ وَدُودٌ	
12 يوسف 29	يُوسُفُ أَعْرِضْ عَنْ هَٰذَا ۚ وَاسْتَغْفِرِي لِذَنبِكِ ۖ إِنَّكِ كُنتِ مِنَ الْخَاطِئِينَ	
97	قَالُوا يَا أَبَانَا اسْتَغْفِرْ لَنَا ذُنُوبَنَا إِنَّا كُنَّا خَاطِئِينَ	
98	قَالَ سَوْفَ أَسْتَغْفِرُ لَكُمْ رَبِّي ۖ إِنَّهُ هُوَ الْغَفُورُ الرَّحِيمُ	
19 مريم 47	قَالَ سَلَامٌ عَلَيْكَ ۖ سَأَسْتَغْفِرُ لَكَ رَبِّي ۖ إِنَّهُ كَانَ بِي حَفِيًّا	
24 النور 62	إِنَّمَا الْمُؤْمِنُونَ الَّذِينَ آمَنُوا بِاللَّهِ وَرَسُولِهِ وَإِذَا كَانُوا مَعَهُ عَلَىٰ أَمْرٍ جَامِعٍ لَّمْ يَذْهَبُوا حَتَّىٰ يَسْتَأْذِنُوهُ ۚ إِنَّ الَّذِينَ يَسْتَأْذِنُونَكَ أُولَٰئِكَ الَّذِينَ يُؤْمِنُونَ بِاللَّهِ وَرَسُولِهِ ۚ فَإِذَا اسْتَأْذَنُوكَ لِبَعْضِ شَأْنِهِمْ فَأْذَن لِّمَن شِئْتَ مِنْهُمْ وَاسْتَغْفِرْ لَهُمُ اللَّهَ ۚ إِنَّ اللَّهَ غَفُورٌ رَّحِيمٌ	
38 ص 24	قَالَ لَقَدْ ظَلَمَكَ بِسُؤَالِ نَعْجَتِكَ إِلَىٰ نِعَاجِهِ ۖ وَإِنَّ كَثِيرًا مِّنَ الْخُلَطَاءِ لَيَبْغِي بَعْضُهُمْ عَلَىٰ بَعْضٍ إِلَّا الَّذِينَ آمَنُوا وَعَمِلُوا الصَّالِحَاتِ وَقَلِيلٌ مَّا هُمْ ۗ وَظَنَّ دَاوُودُ أَنَّمَا فَتَنَّاهُ فَاسْتَغْفَرَ رَبَّهُ وَخَرَّ رَاكِعًا وَأَنَابَ ۩	
40 غافر 55	فَاصْبِرْ إِنَّ وَعْدَ اللَّهِ حَقٌّ وَاسْتَغْفِرْ لِذَنبِكَ وَسَبِّحْ بِحَمْدِ رَبِّكَ بِالْعَشِيِّ وَالْإِبْكَارِ	

41 فصلت 6	قُلْ إِنَّمَا أَنَا بَشَرٌ مِّثْلُكُمْ يُوحَىٰ إِلَيَّ أَنَّمَا إِلَٰهُكُمْ إِلَٰهٌ وَاحِدٌ فَاسْتَقِيمُوا إِلَيْهِ وَ**اسْتَغْفِرُوهُ** ۗ وَوَيْلٌ لِّلْمُشْرِكِينَ	
47 محمد 19	فَاعْلَمْ أَنَّهُ لَا إِلَٰهَ إِلَّا اللَّهُ وَ**اسْتَغْفِرْ** لِذَنبِكَ وَلِلْمُؤْمِنِينَ وَالْمُؤْمِنَاتِ ۗ وَاللَّهُ يَعْلَمُ مُتَقَلَّبَكُمْ وَمَثْوَاكُمْ	
48 الفتح 11	سَيَقُولُ لَكَ الْمُخَلَّفُونَ مِنَ الْأَعْرَابِ شَغَلَتْنَا أَمْوَالُنَا وَأَهْلُونَا **فَاسْتَغْفِرْ** لَنَا ۚ يَقُولُونَ بِأَلْسِنَتِهِم مَّا لَيْسَ فِي قُلُوبِهِمْ ۚ قُلْ فَمَن يَمْلِكُ لَكُم مِّنَ اللَّهِ شَيْئًا إِنْ أَرَادَ بِكُمْ ضَرًّا أَوْ أَرَادَ بِكُمْ نَفْعًا ۚ بَلْ كَانَ اللَّهُ بِمَا تَعْمَلُونَ خَبِيرًا	
60 الممتحنة 4	قَدْ كَانَتْ لَكُمْ أُسْوَةٌ حَسَنَةٌ فِي إِبْرَاهِيمَ وَالَّذِينَ مَعَهُ إِذْ قَالُوا لِقَوْمِهِمْ إِنَّا بُرَآءُ مِنكُمْ وَمِمَّا تَعْبُدُونَ مِن دُونِ اللَّهِ كَفَرْنَا بِكُمْ وَبَدَا بَيْنَنَا وَبَيْنَكُمُ الْعَدَاوَةُ وَالْبَغْضَاءُ أَبَدًا حَتَّىٰ تُؤْمِنُوا بِاللَّهِ وَحْدَهُ إِلَّا قَوْلَ إِبْرَاهِيمَ لِأَبِيهِ **لَأَسْتَغْفِرَنَّ** لَكَ وَمَا أَمْلِكُ لَكَ مِنَ اللَّهِ مِن شَيْءٍ ۖ رَّبَّنَا عَلَيْكَ تَوَكَّلْنَا وَإِلَيْكَ أَنَبْنَا وَإِلَيْكَ الْمَصِيرُ	
12	يَا أَيُّهَا النَّبِيُّ إِذَا جَاءَكَ الْمُؤْمِنَاتُ يُبَايِعْنَكَ عَلَىٰ أَن لَّا يُشْرِكْنَ بِاللَّهِ شَيْئًا وَلَا يَسْرِقْنَ وَلَا يَزْنِينَ وَلَا يَقْتُلْنَ أَوْلَادَهُنَّ وَلَا يَأْتِينَ بِبُهْتَانٍ يَفْتَرِينَهُ بَيْنَ أَيْدِيهِنَّ وَأَرْجُلِهِنَّ وَلَا يَعْصِينَكَ فِي مَعْرُوفٍ ۙ فَبَايِعْهُنَّ وَ**اسْتَغْفِرْ** لَهُنَّ اللَّهَ ۖ إِنَّ اللَّهَ غَفُورٌ رَّحِيمٌ	
63 المنافقون 6	سَوَاءٌ عَلَيْهِمْ **أَسْتَغْفَرْتَ** لَهُمْ أَمْ لَمْ **تَسْتَغْفِرْ** لَهُمْ لَن يَغْفِرَ اللَّهُ لَهُمْ ۚ إِنَّ اللَّهَ لَا يَهْدِي الْقَوْمَ الْفَاسِقِينَ	
71 نوح 10	فَقُلْتُ **اسْتَغْفِرُوا** رَبَّكُمْ إِنَّهُ كَانَ غَفَّارًا	
73 المزمل 20	۞ إِنَّ رَبَّكَ يَعْلَمُ أَنَّكَ تَقُومُ أَدْنَىٰ مِن ثُلُثَيِ اللَّيْلِ وَنِصْفَهُ وَثُلُثَهُ وَطَائِفَةٌ مِّنَ الَّذِينَ مَعَكَ ۚ وَاللَّهُ يُقَدِّرُ اللَّيْلَ وَالنَّهَارَ ۚ عَلِمَ أَن لَّن تُحْصُوهُ فَتَابَ عَلَيْكُمْ ۖ فَاقْرَءُوا مَا تَيَسَّرَ مِنَ الْقُرْآنِ ۚ عَلِمَ أَن سَيَكُونُ مِنكُم مَّرْضَىٰ ۙ وَآخَرُونَ يَضْرِبُونَ فِي الْأَرْضِ يَبْتَغُونَ مِن فَضْلِ اللَّهِ ۙ وَآخَرُونَ يُقَاتِلُونَ فِي سَبِيلِ اللَّهِ ۖ فَاقْرَءُوا مَا تَيَسَّرَ مِنْهُ ۚ وَأَقِيمُوا الصَّلَاةَ وَآتُوا الزَّكَاةَ وَأَقْرِضُوا اللَّهَ قَرْضًا حَسَنًا ۚ وَمَا تُقَدِّمُوا لِأَنفُسِكُم	

	مِّنْ خَيْرٍ تَجِدُوهُ عِندَ اللَّهِ هُوَ خَيْرًا وَأَعْظَمَ أَجْرًا ۚ **وَاسْتَغْفِرُوا** اللَّهَ ۖ إِنَّ اللَّهَ غَفُورٌ رَّحِيمٌ
110 النصر 3	فَسَبِّحْ بِحَمْدِ رَبِّكَ **وَاسْتَغْفِرْهُ** ۚ إِنَّهُ كَانَ تَوَّابًا
	الْأَسْحَارِ **before dawn**
3 آل عمران 17	الصَّابِرِينَ وَالصَّادِقِينَ وَالْقَانِتِينَ وَالْمُنفِقِينَ وَالْمُسْتَغْفِرِينَ **بِالْأَسْحَارِ**
51 الذاريات 18	**وَبِالْأَسْحَارِ** هُمْ يَسْتَغْفِرُونَ
	أَشُدَّهُ **maturity**
6 الأنعام 152	وَلَا تَقْرَبُوا مَالَ الْيَتِيمِ إِلَّا بِالَّتِي هِيَ أَحْسَنُ حَتَّىٰ يَبْلُغَ **أَشُدَّهُ** ۖ وَأَوْفُوا الْكَيْلَ وَالْمِيزَانَ بِالْقِسْطِ ۖ لَا نُكَلِّفُ نَفْسًا إِلَّا وُسْعَهَا ۖ وَإِذَا قُلْتُمْ فَاعْدِلُوا وَلَوْ كَانَ ذَا قُرْبَىٰ ۖ وَبِعَهْدِ اللَّهِ أَوْفُوا ۚ ذَٰلِكُمْ وَصَّاكُم بِهِ لَعَلَّكُمْ تَذَكَّرُونَ
12 يوسف 22	وَلَمَّا بَلَغَ **أَشُدَّهُ** آتَيْنَاهُ حُكْمًا وَعِلْمًا ۚ وَكَذَٰلِكَ نَجْزِي الْمُحْسِنِينَ
17 الإسراء 34	وَلَا تَقْرَبُوا مَالَ الْيَتِيمِ إِلَّا بِالَّتِي هِيَ أَحْسَنُ حَتَّىٰ يَبْلُغَ **أَشُدَّهُ** ۚ وَأَوْفُوا بِالْعَهْدِ ۖ إِنَّ الْعَهْدَ كَانَ مَسْئُولًا
18 الكهف 82	وَأَمَّا الْجِدَارُ فَكَانَ لِغُلَامَيْنِ يَتِيمَيْنِ فِي الْمَدِينَةِ وَكَانَ تَحْتَهُ كَنزٌ لَّهُمَا وَكَانَ أَبُوهُمَا صَالِحًا فَأَرَادَ رَبُّكَ أَن يَبْلُغَا **أَشُدَّهُمَا** وَيَسْتَخْرِجَا كَنزَهُمَا رَحْمَةً مِّن رَّبِّكَ ۚ وَمَا فَعَلْتُهُ عَنْ أَمْرِي ۚ ذَٰلِكَ تَأْوِيلُ مَا لَمْ تَسْطِع عَّلَيْهِ صَبْرًا
28 القصص 14	وَلَمَّا بَلَغَ **أَشُدَّهُ** وَاسْتَوَىٰ آتَيْنَاهُ حُكْمًا وَعِلْمًا ۚ وَكَذَٰلِكَ نَجْزِي الْمُحْسِنِينَ
46 الأحقاف 15	وَوَصَّيْنَا الْإِنسَانَ بِوَالِدَيْهِ إِحْسَانًا ۖ حَمَلَتْهُ أُمُّهُ كُرْهًا وَوَضَعَتْهُ كُرْهًا ۖ وَحَمْلُهُ وَفِصَالُهُ ثَلَاثُونَ شَهْرًا ۚ حَتَّىٰ إِذَا بَلَغَ **أَشُدَّهُ** وَبَلَغَ أَرْبَعِينَ سَنَةً قَالَ رَبِّ أَوْزِعْنِي أَنْ أَشْكُرَ نِعْمَتَكَ الَّتِي أَنْعَمْتَ عَلَيَّ وَعَلَىٰ

	وَالِدَيَّ وَأَنْ أَعْمَلَ صَالِحًا تَرْضَاهُ وَأَصْلِحْ لِي فِي ذُرِّيَّتِي ۖ إِنِّي تُبْتُ إِلَيْكَ وَإِنِّي مِنَ الْمُسْلِمِينَ
	## أَشْرَاطُهَا its indications
47 محمد 18	فَهَلْ يَنظُرُونَ إِلَّا السَّاعَةَ أَن تَأْتِيَهُم بَغْتَةً ۖ فَقَدْ جَاءَ أَشْرَاطُهَا ۚ فَأَنَّىٰ لَهُمْ إِذَا جَاءَتْهُمْ ذِكْرَاهُمْ
	## أَصَلَاتُكَ does your prayer
11 هود 87	قَالُوا يَا شُعَيْبُ أَصَلَاتُكَ تَأْمُرُكَ أَن نَّتْرُكَ مَا يَعْبُدُ آبَاؤُنَا أَوْ أَن نَّفْعَلَ فِي أَمْوَالِنَا مَا نَشَاءُ ۖ إِنَّكَ لَأَنتَ الْحَلِيمُ الرَّشِيدُ
	## أَصْلُهَا whose root
14 ابراهيم 24	أَلَمْ تَرَ كَيْفَ ضَرَبَ اللَّهُ مَثَلًا كَلِمَةً طَيِّبَةً كَشَجَرَةٍ طَيِّبَةٍ أَصْلُهَا ثَابِتٌ وَفَرْعُهَا فِي السَّمَاءِ
	## أُصِيبُ I afflict with it
7 الأعراف 156	۞ وَاكْتُبْ لَنَا فِي هَٰذِهِ الدُّنْيَا حَسَنَةً وَفِي الْآخِرَةِ إِنَّا هُدْنَا إِلَيْكَ ۚ قَالَ عَذَابِي أُصِيبُ بِهِ مَنْ أَشَاءُ ۖ وَرَحْمَتِي وَسِعَتْ كُلَّ شَيْءٍ ۚ فَسَأَكْتُبُهَا لِلَّذِينَ يَتَّقُونَ وَيُؤْتُونَ الزَّكَاةَ وَالَّذِينَ هُم بِآيَاتِنَا يُؤْمِنُونَ
	## أَضَاءَ illuminate
2 البقرة 17	مَثَلُهُمْ كَمَثَلِ الَّذِي اسْتَوْقَدَ نَارًا فَلَمَّا أَضَاءَتْ مَا حَوْلَهُ ذَهَبَ اللَّهُ بِنُورِهِمْ وَتَرَكَهُمْ فِي ظُلُمَاتٍ لَّا يُبْصِرُونَ
20	يَكَادُ الْبَرْقُ يَخْطَفُ أَبْصَارَهُمْ ۖ كُلَّمَا أَضَاءَ لَهُم مَّشَوْا فِيهِ وَإِذَا أَظْلَمَ عَلَيْهِمْ قَامُوا ۚ وَلَوْ شَاءَ اللَّهُ لَذَهَبَ بِسَمْعِهِمْ وَأَبْصَارِهِمْ ۚ إِنَّ اللَّهَ عَلَىٰ كُلِّ شَيْءٍ قَدِيرٌ

	أَضْلَلْنَ have **led astray**
14 ابراهيم 36	رَبِّ إِنَّهُنَّ **أَضْلَلْنَ** كَثِيرًا مِّنَ النَّاسِ ۖ فَمَن تَبِعَنِي فَإِنَّهُ مِنِّي ۖ وَمَنْ عَصَانِي فَإِنَّكَ غَفُورٌ رَّحِيمٌ
	أُضِيعُ **to be lost**
3 آل عمران 195	فَاسْتَجَابَ لَهُمْ رَبُّهُمْ أَنِّي لَا **أُضِيعُ** عَمَلَ عَامِلٍ مِّنكُم مِّن ذَكَرٍ أَوْ أُنثَىٰ ۖ بَعْضُكُم مِّن بَعْضٍ ۖ فَالَّذِينَ هَاجَرُوا وَأُخْرِجُوا مِن دِيَارِهِمْ وَأُوذُوا فِي سَبِيلِي وَقَاتَلُوا وَقُتِلُوا لَأُكَفِّرَنَّ عَنْهُمْ سَيِّئَاتِهِمْ وَلَأُدْخِلَنَّهُمْ جَنَّاتٍ تَجْرِي مِن تَحْتِهَا الْأَنْهَارُ ثَوَابًا مِّنْ عِندِ اللَّهِ ۗ وَاللَّهُ عِندَهُ حُسْنُ الثَّوَابِ
	أَطْمَعُ **I aspire**
26 الشعراء 82	وَالَّذِي **أَطْمَعُ** أَن يَغْفِرَ لِي خَطِيئَتِي يَوْمَ الدِّينِ
	أَظْفَرَكُمْ He caused you to **overcome them**
48 الفتح 24	وَهُوَ الَّذِي كَفَّ أَيْدِيَهُمْ عَنكُمْ وَأَيْدِيَكُمْ عَنْهُم بِبَطْنِ مَكَّةَ مِن بَعْدِ أَنْ **أَظْفَرَكُمْ** عَلَيْهِمْ ۚوَكَانَ اللَّهُ بِمَا تَعْمَلُونَ بَصِيرًا
	أَفَّاكٍ **sinful liar**
26 الشعراء 222	تَنَزَّلُ عَلَىٰ كُلِّ **أَفَّاكٍ** أَثِيمٍ
45 الجاثية 7	وَيْلٌ لِّكُلِّ **أَفَّاكٍ** أَثِيمٍ
	إِفْكٌ **falsehood**

7 الأعراف 117	۞ وَأَوْحَيْنَا إِلَىٰ مُوسَىٰ أَنْ أَلْقِ عَصَاكَ ۖ فَإِذَا هِيَ تَلْقَفُ مَا **يَأْفِكُونَ**
24 النور 11	إِنَّ الَّذِينَ جَاءُوا **بِالْإِفْكِ** عُصْبَةٌ مِّنكُمْ ۚ لَا تَحْسَبُوهُ شَرًّا لَّكُم ۖ بَلْ هُوَ خَيْرٌ لَّكُمْ ۚ لِكُلِّ امْرِئٍ مِّنْهُم مَّا اكْتَسَبَ مِنَ الْإِثْمِ ۚ وَالَّذِي تَوَلَّىٰ كِبْرَهُ مِنْهُمْ لَهُ عَذَابٌ عَظِيمٌ
12	لَّوْلَا إِذْ سَمِعْتُمُوهُ ظَنَّ الْمُؤْمِنُونَ وَالْمُؤْمِنَاتُ بِأَنفُسِهِمْ خَيْرًا وَقَالُوا هَٰذَا **إِفْكٌ** مُّبِينٌ
25 الفرقان 4	وَقَالَ الَّذِينَ كَفَرُوا إِنْ هَٰذَا إِلَّا **إِفْكٌ** افْتَرَاهُ وَأَعَانَهُ عَلَيْهِ قَوْمٌ آخَرُونَ ۖ فَقَدْ جَاءُوا ظُلْمًا وَزُورًا
26 الشعراء 45	فَأَلْقَىٰ مُوسَىٰ عَصَاهُ فَإِذَا هِيَ تَلْقَفُ مَا **يَأْفِكُونَ**
29 العنكبوت 17	إِنَّمَا تَعْبُدُونَ مِن دُونِ اللَّهِ أَوْثَانًا وَتَخْلُقُونَ **إِفْكًا** ۚ إِنَّ الَّذِينَ تَعْبُدُونَ مِن دُونِ اللَّهِ لَا يَمْلِكُونَ لَكُمْ رِزْقًا فَابْتَغُوا عِندَ اللَّهِ الرِّزْقَ وَاعْبُدُوهُ وَاشْكُرُوا لَهُ ۖ إِلَيْهِ تُرْجَعُونَ
34 سبإ 43	وَإِذَا تُتْلَىٰ عَلَيْهِمْ آيَاتُنَا بَيِّنَاتٍ قَالُوا مَا هَٰذَا إِلَّا رَجُلٌ يُرِيدُ أَن يَصُدَّكُمْ عَمَّا كَانَ يَعْبُدُ آبَاؤُكُمْ وَقَالُوا مَا هَٰذَا إِلَّا **إِفْكٌ** مُّفْتَرًى ۚ وَقَالَ الَّذِينَ كَفَرُوا لِلْحَقِّ لَمَّا جَاءَهُمْ إِنْ هَٰذَا إِلَّا سِحْرٌ مُّبِينٌ
37 الصافات 151	أَلَا إِنَّهُم مِّنْ **إِفْكِهِمْ** لَيَقُولُونَ
46 الأحقاف 11	وَقَالَ الَّذِينَ كَفَرُوا لِلَّذِينَ آمَنُوا لَوْ كَانَ خَيْرًا مَّا سَبَقُونَا إِلَيْهِ ۚ وَإِذْ لَمْ يَهْتَدُوا بِهِ فَسَيَقُولُونَ هَٰذَا **إِفْكٌ** قَدِيمٌ
22	قَالُوا أَجِئْتَنَا **لِتَأْفِكَنَا** عَنْ آلِهَتِنَا فَأْتِنَا بِمَا تَعِدُنَا إِن كُنتَ مِنَ الصَّادِقِينَ
28	فَلَوْلَا نَصَرَهُمُ الَّذِينَ اتَّخَذُوا مِن دُونِ اللَّهِ قُرْبَانًا آلِهَةً ۖ بَلْ ضَلُّوا عَنْهُمْ ۚ وَذَٰلِكَ **إِفْكُهُمْ** وَمَا كَانُوا يَفْتَرُونَ
51 الذاريات 9	**يُؤْفَكُ** عَنْهُ مَنْ **أُفِكَ**

	أَفْلَحَ **succeeded**
20 طه 64	فَأَجْمِعُوا كَيْدَكُمْ ثُمَّ ائْتُوا صَفًّا ۚ وَقَدْ **أَفْلَحَ** الْيَوْمَ مَنِ اسْتَعْلَىٰ
23 المؤمنون 1	قَدْ **أَفْلَحَ** الْمُؤْمِنُونَ
87 الأعلى 14	قَدْ **أَفْلَحَ** مَن تَزَكَّىٰ
91 الشمس 9	قَدْ **أَفْلَحَ** مَن زَكَّاهَا
	أَفْنَانٍ **Branches**
55 الرحمن 48	ذَوَاتَا **أَفْنَانٍ**
	أَفْوَاجًا **Multitudes**/different groups
78 النبإ 18	يَوْمَ يُنفَخُ فِي الصُّورِ فَتَأْتُونَ **أَفْوَاجًا**
110 النصر 2	وَرَأَيْتَ النَّاسَ يَدْخُلُونَ فِي دِينِ اللَّهِ **أَفْوَاجًا**
	أَفِيضُوا **depart**
2 البقرة 199	ثُمَّ **أَفِيضُوا** مِنْ حَيْثُ **أَفَاضَ** النَّاسُ وَاسْتَغْفِرُوا اللَّهَ ۚ إِنَّ اللَّهَ غَفُورٌ رَّحِيمٌ
7 الأعراف 50	وَنَادَىٰ أَصْحَابُ النَّارِ أَصْحَابَ الْجَنَّةِ أَنْ **أَفِيضُوا** عَلَيْنَا مِنَ الْمَاءِ أَوْ مِمَّا رَزَقَكُمُ اللَّهُ ۚ قَالُوا إِنَّ اللَّهَ حَرَّمَهُمَا عَلَى الْكَافِرِينَ

	أَقْطَارِ **regions**
33 الأحزاب 14	وَلَوْ دُخِلَتْ عَلَيْهِم مِّنْ **أَقْطَارِهَا** ثُمَّ سُئِلُوا الْفِتْنَةَ لَآتَوْهَا وَمَا تَلَبَّثُوا بِهَا إِلَّا يَسِيرًا
55 الرحمن 33	يَا مَعْشَرَ الْجِنِّ وَالْإِنسِ إِنِ اسْتَطَعْتُمْ أَن تَنفُذُوا مِنْ **أَقْطَارِ** السَّمَاوَاتِ وَالْأَرْضِ فَانفُذُوا ۚ لَا تَنفُذُونَ إِلَّا بِسُلْطَانٍ
	أَقْلِعِي **withhold** [your rain]
11 هود 44	وَقِيلَ يَا أَرْضُ ابْلَعِي مَاءَكِ وَيَا سَمَاءُ **أَقْلِعِي** وَغِيضَ الْمَاءُ وَقُضِيَ الْأَمْرُ وَاسْتَوَتْ عَلَى الْجُودِيِّ ۖ وَقِيلَ بُعْدًا لِّلْقَوْمِ الظَّالِمِينَ
	أَكْرَمَكُمْ the most **noble** of you
49 الحجرات 13	يَا أَيُّهَا النَّاسُ إِنَّا خَلَقْنَاكُم مِّن ذَكَرٍ وَأُنثَىٰ وَجَعَلْنَاكُمْ شُعُوبًا وَقَبَائِلَ لِتَعَارَفُوا ۚ إِنَّ **أَكْرَمَكُمْ** عِندَ اللَّهِ أَتْقَاكُمْ ۚ إِنَّ اللَّهَ عَلِيمٌ خَبِيرٌ
	أَكِنَّةً **coverings**
6 الأنعام 25	وَمِنْهُم مَّن يَسْتَمِعُ إِلَيْكَ ۖ وَجَعَلْنَا عَلَىٰ قُلُوبِهِمْ **أَكِنَّةً** أَن يَفْقَهُوهُ وَفِي آذَانِهِمْ وَقْرًا ۚ وَإِن يَرَوْا كُلَّ آيَةٍ لَّا يُؤْمِنُوا بِهَا ۚ حَتَّىٰ إِذَا جَاءُوكَ يُجَادِلُونَكَ يَقُولُ الَّذِينَ كَفَرُوا إِنْ هَٰذَا إِلَّا أَسَاطِيرُ الْأَوَّلِينَ
17 الإسراء 46	وَجَعَلْنَا عَلَىٰ قُلُوبِهِمْ **أَكِنَّةً** أَن يَفْقَهُوهُ وَفِي آذَانِهِمْ وَقْرًا ۚ وَإِذَا ذَكَرْتَ رَبَّكَ فِي الْقُرْآنِ وَحْدَهُ وَلَّوْا عَلَىٰ أَدْبَارِهِمْ نُفُورًا
18 الكهف 57	وَمَنْ أَظْلَمُ مِمَّن ذُكِّرَ بِآيَاتِ رَبِّهِ فَأَعْرَضَ عَنْهَا وَنَسِيَ مَا قَدَّمَتْ يَدَاهُ ۚ إِنَّا جَعَلْنَا عَلَىٰ قُلُوبِهِمْ **أَكِنَّةً** أَن يَفْقَهُوهُ وَفِي آذَانِهِمْ وَقْرًا ۖ وَإِن تَدْعُهُمْ إِلَى الْهُدَىٰ فَلَن يَهْتَدُوا إِذًا أَبَدًا
41 فصلت 5	وَقَالُوا قُلُوبُنَا فِي **أَكِنَّةٍ** مِّمَّا تَدْعُونَا إِلَيْهِ وَفِي آذَانِنَا وَقْرٌ وَمِن بَيْنِنَا وَبَيْنِكَ حِجَابٌ فَاعْمَلْ إِنَّنَا عَامِلُونَ

		الْأَلْبَابِ of understanding/ (Brains)
2 البقرة	179	وَلَكُمْ فِي الْقِصَاصِ حَيَاةٌ يَا أُولِي **الْأَلْبَابِ** لَعَلَّكُمْ تَتَّقُونَ
	197	الْحَجُّ أَشْهُرٌ مَّعْلُومَاتٌ ۚ فَمَن فَرَضَ فِيهِنَّ الْحَجَّ فَلَا رَفَثَ وَلَا فُسُوقَ وَلَا جِدَالَ فِي الْحَجِّ ۗ وَمَا تَفْعَلُوا مِنْ خَيْرٍ يَعْلَمْهُ اللَّهُ ۗ وَتَزَوَّدُوا فَإِنَّ خَيْرَ الزَّادِ التَّقْوَىٰ ۚ وَاتَّقُونِ يَا أُولِي **الْأَلْبَابِ**
	269	يُؤْتِي الْحِكْمَةَ مَن يَشَاءُ ۚ وَمَن يُؤْتَ الْحِكْمَةَ فَقَدْ أُوتِيَ خَيْرًا كَثِيرًا ۗ وَمَا يَذَّكَّرُ إِلَّا أُولُو **الْأَلْبَابِ**
3 آل عمران	7	هُوَ الَّذِي أَنزَلَ عَلَيْكَ الْكِتَابَ مِنْهُ آيَاتٌ مُّحْكَمَاتٌ هُنَّ أُمُّ الْكِتَابِ وَأُخَرُ مُتَشَابِهَاتٌ ۖ فَأَمَّا الَّذِينَ فِي قُلُوبِهِمْ زَيْغٌ فَيَتَّبِعُونَ مَا تَشَابَهَ مِنْهُ ابْتِغَاءَ الْفِتْنَةِ وَابْتِغَاءَ تَأْوِيلِهِ ۗ وَمَا يَعْلَمُ تَأْوِيلَهُ إِلَّا اللَّهُ ۗ وَالرَّاسِخُونَ فِي الْعِلْمِ يَقُولُونَ آمَنَّا بِهِ كُلٌّ مِّنْ عِندِ رَبِّنَا ۗ وَمَا يَذَّكَّرُ إِلَّا أُولُو **الْأَلْبَابِ**
	190	إِنَّ فِي خَلْقِ السَّمَاوَاتِ وَالْأَرْضِ وَاخْتِلَافِ اللَّيْلِ وَالنَّهَارِ لَآيَاتٍ لِّأُولِي **الْأَلْبَابِ**
5 المائدة	100	قُل لَّا يَسْتَوِي الْخَبِيثُ وَالطَّيِّبُ وَلَوْ أَعْجَبَكَ كَثْرَةُ الْخَبِيثِ ۚ فَاتَّقُوا اللَّهَ يَا أُولِي **الْأَلْبَابِ** لَعَلَّكُمْ تُفْلِحُونَ
12 يوسف	111	لَقَدْ كَانَ فِي قَصَصِهِمْ عِبْرَةٌ لِّأُولِي **الْأَلْبَابِ** ۗ مَا كَانَ حَدِيثًا يُفْتَرَىٰ وَلَٰكِن تَصْدِيقَ الَّذِي بَيْنَ يَدَيْهِ وَتَفْصِيلَ كُلِّ شَيْءٍ وَهُدًى وَرَحْمَةً لِّقَوْمٍ يُؤْمِنُونَ
13 الرعد	19	۞ أَفَمَن يَعْلَمُ أَنَّمَا أُنزِلَ إِلَيْكَ مِن رَّبِّكَ الْحَقُّ كَمَنْ هُوَ أَعْمَىٰ ۚ إِنَّمَا يَتَذَكَّرُ أُولُو **الْأَلْبَابِ**
14 ابراهيم	52	هَٰذَا بَلَاغٌ لِّلنَّاسِ وَلِيُنذَرُوا بِهِ وَلِيَعْلَمُوا أَنَّمَا هُوَ إِلَٰهٌ وَاحِدٌ وَلِيَذَّكَّرَ أُولُو **الْأَلْبَابِ**
38 ص	29	كِتَابٌ أَنزَلْنَاهُ إِلَيْكَ مُبَارَكٌ لِّيَدَّبَّرُوا آيَاتِهِ وَلِيَتَذَكَّرَ أُولُو **الْأَلْبَابِ**
	43	وَوَهَبْنَا لَهُ أَهْلَهُ وَمِثْلَهُم مَّعَهُمْ رَحْمَةً مِّنَّا وَذِكْرَىٰ لِأُولِي **الْأَلْبَابِ**

39 الزمر 9	أَمَّنْ هُوَ قَانِتٌ آنَاءَ اللَّيْلِ سَاجِدًا وَقَائِمًا يَحْذَرُ الْآخِرَةَ وَيَرْجُو رَحْمَةَ رَبِّهِ ۗ قُلْ هَلْ يَسْتَوِي الَّذِينَ يَعْلَمُونَ وَالَّذِينَ لَا يَعْلَمُونَ ۗ إِنَّمَا يَتَذَكَّرُ أُولُو **الْأَلْبَابِ**
18	الَّذِينَ يَسْتَمِعُونَ الْقَوْلَ فَيَتَّبِعُونَ أَحْسَنَهُ ۚ أُولَٰئِكَ الَّذِينَ هَدَاهُمُ اللَّهُ ۖ وَأُولَٰئِكَ هُمْ أُولُو **الْأَلْبَابِ**
21	أَلَمْ تَرَ أَنَّ اللَّهَ أَنزَلَ مِنَ السَّمَاءِ مَاءً فَسَلَكَهُ يَنَابِيعَ فِي الْأَرْضِ ثُمَّ يُخْرِجُ بِهِ زَرْعًا مُّخْتَلِفًا أَلْوَانُهُ ثُمَّ يَهِيجُ فَتَرَاهُ مُصْفَرًّا ثُمَّ يَجْعَلُهُ حُطَامًا ۚ إِنَّ فِي ذَٰلِكَ لَذِكْرَىٰ لِأُولِي **الْأَلْبَابِ**
40 غافر 54	هُدًى وَذِكْرَىٰ لِأُولِي **الْأَلْبَابِ**
65 الطلاق 10	أَعَدَّ اللَّهُ لَهُمْ عَذَابًا شَدِيدًا ۖ فَاتَّقُوا اللَّهَ يَا أُولِي **الْأَلْبَابِ** الَّذِينَ آمَنُوا ۚ قَدْ أَنزَلَ اللَّهُ إِلَيْكُمْ ذِكْرًا
	أَلْسِنَتُكُمْ your **tongues**
16 النحل 116	وَلَا تَقُولُوا لِمَا تَصِفُ **أَلْسِنَتُكُمُ** الْكَذِبَ هَٰذَا حَلَالٌ وَهَٰذَا حَرَامٌ لِّتَفْتَرُوا عَلَى اللَّهِ الْكَذِبَ ۚ إِنَّ الَّذِينَ يَفْتَرُونَ عَلَى اللَّهِ الْكَذِبَ لَا يُفْلِحُونَ
24 النور 15	إِذْ تَلَقَّوْنَهُ **بِأَلْسِنَتِكُمْ** وَتَقُولُونَ بِأَفْوَاهِكُم مَّا لَيْسَ لَكُم بِهِ عِلْمٌ وَتَحْسَبُونَهُ هَيِّنًا وَهُوَ عِندَ اللَّهِ عَظِيمٌ
30 الروم 22	وَمِنْ آيَاتِهِ خَلْقُ السَّمَاوَاتِ وَالْأَرْضِ وَاخْتِلَافُ **أَلْسِنَتِكُمْ** وَأَلْوَانِكُمْ ۚ إِنَّ فِي ذَٰلِكَ لَآيَاتٍ لِّلْعَالِمِينَ
	أَلْفَافًا gardens of **entwined growth**
78 النبإ 16	وَجَنَّاتٍ **أَلْفَافًا**
	أَلْوَانُهُ **colors**
16 النحل 13	وَمَا ذَرَأَ لَكُمْ فِي الْأَرْضِ مُخْتَلِفًا **أَلْوَانُهُ** ۗ إِنَّ فِي ذَٰلِكَ لَآيَةً لِّقَوْمٍ يَذَّكَّرُونَ

69	ثُمَّ كُلِي مِن كُلِّ الثَّمَرَاتِ فَاسْلُكِي سُبُلَ رَبِّكِ ذُلُلًا ۚ يَخْرُجُ مِن بُطُونِهَا شَرَابٌ مُّخْتَلِفٌ **أَلْوَانُهُ** فِيهِ شِفَاءٌ لِّلنَّاسِ ۗ إِنَّ فِي ذَٰلِكَ لَآيَةً لِّقَوْمٍ يَتَفَكَّرُونَ
35 فاطر 27	أَلَمْ تَرَ أَنَّ اللَّهَ أَنزَلَ مِنَ السَّمَاءِ مَاءً فَأَخْرَجْنَا بِهِ ثَمَرَاتٍ مُّخْتَلِفًا **أَلْوَانُهَا** ۚ وَمِنَ الْجِبَالِ جُدَدٌ بِيضٌ وَحُمْرٌ مُّخْتَلِفٌ أَلْوَانُهَا وَغَرَابِيبُ سُودٌ
28	وَمِنَ النَّاسِ وَالدَّوَابِّ وَالْأَنْعَامِ مُخْتَلِفٌ **أَلْوَانُهُ** كَذَٰلِكَ ۗ إِنَّمَا يَخْشَى اللَّهَ مِنْ عِبَادِهِ الْعُلَمَاءُ ۗ إِنَّ اللَّهَ عَزِيزٌ غَفُورٌ
39 الزمر 21	أَلَمْ تَرَ أَنَّ اللَّهَ أَنزَلَ مِنَ السَّمَاءِ مَاءً فَسَلَكَهُ يَنَابِيعَ فِي الْأَرْضِ ثُمَّ يُخْرِجُ بِهِ زَرْعًا مُّخْتَلِفًا **أَلْوَانُهُ** ثُمَّ يَهِيجُ فَتَرَاهُ مُصْفَرًّا ثُمَّ يَجْعَلُهُ حُطَامًا ۚ إِنَّ فِي ذَٰلِكَ لَذِكْرَىٰ لِأُولِي الْأَلْبَابِ
	أُمْنِيَّتِهِ **spoke [or recited]**
22 الحج 52	وَمَا أَرْسَلْنَا مِن قَبْلِكَ مِن رَّسُولٍ وَلَا نَبِيٍّ إِلَّا إِذَا تَمَنَّىٰ أَلْقَى الشَّيْطَانُ فِي **أُمْنِيَّتِهِ** فَيَنسَخُ اللَّهُ مَا يُلْقِي الشَّيْطَانُ ثُمَّ يُحْكِمُ اللَّهُ آيَاتِهِ ۗ وَاللَّهُ عَلِيمٌ حَكِيمٌ
	أُمِّيُّونَ **unlettered ones**
2 البقرة 78	وَمِنْهُمْ **أُمِّيُّونَ** لَا يَعْلَمُونَ الْكِتَابَ إِلَّا أَمَانِيَّ وَإِنْ هُمْ إِلَّا يَظُنُّونَ
	أَنفَقْتُم **Whatever you spend of good**
2 البقرة 215	يَسْأَلُونَكَ مَاذَا **يُنفِقُونَ** ۖ قُلْ مَا **أَنفَقْتُم** مِّنْ خَيْرٍ فَلِلْوَالِدَيْنِ وَالْأَقْرَبِينَ وَالْيَتَامَىٰ وَالْمَسَاكِينِ وَابْنِ السَّبِيلِ ۗ وَمَا تَفْعَلُوا مِنْ خَيْرٍ فَإِنَّ اللَّهَ بِهِ عَلِيمٌ
270	وَمَا **أَنفَقْتُم** مِّن **نَّفَقَةٍ** أَوْ نَذَرْتُم مِّن نَّذْرٍ فَإِنَّ اللَّهَ يَعْلَمُهُ ۗ وَمَا لِلظَّالِمِينَ مِنْ أَنصَارٍ
34 سبإ 39	قُلْ إِنَّ رَبِّي يَبْسُطُ الرِّزْقَ لِمَن يَشَاءُ مِنْ عِبَادِهِ وَيَقْدِرُ لَهُ ۚ وَمَا **أَنفَقْتُم** مِّن شَيْءٍ فَهُوَ يُخْلِفُهُ ۖ وَهُوَ خَيْرُ الرَّازِقِينَ
60 الممتحنة 10	يَا أَيُّهَا الَّذِينَ آمَنُوا إِذَا جَاءَكُمُ الْمُؤْمِنَاتُ مُهَاجِرَاتٍ فَامْتَحِنُوهُنَّ ۖ اللَّهُ أَعْلَمُ بِإِيمَانِهِنَّ ۖ فَإِنْ عَلِمْتُمُوهُنَّ مُؤْمِنَاتٍ فَلَا تَرْجِعُوهُنَّ إِلَى الْكُفَّارِ ۖ لَا هُنَّ حِلٌّ لَّهُمْ وَلَا هُمْ يَحِلُّونَ لَهُنَّ ۖ وَآتُوهُم مَّا **أَنفَقُوا** ۚ وَلَا

	جُنَاحَ عَلَيْكُمْ أَن تَنكِحُوهُنَّ إِذَا آتَيْتُمُوهُنَّ أُجُورَهُنَّ ۚ وَلَا تُمْسِكُوا بِعِصَمِ الْكَوَافِرِ وَاسْأَلُوا مَا أَنفَقْتُمْ وَلْيَسْأَلُوا مَا أَنفَقُوا ۚ ذَٰلِكُمْ حُكْمُ اللَّهِ ۖ يَحْكُمُ بَيْنَكُمْ ۚ وَاللَّهُ عَلِيمٌ حَكِيمٌ

أَهْوَنُ
easier for Him

30 الروم 27	وَهُوَ الَّذِي يَبْدَأُ الْخَلْقَ ثُمَّ يُعِيدُهُ وَهُوَ أَهْوَنُ عَلَيْهِ ۚ وَلَهُ الْمَثَلُ الْأَعْلَىٰ فِي السَّمَاوَاتِ وَالْأَرْضِ ۚ وَهُوَ الْعَزِيزُ الْحَكِيمُ

أَوِّبِي
repeat [Our] praises

34 سبإ 10	وَلَقَدْ آتَيْنَا دَاوُودَ مِنَّا فَضْلًا ۖ يَا جِبَالُ أَوِّبِي مَعَهُ وَالطَّيْرَ ۖ وَأَلَنَّا لَهُ الْحَدِيدَ

أَوْقَدُوا
kindled the fire

5 المائدة 64	وَقَالَتِ الْيَهُودُ يَدُ اللَّهِ مَغْلُولَةٌ ۚ غُلَّتْ أَيْدِيهِمْ وَلُعِنُوا بِمَا قَالُوا ۘ بَلْ يَدَاهُ مَبْسُوطَتَانِ يُنفِقُ كَيْفَ يَشَاءُ ۚ وَلَيَزِيدَنَّ كَثِيرًا مِّنْهُم مَّا أُنزِلَ إِلَيْكَ مِن رَّبِّكَ طُغْيَانًا وَكُفْرًا ۚ وَأَلْقَيْنَا بَيْنَهُمُ الْعَدَاوَةَ وَالْبَغْضَاءَ إِلَىٰ يَوْمِ الْقِيَامَةِ ۚ كُلَّمَا أَوْقَدُوا نَارًا لِّلْحَرْبِ أَطْفَأَهَا اللَّهُ ۚ وَيَسْعَوْنَ فِي الْأَرْضِ فَسَادًا ۚ وَاللَّهُ لَا يُحِبُّ الْمُفْسِدِينَ

الْأَوَّلُ
He is the First

57 الحديد 3	هُوَ الْأَوَّلُ وَالْآخِرُ وَالظَّاهِرُ وَالْبَاطِنُ ۖ وَهُوَ بِكُلِّ شَيْءٍ عَلِيمٌ

إِيَّاكَ
It is You we worship

1 الفاتحة 5	إِيَّاكَ نَعْبُدُ وَإِيَّاكَ نَسْتَعِينُ

4 النساء 131	وَلِلَّهِ مَا فِي السَّمَاوَاتِ وَمَا فِي الْأَرْضِ ۗ وَلَقَدْ وَصَّيْنَا الَّذِينَ أُوتُوا الْكِتَابَ مِن قَبْلِكُمْ **وَإِيَّاكُمْ** أَنِ اتَّقُوا اللَّهَ ۚ وَإِن تَكْفُرُوا فَإِنَّ لِلَّهِ مَا فِي السَّمَاوَاتِ وَمَا فِي الْأَرْضِ ۚ وَكَانَ اللَّهُ غَنِيًّا حَمِيدًا
17 الإسراء 31	وَلَا تَقْتُلُوا أَوْلَادَكُمْ خَشْيَةَ إِمْلَاقٍ ۖ نَّحْنُ نَرْزُقُهُمْ **وَإِيَّاكُمْ** ۚ إِنَّ قَتْلَهُمْ كَانَ خِطْئًا كَبِيرًا
29 العنكبوت 60	وَكَأَيِّن مِّن دَابَّةٍ لَّا تَحْمِلُ رِزْقَهَا اللَّهُ يَرْزُقُهَا **وَإِيَّاكُمْ** ۚ وَهُوَ السَّمِيعُ الْعَلِيمُ
34 سبإ 24	۞ قُلْ مَن يَرْزُقُكُم مِّنَ السَّمَاوَاتِ وَالْأَرْضِ ۖ قُلِ اللَّهُ ۖ وَإِنَّا أَوْ **إِيَّاكُمْ** لَعَلَىٰ هُدًى أَوْ فِي ضَلَالٍ مُّبِينٍ
40	وَيَوْمَ يَحْشُرُهُمْ جَمِيعًا ثُمَّ يَقُولُ لِلْمَلَائِكَةِ أَهَٰؤُلَاءِ **إِيَّاكُمْ** كَانُوا يَعْبُدُونَ
60 الممتحنة 1	يَا أَيُّهَا الَّذِينَ آمَنُوا لَا تَتَّخِذُوا عَدُوِّي وَعَدُوَّكُمْ أَوْلِيَاءَ تُلْقُونَ إِلَيْهِم بِالْمَوَدَّةِ وَقَدْ كَفَرُوا بِمَا جَاءَكُم مِّنَ الْحَقِّ يُخْرِجُونَ الرَّسُولَ **وَإِيَّاكُمْ** ۙ أَن تُؤْمِنُوا بِاللَّهِ رَبِّكُمْ إِن كُنتُمْ خَرَجْتُمْ جِهَادًا فِي سَبِيلِي وَابْتِغَاءَ مَرْضَاتِي ۚ تُسِرُّونَ إِلَيْهِم بِالْمَوَدَّةِ وَأَنَا أَعْلَمُ بِمَا أَخْفَيْتُمْ وَمَا أَعْلَنتُمْ ۚ وَمَن يَفْعَلْهُ مِنكُمْ فَقَدْ ضَلَّ سَوَاءَ السَّبِيلِ
	أَيَّدَكَ **supported** you
8 الأنفال 26	وَاذْكُرُوا إِذْ أَنتُمْ قَلِيلٌ مُّسْتَضْعَفُونَ فِي الْأَرْضِ تَخَافُونَ أَن يَتَخَطَّفَكُمُ النَّاسُ فَآوَاكُمْ **وَأَيَّدَكُم** بِنَصْرِهِ وَرَزَقَكُم مِّنَ الطَّيِّبَاتِ لَعَلَّكُمْ تَشْكُرُونَ
62	وَإِن يُرِيدُوا أَن يَخْدَعُوكَ فَإِنَّ حَسْبَكَ اللَّهُ ۚ هُوَ الَّذِي **أَيَّدَكَ** بِنَصْرِهِ وَبِالْمُؤْمِنِينَ
	أَيْنَمَا **Wherever** you may be
2 البقرة 115	وَلِلَّهِ الْمَشْرِقُ وَالْمَغْرِبُ ۚ **فَأَيْنَمَا** تُوَلُّوا فَثَمَّ وَجْهُ اللَّهِ ۚ إِنَّ اللَّهَ وَاسِعٌ عَلِيمٌ
4 النساء 78	**أَيْنَمَا** تَكُونُوا يُدْرِككُّمُ الْمَوْتُ وَلَوْ كُنتُمْ فِي بُرُوجٍ مُّشَيَّدَةٍ ۗ وَإِن تُصِبْهُمْ حَسَنَةٌ يَقُولُوا هَٰذِهِ مِنْ عِندِ اللَّهِ ۖ وَإِن تُصِبْهُمْ سَيِّئَةٌ يَقُولُوا هَٰذِهِ مِنْ

	عِندِكَ ۚ قُلْ كُلٌّ مِّنْ عِندِ اللَّهِ ۖ فَمَالِ هَٰؤُلَاءِ الْقَوْمِ لَا يَكَادُونَ يَفْقَهُونَ حَدِيثًا
16 النحل 76	وَضَرَبَ اللَّهُ مَثَلًا رَّجُلَيْنِ أَحَدُهُمَا أَبْكَمُ لَا يَقْدِرُ عَلَىٰ شَيْءٍ وَهُوَ كَلٌّ عَلَىٰ مَوْلَاهُ **أَيْنَمَا** يُوَجِّههُّ لَا يَأْتِ بِخَيْرٍ ۖ هَلْ يَسْتَوِي هُوَ وَمَن يَأْمُرُ بِالْعَدْلِ ۙ وَهُوَ عَلَىٰ صِرَاطٍ مُّسْتَقِيمٍ
33 الأحزاب 61	مَّلْعُونِينَ ۖ **أَيْنَمَا** ثُقِفُوا أُخِذُوا وَقُتِّلُوا تَقْتِيلًا
	أَيَبْتَغُونَ **Do they seek** with them
4 النساء 139	الَّذِينَ يَتَّخِذُونَ الْكَافِرِينَ أَوْلِيَاءَ مِن دُونِ الْمُؤْمِنِينَ ۚ **أَيَبْتَغُونَ** عِندَهُمُ الْعِزَّةَ فَإِنَّ الْعِزَّةَ لِلَّهِ جَمِيعًا
	أَيَّتُهَا **O caravan**/Traveller
12 يوسف 70	فَلَمَّا جَهَّزَهُم بِجَهَازِهِمْ جَعَلَ السِّقَايَةَ فِي رَحْلِ أَخِيهِ ثُمَّ أَذَّنَ مُؤَذِّنٌ **أَيَّتُهَا** الْعِيرُ إِنَّكُمْ لَسَارِقُونَ
89 الفجر 27	يَا **أَيَّتُهَا** النَّفْسُ الْمُطْمَئِنَّةُ
	أَيُحِبُّ **Would one of you like**
49 الحجرات 12	يَا أَيُّهَا الَّذِينَ آمَنُوا اجْتَنِبُوا كَثِيرًا مِّنَ الظَّنِّ إِنَّ بَعْضَ الظَّنِّ إِثْمٌ ۖ وَلَا تَجَسَّسُوا وَلَا يَغْتَب بَّعْضُكُم بَعْضًا ۚ **أَيُحِبُّ** أَحَدُكُمْ أَن يَأْكُلَ لَحْمَ أَخِيهِ مَيْتًا فَكَرِهْتُمُوهُ ۚ وَاتَّقُوا اللَّهَ ۚ إِنَّ اللَّهَ تَوَّابٌ رَّحِيمٌ
	أيحسب **Does** man **think that**
23 المؤمنون 55	**أَيَحْسَبُونَ** أَنَّمَا نُمِدُّهُم بِهِ مِن مَّالٍ وَبَنِينَ

75 القيامة 3		أَيَحْسَبُ الْإِنْسَانُ أَلَّن نَّجْمَعَ عِظَامَهُ
36		أَيَحْسَبُ الْإِنْسَانُ أَن يُتْرَكَ سُدًى
90 البلد 5		أَيَحْسَبُ أَن لَّن يَقْدِرَ عَلَيْهِ أَحَدٌ
7		أَيَحْسَبُ أَن لَّمْ يَرَهُ أَحَدٌ

بحث في مفردات القرآن الكريم

القسم الاول

	حرف ب	الاحرف أ-خ
	أ ب ت ث ج ح خ	

بَاءَ
brings upon himself the anger

2 البقرة 61		وَإِذْ قُلْتُمْ يَا مُوسَىٰ لَن نَّصْبِرَ عَلَىٰ طَعَامٍ وَاحِدٍ فَادْعُ لَنَا رَبَّكَ يُخْرِجْ لَنَا مِمَّا تُنبِتُ الْأَرْضُ مِن بَقْلِهَا وَقِثَّائِهَا وَفُومِهَا وَعَدَسِهَا وَبَصَلِهَا ۖ قَالَ أَتَسْتَبْدِلُونَ الَّذِي هُوَ أَدْنَىٰ بِالَّذِي هُوَ خَيْرٌ ۚ اهْبِطُوا مِصْرًا فَإِنَّ لَكُم مَّا سَأَلْتُمْ ۗ وَضُرِبَتْ عَلَيْهِمُ الذِّلَّةُ وَالْمَسْكَنَةُ **وَبَاءُوا** بِغَضَبٍ مِّنَ اللَّهِ ۗ ذَٰلِكَ بِأَنَّهُمْ كَانُوا يَكْفُرُونَ بِآيَاتِ اللَّهِ وَيَقْتُلُونَ النَّبِيِّينَ بِغَيْرِ الْحَقِّ ۗ ذَٰلِكَ بِمَا عَصَوا وَّكَانُوا يَعْتَدُونَ
90		بِئْسَمَا اشْتَرَوْا بِهِ أَنفُسَهُمْ أَن يَكْفُرُوا بِمَا أَنزَلَ اللَّهُ بَغْيًا أَن يُنَزِّلَ اللَّهُ مِن فَضْلِهِ عَلَىٰ مَن يَشَاءُ مِنْ عِبَادِهِ ۖ **فَبَاءُوا** بِغَضَبٍ عَلَىٰ غَضَبٍ ۚ وَلِلْكَافِرِينَ عَذَابٌ مُّهِينٌ

3 آل عمران 112	ضُرِبَتْ عَلَيْهِمُ الذِّلَّةُ أَيْنَ مَا ثُقِفُوا إِلَّا بِحَبْلٍ مِّنَ اللَّهِ وَحَبْلٍ مِّنَ النَّاسِ وَبَاءُوا بِغَضَبٍ مِّنَ اللَّهِ وَضُرِبَتْ عَلَيْهِمُ الْمَسْكَنَةُ ۚ ذَٰلِكَ بِأَنَّهُمْ كَانُوا يَكْفُرُونَ بِآيَاتِ اللَّهِ وَيَقْتُلُونَ الْأَنبِيَاءَ بِغَيْرِ حَقٍّ ۚ ذَٰلِكَ بِمَا عَصَوا وَّكَانُوا يَعْتَدُونَ
162	أَفَمَنِ اتَّبَعَ رِضْوَانَ اللَّهِ كَمَن بَاءَ بِسَخَطٍ مِّنَ اللَّهِ وَمَأْوَاهُ جَهَنَّمُ ۚ وَبِئْسَ الْمَصِيرُ
8 الأنفال 16	وَمَن يُوَلِّهِمْ يَوْمَئِذٍ دُبُرَهُ إِلَّا مُتَحَرِّفًا لِّقِتَالٍ أَوْ مُتَحَيِّزًا إِلَىٰ فِئَةٍ فَقَدْ بَاءَ بِغَضَبٍ مِّنَ اللَّهِ وَمَأْوَاهُ جَهَنَّمُ ۖ وَبِئْسَ الْمَصِيرُ

بَاخِعٌ
kill yourself through grief

18 الكهف 6	فَلَعَلَّكَ بَاخِعٌ نَّفْسَكَ عَلَىٰ آثَارِهِمْ إِن لَّمْ يُؤْمِنُوا بِهَٰذَا الْحَدِيثِ أَسَفًا
26 الشعراء 3	لَعَلَّكَ بَاخِعٌ نَّفْسَكَ أَلَّا يَكُونُوا مُؤْمِنِينَ

بَارِدٌ
Cool

38 ص 42	ارْكُضْ بِرِجْلِكَ ۖ هَٰذَا مُغْتَسَلٌ بَارِدٌ وَشَرَابٌ
56 الواقعة 44	لَّا بَارِدٍ وَلَا كَرِيمٍ

بَارِزَةً
prominent

18 الكهف 47	وَيَوْمَ نُسَيِّرُ الْجِبَالَ وَتَرَى الْأَرْضَ بَارِزَةً وَحَشَرْنَاهُمْ فَلَمْ نُغَادِرْ مِنْهُمْ أَحَدًا

بَارِزُونَ
They are prominent

40 غافر 16	يَوْمَ هُم **بَارِزُونَ** ۖ لَا يَخْفَىٰ عَلَى اللَّهِ مِنْهُمْ شَيْءٌ ۚ لِّمَنِ الْمُلْكُ الْيَوْمَ ۖ لِلَّهِ الْوَاحِدِ الْقَهَّارِ
	بَارَكْنَا Exalted is He who took His Servant by night from al-Masjid al-Haram to al-Masjid al-Aqsa, whose surroundings We have **blessed,** to show him of Our signs. Indeed, He is the Hearing, the Seeing
7 الأعراف 137	وَأَوْرَثْنَا الْقَوْمَ الَّذِينَ كَانُوا يُسْتَضْعَفُونَ مَشَارِقَ الْأَرْضِ وَمَغَارِبَهَا الَّتِي **بَارَكْنَا** فِيهَا ۖ وَتَمَّتْ كَلِمَتُ رَبِّكَ الْحُسْنَىٰ عَلَىٰ بَنِي إِسْرَائِيلَ بِمَا صَبَرُوا ۖ وَدَمَّرْنَا مَا كَانَ يَصْنَعُ فِرْعَوْنُ وَقَوْمُهُ وَمَا كَانُوا يَعْرِشُونَ
17 الإسراء 1	**سُبْحَانَ الَّذِي أَسْرَىٰ بِعَبْدِهِ لَيْلًا مِّنَ الْمَسْجِدِ الْحَرَامِ إِلَى الْمَسْجِدِ الْأَقْصَى الَّذِي بَارَكْنَا حَوْلَهُ لِنُرِيَهُ مِنْ آيَاتِنَا ۚ إِنَّهُ هُوَ السَّمِيعُ الْبَصِيرُ**
21 الأنبياء 71	وَنَجَّيْنَاهُ وَلُوطًا إِلَى الْأَرْضِ الَّتِي **بَارَكْنَا** فِيهَا لِلْعَالَمِينَ
81	وَلِسُلَيْمَانَ الرِّيحَ عَاصِفَةً تَجْرِي بِأَمْرِهِ إِلَى الْأَرْضِ الَّتِي **بَارَكْنَا** فِيهَا ۚ وَكُنَّا بِكُلِّ شَيْءٍ عَالِمِينَ
34 سبإ 18	وَجَعَلْنَا بَيْنَهُمْ وَبَيْنَ الْقُرَى الَّتِي **بَارَكْنَا** فِيهَا قُرًى ظَاهِرَةً وَقَدَّرْنَا فِيهَا السَّيْرَ ۖ سِيرُوا فِيهَا لَيَالِيَ وَأَيَّامًا آمِنِينَ
37 الصافات 113	**وَبَارَكْنَا** عَلَيْهِ وَعَلَىٰ إِسْحَاقَ ۚ وَمِن ذُرِّيَّتِهِمَا مُحْسِنٌ وَظَالِمٌ لِّنَفْسِهِ مُبِينٌ
	الْبَارِئُ **the Inventor**
59 الحشر 24	هُوَ اللَّهُ الْخَالِقُ **الْبَارِئُ** الْمُصَوِّرُ ۖ لَهُ الْأَسْمَاءُ الْحُسْنَىٰ ۚ يُسَبِّحُ لَهُ مَا فِي السَّمَاوَاتِ وَالْأَرْضِ ۖ وَهُوَ الْعَزِيزُ الْحَكِيمُ
	بَارِئِكُمْ **your Creator**

2 البقرة 54	وَإِذْ قَالَ مُوسَىٰ لِقَوْمِهِ يَا قَوْمِ إِنَّكُمْ ظَلَمْتُمْ أَنفُسَكُم بِاتِّخَاذِكُمُ الْعِجْلَ فَتُوبُوا إِلَىٰ **بَارِئِكُمْ** فَاقْتُلُوا أَنفُسَكُمْ ذَٰلِكُمْ خَيْرٌ لَّكُمْ عِندَ **بَارِئِكُمْ** فَتَابَ عَلَيْكُمْ ۚ إِنَّهُ هُوَ التَّوَّابُ الرَّحِيمُ	

بَازِغًا/ بَازِغَةً
Rising

6 الأنعام 77	فَلَمَّا رَأَى الْقَمَرَ **بَازِغًا** قَالَ هَٰذَا رَبِّي ۖ فَلَمَّا أَفَلَ قَالَ لَئِن لَّمْ يَهْدِنِي رَبِّي لَأَكُونَنَّ مِنَ الْقَوْمِ الضَّالِّينَ	
78	فَلَمَّا رَأَى الشَّمْسَ **بَازِغَةً** قَالَ هَٰذَا رَبِّي هَٰذَا أَكْبَرُ ۖ فَلَمَّا أَفَلَتْ قَالَ يَا قَوْمِ إِنِّي بَرِيءٌ مِّمَّا تُشْرِكُونَ	

بَاسِطٌ/ بَسَطتَ/ بَاسِطُو
stretched

5 المائدة 28	لَئِن **بَسَطتَ** إِلَيَّ يَدَكَ لِتَقْتُلَنِي مَا أَنَا **بِبَاسِطٍ** يَدِيَ إِلَيْكَ لِأَقْتُلَكَ ۖ إِنِّي أَخَافُ اللَّهَ رَبَّ الْعَالَمِينَ	
6 الأنعام 93	وَمَنْ أَظْلَمُ مِمَّنِ افْتَرَىٰ عَلَى اللَّهِ كَذِبًا أَوْ قَالَ أُوحِيَ إِلَيَّ وَلَمْ يُوحَ إِلَيْهِ شَيْءٌ وَمَن قَالَ سَأُنزِلُ مِثْلَ مَا أَنزَلَ اللَّهُ ۗ وَلَوْ تَرَىٰ إِذِ الظَّالِمُونَ فِي غَمَرَاتِ الْمَوْتِ وَالْمَلَائِكَةُ **بَاسِطُو** أَيْدِيهِمْ أَخْرِجُوا أَنفُسَكُمُ ۖ الْيَوْمَ تُجْزَوْنَ عَذَابَ الْهُونِ بِمَا كُنتُمْ تَقُولُونَ عَلَى اللَّهِ غَيْرَ الْحَقِّ وَكُنتُمْ عَنْ آيَاتِهِ تَسْتَكْبِرُونَ	
13 الرعد 14	لَهُ دَعْوَةُ الْحَقِّ ۖ وَالَّذِينَ يَدْعُونَ مِن دُونِهِ لَا يَسْتَجِيبُونَ لَهُم بِشَيْءٍ إِلَّا **كَبَاسِطِ** كَفَّيْهِ إِلَى الْمَاءِ لِيَبْلُغَ فَاهُ وَمَا هُوَ بِبَالِغِهِ ۚ وَمَا دُعَاءُ الْكَافِرِينَ إِلَّا فِي ضَلَالٍ	
18 الكهف 18	وَتَحْسَبُهُمْ أَيْقَاظًا وَهُمْ رُقُودٌ ۚ وَنُقَلِّبُهُمْ ذَاتَ الْيَمِينِ وَذَاتَ الشِّمَالِ ۖ وَكَلْبُهُم **بَاسِطٌ** ذِرَاعَيْهِ بِالْوَصِيدِ ۚ لَوِ اطَّلَعْتَ عَلَيْهِمْ لَوَلَّيْتَ مِنْهُمْ فِرَارًا وَلَمُلِئْتَ مِنْهُمْ رُعْبًا	

بَاسِقَاتٍ
Lofty/high up

50 ق 10	وَالنَّخْلَ بَاسِقَاتٍ لَّهَا طَلْعٌ نَّضِيدٌ

بِاسْمِ
name

2 البقرة 31	وَعَلَّمَ آدَمَ الْأَسْمَاءَ كُلَّهَا ثُمَّ عَرَضَهُمْ عَلَى الْمَلَائِكَةِ فَقَالَ أَنبِئُونِي بِأَسْمَاءِ هَٰؤُلَاءِ إِن كُنتُمْ صَادِقِينَ
33	قَالَ يَا آدَمُ أَنبِئْهُم بِأَسْمَائِهِمْ ۖ فَلَمَّا أَنبَأَهُم بِأَسْمَائِهِمْ قَالَ أَلَمْ أَقُل لَّكُمْ إِنِّي أَعْلَمُ غَيْبَ السَّمَاوَاتِ وَالْأَرْضِ وَأَعْلَمُ مَا تُبْدُونَ وَمَا كُنتُمْ تَكْتُمُونَ
56 الواقعة 74	فَسَبِّحْ بِاسْمِ رَبِّكَ الْعَظِيمِ
96	فَسَبِّحْ بِاسْمِ رَبِّكَ الْعَظِيمِ
69 الحاقة 52	فَسَبِّحْ بِاسْمِ رَبِّكَ الْعَظِيمِ
96 العلق 1	اقْرَأْ بِاسْمِ رَبِّكَ الَّذِي خَلَقَ

بَاشِرُوهُنَّ
have relations

2 البقرة 187	أُحِلَّ لَكُمْ لَيْلَةَ الصِّيَامِ الرَّفَثُ إِلَىٰ نِسَائِكُمْ ۚ هُنَّ لِبَاسٌ لَّكُمْ وَأَنتُمْ لِبَاسٌ لَّهُنَّ ۗ عَلِمَ اللَّهُ أَنَّكُمْ كُنتُمْ تَخْتَانُونَ أَنفُسَكُمْ فَتَابَ عَلَيْكُمْ وَعَفَا عَنكُمْ ۖ فَالْآنَ بَاشِرُوهُنَّ وَابْتَغُوا مَا كَتَبَ اللَّهُ لَكُمْ ۚ وَكُلُوا وَاشْرَبُوا حَتَّىٰ يَتَبَيَّنَ لَكُمُ الْخَيْطُ الْأَبْيَضُ مِنَ الْخَيْطِ الْأَسْوَدِ مِنَ الْفَجْرِ ۖ ثُمَّ أَتِمُّوا الصِّيَامَ إِلَى اللَّيْلِ ۚ وَلَا تُبَاشِرُوهُنَّ وَأَنتُمْ عَاكِفُونَ فِي الْمَسَاجِدِ ۗ تِلْكَ حُدُودُ اللَّهِ فَلَا تَقْرَبُوهَا ۗ كَذَٰلِكَ يُبَيِّنُ اللَّهُ آيَاتِهِ لِلنَّاسِ لَعَلَّهُمْ يَتَّقُونَ

بَاطِلًا
aimlessly

3 آل عمران 191	الَّذِينَ يَذْكُرُونَ اللَّهَ قِيَامًا وَقُعُودًا وَعَلَىٰ جُنُوبِهِمْ وَيَتَفَكَّرُونَ فِي خَلْقِ السَّمَاوَاتِ وَالْأَرْضِ رَبَّنَا مَا خَلَقْتَ هَٰذَا بَاطِلًا سُبْحَانَكَ فَقِنَا عَذَابَ النَّارِ

38 ص 27	وَمَا خَلَقْنَا السَّمَاءَ وَالْأَرْضَ وَمَا بَيْنَهُمَا **بَاطِلًا** ۚ ذَٰلِكَ ظَنُّ الَّذِينَ كَفَرُوا ۚ فَوَيْلٌ لِّلَّذِينَ كَفَرُوا مِنَ النَّارِ	

بَاطِل
Worthless/falsehood

2 البقرة 42	وَلَا تَلْبِسُوا الْحَقَّ **بِالْبَاطِلِ** وَتَكْتُمُوا الْحَقَّ وَأَنتُمْ تَعْلَمُونَ
188	وَلَا تَأْكُلُوا أَمْوَالَكُم بَيْنَكُم **بِالْبَاطِلِ** وَتُدْلُوا بِهَا إِلَى الْحُكَّامِ لِتَأْكُلُوا فَرِيقًا مِّنْ أَمْوَالِ النَّاسِ بِالْإِثْمِ وَأَنتُمْ تَعْلَمُونَ
3 آل عمران 71	يَا أَهْلَ الْكِتَابِ لِمَ تَلْبِسُونَ الْحَقَّ **بِالْبَاطِلِ** وَتَكْتُمُونَ الْحَقَّ وَأَنتُمْ تَعْلَمُونَ
4 النساء 29	يَا أَيُّهَا الَّذِينَ آمَنُوا لَا تَأْكُلُوا أَمْوَالَكُم بَيْنَكُم **بِالْبَاطِلِ** إِلَّا أَن تَكُونَ تِجَارَةً عَن تَرَاضٍ مِّنكُمْ ۚ وَلَا تَقْتُلُوا أَنفُسَكُمْ ۚ إِنَّ اللَّهَ كَانَ بِكُمْ رَحِيمًا
161	وَأَخْذِهِمُ الرِّبَا وَقَدْ نُهُوا عَنْهُ وَأَكْلِهِمْ أَمْوَالَ النَّاسِ **بِالْبَاطِلِ** ۚ وَأَعْتَدْنَا لِلْكَافِرِينَ مِنْهُمْ عَذَابًا أَلِيمًا
7 الأعراف 139	إِنَّ هَٰؤُلَاءِ مُتَبَّرٌ مَّا هُمْ فِيهِ **وَبَاطِلٌ** مَّا كَانُوا يَعْمَلُونَ
8 الأنفال 8	لِيُحِقَّ الْحَقَّ وَيُبْطِلَ **الْبَاطِلَ** وَلَوْ كَرِهَ الْمُجْرِمُونَ
9 التوبة 34	۞ يَا أَيُّهَا الَّذِينَ آمَنُوا إِنَّ كَثِيرًا مِّنَ الْأَحْبَارِ وَالرُّهْبَانِ لَيَأْكُلُونَ أَمْوَالَ النَّاسِ **بِالْبَاطِلِ** وَيَصُدُّونَ عَن سَبِيلِ اللَّهِ ۗ وَالَّذِينَ يَكْنِزُونَ الذَّهَبَ وَالْفِضَّةَ وَلَا يُنفِقُونَهَا فِي سَبِيلِ اللَّهِ فَبَشِّرْهُم بِعَذَابٍ أَلِيمٍ
11 هود 16	أُولَٰئِكَ الَّذِينَ لَيْسَ لَهُمْ فِي الْآخِرَةِ إِلَّا النَّارُ ۖ وَحَبِطَ مَا صَنَعُوا فِيهَا **وَبَاطِلٌ** مَّا كَانُوا يَعْمَلُونَ
13 الرعد 17	أَنزَلَ مِنَ السَّمَاءِ مَاءً فَسَالَتْ أَوْدِيَةٌ بِقَدَرِهَا فَاحْتَمَلَ السَّيْلُ زَبَدًا رَّابِيًا ۚ وَمِمَّا يُوقِدُونَ عَلَيْهِ فِي النَّارِ ابْتِغَاءَ حِلْيَةٍ أَوْ مَتَاعٍ زَبَدٌ مِّثْلُهُ ۚ كَذَٰلِكَ يَضْرِبُ اللَّهُ الْحَقَّ **وَالْبَاطِلَ** ۚ فَأَمَّا الزَّبَدُ فَيَذْهَبُ

	جُفَاءً ۖ وَأَمَّا مَا يَنفَعُ النَّاسَ فَيَمْكُثُ فِي الْأَرْضِ ۚ كَذَٰلِكَ يَضْرِبُ اللَّهُ الْأَمْثَالَ
16 النحل 72	وَاللَّهُ جَعَلَ لَكُم مِّنْ أَنفُسِكُمْ أَزْوَاجًا وَجَعَلَ لَكُم مِّنْ أَزْوَاجِكُم بَنِينَ وَحَفَدَةً وَرَزَقَكُم مِّنَ الطَّيِّبَاتِ ۚ **أَفَبِالْبَاطِلِ** يُؤْمِنُونَ وَبِنِعْمَتِ اللَّهِ هُمْ يَكْفُرُونَ
17 الإسراء 81	وَقُلْ جَاءَ الْحَقُّ وَزَهَقَ **الْبَاطِلُ** ۚ إِنَّ **الْبَاطِلَ** كَانَ زَهُوقًا
18 الكهف 56	وَمَا نُرْسِلُ الْمُرْسَلِينَ إِلَّا مُبَشِّرِينَ وَمُنذِرِينَ ۚ وَيُجَادِلُ الَّذِينَ كَفَرُوا **بِالْبَاطِلِ** لِيُدْحِضُوا بِهِ الْحَقَّ ۖ وَاتَّخَذُوا آيَاتِي وَمَا أُنذِرُوا هُزُوًا
21 الأنبياء 18	بَلْ نَقْذِفُ بِالْحَقِّ عَلَى **الْبَاطِلِ** فَيَدْمَغُهُ فَإِذَا هُوَ زَاهِقٌ ۚ وَلَكُمُ الْوَيْلُ مِمَّا تَصِفُونَ
22 الحج 63	ذَٰلِكَ بِأَنَّ اللَّهَ هُوَ الْحَقُّ وَأَنَّ مَا يَدْعُونَ مِن دُونِهِ هُوَ **الْبَاطِلُ** وَأَنَّ اللَّهَ هُوَ الْعَلِيُّ الْكَبِيرُ
29 العنكبوت 52	قُلْ كَفَىٰ بِاللَّهِ بَيْنِي وَبَيْنَكُمْ شَهِيدًا ۖ يَعْلَمُ مَا فِي السَّمَاوَاتِ وَالْأَرْضِ ۗ وَالَّذِينَ آمَنُوا **بِالْبَاطِلِ** وَكَفَرُوا بِاللَّهِ أُولَٰئِكَ هُمُ الْخَاسِرُونَ
67	أَوَلَمْ يَرَوْا أَنَّا جَعَلْنَا حَرَمًا آمِنًا وَيُتَخَطَّفُ النَّاسُ مِنْ حَوْلِهِمْ ۚ **أَفَبِالْبَاطِلِ** يُؤْمِنُونَ وَبِنِعْمَةِ اللَّهِ يَكْفُرُونَ
31 لقمان 30	ذَٰلِكَ بِأَنَّ اللَّهَ هُوَ الْحَقُّ وَأَنَّ مَا يَدْعُونَ مِن دُونِهِ **الْبَاطِلُ** وَأَنَّ اللَّهَ هُوَ الْعَلِيُّ الْكَبِيرُ
34 سبإ 49	قُلْ جَاءَ الْحَقُّ وَمَا يُبْدِئُ **الْبَاطِلُ** وَمَا يُعِيدُ
40 غافر 5	كَذَّبَتْ قَبْلَهُمْ قَوْمُ نُوحٍ وَالْأَحْزَابُ مِن بَعْدِهِمْ ۖ وَهَمَّتْ كُلُّ أُمَّةٍ بِرَسُولِهِمْ لِيَأْخُذُوهُ ۖ وَجَادَلُوا **بِالْبَاطِلِ** لِيُدْحِضُوا بِهِ الْحَقَّ فَأَخَذْتُهُمْ ۖ فَكَيْفَ كَانَ عِقَابِ
41 فصلت 42	لَّا يَأْتِيهِ **الْبَاطِلُ** مِن بَيْنِ يَدَيْهِ وَلَا مِنْ خَلْفِهِ ۖ تَنزِيلٌ مِّنْ حَكِيمٍ حَمِيدٍ

42 الشورى 24	أَمْ يَقُولُونَ افْتَرَىٰ عَلَى اللَّهِ كَذِبًا ۖ فَإِن يَشَإِ اللَّهُ يَخْتِمْ عَلَىٰ قَلْبِكَ ۗ وَيَمْحُ اللَّهُ **الْبَاطِلَ** وَيُحِقُّ الْحَقَّ بِكَلِمَاتِهِ ۚ إِنَّهُ عَلِيمٌ بِذَاتِ الصُّدُورِ
47 محمد 3	ذَٰلِكَ بِأَنَّ الَّذِينَ كَفَرُوا اتَّبَعُوا **الْبَاطِلَ** وَأَنَّ الَّذِينَ آمَنُوا اتَّبَعُوا الْحَقَّ مِن رَّبِّهِمْ ۚ كَذَٰلِكَ يَضْرِبُ اللَّهُ لِلنَّاسِ أَمْثَالَهُمْ
	الباطن **The Intimate/could not be seen/ Concealed/**
57 الحديد 3	هُوَ الْأَوَّلُ وَالْآخِرُ وَالظَّاهِرُ **وَالْبَاطِنُ** ۖ وَهُوَ بِكُلِّ شَيْءٍ عَلِيمٌ
	بَاطِنَهُ **concealed**
6 الأنعام 120	وَذَرُوا ظَاهِرَ الْإِثْمِ **وَبَاطِنَهُ** ۚ إِنَّ الَّذِينَ يَكْسِبُونَ الْإِثْمَ سَيُجْزَوْنَ بِمَا كَانُوا يَقْتَرِفُونَ
57 الحديد 13	يَوْمَ يَقُولُ الْمُنَافِقُونَ وَالْمُنَافِقَاتُ لِلَّذِينَ آمَنُوا انظُرُونَا نَقْتَبِسْ مِن نُّورِكُمْ قِيلَ ارْجِعُوا وَرَاءَكُمْ فَالْتَمِسُوا نُورًا فَضُرِبَ بَيْنَهُم بِسُورٍ لَّهُ بَابٌ **بَاطِنُهُ** فِيهِ الرَّحْمَةُ وَظَاهِرُهُ مِن قِبَلِهِ الْعَذَابُ
	بَاعِدْ **lengthen the distance**
34 سبإ 19	فَقَالُوا رَبَّنَا **بَاعِدْ** بَيْنَ أَسْفَارِنَا وَظَلَمُوا أَنفُسَهُمْ فَجَعَلْنَاهُمْ أَحَادِيثَ وَمَزَّقْنَاهُمْ كُلَّ مُمَزَّقٍ ۚ إِنَّ فِي ذَٰلِكَ لَآيَاتٍ لِّكُلِّ صَبَّارٍ شَكُورٍ
	بَاغٍ **desiring**
2 البقرة 173	إِنَّمَا حَرَّمَ عَلَيْكُمُ الْمَيْتَةَ وَالدَّمَ وَلَحْمَ الْخِنزِيرِ وَمَا أُهِلَّ بِهِ لِغَيْرِ اللَّهِ ۖ فَمَنِ اضْطُرَّ غَيْرَ **بَاغٍ** وَلَا عَادٍ فَلَا إِثْمَ عَلَيْهِ ۚ إِنَّ اللَّهَ غَفُورٌ رَّحِيمٌ

6 الأنعام 145	قُل لَّا أَجِدُ فِي مَا أُوحِيَ إِلَيَّ مُحَرَّمًا عَلَىٰ طَاعِمٍ يَطْعَمُهُ إِلَّا أَن يَكُونَ مَيْتَةً أَوْ دَمًا مَّسْفُوحًا أَوْ لَحْمَ خِنزِيرٍ فَإِنَّهُ رِجْسٌ أَوْ فِسْقًا أُهِلَّ لِغَيْرِ اللَّهِ بِهِ ۚ فَمَنِ اضْطُرَّ غَيْرَ بَاغٍ وَلَا عَادٍ فَإِنَّ رَبَّكَ غَفُورٌ رَّحِيمٌ
16 النحل 115	إِنَّمَا حَرَّمَ عَلَيْكُمُ الْمَيْتَةَ وَالدَّمَ وَلَحْمَ الْخِنزِيرِ وَمَا أُهِلَّ لِغَيْرِ اللَّهِ بِهِ ۖ فَمَنِ اضْطُرَّ غَيْرَ بَاغٍ وَلَا عَادٍ فَإِنَّ اللَّهَ غَفُورٌ رَّحِيمٌ

الباقي

the remaining ones

18 الكهف 46	الْمَالُ وَالْبَنُونَ زِينَةُ الْحَيَاةِ الدُّنْيَا ۖ وَالْبَاقِيَاتُ الصَّالِحَاتُ خَيْرٌ عِندَ رَبِّكَ ثَوَابًا وَخَيْرٌ أَمَلًا
19 مريم 76	وَيَزِيدُ اللَّهُ الَّذِينَ اهْتَدَوْا هُدًى ۗ وَالْبَاقِيَاتُ الصَّالِحَاتُ خَيْرٌ عِندَ رَبِّكَ ثَوَابًا وَخَيْرٌ مَّرَدًّا
26 الشعراء 120	ثُمَّ أَغْرَقْنَا بَعْدُ الْبَاقِينَ
37 الصافات 77	وَجَعَلْنَا ذُرِّيَّتَهُ هُمُ الْبَاقِينَ

بالغ

delivered to

5 المائدة 95	يَا أَيُّهَا الَّذِينَ آمَنُوا لَا تَقْتُلُوا الصَّيْدَ وَأَنتُمْ حُرُمٌ ۚ وَمَن قَتَلَهُ مِنكُم مُّتَعَمِّدًا فَجَزَاءٌ مِّثْلُ مَا قَتَلَ مِنَ النَّعَمِ يَحْكُمُ بِهِ ذَوَا عَدْلٍ مِّنكُمْ هَدْيًا **بَالِغَ الْكَعْبَةِ** أَوْ كَفَّارَةٌ طَعَامُ مَسَاكِينَ أَوْ عَدْلُ ذَٰلِكَ صِيَامًا لِّيَذُوقَ وَبَالَ أَمْرِهِ ۗ عَفَا اللَّهُ عَمَّا سَلَفَ ۚ وَمَنْ عَادَ فَيَنتَقِمُ اللَّهُ مِنْهُ ۗ وَاللَّهُ عَزِيزٌ ذُو انتِقَامٍ
6 الأنعام 149	قُلْ فَلِلَّهِ الْحُجَّةُ **الْبَالِغَةُ** ۖ فَلَوْ شَاءَ لَهَدَاكُمْ أَجْمَعِينَ
7 الأعراف 135	فَلَمَّا كَشَفْنَا عَنْهُمُ الرِّجْزَ إِلَىٰ أَجَلٍ هُم **بَالِغُوهُ** إِذَا هُمْ يَنكُثُونَ

13 الرعد 14	لَهُ دَعْوَةُ الْحَقِّ ۖ وَالَّذِينَ يَدْعُونَ مِن دُونِهِ لَا يَسْتَجِيبُونَ لَهُم بِشَيْءٍ إِلَّا كَبَاسِطِ كَفَّيْهِ إِلَى الْمَاءِ **لِيَبْلُغَ** فَاهُ وَمَا هُوَ **بِبَالِغِهِ** ۚ وَمَا دُعَاءُ الْكَافِرِينَ إِلَّا فِي ضَلَالٍ
16 النحل 7	وَتَحْمِلُ أَثْقَالَكُمْ إِلَىٰ بَلَدٍ لَّمْ تَكُونُوا **بَالِغِيهِ** إِلَّا بِشِقِّ الْأَنفُسِ ۚ إِنَّ رَبَّكُمْ لَرَءُوفٌ رَّحِيمٌ
40 غافر 56	إِنَّ الَّذِينَ يُجَادِلُونَ فِي آيَاتِ اللَّهِ بِغَيْرِ سُلْطَانٍ أَتَاهُمْ ۙ إِن فِي صُدُورِهِمْ إِلَّا كِبْرٌ مَّا هُم **بِبَالِغِيهِ** ۚ فَاسْتَعِذْ بِاللَّهِ ۖ إِنَّهُ هُوَ السَّمِيعُ الْبَصِيرُ
54 القمر 5	حِكْمَةٌ **بَالِغَةٌ** ۖ فَمَا تُغْنِ النُّذُرُ
65 الطلاق 3	وَيَرْزُقْهُ مِنْ حَيْثُ لَا يَحْتَسِبُ ۚ وَمَن يَتَوَكَّلْ عَلَى اللَّهِ فَهُوَ حَسْبُهُ ۚ إِنَّ اللَّهَ **بَالِغُ** أَمْرِهِ ۚ قَدْ جَعَلَ اللَّهُ لِكُلِّ شَيْءٍ قَدْرًا
68 القلم 39	أَمْ لَكُمْ أَيْمَانٌ عَلَيْنَا **بَالِغَةٌ** إِلَىٰ يَوْمِ الْقِيَامَةِ ۙ إِنَّ لَكُمْ لَمَا تَحْكُمُونَ
	بَايَعْتُم/ بَيْعِكُمْ/ تَبَايَعْتُمْ **transaction**
2 البقرة 282	يَا أَيُّهَا الَّذِينَ آمَنُوا إِذَا تَدَايَنتُم بِدَيْنٍ إِلَىٰ أَجَلٍ مُّسَمًّى فَاكْتُبُوهُ ۚ وَلْيَكْتُب بَّيْنَكُمْ كَاتِبٌ بِالْعَدْلِ ۚ وَلَا يَأْبَ كَاتِبٌ أَن يَكْتُبَ كَمَا عَلَّمَهُ اللَّهُ ۚ فَلْيَكْتُبْ وَلْيُمْلِلِ الَّذِي عَلَيْهِ الْحَقُّ وَلْيَتَّقِ اللَّهَ رَبَّهُ وَلَا يَبْخَسْ مِنْهُ شَيْئًا ۚ فَإِن كَانَ الَّذِي عَلَيْهِ الْحَقُّ سَفِيهًا أَوْ ضَعِيفًا أَوْ لَا يَسْتَطِيعُ أَن يُمِلَّ هُوَ فَلْيُمْلِلْ وَلِيُّهُ بِالْعَدْلِ ۚ وَاسْتَشْهِدُوا شَهِيدَيْنِ مِن رِّجَالِكُمْ ۖ فَإِن لَّمْ يَكُونَا رَجُلَيْنِ فَرَجُلٌ وَامْرَأَتَانِ مِمَّن تَرْضَوْنَ مِنَ الشُّهَدَاءِ أَن تَضِلَّ إِحْدَاهُمَا فَتُذَكِّرَ إِحْدَاهُمَا الْأُخْرَىٰ ۚ وَلَا يَأْبَ الشُّهَدَاءُ إِذَا مَا دُعُوا ۚ وَلَا تَسْأَمُوا أَن تَكْتُبُوهُ صَغِيرًا أَوْ كَبِيرًا إِلَىٰ أَجَلِهِ ۚ ذَٰلِكُمْ أَقْسَطُ عِندَ اللَّهِ وَأَقْوَمُ لِلشَّهَادَةِ وَأَدْنَىٰ أَلَّا تَرْتَابُوا ۖ إِلَّا أَن تَكُونَ تِجَارَةً حَاضِرَةً تُدِيرُونَهَا بَيْنَكُمْ فَلَيْسَ عَلَيْكُمْ جُنَاحٌ أَلَّا تَكْتُبُوهَا ۗ وَأَشْهِدُوا إِذَا **تَبَايَعْتُمْ** ۚ وَلَا يُضَارَّ كَاتِبٌ وَلَا شَهِيدٌ ۚ وَإِن تَفْعَلُوا فَإِنَّهُ فُسُوقٌ بِكُمْ ۗ وَاتَّقُوا اللَّهَ ۖ وَيُعَلِّمُكُمُ اللَّهُ ۗ وَاللَّهُ بِكُلِّ شَيْءٍ عَلِيمٌ
9 التوبة 111	۞ إِنَّ اللَّهَ اشْتَرَىٰ مِنَ الْمُؤْمِنِينَ أَنفُسَهُمْ وَأَمْوَالَهُم بِأَنَّ لَهُمُ الْجَنَّةَ ۚ يُقَاتِلُونَ فِي سَبِيلِ اللَّهِ فَيَقْتُلُونَ وَيُقْتَلُونَ ۖ وَعْدًا عَلَيْهِ حَقًّا فِي

	التَّوْرَاةِ وَالْإِنجِيلِ وَالْقُرْآنِ ۚ وَمَنْ أَوْفَىٰ بِعَهْدِهِ مِنَ اللَّهِ ۚ **فَاسْتَبْشِرُوا بِبَيْعِكُمُ** الَّذِي **بَايَعْتُم** بِهِ ۚ وَذَٰلِكَ هُوَ الْفَوْزُ الْعَظِيمُ
	بِحَمْدِ **with praise**
2 البقرة 30	وَإِذْ قَالَ رَبُّكَ لِلْمَلَائِكَةِ إِنِّي جَاعِلٌ فِي الْأَرْضِ خَلِيفَةً ۖ قَالُوا أَتَجْعَلُ فِيهَا مَن يُفْسِدُ فِيهَا وَيَسْفِكُ الدِّمَاءَ وَنَحْنُ نُسَبِّحُ **بِحَمْدِكَ** وَنُقَدِّسُ لَكَ ۖ قَالَ إِنِّي أَعْلَمُ مَا لَا تَعْلَمُونَ
13 الرعد 13	وَيُسَبِّحُ الرَّعْدُ **بِحَمْدِهِ** وَالْمَلَائِكَةُ مِنْ خِيفَتِهِ وَيُرْسِلُ الصَّوَاعِقَ فَيُصِيبُ بِهَا مَن يَشَاءُ وَهُمْ يُجَادِلُونَ فِي اللَّهِ وَهُوَ شَدِيدُ الْمِحَالِ
15 الحجر 98	فَسَبِّحْ **بِحَمْدِ** رَبِّكَ وَكُن مِّنَ السَّاجِدِينَ
17 الإسراء 44	تُسَبِّحُ لَهُ السَّمَاوَاتُ السَّبْعُ وَالْأَرْضُ وَمَن فِيهِنَّ ۚ وَإِن مِّن شَيْءٍ إِلَّا يُسَبِّحُ **بِحَمْدِهِ** وَلَٰكِن لَّا تَفْقَهُونَ تَسْبِيحَهُمْ ۗ إِنَّهُ كَانَ حَلِيمًا غَفُورًا
52	يَوْمَ يَدْعُوكُمْ فَتَسْتَجِيبُونَ **بِحَمْدِهِ** وَتَظُنُّونَ إِن لَّبِثْتُمْ إِلَّا قَلِيلًا
20 طه 130	فَاصْبِرْ عَلَىٰ مَا يَقُولُونَ وَسَبِّحْ **بِحَمْدِ** رَبِّكَ قَبْلَ طُلُوعِ الشَّمْسِ وَقَبْلَ غُرُوبِهَا ۖ وَمِنْ آنَاءِ اللَّيْلِ فَسَبِّحْ وَأَطْرَافَ النَّهَارِ لَعَلَّكَ تَرْضَىٰ
25 الفرقان 58	وَتَوَكَّلْ عَلَى الْحَيِّ الَّذِي لَا يَمُوتُ وَسَبِّحْ **بِحَمْدِهِ** ۚ وَكَفَىٰ بِهِ بِذُنُوبِ عِبَادِهِ خَبِيرًا
32 السجدة 15	إِنَّمَا يُؤْمِنُ بِآيَاتِنَا الَّذِينَ إِذَا ذُكِّرُوا بِهَا خَرُّوا سُجَّدًا وَسَبَّحُوا **بِحَمْدِ** رَبِّهِمْ وَهُمْ لَا يَسْتَكْبِرُونَ ۩
39 الزمر 75	وَتَرَى الْمَلَائِكَةَ حَافِّينَ مِنْ حَوْلِ الْعَرْشِ يُسَبِّحُونَ **بِحَمْدِ** رَبِّهِمْ ۖ وَقُضِيَ بَيْنَهُم بِالْحَقِّ وَقِيلَ الْحَمْدُ لِلَّهِ رَبِّ الْعَالَمِينَ
40 غافر 7	الَّذِينَ يَحْمِلُونَ الْعَرْشَ وَمَنْ حَوْلَهُ يُسَبِّحُونَ **بِحَمْدِ** رَبِّهِمْ وَيُؤْمِنُونَ بِهِ وَيَسْتَغْفِرُونَ لِلَّذِينَ آمَنُوا رَبَّنَا وَسِعْتَ كُلَّ شَيْءٍ رَّحْمَةً وَعِلْمًا فَاغْفِرْ لِلَّذِينَ تَابُوا وَاتَّبَعُوا سَبِيلَكَ وَقِهِمْ عَذَابَ الْجَحِيمِ
55	فَاصْبِرْ إِنَّ وَعْدَ اللَّهِ حَقٌّ وَاسْتَغْفِرْ لِذَنبِكَ وَسَبِّحْ **بِحَمْدِ** رَبِّكَ بِالْعَشِيِّ وَالْإِبْكَارِ

42 الشورى 5	تَكَادُ السَّمَاوَاتُ يَتَفَطَّرْنَ مِن فَوْقِهِنَّ ۚ وَالْمَلَائِكَةُ يُسَبِّحُونَ **بِحَمْدِ** رَبِّهِمْ وَيَسْتَغْفِرُونَ لِمَن فِي الْأَرْضِ ۗ أَلَا إِنَّ اللَّهَ هُوَ الْغَفُورُ الرَّحِيمُ
50 ق 39	فَاصْبِرْ عَلَىٰ مَا يَقُولُونَ وَسَبِّحْ **بِحَمْدِ** رَبِّكَ قَبْلَ طُلُوعِ الشَّمْسِ وَقَبْلَ الْغُرُوبِ
52 الطور 48	وَاصْبِرْ لِحُكْمِ رَبِّكَ فَإِنَّكَ بِأَعْيُنِنَا ۖ وَسَبِّحْ **بِحَمْدِ** رَبِّكَ حِينَ تَقُومُ
110 النصر 3	فَسَبِّحْ **بِحَمْدِ** رَبِّكَ وَاسْتَغْفِرْهُ ۚ إِنَّهُ كَانَ تَوَّابًا
	بِخَازِنِينَ **Retainers**
15 الحجر 22	وَأَرْسَلْنَا الرِّيَاحَ لَوَاقِحَ فَأَنزَلْنَا مِنَ السَّمَاءِ مَاءً فَأَسْقَيْنَاكُمُوهُ وَمَا أَنتُمْ لَهُ **بِخَازِنِينَ**
	بَخِلَ **withholds**
3 آل عمران 180	وَلَا يَحْسَبَنَّ الَّذِينَ **يَبْخَلُونَ** بِمَا آتَاهُمُ اللَّهُ مِن فَضْلِهِ هُوَ خَيْرًا لَّهُم ۖ بَلْ هُوَ شَرٌّ لَّهُمْ ۖ سَيُطَوَّقُونَ مَا **بَخِلُوا** بِهِ يَوْمَ الْقِيَامَةِ ۗ وَلِلَّهِ مِيرَاثُ السَّمَاوَاتِ وَالْأَرْضِ ۗ وَاللَّهُ بِمَا تَعْمَلُونَ خَبِيرٌ
4 النساء 37	الَّذِينَ **يَبْخَلُونَ** وَيَأْمُرُونَ النَّاسَ **بِالْبُخْلِ** وَيَكْتُمُونَ مَا آتَاهُمُ اللَّهُ مِن فَضْلِهِ ۗ وَأَعْتَدْنَا لِلْكَافِرِينَ عَذَابًا مُّهِينًا
9 التوبة 76	فَلَمَّا آتَاهُم مِّن فَضْلِهِ **بَخِلُوا** بِهِ وَتَوَلَّوا وَّهُم مُّعْرِضُونَ
47 محمد 37	إِن يَسْأَلْكُمُوهَا فَيُحْفِكُمْ **تَبْخَلُوا** وَيُخْرِجْ أَضْغَانَكُمْ
38	هَا أَنتُمْ هَٰؤُلَاءِ تُدْعَوْنَ لِتُنفِقُوا فِي سَبِيلِ اللَّهِ فَمِنكُم مَّن **يَبْخَلُ** ۖ وَمَن **يَبْخَلْ** فَإِنَّمَا **يَبْخَلُ** عَن نَّفْسِهِ ۚ وَاللَّهُ الْغَنِيُّ وَأَنتُمُ الْفُقَرَاءُ ۚ وَإِن تَتَوَلَّوْا يَسْتَبْدِلْ قَوْمًا غَيْرَكُمْ ثُمَّ لَا يَكُونُوا أَمْثَالَكُم
57 الحديد 24	الَّذِينَ **يَبْخَلُونَ** وَيَأْمُرُونَ النَّاسَ **بِالْبُخْلِ** ۗ وَمَن يَتَوَلَّ فَإِنَّ اللَّهَ هُوَ الْغَنِيُّ الْحَمِيدُ

92 الليل 8	وَأَمَّا مَن بَخِلَ وَاسْتَغْنَىٰ	

بَخِلُوا
[greedily] withhold

3 آل عمران 180	وَلَا يَحْسَبَنَّ الَّذِينَ يَبْخَلُونَ بِمَا آتَاهُمُ اللَّهُ مِن فَضْلِهِ هُوَ خَيْرًا لَّهُم ۖ بَلْ هُوَ شَرٌّ لَّهُمْ ۖ سَيُطَوَّقُونَ مَا بَخِلُوا بِهِ يَوْمَ الْقِيَامَةِ ۗ وَلِلَّهِ مِيرَاثُ السَّمَاوَاتِ وَالْأَرْضِ ۗ وَاللَّهُ بِمَا تَعْمَلُونَ خَبِيرٌ	
9 التوبة 76	فَلَمَّا آتَاهُم مِّن فَضْلِهِ بَخِلُوا بِهِ وَتَوَلَّوا وَّهُم مُّعْرِضُونَ	
47 محمد 37	إِن يَسْأَلْكُمُوهَا فَيُحْفِكُمْ تَبْخَلُوا وَيُخْرِجْ أَضْغَانَكُمْ	

بِخُمُرِهِنَّ
headcovers

24 النور 31	وَقُل لِّلْمُؤْمِنَاتِ يَغْضُضْنَ مِنْ أَبْصَارِهِنَّ وَيَحْفَظْنَ فُرُوجَهُنَّ وَلَا يُبْدِينَ زِينَتَهُنَّ إِلَّا مَا ظَهَرَ مِنْهَا ۖ وَلْيَضْرِبْنَ بِخُمُرِهِنَّ عَلَىٰ جُيُوبِهِنَّ ۖ وَلَا يُبْدِينَ زِينَتَهُنَّ إِلَّا لِبُعُولَتِهِنَّ أَوْ آبَائِهِنَّ أَوْ آبَاءِ بُعُولَتِهِنَّ أَوْ أَبْنَائِهِنَّ أَوْ أَبْنَاءِ بُعُولَتِهِنَّ أَوْ إِخْوَانِهِنَّ أَوْ بَنِي إِخْوَانِهِنَّ أَوْ بَنِي أَخَوَاتِهِنَّ أَوْ نِسَائِهِنَّ أَوْ مَا مَلَكَتْ أَيْمَانُهُنَّ أَوِ التَّابِعِينَ غَيْرِ أُولِي الْإِرْبَةِ مِنَ الرِّجَالِ أَوِ الطِّفْلِ الَّذِينَ لَمْ يَظْهَرُوا عَلَىٰ عَوْرَاتِ النِّسَاءِ ۖ وَلَا يَضْرِبْنَ بِأَرْجُلِهِنَّ لِيُعْلَمَ مَا يُخْفِينَ مِن زِينَتِهِنَّ ۚ وَتُوبُوا إِلَى اللَّهِ جَمِيعًا أَيُّهَ الْمُؤْمِنُونَ لَعَلَّكُمْ تُفْلِحُونَ	

بَدِيعُ
The Originator of

2 البقرة 117	بَدِيعُ السَّمَاوَاتِ وَالْأَرْضِ ۖ وَإِذَا قَضَىٰ أَمْرًا فَإِنَّمَا يَقُولُ لَهُ كُن فَيَكُونُ	
6 الأنعام 101	بَدِيعُ السَّمَاوَاتِ وَالْأَرْضِ ۖ أَنَّىٰ يَكُونُ لَهُ وَلَدٌ وَلَمْ تَكُن لَّهُ صَاحِبَةٌ ۖ وَخَلَقَ كُلَّ شَيْءٍ ۖ وَهُوَ بِكُلِّ شَيْءٍ عَلِيمٌ	

	بَرَاءَةٌ **Freedom from obligation**
9 التوبة 1	بَرَاءَةٌ مِّنَ اللَّهِ وَرَسُولِهِ إِلَى الَّذِينَ عَاهَدتُّم مِّنَ الْمُشْرِكِينَ
54 القمر 43	أَكُفَّارُكُمْ خَيْرٌ مِّنْ أُولَٰئِكُمْ أَمْ لَكُم بَرَاءَةٌ فِي الزُّبُرِ
	بَرَاءٌ **I am innocent**
43 الزخرف 26	وَإِذْ قَالَ إِبْرَاهِيمُ لِأَبِيهِ وَقَوْمِهِ إِنَّنِي بَرَاءٌ مِّمَّا تَعْبُدُونَ
60 الممتحنة 4	قَدْ كَانَتْ لَكُمْ أُسْوَةٌ حَسَنَةٌ فِي إِبْرَاهِيمَ وَالَّذِينَ مَعَهُ إِذْ قَالُوا لِقَوْمِهِمْ إِنَّا بُرَآءُ مِنكُمْ وَمِمَّا تَعْبُدُونَ مِن دُونِ اللَّهِ كَفَرْنَا بِكُمْ وَبَدَا بَيْنَنَا وَبَيْنَكُمُ الْعَدَاوَةُ وَالْبَغْضَاءُ أَبَدًا حَتَّىٰ تُؤْمِنُوا بِاللَّهِ وَحْدَهُ إِلَّا قَوْلَ إِبْرَاهِيمَ لِأَبِيهِ لَأَسْتَغْفِرَنَّ لَكَ وَمَا أَمْلِكُ لَكَ مِنَ اللَّهِ مِن شَيْءٍ ۖ رَّبَّنَا عَلَيْكَ تَوَكَّلْنَا وَإِلَيْكَ أَنَبْنَا وَإِلَيْكَ الْمَصِيرُ
	بَرِيئًا **the innocent**
4 النساء 112	وَمَن يَكْسِبْ خَطِيئَةً أَوْ إِثْمًا ثُمَّ يَرْمِ بِهِ بَرِيئًا فَقَدِ احْتَمَلَ بُهْتَانًا وَإِثْمًا مُّبِينًا
	بَرِيءٌ **I am innocent of**
6 الأنعام 19	قُلْ أَيُّ شَيْءٍ أَكْبَرُ شَهَادَةً ۖ قُلِ اللَّهُ ۖ شَهِيدٌ بَيْنِي وَبَيْنَكُمْ ۚ وَأُوحِيَ إِلَيَّ هَٰذَا الْقُرْآنُ لِأُنذِرَكُم بِهِ وَمَن بَلَغَ ۚ أَئِنَّكُمْ لَتَشْهَدُونَ أَنَّ مَعَ اللَّهِ آلِهَةً أُخْرَىٰ ۚ قُل لَّا أَشْهَدُ ۚ قُلْ إِنَّمَا هُوَ إِلَٰهٌ وَاحِدٌ وَإِنَّنِي بَرِيءٌ مِّمَّا تُشْرِكُونَ
78	فَلَمَّا رَأَى الشَّمْسَ بَازِغَةً قَالَ هَٰذَا رَبِّي هَٰذَا أَكْبَرُ ۖ فَلَمَّا أَفَلَتْ قَالَ يَا قَوْمِ إِنِّي بَرِيءٌ مِّمَّا تُشْرِكُونَ

8 الأنفال 48	وَإِذْ زَيَّنَ لَهُمُ الشَّيْطَانُ أَعْمَالَهُمْ وَقَالَ لَا غَالِبَ لَكُمُ الْيَوْمَ مِنَ النَّاسِ وَإِنِّي جَارٌ لَّكُمْ ۖ فَلَمَّا تَرَاءَتِ الْفِئَتَانِ نَكَصَ عَلَىٰ عَقِبَيْهِ وَقَالَ إِنِّي **بَرِيءٌ** مِّنكُمْ إِنِّي أَرَىٰ مَا لَا تَرَوْنَ إِنِّي أَخَافُ اللَّهَ ۚ وَاللَّهُ شَدِيدُ الْعِقَابِ
9 التوبة 3	وَأَذَانٌ مِّنَ اللَّهِ وَرَسُولِهِ إِلَى النَّاسِ يَوْمَ الْحَجِّ الْأَكْبَرِ أَنَّ اللَّهَ **بَرِيءٌ** مِّنَ الْمُشْرِكِينَ ۙ وَرَسُولُهُ ۚ فَإِن تُبْتُمْ فَهُوَ خَيْرٌ لَّكُمْ ۖ وَإِن تَوَلَّيْتُمْ فَاعْلَمُوا أَنَّكُمْ غَيْرُ مُعْجِزِي اللَّهِ ۗ وَبَشِّرِ الَّذِينَ كَفَرُوا بِعَذَابٍ أَلِيمٍ
10 يونس 41	وَإِن كَذَّبُوكَ فَقُل لِّي عَمَلِي وَلَكُمْ عَمَلُكُمْ ۖ أَنتُم **بَرِيئُونَ** مِمَّا أَعْمَلُ وَأَنَا **بَرِيءٌ** مِّمَّا تَعْمَلُونَ
11 هود 35	أَمْ يَقُولُونَ افْتَرَاهُ ۖ قُلْ إِنِ افْتَرَيْتُهُ فَعَلَيَّ إِجْرَامِي وَأَنَا **بَرِيءٌ** مِّمَّا تُجْرِمُونَ
54	إِن نَّقُولُ إِلَّا اعْتَرَاكَ بَعْضُ آلِهَتِنَا بِسُوءٍ ۗ قَالَ إِنِّي أُشْهِدُ اللَّهَ وَاشْهَدُوا أَنِّي **بَرِيءٌ** مِّمَّا تُشْرِكُونَ
26 الشعراء 216	فَإِنْ عَصَوْكَ فَقُلْ إِنِّي **بَرِيءٌ** مِّمَّا تَعْمَلُونَ
59 الحشر 16	كَمَثَلِ الشَّيْطَانِ إِذْ قَالَ لِلْإِنسَانِ اكْفُرْ فَلَمَّا كَفَرَ قَالَ إِنِّي **بَرِيءٌ** مِّنكَ إِنِّي أَخَافُ اللَّهَ رَبَّ الْعَالَمِينَ
	الْبَرُّ the Beneficent/ the Benign
52 الطور 28	إِنَّا كُنَّا مِن قَبْلُ نَدْعُوهُ ۖ إِنَّهُ هُوَ **الْبَرُّ** الرَّحِيمُ
	الْبَرِّ **the land**
5 المائدة 96	أُحِلَّ لَكُمْ صَيْدُ الْبَحْرِ وَطَعَامُهُ مَتَاعًا لَّكُمْ وَلِلسَّيَّارَةِ ۖ وَحُرِّمَ عَلَيْكُمْ صَيْدُ **الْبَرِّ** مَا دُمْتُمْ حُرُمًا ۗ وَاتَّقُوا اللَّهَ الَّذِي إِلَيْهِ تُحْشَرُونَ

6 الأنعام 59	وَعِندَهُ مَفَاتِحُ الْغَيْبِ لَا يَعْلَمُهَا إِلَّا هُوَ ۚ وَيَعْلَمُ مَا فِي **الْبَرِّ** وَالْبَحْرِ ۚ وَمَا تَسْقُطُ مِن وَرَقَةٍ إِلَّا يَعْلَمُهَا وَلَا حَبَّةٍ فِي ظُلُمَاتِ الْأَرْضِ وَلَا رَطْبٍ وَلَا يَابِسٍ إِلَّا فِي كِتَابٍ مُّبِينٍ	
63	قُلْ مَن يُنَجِّيكُم مِّن ظُلُمَاتِ **الْبَرِّ** وَالْبَحْرِ تَدْعُونَهُ تَضَرُّعًا وَخُفْيَةً لَّئِنْ أَنجَانَا مِنْ هَٰذِهِ لَنَكُونَنَّ مِنَ الشَّاكِرِينَ	
97	وَهُوَ الَّذِي جَعَلَ لَكُمُ النُّجُومَ لِتَهْتَدُوا بِهَا فِي ظُلُمَاتِ **الْبَرِّ** وَالْبَحْرِ ۗ قَدْ فَصَّلْنَا الْآيَاتِ لِقَوْمٍ يَعْلَمُونَ	
10 يونس 22	هُوَ الَّذِي يُسَيِّرُكُمْ فِي **الْبَرِّ** وَالْبَحْرِ ۖ حَتَّىٰ إِذَا كُنتُمْ فِي الْفُلْكِ وَجَرَيْنَ بِهِم بِرِيحٍ طَيِّبَةٍ وَفَرِحُوا بِهَا جَاءَتْهَا رِيحٌ عَاصِفٌ وَجَاءَهُمُ الْمَوْجُ مِن كُلِّ مَكَانٍ وَظَنُّوا أَنَّهُمْ أُحِيطَ بِهِمْ ۙ دَعَوُا اللَّهَ مُخْلِصِينَ لَهُ الدِّينَ لَئِنْ أَنجَيْتَنَا مِنْ هَٰذِهِ لَنَكُونَنَّ مِنَ الشَّاكِرِينَ	
17 الإسراء 67	وَإِذَا مَسَّكُمُ الضُّرُّ فِي الْبَحْرِ ضَلَّ مَن تَدْعُونَ إِلَّا إِيَّاهُ ۖ فَلَمَّا نَجَّاكُمْ إِلَى **الْبَرِّ** أَعْرَضْتُمْ ۚ وَكَانَ الْإِنسَانُ كَفُورًا	
68	أَفَأَمِنتُمْ أَن يَخْسِفَ بِكُمْ جَانِبَ **الْبَرِّ** أَوْ يُرْسِلَ عَلَيْكُمْ حَاصِبًا ثُمَّ لَا تَجِدُوا لَكُمْ وَكِيلًا	
70	وَلَقَدْ كَرَّمْنَا بَنِي آدَمَ وَحَمَلْنَاهُمْ فِي **الْبَرِّ** وَالْبَحْرِ وَرَزَقْنَاهُم مِّنَ الطَّيِّبَاتِ وَفَضَّلْنَاهُمْ عَلَىٰ كَثِيرٍ مِّمَّنْ خَلَقْنَا تَفْضِيلًا	
27 النمل 63	أَمَّن يَهْدِيكُمْ فِي ظُلُمَاتِ **الْبَرِّ** وَالْبَحْرِ وَمَن يُرْسِلُ الرِّيَاحَ بُشْرًا بَيْنَ يَدَيْ رَحْمَتِهِ ۗ أَإِلَٰهٌ مَّعَ اللَّهِ ۚ تَعَالَى اللَّهُ عَمَّا يُشْرِكُونَ	
29 العنكبوت 65	فَإِذَا رَكِبُوا فِي الْفُلْكِ دَعَوُا اللَّهَ مُخْلِصِينَ لَهُ الدِّينَ فَلَمَّا نَجَّاهُمْ إِلَى **الْبَرِّ** إِذَا هُمْ يُشْرِكُونَ	
30 الروم 41	ظَهَرَ الْفَسَادُ فِي **الْبَرِّ** وَالْبَحْرِ بِمَا كَسَبَتْ أَيْدِي النَّاسِ لِيُذِيقَهُم بَعْضَ الَّذِي عَمِلُوا لَعَلَّهُمْ يَرْجِعُونَ	
31 لقمان 32	وَإِذَا غَشِيَهُم مَّوْجٌ كَالظُّلَلِ دَعَوُا اللَّهَ مُخْلِصِينَ لَهُ الدِّينَ فَلَمَّا نَجَّاهُمْ إِلَى **الْبَرِّ** فَمِنْهُم مُّقْتَصِدٌ ۚ وَمَا يَجْحَدُ بِآيَاتِنَا إِلَّا كُلُّ خَتَّارٍ كَفُورٍ	

	الْبَرِيَّةِ **Creatures**
98 البينة 6	إِنَّ الَّذِينَ كَفَرُوا مِنْ أَهْلِ الْكِتَابِ وَالْمُشْرِكِينَ فِي نَارِ جَهَنَّمَ خَالِدِينَ فِيهَا ۚ أُولَـٰئِكَ هُمْ شَرُّ **الْبَرِيَّةِ**
7	إِنَّ الَّذِينَ آمَنُوا وَعَمِلُوا الصَّالِحَاتِ أُولَـٰئِكَ هُمْ خَيْرُ **الْبَرِيَّةِ**
	بِالْبِرِّ **righteousness**
2 البقرة 44	۞ أَتَأْمُرُونَ النَّاسَ **بِالْبِرِّ** وَتَنسَوْنَ أَنفُسَكُمْ وَأَنتُمْ تَتْلُونَ الْكِتَابَ ۚ أَفَلَا تَعْقِلُونَ
58 المجادلة 9	يَا أَيُّهَا الَّذِينَ آمَنُوا إِذَا تَنَاجَيْتُمْ فَلَا تَتَنَاجَوْا بِالْإِثْمِ وَالْعُدْوَانِ وَمَعْصِيَتِ الرَّسُولِ وَتَنَاجَوْا **بِالْبِرِّ** وَالتَّقْوَىٰ ۖ وَاتَّقُوا اللَّهَ الَّذِي إِلَيْهِ تُحْشَرُونَ
	الْبِرَّ **Righteousness**
2 البقرة 177	۞ لَّيْسَ **الْبِرَّ** أَن تُوَلُّوا وُجُوهَكُمْ قِبَلَ الْمَشْرِقِ وَالْمَغْرِبِ وَلَـٰكِنَّ **الْبِرَّ** مَنْ آمَنَ بِاللَّهِ وَالْيَوْمِ الْآخِرِ وَالْمَلَائِكَةِ وَالْكِتَابِ وَالنَّبِيِّينَ وَآتَى الْمَالَ عَلَىٰ حُبِّهِ ذَوِي الْقُرْبَىٰ وَالْيَتَامَىٰ وَالْمَسَاكِينَ وَابْنَ السَّبِيلِ وَالسَّائِلِينَ وَفِي الرِّقَابِ وَأَقَامَ الصَّلَاةَ وَآتَى الزَّكَاةَ وَالْمُوفُونَ بِعَهْدِهِمْ إِذَا عَاهَدُوا ۖ وَالصَّابِرِينَ فِي الْبَأْسَاءِ وَالضَّرَّاءِ وَحِينَ الْبَأْسِ ۗ أُولَـٰئِكَ الَّذِينَ صَدَقُوا ۖ وَأُولَـٰئِكَ هُمُ الْمُتَّقُونَ
189	۞ يَسْأَلُونَكَ عَنِ الْأَهِلَّةِ ۖ قُلْ هِيَ مَوَاقِيتُ لِلنَّاسِ وَالْحَجِّ ۗ وَلَيْسَ **الْبِرُّ** بِأَن تَأْتُوا الْبُيُوتَ مِن ظُهُورِهَا وَلَـٰكِنَّ **الْبِرَّ** مَنِ اتَّقَىٰ ۗ وَأْتُوا الْبُيُوتَ مِنْ أَبْوَابِهَا ۚ وَاتَّقُوا اللَّهَ لَعَلَّكُمْ تُفْلِحُونَ
3 آل عمران 92	لَن تَنَالُوا **الْبِرَّ** حَتَّىٰ تُنفِقُوا مِمَّا تُحِبُّونَ ۚ وَمَا تُنفِقُوا مِن شَيْءٍ فَإِنَّ اللَّهَ بِهِ عَلِيمٌ
5 المائدة 2	يَا أَيُّهَا الَّذِينَ آمَنُوا لَا تُحِلُّوا شَعَائِرَ اللَّهِ وَلَا الشَّهْرَ الْحَرَامَ وَلَا الْهَدْيَ وَلَا الْقَلَائِدَ وَلَا آمِّينَ الْبَيْتَ الْحَرَامَ يَبْتَغُونَ فَضْلًا مِّن رَّبِّهِمْ وَرِضْوَانًا ۚ وَإِذَا حَلَلْتُمْ فَاصْطَادُوا ۚ وَلَا يَجْرِمَنَّكُمْ شَنَآنُ قَوْمٍ أَن صَدُّوكُمْ عَنِ الْمَسْجِدِ

	الْحَرَامِ أَن تَعْتَدُوا ۘ وَتَعَاوَنُوا عَلَى الْبِرِّ وَالتَّقْوَىٰ ۖ وَلَا تَعَاوَنُوا عَلَى الْإِثْمِ وَالْعُدْوَانِ ۚ وَاتَّقُوا اللَّهَ ۖ إِنَّ اللَّهَ شَدِيدُ الْعِقَابِ	
58 المجادلة 9	يَا أَيُّهَا الَّذِينَ آمَنُوا إِذَا تَنَاجَيْتُمْ فَلَا تَتَنَاجَوْا بِالْإِثْمِ وَالْعُدْوَانِ وَمَعْصِيَتِ الرَّسُولِ وَتَنَاجَوْا بِالْبِرِّ وَالتَّقْوَىٰ ۖ وَاتَّقُوا اللَّهَ الَّذِي إِلَيْهِ تُحْشَرُونَ	
	وَبَرًّا And dutiful to	
19 مريم 14	وَبَرًّا بِوَالِدَيْهِ وَلَمْ يَكُن جَبَّارًا عَصِيًّا	
32	وَبَرًّا بِوَالِدَتِي وَلَمْ يَجْعَلْنِي جَبَّارًا شَقِيًّا	
	بَرَاءٌ disassociated	
9 التوبة 1	بَرَاءَةٌ مِّنَ اللَّهِ وَرَسُولِهِ إِلَى الَّذِينَ عَاهَدتُّم مِّنَ الْمُشْرِكِينَ	
43 الزخرف 26	وَإِذْ قَالَ إِبْرَاهِيمُ لِأَبِيهِ وَقَوْمِهِ إِنَّنِي بَرَاءٌ مِّمَّا تَعْبُدُونَ	
54 القمر 43	أَكُفَّارُكُمْ خَيْرٌ مِّنْ أُولَٰئِكُمْ أَمْ لَكُم بَرَاءَةٌ فِي الزُّبُرِ	
60 الممتحنة 4	قَدْ كَانَتْ لَكُمْ أُسْوَةٌ حَسَنَةٌ فِي إِبْرَاهِيمَ وَالَّذِينَ مَعَهُ إِذْ قَالُوا لِقَوْمِهِمْ إِنَّا بُرَآءُ مِنكُمْ وَمِمَّا تَعْبُدُونَ مِن دُونِ اللَّهِ كَفَرْنَا بِكُمْ وَبَدَا بَيْنَنَا وَبَيْنَكُمُ الْعَدَاوَةُ وَالْبَغْضَاءُ أَبَدًا حَتَّىٰ تُؤْمِنُوا بِاللَّهِ وَحْدَهُ إِلَّا قَوْلَ إِبْرَاهِيمَ لِأَبِيهِ لَأَسْتَغْفِرَنَّ لَكَ وَمَا أَمْلِكُ لَكَ مِنَ اللَّهِ مِن شَيْءٍ ۖ رَّبَّنَا عَلَيْكَ تَوَكَّلْنَا وَإِلَيْكَ أَنَبْنَا وَإِلَيْكَ الْمَصِيرُ	
	بَرَكَاتٍ blessings	
7 الأعراف 96	وَلَوْ أَنَّ أَهْلَ الْقُرَىٰ آمَنُوا وَاتَّقَوْا لَفَتَحْنَا عَلَيْهِم بَرَكَاتٍ مِّنَ السَّمَاءِ وَالْأَرْضِ وَلَٰكِن كَذَّبُوا فَأَخَذْنَاهُم بِمَا كَانُوا يَكْسِبُونَ	

11 هود 48	قِيلَ يَا نُوحُ اهْبِطْ بِسَلَامٍ مِّنَّا **وَبَرَكَاتٍ** عَلَيْكَ وَعَلَىٰ أُمَمٍ مِّمَّن مَّعَكَ ۚ وَأُمَمٌ سَنُمَتِّعُهُمْ ثُمَّ يَمَسُّهُم مِّنَّا عَذَابٌ أَلِيمٌ
73	قَالُوا أَتَعْجَبِينَ مِنْ أَمْرِ اللَّهِ ۖ رَحْمَتُ اللَّهِ **وَبَرَكَاتُهُ** عَلَيْكُمْ أَهْلَ الْبَيْتِ ۚ إِنَّهُ حَمِيدٌ مَّجِيدٌ
	بسم **In the name of**
1 الفاتحة 1	**بِسْمِ** اللَّهِ الرَّحْمَٰنِ الرَّحِيمِ
11 هود 41	۞ وَقَالَ ارْكَبُوا فِيهَا **بِسْمِ** اللَّهِ مَجْرَاهَا وَمُرْسَاهَا ۚ إِنَّ رَبِّي لَغَفُورٌ رَّحِيمٌ
27 النمل 30	إِنَّهُ مِن سُلَيْمَانَ وَإِنَّهُ **بِسْمِ** اللَّهِ الرَّحْمَٰنِ الرَّحِيمِ
	بِشِقِّ **with difficulty**
16 النحل 7	وَتَحْمِلُ أَثْقَالَكُمْ إِلَىٰ بَلَدٍ لَّمْ تَكُونُوا بَالِغِيهِ إِلَّا **بِشِقِّ** الْأَنفُسِ ۚ إِنَّ رَبَّكُمْ لَرَءُوفٌ رَّحِيمٌ
	الْبَصِيرُ **the Seeing**
6 الأنعام 50	قُل لَّا أَقُولُ لَكُمْ عِندِي خَزَائِنُ اللَّهِ وَلَا أَعْلَمُ الْغَيْبَ وَلَا أَقُولُ لَكُمْ إِنِّي مَلَكٌ ۖ إِنْ أَتَّبِعُ إِلَّا مَا يُوحَىٰ إِلَيَّ ۚ قُلْ هَلْ يَسْتَوِي الْأَعْمَىٰ **وَالْبَصِيرُ** ۚ أَفَلَا تَتَفَكَّرُونَ
11 هود 24	۞ مَثَلُ الْفَرِيقَيْنِ كَالْأَعْمَىٰ وَالْأَصَمِّ **وَالْبَصِيرِ** وَالسَّمِيعِ ۚ هَلْ يَسْتَوِيَانِ مَثَلًا ۚ أَفَلَا تَذَكَّرُونَ
13 الرعد 16	قُلْ مَن رَّبُّ السَّمَاوَاتِ وَالْأَرْضِ قُلِ اللَّهُ ۚ قُلْ أَفَاتَّخَذْتُم مِّن دُونِهِ أَوْلِيَاءَ لَا يَمْلِكُونَ لِأَنفُسِهِمْ نَفْعًا وَلَا ضَرًّا ۚ قُلْ هَلْ يَسْتَوِي الْأَعْمَىٰ **وَالْبَصِيرُ** أَمْ

	هَلْ تَسْتَوِي الظُّلُمَاتُ وَالنُّورُ ۗ أَمْ جَعَلُوا لِلَّهِ شُرَكَاءَ خَلَقُوا كَخَلْقِهِ فَتَشَابَهَ الْخَلْقُ عَلَيْهِمْ ۚ قُلِ اللَّهُ خَالِقُ كُلِّ شَيْءٍ وَهُوَ الْوَاحِدُ الْقَهَّارُ	
17 الإسراء 1	**سُبْحَانَ** الَّذِي أَسْرَىٰ بِعَبْدِهِ لَيْلًا مِّنَ الْمَسْجِدِ الْحَرَامِ إِلَى الْمَسْجِدِ الْأَقْصَى الَّذِي بَارَكْنَا حَوْلَهُ لِنُرِيَهُ مِنْ آيَاتِنَا ۚ إِنَّهُ هُوَ السَّمِيعُ الْبَصِيرُ	
35 فاطر 19	وَمَا يَسْتَوِي الْأَعْمَىٰ وَالْبَصِيرُ	
40 غافر 20	وَاللَّهُ يَقْضِي بِالْحَقِّ ۖ وَالَّذِينَ يَدْعُونَ مِن دُونِهِ لَا يَقْضُونَ بِشَيْءٍ ۗ إِنَّ اللَّهَ هُوَ السَّمِيعُ الْبَصِيرُ	
56	إِنَّ الَّذِينَ يُجَادِلُونَ فِي آيَاتِ اللَّهِ بِغَيْرِ سُلْطَانٍ أَتَاهُمْ ۙ إِن فِي صُدُورِهِمْ إِلَّا كِبْرٌ مَّا هُم بِبَالِغِيهِ ۚ فَاسْتَعِذْ بِاللَّهِ ۖ إِنَّهُ هُوَ السَّمِيعُ الْبَصِيرُ	
58	وَمَا يَسْتَوِي الْأَعْمَىٰ وَالْبَصِيرُ وَالَّذِينَ آمَنُوا وَعَمِلُوا الصَّالِحَاتِ وَلَا الْمُسِيءُ ۚ قَلِيلًا مَّا تَتَذَكَّرُونَ	
42 الشورى 11	فَاطِرُ السَّمَاوَاتِ وَالْأَرْضِ ۚ جَعَلَ لَكُم مِّنْ أَنفُسِكُمْ أَزْوَاجًا وَمِنَ الْأَنْعَامِ أَزْوَاجًا ۖ يَذْرَؤُكُمْ فِيهِ ۚ لَيْسَ كَمِثْلِهِ شَيْءٌ ۖ وَهُوَ السَّمِيعُ الْبَصِيرُ	

بِضْعَ
Several (years)

12 يوسف 42	وَقَالَ لِلَّذِي ظَنَّ أَنَّهُ نَاجٍ مِّنْهُمَا اذْكُرْنِي عِندَ رَبِّكَ فَأَنسَاهُ الشَّيْطَانُ ذِكْرَ رَبِّهِ فَلَبِثَ فِي السِّجْنِ **بِضْعَ** سِنِينَ
30 الروم 4	فِي **بِضْعِ** سِنِينَ ۗ لِلَّهِ الْأَمْرُ مِن قَبْلُ وَمِن بَعْدُ ۚ وَيَوْمَئِذٍ يَفْرَحُ الْمُؤْمِنُونَ

بَعْدِي
after me

2 البقرة 133	أَمْ كُنتُمْ شُهَدَاءَ إِذْ حَضَرَ يَعْقُوبَ الْمَوْتُ إِذْ قَالَ لِبَنِيهِ مَا تَعْبُدُونَ مِن **بَعْدِي** قَالُوا نَعْبُدُ إِلَٰهَكَ وَإِلَٰهَ آبَائِكَ إِبْرَاهِيمَ وَإِسْمَاعِيلَ وَإِسْحَاقَ إِلَٰهًا وَاحِدًا وَنَحْنُ لَهُ مُسْلِمُونَ
7 الأعراف 150	وَلَمَّا رَجَعَ مُوسَىٰ إِلَىٰ قَوْمِهِ غَضْبَانَ أَسِفًا قَالَ بِئْسَمَا خَلَفْتُمُونِي مِن **بَعْدِي** ۖ أَعَجِلْتُمْ أَمْرَ رَبِّكُمْ ۖ وَأَلْقَى الْأَلْوَاحَ وَأَخَذَ بِرَأْسِ أَخِيهِ يَجُرُّهُ

	إِلَيْهِ ۚ قَالَ ابْنَ أُمَّ إِنَّ الْقَوْمَ اسْتَضْعَفُونِي وَكَادُوا يَقْتُلُونَنِي فَلَا تُشْمِتْ بِيَ الْأَعْدَاءَ وَلَا تَجْعَلْنِي مَعَ الْقَوْمِ الظَّالِمِينَ	
38 ص 35	قَالَ رَبِّ اغْفِرْ لِي وَهَبْ لِي مُلْكًا لَّا يَنبَغِي لِأَحَدٍ مِّنْ **بَعْدِي** ۖ إِنَّكَ أَنتَ الْوَهَّابُ	
61 الصف 6	وَإِذْ قَالَ عِيسَى ابْنُ مَرْيَمَ يَا بَنِي إِسْرَائِيلَ إِنِّي رَسُولُ اللَّهِ إِلَيْكُم مُّصَدِّقًا لِّمَا بَيْنَ يَدَيَّ مِنَ التَّوْرَاةِ وَمُبَشِّرًا بِرَسُولٍ يَأْتِي مِن **بَعْدِي** اسْمُهُ أَحْمَدُ ۖ فَلَمَّا جَاءَهُم بِالْبَيِّنَاتِ قَالُوا هَـٰذَا سِحْرٌ مُّبِينٌ	

بَقَرَاتٍ
cows

12 يوسف 43	وَقَالَ الْمَلِكُ إِنِّي أَرَىٰ سَبْعَ **بَقَرَاتٍ** سِمَانٍ يَأْكُلُهُنَّ سَبْعٌ عِجَافٌ وَسَبْعَ سُنبُلَاتٍ خُضْرٍ وَأُخَرَ يَابِسَاتٍ ۖ يَا أَيُّهَا الْمَلَأُ أَفْتُونِي فِي رُؤْيَايَ إِن كُنتُمْ لِلرُّؤْيَا تَعْبُرُونَ	
46	يُوسُفُ أَيُّهَا الصِّدِّيقُ أَفْتِنَا فِي سَبْعِ **بَقَرَاتٍ** سِمَانٍ يَأْكُلُهُنَّ سَبْعٌ عِجَافٌ وَسَبْعِ سُنبُلَاتٍ خُضْرٍ وَأُخَرَ يَابِسَاتٍ لَّعَلِّي أَرْجِعُ إِلَى النَّاسِ لَعَلَّهُمْ يَعْلَمُونَ	

بَقَرَةً
a cow

2 البقرة 67	وَإِذْ قَالَ مُوسَىٰ لِقَوْمِهِ إِنَّ اللَّهَ يَأْمُرُكُمْ أَن تَذْبَحُوا **بَقَرَةً** ۖ قَالُوا أَتَتَّخِذُنَا هُزُوًا ۖ قَالَ أَعُوذُ بِاللَّهِ أَنْ أَكُونَ مِنَ الْجَاهِلِينَ	
68	قَالُوا ادْعُ لَنَا رَبَّكَ يُبَيِّن لَّنَا مَا هِيَ ۚ قَالَ إِنَّهُ يَقُولُ إِنَّهَا **بَقَرَةٌ** لَّا فَارِضٌ وَلَا بِكْرٌ عَوَانٌ بَيْنَ ذَٰلِكَ ۖ فَافْعَلُوا مَا تُؤْمَرُونَ	
69	قَالُوا ادْعُ لَنَا رَبَّكَ يُبَيِّن لَّنَا مَا لَوْنُهَا ۚ قَالَ إِنَّهُ يَقُولُ إِنَّهَا **بَقَرَةٌ** صَفْرَاءُ فَاقِعٌ لَّوْنُهَا تَسُرُّ النَّاظِرِينَ	
70	قَالُوا ادْعُ لَنَا رَبَّكَ يُبَيِّن لَّنَا مَا هِيَ إِنَّ **الْبَقَرَ** تَشَابَهَ عَلَيْنَا وَإِنَّا إِن شَاءَ اللَّهُ لَمُهْتَدُونَ	
71	قَالَ إِنَّهُ يَقُولُ إِنَّهَا **بَقَرَةٌ** لَّا ذَلُولٌ تُثِيرُ الْأَرْضَ وَلَا تَسْقِي الْحَرْثَ مُسَلَّمَةٌ لَّا شِيَةَ فِيهَا ۚ قَالُوا الْآنَ جِئْتَ بِالْحَقِّ ۚ فَذَبَحُوهَا وَمَا كَادُوا يَفْعَلُونَ	

6 الأنعام 144	وَمِنَ الْإِبِلِ اثْنَيْنِ وَمِنَ **الْبَقَرِ** اثْنَيْنِ ۗ قُلْ آلذَّكَرَيْنِ حَرَّمَ أَمِ الْأُنثَيَيْنِ أَمَّا اشْتَمَلَتْ عَلَيْهِ أَرْحَامُ الْأُنثَيَيْنِ ۖ أَمْ كُنتُمْ شُهَدَاءَ إِذْ وَصَّاكُمُ اللَّهُ بِهَٰذَا ۚ فَمَنْ أَظْلَمُ مِمَّنِ افْتَرَىٰ عَلَى اللَّهِ كَذِبًا لِّيُضِلَّ النَّاسَ بِغَيْرِ عِلْمٍ ۗ إِنَّ اللَّهَ لَا يَهْدِي الْقَوْمَ الظَّالِمِينَ
146	وَعَلَى الَّذِينَ هَادُوا حَرَّمْنَا كُلَّ ذِي ظُفُرٍ ۖ وَمِنَ **الْبَقَرِ** وَالْغَنَمِ حَرَّمْنَا عَلَيْهِمْ شُحُومَهُمَا إِلَّا مَا حَمَلَتْ ظُهُورُهُمَا أَوِ الْحَوَايَا أَوْ مَا اخْتَلَطَ بِعَظْمٍ ۚ ذَٰلِكَ جَزَيْنَاهُم بِبَغْيِهِمْ ۖ وَإِنَّا لَصَادِقُونَ

بَقْلِهَا
green herbs

2 البقرة 61	وَإِذْ قُلْتُمْ يَا مُوسَىٰ لَن نَّصْبِرَ عَلَىٰ طَعَامٍ وَاحِدٍ فَادْعُ لَنَا رَبَّكَ يُخْرِجْ لَنَا مِمَّا تُنبِتُ الْأَرْضُ مِن **بَقْلِهَا** وَقِثَّائِهَا وَفُومِهَا وَعَدَسِهَا وَبَصَلِهَا ۖ قَالَ أَتَسْتَبْدِلُونَ الَّذِي هُوَ أَدْنَىٰ بِالَّذِي هُوَ خَيْرٌ ۚ اهْبِطُوا مِصْرًا فَإِنَّ لَكُم مَّا سَأَلْتُمْ ۗ وَضُرِبَتْ عَلَيْهِمُ الذِّلَّةُ وَالْمَسْكَنَةُ وَبَاءُوا بِغَضَبٍ مِّنَ اللَّهِ ۗ ذَٰلِكَ بِأَنَّهُمْ كَانُوا يَكْفُرُونَ بِآيَاتِ اللَّهِ وَيَقْتُلُونَ النَّبِيِّينَ بِغَيْرِ الْحَقِّ ۗ ذَٰلِكَ بِمَا عَصَوا وَّكَانُوا يَعْتَدُونَ

بَقِيَّتُ
What remains

11 هود 86	**بَقِيَّتُ** اللَّهِ خَيْرٌ لَّكُمْ إِن كُنتُم مُّؤْمِنِينَ ۚ وَمَا أَنَا عَلَيْكُم بِحَفِيظٍ

بِقِيعَةٍ
lowland

24 النور 39	وَالَّذِينَ كَفَرُوا أَعْمَالُهُمْ كَسَرَابٍ **بِقِيعَةٍ** يَحْسَبُهُ الظَّمْآنُ مَاءً حَتَّىٰ إِذَا جَاءَهُ لَمْ يَجِدْهُ شَيْئًا وَوَجَدَ اللَّهَ عِندَهُ فَوَفَّاهُ حِسَابَهُ ۗ وَاللَّهُ سَرِيعُ الْحِسَابِ

بَكَتْ
wept

44 الدخان 29	فَمَا **بَكَتْ** عَلَيْهِمُ السَّمَاءُ وَالْأَرْضُ وَمَا كَانُوا مُنظَرِينَ

	بِكْرٌ virgin	
2 البقرة 68	قَالَ إِنَّهُ يَقُولُ إِنَّهَا بَقَرَةٌ لَّا فَارِضٌ وَلَا بِكْرٌ عَوَانٌ بَيْنَ ذَٰلِكَ ۖ فَافْعَلُوا مَا تُؤْمَرُونَ	
	بَلَاءٌ Trial (test)	
2 البقرة 49	وَإِذْ نَجَّيْنَاكُم مِّنْ آلِ فِرْعَوْنَ يَسُومُونَكُمْ سُوءَ الْعَذَابِ يُذَبِّحُونَ أَبْنَاءَكُمْ وَيَسْتَحْيُونَ نِسَاءَكُمْ ۚ وَفِي ذَٰلِكُم بَلَاءٌ مِّن رَّبِّكُمْ عَظِيمٌ	
7 الأعراف 141	وَإِذْ أَنجَيْنَاكُم مِّنْ آلِ فِرْعَوْنَ يَسُومُونَكُمْ سُوءَ الْعَذَابِ ۖ يُقَتِّلُونَ أَبْنَاءَكُمْ وَيَسْتَحْيُونَ نِسَاءَكُمْ ۚ وَفِي ذَٰلِكُم بَلَاءٌ مِّن رَّبِّكُمْ عَظِيمٌ	
8 الأنفال 17	فَلَمْ تَقْتُلُوهُمْ وَلَٰكِنَّ اللَّهَ قَتَلَهُمْ ۚ وَمَا رَمَيْتَ إِذْ رَمَيْتَ وَلَٰكِنَّ اللَّهَ رَمَىٰ ۚ وَلِيُبْلِيَ الْمُؤْمِنِينَ مِنْهُ بَلَاءً حَسَنًا ۚ إِنَّ اللَّهَ سَمِيعٌ عَلِيمٌ	
14 ابراهيم 6	وَإِذْ قَالَ مُوسَىٰ لِقَوْمِهِ اذْكُرُوا نِعْمَةَ اللَّهِ عَلَيْكُمْ إِذْ أَنجَاكُم مِّنْ آلِ فِرْعَوْنَ يَسُومُونَكُمْ سُوءَ الْعَذَابِ وَيُذَبِّحُونَ أَبْنَاءَكُمْ وَيَسْتَحْيُونَ نِسَاءَكُمْ ۚ وَفِي ذَٰلِكُم بَلَاءٌ مِّن رَّبِّكُمْ عَظِيمٌ	
37 الصافات 106	إِنَّ هَٰذَا لَهُوَ الْبَلَاءُ الْمُبِينُ	
44 الدخان 33	وَآتَيْنَاهُم مِّنَ الْآيَاتِ مَا فِيهِ بَلَاءٌ مُّبِينٌ	
	بَلَاغٌ notification	
3 آل عمران 20	فَإِنْ حَاجُّوكَ فَقُلْ أَسْلَمْتُ وَجْهِيَ لِلَّهِ وَمَنِ اتَّبَعَنِ ۗ وَقُل لِّلَّذِينَ أُوتُوا الْكِتَابَ وَالْأُمِّيِّينَ أَأَسْلَمْتُمْ ۚ فَإِنْ أَسْلَمُوا فَقَدِ اهْتَدَوا ۖ وَّإِن تَوَلَّوْا فَإِنَّمَا عَلَيْكَ الْبَلَاغُ ۗ وَاللَّهُ بَصِيرٌ بِالْعِبَادِ	
5 المائدة 92	وَأَطِيعُوا اللَّهَ وَأَطِيعُوا الرَّسُولَ وَاحْذَرُوا ۚ فَإِن تَوَلَّيْتُمْ فَاعْلَمُوا أَنَّمَا عَلَىٰ رَسُولِنَا الْبَلَاغُ الْمُبِينُ	
99	مَّا عَلَى الرَّسُولِ إِلَّا الْبَلَاغُ ۗ وَاللَّهُ يَعْلَمُ مَا تُبْدُونَ وَمَا تَكْتُمُونَ	

13 الرعد 40	وَإِن مَّا نُرِيَنَّكَ بَعْضَ الَّذِي نَعِدُهُمْ أَوْ نَتَوَفَّيَنَّكَ فَإِنَّمَا عَلَيْكَ **الْبَلَاغُ** وَعَلَيْنَا الْحِسَابُ	
14 ابراهيم 52	هَٰذَا **بَلَاغٌ** لِّلنَّاسِ وَلِيُنذَرُوا بِهِ وَلِيَعْلَمُوا أَنَّمَا هُوَ إِلَٰهٌ وَاحِدٌ وَلِيَذَّكَّرَ أُولُو الْأَلْبَابِ	
16 النحل 35	وَقَالَ الَّذِينَ أَشْرَكُوا لَوْ شَاءَ اللَّهُ مَا عَبَدْنَا مِن دُونِهِ مِن شَيْءٍ نَّحْنُ وَلَا آبَاؤُنَا وَلَا حَرَّمْنَا مِن دُونِهِ مِن شَيْءٍ ۚ كَذَٰلِكَ فَعَلَ الَّذِينَ مِن قَبْلِهِمْ ۚ فَهَلْ عَلَى الرُّسُلِ إِلَّا **الْبَلَاغُ** الْمُبِينُ	
82	فَإِن تَوَلَّوْا فَإِنَّمَا عَلَيْكَ **الْبَلَاغُ** الْمُبِينُ	
21 الأنبياء 106	إِنَّ فِي هَٰذَا **لَبَلَاغًا** لِّقَوْمٍ عَابِدِينَ	
24 النور 54	قُلْ أَطِيعُوا اللَّهَ وَأَطِيعُوا الرَّسُولَ ۖ فَإِن تَوَلَّوْا فَإِنَّمَا عَلَيْهِ مَا حُمِّلَ وَعَلَيْكُم مَّا حُمِّلْتُمْ ۖ وَإِن تُطِيعُوهُ تَهْتَدُوا ۚ وَمَا عَلَى الرَّسُولِ إِلَّا **الْبَلَاغُ** الْمُبِينُ	
29 العنكبوت 18	وَإِن تُكَذِّبُوا فَقَدْ كَذَّبَ أُمَمٌ مِّن قَبْلِكُمْ ۖ وَمَا عَلَى الرَّسُولِ إِلَّا **الْبَلَاغُ** الْمُبِينُ	
36 يس 17	وَمَا عَلَيْنَا إِلَّا **الْبَلَاغُ** الْمُبِينُ	
42 الشورى 48	فَإِنْ أَعْرَضُوا فَمَا أَرْسَلْنَاكَ عَلَيْهِمْ حَفِيظًا ۖ إِنْ عَلَيْكَ إِلَّا **الْبَلَاغُ** ۗ وَإِنَّا إِذَا أَذَقْنَا الْإِنسَانَ مِنَّا رَحْمَةً فَرِحَ بِهَا ۖ وَإِن تُصِبْهُمْ سَيِّئَةٌ بِمَا قَدَّمَتْ أَيْدِيهِمْ فَإِنَّ الْإِنسَانَ كَفُورٌ	
46 الأحقاف 35	فَاصْبِرْ كَمَا صَبَرَ أُولُو الْعَزْمِ مِنَ الرُّسُلِ وَلَا تَسْتَعْجِل لَّهُمْ ۚ كَأَنَّهُمْ يَوْمَ يَرَوْنَ مَا يُوعَدُونَ لَمْ يَلْبَثُوا إِلَّا سَاعَةً مِّن نَّهَارٍ ۚ **بَلَاغٌ** ۚ فَهَلْ يُهْلَكُ إِلَّا الْقَوْمُ الْفَاسِقُونَ	
64 التغابن 12	وَأَطِيعُوا اللَّهَ وَأَطِيعُوا الرَّسُولَ ۚ فَإِن تَوَلَّيْتُمْ فَإِنَّمَا عَلَىٰ رَسُولِنَا **الْبَلَاغُ** الْمُبِينُ	

72 الجن 23	إِلَّا **بَلَاغًا** مِّنَ اللَّهِ وَرِسَالَاتِهِ ۚ وَمَن يَعْصِ اللَّهَ وَرَسُولَهُ فَإِنَّ لَهُ نَارَ جَهَنَّمَ خَالِدِينَ فِيهَا أَبَدًا
	بَلَدٍ **land**
2 البقرة 126	وَإِذْ قَالَ إِبْرَاهِيمُ رَبِّ اجْعَلْ هَٰذَا **بَلَدًا** آمِنًا وَارْزُقْ أَهْلَهُ مِنَ الثَّمَرَاتِ مَنْ آمَنَ مِنْهُم بِاللَّهِ وَالْيَوْمِ الْآخِرِ ۖ قَالَ وَمَن كَفَرَ فَأُمَتِّعُهُ قَلِيلًا ثُمَّ أَضْطَرُّهُ إِلَىٰ عَذَابِ النَّارِ ۖ وَبِئْسَ الْمَصِيرُ
7 الأعراف 57	وَهُوَ الَّذِي يُرْسِلُ الرِّيَاحَ بُشْرًا بَيْنَ يَدَيْ رَحْمَتِهِ ۖ حَتَّىٰ إِذَا أَقَلَّتْ سَحَابًا ثِقَالًا سُقْنَاهُ **لِبَلَدٍ** مَّيِّتٍ فَأَنزَلْنَا بِهِ الْمَاءَ فَأَخْرَجْنَا بِهِ مِن كُلِّ الثَّمَرَاتِ ۚ كَذَٰلِكَ نُخْرِجُ الْمَوْتَىٰ لَعَلَّكُمْ تَذَكَّرُونَ
58	**وَالْبَلَدُ** الطَّيِّبُ يَخْرُجُ نَبَاتُهُ بِإِذْنِ رَبِّهِ ۖ وَالَّذِي خَبُثَ لَا يَخْرُجُ إِلَّا نَكِدًا ۚ كَذَٰلِكَ نُصَرِّفُ الْآيَاتِ لِقَوْمٍ يَشْكُرُونَ
14 ابراهيم 35	وَإِذْ قَالَ إِبْرَاهِيمُ رَبِّ اجْعَلْ هَٰذَا **الْبَلَدَ** آمِنًا وَاجْنُبْنِي وَبَنِيَّ أَن نَّعْبُدَ الْأَصْنَامَ
16 النحل 7	وَتَحْمِلُ أَثْقَالَكُمْ إِلَىٰ **بَلَدٍ** لَّمْ تَكُونُوا بَالِغِيهِ إِلَّا بِشِقِّ الْأَنفُسِ ۚ إِنَّ رَبَّكُمْ لَرَءُوفٌ رَّحِيمٌ
25 الفرقان 49	لِّنُحْيِيَ بِهِ **بَلْدَةً** مَّيْتًا وَنُسْقِيَهُ مِمَّا خَلَقْنَا أَنْعَامًا وَأَنَاسِيَّ كَثِيرًا
27 النمل 91	إِنَّمَا أُمِرْتُ أَنْ أَعْبُدَ رَبَّ هَٰذِهِ **الْبَلْدَةِ** الَّذِي حَرَّمَهَا وَلَهُ كُلُّ شَيْءٍ ۖ وَأُمِرْتُ أَنْ أَكُونَ مِنَ الْمُسْلِمِينَ
34 سبإ 15	لَقَدْ كَانَ لِسَبَإٍ فِي مَسْكَنِهِمْ آيَةٌ ۖ جَنَّتَانِ عَن يَمِينٍ وَشِمَالٍ ۖ كُلُوا مِن رِّزْقِ رَبِّكُمْ وَاشْكُرُوا لَهُ ۚ **بَلْدَةٌ** طَيِّبَةٌ وَرَبٌّ غَفُورٌ
35 فاطر 9	وَاللَّهُ الَّذِي أَرْسَلَ الرِّيَاحَ فَتُثِيرُ سَحَابًا فَسُقْنَاهُ إِلَىٰ **بَلَدٍ** مَّيِّتٍ فَأَحْيَيْنَا بِهِ الْأَرْضَ بَعْدَ مَوْتِهَا ۚ كَذَٰلِكَ النُّشُورُ
43 الزخرف 11	وَالَّذِي نَزَّلَ مِنَ السَّمَاءِ مَاءً بِقَدَرٍ فَأَنشَرْنَا بِهِ **بَلْدَةً** مَّيْتًا ۚ كَذَٰلِكَ تُخْرَجُونَ

50 ق 11	رِّزْقًا لِّلْعِبَادِ ۖ وَأَحْيَيْنَا بِهِ **بَلْدَةً** مَّيْتًا ۚ كَذَٰلِكَ الْخُرُوجُ
90 البلد 1	لَا أُقْسِمُ بِهَٰذَا **الْبَلَدِ**
2	وَأَنتَ حِلٌّ بِهَٰذَا **الْبَلَدِ**
95 التين 3	وَهَٰذَا **الْبَلَدِ** الْأَمِينِ
	بِلِسَانٍ **language of**
14 ابراهيم 4	وَمَا أَرْسَلْنَا مِن رَّسُولٍ إِلَّا **بِلِسَانِ** قَوْمِهِ لِيُبَيِّنَ لَهُمْ ۖ فَيُضِلُّ اللَّهُ مَن يَشَاءُ وَيَهْدِي مَن يَشَاءُ ۚ وَهُوَ الْعَزِيزُ الْحَكِيمُ
19 مريم 97	فَإِنَّمَا يَسَّرْنَاهُ **بِلِسَانِكَ** لِتُبَشِّرَ بِهِ الْمُتَّقِينَ وَتُنذِرَ بِهِ قَوْمًا لُّدًّا
26 الشعراء 195	**بِلِسَانٍ** عَرَبِيٍّ مُّبِينٍ
44 الدخان 58	فَإِنَّمَا يَسَّرْنَاهُ **بِلِسَانِكَ** لَعَلَّهُمْ يَتَذَكَّرُونَ
	بَلَوْنَا **tried**
7 الأعراف 168	وَقَطَّعْنَاهُمْ فِي الْأَرْضِ أُمَمًا ۖ مِّنْهُمُ الصَّالِحُونَ وَمِنْهُمْ دُونَ ذَٰلِكَ ۖ **وَبَلَوْنَاهُم** بِالْحَسَنَاتِ وَالسَّيِّئَاتِ لَعَلَّهُمْ يَرْجِعُونَ
68 القلم 17	إِنَّا **بَلَوْنَاهُمْ** كَمَا **بَلَوْنَا** أَصْحَابَ الْجَنَّةِ إِذْ أَقْسَمُوا لَيَصْرِمُنَّهَا مُصْبِحِينَ
	بَلِيغًا **far-reaching**

4 النساء 63	أُولَٰئِكَ الَّذِينَ يَعْلَمُ اللَّهُ مَا فِي قُلُوبِهِمْ فَأَعْرِضْ عَنْهُمْ وَعِظْهُمْ وَقُل لَّهُمْ فِي أَنفُسِهِمْ قَوْلًا بَلِيغًا
	بِمُسْمِعٍ make hear
35 فاطر 22	وَمَا يَسْتَوِي الْأَحْيَاءُ وَلَا الْأَمْوَاتُ ۚ إِنَّ اللَّهَ يُسْمِعُ مَن يَشَاءُ ۖ وَمَا أَنتَ **بِمُسْمِعٍ** مَّن فِي الْقُبُورِ
	بِمُصَيْطِرٍ a controller
88 الغاشية 22	لَّسْتَ عَلَيْهِم بِمُصَيْطِرٍ
	بِمُعْجِزِينَ cause failure
6 الأنعام 134	إِنَّ مَا تُوعَدُونَ لَآتٍ ۖ وَمَا أَنتُم **بِمُعْجِزِينَ**
10 يونس 53	۞ وَيَسْتَنبِئُونَكَ أَحَقٌّ هُوَ ۖ قُلْ إِي وَرَبِّي إِنَّهُ لَحَقٌّ ۖ وَمَا أَنتُم **بِمُعْجِزِينَ**
11 هود 33	قَالَ إِنَّمَا يَأْتِيكُم بِهِ اللَّهُ إِن شَاءَ وَمَا أَنتُم **بِمُعْجِزِينَ**
16 النحل 46	أَوْ يَأْخُذَهُمْ فِي تَقَلُّبِهِمْ فَمَا هُم **بِمُعْجِزِينَ**
29 العنكبوت 22	وَمَا أَنتُم **بِمُعْجِزِينَ** فِي الْأَرْضِ وَلَا فِي السَّمَاءِ ۖ وَمَا لَكُم مِّن دُونِ اللَّهِ مِن وَلِيٍّ وَلَا نَصِيرٍ
39 الزمر 51	فَأَصَابَهُمْ سَيِّئَاتُ مَا كَسَبُوا ۚ وَالَّذِينَ ظَلَمُوا مِنْ هَٰؤُلَاءِ سَيُصِيبُهُمْ سَيِّئَاتُ مَا كَسَبُوا وَمَا هُم **بِمُعْجِزِينَ**
42 الشورى 31	وَمَا أَنتُم **بِمُعْجِزِينَ** فِي الْأَرْضِ ۖ وَمَا لَكُم مِّن دُونِ اللَّهِ مِن وَلِيٍّ وَلَا نَصِيرٍ

	بِمُعْجِزٍ cause failure	
46 الأحقاف 32	وَمَن لَّا يُجِبْ دَاعِيَ اللَّهِ فَلَيْسَ بِمُعْجِزٍ فِي الْأَرْضِ وَلَيْسَ لَهُ مِن دُونِهِ أَوْلِيَاءُ ۚ أُولَٰئِكَ فِي ضَلَالٍ مُّبِينٍ	
	بِمَفَازَةٍ in safety	
3 آل عمران 188	لَا تَحْسَبَنَّ الَّذِينَ يَفْرَحُونَ بِمَا أَتَوا وَّيُحِبُّونَ أَن يُحْمَدُوا بِمَا لَمْ يَفْعَلُوا فَلَا تَحْسَبَنَّهُم بِمَفَازَةٍ مِّنَ الْعَذَابِ ۖ وَلَهُمْ عَذَابٌ أَلِيمٌ	
	بِمَوَاقِعِ setting of the stars	
56 الواقعة 75	۞ فَلَا أُقْسِمُ بِمَوَاقِعِ النُّجُومِ	
	بَنَانٍ fingertip	
8 الأنفال 12	إِذْ يُوحِي رَبُّكَ إِلَى الْمَلَائِكَةِ أَنِّي مَعَكُمْ فَثَبِّتُوا الَّذِينَ آمَنُوا ۚ سَأُلْقِي فِي قُلُوبِ الَّذِينَ كَفَرُوا الرُّعْبَ فَاضْرِبُوا فَوْقَ الْأَعْنَاقِ وَاضْرِبُوا مِنْهُمْ كُلَّ بَنَانٍ	
75 القيامة 4	بَلَىٰ قَادِرِينَ عَلَىٰ أَن نُّسَوِّيَ بَنَانَهُ	
	بُنْيَانٌ/ بِنَاءً/ ابْنُوا/ بَنَاهَا Ceiling/building/	
2 البقرة 22	الَّذِي جَعَلَ لَكُمُ الْأَرْضَ فِرَاشًا وَالسَّمَاءَ بِنَاءً وَأَنزَلَ مِنَ السَّمَاءِ مَاءً فَأَخْرَجَ بِهِ مِنَ الثَّمَرَاتِ رِزْقًا لَّكُمْ ۖ فَلَا تَجْعَلُوا لِلَّهِ أَندَادًا وَأَنتُمْ تَعْلَمُونَ	
9 التوبة 109	أَفَمَنْ أَسَّسَ بُنْيَانَهُ عَلَىٰ تَقْوَىٰ مِنَ اللَّهِ وَرِضْوَانٍ خَيْرٌ أَم مَّنْ أَسَّسَ بُنْيَانَهُ عَلَىٰ شَفَا جُرُفٍ هَارٍ فَانْهَارَ بِهِ فِي نَارِ جَهَنَّمَ ۗ وَاللَّهُ لَا يَهْدِي الْقَوْمَ الظَّالِمِينَ	
110	لَا يَزَالُ بُنْيَانُهُمُ الَّذِي بَنَوْا رِيبَةً فِي قُلُوبِهِمْ إِلَّا أَن تَقَطَّعَ قُلُوبُهُمْ ۗ وَاللَّهُ عَلِيمٌ حَكِيمٌ	

16 النحل 26	قَدْ مَكَرَ الَّذِينَ مِن قَبْلِهِمْ فَأَتَى اللَّهُ **بُنْيَانَهُم** مِّنَ الْقَوَاعِدِ فَخَرَّ عَلَيْهِمُ السَّقْفُ مِن فَوْقِهِمْ وَأَتَاهُمُ الْعَذَابُ مِنْ حَيْثُ لَا يَشْعُرُونَ
18 الكهف 21	وَكَذَٰلِكَ أَعْثَرْنَا عَلَيْهِمْ لِيَعْلَمُوا أَنَّ وَعْدَ اللَّهِ حَقٌّ وَأَنَّ السَّاعَةَ لَا رَيْبَ فِيهَا إِذْ يَتَنَازَعُونَ بَيْنَهُمْ أَمْرَهُمْ ۖ فَقَالُوا **ابْنُوا** عَلَيْهِم **بُنْيَانًا** ۖ رَّبُّهُمْ أَعْلَمُ بِهِمْ ۚ قَالَ الَّذِينَ غَلَبُوا عَلَىٰ أَمْرِهِمْ لَنَتَّخِذَنَّ عَلَيْهِم مَّسْجِدًا
37 الصافات 97	قَالُوا **ابْنُوا** لَهُ **بُنْيَانًا** فَأَلْقُوهُ فِي الْجَحِيمِ
38 ص 37	وَالشَّيَاطِينَ كُلَّ **بَنَّاءٍ** وَغَوَّاصٍ
40 غافر 64	اللَّهُ الَّذِي جَعَلَ لَكُمُ الْأَرْضَ قَرَارًا وَالسَّمَاءَ **بِنَاءً** وَصَوَّرَكُمْ فَأَحْسَنَ صُوَرَكُمْ وَرَزَقَكُم مِّنَ الطَّيِّبَاتِ ۚ ذَٰلِكُمُ اللَّهُ رَبُّكُمْ ۖ فَتَبَارَكَ اللَّهُ رَبُّ الْعَالَمِينَ
61 الصف 4	إِنَّ اللَّهَ يُحِبُّ الَّذِينَ يُقَاتِلُونَ فِي سَبِيلِهِ صَفًّا كَأَنَّهُم **بُنْيَانٌ** مَّرْصُوصٌ
79 النازعات 27	أَأَنتُمْ أَشَدُّ خَلْقًا أَمِ السَّمَاءُ ۚ **بَنَاهَا**
91 الشمس 5	وَالسَّمَاءِ وَمَا **بَنَاهَا**
	بَنَيْنَاهَا **structured it**
50 ق 6	أَفَلَمْ يَنظُرُوا إِلَى السَّمَاءِ فَوْقَهُمْ كَيْفَ **بَنَيْنَاهَا** وَزَيَّنَّاهَا وَمَا لَهَا مِن فُرُوجٍ
51 الذاريات 47	وَالسَّمَاءَ **بَنَيْنَاهَا** بِأَيْدٍ وَإِنَّا لَمُوسِعُونَ
	بَهِيجٍ **Beautiful/lovely**

22 الحج 5	يَا أَيُّهَا النَّاسُ إِن كُنتُمْ فِي رَيْبٍ مِّنَ الْبَعْثِ فَإِنَّا خَلَقْنَاكُم مِّن تُرَابٍ ثُمَّ مِن نُّطْفَةٍ ثُمَّ مِنْ عَلَقَةٍ ثُمَّ مِن مُّضْغَةٍ مُّخَلَّقَةٍ وَغَيْرِ مُخَلَّقَةٍ لِّنُبَيِّنَ لَكُمْ ۚ وَنُقِرُّ فِي الْأَرْحَامِ مَا نَشَاءُ إِلَىٰ أَجَلٍ مُّسَمًّى ثُمَّ نُخْرِجُكُمْ طِفْلًا ثُمَّ لِتَبْلُغُوا أَشُدَّكُمْ ۖ وَمِنكُم مَّن يُتَوَفَّىٰ وَمِنكُم مَّن يُرَدُّ إِلَىٰ أَرْذَلِ الْعُمُرِ لِكَيْلَا يَعْلَمَ مِن بَعْدِ عِلْمٍ شَيْئًا ۚ وَتَرَى الْأَرْضَ هَامِدَةً فَإِذَا أَنزَلْنَا عَلَيْهَا الْمَاءَ اهْتَزَّتْ وَرَبَتْ وَأَنبَتَتْ مِن كُلِّ زَوْجٍ **بَهِيجٍ**
50 ق 7	وَالْأَرْضَ مَدَدْنَاهَا وَأَلْقَيْنَا فِيهَا رَوَاسِيَ وَأَنبَتْنَا فِيهَا مِن كُلِّ زَوْجٍ **بَهِيجٍ**
	بَهِيمَةِ **animals of grazing livestock**
5 المائدة 1	يَا أَيُّهَا الَّذِينَ آمَنُوا أَوْفُوا بِالْعُقُودِ ۚ أُحِلَّتْ لَكُم **بَهِيمَةُ** الْأَنْعَامِ إِلَّا مَا يُتْلَىٰ عَلَيْكُمْ غَيْرَ مُحِلِّي الصَّيْدِ وَأَنتُمْ حُرُمٌ ۗ إِنَّ اللَّهَ يَحْكُمُ مَا يُرِيدُ
22 الحج 28	لِّيَشْهَدُوا مَنَافِعَ لَهُمْ وَيَذْكُرُوا اسْمَ اللَّهِ فِي أَيَّامٍ مَّعْلُومَاتٍ عَلَىٰ مَا رَزَقَهُم مِّن **بَهِيمَةِ** الْأَنْعَامِ ۖ فَكُلُوا مِنْهَا وَأَطْعِمُوا الْبَائِسَ الْفَقِيرَ
34	وَلِكُلِّ أُمَّةٍ جَعَلْنَا مَنسَكًا لِّيَذْكُرُوا اسْمَ اللَّهِ عَلَىٰ مَا رَزَقَهُم مِّن **بَهِيمَةِ** الْأَنْعَامِ ۗ فَإِلَٰهُكُمْ إِلَٰهٌ وَاحِدٌ فَلَهُ أَسْلِمُوا ۗ وَبَشِّرِ الْمُخْبِتِينَ
	بُورًا **ruined**
25 الفرقان 18	قَالُوا سُبْحَانَكَ مَا كَانَ يَنبَغِي لَنَا أَن نَّتَّخِذَ مِن دُونِكَ مِنْ أَوْلِيَاءَ وَلَٰكِن مَّتَّعْتَهُمْ وَآبَاءَهُمْ حَتَّىٰ نَسُوا الذِّكْرَ وَكَانُوا قَوْمًا **بُورًا**
48 الفتح 12	بَلْ ظَنَنتُمْ أَن لَّن يَنقَلِبَ الرَّسُولُ وَالْمُؤْمِنُونَ إِلَىٰ أَهْلِيهِمْ أَبَدًا وَزُيِّنَ ذَٰلِكَ فِي قُلُوبِكُمْ وَظَنَنتُمْ ظَنَّ السَّوْءِ وَكُنتُمْ قَوْمًا **بُورًا**
	بُورِكَ **Blessed**
27 النمل 8	فَلَمَّا جَاءَهَا نُودِيَ أَن **بُورِكَ** مَن فِي النَّارِ وَمَنْ حَوْلَهَا وَسُبْحَانَ اللَّهِ رَبِّ الْعَالَمِينَ
	بَيَانٌ/ تِبْيَانًا **Statement/ clarification**

3 آل عمران 138	هَٰذَا بَيَانٌ لِّلنَّاسِ وَهُدًى وَمَوْعِظَةٌ لِّلْمُتَّقِينَ	
16 النحل 89	وَيَوْمَ نَبْعَثُ فِي كُلِّ أُمَّةٍ شَهِيدًا عَلَيْهِم مِّنْ أَنفُسِهِمْ ۖ وَجِئْنَا بِكَ شَهِيدًا عَلَىٰ هَٰؤُلَاءِ ۚ وَنَزَّلْنَا عَلَيْكَ الْكِتَابَ تِبْيَانًا لِّكُلِّ شَيْءٍ وَهُدًى وَرَحْمَةً وَبُشْرَىٰ لِلْمُسْلِمِينَ	
55 الرحمن 4	عَلَّمَهُ الْبَيَانَ	
75 القيامة 19	ثُمَّ إِنَّ عَلَيْنَا بَيَانَهُ	

بِيضٌ/ الأَبْيَضُ/ تَبْيَضُّ/ ابْيَضَّتْ/ بَيْضَاءُ
White/egg

2 البقرة 187	أُحِلَّ لَكُمْ لَيْلَةَ الصِّيَامِ الرَّفَثُ إِلَىٰ نِسَائِكُمْ ۚ هُنَّ لِبَاسٌ لَّكُمْ وَأَنتُمْ لِبَاسٌ لَّهُنَّ ۗ عَلِمَ اللَّهُ أَنَّكُمْ كُنتُمْ تَخْتَانُونَ أَنفُسَكُمْ فَتَابَ عَلَيْكُمْ وَعَفَا عَنكُمْ ۖ فَالْآنَ بَاشِرُوهُنَّ وَابْتَغُوا مَا كَتَبَ اللَّهُ لَكُمْ ۚ وَكُلُوا وَاشْرَبُوا حَتَّىٰ يَتَبَيَّنَ لَكُمُ الْخَيْطُ الْأَبْيَضُ مِنَ الْخَيْطِ الْأَسْوَدِ مِنَ الْفَجْرِ ۖ ثُمَّ أَتِمُّوا الصِّيَامَ إِلَى اللَّيْلِ ۚ وَلَا تُبَاشِرُوهُنَّ وَأَنتُمْ عَاكِفُونَ فِي الْمَسَاجِدِ ۗ تِلْكَ حُدُودُ اللَّهِ فَلَا تَقْرَبُوهَا ۗ كَذَٰلِكَ يُبَيِّنُ اللَّهُ آيَاتِهِ لِلنَّاسِ لَعَلَّهُمْ يَتَّقُونَ	
3 آل عمران 106	يَوْمَ تَبْيَضُّ وُجُوهٌ وَتَسْوَدُّ وُجُوهٌ ۚ فَأَمَّا الَّذِينَ اسْوَدَّتْ وُجُوهُهُمْ أَكَفَرْتُم بَعْدَ إِيمَانِكُمْ فَذُوقُوا الْعَذَابَ بِمَا كُنتُمْ تَكْفُرُونَ	
107	وَأَمَّا الَّذِينَ ابْيَضَّتْ وُجُوهُهُمْ فَفِي رَحْمَةِ اللَّهِ هُمْ فِيهَا خَالِدُونَ	
7 الأعراف 108	وَنَزَعَ يَدَهُ فَإِذَا هِيَ بَيْضَاءُ لِلنَّاظِرِينَ	
12 يوسف 84	وَتَوَلَّىٰ عَنْهُمْ وَقَالَ يَا أَسَفَىٰ عَلَىٰ يُوسُفَ وَابْيَضَّتْ عَيْنَاهُ مِنَ الْحُزْنِ فَهُوَ كَظِيمٌ	
20 طه 22	وَاضْمُمْ يَدَكَ إِلَىٰ جَنَاحِكَ تَخْرُجْ بَيْضَاءَ مِنْ غَيْرِ سُوءٍ آيَةً أُخْرَىٰ	
26 الشعراء 33	وَنَزَعَ يَدَهُ فَإِذَا هِيَ بَيْضَاءُ لِلنَّاظِرِينَ	

النمل 27 12	وَأَدْخِلْ يَدَكَ فِي جَيْبِكَ تَخْرُجْ **بَيْضَاءَ** مِنْ غَيْرِ سُوءٍ ۖ فِي تِسْعِ آيَاتٍ إِلَىٰ فِرْعَوْنَ وَقَوْمِهِ ۚ إِنَّهُمْ كَانُوا قَوْمًا فَاسِقِينَ
القصص 28 32	اسْلُكْ يَدَكَ فِي جَيْبِكَ تَخْرُجْ **بَيْضَاءَ** مِنْ غَيْرِ سُوءٍ وَاضْمُمْ إِلَيْكَ جَنَاحَكَ مِنَ الرَّهْبِ ۖ فَذَانِكَ بُرْهَانَانِ مِن رَّبِّكَ إِلَىٰ فِرْعَوْنَ وَمَلَئِهِ ۚ إِنَّهُمْ كَانُوا قَوْمًا فَاسِقِينَ
فاطر 35 27	أَلَمْ تَرَ أَنَّ اللَّهَ أَنزَلَ مِنَ السَّمَاءِ مَاءً فَأَخْرَجْنَا بِهِ ثَمَرَاتٍ مُّخْتَلِفًا أَلْوَانُهَا ۚ وَمِنَ الْجِبَالِ جُدَدٌ **بِيضٌ** وَحُمْرٌ مُّخْتَلِفٌ أَلْوَانُهَا وَغَرَابِيبُ سُودٌ
الصافات 37 46	**بَيْضَاءَ** لَذَّةٍ لِّلشَّارِبِينَ
49	كَأَنَّهُنَّ **بَيْضٌ** مَّكْنُونٌ
	بَئِيسٍ **Wretched/dreadful**
الأعراف 7 165	فَلَمَّا نَسُوا مَا ذُكِّرُوا بِهِ أَنجَيْنَا الَّذِينَ يَنْهَوْنَ عَنِ السُّوءِ وَأَخَذْنَا الَّذِينَ ظَلَمُوا بِعَذَابٍ **بَئِيسٍ** بِمَا كَانُوا يَفْسُقُونَ
	بينت **clear proof**
فاطر 35 40	قُلْ أَرَأَيْتُمْ شُرَكَاءَكُمُ الَّذِينَ تَدْعُونَ مِن دُونِ اللَّهِ أَرُونِي مَاذَا خَلَقُوا مِنَ الْأَرْضِ أَمْ لَهُمْ شِرْكٌ فِي السَّمَاوَاتِ أَمْ آتَيْنَاهُمْ كِتَابًا فَهُمْ عَلَىٰ **بَيِّنَتٍ** مِّنْهُ ۚ بَلْ إِن يَعِدُ الظَّالِمُونَ بَعْضُهُم بَعْضًا إِلَّا غُرُورًا

	بحث في مفردات القرآن الكريم
	القسم الاول
	الاحرف أ-خ حرف ت
	أ ب ت ث ج ح خ
	## تَأَذَّنَ Proclaimed
7 الأعراف 167	وَإِذْ تَأَذَّنَ رَبُّكَ لَيَبْعَثَنَّ عَلَيْهِمْ إِلَىٰ يَوْمِ الْقِيَامَةِ مَن يَسُومُهُمْ سُوءَ الْعَذَابِ ۗ إِنَّ رَبَّكَ لَسَرِيعُ الْعِقَابِ ۖ وَإِنَّهُ لَغَفُورٌ رَّحِيمٌ
14 ابراهيم 7	وَإِذْ تَأَذَّنَ رَبُّكُمْ لَئِن شَكَرْتُمْ لَأَزِيدَنَّكُمْ ۖ وَلَئِن كَفَرْتُمْ إِنَّ عَذَابِي لَشَدِيدٌ
	## تَأْسَ Grieve
5 المائدة 26	قَالَ فَإِنَّهَا مُحَرَّمَةٌ عَلَيْهِمْ ۛ أَرْبَعِينَ سَنَةً ۛ يَتِيهُونَ فِي الْأَرْضِ ۚ فَلَا تَأْسَ عَلَى الْقَوْمِ الْفَاسِقِينَ
68	قُلْ يَا أَهْلَ الْكِتَابِ لَسْتُمْ عَلَىٰ شَيْءٍ حَتَّىٰ تُقِيمُوا التَّوْرَاةَ وَالْإِنجِيلَ وَمَا أُنزِلَ إِلَيْكُم مِّن رَّبِّكُمْ ۗ وَلَيَزِيدَنَّ كَثِيرًا مِّنْهُم مَّا أُنزِلَ إِلَيْكَ مِن رَّبِّكَ طُغْيَانًا وَكُفْرًا ۖ فَلَا تَأْسَ عَلَى الْقَوْمِ الْكَافِرِينَ
57 الحديد 23	لِّكَيْلَا تَأْسَوْا عَلَىٰ مَا فَاتَكُمْ وَلَا تَفْرَحُوا بِمَا آتَاكُمْ ۗ وَاللَّهُ لَا يُحِبُّ كُلَّ مُخْتَالٍ فَخُورٍ
	## تَأْوِيل Interpretation
3 آل عمران 7	هُوَ الَّذِي أَنزَلَ عَلَيْكَ الْكِتَابَ مِنْهُ آيَاتٌ مُّحْكَمَاتٌ هُنَّ أُمُّ الْكِتَابِ وَأُخَرُ مُتَشَابِهَاتٌ ۖ فَأَمَّا الَّذِينَ فِي قُلُوبِهِمْ زَيْغٌ فَيَتَّبِعُونَ مَا تَشَابَهَ مِنْهُ ابْتِغَاءَ الْفِتْنَةِ وَابْتِغَاءَ تَأْوِيلِهِ ۗ وَمَا يَعْلَمُ تَأْوِيلَهُ إِلَّا اللَّهُ ۗ وَالرَّاسِخُونَ فِي الْعِلْمِ يَقُولُونَ آمَنَّا بِهِ كُلٌّ مِّنْ عِندِ رَبِّنَا ۗ وَمَا يَذَّكَّرُ إِلَّا أُولُو الْأَلْبَابِ

4 النساء 59	يَا أَيُّهَا الَّذِينَ آمَنُوا أَطِيعُوا اللَّهَ وَأَطِيعُوا الرَّسُولَ وَأُولِي الْأَمْرِ مِنكُمْ ۖ فَإِن تَنَازَعْتُمْ فِي شَيْءٍ فَرُدُّوهُ إِلَى اللَّهِ وَالرَّسُولِ إِن كُنتُمْ تُؤْمِنُونَ بِاللَّهِ وَالْيَوْمِ الْآخِرِ ۚ ذَٰلِكَ خَيْرٌ وَأَحْسَنُ **تَأْوِيلًا**	
7 الأعراف 53	هَلْ يَنظُرُونَ إِلَّا **تَأْوِيلَهُ** ۚ يَوْمَ يَأْتِي **تَأْوِيلُهُ** يَقُولُ الَّذِينَ نَسُوهُ مِن قَبْلُ قَدْ جَاءَتْ رُسُلُ رَبِّنَا بِالْحَقِّ فَهَل لَّنَا مِن شُفَعَاءَ فَيَشْفَعُوا لَنَا أَوْ نُرَدُّ فَنَعْمَلَ غَيْرَ الَّذِي كُنَّا نَعْمَلُ ۚ قَدْ خَسِرُوا أَنفُسَهُمْ وَضَلَّ عَنْهُم مَّا كَانُوا يَفْتَرُونَ	
10 يونس 39	بَلْ كَذَّبُوا بِمَا لَمْ يُحِيطُوا بِعِلْمِهِ وَلَمَّا يَأْتِهِمْ **تَأْوِيلُهُ** ۚ كَذَٰلِكَ كَذَّبَ الَّذِينَ مِن قَبْلِهِمْ ۖ فَانظُرْ كَيْفَ كَانَ عَاقِبَةُ الظَّالِمِينَ	
12 يوسف 6	وَكَذَٰلِكَ يَجْتَبِيكَ رَبُّكَ وَيُعَلِّمُكَ مِن **تَأْوِيلِ** الْأَحَادِيثِ وَيُتِمُّ نِعْمَتَهُ عَلَيْكَ وَعَلَىٰ آلِ يَعْقُوبَ كَمَا أَتَمَّهَا عَلَىٰ أَبَوَيْكَ مِن قَبْلُ إِبْرَاهِيمَ وَإِسْحَاقَ ۚ إِنَّ رَبَّكَ عَلِيمٌ حَكِيمٌ	
21	وَقَالَ الَّذِي اشْتَرَاهُ مِن مِّصْرَ لِامْرَأَتِهِ أَكْرِمِي مَثْوَاهُ عَسَىٰ أَن يَنفَعَنَا أَوْ نَتَّخِذَهُ وَلَدًا ۚ وَكَذَٰلِكَ مَكَّنَّا لِيُوسُفَ فِي الْأَرْضِ وَلِنُعَلِّمَهُ مِن **تَأْوِيلِ** الْأَحَادِيثِ ۚ وَاللَّهُ غَالِبٌ عَلَىٰ أَمْرِهِ وَلَٰكِنَّ أَكْثَرَ النَّاسِ لَا يَعْلَمُونَ	
36	وَدَخَلَ مَعَهُ السِّجْنَ فَتَيَانِ ۖ قَالَ أَحَدُهُمَا إِنِّي أَرَانِي أَعْصِرُ خَمْرًا ۖ وَقَالَ الْآخَرُ إِنِّي أَرَانِي أَحْمِلُ فَوْقَ رَأْسِي خُبْزًا تَأْكُلُ الطَّيْرُ مِنْهُ ۖ نَبِّئْنَا **بِتَأْوِيلِهِ** ۖ إِنَّا نَرَاكَ مِنَ الْمُحْسِنِينَ	
37	قَالَ لَا يَأْتِيكُمَا طَعَامٌ تُرْزَقَانِهِ إِلَّا نَبَّأْتُكُمَا **بِتَأْوِيلِهِ** قَبْلَ أَن يَأْتِيَكُمَا ۚ ذَٰلِكُمَا مِمَّا عَلَّمَنِي رَبِّي ۚ إِنِّي تَرَكْتُ مِلَّةَ قَوْمٍ لَّا يُؤْمِنُونَ بِاللَّهِ وَهُم بِالْآخِرَةِ هُمْ كَافِرُونَ	
44	قَالُوا أَضْغَاثُ أَحْلَامٍ ۖ وَمَا نَحْنُ **بِتَأْوِيلِ** الْأَحْلَامِ بِعَالِمِينَ	
45	وَقَالَ الَّذِي نَجَا مِنْهُمَا وَادَّكَرَ بَعْدَ أُمَّةٍ أَنَا أُنَبِّئُكُم **بِتَأْوِيلِهِ** فَأَرْسِلُونِ	
100	وَرَفَعَ أَبَوَيْهِ عَلَى الْعَرْشِ وَخَرُّوا لَهُ سُجَّدًا ۖ وَقَالَ يَا أَبَتِ هَٰذَا **تَأْوِيلُ** رُؤْيَايَ مِن قَبْلُ قَدْ جَعَلَهَا رَبِّي حَقًّا ۖ وَقَدْ أَحْسَنَ بِي إِذْ أَخْرَجَنِي مِنَ السِّجْنِ وَجَاءَ بِكُم مِّنَ الْبَدْوِ مِن بَعْدِ أَن نَّزَغَ الشَّيْطَانُ بَيْنِي وَبَيْنَ إِخْوَتِي ۚ إِنَّ رَبِّي لَطِيفٌ لِّمَا يَشَاءُ ۚ إِنَّهُ هُوَ الْعَلِيمُ الْحَكِيمُ	

101	۞ رَبِّ قَدْ آتَيْتَنِي مِنَ الْمُلْكِ وَعَلَّمْتَنِي مِن **تَأْوِيلِ** الْأَحَادِيثِ ۚ فَاطِرَ السَّمَاوَاتِ وَالْأَرْضِ أَنتَ وَلِيِّي فِي الدُّنْيَا وَالْآخِرَةِ ۖ تَوَفَّنِي مُسْلِمًا وَأَلْحِقْنِي بِالصَّالِحِينَ
17 الإسراء 35	وَأَوْفُوا الْكَيْلَ إِذَا كِلْتُمْ وَزِنُوا بِالْقِسْطَاسِ الْمُسْتَقِيمِ ۚ ذَٰلِكَ خَيْرٌ وَأَحْسَنُ **تَأْوِيلًا**
18 الكهف 78	قَالَ هَٰذَا فِرَاقُ بَيْنِي وَبَيْنِكَ ۚ سَأُنَبِّئُكَ **بِتَأْوِيلِ** مَا لَمْ تَسْتَطِع عَّلَيْهِ صَبْرًا
82	وَأَمَّا الْجِدَارُ فَكَانَ لِغُلَامَيْنِ يَتِيمَيْنِ فِي الْمَدِينَةِ وَكَانَ تَحْتَهُ كَنزٌ لَّهُمَا وَكَانَ أَبُوهُمَا صَالِحًا فَأَرَادَ رَبُّكَ أَن يَبْلُغَا أَشُدَّهُمَا وَيَسْتَخْرِجَا كَنزَهُمَا رَحْمَةً مِّن رَّبِّكَ ۚ وَمَا فَعَلْتُهُ عَنْ أَمْرِي ۚ ذَٰلِكَ **تَأْوِيلُ** مَا لَمْ تَسْطِع عَّلَيْهِ صَبْرًا
	تبتئس **distressed**
11 هود 36	وَأُوحِيَ إِلَىٰ نُوحٍ أَنَّهُ لَن يُؤْمِنَ مِن قَوْمِكَ إِلَّا مَن قَدْ آمَنَ فَلَا **تَبْتَئِسْ** بِمَا كَانُوا يَفْعَلُونَ
12 يوسف 69	وَلَمَّا دَخَلُوا عَلَىٰ يُوسُفَ آوَىٰ إِلَيْهِ أَخَاهُ ۖ قَالَ إِنِّي أَنَا أَخُوكَ فَلَا **تَبْتَئِسْ** بِمَا كَانُوا يَعْمَلُونَ
	تبذر **spend wastefully**
17 الإسراء 26	وَآتِ ذَا الْقُرْبَىٰ حَقَّهُ وَالْمِسْكِينَ وَابْنَ السَّبِيلِ وَلَا **تُبَذِّرْ تَبْذِيرًا**
	تبصرة **insight**
50 ق 8	**تَبْصِرَةً** وَذِكْرَىٰ لِكُلِّ عَبْدٍ مُّنِيبٍ
	تبطلوا **invalidate**
2 البقرة 264	يَا أَيُّهَا الَّذِينَ آمَنُوا لَا **تُبْطِلُوا** صَدَقَاتِكُم بِالْمَنِّ وَالْأَذَىٰ كَالَّذِي يُنفِقُ مَالَهُ رِئَاءَ النَّاسِ وَلَا يُؤْمِنُ بِاللَّهِ وَالْيَوْمِ الْآخِرِ ۖ فَمَثَلُهُ كَمَثَلِ صَفْوَانٍ عَلَيْهِ

	تُرَابٌ فَأَصَابَهُ وَابِلٌ فَتَرَكَهُ صَلْدًا ۖ لَّا يَقْدِرُونَ عَلَىٰ شَيْءٍ مِّمَّا كَسَبُوا ۗ وَاللَّهُ لَا يَهْدِي الْقَوْمَ الْكَافِرِينَ
47 محمد 33	۞ يَا أَيُّهَا الَّذِينَ آمَنُوا أَطِيعُوا اللَّهَ وَأَطِيعُوا الرَّسُولَ وَلَا **تُبْطِلُوا** أَعْمَالَكُمْ
	تبغ **seeking**
3 آل عمران 99	قُلْ يَا أَهْلَ الْكِتَابِ لِمَ تَصُدُّونَ عَن سَبِيلِ اللَّهِ مَنْ آمَنَ **تَبْغُونَهَا** عِوَجًا وَأَنتُمْ شُهَدَاءُ ۗ وَمَا اللَّهُ بِغَافِلٍ عَمَّا تَعْمَلُونَ
4 النساء 34	الرِّجَالُ قَوَّامُونَ عَلَى النِّسَاءِ بِمَا فَضَّلَ اللَّهُ بَعْضَهُمْ عَلَىٰ بَعْضٍ وَبِمَا أَنفَقُوا مِنْ أَمْوَالِهِمْ ۚفَالصَّالِحَاتُ قَانِتَاتٌ حَافِظَاتٌ لِّلْغَيْبِ بِمَا حَفِظَ اللَّهُ ۚ وَاللَّاتِي تَخَافُونَ نُشُوزَهُنَّ فَعِظُوهُنَّ وَاهْجُرُوهُنَّ فِي الْمَضَاجِعِ وَاضْرِبُوهُنَّ ۖ فَإِنْ أَطَعْنَكُمْ فَلَا **تَبْغُوا** عَلَيْهِنَّ سَبِيلًا ۗ إِنَّ اللَّهَ كَانَ عَلِيًّا كَبِيرًا
7 الأعراف 86	وَلَا تَقْعُدُوا بِكُلِّ صِرَاطٍ تُوعِدُونَ وَتَصُدُّونَ عَن سَبِيلِ اللَّهِ مَنْ آمَنَ بِهِ **وَتَبْغُونَهَا** عِوَجًا ۚوَاذْكُرُوا إِذْ كُنتُمْ قَلِيلًا فَكَثَّرَكُمْ ۖ وَانظُرُوا كَيْفَ كَانَ عَاقِبَةُ الْمُفْسِدِينَ
28 القصص 77	**وَابْتَغِ** فِيمَا آتَاكَ اللَّهُ الدَّارَ الْآخِرَةَ ۖ وَلَا تَنسَ نَصِيبَكَ مِنَ الدُّنْيَا ۖ وَأَحْسِن كَمَا أَحْسَنَ اللَّهُ إِلَيْكَ ۖ وَلَا **تَبْغِ** الْفَسَادَ فِي الْأَرْضِ ۖ إِنَّ اللَّهَ لَا يُحِبُّ الْمُفْسِدِينَ
	تبغي **oppresses**
49 الحجرات 9	وَإِن طَائِفَتَانِ مِنَ الْمُؤْمِنِينَ اقْتَتَلُوا فَأَصْلِحُوا بَيْنَهُمَا ۖ فَإِن **بَغَتْ** إِحْدَاهُمَا عَلَى الْأُخْرَىٰ فَقَاتِلُوا الَّتِي **تَبْغِي** حَتَّىٰ تَفِيءَ إِلَىٰ أَمْرِ اللَّهِ ۚ فَإِن فَاءَتْ فَأَصْلِحُوا بَيْنَهُمَا بِالْعَدْلِ وَأَقْسِطُوا ۖ إِنَّ اللَّهَ يُحِبُّ الْمُقْسِطِينَ
	تتوبا **repent**
66 التحريم 4	إِن **تَتُوبَا** إِلَى اللَّهِ فَقَدْ صَغَتْ قُلُوبُكُمَا ۖوَإِن تَظَاهَرَا عَلَيْهِ فَإِنَّ اللَّهَ هُوَ مَوْلَاهُ وَجِبْرِيلُ وَصَالِحُ الْمُؤْمِنِينَ ۖ وَالْمَلَائِكَةُ بَعْدَ ذَٰلِكَ ظَهِيرٌ

	تتركوا will be left
9 التوبة 16	أَمْ حَسِبْتُمْ أَن **تُتْرَكُوا** وَلَمَّا يَعْلَمِ اللَّهُ الَّذِينَ جَاهَدُوا مِنكُمْ وَلَمْ يَتَّخِذُوا مِن دُونِ اللَّهِ وَلَا رَسُولِهِ وَلَا الْمُؤْمِنِينَ وَلِيجَةً ۚ وَاللَّهُ خَبِيرٌ بِمَا تَعْمَلُونَ
	تتركه leave him
7 الأعراف 176	وَلَوْ شِئْنَا لَرَفَعْنَاهُ بِهَا وَلَٰكِنَّهُ أَخْلَدَ إِلَى الْأَرْضِ وَاتَّبَعَ هَوَاهُ ۚ فَمَثَلُهُ كَمَثَلِ الْكَلْبِ إِن تَحْمِلْ عَلَيْهِ يَلْهَثْ أَوْ **تَتْرُكْهُ** يَلْهَث ۚ ذَّٰلِكَ مَثَلُ الْقَوْمِ الَّذِينَ كَذَّبُوا بِآيَاتِنَا ۚ فَاقْصُصِ الْقَصَصَ لَعَلَّهُمْ يَتَفَكَّرُونَ
	تترى in succession
23 المؤمنون 44	ثُمَّ أَرْسَلْنَا رُسُلَنَا **تَتْرَىٰ** ۖ كُلَّ مَا جَاءَ أُمَّةً رَّسُولُهَا كَذَّبُوهُ ۚ فَأَتْبَعْنَا بَعْضَهُم بَعْضًا وَجَعَلْنَاهُمْ أَحَادِيثَ ۚ فَبُعْدًا لِّقَوْمٍ لَّا يُؤْمِنُونَ
	تثقفنهم gain dominance
8 الأنفال 57	فَإِمَّا **تَثْقَفَنَّهُمْ** فِي الْحَرْبِ فَشَرِّدْ بِهِم مَّنْ خَلْفَهُمْ لَعَلَّهُمْ يَذَّكَّرُونَ
	تثبيتا assuring [reward for]
2 البقرة 265	وَمَثَلُ الَّذِينَ يُنفِقُونَ أَمْوَالَهُمُ ابْتِغَاءَ مَرْضَاتِ اللَّهِ وَ**تَثْبِيتًا** مِّنْ أَنفُسِهِمْ كَمَثَلِ جَنَّةٍ بِرَبْوَةٍ أَصَابَهَا وَابِلٌ فَآتَتْ أُكُلَهَا ضِعْفَيْنِ فَإِن لَّمْ يُصِبْهَا وَابِلٌ فَطَلٌّ ۗ وَاللَّهُ بِمَا تَعْمَلُونَ بَصِيرٌ
4 النساء 66	وَلَوْ أَنَّا كَتَبْنَا عَلَيْهِمْ أَنِ اقْتُلُوا أَنفُسَكُمْ أَوِ اخْرُجُوا مِن دِيَارِكُم مَّا فَعَلُوهُ إِلَّا قَلِيلٌ مِّنْهُمْ ۖ وَلَوْ أَنَّهُمْ فَعَلُوا مَا يُوعَظُونَ بِهِ لَكَانَ خَيْرًا لَّهُمْ وَأَشَدَّ **تَثْبِيتًا**
	تثريب No blame
12 يوسف 92	قَالَ لَا **تَثْرِيبَ** عَلَيْكُمُ الْيَوْمَ ۖ يَغْفِرُ اللَّهُ لَكُمْ ۖ وَهُوَ أَرْحَمُ الرَّاحِمِينَ

تجهلون
behaving ignorantly

7 الأعراف 138	وَجَاوَزْنَا بِبَنِي إِسْرَائِيلَ الْبَحْرَ فَأَتَوْا عَلَىٰ قَوْمٍ يَعْكُفُونَ عَلَىٰ أَصْنَامٍ لَّهُمْ ۚ قَالُوا يَا مُوسَى اجْعَل لَّنَا إِلَٰهًا كَمَا لَهُمْ آلِهَةٌ ۚ قَالَ إِنَّكُمْ قَوْمٌ **تَجْهَلُونَ**	
11 هود 29	وَيَا قَوْمِ لَا أَسْأَلُكُمْ عَلَيْهِ مَالًا ۖ إِنْ أَجْرِيَ إِلَّا عَلَى اللَّهِ ۚ وَمَا أَنَا بِطَارِدِ الَّذِينَ آمَنُوا ۚ إِنَّهُم مُّلَاقُو رَبِّهِمْ وَلَٰكِنِّي أَرَاكُمْ قَوْمًا **تَجْهَلُونَ**	
27 النمل 55	أَئِنَّكُمْ لَتَأْتُونَ الرِّجَالَ شَهْوَةً مِّن دُونِ النِّسَاءِ ۚ بَلْ أَنتُمْ قَوْمٌ **تَجْهَلُونَ**	
46 الأحقاف 23	قَالَ إِنَّمَا الْعِلْمُ عِندَ اللَّهِ وَأُبَلِّغُكُم مَّا أُرْسِلْتُ بِهِ وَلَٰكِنِّي أَرَاكُمْ قَوْمًا **تَجْهَلُونَ**	

تجدوه
you will find it

2 البقرة 110	وَأَقِيمُوا الصَّلَاةَ وَآتُوا الزَّكَاةَ ۚ وَمَا تُقَدِّمُوا لِأَنفُسِكُم مِّنْ خَيْرٍ **تَجِدُوهُ** عِندَ اللَّهِ ۗ إِنَّ اللَّهَ بِمَا تَعْمَلُونَ بَصِيرٌ	
73 المزمل 20	إِنَّ رَبَّكَ يَعْلَمُ أَنَّكَ تَقُومُ أَدْنَىٰ مِن ثُلُثَيِ اللَّيْلِ وَنِصْفَهُ وَثُلُثَهُ وَطَائِفَةٌ مِّنَ الَّذِينَ مَعَكَ ۚ وَاللَّهُ يُقَدِّرُ اللَّيْلَ وَالنَّهَارَ ۚ عَلِمَ أَن لَّن تُحْصُوهُ فَتَابَ عَلَيْكُمْ ۖ فَاقْرَءُوا مَا تَيَسَّرَ مِنَ الْقُرْآنِ ۚ عَلِمَ أَن سَيَكُونُ مِنكُم مَّرْضَىٰ ۙ وَآخَرُونَ يَضْرِبُونَ فِي الْأَرْضِ يَبْتَغُونَ مِن فَضْلِ اللَّهِ ۙ وَآخَرُونَ يُقَاتِلُونَ فِي سَبِيلِ اللَّهِ ۖ فَاقْرَءُوا مَا تَيَسَّرَ مِنْهُ ۚ وَأَقِيمُوا الصَّلَاةَ وَآتُوا الزَّكَاةَ وَأَقْرِضُوا اللَّهَ قَرْضًا حَسَنًا ۚ وَمَا تُقَدِّمُوا لِأَنفُسِكُم مِّنْ خَيْرٍ **تَجِدُوهُ** عِندَ اللَّهِ هُوَ خَيْرًا وَأَعْظَمَ أَجْرًا ۚ وَاسْتَغْفِرُوا اللَّهَ ۖ إِنَّ اللَّهَ غَفُورٌ رَّحِيمٌ	

تحية
greeted with a greetings

4 النساء 86	وَإِذَا **حُيِّيتُم بِتَحِيَّةٍ فَحَيُّوا** بِأَحْسَنَ مِنْهَا أَوْ رُدُّوهَا ۗ إِنَّ اللَّهَ كَانَ عَلَىٰ كُلِّ شَيْءٍ حَسِيبًا	
24 النور 61	لَّيْسَ عَلَى الْأَعْمَىٰ حَرَجٌ وَلَا عَلَى الْأَعْرَجِ حَرَجٌ وَلَا عَلَى الْمَرِيضِ حَرَجٌ وَلَا عَلَىٰ أَنفُسِكُمْ أَن تَأْكُلُوا مِن بُيُوتِكُمْ أَوْ بُيُوتِ آبَائِكُمْ أَوْ بُيُوتِ	

	أَمَّهَاتِكُمْ أَوْ بُيُوتِ إِخْوَانِكُمْ أَوْ بُيُوتِ أَخَوَاتِكُمْ أَوْ بُيُوتِ أَعْمَامِكُمْ أَوْ بُيُوتِ عَمَّاتِكُمْ أَوْ بُيُوتِ أَخْوَالِكُمْ أَوْ بُيُوتِ خَالَاتِكُمْ أَوْ مَا مَلَكْتُم مَّفَاتِحَهُ أَوْ صَدِيقِكُمْ ۚ لَيْسَ عَلَيْكُمْ جُنَاحٌ أَن تَأْكُلُوا جَمِيعًا أَوْ أَشْتَاتًا ۚ فَإِذَا دَخَلْتُم بُيُوتًا فَسَلِّمُوا عَلَىٰ أَنفُسِكُمْ **تَحِيَّةً** مِّنْ عِندِ اللَّهِ مُبَارَكَةً طَيِّبَةً ۚ كَذَٰلِكَ يُبَيِّنُ اللَّهُ لَكُمُ الْآيَاتِ لَعَلَّكُمْ تَعْقِلُونَ
25 الفرقان 75	أُولَـٰئِكَ يُجْزَوْنَ الْغُرْفَةَ بِمَا صَبَرُوا وَيُلَقَّوْنَ فِيهَا **تَحِيَّةً** وَسَلَامًا
	تحيتهم **Their greeting**
10 يونس 10	دَعْوَاهُمْ فِيهَا سُبْحَانَكَ اللَّهُمَّ **وَتَحِيَّتُهُمْ** فِيهَا سَلَامٌ ۚ وَآخِرُ دَعْوَاهُمْ أَنِ الْحَمْدُ لِلَّهِ رَبِّ الْعَالَمِينَ
14 ابراهيم 23	وَأُدْخِلَ الَّذِينَ آمَنُوا وَعَمِلُوا الصَّالِحَاتِ جَنَّاتٍ تَجْرِي مِن تَحْتِهَا الْأَنْهَارُ خَالِدِينَ فِيهَا بِإِذْنِ رَبِّهِمْ ۖ **تَحِيَّتُهُمْ** فِيهَا سَلَامٌ
33 الأحزاب 44	**تَحِيَّتُهُمْ** يَوْمَ يَلْقَوْنَهُ سَلَامٌ ۚ وَأَعَدَّ لَهُمْ أَجْرًا كَرِيمًا
	تخويفا **warning**
17 الإسراء 59	وَمَا مَنَعَنَا أَن نُّرْسِلَ بِالْآيَاتِ إِلَّا أَن كَذَّبَ بِهَا الْأَوَّلُونَ ۚ وَآتَيْنَا ثَمُودَ النَّاقَةَ مُبْصِرَةً فَظَلَمُوا بِهَا ۚ وَمَا نُرْسِلُ بِالْآيَاتِ إِلَّا **تَخْوِيفًا**
	تخافا **Fear**
20 طه 46	قَالَ لَا **تَخَافَا** ۖ إِنَّنِي مَعَكُمَا أَسْمَعُ وَأَرَىٰ
	تدرسون **studied**
3 آل عمران 79	مَا كَانَ لِبَشَرٍ أَن يُؤْتِيَهُ اللَّهُ الْكِتَابَ وَالْحُكْمَ وَالنُّبُوَّةَ ثُمَّ يَقُولَ لِلنَّاسِ كُونُوا عِبَادًا لِّي مِن دُونِ اللَّهِ وَلَـٰكِن كُونُوا رَبَّانِيِّينَ بِمَا كُنتُمْ تُعَلِّمُونَ الْكِتَابَ وَبِمَا كُنتُمْ **تَدْرُسُونَ**

68 القلم 37	أَمْ لَكُمْ كِتَابٌ فِيهِ تَدْرُسُونَ

تذكرة
reminder

20 طه 3	إِلَّا **تَذْكِرَةً** لِّمَن يَخْشَىٰ
56 الواقعة 73	نَحْنُ جَعَلْنَاهَا **تَذْكِرَةً** وَمَتَاعًا لِّلْمُقْوِينَ
69 الحاقة 12	لِنَجْعَلَهَا لَكُمْ **تَذْكِرَةً** وَتَعِيَهَا أُذُنٌ وَاعِيَةٌ
48	وَإِنَّهُ لَ**تَذْكِرَةٌ** لِّلْمُتَّقِينَ
73 المزمل 19	إِنَّ هَٰذِهِ **تَذْكِرَةٌ** ۖ فَمَن شَاءَ اتَّخَذَ إِلَىٰ رَبِّهِ سَبِيلًا
74 المدثر 49	فَمَا لَهُمْ عَنِ **التَّذْكِرَةِ** مُعْرِضِينَ
54	كَلَّا إِنَّهُ **تَذْكِرَةٌ**
76 الانسان 29	إِنَّ هَٰذِهِ **تَذْكِرَةٌ** ۖ فَمَن شَاءَ اتَّخَذَ إِلَىٰ رَبِّهِ سَبِيلًا
80 عبس 11	كَلَّا إِنَّهَا **تَذْكِرَةٌ**

تذودان
driving back (their flocks)

28 القصص 23	وَلَمَّا وَرَدَ مَاءَ مَدْيَنَ وَجَدَ عَلَيْهِ أُمَّةً مِّنَ النَّاسِ يَسْقُونَ وَوَجَدَ مِن دُونِهِمُ امْرَأَتَيْنِ **تَذُودَانِ** ۖ قَالَ مَا خَطْبُكُمَا ۖ قَالَتَا لَا نَسْقِي حَتَّىٰ يُصْدِرَ الرِّعَاءُ ۖ وَأَبُونَا شَيْخٌ كَبِيرٌ

تراض
mutual consent

2 البقرة 232	وَإِذَا طَلَّقْتُمُ النِّسَاءَ فَبَلَغْنَ أَجَلَهُنَّ فَلَا تَعْضُلُوهُنَّ أَن يَنكِحْنَ أَزْوَاجَهُنَّ إِذَا **تَرَاضَوْا** بَيْنَهُم بِالْمَعْرُوفِ ۗ ذَٰلِكَ يُوعَظُ بِهِ مَن كَانَ مِنكُمْ يُؤْمِنُ بِاللَّهِ وَالْيَوْمِ الْآخِرِ ۗ ذَٰلِكُمْ أَزْكَىٰ لَكُمْ وَأَطْهَرُ ۗ وَاللَّهُ يَعْلَمُ وَأَنتُمْ لَا تَعْلَمُونَ	
233	۞ وَالْوَالِدَاتُ يُرْضِعْنَ أَوْلَادَهُنَّ حَوْلَيْنِ كَامِلَيْنِ ۖ لِمَنْ أَرَادَ أَن يُتِمَّ الرَّضَاعَةَ ۚ وَعَلَى الْمَوْلُودِ لَهُ رِزْقُهُنَّ وَكِسْوَتُهُنَّ بِالْمَعْرُوفِ ۚ لَا تُكَلَّفُ نَفْسٌ إِلَّا وُسْعَهَا ۚ لَا تُضَارَّ وَالِدَةٌ بِوَلَدِهَا وَلَا مَوْلُودٌ لَّهُ بِوَلَدِهِ ۚ وَعَلَى الْوَارِثِ مِثْلُ ذَٰلِكَ ۗ فَإِنْ أَرَادَا فِصَالًا عَن **تَرَاضٍ** مِّنْهُمَا وَتَشَاوُرٍ فَلَا جُنَاحَ عَلَيْهِمَا ۗ وَإِنْ أَرَدتُّمْ أَن تَسْتَرْضِعُوا أَوْلَادَكُمْ فَلَا جُنَاحَ عَلَيْكُمْ إِذَا سَلَّمْتُم مَّا آتَيْتُم بِالْمَعْرُوفِ ۗ وَاتَّقُوا اللَّهَ وَاعْلَمُوا أَنَّ اللَّهَ بِمَا تَعْمَلُونَ بَصِيرٌ	
4 النساء 24	۞ وَالْمُحْصَنَاتُ مِنَ النِّسَاءِ إِلَّا مَا مَلَكَتْ أَيْمَانُكُمْ ۖ كِتَابَ اللَّهِ عَلَيْكُمْ ۚ وَأُحِلَّ لَكُم مَّا وَرَاءَ ذَٰلِكُمْ أَن تَبْتَغُوا بِأَمْوَالِكُم مُّحْصِنِينَ غَيْرَ مُسَافِحِينَ ۚ فَمَا اسْتَمْتَعْتُم بِهِ مِنْهُنَّ فَآتُوهُنَّ أُجُورَهُنَّ فَرِيضَةً ۚ وَلَا جُنَاحَ عَلَيْكُمْ فِيمَا **تَرَاضَيْتُم** بِهِ مِن بَعْدِ الْفَرِيضَةِ ۚ إِنَّ اللَّهَ كَانَ عَلِيمًا حَكِيمًا	
29	يَا أَيُّهَا الَّذِينَ آمَنُوا لَا تَأْكُلُوا أَمْوَالَكُم بَيْنَكُم بِالْبَاطِلِ إِلَّا أَن تَكُونَ تِجَارَةً عَن **تَرَاضٍ** مِّنكُمْ ۚ وَلَا تَقْتُلُوا أَنفُسَكُمْ ۚ إِنَّ اللَّهَ كَانَ بِكُمْ رَحِيمًا	

تراضوا
agree among themselves

2 البقرة 232	وَإِذَا طَلَّقْتُمُ النِّسَاءَ فَبَلَغْنَ أَجَلَهُنَّ فَلَا تَعْضُلُوهُنَّ أَن يَنكِحْنَ أَزْوَاجَهُنَّ إِذَا **تَرَاضَوْا** بَيْنَهُم بِالْمَعْرُوفِ ۗ ذَٰلِكَ يُوعَظُ بِهِ مَن كَانَ مِنكُمْ يُؤْمِنُ بِاللَّهِ وَالْيَوْمِ الْآخِرِ ۗ ذَٰلِكُمْ أَزْكَىٰ لَكُمْ وَأَطْهَرُ ۗ وَاللَّهُ يَعْلَمُ وَأَنتُمْ لَا تَعْلَمُونَ	

تراضيتم
mutually agree

4 النساء 24	۞ وَالْمُحْصَنَاتُ مِنَ النِّسَاءِ إِلَّا مَا مَلَكَتْ أَيْمَانُكُمْ ۖ كِتَابَ اللَّهِ عَلَيْكُمْ ۚ وَأُحِلَّ لَكُم مَّا وَرَاءَ ذَٰلِكُمْ أَن تَبْتَغُوا بِأَمْوَالِكُم مُّحْصِنِينَ غَيْرَ مُسَافِحِينَ ۚ فَمَا اسْتَمْتَعْتُم بِهِ مِنْهُنَّ فَآتُوهُنَّ أُجُورَهُنَّ فَرِيضَةً ۚ وَلَا جُنَاحَ عَلَيْكُمْ فِيمَا **تَرَاضَيْتُم** بِهِ مِن بَعْدِ الْفَرِيضَةِ ۚ إِنَّ اللَّهَ كَانَ عَلِيمًا حَكِيمًا	

	تزكوا do not claim yourselves to be pure	
53 النجم 32	الَّذِينَ يَجْتَنِبُونَ كَبَائِرَ الْإِثْمِ وَالْفَوَاحِشَ إِلَّا اللَّمَمَ ۚ إِنَّ رَبَّكَ وَاسِعُ الْمَغْفِرَةِ ۚ هُوَ أَعْلَمُ بِكُمْ إِذْ أَنشَأَكُم مِّنَ الْأَرْضِ وَإِذْ أَنتُمْ أَجِنَّةٌ فِي بُطُونِ أُمَّهَاتِكُمْ ۖ فَلَا تُزَكُّوا أَنفُسَكُمْ ۖ هُوَ أَعْلَمُ بِمَنِ اتَّقَىٰ	
	تزكى purifies himself	
20 طه 76	جَنَّاتُ عَدْنٍ تَجْرِي مِن تَحْتِهَا الْأَنْهَارُ خَالِدِينَ فِيهَا ۚ وَذَٰلِكَ جَزَاءُ مَن تَزَكَّىٰ	
35 فاطر 18	وَلَا تَزِرُ وَازِرَةٌ وِزْرَ أُخْرَىٰ ۚ وَإِن تَدْعُ مُثْقَلَةٌ إِلَىٰ حِمْلِهَا لَا يُحْمَلْ مِنْهُ شَيْءٌ وَلَوْ كَانَ ذَا قُرْبَىٰ ۗ إِنَّمَا تُنذِرُ الَّذِينَ يَخْشَوْنَ رَبَّهُم بِالْغَيْبِ وَأَقَامُوا الصَّلَاةَ ۚ وَمَن تَزَكَّىٰ فَإِنَّمَا يَتَزَكَّىٰ لِنَفْسِهِ ۚ وَإِلَى اللَّهِ الْمَصِيرُ	
79 النازعات 18	فَقُلْ هَل لَّكَ إِلَىٰ أَن تَزَكَّىٰ	
87 الأعلى 14	قَدْ أَفْلَحَ مَن تَزَكَّىٰ	
92 الليل 18	الَّذِي يُؤْتِي مَالَهُ يَتَزَكَّىٰ	
	تسلمون submit [to Him]	
16 النحل 81	وَاللَّهُ جَعَلَ لَكُم مِّمَّا خَلَقَ ظِلَالًا وَجَعَلَ لَكُم مِّنَ الْجِبَالِ أَكْنَانًا وَجَعَلَ لَكُمْ سَرَابِيلَ تَقِيكُمُ الْحَرَّ وَسَرَابِيلَ تَقِيكُم بَأْسَكُمْ ۚ كَذَٰلِكَ يُتِمُّ نِعْمَتَهُ عَلَيْكُمْ لَعَلَّكُمْ تُسْلِمُونَ	
37 الصافات 26	بَلْ هُمُ الْيَوْمَ مُسْتَسْلِمُونَ	
	تسليما worthy salutation	

4 النساء 65	فَلَا وَرَبِّكَ لَا يُؤْمِنُونَ حَتَّىٰ يُحَكِّمُوكَ فِيمَا شَجَرَ بَيْنَهُمْ ثُمَّ لَا يَجِدُوا فِي أَنفُسِهِمْ حَرَجًا مِّمَّا قَضَيْتَ وَيُسَلِّمُوا **تَسْلِيمًا**	
33 الأحزاب 22	وَلَمَّا رَأَى الْمُؤْمِنُونَ الْأَحْزَابَ قَالُوا هَٰذَا مَا وَعَدَنَا اللَّهُ وَرَسُولُهُ وَصَدَقَ اللَّهُ وَرَسُولُهُ ۚ وَمَا زَادَهُمْ إِلَّا إِيمَانًا **وَتَسْلِيمًا**	
56	إِنَّ اللَّهَ وَمَلَائِكَتَهُ يُصَلُّونَ عَلَى النَّبِيِّ ۚ يَا أَيُّهَا الَّذِينَ آمَنُوا صَلُّوا عَلَيْهِ وَسَلِّمُوا **تَسْلِيمًا** Lo! Allah and His angels shower blessings on the Prophet. O ye who believe! Ask blessings on him and salute him with a worthy salutation	

تسنيم

83 المطففين 27	وَمِزَاجُهُ مِن **تَسْنِيمٍ** A spring from which those near [to Allah] drink	

تَسْتَغْفِرْ / تَسْتَغْفِرُونَ
ask forgiveness

9 التوبة 80	اسْتَغْفِرْ لَهُمْ أَوْ لَا **تَسْتَغْفِرْ** لَهُمْ إِن **تَسْتَغْفِرْ** لَهُمْ سَبْعِينَ مَرَّةً فَلَن يَغْفِرَ اللَّهُ لَهُمْ ۚ ذَٰلِكَ بِأَنَّهُمْ كَفَرُوا بِاللَّهِ وَرَسُولِهِ ۗ وَاللَّهُ لَا يَهْدِي الْقَوْمَ الْفَاسِقِينَ	
27 النمل 46	قَالَ يَا قَوْمِ لِمَ **تَسْتَعْجِلُونَ** بِالسَّيِّئَةِ قَبْلَ الْحَسَنَةِ ۖ لَوْلَا **تَسْتَغْفِرُونَ** اللَّهَ لَعَلَّكُمْ تُرْحَمُونَ	
63 المنافقون 6	سَوَاءٌ عَلَيْهِمْ **أَسْتَغْفَرْتَ** لَهُمْ أَمْ لَمْ **تَسْتَغْفِرْ** لَهُمْ لَن يَغْفِرَ اللَّهُ لَهُمْ ۚ إِنَّ اللَّهَ لَا يَهْدِي الْقَوْمَ الْفَاسِقِينَ	

تشابه
look alike

2 البقرة 25	وَبَشِّرِ الَّذِينَ آمَنُوا وَعَمِلُوا الصَّالِحَاتِ أَنَّ لَهُمْ جَنَّاتٍ تَجْرِي مِن تَحْتِهَا الْأَنْهَارُ ۖ كُلَّمَا رُزِقُوا مِنْهَا مِن ثَمَرَةٍ رِّزْقًا ۙ قَالُوا هَٰذَا الَّذِي رُزِقْنَا مِن قَبْلُ ۖ وَأُتُوا بِهِ **مُتَشَابِهًا** ۖ وَلَهُمْ فِيهَا أَزْوَاجٌ مُّطَهَّرَةٌ ۖ وَهُمْ فِيهَا خَالِدُونَ	

70	قَالُوا ادْعُ لَنَا رَبَّكَ يُبَيِّن لَّنَا مَا هِيَ إِنَّ الْبَقَرَ **تَشَابَهَ** عَلَيْنَا وَإِنَّا إِن شَاءَ اللَّهُ لَمُهْتَدُونَ
118	وَقَالَ الَّذِينَ لَا يَعْلَمُونَ لَوْلَا يُكَلِّمُنَا اللَّهُ أَوْ تَأْتِينَا آيَةٌ ۗ كَذَٰلِكَ قَالَ الَّذِينَ مِن قَبْلِهِم مِّثْلَ قَوْلِهِمْ ۘ **تَشَابَهَتْ** قُلُوبُهُمْ ۗ قَدْ بَيَّنَّا الْآيَاتِ لِقَوْمٍ يُوقِنُونَ
3 آل عمران 7	هُوَ الَّذِي أَنزَلَ عَلَيْكَ الْكِتَابَ مِنْهُ آيَاتٌ مُّحْكَمَاتٌ هُنَّ أُمُّ الْكِتَابِ وَأُخَرُ **مُتَشَابِهَاتٌ** ۖ فَأَمَّا الَّذِينَ فِي قُلُوبِهِمْ زَيْغٌ فَيَتَّبِعُونَ مَا **تَشَابَهَ** مِنْهُ ابْتِغَاءَ الْفِتْنَةِ وَابْتِغَاءَ تَأْوِيلِهِ ۗ وَمَا يَعْلَمُ تَأْوِيلَهُ إِلَّا اللَّهُ ۗ وَالرَّاسِخُونَ فِي الْعِلْمِ يَقُولُونَ آمَنَّا بِهِ كُلٌّ مِّنْ عِندِ رَبِّنَا ۗ وَمَا يَذَّكَّرُ إِلَّا أُولُو الْأَلْبَابِ
6 الأنعام 99	وَهُوَ الَّذِي أَنزَلَ مِنَ السَّمَاءِ مَاءً فَأَخْرَجْنَا بِهِ نَبَاتَ كُلِّ شَيْءٍ فَأَخْرَجْنَا مِنْهُ خَضِرًا نُّخْرِجُ مِنْهُ حَبًّا مُّتَرَاكِبًا وَمِنَ النَّخْلِ مِن طَلْعِهَا قِنْوَانٌ دَانِيَةٌ وَجَنَّاتٍ مِّنْ أَعْنَابٍ وَالزَّيْتُونَ وَالرُّمَّانَ مُشْتَبِهًا وَغَيْرَ **مُتَشَابِهٍ** ۗ انظُرُوا إِلَىٰ ثَمَرِهِ إِذَا أَثْمَرَ وَيَنْعِهِ ۚ إِنَّ فِي ذَٰلِكُمْ لَآيَاتٍ لِّقَوْمٍ يُؤْمِنُونَ
141	وَهُوَ الَّذِي أَنشَأَ جَنَّاتٍ مَّعْرُوشَاتٍ وَغَيْرَ مَعْرُوشَاتٍ وَالنَّخْلَ وَالزَّرْعَ مُخْتَلِفًا أُكُلُهُ وَالزَّيْتُونَ وَالرُّمَّانَ **مُتَشَابِهًا** وَغَيْرَ **مُتَشَابِهٍ** ۚ كُلُوا مِن ثَمَرِهِ إِذَا أَثْمَرَ وَآتُوا حَقَّهُ يَوْمَ حَصَادِهِ ۖ وَلَا تُسْرِفُوا ۚ إِنَّهُ لَا يُحِبُّ الْمُسْرِفِينَ
13 الرعد 16	قُلْ مَن رَّبُّ السَّمَاوَاتِ وَالْأَرْضِ قُلِ اللَّهُ ۚ قُلْ أَفَاتَّخَذْتُم مِّن دُونِهِ أَوْلِيَاءَ لَا يَمْلِكُونَ لِأَنفُسِهِمْ نَفْعًا وَلَا ضَرًّا ۚ قُلْ هَلْ يَسْتَوِي الْأَعْمَىٰ وَالْبَصِيرُ أَمْ هَلْ تَسْتَوِي الظُّلُمَاتُ وَالنُّورُ ۗ أَمْ جَعَلُوا لِلَّهِ شُرَكَاءَ خَلَقُوا كَخَلْقِهِ **فَتَشَابَهَ** الْخَلْقُ عَلَيْهِمْ ۚ قُلِ اللَّهُ خَالِقُ كُلِّ شَيْءٍ وَهُوَ الْوَاحِدُ الْقَهَّارُ
39 الزمر 23	اللَّهُ نَزَّلَ أَحْسَنَ الْحَدِيثِ كِتَابًا **مُّتَشَابِهًا** مَّثَانِيَ تَقْشَعِرُّ مِنْهُ جُلُودُ الَّذِينَ يَخْشَوْنَ رَبَّهُمْ ثُمَّ تَلِينُ جُلُودُهُمْ وَقُلُوبُهُمْ إِلَىٰ ذِكْرِ اللَّهِ ۚ ذَٰلِكَ هُدَى اللَّهِ يَهْدِي بِهِ مَن يَشَاءُ ۚ وَمَن يُضْلِلِ اللَّهُ فَمَا لَهُ مِنْ هَادٍ
	تشابهت resemble each other
2 البقرة 118	وَقَالَ الَّذِينَ لَا يَعْلَمُونَ لَوْلَا يُكَلِّمُنَا اللَّهُ أَوْ تَأْتِينَا آيَةٌ ۗ كَذَٰلِكَ قَالَ الَّذِينَ مِن قَبْلِهِم مِّثْلَ قَوْلِهِمْ ۘ **تَشَابَهَتْ** قُلُوبُهُمْ ۗ قَدْ بَيَّنَّا الْآيَاتِ لِقَوْمٍ يُوقِنُونَ
	تَصِفُونَ describe

12 يوسف 18	وَجَاءُوا عَلَىٰ قَمِيصِهِ بِدَمٍ كَذِبٍ ۚ قَالَ بَلْ سَوَّلَتْ لَكُمْ أَنفُسُكُمْ أَمْرًا ۖ فَصَبْرٌ جَمِيلٌ ۖ وَاللَّهُ الْمُسْتَعَانُ عَلَىٰ مَا **تَصِفُونَ**
77	قَالُوا إِن يَسْرِقْ فَقَدْ سَرَقَ أَخٌ لَّهُ مِن قَبْلُ ۚ فَأَسَرَّهَا يُوسُفُ فِي نَفْسِهِ وَلَمْ يُبْدِهَا لَهُمْ ۚ قَالَ أَنتُمْ شَرٌّ مَّكَانًا ۖ وَاللَّهُ أَعْلَمُ بِمَا **تَصِفُونَ**
21 الأنبياء 18	بَلْ نَقْذِفُ بِالْحَقِّ عَلَى الْبَاطِلِ فَيَدْمَغُهُ فَإِذَا هُوَ زَاهِقٌ ۚ وَلَكُمُ الْوَيْلُ مِمَّا **تَصِفُونَ**
112	قَالَ رَبِّ احْكُم بِالْحَقِّ ۗ وَرَبُّنَا الرَّحْمَٰنُ الْمُسْتَعَانُ عَلَىٰ مَا **تَصِفُونَ**

تصف (وَتَصِفُ)
Assert/describe

16 النحل 62	وَيَجْعَلُونَ لِلَّهِ مَا يَكْرَهُونَ **وَتَصِفُ** أَلْسِنَتُهُمُ الْكَذِبَ أَنَّ لَهُمُ الْحُسْنَىٰ ۖ لَا جَرَمَ أَنَّ لَهُمُ النَّارَ وَأَنَّهُم مُّفْرَطُونَ

تضرعا
Humbly- call upon Him

6 الأنعام 63	قُلْ مَن يُنَجِّيكُم مِّن ظُلُمَاتِ الْبَرِّ وَالْبَحْرِ تَدْعُونَهُ **تَضَرُّعًا** وَخُفْيَةً لَّئِنْ أَنجَانَا مِنْ هَٰذِهِ لَنَكُونَنَّ مِنَ الشَّاكِرِينَ
7 الأعراف 55	ادْعُوا رَبَّكُمْ **تَضَرُّعًا** وَخُفْيَةً ۚ إِنَّهُ لَا يُحِبُّ الْمُعْتَدِينَ
205	وَاذْكُر رَّبَّكَ فِي نَفْسِكَ **تَضَرُّعًا** وَخِيفَةً وَدُونَ الْجَهْرِ مِنَ الْقَوْلِ بِالْغُدُوِّ وَالْآصَالِ وَلَا تَكُن مِّنَ الْغَافِلِينَ

تضرعوا
they had been humble

6 الأنعام 43	فَلَوْلَا إِذْ جَاءَهُم بَأْسُنَا **تَضَرَّعُوا** وَلَٰكِن قَسَتْ قُلُوبُهُمْ وَزَيَّنَ لَهُمُ الشَّيْطَانُ مَا كَانُوا يَعْمَلُونَ

تظمأ
thirsty

20 طه 119	وَأَنَّكَ لَا **تَظْمَأُ** فِيهَا وَلَا تَضْحَىٰ

	## تطلع observe	
5 المائدة 13	فَبِمَا نَقْضِهِم مِّيثَاقَهُمْ لَعَنَّاهُمْ وَجَعَلْنَا قُلُوبَهُمْ قَاسِيَةً ۖ يُحَرِّفُونَ الْكَلِمَ عَن مَّوَاضِعِهِ ۙ وَنَسُوا حَظًّا مِّمَّا ذُكِّرُوا بِهِ ۚ وَلَا تَزَالُ **تَطَّلِعُ** عَلَىٰ خَائِنَةٍ مِّنْهُمْ إِلَّا قَلِيلًا مِّنْهُمْ ۖ فَاعْفُ عَنْهُمْ وَاصْفَحْ ۚ إِنَّ اللَّهَ يُحِبُّ الْمُحْسِنِينَ	
18 الكهف 90	حَتَّىٰ إِذَا بَلَغَ مَطْلِعَ الشَّمْسِ وَجَدَهَا **تَطْلُعُ** عَلَىٰ قَوْمٍ لَّمْ نَجْعَل لَّهُم مِّن دُونِهَا سِتْرًا	
104 الهمزة 7	الَّتِي **تَطَّلِعُ** عَلَى الْأَفْئِدَةِ	
	## تطع obey	
6 الأنعام 116	وَإِن **تُطِعْ** أَكْثَرَ مَن فِي الْأَرْضِ يُضِلُّوكَ عَن سَبِيلِ اللَّهِ ۚ إِن يَتَّبِعُونَ إِلَّا الظَّنَّ وَإِنْ هُمْ إِلَّا يَخْرُصُونَ	
18 الكهف 28	وَاصْبِرْ نَفْسَكَ مَعَ الَّذِينَ يَدْعُونَ رَبَّهُم بِالْغَدَاةِ وَالْعَشِيِّ يُرِيدُونَ وَجْهَهُ ۖ وَلَا تَعْدُ عَيْنَاكَ عَنْهُمْ تُرِيدُ زِينَةَ الْحَيَاةِ الدُّنْيَا ۖ وَلَا **تُطِعْ** مَنْ أَغْفَلْنَا قَلْبَهُ عَن ذِكْرِنَا وَاتَّبَعَ هَوَاهُ وَكَانَ أَمْرُهُ فُرُطًا	
25 الفرقان 52	فَلَا **تُطِعِ** الْكَافِرِينَ وَجَاهِدْهُم بِهِ جِهَادًا كَبِيرًا	
33 الأحزاب 1	يَا أَيُّهَا النَّبِيُّ اتَّقِ اللَّهَ وَلَا **تُطِعِ** الْكَافِرِينَ وَالْمُنَافِقِينَ ۗ إِنَّ اللَّهَ كَانَ عَلِيمًا حَكِيمًا	
48	وَلَا **تُطِعِ** الْكَافِرِينَ وَالْمُنَافِقِينَ وَدَعْ أَذَاهُمْ وَتَوَكَّلْ عَلَى اللَّهِ ۚ وَكَفَىٰ بِاللَّهِ وَكِيلًا	
68 القلم 8	فَلَا **تُطِعِ** الْمُكَذِّبِينَ	
10	وَلَا **تُطِعْ** كُلَّ حَلَّافٍ مَّهِينٍ	
76 الانسان 24	فَاصْبِرْ لِحُكْمِ رَبِّكَ وَلَا **تُطِعْ** مِنْهُمْ آثِمًا أَوْ كَفُورًا	

تُطِعْهُ
obey him

96 العلق 19	كَلَّا لَا **تُطِعْهُ** وَاسْجُدْ وَاقْتَرِب ۩

تطعهما
obey them

29 العنكبوت 8	وَوَصَّيْنَا الْإِنسَانَ بِوَالِدَيْهِ حُسْنًا ۖ وَإِن جَاهَدَاكَ لِتُشْرِكَ بِي مَا لَيْسَ لَكَ بِهِ عِلْمٌ فَلَا **تُطِعْهُمَا** ۚ إِلَيَّ مَرْجِعُكُمْ فَأُنَبِّئُكُم بِمَا كُنتُمْ تَعْمَلُونَ
31 لقمان 15	وَإِن جَاهَدَاكَ عَلَىٰ أَن تُشْرِكَ بِي مَا لَيْسَ لَكَ بِهِ عِلْمٌ فَلَا **تُطِعْهُمَا** ۖ وَصَاحِبْهُمَا فِي الدُّنْيَا مَعْرُوفًا ۖ وَاتَّبِعْ سَبِيلَ مَنْ أَنَابَ إِلَيَّ ۚ ثُمَّ إِلَيَّ مَرْجِعُكُمْ فَأُنَبِّئُكُم بِمَا كُنتُمْ تَعْمَلُونَ

تعدنا
promise us

7 الأعراف 70	قَالُوا أَجِئْتَنَا لِنَعْبُدَ اللَّهَ وَحْدَهُ وَنَذَرَ مَا كَانَ يَعْبُدُ آبَاؤُنَا ۖ فَأْتِنَا بِمَا **تَعِدُنَا** إِن كُنتَ مِنَ الصَّادِقِينَ
77	فَعَقَرُوا النَّاقَةَ وَعَتَوْا عَنْ أَمْرِ رَبِّهِمْ وَقَالُوا يَا صَالِحُ ائْتِنَا بِمَا **تَعِدُنَا** إِن كُنتَ مِنَ الْمُرْسَلِينَ
11 هود 32	قَالُوا يَا نُوحُ قَدْ جَادَلْتَنَا فَأَكْثَرْتَ جِدَالَنَا فَأْتِنَا بِمَا **تَعِدُنَا** إِن كُنتَ مِنَ الصَّادِقِينَ
46 الأحقاف 22	قَالُوا أَجِئْتَنَا لِتَأْفِكَنَا عَنْ آلِهَتِنَا فَأْتِنَا بِمَا **تَعِدُنَا** إِن كُنتَ مِنَ الصَّادِقِينَ

تغن/تغني
avail them

3 آل عمران 10	إِنَّ الَّذِينَ كَفَرُوا لَن **تُغْنِيَ** عَنْهُمْ أَمْوَالُهُمْ وَلَا أَوْلَادُهُم مِّنَ اللَّهِ شَيْئًا ۖ وَأُولَٰئِكَ هُمْ وَقُودُ النَّارِ
116	إِنَّ الَّذِينَ كَفَرُوا لَن **تُغْنِيَ** عَنْهُمْ أَمْوَالُهُمْ وَلَا أَوْلَادُهُم مِّنَ اللَّهِ شَيْئًا ۖ وَأُولَٰئِكَ أَصْحَابُ النَّارِ ۚ هُمْ فِيهَا خَالِدُونَ

8 الأنفال 19	إِن تَسْتَفْتِحُوا فَقَدْ جَاءَكُمُ الْفَتْحُ ۖ وَإِن تَنتَهُوا فَهُوَ خَيْرٌ لَّكُمْ ۖ وَإِن تَعُودُوا نَعُدْ وَلَن تُغْنِيَ عَنكُمْ فِئَتُكُمْ شَيْئًا وَلَوْ كَثُرَتْ وَأَنَّ اللَّهَ مَعَ الْمُؤْمِنِينَ	
9 التوبة 25	لَقَدْ نَصَرَكُمُ اللَّهُ فِي مَوَاطِنَ كَثِيرَةٍ ۙ وَيَوْمَ حُنَيْنٍ ۙ إِذْ أَعْجَبَتْكُمْ كَثْرَتُكُمْ فَلَمْ تُغْنِ عَنكُمْ شَيْئًا وَضَاقَتْ عَلَيْكُمُ الْأَرْضُ بِمَا رَحُبَتْ ثُمَّ وَلَّيْتُم مُّدْبِرِينَ	
10 يونس 24	إِنَّمَا مَثَلُ الْحَيَاةِ الدُّنْيَا كَمَاءٍ أَنزَلْنَاهُ مِنَ السَّمَاءِ فَاخْتَلَطَ بِهِ نَبَاتُ الْأَرْضِ مِمَّا يَأْكُلُ النَّاسُ وَالْأَنْعَامُ حَتَّىٰ إِذَا أَخَذَتِ الْأَرْضُ زُخْرُفَهَا وَازَّيَّنَتْ وَظَنَّ أَهْلُهَا أَنَّهُمْ قَادِرُونَ عَلَيْهَا أَتَاهَا أَمْرُنَا لَيْلًا أَوْ نَهَارًا فَجَعَلْنَاهَا حَصِيدًا كَأَن لَّمْ تَغْنَ بِالْأَمْسِ ۚ كَذَٰلِكَ نُفَصِّلُ الْآيَاتِ لِقَوْمٍ يَتَفَكَّرُونَ	
101	قُلِ انظُرُوا مَاذَا فِي السَّمَاوَاتِ وَالْأَرْضِ ۚ وَمَا تُغْنِي الْآيَاتُ وَالنُّذُرُ عَن قَوْمٍ لَّا يُؤْمِنُونَ	
36 يس 23	أَأَتَّخِذُ مِن دُونِهِ آلِهَةً إِن يُرِدْنِ الرَّحْمَٰنُ بِضُرٍّ لَّا تُغْنِ عَنِّي شَفَاعَتُهُمْ شَيْئًا وَلَا يُنقِذُونِ	
53 النجم 26	وَكَم مِّن مَّلَكٍ فِي السَّمَاوَاتِ لَا تُغْنِي شَفَاعَتُهُمْ شَيْئًا إِلَّا مِن بَعْدِ أَن يَأْذَنَ اللَّهُ لِمَن يَشَاءُ وَيَرْضَىٰ	
54 القمر 5	حِكْمَةٌ بَالِغَةٌ ۖ فَمَا تُغْنِ النُّذُرُ	
58 المجادلة 17	لَّن تُغْنِيَ عَنْهُمْ أَمْوَالُهُمْ وَلَا أَوْلَادُهُم مِّنَ اللَّهِ شَيْئًا ۚ أُولَٰئِكَ أَصْحَابُ النَّارِ ۖ هُمْ فِيهَا خَالِدُونَ	

تَفْسِيرًا
explanation

25 الفرقان 33	وَلَا يَأْتُونَكَ بِمَثَلٍ إِلَّا جِئْنَاكَ بِالْحَقِّ وَأَحْسَنَ تَفْسِيرًا

تَفَرَّقُوا
become divided

3 آل عمران 103	وَاعْتَصِمُوا بِحَبْلِ اللَّهِ جَمِيعًا وَلَا تَفَرَّقُوا ۚ وَاذْكُرُوا نِعْمَتَ اللَّهِ عَلَيْكُمْ إِذْ كُنتُمْ أَعْدَاءً فَأَلَّفَ بَيْنَ قُلُوبِكُمْ فَأَصْبَحْتُم بِنِعْمَتِهِ إِخْوَانًا وَكُنتُمْ عَلَىٰ شَفَا حُفْرَةٍ مِّنَ النَّارِ فَأَنقَذَكُم مِّنْهَا ۗ كَذَٰلِكَ يُبَيِّنُ اللَّهُ لَكُمْ آيَاتِهِ لَعَلَّكُمْ تَهْتَدُونَ
105	وَلَا تَكُونُوا كَالَّذِينَ تَفَرَّقُوا وَاخْتَلَفُوا مِن بَعْدِ مَا جَاءَهُمُ الْبَيِّنَاتُ ۚ وَأُولَٰئِكَ لَهُمْ عَذَابٌ عَظِيمٌ

42 الشورى 13	۞ شَرَعَ لَكُم مِّنَ الدِّينِ مَا وَصَّىٰ بِهِ نُوحًا وَالَّذِي أَوْحَيْنَا إِلَيْكَ وَمَا وَصَّيْنَا بِهِ إِبْرَاهِيمَ وَمُوسَىٰ وَعِيسَىٰ ۖ أَنْ أَقِيمُوا الدِّينَ وَلَا **تَتَفَرَّقُوا** فِيهِ ۚ كَبُرَ عَلَى الْمُشْرِكِينَ مَا تَدْعُوهُمْ إِلَيْهِ ۚ اللَّهُ يَجْتَبِي إِلَيْهِ مَن يَشَاءُ وَيَهْدِي إِلَيْهِ مَن يُنِيبُ
14	وَمَا **تَفَرَّقُوا** إِلَّا مِن بَعْدِ مَا جَاءَهُمُ الْعِلْمُ بَغْيًا بَيْنَهُمْ ۚ وَلَوْلَا كَلِمَةٌ سَبَقَتْ مِن رَّبِّكَ إِلَىٰ أَجَلٍ مُّسَمًّى لَّقُضِيَ بَيْنَهُمْ ۚ وَإِنَّ الَّذِينَ أُورِثُوا الْكِتَابَ مِن بَعْدِهِمْ لَفِي شَكٍّ مِّنْهُ مُرِيبٍ
	تقم **stand** [for prayer]
4 النساء 102	وَإِذَا كُنتَ فِيهِمْ **فَأَقَمْتَ** لَهُمُ الصَّلَاةَ **فَلْتَقُمْ** طَائِفَةٌ مِّنْهُم مَّعَكَ وَلْيَأْخُذُوا أَسْلِحَتَهُمْ فَإِذَا سَجَدُوا فَلْيَكُونُوا مِن وَرَائِكُمْ وَلْتَأْتِ طَائِفَةٌ أُخْرَىٰ لَمْ يُصَلُّوا فَلْيُصَلُّوا مَعَكَ وَلْيَأْخُذُوا حِذْرَهُمْ وَأَسْلِحَتَهُمْ ۗ وَدَّ الَّذِينَ كَفَرُوا لَوْ تَغْفُلُونَ عَنْ أَسْلِحَتِكُمْ وَأَمْتِعَتِكُمْ فَيَمِيلُونَ عَلَيْكُم مَّيْلَةً وَاحِدَةً ۚ وَلَا جُنَاحَ عَلَيْكُمْ إِن كَانَ بِكُمْ أَذًى مِّن مَّطَرٍ أَوْ كُنتُم مَّرْضَىٰ أَن تَضَعُوا أَسْلِحَتَكُمْ ۖ وَخُذُوا حِذْرَكُمْ ۗ إِنَّ اللَّهَ أَعَدَّ لِلْكَافِرِينَ عَذَابًا مُّهِينًا
9 التوبة 84	وَلَا تُصَلِّ عَلَىٰ أَحَدٍ مِّنْهُم مَّاتَ أَبَدًا وَلَا **تَقُمْ** عَلَىٰ قَبْرِهِ ۖ إِنَّهُمْ كَفَرُوا بِاللَّهِ وَرَسُولِهِ وَمَاتُوا وَهُمْ فَاسِقُونَ
108	لَا **تَقُمْ** فِيهِ أَبَدًا ۚ لَّمَسْجِدٌ أُسِّسَ عَلَى التَّقْوَىٰ مِنْ أَوَّلِ يَوْمٍ أَحَقُّ أَن **تَقُومَ** فِيهِ ۚ فِيهِ رِجَالٌ يُحِبُّونَ أَن يَتَطَهَّرُوا ۚ وَاللَّهُ يُحِبُّ الْمُطَّهِّرِينَ
	تقاة **in prudence/PRETEND//just to avoid them**
3 آل عمران 28	لَّا يَتَّخِذِ الْمُؤْمِنُونَ الْكَافِرِينَ أَوْلِيَاءَ مِن دُونِ الْمُؤْمِنِينَ ۖ وَمَن يَفْعَلْ ذَٰلِكَ فَلَيْسَ مِنَ اللَّهِ فِي شَيْءٍ إِلَّا أَن **تَتَّقُوا** مِنْهُمْ **تُقَاةً** ۗوَيُحَذِّرُكُمُ اللَّهُ نَفْسَهُ ۗ وَإِلَى اللَّهِ الْمَصِيرُ
	تُقَاتِهِ **as He should be feared**
3 آل عمران 102	يَا أَيُّهَا الَّذِينَ آمَنُوا **اتَّقُوا** اللَّهَ حَقَّ **تُقَاتِهِ** وَلَا تَمُوتُنَّ إِلَّا وَأَنتُم مُّسْلِمُونَ

	# تقوى **fear of Allah**
2 البقرة 197	الْحَجُّ أَشْهُرٌ مَّعْلُومَاتٌ ۚ فَمَن فَرَضَ فِيهِنَّ الْحَجَّ فَلَا رَفَثَ وَلَا فُسُوقَ وَلَا جِدَالَ فِي الْحَجِّ ۗ وَمَا تَفْعَلُوا مِنْ خَيْرٍ يَعْلَمْهُ اللَّهُ ۗ وَتَزَوَّدُوا فَإِنَّ خَيْرَ الزَّادِ **التَّقْوَىٰ** ۚ وَاتَّقُونِ يَا أُولِي الْأَلْبَابِ
237	وَإِن طَلَّقْتُمُوهُنَّ مِن قَبْلِ أَن تَمَسُّوهُنَّ وَقَدْ فَرَضْتُمْ لَهُنَّ فَرِيضَةً فَنِصْفُ مَا فَرَضْتُمْ إِلَّا أَن يَعْفُونَ أَوْ يَعْفُوَ الَّذِي بِيَدِهِ عُقْدَةُ النِّكَاحِ ۚ وَأَن تَعْفُوا أَقْرَبُ **لِلتَّقْوَىٰ** ۚ وَلَا تَنسَوُا الْفَضْلَ بَيْنَكُمْ ۚ إِنَّ اللَّهَ بِمَا تَعْمَلُونَ بَصِيرٌ
5 المائدة 2	يَا أَيُّهَا الَّذِينَ آمَنُوا لَا تُحِلُّوا شَعَائِرَ اللَّهِ وَلَا الشَّهْرَ الْحَرَامَ وَلَا الْهَدْيَ وَلَا الْقَلَائِدَ وَلَا آمِّينَ الْبَيْتَ الْحَرَامَ يَبْتَغُونَ فَضْلًا مِّن رَّبِّهِمْ وَرِضْوَانًا ۚ وَإِذَا حَلَلْتُمْ فَاصْطَادُوا ۚ وَلَا يَجْرِمَنَّكُمْ شَنَآنُ قَوْمٍ أَن صَدُّوكُمْ عَنِ الْمَسْجِدِ الْحَرَامِ أَن تَعْتَدُوا ۘ وَتَعَاوَنُوا عَلَى الْبِرِّ **وَالتَّقْوَىٰ** ۖ وَلَا تَعَاوَنُوا عَلَى الْإِثْمِ وَالْعُدْوَانِ ۚ **وَاتَّقُوا** اللَّهَ ۖ إِنَّ اللَّهَ شَدِيدُ الْعِقَابِ
8	يَا أَيُّهَا الَّذِينَ آمَنُوا كُونُوا قَوَّامِينَ لِلَّهِ شُهَدَاءَ بِالْقِسْطِ ۖ وَلَا يَجْرِمَنَّكُمْ شَنَآنُ قَوْمٍ عَلَىٰ أَلَّا تَعْدِلُوا ۚ اعْدِلُوا هُوَ أَقْرَبُ **لِلتَّقْوَىٰ** ۖ وَاتَّقُوا اللَّهَ ۚ إِنَّ اللَّهَ خَبِيرٌ بِمَا تَعْمَلُونَ
7 الأعراف 26	يَا بَنِي آدَمَ قَدْ أَنزَلْنَا عَلَيْكُمْ لِبَاسًا يُوَارِي سَوْآتِكُمْ وَرِيشًا ۖ وَلِبَاسُ **التَّقْوَىٰ** ذَٰلِكَ خَيْرٌ ۚ ذَٰلِكَ مِنْ آيَاتِ اللَّهِ لَعَلَّهُمْ يَذَّكَّرُونَ
9 التوبة 108	لَا تَقُمْ فِيهِ أَبَدًا ۚ لَّمَسْجِدٌ أُسِّسَ عَلَى **التَّقْوَىٰ** مِنْ أَوَّلِ يَوْمٍ أَحَقُّ أَن تَقُومَ فِيهِ ۚ فِيهِ رِجَالٌ يُحِبُّونَ أَن يَتَطَهَّرُوا ۚ وَاللَّهُ يُحِبُّ الْمُطَّهِّرِينَ
109	أَفَمَنْ أَسَّسَ بُنْيَانَهُ عَلَىٰ **تَقْوَىٰ** مِنَ اللَّهِ وَرِضْوَانٍ خَيْرٌ أَم مَّنْ أَسَّسَ بُنْيَانَهُ عَلَىٰ شَفَا جُرُفٍ هَارٍ فَانْهَارَ بِهِ فِي نَارِ جَهَنَّمَ ۗ وَاللَّهُ لَا يَهْدِي الْقَوْمَ الظَّالِمِينَ
20 طه 132	وَأْمُرْ أَهْلَكَ بِالصَّلَاةِ وَاصْطَبِرْ عَلَيْهَا ۖ لَا نَسْأَلُكَ رِزْقًا ۖ نَّحْنُ نَرْزُقُكَ ۗ وَالْعَاقِبَةُ **لِلتَّقْوَىٰ**
22 الحج 32	ذَٰلِكَ وَمَن يُعَظِّمْ شَعَائِرَ اللَّهِ فَإِنَّهَا مِن **تَقْوَى** الْقُلُوبِ

37	لَن يَنَالَ اللَّهَ لُحُومُهَا وَلَا دِمَاؤُهَا وَلَٰكِن يَنَالُهُ **التَّقْوَىٰ** مِنكُمْ ۚ كَذَٰلِكَ سَخَّرَهَا لَكُمْ لِتُكَبِّرُوا اللَّهَ عَلَىٰ مَا هَدَاكُمْ ۗ وَبَشِّرِ الْمُحْسِنِينَ
48 الفتح 26	إِذْ جَعَلَ الَّذِينَ كَفَرُوا فِي قُلُوبِهِمُ الْحَمِيَّةَ حَمِيَّةَ الْجَاهِلِيَّةِ فَأَنزَلَ اللَّهُ سَكِينَتَهُ عَلَىٰ رَسُولِهِ وَعَلَى الْمُؤْمِنِينَ وَأَلْزَمَهُمْ كَلِمَةَ **التَّقْوَىٰ** وَكَانُوا أَحَقَّ بِهَا وَأَهْلَهَا ۚ وَكَانَ اللَّهُ بِكُلِّ شَيْءٍ عَلِيمًا
49 الحجرات 3	إِنَّ الَّذِينَ يَغُضُّونَ أَصْوَاتَهُمْ عِندَ رَسُولِ اللَّهِ أُولَٰئِكَ الَّذِينَ امْتَحَنَ اللَّهُ قُلُوبَهُمْ **لِلتَّقْوَىٰ** ۚ لَهُم مَّغْفِرَةٌ وَأَجْرٌ عَظِيمٌ
58 المجادلة 9	يَا أَيُّهَا الَّذِينَ آمَنُوا إِذَا تَنَاجَيْتُمْ فَلَا تَتَنَاجَوْا بِالْإِثْمِ وَالْعُدْوَانِ وَمَعْصِيَتِ الرَّسُولِ وَتَنَاجَوْا بِالْبِرِّ **وَالتَّقْوَىٰ** ۖ وَاتَّقُوا اللَّهَ الَّذِي إِلَيْهِ تُحْشَرُونَ
74 المدثر 56	وَمَا يَذْكُرُونَ إِلَّا أَن يَشَاءَ اللَّهُ ۚ هُوَ أَهْلُ **التَّقْوَىٰ** وَأَهْلُ الْمَغْفِرَةِ
96 العلق 12	أَوْ أَمَرَ **بِالتَّقْوَىٰ**

تقيا
fearing of Allah

19 مريم 13	وَحَنَانًا مِّن لَّدُنَّا وَزَكَاةً ۖ وَكَانَ **تَقِيًّا**
18	قَالَتْ إِنِّي أَعُوذُ بِالرَّحْمَٰنِ مِنكَ إِن كُنتَ **تَقِيًّا**
63	تِلْكَ الْجَنَّةُ الَّتِي نُورِثُ مِنْ عِبَادِنَا مَن كَانَ **تَقِيًّا**

تَكُ (تَحْزَنْ + تَأْتِيكُمْ)
if there is a good deed

4 النساء 40	إِنَّ اللَّهَ لَا يَظْلِمُ مِثْقَالَ ذَرَّةٍ ۖ وَإِن **تَكُ** حَسَنَةً يُضَاعِفْهَا وَيُؤْتِ مِن لَّدُنْهُ أَجْرًا عَظِيمًا
11 هود 17	أَفَمَن كَانَ عَلَىٰ بَيِّنَةٍ مِّن رَّبِّهِ وَيَتْلُوهُ شَاهِدٌ مِّنْهُ وَمِن قَبْلِهِ كِتَابُ مُوسَىٰ إِمَامًا وَرَحْمَةً ۚ أُولَٰئِكَ يُؤْمِنُونَ بِهِ ۚ وَمَن يَكْفُرْ بِهِ مِنَ الْأَحْزَابِ فَالنَّارُ مَوْعِدُهُ ۚ فَلَا **تَكُ** فِي مِرْيَةٍ مِّنْهُ ۚ إِنَّهُ الْحَقُّ مِن رَّبِّكَ وَلَٰكِنَّ أَكْثَرَ النَّاسِ لَا يُؤْمِنُونَ

109	فَلَا تَكُ فِي مِرْيَةٍ مِّمَّا يَعْبُدُ هَٰؤُلَاءِ ۚ مَا يَعْبُدُونَ إِلَّا كَمَا يَعْبُدُ آبَاؤُهُم مِّن قَبْلُ ۚ وَإِنَّا لَمُوَفُّوهُمْ نَصِيبَهُمْ غَيْرَ مَنقُوصٍ	
16 النحل 127	وَاصْبِرْ وَمَا صَبْرُكَ إِلَّا بِاللَّهِ ۚ وَلَا تَحْزَنْ عَلَيْهِمْ وَلَا تَكُ فِي ضَيْقٍ مِّمَّا يَمْكُرُونَ	
19 مريم 9	قَالَ كَذَٰلِكَ قَالَ رَبُّكَ هُوَ عَلَيَّ هَيِّنٌ وَقَدْ خَلَقْتُكَ مِن قَبْلُ وَلَمْ تَكُ شَيْئًا	
31 لقمان 16	يَا بُنَيَّ إِنَّهَا إِن تَكُ مِثْقَالَ حَبَّةٍ مِّنْ خَرْدَلٍ فَتَكُن فِي صَخْرَةٍ أَوْ فِي السَّمَاوَاتِ أَوْ فِي الْأَرْضِ يَأْتِ بِهَا اللَّهُ ۚ إِنَّ اللَّهَ لَطِيفٌ خَبِيرٌ	
40 غافر 50	قَالُوا أَوَلَمْ تَكُ تَأْتِيكُمْ رُسُلُكُم بِالْبَيِّنَاتِ ۖ قَالُوا بَلَىٰ ۚ قَالُوا فَادْعُوا ۗ وَمَا دُعَاءُ الْكَافِرِينَ إِلَّا فِي ضَلَالٍ	

تكتموا
conceal

2 البقرة 42	وَلَا تَلْبِسُوا الْحَقَّ بِالْبَاطِلِ وَتَكْتُمُوا الْحَقَّ وَأَنتُمْ تَعْلَمُونَ	
283	وَإِن كُنتُمْ عَلَىٰ سَفَرٍ وَلَمْ تَجِدُوا كَاتِبًا فَرِهَانٌ مَّقْبُوضَةٌ ۖ فَإِنْ أَمِنَ بَعْضُكُم بَعْضًا فَلْيُؤَدِّ الَّذِي اؤْتُمِنَ أَمَانَتَهُ وَلْيَتَّقِ اللَّهَ رَبَّهُ ۗ وَلَا تَكْتُمُوا الشَّهَادَةَ ۚ وَمَن يَكْتُمْهَا فَإِنَّهُ آثِمٌ قَلْبُهُ ۗ وَاللَّهُ بِمَا تَعْمَلُونَ عَلِيمٌ	

تِلَاوَتِهِ
true recital

2 البقرة 121	الَّذِينَ آتَيْنَاهُمُ الْكِتَابَ يَتْلُونَهُ حَقَّ تِلَاوَتِهِ أُولَٰئِكَ يُؤْمِنُونَ بِهِ ۗ وَمَن يَكْفُرْ بِهِ فَأُولَٰئِكَ هُمُ الْخَاسِرُونَ	
10 يونس 16	قُل لَّوْ شَاءَ اللَّهُ مَا تَلَوْتُهُ عَلَيْكُمْ وَلَا أَدْرَاكُم بِهِ ۖ فَقَدْ لَبِثْتُ فِيكُمْ عُمُرًا مِّن قَبْلِهِ ۚ أَفَلَا تَعْقِلُونَ	

تَلَظَّىٰ
which is blazing

92 الليل 14	فَأَنذَرْتُكُمْ نَارًا تَلَظَّىٰ
	تَمِيد lest it shift/not to move
16 النحل 15	وَأَلْقَىٰ فِي الْأَرْضِ رَوَاسِيَ أَن **تَمِيدَ** بِكُمْ وَأَنْهَارًا وَسُبُلًا لَّعَلَّكُمْ تَهْتَدُونَ
21 الأنبياء 31	وَجَعَلْنَا فِي الْأَرْضِ رَوَاسِيَ أَن **تَمِيدَ** بِهِمْ وَجَعَلْنَا فِيهَا فِجَاجًا سُبُلًا لَّعَلَّهُمْ يَهْتَدُونَ
31 لقمان 10	خَلَقَ السَّمَاوَاتِ بِغَيْرِ عَمَدٍ تَرَوْنَهَا ۖ وَأَلْقَىٰ فِي الْأَرْضِ رَوَاسِيَ أَن **تَمِيدَ** بِكُمْ وَبَثَّ فِيهَا مِن كُلِّ دَابَّةٍ ۚ وَأَنزَلْنَا مِنَ السَّمَاءِ مَاءً فَأَنبَتْنَا فِيهَا مِن كُلِّ زَوْجٍ كَرِيمٍ
	تَمَيَّزُ bursts with rage
67 الملك 8	تَكَادُ **تَمَيَّزُ** مِنَ الْغَيْظِ ۖ كُلَّمَا أُلْقِيَ فِيهَا فَوْجٌ سَأَلَهُمْ خَزَنَتُهَا أَلَمْ يَأْتِكُمْ نَذِيرٌ
	تَنَابَزُوا call each other by [offensive] nicknames
49 الحجرات 11	يَا أَيُّهَا الَّذِينَ آمَنُوا لَا يَسْخَرْ قَوْمٌ مِّن قَوْمٍ عَسَىٰ أَن يَكُونُوا خَيْرًا مِّنْهُمْ وَلَا نِسَاءٌ مِّن نِّسَاءٍ عَسَىٰ أَن يَكُنَّ خَيْرًا مِّنْهُنَّ ۖ وَلَا تَلْمِزُوا أَنفُسَكُمْ وَلَا **تَنَابَزُوا** بِالْأَلْقَابِ ۖ بِئْسَ الِاسْمُ الْفُسُوقُ بَعْدَ الْإِيمَانِ ۚ وَمَن لَّمْ يَتُبْ فَأُولَٰئِكَ هُمُ الظَّالِمُونَ
	تَنَاجَيْتُمْ converse privately
58 المجادلة 9	يَا أَيُّهَا الَّذِينَ آمَنُوا إِذَا **تَنَاجَيْتُمْ** فَلَا تَتَنَاجَوْا بِالْإِثْمِ وَالْعُدْوَانِ وَمَعْصِيَتِ الرَّسُولِ وَتَنَاجَوْا بِالْبِرِّ وَالتَّقْوَىٰ ۖ وَاتَّقُوا اللَّهَ الَّذِي إِلَيْهِ تُحْشَرُونَ
	تنزل was revealed

3 آل عمران 93	۞ كُلُّ الطَّعَامِ كَانَ حِلًّا لِّبَنِي إِسْرَائِيلَ إِلَّا مَا حَرَّمَ إِسْرَائِيلُ عَلَىٰ نَفْسِهِ مِن قَبْلِ أَن **تُنَزَّلَ** التَّوْرَاةُ ۗ قُلْ فَأْتُوا بِالتَّوْرَاةِ فَاتْلُوهَا إِن كُنتُمْ صَادِقِينَ
4 النساء 153	يَسْأَلُكَ أَهْلُ الْكِتَابِ أَن **تُنَزِّلَ** عَلَيْهِمْ كِتَابًا مِّنَ السَّمَاءِ ۚ فَقَدْ سَأَلُوا مُوسَىٰ أَكْبَرَ مِن ذَٰلِكَ فَقَالُوا أَرِنَا اللَّهَ جَهْرَةً فَأَخَذَتْهُمُ الصَّاعِقَةُ بِظُلْمِهِمْ ۚ ثُمَّ اتَّخَذُوا الْعِجْلَ مِن بَعْدِ مَا جَاءَتْهُمُ الْبَيِّنَاتُ فَعَفَوْنَا عَن ذَٰلِكَ ۚ وَآتَيْنَا مُوسَىٰ سُلْطَانًا مُّبِينًا
9 التوبة 64	يَحْذَرُ الْمُنَافِقُونَ أَن **تُنَزَّلَ** عَلَيْهِمْ سُورَةٌ تُنَبِّئُهُم بِمَا فِي قُلُوبِهِمْ ۚ قُلِ اسْتَهْزِئُوا إِنَّ اللَّهَ مُخْرِجٌ مَّا تَحْذَرُونَ
17 الإسراء 93	أَوْ يَكُونَ لَكَ بَيْتٌ مِّن زُخْرُفٍ أَوْ تَرْقَىٰ فِي السَّمَاءِ وَلَن نُّؤْمِنَ لِرُقِيِّكَ حَتَّىٰ **تُنَزِّلَ** عَلَيْنَا كِتَابًا نَّقْرَؤُهُ ۗ قُلْ سُبْحَانَ رَبِّي هَلْ كُنتُ إِلَّا بَشَرًا رَّسُولًا
19 مريم 64	وَمَا **نَتَنَزَّلُ** إِلَّا بِأَمْرِ رَبِّكَ ۖ لَهُ مَا بَيْنَ أَيْدِينَا وَمَا خَلْفَنَا وَمَا بَيْنَ ذَٰلِكَ ۚ وَمَا كَانَ رَبُّكَ نَسِيًّا
26 الشعراء 210	وَمَا **تَنَزَّلَتْ** بِهِ الشَّيَاطِينُ
221	هَلْ أُنَبِّئُكُمْ عَلَىٰ مَن **تَنَزَّلُ** الشَّيَاطِينُ
222	**تَنَزَّلُ** عَلَىٰ كُلِّ أَفَّاكٍ أَثِيمٍ
41 فصلت 30	إِنَّ الَّذِينَ قَالُوا رَبُّنَا اللَّهُ ثُمَّ اسْتَقَامُوا **تَتَنَزَّلُ** عَلَيْهِمُ الْمَلَائِكَةُ أَلَّا تَخَافُوا وَلَا تَحْزَنُوا وَأَبْشِرُوا بِالْجَنَّةِ الَّتِي كُنتُمْ تُوعَدُونَ
65 الطلاق 12	اللَّهُ الَّذِي خَلَقَ سَبْعَ سَمَاوَاتٍ وَمِنَ الْأَرْضِ مِثْلَهُنَّ **يَتَنَزَّلُ** الْأَمْرُ بَيْنَهُنَّ لِتَعْلَمُوا أَنَّ اللَّهَ عَلَىٰ كُلِّ شَيْءٍ قَدِيرٌ وَأَنَّ اللَّهَ قَدْ أَحَاطَ بِكُلِّ شَيْءٍ عِلْمًا
97 القدر 4	**تَنَزَّلُ** الْمَلَائِكَةُ وَالرُّوحُ فِيهَا بِإِذْنِ رَبِّهِم مِّن كُلِّ أَمْرٍ
	تَنكِحَ **marries**
2 البقرة 221	وَلَا **تَنكِحُوا** الْمُشْرِكَاتِ حَتَّىٰ يُؤْمِنَّ ۚ وَلَأَمَةٌ مُّؤْمِنَةٌ خَيْرٌ مِّن مُّشْرِكَةٍ وَلَوْ أَعْجَبَتْكُمْ ۗ وَلَا **تُنكِحُوا** الْمُشْرِكِينَ حَتَّىٰ يُؤْمِنُوا ۚ وَلَعَبْدٌ مُّؤْمِنٌ خَيْرٌ

	مِّن مُّشْرِكٍ وَلَوْ أَعْجَبَكُمْ ۗ أُولَٰئِكَ يَدْعُونَ إِلَى النَّارِ ۖ وَاللَّهُ يَدْعُو إِلَى الْجَنَّةِ وَالْمَغْفِرَةِ بِإِذْنِهِ ۖ وَيُبَيِّنُ آيَاتِهِ لِلنَّاسِ لَعَلَّهُمْ يَتَذَكَّرُونَ
230	فَإِن طَلَّقَهَا فَلَا تَحِلُّ لَهُ مِن بَعْدُ حَتَّىٰ **تَنكِحَ** زَوْجًا غَيْرَهُ ۗ فَإِن طَلَّقَهَا فَلَا جُنَاحَ عَلَيْهِمَا أَن يَتَرَاجَعَا إِن ظَنَّا أَن يُقِيمَا حُدُودَ اللَّهِ ۗ وَتِلْكَ حُدُودُ اللَّهِ يُبَيِّنُهَا لِقَوْمٍ يَعْلَمُونَ
4 النساء 22	وَلَا **تَنكِحُوا** مَا **نَكَحَ** آبَاؤُكُم مِّنَ النِّسَاءِ إِلَّا مَا قَدْ سَلَفَ ۚ إِنَّهُ كَانَ فَاحِشَةً وَمَقْتًا وَسَاءَ سَبِيلًا
127	وَيَسْتَفْتُونَكَ فِي النِّسَاءِ ۖ قُلِ اللَّهُ يُفْتِيكُمْ فِيهِنَّ وَمَا يُتْلَىٰ عَلَيْكُمْ فِي الْكِتَابِ فِي يَتَامَى النِّسَاءِ اللَّاتِي لَا تُؤْتُونَهُنَّ مَا كُتِبَ لَهُنَّ وَتَرْغَبُونَ أَن **تَنكِحُوهُنَّ** وَالْمُسْتَضْعَفِينَ مِنَ الْوِلْدَانِ وَأَن تَقُومُوا لِلْيَتَامَىٰ بِالْقِسْطِ ۚ وَمَا تَفْعَلُوا مِنْ خَيْرٍ فَإِنَّ اللَّهَ كَانَ بِهِ عَلِيمًا
33 الأحزاب 50	يَا أَيُّهَا النَّبِيُّ إِنَّا أَحْلَلْنَا لَكَ أَزْوَاجَكَ اللَّاتِي آتَيْتَ أُجُورَهُنَّ وَمَا مَلَكَتْ يَمِينُكَ مِمَّا أَفَاءَ اللَّهُ عَلَيْكَ وَبَنَاتِ عَمِّكَ وَبَنَاتِ عَمَّاتِكَ وَبَنَاتِ خَالِكَ وَبَنَاتِ خَالَاتِكَ اللَّاتِي هَاجَرْنَ مَعَكَ وَامْرَأَةً مُّؤْمِنَةً إِن وَهَبَتْ نَفْسَهَا لِلنَّبِيِّ إِنْ أَرَادَ النَّبِيُّ أَن **يَسْتَنكِحَهَا** خَالِصَةً لَّكَ مِن دُونِ الْمُؤْمِنِينَ ۗ قَدْ عَلِمْنَا مَا فَرَضْنَا عَلَيْهِمْ فِي أَزْوَاجِهِمْ وَمَا مَلَكَتْ أَيْمَانُهُمْ لِكَيْلَا يَكُونَ عَلَيْكَ حَرَجٌ ۗ وَكَانَ اللَّهُ غَفُورًا رَّحِيمًا
53	يَا أَيُّهَا الَّذِينَ آمَنُوا لَا تَدْخُلُوا بُيُوتَ النَّبِيِّ إِلَّا أَن يُؤْذَنَ لَكُمْ إِلَىٰ طَعَامٍ غَيْرَ نَاظِرِينَ إِنَاهُ وَلَٰكِنْ إِذَا دُعِيتُمْ فَادْخُلُوا فَإِذَا طَعِمْتُمْ فَانتَشِرُوا وَلَا مُسْتَأْنِسِينَ لِحَدِيثٍ ۚ إِنَّ ذَٰلِكُمْ كَانَ يُؤْذِي النَّبِيَّ فَيَسْتَحْيِي مِنكُمْ ۖ وَاللَّهُ لَا يَسْتَحْيِي مِنَ الْحَقِّ ۚ وَإِذَا سَأَلْتُمُوهُنَّ مَتَاعًا فَاسْأَلُوهُنَّ مِن وَرَاءِ حِجَابٍ ۚ ذَٰلِكُمْ أَطْهَرُ لِقُلُوبِكُمْ وَقُلُوبِهِنَّ ۚ وَمَا كَانَ لَكُمْ أَن تُؤْذُوا رَسُولَ اللَّهِ وَلَا أَن **تَنكِحُوا** أَزْوَاجَهُ مِن بَعْدِهِ أَبَدًا ۚ إِنَّ ذَٰلِكُمْ كَانَ عِندَ اللَّهِ عَظِيمًا
60 الممتحنة 10	يَا أَيُّهَا الَّذِينَ آمَنُوا إِذَا جَاءَكُمُ الْمُؤْمِنَاتُ مُهَاجِرَاتٍ فَامْتَحِنُوهُنَّ ۖ اللَّهُ أَعْلَمُ بِإِيمَانِهِنَّ ۖ فَإِنْ عَلِمْتُمُوهُنَّ مُؤْمِنَاتٍ فَلَا تَرْجِعُوهُنَّ إِلَى الْكُفَّارِ ۖ لَا هُنَّ حِلٌّ لَّهُمْ وَلَا هُمْ يَحِلُّونَ لَهُنَّ ۖ وَآتُوهُم مَّا أَنفَقُوا ۚ وَلَا جُنَاحَ عَلَيْكُمْ أَن **تَنكِحُوهُنَّ** إِذَا آتَيْتُمُوهُنَّ أُجُورَهُنَّ ۚ وَلَا تُمْسِكُوا بِعِصَمِ الْكَوَافِرِ

	وَاسْأَلُوا مَا أَنفَقْتُمْ وَلْيَسْأَلُوا مَا أَنفَقُوا ۚ ذَٰلِكُمْ حُكْمُ اللَّهِ ۖ يَحْكُمُ بَيْنَكُمْ ۚ وَاللَّهُ عَلِيمٌ حَكِيمٌ
	تَنِيَا slacken
20 طه 42	اذْهَبْ أَنتَ وَأَخُوكَ بِآيَاتِي وَلَا **تَنِيَا** فِي ذِكْرِي
	تَهْتَزُّ Writhing/fast like light snake
27 النمل 10	وَأَلْقِ عَصَاكَ ۚ فَلَمَّا رَآهَا **تَهْتَزُّ** كَأَنَّهَا جَانٌّ وَلَّىٰ مُدْبِرًا وَلَمْ يُعَقِّبْ ۚ يَا مُوسَىٰ لَا تَخَفْ إِنِّي لَا يَخَافُ لَدَيَّ الْمُرْسَلُونَ
28 القصص 31	وَأَنْ أَلْقِ عَصَاكَ ۖ فَلَمَّا رَآهَا **تَهْتَزُّ** كَأَنَّهَا جَانٌّ وَلَّىٰ مُدْبِرًا وَلَمْ يُعَقِّبْ ۚ يَا مُوسَىٰ أَقْبِلْ وَلَا تَخَفْ ۖ إِنَّكَ مِنَ الْآمِنِينَ
	تهنوا do not weaken
3 آل عمران 139	وَلَا **تَهِنُوا** وَلَا تَحْزَنُوا وَأَنتُمُ الْأَعْلَوْنَ إِن كُنتُم مُّؤْمِنِينَ
4 النساء 104	وَلَا **تَهِنُوا** فِي ابْتِغَاءِ الْقَوْمِ ۖ إِن تَكُونُوا تَأْلَمُونَ فَإِنَّهُمْ يَأْلَمُونَ كَمَا تَأْلَمُونَ ۖ وَتَرْجُونَ مِنَ اللَّهِ مَا لَا يَرْجُونَ ۗ وَكَانَ اللَّهُ عَلِيمًا حَكِيمًا
47 محمد 35	فَلَا **تَهِنُوا** وَتَدْعُوا إِلَى السَّلْمِ وَأَنتُمُ الْأَعْلَوْنَ وَاللَّهُ مَعَكُمْ وَلَن يَتِرَكُمْ أَعْمَالَكُمْ
	تَهْوَىٰ desire
2 البقرة 87	وَلَقَدْ آتَيْنَا مُوسَى الْكِتَابَ وَقَفَّيْنَا مِن بَعْدِهِ بِالرُّسُلِ ۖ وَآتَيْنَا عِيسَى ابْنَ مَرْيَمَ الْبَيِّنَاتِ وَأَيَّدْنَاهُ بِرُوحِ الْقُدُسِ ۗ أَفَكُلَّمَا جَاءَكُمْ رَسُولٌ بِمَا لَا **تَهْوَىٰ** أَنفُسُكُمُ اسْتَكْبَرْتُمْ فَفَرِيقًا كَذَّبْتُمْ وَفَرِيقًا تَقْتُلُونَ
5 المائدة 70	لَقَدْ أَخَذْنَا مِيثَاقَ بَنِي إِسْرَائِيلَ وَأَرْسَلْنَا إِلَيْهِمْ رُسُلًا ۖ كُلَّمَا جَاءَهُمْ رَسُولٌ بِمَا لَا **تَهْوَىٰ** أَنفُسُهُمْ فَرِيقًا كَذَّبُوا وَفَرِيقًا يَقْتُلُونَ

53 النجم 23	إِنْ هِيَ إِلَّا أَسْمَاءٌ سَمَّيْتُمُوهَا أَنتُمْ وَآبَاؤُكُم مَّا أَنزَلَ اللَّهُ بِهَا مِن سُلْطَانٍ ۚ إِن يَتَّبِعُونَ إِلَّا الظَّنَّ وَمَا **تَهْوَى** الْأَنفُسُ ۖ وَلَقَدْ جَاءَهُم مِّن رَّبِّهِمُ الْهُدَىٰ
	تَهْوِي **incline toward**
14 ابراهيم 37	رَّبَّنَا إِنِّي أَسْكَنتُ مِن ذُرِّيَّتِي بِوَادٍ غَيْرِ ذِي زَرْعٍ عِندَ بَيْتِكَ الْمُحَرَّمِ رَبَّنَا لِيُقِيمُوا الصَّلَاةَ فَاجْعَلْ أَفْئِدَةً مِّنَ النَّاسِ **تَهْوِي** إِلَيْهِمْ وَارْزُقْهُم مِّنَ الثَّمَرَاتِ لَعَلَّهُمْ يَشْكُرُونَ
22 الحج 31	حُنَفَاءَ لِلَّهِ غَيْرَ مُشْرِكِينَ بِهِ ۚ وَمَن يُشْرِكْ بِاللَّهِ فَكَأَنَّمَا خَرَّ مِنَ السَّمَاءِ فَتَخْطَفُهُ الطَّيْرُ أَوْ **تَهْوِي** بِهِ الرِّيحُ فِي مَكَانٍ سَحِيقٍ
	التواب the **Accepting of repentance**
2 البقرة 37	فَتَلَقَّىٰ آدَمُ مِن رَّبِّهِ كَلِمَاتٍ **فَتَابَ** عَلَيْهِ ۚ إِنَّهُ هُوَ **التَّوَّابُ** الرَّحِيمُ
54	وَإِذْ قَالَ مُوسَىٰ لِقَوْمِهِ يَا قَوْمِ إِنَّكُمْ ظَلَمْتُمْ أَنفُسَكُم بِاتِّخَاذِكُمُ الْعِجْلَ **فَتُوبُوا** إِلَىٰ بَارِئِكُمْ فَاقْتُلُوا أَنفُسَكُمْ ذَٰلِكُمْ خَيْرٌ لَّكُمْ عِندَ بَارِئِكُمْ **فَتَابَ** عَلَيْكُمْ ۚ إِنَّهُ هُوَ **التَّوَّابُ** الرَّحِيمُ
128	رَبَّنَا وَاجْعَلْنَا مُسْلِمَيْنِ لَكَ وَمِن ذُرِّيَّتِنَا أُمَّةً مُّسْلِمَةً لَّكَ وَأَرِنَا مَنَاسِكَنَا **وَتُبْ** عَلَيْنَا ۖ إِنَّكَ أَنتَ **التَّوَّابُ** الرَّحِيمُ
160	إِلَّا الَّذِينَ **تَابُوا** وَأَصْلَحُوا وَبَيَّنُوا فَأُولَٰئِكَ **أَتُوبُ** عَلَيْهِمْ ۚ وَأَنَا **التَّوَّابُ** الرَّحِيمُ
222	وَيَسْأَلُونَكَ عَنِ الْمَحِيضِ ۖ قُلْ هُوَ أَذًى فَاعْتَزِلُوا النِّسَاءَ فِي الْمَحِيضِ ۖ وَلَا تَقْرَبُوهُنَّ حَتَّىٰ يَطْهُرْنَ ۖ فَإِذَا تَطَهَّرْنَ فَأْتُوهُنَّ مِنْ حَيْثُ أَمَرَكُمُ اللَّهُ ۚ إِنَّ اللَّهَ يُحِبُّ **التَّوَّابِينَ** وَيُحِبُّ الْمُتَطَهِّرِينَ
9 التوبة 104	أَلَمْ يَعْلَمُوا أَنَّ اللَّهَ هُوَ يَقْبَلُ **التَّوْبَةَ** عَنْ عِبَادِهِ وَيَأْخُذُ الصَّدَقَاتِ وَأَنَّ اللَّهَ هُوَ **التَّوَّابُ** الرَّحِيمُ

118	وَعَلَى الثَّلَاثَةِ الَّذِينَ خُلِّفُوا حَتَّىٰ إِذَا ضَاقَتْ عَلَيْهِمُ الْأَرْضُ بِمَا رَحُبَتْ وَضَاقَتْ عَلَيْهِمْ أَنفُسُهُمْ وَظَنُّوا أَن لَّا مَلْجَأَ مِنَ اللَّهِ إِلَّا إِلَيْهِ ثُمَّ تَابَ عَلَيْهِمْ لِيَتُوبُوا ۚ إِنَّ اللَّهَ هُوَ التَّوَّابُ الرَّحِيمُ

تَوَارَتْ
sun disappeared

38 ص 32	فَقَالَ إِنِّي أَحْبَبْتُ حُبَّ الْخَيْرِ عَن ذِكْرِ رَبِّي حَتَّىٰ تَوَارَتْ بِالْحِجَابِ

تَوَفَّاهُمُ
take [in death]

4 النساء 97	إِنَّ الَّذِينَ تَوَفَّاهُمُ الْمَلَائِكَةُ ظَالِمِي أَنفُسِهِمْ قَالُوا فِيمَ كُنتُمْ ۖ قَالُوا كُنَّا مُسْتَضْعَفِينَ فِي الْأَرْضِ ۚ قَالُوا أَلَمْ تَكُنْ أَرْضُ اللَّهِ وَاسِعَةً فَتُهَاجِرُوا فِيهَا ۚ فَأُولَٰئِكَ مَأْوَاهُمْ جَهَنَّمُ ۖ وَسَاءَتْ مَصِيرًا
16 النحل 28	الَّذِينَ تَتَوَفَّاهُمُ الْمَلَائِكَةُ ظَالِمِي أَنفُسِهِمْ ۖ فَأَلْقَوُا السَّلَمَ مَا كُنَّا نَعْمَلُ مِن سُوءٍ ۚ بَلَىٰ إِنَّ اللَّهَ عَلِيمٌ بِمَا كُنتُمْ تَعْمَلُونَ
32	الَّذِينَ تَتَوَفَّاهُمُ الْمَلَائِكَةُ طَيِّبِينَ ۙ يَقُولُونَ سَلَامٌ عَلَيْكُمُ ادْخُلُوا الْجَنَّةَ بِمَا كُنتُمْ تَعْمَلُونَ

تَوَفَّتْهُ
take him

6 الأنعام 61	وَهُوَ الْقَاهِرُ فَوْقَ عِبَادِهِ ۖ وَيُرْسِلُ عَلَيْكُمْ حَفَظَةً حَتَّىٰ إِذَا جَاءَ أَحَدَكُمُ الْمَوْتُ تَوَفَّتْهُ رُسُلُنَا وَهُمْ لَا يُفَرِّطُونَ
47 محمد 27	فَكَيْفَ إِذَا تَوَفَّتْهُمُ الْمَلَائِكَةُ يَضْرِبُونَ وُجُوهَهُمْ وَأَدْبَارَهُمْ

تَوَفَّنِي
Cause me to die a Muslim

12 يوسف 101	رَبِّ قَدْ آتَيْتَنِي مِنَ الْمُلْكِ وَعَلَّمْتَنِي مِن تَأْوِيلِ الْأَحَادِيثِ ۚ فَاطِرَ السَّمَاوَاتِ وَالْأَرْضِ أَنتَ وَلِيِّي فِي الدُّنْيَا وَالْآخِرَةِ ۖ تَوَفَّنِي مُسْلِمًا وَأَلْحِقْنِي بِالصَّالِحِينَ

	<div align="center">**تُوَفَّوْنَ** given your [full]</div>
3 آل عمران 185	كُلُّ نَفْسٍ ذَائِقَةُ الْمَوْتِ ۗ وَإِنَّمَا **تُوَفَّوْنَ** أُجُورَكُمْ يَوْمَ الْقِيَامَةِ ۖ فَمَن زُحْزِحَ عَنِ النَّارِ وَأُدْخِلَ الْجَنَّةَ فَقَدْ فَازَ ۗ وَمَا الْحَيَاةُ الدُّنْيَا إِلَّا مَتَاعُ الْغُرُورِ
	<div align="center">**يَتَوَفَّوْنَ** taken in death</div>
2 البقرة 234	وَالَّذِينَ **يُتَوَفَّوْنَ** مِنكُمْ وَيَذَرُونَ أَزْوَاجًا يَتَرَبَّصْنَ بِأَنفُسِهِنَّ أَرْبَعَةَ أَشْهُرٍ وَعَشْرًا ۖ فَإِذَا بَلَغْنَ أَجَلَهُنَّ فَلَا جُنَاحَ عَلَيْكُمْ فِيمَا فَعَلْنَ فِي أَنفُسِهِنَّ بِالْمَعْرُوفِ ۗ وَاللَّهُ بِمَا تَعْمَلُونَ خَبِيرٌ
240	وَالَّذِينَ **يُتَوَفَّوْنَ** مِنكُمْ وَيَذَرُونَ أَزْوَاجًا وَصِيَّةً لِّأَزْوَاجِهِم مَّتَاعًا إِلَى الْحَوْلِ غَيْرَ إِخْرَاجٍ ۚ فَإِنْ خَرَجْنَ فَلَا جُنَاحَ عَلَيْكُمْ فِي مَا فَعَلْنَ فِي أَنفُسِهِنَّ مِن مَّعْرُوفٍ ۗ وَاللَّهُ عَزِيزٌ حَكِيمٌ
7 الأعراف 37	فَمَنْ أَظْلَمُ مِمَّنِ افْتَرَىٰ عَلَى اللَّهِ كَذِبًا أَوْ كَذَّبَ بِآيَاتِهِ ۚ أُولَٰئِكَ يَنَالُهُمْ نَصِيبُهُم مِّنَ الْكِتَابِ ۖ حَتَّىٰ إِذَا جَاءَتْهُمْ رُسُلُنَا **يَتَوَفَّوْنَهُمْ** قَالُوا أَيْنَ مَا كُنتُمْ تَدْعُونَ مِن دُونِ اللَّهِ ۖ قَالُوا ضَلُّوا عَنَّا وَشَهِدُوا عَلَىٰ أَنفُسِهِمْ أَنَّهُمْ كَانُوا كَافِرِينَ
	<div align="center">**تَوَفَّيْتَنِي** when You took me up</div>
5 المائدة 117	مَا قُلْتُ لَهُمْ إِلَّا مَا أَمَرْتَنِي بِهِ أَنِ اعْبُدُوا اللَّهَ رَبِّي وَرَبَّكُمْ ۚ وَكُنتُ عَلَيْهِمْ شَهِيدًا مَّا دُمْتُ فِيهِمْ ۖ فَلَمَّا **تَوَفَّيْتَنِي** كُنتَ أَنتَ الرَّقِيبَ عَلَيْهِمْ ۚ وَأَنتَ عَلَىٰ كُلِّ شَيْءٍ شَهِيدٌ
	<div align="center">**تَوْفِيقِي** And my success</div>
11 هود 88	قَالَ يَا قَوْمِ أَرَأَيْتُمْ إِن كُنتُ عَلَىٰ بَيِّنَةٍ مِّن رَّبِّي وَرَزَقَنِي مِنْهُ رِزْقًا حَسَنًا ۚ وَمَا أُرِيدُ أَنْ أُخَالِفَكُمْ إِلَىٰ مَا أَنْهَاكُمْ عَنْهُ ۚ إِنْ أُرِيدُ إِلَّا الْإِصْلَاحَ مَا اسْتَطَعْتُ ۚ وَمَا **تَوْفِيقِي** إِلَّا بِاللَّهِ ۚ عَلَيْهِ تَوَكَّلْتُ وَإِلَيْهِ أُنِيبُ

	تُولِجُ **You cause the night to enter the day**
3 آل عمران 27	**تُولِجُ** اللَّيْلَ فِي النَّهَارِ **وَتُولِجُ** النَّهَارَ فِي اللَّيْلِ ۖ وَتُخْرِجُ الْحَيَّ مِنَ الْمَيِّتِ وَتُخْرِجُ الْمَيِّتَ مِنَ الْحَيِّ ۖ وَتَرْزُقُ مَن تَشَاءُ بِغَيْرِ حِسَابٍ
	تُوَلُّوهُمُ **turn to them** your backs
8 الأنفال 15	يَا أَيُّهَا الَّذِينَ آمَنُوا إِذَا لَقِيتُمُ الَّذِينَ كَفَرُوا زَحْفًا فَلَا **تُوَلُّوهُمُ** الْأَدْبَارَ
60 الممتحنة 9	إِنَّمَا يَنْهَاكُمُ اللَّهُ عَنِ الَّذِينَ قَاتَلُوكُمْ فِي الدِّينِ وَأَخْرَجُوكُم مِّن دِيَارِكُمْ وَظَاهَرُوا عَلَىٰ إِخْرَاجِكُمْ أَن **تَوَلَّوْهُمْ** ۚ وَمَن **يَتَوَلَّهُمْ** فَأُولَٰئِكَ هُمُ الظَّالِمُونَ
	تَيَمَّمُوا **1- aim toward** the defective, **2-**Tayammum
2 البقرة 267	يَا أَيُّهَا الَّذِينَ آمَنُوا أَنفِقُوا مِن طَيِّبَاتِ مَا كَسَبْتُمْ وَمِمَّا أَخْرَجْنَا لَكُم مِّنَ الْأَرْضِ ۖ وَلَا **تَيَمَّمُوا** الْخَبِيثَ مِنْهُ تُنفِقُونَ وَلَسْتُم بِآخِذِيهِ إِلَّا أَن تُغْمِضُوا فِيهِ ۚ وَاعْلَمُوا أَنَّ اللَّهَ غَنِيٌّ حَمِيدٌ
4 النساء 43	يَا أَيُّهَا الَّذِينَ آمَنُوا لَا تَقْرَبُوا الصَّلَاةَ وَأَنتُمْ سُكَارَىٰ حَتَّىٰ تَعْلَمُوا مَا تَقُولُونَ وَلَا جُنُبًا إِلَّا عَابِرِي سَبِيلٍ حَتَّىٰ تَغْتَسِلُوا ۚ وَإِن كُنتُم مَّرْضَىٰ أَوْ عَلَىٰ سَفَرٍ أَوْ جَاءَ أَحَدٌ مِّنكُم مِّنَ الْغَائِطِ أَوْ لَامَسْتُمُ النِّسَاءَ فَلَمْ تَجِدُوا مَاءً **فَتَيَمَّمُوا** صَعِيدًا طَيِّبًا فَامْسَحُوا بِوُجُوهِكُمْ وَأَيْدِيكُمْ ۗ إِنَّ اللَّهَ كَانَ عَفُوًّا غَفُورًا
5 المائدة 6	**يَا أَيُّهَا الَّذِينَ آمَنُوا إِذَا قُمْتُمْ إِلَى الصَّلَاةِ فَاغْسِلُوا وُجُوهَكُمْ وَأَيْدِيَكُمْ إِلَى الْمَرَافِقِ وَامْسَحُوا بِرُءُوسِكُمْ وَأَرْجُلَكُمْ إِلَى الْكَعْبَيْنِ ۚ وَإِن كُنتُمْ جُنُبًا فَاطَّهَّرُوا ۚ وَإِن كُنتُم مَّرْضَىٰ أَوْ عَلَىٰ سَفَرٍ أَوْ جَاءَ أَحَدٌ مِّنكُم مِّنَ الْغَائِطِ أَوْ لَامَسْتُمُ النِّسَاءَ فَلَمْ تَجِدُوا مَاءً فَتَيَمَّمُوا صَعِيدًا طَيِّبًا فَامْسَحُوا بِوُجُوهِكُمْ وَأَيْدِيكُم مِّنْهُ ۚ مَا يُرِيدُ اللَّهُ لِيَجْعَلَ عَلَيْكُم مِّنْ حَرَجٍ وَلَٰكِن يُرِيدُ لِيُطَهِّرَكُمْ وَلِيُتِمَّ نِعْمَتَهُ عَلَيْكُمْ لَعَلَّكُمْ تَشْكُرُونَ**

	تَيْأَسُوا despair	
12 يوسف 80	فَلَمَّا **اسْتَيْأَسُوا** مِنْهُ خَلَصُوا نَجِيًّا ۚ قَالَ كَبِيرُهُمْ أَلَمْ تَعْلَمُوا أَنَّ أَبَاكُمْ قَدْ أَخَذَ عَلَيْكُم مَّوْثِقًا مِّنَ اللَّهِ وَمِن قَبْلُ مَا فَرَّطتُمْ فِي يُوسُفَ ۖ فَلَنْ أَبْرَحَ الْأَرْضَ حَتَّىٰ يَأْذَنَ لِي أَبِي أَوْ يَحْكُمَ اللَّهُ لِي ۖ وَهُوَ خَيْرُ الْحَاكِمِينَ	
87	يَا بَنِيَّ اذْهَبُوا فَتَحَسَّسُوا مِن يُوسُفَ وَأَخِيهِ وَلَا **تَيْأَسُوا** مِن رَّوْحِ اللَّهِ ۖ إِنَّهُ لَا يَيْأَسُ مِن رَّوْحِ اللَّهِ إِلَّا الْقَوْمُ الْكَافِرُونَ	

بحث في مفردات القرآن الكريم

القسم الاول

	الاحرف أ-خ	حرف ث
	أ ب ت **ث** ج ح خ	

	ثَابِتٌ/ يُثَبِّتُ set firm	
14 ابراهيم 24	أَلَمْ تَرَ كَيْفَ ضَرَبَ اللَّهُ مَثَلًا كَلِمَةً طَيِّبَةً كَشَجَرَةٍ طَيِّبَةٍ أَصْلُهَا **ثَابِتٌ** وَفَرْعُهَا فِي السَّمَاءِ	
27	**يُثَبِّتُ** اللَّهُ الَّذِينَ آمَنُوا بِالْقَوْلِ **الثَّابِتِ** فِي الْحَيَاةِ الدُّنْيَا وَفِي الْآخِرَةِ ۖ وَيُضِلُّ اللَّهُ الظَّالِمِينَ ۚ وَيَفْعَلُ اللَّهُ مَا يَشَاءُ	
	ثَاقِبٌ piercing	
37 الصافات 10	إِلَّا مَنْ خَطِفَ الْخَطْفَةَ فَأَتْبَعَهُ شِهَابٌ **ثَاقِبٌ**	

86 الطارق 3	النَّجْمُ **الثَّاقِبُ**
	ثَالِثِ **third of three**
5 المائدة 73	لَّقَدْ كَفَرَ الَّذِينَ قَالُوا إِنَّ اللَّهَ **ثَالِثُ ثَلَاثَةٍ** ۘ وَمَا مِنْ إِلَٰهٍ إِلَّا إِلَٰهٌ وَاحِدٌ ۚ وَإِن لَّمْ يَنتَهُوا عَمَّا يَقُولُونَ لَيَمَسَّنَّ الَّذِينَ كَفَرُوا مِنْهُمْ عَذَابٌ أَلِيمٌ
36 يس 14	إِذْ أَرْسَلْنَا إِلَيْهِمُ اثْنَيْنِ فَكَذَّبُوهُمَا فَعَزَّزْنَا **بِثَالِثٍ** فَقَالُوا إِنَّا إِلَيْكُم مُّرْسَلُونَ
53 النجم 20	وَمَنَاةَ **الثَّالِثَةَ** الْأُخْرَىٰ
	ثَانِيَ/ الْمَثَانِي **second of two/ often repeated**
9 التوبة 40	إِلَّا تَنصُرُوهُ فَقَدْ نَصَرَهُ اللَّهُ إِذْ أَخْرَجَهُ الَّذِينَ كَفَرُوا **ثَانِيَ اثْنَيْنِ** إِذْ هُمَا فِي الْغَارِ إِذْ يَقُولُ لِصَاحِبِهِ لَا تَحْزَنْ إِنَّ اللَّهَ مَعَنَا ۖ فَأَنزَلَ اللَّهُ سَكِينَتَهُ عَلَيْهِ وَأَيَّدَهُ بِجُنُودٍ لَّمْ تَرَوْهَا وَجَعَلَ كَلِمَةَ الَّذِينَ كَفَرُوا السُّفْلَىٰ ۗ وَكَلِمَةُ اللَّهِ هِيَ الْعُلْيَا ۗ وَاللَّهُ عَزِيزٌ حَكِيمٌ
15 الحجر 87	وَلَقَدْ آتَيْنَاكَ سَبْعًا مِّنَ **الْمَثَانِي** وَالْقُرْآنَ الْعَظِيمَ
22 الحج 9	**ثَانِيَ** عِطْفِهِ لِيُضِلَّ عَن سَبِيلِ اللَّهِ ۖ لَهُ فِي الدُّنْيَا خِزْيٌ ۖ وَنُذِيقُهُ يَوْمَ الْقِيَامَةِ عَذَابَ الْحَرِيقِ
39 الزمر 23	اللَّهُ نَزَّلَ أَحْسَنَ الْحَدِيثِ كِتَابًا مُّتَشَابِهًا **مَّثَانِيَ** تَقْشَعِرُّ مِنْهُ جُلُودُ الَّذِينَ يَخْشَوْنَ رَبَّهُمْ ثُمَّ تَلِينُ جُلُودُهُمْ وَقُلُوبُهُمْ إِلَىٰ ذِكْرِ اللَّهِ ۚ ذَٰلِكَ هُدَى اللَّهِ يَهْدِي بِهِ مَن يَشَاءُ ۚ وَمَن يُضْلِلِ اللَّهُ فَمَا لَهُ مِنْ هَادٍ

	ثَاوِيًا resident	
28 القصص 45	وَلَٰكِنَّا أَنشَأْنَا قُرُونًا فَتَطَاوَلَ عَلَيْهِمُ الْعُمُرُ ۚ وَمَا كُنتَ **ثَاوِيًا** فِي أَهْلِ مَدْيَنَ تَتْلُو عَلَيْهِمْ آيَاتِنَا وَلَٰكِنَّا كُنَّا مُرْسِلِينَ	
	ثُبَاتٍ advance the proven ones or	
4 النساء 71	يَا أَيُّهَا الَّذِينَ آمَنُوا خُذُوا حِذْرَكُمْ فَانفِرُوا **ثُبَاتٍ** أَوِ انفِرُوا جَمِيعًا	
	ثَبَّتْنَاكَ firm	
17 الإسراء 74	وَلَوْلَا أَن **ثَبَّتْنَاكَ** لَقَدْ كِدتَّ تَرْكَنُ إِلَيْهِمْ شَيْئًا قَلِيلًا	
	ثُبُوتِهَا it was [once] firm	
16 النحل 94	وَلَا تَتَّخِذُوا أَيْمَانَكُمْ دَخَلًا بَيْنَكُمْ فَتَزِلَّ قَدَمٌ بَعْدَ **ثُبُوتِهَا** وَتَذُوقُوا السُّوءَ بِمَا صَدَدتُّمْ عَن سَبِيلِ اللَّهِ ۖ وَلَكُمْ عَذَابٌ عَظِيمٌ	
	ثُبُورًا that you are destroyed	
17 الإسراء 102	قَالَ لَقَدْ عَلِمْتَ مَا أَنزَلَ هَٰؤُلَاءِ إِلَّا رَبُّ السَّمَاوَاتِ وَالْأَرْضِ بَصَائِرَ وَإِنِّي لَأَظُنُّكَ يَا فِرْعَوْنُ **مَثْبُورًا**	
25 الفرقان 13	وَإِذَا أُلْقُوا مِنْهَا مَكَانًا ضَيِّقًا مُّقَرَّنِينَ دَعَوْا هُنَالِكَ **ثُبُورًا**	
14	لَّا تَدْعُوا الْيَوْمَ **ثُبُورًا** وَاحِدًا وَادْعُوا **ثُبُورًا** كَثِيرًا	
84 الإنشقاق 11	فَسَوْفَ يَدْعُو **ثُبُورًا**	

	ثَجَّاجًا **pouring water**
78 النبإ 14	وَأَنزَلْنَا مِنَ الْمُعْصِرَاتِ مَاءً **ثَجَّاجًا**
	ثُعْبَانٌ **serpent manifest**
7 الأعراف 107	فَأَلْقَىٰ عَصَاهُ فَإِذَا هِيَ **ثُعْبَانٌ** مُّبِينٌ
26 الشعراء 32	فَأَلْقَىٰ عَصَاهُ فَإِذَا هِيَ **ثُعْبَانٌ** مُّبِينٌ
	ثِقَالًا cloud **heavy** (with rain)
7 الأعراف 57	وَهُوَ الَّذِي يُرْسِلُ الرِّيَاحَ بُشْرًا بَيْنَ يَدَيْ رَحْمَتِهِ ۖ حَتَّىٰ إِذَا أَقَلَّتْ سَحَابًا **ثِقَالًا** سُقْنَاهُ لِبَلَدٍ مَّيِّتٍ فَأَنزَلْنَا بِهِ الْمَاءَ فَأَخْرَجْنَا بِهِ مِن كُلِّ الثَّمَرَاتِ ۚ كَذَٰلِكَ نُخْرِجُ الْمَوْتَىٰ لَعَلَّكُمْ تَذَكَّرُونَ
9 التوبة 41	انفِرُوا خِفَافًا **وَثِقَالًا** وَجَاهِدُوا بِأَمْوَالِكُمْ وَأَنفُسِكُمْ فِي سَبِيلِ اللَّهِ ۚ ذَٰلِكُمْ خَيْرٌ لَّكُمْ إِن كُنتُمْ تَعْلَمُونَ
29 العنكبوت 13	وَلَيَحْمِلُنَّ **أَثْقَالَهُمْ وَأَثْقَالًا** مَّعَ **أَثْقَالِهِمْ** ۖ وَلَيُسْأَلُنَّ يَوْمَ الْقِيَامَةِ عَمَّا كَانُوا يَفْتَرُونَ
	ثُقِفُوا/ ثَقِفْتُمُوهُمْ **Overtaken**/reached
2 البقرة 191	وَاقْتُلُوهُمْ حَيْثُ **ثَقِفْتُمُوهُمْ** وَأَخْرِجُوهُم مِّنْ حَيْثُ أَخْرَجُوكُمْ ۚ وَالْفِتْنَةُ أَشَدُّ مِنَ الْقَتْلِ ۚ وَلَا تُقَاتِلُوهُمْ عِندَ الْمَسْجِدِ الْحَرَامِ حَتَّىٰ يُقَاتِلُوكُمْ فِيهِ ۖ فَإِن قَاتَلُوكُمْ فَاقْتُلُوهُمْ ۗ كَذَٰلِكَ جَزَاءُ الْكَافِرِينَ
3 آل عمران 112	ضُرِبَتْ عَلَيْهِمُ الذِّلَّةُ أَيْنَ مَا **ثُقِفُوا** إِلَّا بِحَبْلٍ مِّنَ اللَّهِ وَحَبْلٍ مِّنَ النَّاسِ وَبَاءُوا بِغَضَبٍ مِّنَ اللَّهِ وَضُرِبَتْ عَلَيْهِمُ الْمَسْكَنَةُ ۚ ذَٰلِكَ بِأَنَّهُمْ كَانُوا

	يَكْفُرُونَ بِآيَاتِ اللَّهِ وَيَقْتُلُونَ الْأَنبِيَاءَ بِغَيْرِ حَقٍّ ۚ ذَٰلِكَ بِمَا عَصَوا وَّكَانُوا يَعْتَدُونَ
4 النساء 91	سَتَجِدُونَ آخَرِينَ يُرِيدُونَ أَن يَأْمَنُوكُمْ وَيَأْمَنُوا قَوْمَهُمْ كُلَّ مَا رُدُّوا إِلَى الْفِتْنَةِ أُرْكِسُوا فِيهَا ۚ فَإِن لَّمْ يَعْتَزِلُوكُمْ وَيُلْقُوا إِلَيْكُمُ السَّلَمَ وَيَكُفُّوا أَيْدِيَهُمْ فَخُذُوهُمْ وَاقْتُلُوهُمْ حَيْثُ **ثَقِفْتُمُوهُمْ** ۚ وَأُولَـٰئِكُمْ جَعَلْنَا لَكُمْ عَلَيْهِمْ سُلْطَانًا مُّبِينًا
33 الأحزاب 61	مَّلْعُونِينَ ۖ أَيْنَمَا **ثُقِفُوا** أُخِذُوا وَقُتِّلُوا تَقْتِيلًا
	ثَقِيلًا **heavy**
73 المزمل 5	إِنَّا سَنُلْقِي عَلَيْكَ قَوْلًا **ثَقِيلًا**
76 الانسان 27	إِنَّ هَـٰؤُلَاءِ يُحِبُّونَ الْعَاجِلَةَ وَيَذَرُونَ وَرَاءَهُمْ يَوْمًا **ثَقِيلًا**
	أَثْقَالَكم/ أَثْقَالَهُمْ وَأَثْقَالًا **loads**
16 النحل 7	وَتَحْمِلُ **أَثْقَالَكُمْ** إِلَىٰ بَلَدٍ لَّمْ تَكُونُوا بَالِغِيهِ إِلَّا بِشِقِّ الْأَنفُسِ ۚ إِنَّ رَبَّكُمْ لَرَءُوفٌ رَّحِيمٌ
29 العنكبوت 13	وَلَيَحْمِلُنَّ **أَثْقَالَهُمْ وَأَثْقَالًا** مَّعَ **أَثْقَالِهِمْ** ۖ وَلَيُسْأَلُنَّ يَوْمَ الْقِيَامَةِ عَمَّا كَانُوا يَفْتَرُونَ
99 الزلزلة 2	وَأَخْرَجَتِ الْأَرْضُ **أَثْقَالَهَا**
	ثَقُلَتْ /أَثْقَلَت **scales are heavy**
7 الأعراف 8	وَالْوَزْنُ يَوْمَئِذٍ الْحَقُّ ۚ فَمَن **ثَقُلَتْ** مَوَازِينُهُ فَأُولَـٰئِكَ هُمُ الْمُفْلِحُونَ

187	يَسْأَلُونَكَ عَنِ السَّاعَةِ أَيَّانَ مُرْسَاهَا ۖ قُلْ إِنَّمَا عِلْمُهَا عِندَ رَبِّي ۖ لَا يُجَلِّيهَا لِوَقْتِهَا إِلَّا هُوَ ۚ **ثَقُلَتْ** فِي السَّمَاوَاتِ وَالْأَرْضِ ۚ لَا تَأْتِيكُمْ إِلَّا بَغْتَةً ۗ يَسْأَلُونَكَ كَأَنَّكَ حَفِيٌّ عَنْهَا ۖ قُلْ إِنَّمَا عِلْمُهَا عِندَ اللَّهِ وَلَٰكِنَّ أَكْثَرَ النَّاسِ لَا يَعْلَمُونَ
189	هُوَ الَّذِي خَلَقَكُم مِّن نَّفْسٍ وَاحِدَةٍ وَجَعَلَ مِنْهَا زَوْجَهَا لِيَسْكُنَ إِلَيْهَا ۖ فَلَمَّا تَغَشَّاهَا حَمَلَتْ حَمْلًا خَفِيفًا فَمَرَّتْ بِهِ ۖ فَلَمَّا **أَثْقَلَت** دَّعَوَا اللَّهَ رَبَّهُمَا لَئِنْ آتَيْتَنَا صَالِحًا لَّنَكُونَنَّ مِنَ الشَّاكِرِينَ
23 المؤمنون 102	فَمَن **ثَقُلَتْ** مَوَازِينُهُ فَأُولَٰئِكَ هُمُ الْمُفْلِحُونَ
101 القارعة 6	فَأَمَّا مَن **ثَقُلَتْ** مَوَازِينُهُ

ثِقَالًا

carried heavy rainclouds

7 الأعراف 57	وَهُوَ الَّذِي يُرْسِلُ الرِّيَاحَ بُشْرًا بَيْنَ يَدَيْ رَحْمَتِهِ ۖ حَتَّىٰ إِذَا أَقَلَّتْ سَحَابًا **ثِقَالًا** سُقْنَاهُ لِبَلَدٍ مَّيِّتٍ فَأَنزَلْنَا بِهِ الْمَاءَ فَأَخْرَجْنَا بِهِ مِن كُلِّ الثَّمَرَاتِ ۚ كَذَٰلِكَ نُخْرِجُ الْمَوْتَىٰ لَعَلَّكُمْ تَذَكَّرُونَ
9 التوبة 41	انفِرُوا خِفَافًا **وَثِقَالًا** وَجَاهِدُوا بِأَمْوَالِكُمْ وَأَنفُسِكُمْ فِي سَبِيلِ اللَّهِ ۚ ذَٰلِكُمْ خَيْرٌ لَّكُمْ إِن كُنتُمْ تَعْلَمُونَ

ثَلَاثَ

three

2 البقرة 196	وَأَتِمُّوا الْحَجَّ وَالْعُمْرَةَ لِلَّهِ ۚ فَإِنْ أُحْصِرْتُمْ فَمَا اسْتَيْسَرَ مِنَ الْهَدْيِ ۖ وَلَا تَحْلِقُوا رُءُوسَكُمْ حَتَّىٰ يَبْلُغَ الْهَدْيُ مَحِلَّهُ ۚ فَمَن كَانَ مِنكُم مَّرِيضًا أَوْ بِهِ أَذًى مِّن رَّأْسِهِ فَفِدْيَةٌ مِّن صِيَامٍ أَوْ صَدَقَةٍ أَوْ نُسُكٍ ۚ فَإِذَا أَمِنتُمْ فَمَن تَمَتَّعَ بِالْعُمْرَةِ إِلَى الْحَجِّ فَمَا اسْتَيْسَرَ مِنَ الْهَدْيِ ۚ فَمَن لَّمْ يَجِدْ فَصِيَامُ **ثَلَاثَةِ** أَيَّامٍ فِي الْحَجِّ وَسَبْعَةٍ إِذَا رَجَعْتُمْ ۗ تِلْكَ عَشَرَةٌ كَامِلَةٌ ۗ ذَٰلِكَ لِمَن لَّمْ يَكُنْ أَهْلُهُ حَاضِرِي الْمَسْجِدِ الْحَرَامِ ۚ وَاتَّقُوا اللَّهَ وَاعْلَمُوا أَنَّ اللَّهَ شَدِيدُ الْعِقَابِ

228	وَالْمُطَلَّقَاتُ يَتَرَبَّصْنَ بِأَنفُسِهِنَّ **ثَلَاثَةَ** قُرُوءٍ ۚ وَلَا يَحِلُّ لَهُنَّ أَن يَكْتُمْنَ مَا خَلَقَ اللَّهُ فِي أَرْحَامِهِنَّ إِن كُنَّ يُؤْمِنَّ بِاللَّهِ وَالْيَوْمِ الْآخِرِ ۚ وَبُعُولَتُهُنَّ أَحَقُّ بِرَدِّهِنَّ فِي ذَٰلِكَ إِنْ أَرَادُوا إِصْلَاحًا ۚ وَلَهُنَّ مِثْلُ الَّذِي عَلَيْهِنَّ بِالْمَعْرُوفِ ۚ وَلِلرِّجَالِ عَلَيْهِنَّ دَرَجَةٌ ۗ وَاللَّهُ عَزِيزٌ حَكِيمٌ	
3 آل عمران 41	قَالَ رَبِّ اجْعَل لِّي آيَةً ۖ قَالَ آيَتُكَ أَلَّا تُكَلِّمَ النَّاسَ **ثَلَاثَةَ** أَيَّامٍ إِلَّا رَمْزًا ۗ وَاذْكُر رَّبَّكَ كَثِيرًا وَسَبِّحْ بِالْعَشِيِّ وَالْإِبْكَارِ	
124	إِذْ تَقُولُ لِلْمُؤْمِنِينَ أَلَن يَكْفِيَكُمْ أَن يُمِدَّكُمْ رَبُّكُم **بِثَلَاثَةِ** آلَافٍ مِّنَ الْمَلَائِكَةِ مُنزَلِينَ	
4 النساء 3	وَإِنْ خِفْتُمْ أَلَّا تُقْسِطُوا فِي الْيَتَامَىٰ فَانكِحُوا مَا طَابَ لَكُم مِّنَ النِّسَاءِ مَثْنَىٰ **وَثُلَاثَ** وَرُبَاعَ ۖ فَإِنْ خِفْتُمْ أَلَّا تَعْدِلُوا فَوَاحِدَةً أَوْ مَا مَلَكَتْ أَيْمَانُكُمْ ۚ ذَٰلِكَ أَدْنَىٰ أَلَّا تَعُولُوا	
11	يُوصِيكُمُ اللَّهُ فِي أَوْلَادِكُمْ ۖ لِلذَّكَرِ مِثْلُ حَظِّ الْأُنثَيَيْنِ ۚ فَإِن كُنَّ نِسَاءً فَوْقَ اثْنَتَيْنِ فَلَهُنَّ **ثُلُثَا** مَا تَرَكَ ۖ وَإِن كَانَتْ وَاحِدَةً فَلَهَا النِّصْفُ ۚ وَلِأَبَوَيْهِ لِكُلِّ وَاحِدٍ مِّنْهُمَا السُّدُسُ مِمَّا تَرَكَ إِن كَانَ لَهُ وَلَدٌ ۚ فَإِن لَّمْ يَكُن لَّهُ وَلَدٌ وَوَرِثَهُ أَبَوَاهُ فَلِأُمِّهِ **الثُّلُثُ** ۚ فَإِن كَانَ لَهُ إِخْوَةٌ فَلِأُمِّهِ السُّدُسُ ۚ مِن بَعْدِ وَصِيَّةٍ يُوصِي بِهَا أَوْ دَيْنٍ ۗ آبَاؤُكُمْ وَأَبْنَاؤُكُمْ لَا تَدْرُونَ أَيُّهُمْ أَقْرَبُ لَكُمْ نَفْعًا ۚ فَرِيضَةً مِّنَ اللَّهِ ۗ إِنَّ اللَّهَ كَانَ عَلِيمًا حَكِيمًا	
171	يَا أَهْلَ الْكِتَابِ لَا تَغْلُوا فِي دِينِكُمْ وَلَا تَقُولُوا عَلَى اللَّهِ إِلَّا الْحَقَّ ۚ إِنَّمَا الْمَسِيحُ عِيسَى ابْنُ مَرْيَمَ رَسُولُ اللَّهِ وَكَلِمَتُهُ أَلْقَاهَا إِلَىٰ مَرْيَمَ وَرُوحٌ مِّنْهُ ۖ فَآمِنُوا بِاللَّهِ وَرُسُلِهِ ۖ وَلَا تَقُولُوا **ثَلَاثَةٌ** ۚ انتَهُوا خَيْرًا لَّكُمْ ۚ إِنَّمَا اللَّهُ إِلَٰهٌ وَاحِدٌ ۖ سُبْحَانَهُ أَن يَكُونَ لَهُ وَلَدٌ ۘ لَّهُ مَا فِي السَّمَاوَاتِ وَمَا فِي الْأَرْضِ ۗ وَكَفَىٰ بِاللَّهِ وَكِيلًا	
176	يَسْتَفْتُونَكَ قُلِ اللَّهُ يُفْتِيكُمْ فِي الْكَلَالَةِ ۚ إِنِ امْرُؤٌ هَلَكَ لَيْسَ لَهُ وَلَدٌ وَلَهُ أُخْتٌ فَلَهَا نِصْفُ مَا تَرَكَ ۚ وَهُوَ يَرِثُهَا إِن لَّمْ يَكُن لَّهَا وَلَدٌ ۚ فَإِن كَانَتَا اثْنَتَيْنِ فَلَهُمَا **الثُّلُثَانِ** مِمَّا تَرَكَ ۚ وَإِن كَانُوا إِخْوَةً رِّجَالًا وَنِسَاءً فَلِلذَّكَرِ مِثْلُ حَظِّ الْأُنثَيَيْنِ ۗ يُبَيِّنُ اللَّهُ لَكُمْ أَن تَضِلُّوا ۗ وَاللَّهُ بِكُلِّ شَيْءٍ عَلِيمٌ	
5 المائدة 73	لَّقَدْ كَفَرَ الَّذِينَ قَالُوا إِنَّ اللَّهَ **ثَالِثُ ثَلَاثَةٍ** ۘ وَمَا مِنْ إِلَٰهٍ إِلَّا إِلَٰهٌ وَاحِدٌ ۚ وَإِن لَّمْ يَنتَهُوا عَمَّا يَقُولُونَ لَيَمَسَّنَّ الَّذِينَ كَفَرُوا مِنْهُمْ عَذَابٌ أَلِيمٌ	

89	لَا يُؤَاخِذُكُمُ اللَّهُ بِاللَّغْوِ فِي أَيْمَانِكُمْ وَلَٰكِن يُؤَاخِذُكُم بِمَا عَقَّدتُّمُ الْأَيْمَانَ ۖ فَكَفَّارَتُهُ إِطْعَامُ عَشَرَةِ مَسَاكِينَ مِنْ أَوْسَطِ مَا تُطْعِمُونَ أَهْلِيكُمْ أَوْ كِسْوَتُهُمْ أَوْ تَحْرِيرُ رَقَبَةٍ ۖ فَمَن لَّمْ يَجِدْ فَصِيَامُ **ثَلَاثَةِ** أَيَّامٍ ۚ ذَٰلِكَ كَفَّارَةُ أَيْمَانِكُمْ إِذَا حَلَفْتُمْ ۚ وَاحْفَظُوا أَيْمَانَكُمْ ۚ كَذَٰلِكَ يُبَيِّنُ اللَّهُ لَكُمْ آيَاتِهِ لَعَلَّكُمْ تَشْكُرُونَ	
7 الأعراف 142	وَوَاعَدْنَا مُوسَىٰ **ثَلَاثِينَ** لَيْلَةً وَأَتْمَمْنَاهَا بِعَشْرٍ فَتَمَّ مِيقَاتُ رَبِّهِ أَرْبَعِينَ لَيْلَةً ۚ وَقَالَ مُوسَىٰ لِأَخِيهِ هَارُونَ اخْلُفْنِي فِي قَوْمِي وَأَصْلِحْ وَلَا تَتَّبِعْ سَبِيلَ الْمُفْسِدِينَ	
9 التوبة 118	وَعَلَى **الثَّلَاثَةِ** الَّذِينَ خُلِّفُوا حَتَّىٰ إِذَا ضَاقَتْ عَلَيْهِمُ الْأَرْضُ بِمَا رَحُبَتْ وَضَاقَتْ عَلَيْهِمْ أَنفُسُهُمْ وَظَنُّوا أَن لَّا مَلْجَأَ مِنَ اللَّهِ إِلَّا إِلَيْهِ ثُمَّ تَابَ عَلَيْهِمْ لِيَتُوبُوا ۚ إِنَّ اللَّهَ هُوَ التَّوَّابُ الرَّحِيمُ	
11 هود 65	فَعَقَرُوهَا فَقَالَ تَمَتَّعُوا فِي دَارِكُمْ **ثَلَاثَةَ** أَيَّامٍ ۖ ذَٰلِكَ وَعْدٌ غَيْرُ مَكْذُوبٍ	
18 الكهف 22	سَيَقُولُونَ **ثَلَاثَةٌ** رَّابِعُهُمْ كَلْبُهُمْ وَيَقُولُونَ خَمْسَةٌ سَادِسُهُمْ كَلْبُهُمْ رَجْمًا بِالْغَيْبِ ۖ وَيَقُولُونَ سَبْعَةٌ وَثَامِنُهُمْ كَلْبُهُمْ ۚ قُل رَّبِّي أَعْلَمُ بِعِدَّتِهِم مَّا يَعْلَمُهُمْ إِلَّا قَلِيلٌ ۗ فَلَا تُمَارِ فِيهِمْ إِلَّا مِرَاءً ظَاهِرًا وَلَا تَسْتَفْتِ فِيهِم مِّنْهُمْ أَحَدًا	
25	وَلَبِثُوا فِي كَهْفِهِمْ **ثَلَاثَ** مِائَةٍ سِنِينَ وَازْدَادُوا تِسْعًا	
19 مريم 10	قَالَ رَبِّ اجْعَل لِّي آيَةً ۚ قَالَ آيَتُكَ أَلَّا تُكَلِّمَ النَّاسَ **ثَلَاثَ** لَيَالٍ سَوِيًّا	
24 النور 58	يَا أَيُّهَا الَّذِينَ آمَنُوا لِيَسْتَأْذِنكُمُ الَّذِينَ مَلَكَتْ أَيْمَانُكُمْ وَالَّذِينَ لَمْ يَبْلُغُوا الْحُلُمَ مِنكُمْ **ثَلَاثَ** مَرَّاتٍ ۚ مِّن قَبْلِ صَلَاةِ الْفَجْرِ وَحِينَ تَضَعُونَ ثِيَابَكُم مِّنَ الظَّهِيرَةِ وَمِن بَعْدِ صَلَاةِ الْعِشَاءِ ۚ **ثَلَاثُ** عَوْرَاتٍ لَّكُمْ ۚ لَيْسَ عَلَيْكُمْ وَلَا عَلَيْهِمْ جُنَاحٌ بَعْدَهُنَّ ۚ طَوَّافُونَ عَلَيْكُم بَعْضُكُمْ عَلَىٰ بَعْضٍ ۚ كَذَٰلِكَ يُبَيِّنُ اللَّهُ لَكُمُ الْآيَاتِ ۗ وَاللَّهُ عَلِيمٌ حَكِيمٌ	
35 فاطر 1	الْحَمْدُ لِلَّهِ فَاطِرِ السَّمَاوَاتِ وَالْأَرْضِ جَاعِلِ الْمَلَائِكَةِ رُسُلًا أُولِي أَجْنِحَةٍ مَّثْنَىٰ وَ**ثُلَاثَ** وَرُبَاعَ ۚ يَزِيدُ فِي الْخَلْقِ مَا يَشَاءُ ۚ إِنَّ اللَّهَ عَلَىٰ كُلِّ شَيْءٍ قَدِيرٌ	

39 الزمر 6	خَلَقَكُم مِّن نَّفْسٍ وَاحِدَةٍ ثُمَّ جَعَلَ مِنْهَا زَوْجَهَا وَأَنزَلَ لَكُم مِّنَ الْأَنْعَامِ ثَمَانِيَةَ أَزْوَاجٍ ۚ يَخْلُقُكُمْ فِي بُطُونِ أُمَّهَاتِكُمْ خَلْقًا مِّن بَعْدِ خَلْقٍ فِي ظُلُمَاتٍ **ثَلَاثٍ** ۚ ذَٰلِكُمُ اللَّهُ رَبُّكُمْ لَهُ الْمُلْكُ ۖ لَا إِلَٰهَ إِلَّا هُوَ ۖ فَأَنَّىٰ تُصْرَفُونَ	
46 الأحقاف 15	وَوَصَّيْنَا الْإِنسَانَ بِوَالِدَيْهِ إِحْسَانًا ۖ حَمَلَتْهُ أُمُّهُ كُرْهًا وَوَضَعَتْهُ كُرْهًا ۖ وَحَمْلُهُ وَفِصَالُهُ **ثَلَاثُونَ** شَهْرًا ۚ حَتَّىٰ إِذَا بَلَغَ أَشُدَّهُ وَبَلَغَ أَرْبَعِينَ سَنَةً قَالَ رَبِّ أَوْزِعْنِي أَنْ أَشْكُرَ نِعْمَتَكَ الَّتِي أَنْعَمْتَ عَلَيَّ وَعَلَىٰ وَالِدَيَّ وَأَنْ أَعْمَلَ صَالِحًا تَرْضَاهُ وَأَصْلِحْ لِي فِي ذُرِّيَّتِي ۖ إِنِّي تُبْتُ إِلَيْكَ وَإِنِّي مِنَ الْمُسْلِمِينَ	
56 الواقعة 7	وَكُنتُمْ أَزْوَاجًا **ثَلَاثَةً**	
58 المجادلة 7	أَلَمْ تَرَ أَنَّ اللَّهَ يَعْلَمُ مَا فِي السَّمَاوَاتِ وَمَا فِي الْأَرْضِ ۖ مَا يَكُونُ مِن نَّجْوَىٰ **ثَلَاثَةٍ** إِلَّا هُوَ رَابِعُهُمْ وَلَا خَمْسَةٍ إِلَّا هُوَ سَادِسُهُمْ وَلَا أَدْنَىٰ مِن ذَٰلِكَ وَلَا أَكْثَرَ إِلَّا هُوَ مَعَهُمْ أَيْنَ مَا كَانُوا ۖ ثُمَّ يُنَبِّئُهُم بِمَا عَمِلُوا يَوْمَ الْقِيَامَةِ ۚ إِنَّ اللَّهَ بِكُلِّ شَيْءٍ عَلِيمٌ	
65 الطلاق 4	وَاللَّائِي يَئِسْنَ مِنَ الْمَحِيضِ مِن نِّسَائِكُمْ إِنِ ارْتَبْتُمْ فَعِدَّتُهُنَّ **ثَلَاثَةُ** أَشْهُرٍ وَاللَّائِي لَمْ يَحِضْنَ ۚ وَأُولَاتُ الْأَحْمَالِ أَجَلُهُنَّ أَن يَضَعْنَ حَمْلَهُنَّ ۚ وَمَن يَتَّقِ اللَّهَ يَجْعَل لَّهُ مِنْ أَمْرِهِ يُسْرًا	
73 المزمل 20	إِنَّ رَبَّكَ يَعْلَمُ أَنَّكَ تَقُومُ أَدْنَىٰ مِن **ثُلُثَيِ** اللَّيْلِ وَنِصْفَهُ **وَثُلُثَهُ** وَطَائِفَةٌ مِّنَ الَّذِينَ مَعَكَ ۚ وَاللَّهُ يُقَدِّرُ اللَّيْلَ وَالنَّهَارَ ۚ عَلِمَ أَن لَّن تُحْصُوهُ فَتَابَ عَلَيْكُمْ ۖ فَاقْرَءُوا مَا تَيَسَّرَ مِنَ الْقُرْآنِ ۚ عَلِمَ أَن سَيَكُونُ مِنكُم مَّرْضَىٰ ۙ وَآخَرُونَ يَضْرِبُونَ فِي الْأَرْضِ يَبْتَغُونَ مِن فَضْلِ اللَّهِ ۙ وَآخَرُونَ يُقَاتِلُونَ فِي سَبِيلِ اللَّهِ ۖ فَاقْرَءُوا مَا تَيَسَّرَ مِنْهُ ۚ وَأَقِيمُوا الصَّلَاةَ وَآتُوا الزَّكَاةَ وَأَقْرِضُوا اللَّهَ قَرْضًا حَسَنًا ۚ وَمَا تُقَدِّمُوا لِأَنفُسِكُم مِّنْ خَيْرٍ تَجِدُوهُ عِندَ اللَّهِ هُوَ خَيْرًا وَأَعْظَمَ أَجْرًا ۚ وَاسْتَغْفِرُوا اللَّهَ ۖ إِنَّ اللَّهَ غَفُورٌ رَّحِيمٌ	
77 المرسلات 30	انطَلِقُوا إِلَىٰ ظِلٍّ ذِي **ثَلَاثِ** شُعَبٍ	

ثَلَاثُونَ

thirty

46 الأحقاف 15	وَوَصَّيْنَا الْإِنسَانَ بِوَالِدَيْهِ إِحْسَانًا ۖ حَمَلَتْهُ أُمُّهُ كُرْهًا وَوَضَعَتْهُ كُرْهًا ۖ وَحَمْلُهُ وَفِصَالُهُ **ثَلَاثُونَ** شَهْرًا ۚ حَتَّىٰ إِذَا بَلَغَ أَشُدَّهُ وَبَلَغَ أَرْبَعِينَ سَنَةً قَالَ رَبِّ أَوْزِعْنِي أَنْ أَشْكُرَ نِعْمَتَكَ الَّتِي أَنْعَمْتَ عَلَيَّ وَعَلَىٰ وَالِدَيَّ وَأَنْ أَعْمَلَ صَالِحًا تَرْضَاهُ وَأَصْلِحْ لِي فِي ذُرِّيَّتِي ۖ إِنِّي تُبْتُ إِلَيْكَ وَإِنِّي مِنَ الْمُسْلِمِينَ
	ثَلَاثِينَ **Thirty** night
7 الأعراف 142	۞ وَوَاعَدْنَا مُوسَىٰ **ثَلَاثِينَ** لَيْلَةً وَأَتْمَمْنَاهَا بِعَشْرٍ فَتَمَّ مِيقَاتُ رَبِّهِ أَرْبَعِينَ لَيْلَةً ۚ وَقَالَ مُوسَىٰ لِأَخِيهِ هَارُونَ اخْلُفْنِي فِي قَوْمِي وَأَصْلِحْ وَلَا تَتَّبِعْ سَبِيلَ الْمُفْسِدِينَ
	ثُلُثَا **Two third**
4 النساء 11	يُوصِيكُمُ اللَّهُ فِي أَوْلَادِكُمْ ۖ لِلذَّكَرِ مِثْلُ حَظِّ الْأُنثَيَيْنِ ۚ فَإِن كُنَّ نِسَاءً فَوْقَ اثْنَتَيْنِ فَلَهُنَّ **ثُلُثَا** مَا تَرَكَ ۖ وَإِن كَانَتْ وَاحِدَةً فَلَهَا النِّصْفُ ۚ وَلِأَبَوَيْهِ لِكُلِّ وَاحِدٍ مِّنْهُمَا السُّدُسُ مِمَّا تَرَكَ إِن كَانَ لَهُ وَلَدٌ ۚ فَإِن لَّمْ يَكُن لَّهُ وَلَدٌ وَوَرِثَهُ أَبَوَاهُ فَلِأُمِّهِ **الثُّلُثُ** ۚ فَإِن كَانَ لَهُ إِخْوَةٌ فَلِأُمِّهِ السُّدُسُ ۚ مِن بَعْدِ وَصِيَّةٍ يُوصِي بِهَا أَوْ دَيْنٍ ۗ آبَاؤُكُمْ وَأَبْنَاؤُكُمْ لَا تَدْرُونَ أَيُّهُمْ أَقْرَبُ لَكُمْ نَفْعًا ۚ فَرِيضَةً مِّنَ اللَّهِ ۗ إِنَّ اللَّهَ كَانَ عَلِيمًا حَكِيمًا
176	يَسْتَفْتُونَكَ قُلِ اللَّهُ يُفْتِيكُمْ فِي الْكَلَالَةِ ۚ إِنِ امْرُؤٌ هَلَكَ لَيْسَ لَهُ وَلَدٌ وَلَهُ أُخْتٌ فَلَهَا نِصْفُ مَا تَرَكَ ۚ وَهُوَ يَرِثُهَا إِن لَّمْ يَكُن لَّهَا وَلَدٌ ۚ فَإِن كَانَتَا اثْنَتَيْنِ فَلَهُمَا **الثُّلُثَانِ** مِمَّا تَرَكَ ۚ وَإِن كَانُوا إِخْوَةً رِّجَالًا وَنِسَاءً فَلِلذَّكَرِ مِثْلُ حَظِّ الْأُنثَيَيْنِ ۗ يُبَيِّنُ اللَّهُ لَكُمْ أَن تَضِلُّوا ۗ وَاللَّهُ بِكُلِّ شَيْءٍ عَلِيمٌ
	ثُلُثَيِ **Two third** of the night
73 المزمل 20	۞ إِنَّ رَبَّكَ يَعْلَمُ أَنَّكَ تَقُومُ أَدْنَىٰ مِن **ثُلُثَيِ** اللَّيْلِ وَنِصْفَهُ **وَثُلُثَهُ** وَطَائِفَةٌ مِّنَ الَّذِينَ مَعَكَ ۚ وَاللَّهُ يُقَدِّرُ اللَّيْلَ وَالنَّهَارَ ۚ عَلِمَ أَن لَّن تُحْصُوهُ فَتَابَ عَلَيْكُمْ ۖ فَاقْرَءُوا مَا تَيَسَّرَ مِنَ الْقُرْآنِ ۚ عَلِمَ أَن سَيَكُونُ مِنكُم مَّرْضَىٰ ۙ وَآخَرُونَ يَضْرِبُونَ فِي الْأَرْضِ يَبْتَغُونَ مِن فَضْلِ

	اللَّهِ ۙ وَآخَرُونَ يُقَاتِلُونَ فِي سَبِيلِ اللَّهِ ۖ فَاقْرَءُوا مَا تَيَسَّرَ مِنْهُ ۚ وَأَقِيمُوا الصَّلَاةَ وَآتُوا الزَّكَاةَ وَأَقْرِضُوا اللَّهَ قَرْضًا حَسَنًا ۚ وَمَا تُقَدِّمُوا لِأَنفُسِكُم مِّنْ خَيْرٍ تَجِدُوهُ عِندَ اللَّهِ هُوَ خَيْرًا وَأَعْظَمَ أَجْرًا ۚ وَاسْتَغْفِرُوا اللَّهَ ۖ إِنَّ اللَّهَ غَفُورٌ رَّحِيمٌ
	ثُلَّةٌ **A [large] company**
56 الواقعة 13	**ثُلَّةٌ** مِّنَ الْأَوَّلِينَ
39	**ثُلَّةٌ** مِّنَ الْأَوَّلِينَ
40	وَ**ثُلَّةٌ** مِّنَ الْآخِرِينَ
	ثماني **Eight** pairs/couples
6 الأنعام 143	**ثَمَانِيَةَ** أَزْوَاجٍ ۖ مِّنَ الضَّأْنِ اثْنَيْنِ وَمِنَ الْمَعْزِ اثْنَيْنِ ۗ قُلْ آلذَّكَرَيْنِ حَرَّمَ أَمِ الْأُنثَيَيْنِ أَمَّا اشْتَمَلَتْ عَلَيْهِ أَرْحَامُ الْأُنثَيَيْنِ ۖ نَبِّئُونِي بِعِلْمٍ إِن كُنتُمْ صَادِقِينَ
24 النور 4	وَالَّذِينَ يَرْمُونَ الْمُحْصَنَاتِ ثُمَّ لَمْ يَأْتُوا بِأَرْبَعَةِ شُهَدَاءَ فَاجْلِدُوهُمْ **ثَمَانِينَ** جَلْدَةً وَلَا تَقْبَلُوا لَهُمْ شَهَادَةً أَبَدًا ۚ وَأُولَٰئِكَ هُمُ الْفَاسِقُونَ
28 القصص 27	قَالَ إِنِّي أُرِيدُ أَنْ أُنكِحَكَ إِحْدَى ابْنَتَيَّ هَاتَيْنِ عَلَىٰ أَن تَأْجُرَنِي **ثَمَانِيَ** حِجَجٍ ۖ فَإِنْ أَتْمَمْتَ عَشْرًا فَمِنْ عِندِكَ ۖ وَمَا أُرِيدُ أَنْ أَشُقَّ عَلَيْكَ ۚ سَتَجِدُنِي إِن شَاءَ اللَّهُ مِنَ الصَّالِحِينَ
39 الزمر 6	خَلَقَكُم مِّن نَّفْسٍ وَاحِدَةٍ ثُمَّ جَعَلَ مِنْهَا زَوْجَهَا وَأَنزَلَ لَكُم مِّنَ الْأَنْعَامِ **ثَمَانِيَةَ** أَزْوَاجٍ ۚ يَخْلُقُكُمْ فِي بُطُونِ أُمَّهَاتِكُمْ خَلْقًا مِّن بَعْدِ خَلْقٍ فِي ظُلُمَاتٍ ثَلَاثٍ ۚ ذَٰلِكُمُ اللَّهُ رَبُّكُمْ لَهُ الْمُلْكُ ۖ لَا إِلَٰهَ إِلَّا هُوَ ۖ فَأَنَّىٰ تُصْرَفُونَ
69 الحاقة 7	سَخَّرَهَا عَلَيْهِمْ سَبْعَ لَيَالٍ وَ**ثَمَانِيَةَ** أَيَّامٍ حُسُومًا فَتَرَى الْقَوْمَ فِيهَا صَرْعَىٰ كَأَنَّهُمْ أَعْجَازُ نَخْلٍ خَاوِيَةٍ
17	وَالْمَلَكُ عَلَىٰ أَرْجَائِهَا ۚ وَيَحْمِلُ عَرْشَ رَبِّكَ فَوْقَهُمْ يَوْمَئِذٍ **ثَمَانِيَةٌ**

	ثمانين eighty	
24 النور 4	وَالَّذِينَ يَرْمُونَ الْمُحْصَنَاتِ ثُمَّ لَمْ يَأْتُوا بِأَرْبَعَةِ شُهَدَاءَ فَاجْلِدُوهُمْ **ثَمَانِينَ** جَلْدَةً وَلَا تَقْبَلُوا لَهُمْ شَهَادَةً أَبَدًا ۚ وَأُولَٰئِكَ هُمُ الْفَاسِقُونَ	
	ثمانية eight	
6 الأنعام 143	**ثَمَانِيَةَ** أَزْوَاجٍ ۖ مِّنَ الضَّأْنِ اثْنَيْنِ وَمِنَ الْمَعْزِ اثْنَيْنِ ۗ قُلْ آلذَّكَرَيْنِ حَرَّمَ أَمِ الْأُنثَيَيْنِ أَمَّا اشْتَمَلَتْ عَلَيْهِ أَرْحَامُ الْأُنثَيَيْنِ ۖ نَبِّئُونِي بِعِلْمٍ إِن كُنتُمْ صَادِقِينَ	
39 الزمر 6	خَلَقَكُم مِّن نَّفْسٍ وَاحِدَةٍ ثُمَّ جَعَلَ مِنْهَا زَوْجَهَا وَأَنزَلَ لَكُم مِّنَ الْأَنْعَامِ **ثَمَانِيَةَ** أَزْوَاجٍ ۚ يَخْلُقُكُمْ فِي بُطُونِ أُمَّهَاتِكُمْ خَلْقًا مِّن بَعْدِ خَلْقٍ فِي ظُلُمَاتٍ ثَلَاثٍ ۚ ذَٰلِكُمُ اللَّهُ رَبُّكُمْ لَهُ الْمُلْكُ ۖ لَا إِلَٰهَ إِلَّا هُوَ ۖ فَأَنَّىٰ تُصْرَفُونَ	
69 الحاقة 7	سَخَّرَهَا عَلَيْهِمْ سَبْعَ لَيَالٍ **وَثَمَانِيَةَ** أَيَّامٍ حُسُومًا فَتَرَى الْقَوْمَ فِيهَا صَرْعَىٰ كَأَنَّهُمْ أَعْجَازُ نَخْلٍ خَاوِيَةٍ	
17	وَالْمَلَكُ عَلَىٰ أَرْجَائِهَا ۚ وَيَحْمِلُ عَرْشَ رَبِّكَ فَوْقَهُمْ يَوْمَئِذٍ **ثَمَانِيَةٌ**	
	ثَمَرٌ fruit	
2 البقرة 22	الَّذِي جَعَلَ لَكُمُ الْأَرْضَ فِرَاشًا وَالسَّمَاءَ بِنَاءً وَأَنزَلَ مِنَ السَّمَاءِ مَاءً فَأَخْرَجَ بِهِ مِنَ **الثَّمَرَاتِ** رِزْقًا لَّكُمْ ۖ فَلَا تَجْعَلُوا لِلَّهِ أَندَادًا وَأَنتُمْ تَعْلَمُونَ	
25	وَبَشِّرِ الَّذِينَ آمَنُوا وَعَمِلُوا الصَّالِحَاتِ أَنَّ لَهُمْ جَنَّاتٍ تَجْرِي مِن تَحْتِهَا الْأَنْهَارُ ۖ كُلَّمَا رُزِقُوا مِنْهَا مِن **ثَمَرَةٍ** رِّزْقًا ۙ قَالُوا هَٰذَا الَّذِي رُزِقْنَا مِن قَبْلُ ۖ وَأُتُوا بِهِ مُتَشَابِهًا ۖ وَلَهُمْ فِيهَا أَزْوَاجٌ مُّطَهَّرَةٌ ۖ وَهُمْ فِيهَا خَالِدُونَ	
126	وَإِذْ قَالَ إِبْرَاهِيمُ رَبِّ اجْعَلْ هَٰذَا بَلَدًا آمِنًا وَارْزُقْ أَهْلَهُ مِنَ **الثَّمَرَاتِ** مَنْ آمَنَ مِنْهُم بِاللَّهِ وَالْيَوْمِ الْآخِرِ ۖ قَالَ وَمَن كَفَرَ فَأُمَتِّعُهُ قَلِيلًا ثُمَّ أَضْطَرُّهُ إِلَىٰ عَذَابِ النَّارِ ۖ وَبِئْسَ الْمَصِيرُ	

155	وَلَنَبْلُوَنَّكُم بِشَيْءٍ مِّنَ الْخَوْفِ وَالْجُوعِ وَنَقْصٍ مِّنَ الْأَمْوَالِ وَالْأَنفُسِ **وَالثَّمَرَاتِ** ۗ وَبَشِّرِ الصَّابِرِينَ
266	أَيَوَدُّ أَحَدُكُمْ أَن تَكُونَ لَهُ جَنَّةٌ مِّن نَّخِيلٍ وَأَعْنَابٍ تَجْرِي مِن تَحْتِهَا الْأَنْهَارُ لَهُ فِيهَا مِن كُلِّ **الثَّمَرَاتِ** وَأَصَابَهُ الْكِبَرُ وَلَهُ ذُرِّيَّةٌ ضُعَفَاءُ فَأَصَابَهَا إِعْصَارٌ فِيهِ نَارٌ فَاحْتَرَقَتْ ۗ كَذَٰلِكَ يُبَيِّنُ اللَّهُ لَكُمُ الْآيَاتِ لَعَلَّكُمْ تَتَفَكَّرُونَ
6 الأنعام 99	وَهُوَ الَّذِي أَنزَلَ مِنَ السَّمَاءِ مَاءً فَأَخْرَجْنَا بِهِ نَبَاتَ كُلِّ شَيْءٍ فَأَخْرَجْنَا مِنْهُ خَضِرًا نُّخْرِجُ مِنْهُ حَبًّا مُّتَرَاكِبًا وَمِنَ النَّخْلِ مِن طَلْعِهَا قِنْوَانٌ دَانِيَةٌ وَجَنَّاتٍ مِّنْ أَعْنَابٍ وَالزَّيْتُونَ وَالرُّمَّانَ مُشْتَبِهًا وَغَيْرَ مُتَشَابِهٍ ۗ انظُرُوا إِلَىٰ **ثَمَرِهِ** إِذَا **أَثْمَرَ** وَيَنْعِهِ ۚ إِنَّ فِي ذَٰلِكُمْ لَآيَاتٍ لِّقَوْمٍ يُؤْمِنُونَ
141	۞ وَهُوَ الَّذِي أَنشَأَ جَنَّاتٍ مَّعْرُوشَاتٍ وَغَيْرَ مَعْرُوشَاتٍ وَالنَّخْلَ وَالزَّرْعَ مُخْتَلِفًا أُكُلُهُ وَالزَّيْتُونَ وَالرُّمَّانَ مُتَشَابِهًا وَغَيْرَ مُتَشَابِهٍ ۚ كُلُوا مِن **ثَمَرِهِ** إِذَا **أَثْمَرَ** وَآتُوا حَقَّهُ يَوْمَ حَصَادِهِ ۖ وَلَا تُسْرِفُوا ۚ إِنَّهُ لَا يُحِبُّ الْمُسْرِفِينَ
7 الأعراف 57	وَهُوَ الَّذِي يُرْسِلُ الرِّيَاحَ بُشْرًا بَيْنَ يَدَيْ رَحْمَتِهِ ۖ حَتَّىٰ إِذَا أَقَلَّتْ سَحَابًا ثِقَالًا سُقْنَاهُ لِبَلَدٍ مَّيِّتٍ فَأَنزَلْنَا بِهِ الْمَاءَ فَأَخْرَجْنَا بِهِ مِن كُلِّ **الثَّمَرَاتِ** ۚ كَذَٰلِكَ نُخْرِجُ الْمَوْتَىٰ لَعَلَّكُمْ تَذَكَّرُونَ
130	وَلَقَدْ أَخَذْنَا آلَ فِرْعَوْنَ بِالسِّنِينَ وَنَقْصٍ مِّنَ **الثَّمَرَاتِ** لَعَلَّهُمْ يَذَّكَّرُونَ
13 الرعد 3	وَهُوَ الَّذِي مَدَّ الْأَرْضَ وَجَعَلَ فِيهَا رَوَاسِيَ وَأَنْهَارًا ۖ وَمِن كُلِّ **الثَّمَرَاتِ** جَعَلَ فِيهَا زَوْجَيْنِ اثْنَيْنِ ۖ يُغْشِي اللَّيْلَ النَّهَارَ ۚ إِنَّ فِي ذَٰلِكَ لَآيَاتٍ لِّقَوْمٍ يَتَفَكَّرُونَ
14 ابراهيم 32	اللَّهُ الَّذِي خَلَقَ السَّمَاوَاتِ وَالْأَرْضَ وَأَنزَلَ مِنَ السَّمَاءِ مَاءً فَأَخْرَجَ بِهِ مِنَ **الثَّمَرَاتِ** رِزْقًا لَّكُمْ ۖ وَسَخَّرَ لَكُمُ الْفُلْكَ لِتَجْرِيَ فِي الْبَحْرِ بِأَمْرِهِ ۖ وَسَخَّرَ لَكُمُ الْأَنْهَارَ
37	رَّبَّنَا إِنِّي أَسْكَنتُ مِن ذُرِّيَّتِي بِوَادٍ غَيْرِ ذِي زَرْعٍ عِندَ بَيْتِكَ الْمُحَرَّمِ رَبَّنَا لِيُقِيمُوا الصَّلَاةَ فَاجْعَلْ أَفْئِدَةً مِّنَ النَّاسِ تَهْوِي إِلَيْهِمْ وَارْزُقْهُم مِّنَ **الثَّمَرَاتِ** لَعَلَّهُمْ يَشْكُرُونَ

16 النحل 11	يُنبِتُ لَكُم بِهِ الزَّرْعَ وَالزَّيْتُونَ وَالنَّخِيلَ وَالْأَعْنَابَ وَمِن كُلِّ **الثَّمَرَاتِ** ۗ إِنَّ فِي ذَٰلِكَ لَآيَةً لِّقَوْمٍ يَتَفَكَّرُونَ	
67	وَمِن **ثَمَرَاتِ** النَّخِيلِ وَالْأَعْنَابِ تَتَّخِذُونَ مِنْهُ سَكَرًا وَرِزْقًا حَسَنًا ۗ إِنَّ فِي ذَٰلِكَ لَآيَةً لِّقَوْمٍ يَعْقِلُونَ	
69	ثُمَّ كُلِي مِن كُلِّ **الثَّمَرَاتِ** فَاسْلُكِي سُبُلَ رَبِّكِ ذُلُلًا ۚ يَخْرُجُ مِن بُطُونِهَا شَرَابٌ مُّخْتَلِفٌ أَلْوَانُهُ فِيهِ شِفَاءٌ لِّلنَّاسِ ۗ إِنَّ فِي ذَٰلِكَ لَآيَةً لِّقَوْمٍ يَتَفَكَّرُونَ	
18 الكهف 34	وَكَانَ لَهُ **ثَمَرٌ** فَقَالَ لِصَاحِبِهِ وَهُوَ يُحَاوِرُهُ أَنَا أَكْثَرُ مِنكَ مَالًا وَأَعَزُّ نَفَرًا	
42	وَأُحِيطَ **بِثَمَرِهِ** فَأَصْبَحَ يُقَلِّبُ كَفَّيْهِ عَلَىٰ مَا أَنفَقَ فِيهَا وَهِيَ خَاوِيَةٌ عَلَىٰ عُرُوشِهَا وَيَقُولُ يَا لَيْتَنِي لَمْ أُشْرِكْ بِرَبِّي أَحَدًا	
28 القصص 57	وَقَالُوا إِن نَّتَّبِعِ الْهُدَىٰ مَعَكَ نُتَخَطَّفْ مِنْ أَرْضِنَا ۚ أَوَلَمْ نُمَكِّن لَّهُمْ حَرَمًا آمِنًا يُجْبَىٰ إِلَيْهِ **ثَمَرَاتُ** كُلِّ شَيْءٍ رِّزْقًا مِّن لَّدُنَّا وَلَٰكِنَّ أَكْثَرَهُمْ لَا يَعْلَمُونَ	
35 فاطر 27	أَلَمْ تَرَ أَنَّ اللَّهَ أَنزَلَ مِنَ السَّمَاءِ مَاءً فَأَخْرَجْنَا بِهِ **ثَمَرَاتٍ** مُّخْتَلِفًا أَلْوَانُهَا ۚ وَمِنَ الْجِبَالِ جُدَدٌ بِيضٌ وَحُمْرٌ مُّخْتَلِفٌ أَلْوَانُهَا وَغَرَابِيبُ سُودٌ	
36 يس 35	لِيَأْكُلُوا مِن **ثَمَرِهِ** وَمَا عَمِلَتْهُ أَيْدِيهِمْ ۖ أَفَلَا يَشْكُرُونَ	
41 فصلت 47	إِلَيْهِ يُرَدُّ عِلْمُ السَّاعَةِ ۚ وَمَا تَخْرُجُ مِن **ثَمَرَاتٍ** مِّنْ أَكْمَامِهَا وَمَا تَحْمِلُ مِنْ أُنثَىٰ وَلَا تَضَعُ إِلَّا بِعِلْمِهِ ۚ وَيَوْمَ يُنَادِيهِمْ أَيْنَ شُرَكَائِي قَالُوا آذَنَّاكَ مَا مِنَّا مِن شَهِيدٍ	
47 محمد 15	مَّثَلُ الْجَنَّةِ الَّتِي وُعِدَ الْمُتَّقُونَ ۖ فِيهَا أَنْهَارٌ مِّن مَّاءٍ غَيْرِ آسِنٍ وَأَنْهَارٌ مِّن لَّبَنٍ لَّمْ يَتَغَيَّرْ طَعْمُهُ وَأَنْهَارٌ مِّنْ خَمْرٍ لَّذَّةٍ لِّلشَّارِبِينَ وَأَنْهَارٌ مِّنْ عَسَلٍ مُّصَفًّى ۖ وَلَهُمْ فِيهَا مِن كُلِّ **الثَّمَرَاتِ** وَمَغْفِرَةٌ مِّن رَّبِّهِمْ ۖ كَمَنْ هُوَ خَالِدٌ فِي النَّارِ وَسُقُوا مَاءً حَمِيمًا فَقَطَّعَ أَمْعَاءَهُمْ	

ثمره
Its fruit

6 الأنعام 99	وَهُوَ الَّذِي أَنزَلَ مِنَ السَّمَاءِ مَاءً فَأَخْرَجْنَا بِهِ نَبَاتَ كُلِّ شَيْءٍ فَأَخْرَجْنَا مِنْهُ خَضِرًا نُّخْرِجُ مِنْهُ حَبًّا مُّتَرَاكِبًا وَمِنَ النَّخْلِ مِن طَلْعِهَا قِنْوَانٌ دَانِيَةٌ	

	وَجَنَّاتٍ مِّنْ أَعْنَابٍ وَالزَّيْتُونَ وَالرُّمَّانَ مُشْتَبِهًا وَغَيْرَ مُتَشَابِهٍ ۗ انظُرُوا إِلَىٰ **ثَمَرِهِ** إِذَا **أَثْمَرَ** وَيَنْعِهِ ۚ إِنَّ فِي ذَٰلِكُمْ لَآيَاتٍ لِّقَوْمٍ يُؤْمِنُونَ
141	۞ وَهُوَ الَّذِي أَنشَأَ جَنَّاتٍ مَّعْرُوشَاتٍ وَغَيْرَ مَعْرُوشَاتٍ وَالنَّخْلَ وَالزَّرْعَ مُخْتَلِفًا أُكُلُهُ وَالزَّيْتُونَ وَالرُّمَّانَ مُتَشَابِهًا وَغَيْرَ مُتَشَابِهٍ ۚ كُلُوا مِن **ثَمَرِهِ** إِذَا **أَثْمَرَ** وَآتُوا حَقَّهُ يَوْمَ حَصَادِهِ ۖ وَلَا تُسْرِفُوا ۚ إِنَّهُ لَا يُحِبُّ الْمُسْرِفِينَ
18 الكهف 42	وَأُحِيطَ **بِثَمَرِهِ** فَأَصْبَحَ يُقَلِّبُ كَفَّيْهِ عَلَىٰ مَا أَنفَقَ فِيهَا وَهِيَ خَاوِيَةٌ عَلَىٰ عُرُوشِهَا وَيَقُولُ يَا لَيْتَنِي لَمْ أُشْرِكْ بِرَبِّي أَحَدًا
36 يس 35	لِيَأْكُلُوا مِن **ثَمَرِهِ** وَمَا عَمِلَتْهُ أَيْدِيهِمْ ۖ أَفَلَا يَشْكُرُونَ
	ثمرات **fruits**
2 البقرة 22	الَّذِي جَعَلَ لَكُمُ الْأَرْضَ فِرَاشًا وَالسَّمَاءَ بِنَاءً وَأَنزَلَ مِنَ السَّمَاءِ مَاءً فَأَخْرَجَ بِهِ مِنَ **الثَّمَرَاتِ** رِزْقًا لَّكُمْ ۖ فَلَا تَجْعَلُوا لِلَّهِ أَندَادًا وَأَنتُمْ تَعْلَمُونَ
126	وَإِذْ قَالَ إِبْرَاهِيمُ رَبِّ اجْعَلْ هَٰذَا بَلَدًا آمِنًا وَارْزُقْ أَهْلَهُ مِنَ **الثَّمَرَاتِ** مَنْ آمَنَ مِنْهُم بِاللَّهِ وَالْيَوْمِ الْآخِرِ ۖ قَالَ وَمَن كَفَرَ فَأُمَتِّعُهُ قَلِيلًا ثُمَّ أَضْطَرُّهُ إِلَىٰ عَذَابِ النَّارِ ۖ وَبِئْسَ الْمَصِيرُ
155	وَلَنَبْلُوَنَّكُم بِشَيْءٍ مِّنَ الْخَوْفِ وَالْجُوعِ وَنَقْصٍ مِّنَ الْأَمْوَالِ وَالْأَنفُسِ **وَالثَّمَرَاتِ** ۗ وَبَشِّرِ الصَّابِرِينَ
266	أَيَوَدُّ أَحَدُكُمْ أَن تَكُونَ لَهُ جَنَّةٌ مِّن نَّخِيلٍ وَأَعْنَابٍ تَجْرِي مِن تَحْتِهَا الْأَنْهَارُ لَهُ فِيهَا مِن كُلِّ **الثَّمَرَاتِ** وَأَصَابَهُ الْكِبَرُ وَلَهُ ذُرِّيَّةٌ ضُعَفَاءُ فَأَصَابَهَا إِعْصَارٌ فِيهِ نَارٌ فَاحْتَرَقَتْ ۗ كَذَٰلِكَ يُبَيِّنُ اللَّهُ لَكُمُ الْآيَاتِ لَعَلَّكُمْ تَتَفَكَّرُونَ
7 الأعراف 57	وَهُوَ الَّذِي يُرْسِلُ الرِّيَاحَ بُشْرًا بَيْنَ يَدَيْ رَحْمَتِهِ ۖ حَتَّىٰ إِذَا أَقَلَّتْ سَحَابًا ثِقَالًا سُقْنَاهُ لِبَلَدٍ مَّيِّتٍ فَأَنزَلْنَا بِهِ الْمَاءَ فَأَخْرَجْنَا بِهِ مِن كُلِّ **الثَّمَرَاتِ** ۚ كَذَٰلِكَ نُخْرِجُ الْمَوْتَىٰ لَعَلَّكُمْ تَذَكَّرُونَ
130	وَلَقَدْ أَخَذْنَا آلَ فِرْعَوْنَ بِالسِّنِينَ وَنَقْصٍ مِّنَ **الثَّمَرَاتِ** لَعَلَّهُمْ يَذَّكَّرُونَ

13 الرعد 3	وَهُوَ الَّذِي مَدَّ الْأَرْضَ وَجَعَلَ فِيهَا رَوَاسِيَ وَأَنْهَارًا ۖ وَمِن كُلِّ **الثَّمَرَاتِ** جَعَلَ فِيهَا زَوْجَيْنِ اثْنَيْنِ ۖ يُغْشِي اللَّيْلَ النَّهَارَ ۚ إِنَّ فِي ذَٰلِكَ لَآيَاتٍ لِّقَوْمٍ يَتَفَكَّرُونَ
14 ابراهيم 32	اللَّهُ الَّذِي خَلَقَ السَّمَاوَاتِ وَالْأَرْضَ وَأَنزَلَ مِنَ السَّمَاءِ مَاءً فَأَخْرَجَ بِهِ مِنَ **الثَّمَرَاتِ** رِزْقًا لَّكُمْ ۖ وَسَخَّرَ لَكُمُ الْفُلْكَ لِتَجْرِيَ فِي الْبَحْرِ بِأَمْرِهِ ۖ وَسَخَّرَ لَكُمُ الْأَنْهَارَ
37	رَّبَّنَا إِنِّي أَسْكَنتُ مِن ذُرِّيَّتِي بِوَادٍ غَيْرِ ذِي زَرْعٍ عِندَ بَيْتِكَ الْمُحَرَّمِ رَبَّنَا لِيُقِيمُوا الصَّلَاةَ فَاجْعَلْ أَفْئِدَةً مِّنَ النَّاسِ تَهْوِي إِلَيْهِمْ وَارْزُقْهُم مِّنَ **الثَّمَرَاتِ** لَعَلَّهُمْ يَشْكُرُونَ
16 النحل 11	يُنبِتُ لَكُم بِهِ الزَّرْعَ وَالزَّيْتُونَ وَالنَّخِيلَ وَالْأَعْنَابَ وَمِن كُلِّ **الثَّمَرَاتِ** ۗ إِنَّ فِي ذَٰلِكَ لَآيَةً لِّقَوْمٍ يَتَفَكَّرُونَ
67	وَمِن **ثَمَرَاتِ** النَّخِيلِ وَالْأَعْنَابِ تَتَّخِذُونَ مِنْهُ سَكَرًا وَرِزْقًا حَسَنًا ۗ إِنَّ فِي ذَٰلِكَ لَآيَةً لِّقَوْمٍ يَعْقِلُونَ
69	ثُمَّ كُلِي مِن كُلِّ **الثَّمَرَاتِ** فَاسْلُكِي سُبُلَ رَبِّكِ ذُلُلًا ۚ يَخْرُجُ مِن بُطُونِهَا شَرَابٌ مُّخْتَلِفٌ أَلْوَانُهُ فِيهِ شِفَاءٌ لِّلنَّاسِ ۗ إِنَّ فِي ذَٰلِكَ لَآيَةً لِّقَوْمٍ يَتَفَكَّرُونَ
28 القصص 57	وَقَالُوا إِن نَّتَّبِعِ الْهُدَىٰ مَعَكَ نُتَخَطَّفْ مِنْ أَرْضِنَا ۚ أَوَلَمْ نُمَكِّن لَّهُمْ حَرَمًا آمِنًا يُجْبَىٰ إِلَيْهِ **ثَمَرَاتُ** كُلِّ شَيْءٍ رِّزْقًا مِّن لَّدُنَّا وَلَٰكِنَّ أَكْثَرَهُمْ لَا يَعْلَمُونَ
35 فاطر 27	أَلَمْ تَرَ أَنَّ اللَّهَ أَنزَلَ مِنَ السَّمَاءِ مَاءً فَأَخْرَجْنَا بِهِ **ثَمَرَاتٍ** مُّخْتَلِفًا أَلْوَانُهَا ۚ وَمِنَ الْجِبَالِ جُدَدٌ بِيضٌ وَحُمْرٌ مُّخْتَلِفٌ أَلْوَانُهَا وَغَرَابِيبُ سُودٌ
41 فصلت 47	إِلَيْهِ يُرَدُّ عِلْمُ السَّاعَةِ ۚ وَمَا تَخْرُجُ مِن **ثَمَرَاتٍ** مِّنْ أَكْمَامِهَا وَمَا تَحْمِلُ مِنْ أُنثَىٰ وَلَا تَضَعُ إِلَّا بِعِلْمِهِ ۚ وَيَوْمَ يُنَادِيهِمْ أَيْنَ شُرَكَائِي قَالُوا آذَنَّاكَ مَا مِنَّا مِن شَهِيدٍ
47 محمد 15	مَّثَلُ الْجَنَّةِ الَّتِي وُعِدَ الْمُتَّقُونَ ۖ فِيهَا أَنْهَارٌ مِّن مَّاءٍ غَيْرِ آسِنٍ وَأَنْهَارٌ مِّن لَّبَنٍ لَّمْ يَتَغَيَّرْ طَعْمُهُ وَأَنْهَارٌ مِّنْ خَمْرٍ لَّذَّةٍ لِّلشَّارِبِينَ وَأَنْهَارٌ مِّنْ عَسَلٍ مُّصَفًّى ۖ وَلَهُمْ فِيهَا مِن كُلِّ **الثَّمَرَاتِ** وَمَغْفِرَةٌ مِّن رَّبِّهِمْ ۖ كَمَنْ هُوَ خَالِدٌ فِي النَّارِ وَسُقُوا مَاءً حَمِيمًا فَقَطَّعَ أَمْعَاءَهُمْ
	## ثمرة Its fruit

2 البقرة 25	وَبَشِّرِ الَّذِينَ آمَنُوا وَعَمِلُوا الصَّالِحَاتِ أَنَّ لَهُمْ جَنَّاتٍ تَجْرِي مِن تَحْتِهَا الْأَنْهَارُ ۖ كُلَّمَا رُزِقُوا مِنْهَا مِن **ثَمَرَةٍ** رِّزْقًا ۙ قَالُوا هَٰذَا الَّذِي رُزِقْنَا مِن قَبْلُ ۖ وَأُتُوا بِهِ مُتَشَابِهًا ۖ وَلَهُمْ فِيهَا أَزْوَاجٌ مُّطَهَّرَةٌ ۖ وَهُمْ فِيهَا خَالِدُونَ	

ثَمَنًا

price

2 البقرة 41	وَآمِنُوا بِمَا أَنزَلْتُ مُصَدِّقًا لِّمَا مَعَكُمْ وَلَا تَكُونُوا أَوَّلَ كَافِرٍ بِهِ ۖ وَلَا تَشْتَرُوا بِآيَاتِي **ثَمَنًا** قَلِيلًا وَإِيَّايَ فَاتَّقُونِ
79	فَوَيْلٌ لِّلَّذِينَ يَكْتُبُونَ الْكِتَابَ بِأَيْدِيهِمْ ثُمَّ يَقُولُونَ هَٰذَا مِنْ عِندِ اللَّهِ لِيَشْتَرُوا بِهِ **ثَمَنًا** قَلِيلًا ۖ فَوَيْلٌ لَّهُم مِّمَّا كَتَبَتْ أَيْدِيهِمْ وَوَيْلٌ لَّهُم مِّمَّا يَكْسِبُونَ
174	إِنَّ الَّذِينَ يَكْتُمُونَ مَا أَنزَلَ اللَّهُ مِنَ الْكِتَابِ وَيَشْتَرُونَ بِهِ **ثَمَنًا** قَلِيلًا ۙ أُولَٰئِكَ مَا يَأْكُلُونَ فِي بُطُونِهِمْ إِلَّا النَّارَ وَلَا يُكَلِّمُهُمُ اللَّهُ يَوْمَ الْقِيَامَةِ وَلَا يُزَكِّيهِمْ وَلَهُمْ عَذَابٌ أَلِيمٌ
3 آل عمران 77	إِنَّ الَّذِينَ يَشْتَرُونَ بِعَهْدِ اللَّهِ وَأَيْمَانِهِمْ **ثَمَنًا** قَلِيلًا أُولَٰئِكَ لَا خَلَاقَ لَهُمْ فِي الْآخِرَةِ وَلَا يُكَلِّمُهُمُ اللَّهُ وَلَا يَنظُرُ إِلَيْهِمْ يَوْمَ الْقِيَامَةِ وَلَا يُزَكِّيهِمْ وَلَهُمْ عَذَابٌ أَلِيمٌ
187	وَإِذْ أَخَذَ اللَّهُ مِيثَاقَ الَّذِينَ أُوتُوا الْكِتَابَ لَتُبَيِّنُنَّهُ لِلنَّاسِ وَلَا تَكْتُمُونَهُ فَنَبَذُوهُ وَرَاءَ ظُهُورِهِمْ وَاشْتَرَوْا بِهِ **ثَمَنًا** قَلِيلًا ۖ فَبِئْسَ مَا يَشْتَرُونَ
199	وَإِنَّ مِنْ أَهْلِ الْكِتَابِ لَمَن يُؤْمِنُ بِاللَّهِ وَمَا أُنزِلَ إِلَيْكُمْ وَمَا أُنزِلَ إِلَيْهِمْ خَاشِعِينَ لِلَّهِ لَا يَشْتَرُونَ بِآيَاتِ اللَّهِ **ثَمَنًا** قَلِيلًا ۗ أُولَٰئِكَ لَهُمْ أَجْرُهُمْ عِندَ رَبِّهِمْ ۗ إِنَّ اللَّهَ سَرِيعُ الْحِسَابِ
5 المائدة 44	إِنَّا أَنزَلْنَا التَّوْرَاةَ فِيهَا هُدًى وَنُورٌ ۚ يَحْكُمُ بِهَا النَّبِيُّونَ الَّذِينَ أَسْلَمُوا لِلَّذِينَ هَادُوا وَالرَّبَّانِيُّونَ وَالْأَحْبَارُ بِمَا اسْتُحْفِظُوا مِن كِتَابِ اللَّهِ وَكَانُوا عَلَيْهِ شُهَدَاءَ ۚ فَلَا تَخْشَوُا النَّاسَ وَاخْشَوْنِ وَلَا تَشْتَرُوا بِآيَاتِي **ثَمَنًا** قَلِيلًا ۚ وَمَن لَّمْ يَحْكُم بِمَا أَنزَلَ اللَّهُ فَأُولَٰئِكَ هُمُ الْكَافِرُونَ
106	يَا أَيُّهَا الَّذِينَ آمَنُوا شَهَادَةُ بَيْنِكُمْ إِذَا حَضَرَ أَحَدَكُمُ الْمَوْتُ حِينَ الْوَصِيَّةِ اثْنَانِ ذَوَا عَدْلٍ مِّنكُمْ أَوْ آخَرَانِ مِنْ غَيْرِكُمْ إِنْ أَنتُمْ ضَرَبْتُمْ فِي الْأَرْضِ فَأَصَابَتْكُم مُّصِيبَةُ الْمَوْتِ ۚ تَحْبِسُونَهُمَا مِن بَعْدِ الصَّلَاةِ فَيُقْسِمَانِ بِاللَّهِ إِنِ

	ارْتَبْتُمْ لَا نَشْتَرِي بِهِ **ثَمَنًا** وَلَوْ كَانَ ذَا قُرْبَىٰ ۙ وَلَا نَكْتُمُ شَهَادَةَ اللَّهِ إِنَّا إِذًا لَّمِنَ الْآثِمِينَ	
9 التوبة 9	اشْتَرَوْا بِآيَاتِ اللَّهِ **ثَمَنًا** قَلِيلًا فَصَدُّوا عَن سَبِيلِهِ ۚ إِنَّهُمْ سَاءَ مَا كَانُوا يَعْمَلُونَ	
16 النحل 95	وَلَا تَشْتَرُوا بِعَهْدِ اللَّهِ **ثَمَنًا** قَلِيلًا ۚ إِنَّمَا عِندَ اللَّهِ هُوَ خَيْرٌ لَّكُمْ إِن كُنتُمْ تَعْلَمُونَ	
	## ثواب reward	
3 آل عمران 145	وَمَا كَانَ لِنَفْسٍ أَن تَمُوتَ إِلَّا بِإِذْنِ اللَّهِ كِتَابًا مُّؤَجَّلًا ۗ وَمَن يُرِدْ **ثَوَابَ** الدُّنْيَا نُؤْتِهِ مِنْهَا وَمَن يُرِدْ **ثَوَابَ** الْآخِرَةِ نُؤْتِهِ مِنْهَا ۚ وَسَنَجْزِي الشَّاكِرِينَ	
148	فَآتَاهُمُ اللَّهُ **ثَوَابَ** الدُّنْيَا وَحُسْنَ ثَوَابِ الْآخِرَةِ ۗ وَاللَّهُ يُحِبُّ الْمُحْسِنِينَ	
195	فَاسْتَجَابَ لَهُمْ رَبُّهُمْ أَنِّي لَا أُضِيعُ عَمَلَ عَامِلٍ مِّنكُم مِّن ذَكَرٍ أَوْ أُنثَىٰ ۖ بَعْضُكُم مِّن بَعْضٍ ۖ فَالَّذِينَ هَاجَرُوا وَأُخْرِجُوا مِن دِيَارِهِمْ وَأُوذُوا فِي سَبِيلِي وَقَاتَلُوا وَقُتِلُوا لَأُكَفِّرَنَّ عَنْهُمْ سَيِّئَاتِهِمْ وَلَأُدْخِلَنَّهُمْ جَنَّاتٍ تَجْرِي مِن تَحْتِهَا الْأَنْهَارُ **ثَوَابًا** مِّنْ عِندِ اللَّهِ ۗ وَاللَّهُ عِندَهُ حُسْنُ الثَّوَابِ	
4 النساء 134	مَّن كَانَ يُرِيدُ **ثَوَابَ** الدُّنْيَا فَعِندَ اللَّهِ **ثَوَابُ** الدُّنْيَا وَالْآخِرَةِ ۚ وَكَانَ اللَّهُ سَمِيعًا بَصِيرًا	
18 الكهف 31	أُولَٰئِكَ لَهُمْ جَنَّاتُ عَدْنٍ تَجْرِي مِن تَحْتِهِمُ الْأَنْهَارُ يُحَلَّوْنَ فِيهَا مِنْ أَسَاوِرَ مِن ذَهَبٍ وَيَلْبَسُونَ ثِيَابًا خُضْرًا مِّن سُندُسٍ وَإِسْتَبْرَقٍ مُّتَّكِئِينَ فِيهَا عَلَى الْأَرَائِكِ ۚ نِعْمَ **الثَّوَابُ** وَحَسُنَتْ مُرْتَفَقًا	
28 القصص 80	وَقَالَ الَّذِينَ أُوتُوا الْعِلْمَ وَيْلَكُمْ **ثَوَابُ** اللَّهِ خَيْرٌ لِّمَنْ آمَنَ وَعَمِلَ صَالِحًا وَلَا يُلَقَّاهَا إِلَّا الصَّابِرُونَ	
	## ثَوَابًا reward	
3 آل عمران 195	فَاسْتَجَابَ لَهُمْ رَبُّهُمْ أَنِّي لَا أُضِيعُ عَمَلَ عَامِلٍ مِّنكُم مِّن ذَكَرٍ أَوْ أُنثَىٰ ۖ بَعْضُكُم مِّن بَعْضٍ ۖ فَالَّذِينَ هَاجَرُوا وَأُخْرِجُوا مِن دِيَارِهِمْ	

	وَأُوذُوا فِي سَبِيلِي وَقَاتَلُوا وَقُتِلُوا لَأُكَفِّرَنَّ عَنْهُمْ سَيِّئَاتِهِمْ وَلَأُدْخِلَنَّهُمْ جَنَّاتٍ تَجْرِي مِن تَحْتِهَا الْأَنْهَارُ **ثَوَابًا** مِّنْ عِندِ اللَّهِ ۗ وَاللَّهُ عِندَهُ حُسْنُ الثَّوَابِ
18 الكهف 44	هُنَالِكَ الْوَلَايَةُ لِلَّهِ الْحَقِّ ۚ هُوَ خَيْرٌ **ثَوَابًا** وَخَيْرٌ عُقْبًا
46	الْمَالُ وَالْبَنُونَ زِينَةُ الْحَيَاةِ الدُّنْيَا ۖ وَالْبَاقِيَاتُ الصَّالِحَاتُ خَيْرٌ عِندَ رَبِّكَ **ثَوَابًا** وَخَيْرٌ أَمَلًا
19 مريم 76	وَيَزِيدُ اللَّهُ الَّذِينَ اهْتَدَوْا هُدًى ۗ وَالْبَاقِيَاتُ الصَّالِحَاتُ خَيْرٌ عِندَ رَبِّكَ **ثَوَابًا** وَخَيْرٌ مَّرَدًّا

ثُوِّبَ

Are not the disbelievers paid for what they used to do?

2 البقرة 103	وَلَوْ أَنَّهُمْ آمَنُوا وَاتَّقَوْا **لَمَثُوبَةٌ** مِّنْ عِندِ اللَّهِ خَيْرٌ ۖ لَّوْ كَانُوا يَعْلَمُونَ
5 المائدة 60	قُلْ هَلْ أُنَبِّئُكُم بِشَرٍّ مِّن ذَٰلِكَ **مَثُوبَةً** عِندَ اللَّهِ ۚ مَن لَّعَنَهُ اللَّهُ وَغَضِبَ عَلَيْهِ وَجَعَلَ مِنْهُمُ الْقِرَدَةَ وَالْخَنَازِيرَ وَعَبَدَ الطَّاغُوتَ ۚ أُولَٰئِكَ شَرٌّ مَّكَانًا وَأَضَلُّ عَن سَوَاءِ السَّبِيلِ
83 المطففين 36	هَلْ **ثُوِّبَ** الْكُفَّارُ مَا كَانُوا يَفْعَلُونَ

ثِيَابٌ/ ثِيَابَهُمْ/ ثِيَابَكُمْ/ ثِيَابًا/ ثِيَابَهُنَّ

clothing

11 هود 5	أَلَا إِنَّهُمْ يَثْنُونَ صُدُورَهُمْ لِيَسْتَخْفُوا مِنْهُ ۚ أَلَا حِينَ يَسْتَغْشُونَ **ثِيَابَهُمْ** يَعْلَمُ مَا يُسِرُّونَ وَمَا يُعْلِنُونَ ۚ إِنَّهُ عَلِيمٌ بِذَاتِ الصُّدُورِ
18 الكهف 31	أُولَٰئِكَ لَهُمْ جَنَّاتُ عَدْنٍ تَجْرِي مِن تَحْتِهِمُ الْأَنْهَارُ يُحَلَّوْنَ فِيهَا مِنْ أَسَاوِرَ مِن ذَهَبٍ وَيَلْبَسُونَ **ثِيَابًا** خُضْرًا مِّن سُندُسٍ وَإِسْتَبْرَقٍ مُّتَّكِئِينَ فِيهَا عَلَى الْأَرَائِكِ ۚ نِعْمَ الثَّوَابُ وَحَسُنَتْ مُرْتَفَقًا
22 الحج 19	هَٰذَانِ خَصْمَانِ اخْتَصَمُوا فِي رَبِّهِمْ ۖ فَالَّذِينَ كَفَرُوا قُطِّعَتْ لَهُمْ **ثِيَابٌ** مِّن نَّارٍ يُصَبُّ مِن فَوْقِ رُءُوسِهِمُ الْحَمِيمُ
24 النور 58	يَا أَيُّهَا الَّذِينَ آمَنُوا لِيَسْتَأْذِنكُمُ الَّذِينَ مَلَكَتْ أَيْمَانُكُمْ وَالَّذِينَ لَمْ يَبْلُغُوا الْحُلُمَ مِنكُمْ ثَلَاثَ مَرَّاتٍ ۚ مِّن قَبْلِ صَلَاةِ الْفَجْرِ وَحِينَ تَضَعُونَ **ثِيَابَكُم** مِّنَ

	الظَّهِيرَةِ وَمِن بَعْدِ صَلَاةِ الْعِشَاءِ ۚ ثَلَاثُ عَوْرَاتٍ لَّكُمْ ۚ لَيْسَ عَلَيْكُمْ وَلَا عَلَيْهِمْ جُنَاحٌ بَعْدَهُنَّ ۚ طَوَّافُونَ عَلَيْكُم بَعْضُكُمْ عَلَىٰ بَعْضٍ ۚ كَذَٰلِكَ يُبَيِّنُ اللَّهُ لَكُمُ الْآيَاتِ ۗ وَاللَّهُ عَلِيمٌ حَكِيمٌ
60	وَالْقَوَاعِدُ مِنَ النِّسَاءِ اللَّاتِي لَا يَرْجُونَ نِكَاحًا فَلَيْسَ عَلَيْهِنَّ جُنَاحٌ أَن يَضَعْنَ **ثِيَابَهُنَّ** غَيْرَ مُتَبَرِّجَاتٍ بِزِينَةٍ ۖ وَأَن يَسْتَعْفِفْنَ خَيْرٌ لَّهُنَّ ۗ وَاللَّهُ سَمِيعٌ عَلِيمٌ
71 نوح 7	وَإِنِّي كُلَّمَا دَعَوْتُهُمْ لِتَغْفِرَ لَهُمْ جَعَلُوا أَصَابِعَهُمْ فِي آذَانِهِمْ وَاسْتَغْشَوْا **ثِيَابَهُمْ** وَأَصَرُّوا وَاسْتَكْبَرُوا اسْتِكْبَارًا
74 المدثر 4	**وَثِيَابَكَ** فَطَهِّرْ
76 الانسان 21	عَالِيَهُمْ **ثِيَابُ** سُندُسٍ خُضْرٌ وَإِسْتَبْرَقٌ ۖ وَحُلُّوا أَسَاوِرَ مِن فِضَّةٍ وَسَقَاهُمْ رَبُّهُمْ شَرَابًا طَهُورًا

ثَيِّبَاتٍ

widows

66 التحريم 5	عَسَىٰ رَبُّهُ إِن طَلَّقَكُنَّ أَن يُبْدِلَهُ أَزْوَاجًا خَيْرًا مِّنكُنَّ مُسْلِمَاتٍ مُّؤْمِنَاتٍ قَانِتَاتٍ تَائِبَاتٍ عَابِدَاتٍ سَائِحَاتٍ **ثَيِّبَاتٍ** وَأَبْكَارًا

ثُمَّ . . . ثُمَّ

then

2 البقرة 28	كَيْفَ تَكْفُرُونَ بِاللَّهِ وَكُنتُمْ أَمْوَاتًا فَأَحْيَاكُمْ ۖ **ثُمَّ** يُمِيتُكُمْ **ثُمَّ** يُحْيِيكُمْ **ثُمَّ** إِلَيْهِ تُرْجَعُونَ
4 النساء 137	إِنَّ الَّذِينَ آمَنُوا **ثُمَّ** كَفَرُوا **ثُمَّ** آمَنُوا **ثُمَّ** كَفَرُوا **ثُمَّ** ازْدَادُوا كُفْرًا لَّمْ يَكُنِ اللَّهُ لِيَغْفِرَ لَهُمْ وَلَا لِيَهْدِيَهُمْ سَبِيلًا
6 الأنعام 60	وَهُوَ الَّذِي يَتَوَفَّاكُم بِاللَّيْلِ وَيَعْلَمُ مَا جَرَحْتُم بِالنَّهَارِ **ثُمَّ** يَبْعَثُكُمْ فِيهِ لِيُقْضَىٰ أَجَلٌ مُّسَمًّى ۖ **ثُمَّ** إِلَيْهِ مَرْجِعُكُمْ **ثُمَّ** يُنَبِّئُكُم بِمَا كُنتُمْ تَعْمَلُونَ
22 الحج 5	يَا أَيُّهَا النَّاسُ إِن كُنتُمْ فِي رَيْبٍ مِّنَ الْبَعْثِ فَإِنَّا خَلَقْنَاكُم مِّن تُرَابٍ **ثُمَّ** مِن نُّطْفَةٍ **ثُمَّ** مِنْ عَلَقَةٍ **ثُمَّ** مِن مُّضْغَةٍ مُّخَلَّقَةٍ وَغَيْرِ مُخَلَّقَةٍ لِّنُبَيِّنَ لَكُمْ ۚ وَنُقِرُّ فِي الْأَرْحَامِ مَا نَشَاءُ إِلَىٰ أَجَلٍ مُّسَمًّى **ثُمَّ** نُخْرِجُكُمْ طِفْلًا **ثُمَّ** لِتَبْلُغُوا أَشُدَّكُمْ ۖ وَمِنكُم مَّن يُتَوَفَّىٰ وَمِنكُم مَّن يُرَدُّ إِلَىٰ أَرْذَلِ الْعُمُرِ لِكَيْلَا يَعْلَمَ

	مِن بَعْدِ عِلْمٍ شَيْئًا ۚ وَتَرَى الْأَرْضَ هَامِدَةً فَإِذَا أَنزَلْنَا عَلَيْهَا الْمَاءَ اهْتَزَّتْ وَرَبَتْ وَأَنبَتَتْ مِن كُلِّ زَوْجٍ بَهِيجٍ	
30 الروم 40	اللَّهُ الَّذِي خَلَقَكُمْ ثُمَّ رَزَقَكُمْ ثُمَّ يُمِيتُكُمْ ثُمَّ يُحْيِيكُمْ ۖ هَلْ مِن شُرَكَائِكُم مَّن يَفْعَلُ مِن ذَٰلِكُم مِّن شَيْءٍ ۚ سُبْحَانَهُ وَتَعَالَىٰ عَمَّا يُشْرِكُونَ	
39 الزمر 21	أَلَمْ تَرَ أَنَّ اللَّهَ أَنزَلَ مِنَ السَّمَاءِ مَاءً فَسَلَكَهُ يَنَابِيعَ فِي الْأَرْضِ ثُمَّ يُخْرِجُ بِهِ زَرْعًا مُّخْتَلِفًا أَلْوَانُهُ ثُمَّ يَهِيجُ فَتَرَاهُ مُصْفَرًّا ثُمَّ يَجْعَلُهُ حُطَامًا ۚ إِنَّ فِي ذَٰلِكَ لَذِكْرَىٰ لِأُولِي الْأَلْبَابِ	
40 غافر 67	هُوَ الَّذِي خَلَقَكُم مِّن تُرَابٍ ثُمَّ مِن نُّطْفَةٍ ثُمَّ مِنْ عَلَقَةٍ ثُمَّ يُخْرِجُكُمْ طِفْلًا ثُمَّ لِتَبْلُغُوا أَشُدَّكُمْ ثُمَّ لِتَكُونُوا شُيُوخًا ۚ وَمِنكُم مَّن يُتَوَفَّىٰ مِن قَبْلُ ۖ وَلِتَبْلُغُوا أَجَلًا مُّسَمًّى وَلَعَلَّكُمْ تَعْقِلُونَ	
2 البقرة 259	أَوْ كَالَّذِي مَرَّ عَلَىٰ قَرْيَةٍ وَهِيَ خَاوِيَةٌ عَلَىٰ عُرُوشِهَا قَالَ أَنَّىٰ يُحْيِي هَٰذِهِ اللَّهُ بَعْدَ مَوْتِهَا ۖ فَأَمَاتَهُ اللَّهُ مِائَةَ عَامٍ ثُمَّ بَعَثَهُ ۖ قَالَ كَمْ لَبِثْتَ ۖ قَالَ لَبِثْتُ يَوْمًا أَوْ بَعْضَ يَوْمٍ ۖ قَالَ بَل لَّبِثْتَ مِائَةَ عَامٍ فَانظُرْ إِلَىٰ طَعَامِكَ وَشَرَابِكَ لَمْ يَتَسَنَّهْ ۖ وَانظُرْ إِلَىٰ حِمَارِكَ وَلِنَجْعَلَكَ آيَةً لِّلنَّاسِ ۖ وَانظُرْ إِلَى الْعِظَامِ كَيْفَ نُنشِزُهَا ثُمَّ نَكْسُوهَا لَحْمًا ۚ فَلَمَّا تَبَيَّنَ لَهُ قَالَ أَعْلَمُ أَنَّ اللَّهَ عَلَىٰ كُلِّ شَيْءٍ قَدِيرٌ	
260	وَإِذْ قَالَ إِبْرَاهِيمُ رَبِّ أَرِنِي كَيْفَ تُحْيِي الْمَوْتَىٰ ۖ قَالَ أَوَلَمْ تُؤْمِن ۖ قَالَ بَلَىٰ وَلَٰكِن لِّيَطْمَئِنَّ قَلْبِي ۖ قَالَ فَخُذْ أَرْبَعَةً مِّنَ الطَّيْرِ فَصُرْهُنَّ إِلَيْكَ ثُمَّ اجْعَلْ عَلَىٰ كُلِّ جَبَلٍ مِّنْهُنَّ جُزْءًا ثُمَّ ادْعُهُنَّ يَأْتِينَكَ سَعْيًا ۚ وَاعْلَمْ أَنَّ اللَّهَ عَزِيزٌ حَكِيمٌ	
29	هُوَ الَّذِي خَلَقَ لَكُم مَّا فِي الْأَرْضِ جَمِيعًا ثُمَّ اسْتَوَىٰ إِلَى السَّمَاءِ فَسَوَّاهُنَّ سَبْعَ سَمَاوَاتٍ ۚ وَهُوَ بِكُلِّ شَيْءٍ عَلِيمٌ	
31	وَعَلَّمَ آدَمَ الْأَسْمَاءَ كُلَّهَا ثُمَّ عَرَضَهُمْ عَلَى الْمَلَائِكَةِ فَقَالَ أَنبِئُونِي بِأَسْمَاءِ هَٰؤُلَاءِ إِن كُنتُمْ صَادِقِينَ	
51	وَإِذْ وَاعَدْنَا مُوسَىٰ أَرْبَعِينَ لَيْلَةً ثُمَّ اتَّخَذْتُمُ الْعِجْلَ مِن بَعْدِهِ وَأَنتُمْ ظَالِمُونَ	
52	ثُمَّ عَفَوْنَا عَنكُم مِّن بَعْدِ ذَٰلِكَ لَعَلَّكُمْ تَشْكُرُونَ	

56	ثُمَّ بَعَثْنَاكُم مِّن بَعْدِ مَوْتِكُمْ لَعَلَّكُمْ تَشْكُرُونَ
64	ثُمَّ تَوَلَّيْتُم مِّن بَعْدِ ذَٰلِكَ ۖ فَلَوْلَا فَضْلُ اللَّهِ عَلَيْكُمْ وَرَحْمَتُهُ لَكُنتُم مِّنَ الْخَاسِرِينَ
74	ثُمَّ قَسَتْ قُلُوبُكُم مِّن بَعْدِ ذَٰلِكَ فَهِيَ كَالْحِجَارَةِ أَوْ أَشَدُّ قَسْوَةً ۚ وَإِنَّ مِنَ الْحِجَارَةِ لَمَا يَتَفَجَّرُ مِنْهُ الْأَنْهَارُ ۚ وَإِنَّ مِنْهَا لَمَا يَشَّقَّقُ فَيَخْرُجُ مِنْهُ الْمَاءُ ۚ وَإِنَّ مِنْهَا لَمَا يَهْبِطُ مِنْ خَشْيَةِ اللَّهِ ۗ وَمَا اللَّهُ بِغَافِلٍ عَمَّا تَعْمَلُونَ
75	أَفَتَطْمَعُونَ أَن يُؤْمِنُوا لَكُمْ وَقَدْ كَانَ فَرِيقٌ مِّنْهُمْ يَسْمَعُونَ كَلَامَ اللَّهِ ثُمَّ يُحَرِّفُونَهُ مِن بَعْدِ مَا عَقَلُوهُ وَهُمْ يَعْلَمُونَ
79	فَوَيْلٌ لِّلَّذِينَ يَكْتُبُونَ الْكِتَابَ بِأَيْدِيهِمْ ثُمَّ يَقُولُونَ هَٰذَا مِنْ عِندِ اللَّهِ لِيَشْتَرُوا بِهِ ثَمَنًا قَلِيلًا ۖ فَوَيْلٌ لَّهُم مِّمَّا كَتَبَتْ أَيْدِيهِمْ وَوَيْلٌ لَّهُم مِّمَّا يَكْسِبُونَ
83	وَإِذْ أَخَذْنَا مِيثَاقَ بَنِي إِسْرَائِيلَ لَا تَعْبُدُونَ إِلَّا اللَّهَ وَبِالْوَالِدَيْنِ إِحْسَانًا وَذِي الْقُرْبَىٰ وَالْيَتَامَىٰ وَالْمَسَاكِينِ وَقُولُوا لِلنَّاسِ حُسْنًا وَأَقِيمُوا الصَّلَاةَ وَآتُوا الزَّكَاةَ ثُمَّ تَوَلَّيْتُمْ إِلَّا قَلِيلًا مِّنكُمْ وَأَنتُم مُّعْرِضُونَ
84	وَإِذْ أَخَذْنَا مِيثَاقَكُمْ لَا تَسْفِكُونَ دِمَاءَكُمْ وَلَا تُخْرِجُونَ أَنفُسَكُم مِّن دِيَارِكُمْ ثُمَّ أَقْرَرْتُمْ وَأَنتُمْ تَشْهَدُونَ
85	ثُمَّ أَنتُمْ هَٰؤُلَاءِ تَقْتُلُونَ أَنفُسَكُمْ وَتُخْرِجُونَ فَرِيقًا مِّنكُم مِّن دِيَارِهِمْ تَظَاهَرُونَ عَلَيْهِم بِالْإِثْمِ وَالْعُدْوَانِ وَإِن يَأْتُوكُمْ أُسَارَىٰ تُفَادُوهُمْ وَهُوَ مُحَرَّمٌ عَلَيْكُمْ إِخْرَاجُهُمْ ۚ أَفَتُؤْمِنُونَ بِبَعْضِ الْكِتَابِ وَتَكْفُرُونَ بِبَعْضٍ ۚ فَمَا جَزَاءُ مَن يَفْعَلُ ذَٰلِكَ مِنكُمْ إِلَّا خِزْيٌ فِي الْحَيَاةِ الدُّنْيَا ۖ وَيَوْمَ الْقِيَامَةِ يُرَدُّونَ إِلَىٰ أَشَدِّ الْعَذَابِ ۗ وَمَا اللَّهُ بِغَافِلٍ عَمَّا تَعْمَلُونَ
92	وَلَقَدْ جَاءَكُم مُّوسَىٰ بِالْبَيِّنَاتِ ثُمَّ اتَّخَذْتُمُ الْعِجْلَ مِن بَعْدِهِ وَأَنتُمْ ظَالِمُونَ

	# بحث في مفردات القرآن الكريم ## القسم الاول
	الاحرف أَ-خ **حرف ج**
	أَ ب ت ث **ج** ح خ
	جَاءَتْهَا **there comes a**
10 يونس 22	هُوَ الَّذِي يُسَيِّرُكُمْ فِي الْبَرِّ وَالْبَحْرِ ۖ حَتَّىٰ إِذَا كُنتُمْ فِي الْفُلْكِ وَجَرَيْنَ بِهِم بِرِيحٍ طَيِّبَةٍ وَفَرِحُوا بِهَا **جَاءَتْهَا** رِيحٌ عَاصِفٌ **وَجَاءَهُمُ** الْمَوْجُ مِن كُلِّ مَكَانٍ وَظَنُّوا أَنَّهُمْ أُحِيطَ بِهِمْ ۙ دَعَوُا اللَّهَ مُخْلِصِينَ لَهُ الدِّينَ لَئِنْ أَنجَيْتَنَا مِنْ هَٰذِهِ لَنَكُونَنَّ مِنَ الشَّاكِرِينَ
	جَائِرٌ **deviating**
16 النحل 9	وَعَلَى اللَّهِ قَصْدُ السَّبِيلِ وَمِنْهَا **جَائِرٌ** ۚ وَلَوْ شَاءَ لَهَدَاكُمْ أَجْمَعِينَ
	جَابُوا **carved out**
89 الفجر 9	وَثَمُودَ الَّذِينَ **جَابُوا** الصَّخْرَ بِالْوَادِ
	جَاثِمِينَ **[corpses] fallen prone**
7 الأعراف 78	فَأَخَذَتْهُمُ الرَّجْفَةُ فَأَصْبَحُوا فِي دَارِهِمْ **جَاثِمِينَ**
91	فَأَخَذَتْهُمُ الرَّجْفَةُ فَأَصْبَحُوا فِي دَارِهِمْ **جَاثِمِينَ**

11 هود 67	وَأَخَذَ الَّذِينَ ظَلَمُوا الصَّيْحَةُ فَأَصْبَحُوا فِي دِيَارِهِمْ **جَاثِمِينَ**
94	وَلَمَّا جَاءَ أَمْرُنَا نَجَّيْنَا شُعَيْبًا وَالَّذِينَ آمَنُوا مَعَهُ بِرَحْمَةٍ مِّنَّا وَأَخَذَتِ الَّذِينَ ظَلَمُوا الصَّيْحَةُ فَأَصْبَحُوا فِي دِيَارِهِمْ **جَاثِمِينَ**
29 العنكبوت 37	فَكَذَّبُوهُ فَأَخَذَتْهُمُ الرَّجْفَةُ فَأَصْبَحُوا فِي دَارِهِمْ **جَاثِمِينَ**
	جَاثِيَةً **kneeling [from fear]**
45 الجاثية 28	وَتَرَىٰ كُلَّ أُمَّةٍ **جَاثِيَةً** ۚ كُلُّ أُمَّةٍ تُدْعَىٰ إِلَىٰ كِتَابِهَا الْيَوْمَ تُجْزَوْنَ مَا كُنتُمْ تَعْمَلُونَ
	جَادَلْتُمْ **argue on** their behalf
4 النساء 109	هَا أَنتُمْ هَٰؤُلَاءِ **جَادَلْتُمْ** عَنْهُمْ فِي الْحَيَاةِ الدُّنْيَا فَمَن **يُجَادِلُ** اللَّهَ عَنْهُمْ يَوْمَ الْقِيَامَةِ أَم مَّن يَكُونُ عَلَيْهِمْ وَكِيلًا
	جَادَلْتَنَا **disputed us**
11 هود 32	قَالُوا يَا نُوحُ قَدْ **جَادَلْتَنَا** فَأَكْثَرْتَ **جِدَالَنَا** فَأْتِنَا بِمَا تَعِدُنَا إِن كُنتَ مِنَ الصَّادِقِينَ
	جادلوك **dispute with you,**
6 الأنعام 121	وَلَا تَأْكُلُوا مِمَّا لَمْ يُذْكَرِ اسْمُ اللَّهِ عَلَيْهِ وَإِنَّهُ لَفِسْقٌ ۗ وَإِنَّ الشَّيَاطِينَ لَيُوحُونَ إِلَىٰ أَوْلِيَائِهِمْ **لِيُجَادِلُوكُمْ** ۖ وَإِنْ أَطَعْتُمُوهُمْ إِنَّكُمْ لَمُشْرِكُونَ
22 الحج 68	وَإِن **جَادَلُوكَ** فَقُلِ اللَّهُ أَعْلَمُ بِمَا تَعْمَلُونَ
	جار/والجار/الجنب **neighbour/protector**

4 النساء 36	۞ وَاعْبُدُوا اللَّهَ وَلَا تُشْرِكُوا بِهِ شَيْئًا ۖ وَبِالْوَالِدَيْنِ إِحْسَانًا وَبِذِي الْقُرْبَىٰ وَالْيَتَامَىٰ وَالْمَسَاكِينِ **وَالْجَارِ** ذِي الْقُرْبَىٰ **وَالْجَارِ** الْجُنُبِ وَالصَّاحِبِ بِالْجَنبِ وَابْنِ السَّبِيلِ وَمَا مَلَكَتْ أَيْمَانُكُمْ ۗ إِنَّ اللَّهَ لَا يُحِبُّ مَن كَانَ مُخْتَالًا فَخُورًا
8 الأنفال 48	وَإِذْ زَيَّنَ لَهُمُ الشَّيْطَانُ أَعْمَالَهُمْ وَقَالَ لَا غَالِبَ لَكُمُ الْيَوْمَ مِنَ النَّاسِ وَإِنِّي **جَارٌ** لَّكُمْ ۖ فَلَمَّا تَرَاءَتِ الْفِئَتَانِ نَكَصَ عَلَىٰ عَقِبَيْهِ وَقَالَ إِنِّي بَرِيءٌ مِّنكُمْ إِنِّي أَرَىٰ مَا لَا تَرَوْنَ إِنِّي أَخَافُ اللَّهَ ۚ وَاللَّهُ شَدِيدُ الْعِقَابِ
	يُجِيرُ/يُجَارُ **protects while none can protect against Him.**
23 المؤمنون 88	قُلْ مَن بِيَدِهِ مَلَكُوتُ كُلِّ شَيْءٍ وَهُوَ **يُجِيرُ** وَلَا **يُجَارُ** عَلَيْهِ إِن كُنتُمْ تَعْلَمُونَ
	جَارِيَة/ فَالْجَارِيَاتِ/ الْجَارِيَةِ **flowing spring/ [ships]**
51 الذاريات 3	**فَالْجَارِيَاتِ** يُسْرًا
69 الحاقة 11	إِنَّا لَمَّا طَغَى الْمَاءُ حَمَلْنَاكُمْ فِي **الْجَارِيَةِ**
88 الغاشية 12	فِيهَا عَيْنٌ **جَارِيَةٌ**
	جَازٍ **nor will a son avail his father**
31 لقمان 33	يَا أَيُّهَا النَّاسُ اتَّقُوا رَبَّكُمْ وَاخْشَوْا يَوْمًا لَّا **يَجْزِي** وَالِدٌ عَن وَلَدِهِ وَلَا مَوْلُودٌ هُوَ **جَازٍ** عَن وَالِدِهِ شَيْئًا ۚ إِنَّ وَعْدَ اللَّهِ حَقٌّ ۖ فَلَا تَغُرَّنَّكُمُ الْحَيَاةُ الدُّنْيَا وَلَا يَغُرَّنَّكُم بِاللَّهِ الْغَرُورُ
34 سبإ 17	ذَٰلِكَ **جَزَيْنَاهُم** بِمَا كَفَرُوا ۖ وَهَلْ **نُجَازِي** إِلَّا الْكَفُورَ

	جاعل make
2 البقرة 30	وَإِذْ قَالَ رَبُّكَ لِلْمَلَائِكَةِ إِنِّي **جَاعِلٌ** فِي الْأَرْضِ خَلِيفَةً ۖ قَالُوا **أَتَجْعَلُ** فِيهَا مَن يُفْسِدُ فِيهَا وَيَسْفِكُ الدِّمَاءَ وَنَحْنُ نُسَبِّحُ بِحَمْدِكَ وَنُقَدِّسُ لَكَ ۖ قَالَ إِنِّي أَعْلَمُ مَا لَا تَعْلَمُونَ
3 آل عمران 55	إِذْ قَالَ اللَّهُ يَا عِيسَىٰ إِنِّي مُتَوَفِّيكَ وَرَافِعُكَ إِلَيَّ وَمُطَهِّرُكَ مِنَ الَّذِينَ كَفَرُوا **وَجَاعِلُ** الَّذِينَ اتَّبَعُوكَ فَوْقَ الَّذِينَ كَفَرُوا إِلَىٰ يَوْمِ الْقِيَامَةِ ۖ ثُمَّ إِلَيَّ مَرْجِعُكُمْ فَأَحْكُمُ بَيْنَكُمْ فِيمَا كُنتُمْ فِيهِ تَخْتَلِفُونَ
18 الكهف 8	وَإِنَّا **لَجَاعِلُونَ** مَا عَلَيْهَا صَعِيدًا جُرُزًا
28 القصص 7	وَأَوْحَيْنَا إِلَىٰ أُمِّ مُوسَىٰ أَنْ أَرْضِعِيهِ ۖ فَإِذَا خِفْتِ عَلَيْهِ فَأَلْقِيهِ فِي الْيَمِّ وَلَا تَخَافِي وَلَا تَحْزَنِي ۖ إِنَّا رَادُّوهُ إِلَيْكِ **وَجَاعِلُوهُ** مِنَ الْمُرْسَلِينَ
35 فاطر 1	الْحَمْدُ لِلَّهِ فَاطِرِ السَّمَاوَاتِ وَالْأَرْضِ **جَاعِلِ** الْمَلَائِكَةِ رُسُلًا أُولِي أَجْنِحَةٍ مَّثْنَىٰ وَثُلَاثَ وَرُبَاعَ ۚ يَزِيدُ فِي الْخَلْقِ مَا يَشَاءُ ۚ إِنَّ اللَّهَ عَلَىٰ كُلِّ شَيْءٍ قَدِيرٌ

	جَاعِلُكَ make you
2 البقرة 124	وَإِذِ ابْتَلَىٰ إِبْرَاهِيمَ رَبُّهُ بِكَلِمَاتٍ فَأَتَمَّهُنَّ ۖ قَالَ إِنِّي **جَاعِلُكَ** لِلنَّاسِ إِمَامًا ۖ قَالَ وَمِن ذُرِّيَّتِي ۖ قَالَ لَا يَنَالُ عَهْدِي الظَّالِمِينَ

	جاهد fight against
2 البقرة 218	إِنَّ الَّذِينَ آمَنُوا وَالَّذِينَ هَاجَرُوا **وَجَاهَدُوا** فِي سَبِيلِ اللَّهِ أُولَٰئِكَ يَرْجُونَ رَحْمَتَ اللَّهِ ۚ وَاللَّهُ غَفُورٌ رَّحِيمٌ
3 آل عمران 142	أَمْ حَسِبْتُمْ أَن تَدْخُلُوا الْجَنَّةَ وَلَمَّا يَعْلَمِ اللَّهُ الَّذِينَ **جَاهَدُوا** مِنكُمْ وَيَعْلَمَ الصَّابِرِينَ
4 النساء 95	لَّا يَسْتَوِي الْقَاعِدُونَ مِنَ الْمُؤْمِنِينَ غَيْرُ أُولِي الضَّرَرِ **وَالْمُجَاهِدُونَ** فِي سَبِيلِ اللَّهِ بِأَمْوَالِهِمْ وَأَنفُسِهِمْ ۚ فَضَّلَ اللَّهُ **الْمُجَاهِدِينَ** بِأَمْوَالِهِمْ وَأَنفُسِهِمْ

		عَلَى الْقَاعِدِينَ دَرَجَةً ۚ وَكُلًّا وَعَدَ اللَّهُ الْحُسْنَىٰ ۚ وَفَضَّلَ اللَّهُ **الْمُجَاهِدِينَ** عَلَى الْقَاعِدِينَ أَجْرًا عَظِيمًا
5 المائدة	35	يَا أَيُّهَا الَّذِينَ آمَنُوا اتَّقُوا اللَّهَ وَابْتَغُوا إِلَيْهِ الْوَسِيلَةَ **وَجَاهِدُوا** فِي سَبِيلِهِ لَعَلَّكُمْ تُفْلِحُونَ
	54	يَا أَيُّهَا الَّذِينَ آمَنُوا مَن يَرْتَدَّ مِنكُمْ عَن دِينِهِ فَسَوْفَ يَأْتِي اللَّهُ بِقَوْمٍ يُحِبُّهُمْ وَيُحِبُّونَهُ أَذِلَّةٍ عَلَى الْمُؤْمِنِينَ أَعِزَّةٍ عَلَى الْكَافِرِينَ **يُجَاهِدُونَ** فِي سَبِيلِ اللَّهِ وَلَا يَخَافُونَ لَوْمَةَ لَائِمٍ ۚ ذَٰلِكَ فَضْلُ اللَّهِ يُؤْتِيهِ مَن يَشَاءُ ۚ وَاللَّهُ وَاسِعٌ عَلِيمٌ
8 الأنفال	72	إِنَّ الَّذِينَ آمَنُوا وَهَاجَرُوا **وَجَاهَدُوا** بِأَمْوَالِهِمْ وَأَنفُسِهِمْ فِي سَبِيلِ اللَّهِ وَالَّذِينَ آوَوا وَّنَصَرُوا أُولَٰئِكَ بَعْضُهُمْ أَوْلِيَاءُ بَعْضٍ ۚ وَالَّذِينَ آمَنُوا وَلَمْ يُهَاجِرُوا مَا لَكُم مِّن وَلَايَتِهِم مِّن شَيْءٍ حَتَّىٰ يُهَاجِرُوا ۚ وَإِنِ اسْتَنصَرُوكُمْ فِي الدِّينِ فَعَلَيْكُمُ النَّصْرُ إِلَّا عَلَىٰ قَوْمٍ بَيْنَكُمْ وَبَيْنَهُم مِّيثَاقٌ ۗ وَاللَّهُ بِمَا تَعْمَلُونَ بَصِيرٌ
	74	وَالَّذِينَ آمَنُوا وَهَاجَرُوا **وَجَاهَدُوا** فِي سَبِيلِ اللَّهِ وَالَّذِينَ آوَوا وَّنَصَرُوا أُولَٰئِكَ هُمُ الْمُؤْمِنُونَ حَقًّا ۚ لَّهُم مَّغْفِرَةٌ وَرِزْقٌ كَرِيمٌ
	75	وَالَّذِينَ آمَنُوا مِن بَعْدُ وَهَاجَرُوا **وَجَاهَدُوا** مَعَكُمْ فَأُولَٰئِكَ مِنكُمْ ۚ وَأُولُو الْأَرْحَامِ بَعْضُهُمْ أَوْلَىٰ بِبَعْضٍ فِي كِتَابِ اللَّهِ ۗ إِنَّ اللَّهَ بِكُلِّ شَيْءٍ عَلِيمٌ
9 التوبة	16	أَمْ حَسِبْتُمْ أَن تُتْرَكُوا وَلَمَّا يَعْلَمِ اللَّهُ الَّذِينَ **جَاهَدُوا** مِنكُمْ وَلَمْ يَتَّخِذُوا مِن دُونِ اللَّهِ وَلَا رَسُولِهِ وَلَا الْمُؤْمِنِينَ وَلِيجَةً ۚ وَاللَّهُ خَبِيرٌ بِمَا تَعْمَلُونَ
	19	۞ أَجَعَلْتُمْ سِقَايَةَ الْحَاجِّ وَعِمَارَةَ الْمَسْجِدِ الْحَرَامِ كَمَنْ آمَنَ بِاللَّهِ وَالْيَوْمِ الْآخِرِ **وَجَاهَدَ** فِي سَبِيلِ اللَّهِ ۚ لَا يَسْتَوُونَ عِندَ اللَّهِ ۗ وَاللَّهُ لَا يَهْدِي الْقَوْمَ الظَّالِمِينَ
	20	الَّذِينَ آمَنُوا وَهَاجَرُوا **وَجَاهَدُوا** فِي سَبِيلِ اللَّهِ بِأَمْوَالِهِمْ وَأَنفُسِهِمْ أَعْظَمُ دَرَجَةً عِندَ اللَّهِ ۚ وَأُولَٰئِكَ هُمُ الْفَائِزُونَ
	41	انفِرُوا خِفَافًا وَثِقَالًا **وَجَاهِدُوا** بِأَمْوَالِكُمْ وَأَنفُسِكُمْ فِي سَبِيلِ اللَّهِ ۚ ذَٰلِكُمْ خَيْرٌ لَّكُمْ إِن كُنتُمْ تَعْلَمُونَ
	44	لَا يَسْتَأْذِنُكَ الَّذِينَ يُؤْمِنُونَ بِاللَّهِ وَالْيَوْمِ الْآخِرِ أَن **يُجَاهِدُوا** بِأَمْوَالِهِمْ وَأَنفُسِهِمْ ۗ وَاللَّهُ عَلِيمٌ بِالْمُتَّقِينَ

73	يَا أَيُّهَا النَّبِيُّ **جَاهِدِ** الْكُفَّارَ وَالْمُنَافِقِينَ وَاغْلُظْ عَلَيْهِمْ ۚ وَمَأْوَاهُمْ جَهَنَّمُ ۖ وَبِئْسَ الْمَصِيرُ
81	فَرِحَ الْمُخَلَّفُونَ بِمَقْعَدِهِمْ خِلَافَ رَسُولِ اللَّهِ وَكَرِهُوا أَن **يُجَاهِدُوا** بِأَمْوَالِهِمْ وَأَنفُسِهِمْ فِي سَبِيلِ اللَّهِ وَقَالُوا لَا تَنفِرُوا فِي الْحَرِّ ۗ قُلْ نَارُ جَهَنَّمَ أَشَدُّ حَرًّا ۚ لَّوْ كَانُوا يَفْقَهُونَ
86	وَإِذَا أُنزِلَتْ سُورَةٌ أَنْ آمِنُوا بِاللَّهِ **وَجَاهِدُوا** مَعَ رَسُولِهِ اسْتَأْذَنَكَ أُولُو الطَّوْلِ مِنْهُمْ وَقَالُوا ذَرْنَا نَكُن مَّعَ الْقَاعِدِينَ
88	لَٰكِنِ الرَّسُولُ وَالَّذِينَ آمَنُوا مَعَهُ **جَاهَدُوا** بِأَمْوَالِهِمْ وَأَنفُسِهِمْ ۚ وَأُولَٰئِكَ لَهُمُ الْخَيْرَاتُ ۖ وَأُولَٰئِكَ هُمُ الْمُفْلِحُونَ
16 النحل 110	ثُمَّ إِنَّ رَبَّكَ لِلَّذِينَ هَاجَرُوا مِن بَعْدِ مَا فُتِنُوا ثُمَّ **جَاهَدُوا** وَصَبَرُوا إِنَّ رَبَّكَ مِن بَعْدِهَا لَغَفُورٌ رَّحِيمٌ
22 الحج 78	**وَجَاهِدُوا** فِي اللَّهِ حَقَّ **جِهَادِهِ** ۚ هُوَ اجْتَبَاكُمْ وَمَا جَعَلَ عَلَيْكُمْ فِي الدِّينِ مِنْ حَرَجٍ ۚ مِّلَّةَ أَبِيكُمْ إِبْرَاهِيمَ ۚ هُوَ سَمَّاكُمُ الْمُسْلِمِينَ مِن قَبْلُ وَفِي هَٰذَا لِيَكُونَ الرَّسُولُ شَهِيدًا عَلَيْكُمْ وَتَكُونُوا شُهَدَاءَ عَلَى النَّاسِ ۚ فَأَقِيمُوا الصَّلَاةَ وَآتُوا الزَّكَاةَ وَاعْتَصِمُوا بِاللَّهِ هُوَ مَوْلَاكُمْ ۖ فَنِعْمَ الْمَوْلَىٰ وَنِعْمَ النَّصِيرُ
25 الفرقان 52	فَلَا تُطِعِ الْكَافِرِينَ **وَجَاهِدْهُم** بِهِ **جِهَادًا** كَبِيرًا
29 العنكبوت 6	وَمَن **جَاهَدَ** فَإِنَّمَا **يُجَاهِدُ** لِنَفْسِهِ ۚ إِنَّ اللَّهَ لَغَنِيٌّ عَنِ الْعَالَمِينَ
8	وَوَصَّيْنَا الْإِنسَانَ بِوَالِدَيْهِ حُسْنًا ۖ وَإِن **جَاهَدَاكَ** لِتُشْرِكَ بِي مَا لَيْسَ لَكَ بِهِ عِلْمٌ فَلَا تُطِعْهُمَا ۚ إِلَيَّ مَرْجِعُكُمْ فَأُنَبِّئُكُم بِمَا كُنتُمْ تَعْمَلُونَ
69	وَالَّذِينَ **جَاهَدُوا** فِينَا لَنَهْدِيَنَّهُمْ سُبُلَنَا ۚ وَإِنَّ اللَّهَ لَمَعَ الْمُحْسِنِينَ
31 لقمان 15	وَإِن **جَاهَدَاكَ** عَلَىٰ أَن تُشْرِكَ بِي مَا لَيْسَ لَكَ بِهِ عِلْمٌ فَلَا تُطِعْهُمَا ۖ وَصَاحِبْهُمَا فِي الدُّنْيَا مَعْرُوفًا ۖ وَاتَّبِعْ سَبِيلَ مَنْ أَنَابَ إِلَيَّ ۚ ثُمَّ إِلَيَّ مَرْجِعُكُمْ فَأُنَبِّئُكُم بِمَا كُنتُمْ تَعْمَلُونَ
47 محمد 31	وَلَنَبْلُوَنَّكُمْ حَتَّىٰ نَعْلَمَ **الْمُجَاهِدِينَ** مِنكُمْ وَالصَّابِرِينَ وَنَبْلُوَ أَخْبَارَكُمْ

49 الحجرات 15	إِنَّمَا الْمُؤْمِنُونَ الَّذِينَ آمَنُوا بِاللَّهِ وَرَسُولِهِ ثُمَّ لَمْ يَرْتَابُوا **وَجَاهَدُوا** بِأَمْوَالِهِمْ وَأَنفُسِهِمْ فِي سَبِيلِ اللَّهِ ۚ أُولَٰئِكَ هُمُ الصَّادِقُونَ
61 الصف 11	تُؤْمِنُونَ بِاللَّهِ وَرَسُولِهِ **وَتُجَاهِدُونَ** فِي سَبِيلِ اللَّهِ بِأَمْوَالِكُمْ وَأَنفُسِكُمْ ۚ ذَٰلِكُمْ خَيْرٌ لَّكُمْ إِن كُنتُمْ تَعْلَمُونَ
66 التحريم 9	يَا أَيُّهَا النَّبِيُّ **جَاهِدِ** الْكُفَّارَ وَالْمُنَافِقِينَ وَاغْلُظْ عَلَيْهِمْ ۚ وَمَأْوَاهُمْ جَهَنَّمُ ۖ وَبِئْسَ الْمَصِيرُ
	جهادا/ جهاده **Strive- striving**
25 الفرقان 52	فَلَا تُطِعِ الْكَافِرِينَ **وَجَاهِدْهُم** بِهِ **جِهَادًا** كَبِيرًا
60 الممتحنة 1	يَا أَيُّهَا الَّذِينَ آمَنُوا لَا تَتَّخِذُوا عَدُوِّي وَعَدُوَّكُمْ أَوْلِيَاءَ تُلْقُونَ إِلَيْهِم بِالْمَوَدَّةِ وَقَدْ كَفَرُوا بِمَا جَاءَكُم مِّنَ الْحَقِّ يُخْرِجُونَ الرَّسُولَ وَإِيَّاكُمْ ۙ أَن تُؤْمِنُوا بِاللَّهِ رَبِّكُمْ إِن كُنتُمْ خَرَجْتُمْ **جِهَادًا** فِي سَبِيلِي وَابْتِغَاءَ مَرْضَاتِي ۚ تُسِرُّونَ إِلَيْهِم بِالْمَوَدَّةِ وَأَنَا أَعْلَمُ بِمَا أَخْفَيْتُمْ وَمَا أَعْلَنتُمْ ۚ وَمَن يَفْعَلْهُ مِنكُمْ فَقَدْ ضَلَّ سَوَاءَ السَّبِيلِ
22 الحج 78	**وَجَاهِدُوا** فِي اللَّهِ حَقَّ **جِهَادِهِ** ۚ هُوَ اجْتَبَاكُمْ وَمَا جَعَلَ عَلَيْكُمْ فِي الدِّينِ مِنْ حَرَجٍ ۚ مِّلَّةَ أَبِيكُمْ إِبْرَاهِيمَ ۚ هُوَ سَمَّاكُمُ الْمُسْلِمِينَ مِن قَبْلُ وَفِي هَٰذَا لِيَكُونَ الرَّسُولُ شَهِيدًا عَلَيْكُمْ وَتَكُونُوا شُهَدَاءَ عَلَى النَّاسِ ۚ فَأَقِيمُوا الصَّلَاةَ وَآتُوا الزَّكَاةَ وَاعْتَصِمُوا بِاللَّهِ هُوَ مَوْلَاكُمْ ۖ فَنِعْمَ الْمَوْلَىٰ وَنِعْمَ النَّصِيرُ
	جَاوَزَ **crossed**
2 البقرة 249	فَلَمَّا فَصَلَ طَالُوتُ بِالْجُنُودِ قَالَ إِنَّ اللَّهَ مُبْتَلِيكُم بِنَهَرٍ فَمَن شَرِبَ مِنْهُ فَلَيْسَ مِنِّي وَمَن لَّمْ يَطْعَمْهُ فَإِنَّهُ مِنِّي إِلَّا مَنِ اغْتَرَفَ غُرْفَةً بِيَدِهِ ۚ فَشَرِبُوا مِنْهُ إِلَّا قَلِيلًا مِّنْهُمْ ۚ فَلَمَّا **جَاوَزَهُ** هُوَ وَالَّذِينَ آمَنُوا مَعَهُ قَالُوا لَا طَاقَةَ لَنَا الْيَوْمَ بِجَالُوتَ وَجُنُودِهِ ۚ قَالَ الَّذِينَ يَظُنُّونَ أَنَّهُم مُّلَاقُو اللَّهِ كَم مِّن فِئَةٍ قَلِيلَةٍ غَلَبَتْ فِئَةً كَثِيرَةً بِإِذْنِ اللَّهِ ۗ وَاللَّهُ مَعَ الصَّابِرِينَ

7 الأعراف 138	**وَجَاوَزْنَا** بِبَنِي إِسْرَائِيلَ الْبَحْرَ فَأَتَوْا عَلَىٰ قَوْمٍ يَعْكُفُونَ عَلَىٰ أَصْنَامٍ لَّهُمْ ۚ قَالُوا يَا مُوسَى اجْعَل لَّنَا إِلَٰهًا كَمَا لَهُمْ آلِهَةٌ ۚ قَالَ إِنَّكُمْ قَوْمٌ تَجْهَلُونَ	
10 يونس 90	**وَجَاوَزْنَا** بِبَنِي إِسْرَائِيلَ الْبَحْرَ فَأَتْبَعَهُمْ فِرْعَوْنُ وَجُنُودُهُ بَغْيًا وَعَدْوًا ۖ حَتَّىٰ إِذَا أَدْرَكَهُ الْغَرَقُ قَالَ آمَنتُ أَنَّهُ لَا إِلَٰهَ إِلَّا الَّذِي آمَنَتْ بِهِ بَنُو إِسْرَائِيلَ وَأَنَا مِنَ الْمُسْلِمِينَ	
18 الكهف 62	فَلَمَّا **جَاوَزَا** قَالَ لِفَتَاهُ آتِنَا غَدَاءَنَا لَقَدْ لَقِينَا مِن سَفَرِنَا هَٰذَا نَصَبًا	
46 الأحقاف 16	أُولَٰئِكَ الَّذِينَ نَتَقَبَّلُ عَنْهُمْ أَحْسَنَ مَا عَمِلُوا **وَنَتَجَاوَزُ** عَن سَيِّئَاتِهِمْ فِي أَصْحَابِ الْجَنَّةِ ۖ وَعْدَ الصِّدْقِ الَّذِي كَانُوا يُوعَدُونَ	

الجبار

Compeller

59 الحشر 23	هُوَ اللَّهُ الَّذِي لَا إِلَٰهَ إِلَّا هُوَ الْمَلِكُ الْقُدُّوسُ السَّلَامُ الْمُؤْمِنُ الْمُهَيْمِنُ الْعَزِيزُ **الْجَبَّارُ** الْمُتَكَبِّرُ ۚ سُبْحَانَ اللَّهِ عَمَّا يُشْرِكُونَ	

جبال

Mountains

7 الأعراف 74	وَاذْكُرُوا إِذْ جَعَلَكُمْ خُلَفَاءَ مِن بَعْدِ عَادٍ وَبَوَّأَكُمْ فِي الْأَرْضِ تَتَّخِذُونَ مِن سُهُولِهَا قُصُورًا وَتَنْحِتُونَ **الْجِبَالَ** بُيُوتًا ۖ فَاذْكُرُوا آلَاءَ اللَّهِ وَلَا تَعْثَوْا فِي الْأَرْضِ مُفْسِدِينَ	
11 هود 42	وَهِيَ تَجْرِي بِهِمْ فِي مَوْجٍ **كَالْجِبَالِ** وَنَادَىٰ نُوحٌ ابْنَهُ وَكَانَ فِي مَعْزِلٍ يَا بُنَيَّ ارْكَب مَّعَنَا وَلَا تَكُن مَّعَ الْكَافِرِينَ	
13 الرعد 31	وَلَوْ أَنَّ قُرْآنًا سُيِّرَتْ بِهِ **الْجِبَالُ** أَوْ قُطِّعَتْ بِهِ الْأَرْضُ أَوْ كُلِّمَ بِهِ الْمَوْتَىٰ ۗ بَل لِّلَّهِ الْأَمْرُ جَمِيعًا ۗ أَفَلَمْ يَيْأَسِ الَّذِينَ آمَنُوا أَن لَّوْ يَشَاءُ اللَّهُ لَهَدَى النَّاسَ جَمِيعًا ۗ وَلَا يَزَالُ الَّذِينَ كَفَرُوا تُصِيبُهُم بِمَا صَنَعُوا قَارِعَةٌ أَوْ تَحُلُّ قَرِيبًا مِّن دَارِهِمْ حَتَّىٰ يَأْتِيَ وَعْدُ اللَّهِ ۚ إِنَّ اللَّهَ لَا يُخْلِفُ الْمِيعَادَ	
14 ابراهيم 46	وَقَدْ مَكَرُوا مَكْرَهُمْ وَعِندَ اللَّهِ مَكْرُهُمْ وَإِن كَانَ مَكْرُهُمْ لِتَزُولَ مِنْهُ **الْجِبَالُ**	

15 الحجر 82	وَكَانُوا يَنْحِتُونَ مِنَ **الْجِبَالِ** بُيُوتًا آمِنِينَ
16 النحل 68	وَأَوْحَىٰ رَبُّكَ إِلَى النَّحْلِ أَنِ اتَّخِذِي مِنَ **الْجِبَالِ** بُيُوتًا وَمِنَ الشَّجَرِ وَمِمَّا يَعْرِشُونَ
81	وَاللَّهُ جَعَلَ لَكُم مِّمَّا خَلَقَ ظِلَالًا وَجَعَلَ لَكُم مِّنَ **الْجِبَالِ** أَكْنَانًا وَجَعَلَ لَكُمْ سَرَابِيلَ تَقِيكُمُ الْحَرَّ وَسَرَابِيلَ تَقِيكُم بَأْسَكُمْ ۚ كَذَٰلِكَ يُتِمُّ نِعْمَتَهُ عَلَيْكُمْ لَعَلَّكُمْ تُسْلِمُونَ
17 الإسراء 37	وَلَا تَمْشِ فِي الْأَرْضِ مَرَحًا ۖ إِنَّكَ لَن تَخْرِقَ الْأَرْضَ وَلَن تَبْلُغَ **الْجِبَالَ** طُولًا
18 الكهف 47	وَيَوْمَ نُسَيِّرُ **الْجِبَالَ** وَتَرَى الْأَرْضَ بَارِزَةً وَحَشَرْنَاهُمْ فَلَمْ نُغَادِرْ مِنْهُمْ أَحَدًا
19 مريم 90	تَكَادُ السَّمَاوَاتُ يَتَفَطَّرْنَ مِنْهُ وَتَنشَقُّ الْأَرْضُ وَتَخِرُّ **الْجِبَالُ** هَدًّا
20 طه 105	وَيَسْأَلُونَكَ عَنِ **الْجِبَالِ** فَقُلْ يَنسِفُهَا رَبِّي نَسْفًا
21 الأنبياء 79	فَفَهَّمْنَاهَا سُلَيْمَانَ ۚ وَكُلًّا آتَيْنَا حُكْمًا وَعِلْمًا ۚ وَسَخَّرْنَا مَعَ دَاوُودَ **الْجِبَالَ** يُسَبِّحْنَ وَالطَّيْرَ ۚ وَكُنَّا فَاعِلِينَ
22 الحج 18	أَلَمْ تَرَ أَنَّ اللَّهَ يَسْجُدُ لَهُ مَن فِي السَّمَاوَاتِ وَمَن فِي الْأَرْضِ وَالشَّمْسُ وَالْقَمَرُ وَالنُّجُومُ **وَالْجِبَالُ** وَالشَّجَرُ وَالدَّوَابُّ وَكَثِيرٌ مِّنَ النَّاسِ ۖ وَكَثِيرٌ حَقَّ عَلَيْهِ الْعَذَابُ ۗ وَمَن يُهِنِ اللَّهُ فَمَا لَهُ مِن مُّكْرِمٍ ۚ إِنَّ اللَّهَ يَفْعَلُ مَا يَشَاءُ ۩
24 النور 43	أَلَمْ تَرَ أَنَّ اللَّهَ يُزْجِي سَحَابًا ثُمَّ يُؤَلِّفُ بَيْنَهُ ثُمَّ يَجْعَلُهُ رُكَامًا فَتَرَى الْوَدْقَ يَخْرُجُ مِنْ خِلَالِهِ وَيُنَزِّلُ مِنَ السَّمَاءِ مِن **جِبَالٍ** فِيهَا مِن بَرَدٍ فَيُصِيبُ بِهِ مَن يَشَاءُ وَيَصْرِفُهُ عَن مَّن يَشَاءُ ۖ يَكَادُ سَنَا بَرْقِهِ يَذْهَبُ بِالْأَبْصَارِ
26 الشعراء 149	وَتَنْحِتُونَ مِنَ **الْجِبَالِ** بُيُوتًا فَارِهِينَ
27 النمل 88	وَتَرَى **الْجِبَالَ** تَحْسَبُهَا جَامِدَةً وَهِيَ تَمُرُّ مَرَّ السَّحَابِ ۚ صُنْعَ اللَّهِ الَّذِي أَتْقَنَ كُلَّ شَيْءٍ ۚ إِنَّهُ خَبِيرٌ بِمَا تَفْعَلُونَ

33 الأحزاب 72	إِنَّا عَرَضْنَا الْأَمَانَةَ عَلَى السَّمَاوَاتِ وَالْأَرْضِ وَالْجِبَالِ فَأَبَيْنَ أَن يَحْمِلْنَهَا وَأَشْفَقْنَ مِنْهَا وَحَمَلَهَا الْإِنسَانُ ۖ إِنَّهُ كَانَ ظَلُومًا جَهُولًا	
34 سبإ 10	۞ وَلَقَدْ آتَيْنَا دَاوُودَ مِنَّا فَضْلًا ۖ يَا جِبَالُ أَوِّبِي مَعَهُ وَالطَّيْرَ ۖ وَأَلَنَّا لَهُ الْحَدِيدَ	
35 فاطر 27	أَلَمْ تَرَ أَنَّ اللَّهَ أَنزَلَ مِنَ السَّمَاءِ مَاءً فَأَخْرَجْنَا بِهِ ثَمَرَاتٍ مُّخْتَلِفًا أَلْوَانُهَا ۚ وَمِنَ الْجِبَالِ جُدَدٌ بِيضٌ وَحُمْرٌ مُّخْتَلِفٌ أَلْوَانُهَا وَغَرَابِيبُ سُودٌ	
38 ص 18	إِنَّا سَخَّرْنَا الْجِبَالَ مَعَهُ يُسَبِّحْنَ بِالْعَشِيِّ وَالْإِشْرَاقِ	
52 الطور 10	وَتَسِيرُ الْجِبَالُ سَيْرًا	
56 الواقعة 5	وَبُسَّتِ الْجِبَالُ بَسًّا	
69 الحاقة 14	وَحُمِلَتِ الْأَرْضُ وَالْجِبَالُ فَدُكَّتَا دَكَّةً وَاحِدَةً	
70 المعارج 9	وَتَكُونُ الْجِبَالُ كَالْعِهْنِ	
73 المزمل 14	يَوْمَ تَرْجُفُ الْأَرْضُ وَالْجِبَالُ وَكَانَتِ الْجِبَالُ كَثِيبًا مَّهِيلًا	
77 المرسلات 10	وَإِذَا الْجِبَالُ نُسِفَتْ	
78 النبإ 7	وَالْجِبَالَ أَوْتَادًا	
20	وَسُيِّرَتِ الْجِبَالُ فَكَانَتْ سَرَابًا	
79 النازعات 32	وَالْجِبَالَ أَرْسَاهَا	
81 التكوير 3	وَإِذَا الْجِبَالُ سُيِّرَتْ	

88 الغاشية 19	وَإِلَى **الْجِبَالِ** كَيْفَ نُصِبَتْ
101 القارعة 5	وَتَكُونُ **الْجِبَالُ** كَالْعِهْنِ الْمَنفُوشِ
	جِبِلًّا **multitude**
36 يس 62	وَلَقَدْ أَضَلَّ مِنكُمْ **جِبِلًّا** كَثِيرًا ۖ أَفَلَمْ تَكُونُوا تَعْقِلُونَ
	جِبَاهُهُمْ **foreheads**
9 التوبة 35	يَوْمَ يُحْمَىٰ عَلَيْهَا فِي نَارِ جَهَنَّمَ فَتُكْوَىٰ بِهَا **جِبَاهُهُمْ** وَجُنُوبُهُمْ وَظُهُورُهُمْ ۖ هَٰذَا مَا كَنَزْتُمْ لِأَنفُسِكُمْ فَذُوقُوا مَا كُنتُمْ تَكْنِزُونَ
	جبل **mountain**
2 البقرة 260	وَإِذْ قَالَ إِبْرَاهِيمُ رَبِّ أَرِنِي كَيْفَ تُحْيِي الْمَوْتَىٰ ۖ قَالَ أَوَلَمْ تُؤْمِن ۖ قَالَ بَلَىٰ وَلَٰكِن لِّيَطْمَئِنَّ قَلْبِي ۖ قَالَ فَخُذْ أَرْبَعَةً مِّنَ الطَّيْرِ فَصُرْهُنَّ إِلَيْكَ ثُمَّ اجْعَلْ عَلَىٰ كُلِّ **جَبَلٍ** مِّنْهُنَّ جُزْءًا ثُمَّ ادْعُهُنَّ يَأْتِينَكَ سَعْيًا ۚ وَاعْلَمْ أَنَّ اللَّهَ عَزِيزٌ حَكِيمٌ
7 الأعراف 143	وَلَمَّا جَاءَ مُوسَىٰ لِمِيقَاتِنَا وَكَلَّمَهُ رَبُّهُ قَالَ رَبِّ أَرِنِي أَنظُرْ إِلَيْكَ ۚ قَالَ لَن تَرَانِي وَلَٰكِنِ انظُرْ إِلَى **الْجَبَلِ** فَإِنِ اسْتَقَرَّ مَكَانَهُ فَسَوْفَ تَرَانِي ۚ فَلَمَّا تَجَلَّىٰ رَبُّهُ **لِلْجَبَلِ** جَعَلَهُ دَكًّا وَخَرَّ مُوسَىٰ صَعِقًا ۚ فَلَمَّا أَفَاقَ قَالَ سُبْحَانَكَ تُبْتُ إِلَيْكَ وَأَنَا أَوَّلُ الْمُؤْمِنِينَ
171	۞ وَإِذْ نَتَقْنَا **الْجَبَلَ** فَوْقَهُمْ كَأَنَّهُ ظُلَّةٌ وَظَنُّوا أَنَّهُ وَاقِعٌ بِهِمْ خُذُوا مَا آتَيْنَاكُم بِقُوَّةٍ وَاذْكُرُوا مَا فِيهِ لَعَلَّكُمْ تَتَّقُونَ
11 هود 43	قَالَ سَآوِي إِلَىٰ **جَبَلٍ** يَعْصِمُنِي مِنَ الْمَاءِ ۚ قَالَ لَا عَاصِمَ الْيَوْمَ مِنْ أَمْرِ اللَّهِ إِلَّا مَن رَّحِمَ ۚ وَحَالَ بَيْنَهُمَا الْمَوْجُ فَكَانَ مِنَ الْمُغْرَقِينَ
59 الحشر 21	لَوْ أَنزَلْنَا هَٰذَا الْقُرْآنَ عَلَىٰ **جَبَلٍ** لَّرَأَيْتَهُ خَاشِعًا مُّتَصَدِّعًا مِّنْ خَشْيَةِ اللَّهِ ۚ وَتِلْكَ الْأَمْثَالُ نَضْرِبُهَا لِلنَّاسِ لَعَلَّهُمْ يَتَفَكَّرُونَ

	جِثِيًّا **crouching**
19 مريم 68	فَوَرَبِّكَ لَنَحْشُرَنَّهُمْ وَالشَّيَاطِينَ ثُمَّ لَنُحْضِرَنَّهُمْ حَوْلَ جَهَنَّمَ **جِثِيًّا**
72	ثُمَّ نُنَجِّي الَّذِينَ اتَّقَوا وَّنَذَرُ الظَّالِمِينَ فِيهَا **جِثِيًّا**
	جَحَدُوا **denied**
11 هود 59	وَتِلْكَ عَادٌ ۖ **جَحَدُوا** بِآيَاتِ رَبِّهِمْ وَعَصَوْا رُسُلَهُ وَاتَّبَعُوا أَمْرَ كُلِّ جَبَّارٍ عَنِيدٍ
27 النمل 14	**وَجَحَدُوا** بِهَا وَاسْتَيْقَنَتْهَا أَنفُسُهُمْ ظُلْمًا وَعُلُوًّا ۚ فَانظُرْ كَيْفَ كَانَ عَاقِبَةُ الْمُفْسِدِينَ
	جَدُّ And [it teaches] that exalted is the nobleness of our Lord; He has not taken a wife or a son
72 الجن 3	وَأَنَّهُ تَعَالَىٰ **جَدُّ** رَبِّنَا مَا اتَّخَذَ صَاحِبَةً وَلَا وَلَدًا
	جِدَارًا **wall**
18 الكهف 77	فَانطَلَقَا حَتَّىٰ إِذَا أَتَيَا أَهْلَ قَرْيَةٍ اسْتَطْعَمَا أَهْلَهَا فَأَبَوْا أَن يُضَيِّفُوهُمَا فَوَجَدَا فِيهَا **جِدَارًا** يُرِيدُ أَن يَنقَضَّ فَأَقَامَهُ ۖ قَالَ لَوْ شِئْتَ لَاتَّخَذْتَ عَلَيْهِ أَجْرًا
	جُدُرٍ behind **walls**
59 الحشر 14	لَا يُقَاتِلُونَكُمْ جَمِيعًا إِلَّا فِي قُرًى مُّحَصَّنَةٍ أَوْ مِن وَرَاءِ **جُدُرٍ** ۚ بَأْسُهُم بَيْنَهُمْ شَدِيدٌ ۚ تَحْسَبُهُمْ جَمِيعًا وَقُلُوبُهُمْ شَتَّىٰ ۚ ذَٰلِكَ بِأَنَّهُمْ قَوْمٌ لَّا يَعْقِلُونَ
	جِدَال/ جَادَلْتَنَا **disputing**

2 البقرة 197	الْحَجُّ أَشْهُرٌ مَّعْلُومَاتٌ ۚ فَمَن فَرَضَ فِيهِنَّ الْحَجَّ فَلَا رَفَثَ وَلَا فُسُوقَ وَلَا **جِدَالَ** فِي الْحَجِّ ۗ وَمَا تَفْعَلُوا مِنْ خَيْرٍ يَعْلَمْهُ اللَّهُ ۗ وَتَزَوَّدُوا فَإِنَّ خَيْرَ الزَّادِ التَّقْوَىٰ ۚ وَاتَّقُونِ يَا أُولِي الْأَلْبَابِ
11 هود 32	قَالُوا يَا نُوحُ قَدْ **جَادَلْتَنَا** فَأَكْثَرْتَ **جِدَالَنَا** فَأْتِنَا بِمَا تَعِدُنَا إِن كُنتَ مِنَ الصَّادِقِينَ
	جُدَدٌ **streaks**
35 فاطر 27	أَلَمْ تَرَ أَنَّ اللَّهَ أَنزَلَ مِنَ السَّمَاءِ مَاءً فَأَخْرَجْنَا بِهِ ثَمَرَاتٍ مُّخْتَلِفًا أَلْوَانُهَا ۚ وَمِنَ الْجِبَالِ **جُدَدٌ** بِيضٌ وَحُمْرٌ مُّخْتَلِفٌ أَلْوَانُهَا وَغَرَابِيبُ سُودٌ
	جُذَاذًا **reduced them to fragments**
21 الأنبياء 58	فَجَعَلَهُمْ **جُذَاذًا** إِلَّا كَبِيرًا لَّهُمْ لَعَلَّهُمْ إِلَيْهِ يَرْجِعُونَ
	جِذْعِ/ جُذُوعِ **trunk of the palm-tree**
19 مريم 23	فَأَجَاءَهَا الْمَخَاضُ إِلَىٰ **جِذْعِ** النَّخْلَةِ قَالَتْ يَا لَيْتَنِي مِتُّ قَبْلَ هَٰذَا وَكُنتُ نَسْيًا مَّنسِيًّا
25	وَهُزِّي إِلَيْكِ **بِجِذْعِ** النَّخْلَةِ تُسَاقِطْ عَلَيْكِ رُطَبًا جَنِيًّا
20 طه 71	قَالَ آمَنتُمْ لَهُ قَبْلَ أَنْ آذَنَ لَكُمْ ۖ إِنَّهُ لَكَبِيرُكُمُ الَّذِي عَلَّمَكُمُ السِّحْرَ ۖ فَلَأُقَطِّعَنَّ أَيْدِيَكُمْ وَأَرْجُلَكُم مِّنْ خِلَافٍ وَلَأُصَلِّبَنَّكُمْ فِي **جُذُوعِ** النَّخْلِ وَلَتَعْلَمُنَّ أَيُّنَا أَشَدُّ عَذَابًا وَأَبْقَىٰ
	جَذْوَةٍ **brand from the fire**
28 القصص 29	۞ فَلَمَّا قَضَىٰ مُوسَى الْأَجَلَ وَسَارَ بِأَهْلِهِ آنَسَ مِن جَانِبِ الطُّورِ نَارًا قَالَ لِأَهْلِهِ امْكُثُوا إِنِّي آنَسْتُ نَارًا لَّعَلِّي آتِيكُم مِّنْهَا بِخَبَرٍ أَوْ **جَذْوَةٍ** مِّنَ النَّارِ لَعَلَّكُمْ تَصْطَلُونَ

	جَرَادٌ locusts	
7 الأعراف 133	فَأَرْسَلْنَا عَلَيْهِمُ الطُّوفَانَ وَالْجَرَادَ وَالْقُمَّلَ وَالضَّفَادِعَ وَالدَّمَ آيَاتٍ مُّفَصَّلَاتٍ فَاسْتَكْبَرُوا وَكَانُوا قَوْمًا مُّجْرِمِينَ	
54 القمر 7	خُشَّعًا أَبْصَارُهُمْ يَخْرُجُونَ مِنَ الْأَجْدَاثِ كَأَنَّهُمْ جَرَادٌ مُّنتَشِرٌ	
	جَرَحْتُم commit	
6 الأنعام 60	وَهُوَ الَّذِي يَتَوَفَّاكُم بِاللَّيْلِ وَيَعْلَمُ مَا جَرَحْتُم بِالنَّهَارِ ثُمَّ يَبْعَثُكُمْ فِيهِ لِيُقْضَىٰ أَجَلٌ مُّسَمًّى ۖ ثُمَّ إِلَيْهِ مَرْجِعُكُمْ ثُمَّ يُنَبِّئُكُم بِمَا كُنتُمْ تَعْمَلُونَ	
	جُرُزًا barren ground	
18 الكهف 8	وَإِنَّا لَجَاعِلُونَ مَا عَلَيْهَا صَعِيدًا جُرُزًا	
	جُرُفٍ laid the foundation of his building on the edge of a bank about to collapse	
9 التوبة 109	أَفَمَنْ أَسَّسَ بُنْيَانَهُ عَلَىٰ تَقْوَىٰ مِنَ اللَّهِ وَرِضْوَانٍ خَيْرٌ أَم مَّنْ أَسَّسَ بُنْيَانَهُ عَلَىٰ شَفَا جُرُفٍ هَارٍ فَانْهَارَ بِهِ فِي نَارِ جَهَنَّمَ ۗ وَاللَّهُ لَا يَهْدِي الْقَوْمَ الظَّالِمِينَ	
	جَرَمَ Assuredly, it is they in the Hereafter who will be the greatest losers	
11 هود 22	لَا جَرَمَ أَنَّهُمْ فِي الْآخِرَةِ هُمُ الْأَخْسَرُونَ	
16 النحل 23	لَا جَرَمَ أَنَّ اللَّهَ يَعْلَمُ مَا يُسِرُّونَ وَمَا يُعْلِنُونَ ۚ إِنَّهُ لَا يُحِبُّ الْمُسْتَكْبِرِينَ	

62	وَيَجْعَلُونَ لِلَّهِ مَا يَكْرَهُونَ وَتَصِفُ أَلْسِنَتُهُمُ الْكَذِبَ أَنَّ لَهُمُ الْحُسْنَىٰ ۖ لَا جَرَمَ أَنَّ لَهُمُ النَّارَ وَأَنَّهُم مُّفْرَطُونَ
109	لَا جَرَمَ أَنَّهُمْ فِي الْآخِرَةِ هُمُ الْخَاسِرُونَ
40 غافر 43	لَا جَرَمَ أَنَّمَا تَدْعُونَنِي إِلَيْهِ لَيْسَ لَهُ دَعْوَةٌ فِي الدُّنْيَا وَلَا فِي الْآخِرَةِ وَأَنَّ مَرَدَّنَا إِلَى اللَّهِ وَأَنَّ الْمُسْرِفِينَ هُمْ أَصْحَابُ النَّارِ

جُزْءٌ
every gate is of them a portion designated

15 الحجر 44	لَهَا سَبْعَةُ أَبْوَابٍ لِّكُلِّ بَابٍ مِّنْهُمْ جُزْءٌ مَّقْسُومٌ

جُزْءًا
portion of them

2 البقرة 260	وَإِذْ قَالَ إِبْرَاهِيمُ رَبِّ أَرِنِي كَيْفَ تُحْيِي الْمَوْتَىٰ ۖ قَالَ أَوَلَمْ تُؤْمِن ۖ قَالَ بَلَىٰ وَلَٰكِن لِّيَطْمَئِنَّ قَلْبِي ۖ قَالَ فَخُذْ أَرْبَعَةً مِّنَ الطَّيْرِ فَصُرْهُنَّ إِلَيْكَ ثُمَّ اجْعَلْ عَلَىٰ كُلِّ جَبَلٍ مِّنْهُنَّ جُزْءًا ثُمَّ ادْعُهُنَّ يَأْتِينَكَ سَعْيًا ۚ وَاعْلَمْ أَنَّ اللَّهَ عَزِيزٌ حَكِيمٌ
43 الزخرف 15	وَجَعَلُوا لَهُ مِنْ عِبَادِهِ جُزْءًا ۚ إِنَّ الْإِنسَانَ لَكَفُورٌ مُّبِينٌ

جَزَاؤُكُمْ جَزَاءً
Recompense of you - an ample ecompense

17 الإسراء 63	قَالَ اذْهَبْ فَمَن تَبِعَكَ مِنْهُمْ فَإِنَّ جَهَنَّمَ جَزَاؤُكُمْ جَزَاءً مَّوْفُورًا

جَزَاؤُهُمْ
their recompense will be

3 آل عمران 87	أُولَٰئِكَ جَزَاؤُهُمْ أَنَّ عَلَيْهِمْ لَعْنَةَ اللَّهِ وَالْمَلَائِكَةِ وَالنَّاسِ أَجْمَعِينَ
136	أُولَٰئِكَ جَزَاؤُهُم مَّغْفِرَةٌ مِّن رَّبِّهِمْ وَجَنَّاتٌ تَجْرِي مِن تَحْتِهَا الْأَنْهَارُ خَالِدِينَ فِيهَا ۚ وَنِعْمَ أَجْرُ الْعَامِلِينَ

17 الإسراء 98	ذَٰلِكَ **جَزَاؤُهُم** بِأَنَّهُمْ كَفَرُوا بِآيَاتِنَا وَقَالُوا أَإِذَا كُنَّا عِظَامًا وَرُفَاتًا أَإِنَّا لَمَبْعُوثُونَ خَلْقًا جَدِيدًا	
18 الكهف 106	ذَٰلِكَ **جَزَاؤُهُمْ** جَهَنَّمُ بِمَا كَفَرُوا وَاتَّخَذُوا آيَاتِي وَرُسُلِي هُزُوًا	
98 البينة 8	**جَزَاؤُهُمْ** عِندَ رَبِّهِمْ جَنَّاتُ عَدْنٍ تَجْرِي مِن تَحْتِهَا الْأَنْهَارُ خَالِدِينَ فِيهَا أَبَدًا ۖ رَّضِيَ اللَّهُ عَنْهُمْ وَرَضُوا عَنْهُ ۚ ذَٰلِكَ لِمَنْ خَشِيَ رَبَّهُ	

جُفَاءً
vanishes, [being] cast off

13 الرعد 17	أَنزَلَ مِنَ السَّمَاءِ مَاءً فَسَالَتْ أَوْدِيَةٌ بِقَدَرِهَا فَاحْتَمَلَ السَّيْلُ زَبَدًا رَّابِيًا ۚ وَمِمَّا يُوقِدُونَ عَلَيْهِ فِي النَّارِ ابْتِغَاءَ حِلْيَةٍ أَوْ مَتَاعٍ زَبَدٌ مِّثْلُهُ ۚ كَذَٰلِكَ يَضْرِبُ اللَّهُ الْحَقَّ وَالْبَاطِلَ ۚ فَأَمَّا الزَّبَدُ فَيَذْهَبُ **جُفَاءً** ۖ وَأَمَّا مَا يَنفَعُ النَّاسَ فَيَمْكُثُ فِي الْأَرْضِ ۚ كَذَٰلِكَ يَضْرِبُ اللَّهُ الْأَمْثَالَ

جلدة
lash each one of them with a hundred lashes

24 النور 2	الزَّانِيَةُ وَالزَّانِي **فَاجْلِدُوا** كُلَّ وَاحِدٍ مِّنْهُمَا مِائَةَ **جَلْدَةٍ** ۖ وَلَا تَأْخُذْكُم بِهِمَا رَأْفَةٌ فِي دِينِ اللَّهِ إِن كُنتُمْ تُؤْمِنُونَ بِاللَّهِ وَالْيَوْمِ الْآخِرِ ۖ وَلْيَشْهَدْ عَذَابَهُمَا طَائِفَةٌ مِّنَ الْمُؤْمِنِينَ
4	وَالَّذِينَ يَرْمُونَ الْمُحْصَنَاتِ ثُمَّ لَمْ يَأْتُوا بِأَرْبَعَةِ شُهَدَاءَ **فَاجْلِدُوهُمْ** ثَمَانِينَ **جَلْدَةً** وَلَا تَقْبَلُوا لَهُمْ شَهَادَةً أَبَدًا ۚ وَأُولَٰئِكَ هُمُ الْفَاسِقُونَ

جلود
made for you from the hides of the animals tents

4 النساء 56	إِنَّ الَّذِينَ كَفَرُوا بِآيَاتِنَا سَوْفَ نُصْلِيهِمْ نَارًا كُلَّمَا نَضِجَتْ **جُلُودُهُم** بَدَّلْنَاهُمْ **جُلُودًا** غَيْرَهَا لِيَذُوقُوا الْعَذَابَ ۗ إِنَّ اللَّهَ كَانَ عَزِيزًا حَكِيمًا
16 النحل 80	وَاللَّهُ جَعَلَ لَكُم مِّن بُيُوتِكُمْ سَكَنًا وَجَعَلَ لَكُم مِّن **جُلُودِ** الْأَنْعَامِ بُيُوتًا تَسْتَخِفُّونَهَا يَوْمَ ظَعْنِكُمْ وَيَوْمَ إِقَامَتِكُمْ ۙ وَمِنْ أَصْوَافِهَا وَأَوْبَارِهَا وَأَشْعَارِهَا أَثَاثًا وَمَتَاعًا إِلَىٰ حِينٍ

22 الحج 20	يُصْهَرُ بِهِ مَا فِي بُطُونِهِمْ **وَالْجُلُودُ**
39 الزمر 23	اللَّهُ نَزَّلَ أَحْسَنَ الْحَدِيثِ كِتَابًا مُّتَشَابِهًا مَّثَانِيَ تَقْشَعِرُّ مِنْهُ **جُلُودُ** الَّذِينَ يَخْشَوْنَ رَبَّهُمْ ثُمَّ تَلِينُ **جُلُودُهُمْ** وَقُلُوبُهُمْ إِلَىٰ ذِكْرِ اللَّهِ ۚ ذَٰلِكَ هُدَى اللَّهِ يَهْدِي بِهِ مَن يَشَاءُ ۚ وَمَن يُضْلِلِ اللَّهُ فَمَا لَهُ مِنْ هَادٍ
41 فصلت 20	حَتَّىٰ إِذَا مَا جَاءُوهَا شَهِدَ عَلَيْهِمْ سَمْعُهُمْ وَأَبْصَارُهُمْ **وَجُلُودُهُم** بِمَا كَانُوا يَعْمَلُونَ
21	وَقَالُوا **لِجُلُودِهِمْ** لِمَ شَهِدتُّمْ عَلَيْنَا ۖ قَالُوا أَنطَقَنَا اللَّهُ الَّذِي أَنطَقَ كُلَّ شَيْءٍ وَهُوَ خَلَقَكُمْ أَوَّلَ مَرَّةٍ وَإِلَيْهِ تُرْجَعُونَ
22	وَمَا كُنتُمْ تَسْتَتِرُونَ أَن يَشْهَدَ عَلَيْكُمْ سَمْعُكُمْ وَلَا أَبْصَارُكُمْ وَلَا **جُلُودُكُمْ** وَلَٰكِن ظَنَنتُمْ أَنَّ اللَّهَ لَا يَعْلَمُ كَثِيرًا مِّمَّا تَعْمَلُونَ
	جَمْعَهُ/ جَمْعِهِمْ/ لَجَمَعَهُمْ **upon Us is its collection [in your heart] and [to make possible] its recitation**
6 الأنعام 35	وَإِن كَانَ كَبُرَ عَلَيْكَ إِعْرَاضُهُمْ فَإِنِ اسْتَطَعْتَ أَن تَبْتَغِيَ نَفَقًا فِي الْأَرْضِ أَوْ سُلَّمًا فِي السَّمَاءِ فَتَأْتِيَهُم بِآيَةٍ ۚ وَلَوْ شَاءَ اللَّهُ **لَجَمَعَهُمْ** عَلَى الْهُدَىٰ ۚ فَلَا تَكُونَنَّ مِنَ الْجَاهِلِينَ
42 الشورى 29	وَمِنْ آيَاتِهِ خَلْقُ السَّمَاوَاتِ وَالْأَرْضِ وَمَا بَثَّ فِيهِمَا مِن دَابَّةٍ ۚ وَهُوَ عَلَىٰ **جَمْعِهِمْ** إِذَا يَشَاءُ قَدِيرٌ
75 القيامة 17	إِنَّ عَلَيْنَا **جَمْعَهُ** وَقُرْآنَهُ
	جمعوا/ ا لجب **the people have gathered against you**
3 آل عمران 173	الَّذِينَ قَالَ لَهُمُ النَّاسُ إِنَّ النَّاسَ قَدْ **جَمَعُوا** لَكُمْ فَاخْشَوْهُمْ فَزَادَهُمْ إِيمَانًا وَقَالُوا حَسْبُنَا اللَّهُ وَنِعْمَ الْوَكِيلُ
4 النساء 23	حُرِّمَتْ عَلَيْكُمْ أُمَّهَاتُكُمْ وَبَنَاتُكُمْ وَأَخَوَاتُكُمْ وَعَمَّاتُكُمْ وَخَالَاتُكُمْ وَبَنَاتُ الْأَخِ وَبَنَاتُ الْأُخْتِ وَأُمَّهَاتُكُمُ اللَّاتِي أَرْضَعْنَكُمْ وَأَخَوَاتُكُم مِّنَ الرَّضَاعَةِ وَأُمَّهَاتُ نِسَائِكُمْ وَرَبَائِبُكُمُ اللَّاتِي فِي حُجُورِكُم مِّن نِّسَائِكُمُ اللَّاتِي دَخَلْتُم بِهِنَّ فَإِن لَّمْ تَكُونُوا دَخَلْتُم بِهِنَّ فَلَا جُنَاحَ عَلَيْكُمْ وَحَلَائِلُ أَبْنَائِكُمُ الَّذِينَ مِنْ

	أَصْلَابِكُمْ وَأَن **تَجْمَعُوا** بَيْنَ الْأُخْتَيْنِ إِلَّا مَا قَدْ سَلَفَ ۗ إِنَّ اللَّهَ كَانَ غَفُورًا رَّحِيمًا	
10 يونس 71	۞ وَاتْلُ عَلَيْهِمْ نَبَأَ نُوحٍ إِذْ قَالَ لِقَوْمِهِ يَا قَوْمِ إِن كَانَ كَبُرَ عَلَيْكُم مَّقَامِي وَتَذْكِيرِي بِآيَاتِ اللَّهِ فَعَلَى اللَّهِ تَوَكَّلْتُ **فَأَجْمِعُوا** أَمْرَكُمْ وَشُرَكَاءَكُمْ ثُمَّ لَا يَكُنْ أَمْرُكُمْ عَلَيْكُمْ غُمَّةً ثُمَّ اقْضُوا إِلَيَّ وَلَا تُنظِرُونِ	
12 يوسف 15	فَلَمَّا ذَهَبُوا بِهِ **وَأَجْمَعُوا** أَن يَجْعَلُوهُ فِي غَيَابَتِ الْجُبِّ ۚ وَأَوْحَيْنَا إِلَيْهِ لَتُنَبِّئَنَّهُم بِأَمْرِهِمْ هَٰذَا وَهُمْ لَا يَشْعُرُونَ	
102	ذَٰلِكَ مِنْ أَنبَاءِ الْغَيْبِ نُوحِيهِ إِلَيْكَ ۖ وَمَا كُنتَ لَدَيْهِمْ إِذْ **أَجْمَعُوا** أَمْرَهُمْ وَهُمْ يَمْكُرُونَ	
20 طه 64	**فَأَجْمِعُوا** كَيْدَكُمْ ثُمَّ ائْتُوا صَفًّا ۚ وَقَدْ أَفْلَحَ الْيَوْمَ مَنِ اسْتَعْلَىٰ	

جميل

patience is most fitting

12 يوسف 18	وَجَاءُوا عَلَىٰ قَمِيصِهِ بِدَمٍ كَذِبٍ ۚ قَالَ بَلْ سَوَّلَتْ لَكُمْ أَنفُسُكُمْ أَمْرًا ۖ فَصَبْرٌ **جَمِيلٌ** ۖ وَاللَّهُ الْمُسْتَعَانُ عَلَىٰ مَا تَصِفُونَ	
83	قَالَ بَلْ سَوَّلَتْ لَكُمْ أَنفُسُكُمْ أَمْرًا ۖ فَصَبْرٌ **جَمِيلٌ** ۖ عَسَى اللَّهُ أَن يَأْتِيَنِي بِهِمْ جَمِيعًا ۚ إِنَّهُ هُوَ الْعَلِيمُ الْحَكِيمُ	
15 الحجر 85	وَمَا خَلَقْنَا السَّمَاوَاتِ وَالْأَرْضَ وَمَا بَيْنَهُمَا إِلَّا بِالْحَقِّ ۗ وَإِنَّ السَّاعَةَ لَآتِيَةٌ ۖ فَاصْفَحِ الصَّفْحَ **الْجَمِيلَ**	
33 الأحزاب 28	يَا أَيُّهَا النَّبِيُّ قُل لِّأَزْوَاجِكَ إِن كُنتُنَّ تُرِدْنَ الْحَيَاةَ الدُّنْيَا وَزِينَتَهَا فَتَعَالَيْنَ أُمَتِّعْكُنَّ وَأُسَرِّحْكُنَّ سَرَاحًا **جَمِيلًا**	
49	يَا أَيُّهَا الَّذِينَ آمَنُوا إِذَا نَكَحْتُمُ الْمُؤْمِنَاتِ ثُمَّ طَلَّقْتُمُوهُنَّ مِن قَبْلِ أَن تَمَسُّوهُنَّ فَمَا لَكُمْ عَلَيْهِنَّ مِنْ عِدَّةٍ تَعْتَدُّونَهَا ۖ فَمَتِّعُوهُنَّ وَسَرِّحُوهُنَّ سَرَاحًا **جَمِيلًا**	
70 المعارج 5	فَاصْبِرْ صَبْرًا **جَمِيلًا**	
73 المزمل 10	وَاصْبِرْ عَلَىٰ مَا يَقُولُونَ وَاهْجُرْهُمْ هَجْرًا **جَمِيلًا**	

	جُنَاح no blame
2 البقرة 158	۞ إِنَّ الصَّفَا وَالْمَرْوَةَ مِن شَعَائِرِ اللَّهِ ۖ فَمَنْ حَجَّ الْبَيْتَ أَوِ اعْتَمَرَ فَلَا **جُنَاحَ** عَلَيْهِ أَن يَطَّوَّفَ بِهِمَا ۚ وَمَن تَطَوَّعَ خَيْرًا فَإِنَّ اللَّهَ شَاكِرٌ عَلِيمٌ
198	لَيْسَ عَلَيْكُمْ **جُنَاحٌ** أَن تَبْتَغُوا فَضْلًا مِّن رَّبِّكُمْ ۚ فَإِذَا أَفَضْتُم مِّنْ عَرَفَاتٍ فَاذْكُرُوا اللَّهَ عِندَ الْمَشْعَرِ الْحَرَامِ ۖ وَاذْكُرُوهُ كَمَا هَدَاكُمْ وَإِن كُنتُم مِّن قَبْلِهِ لَمِنَ الضَّالِّينَ
229	الطَّلَاقُ مَرَّتَانِ ۖ فَإِمْسَاكٌ بِمَعْرُوفٍ أَوْ تَسْرِيحٌ بِإِحْسَانٍ ۗ وَلَا يَحِلُّ لَكُمْ أَن تَأْخُذُوا مِمَّا آتَيْتُمُوهُنَّ شَيْئًا إِلَّا أَن يَخَافَا أَلَّا يُقِيمَا حُدُودَ اللَّهِ ۖ فَإِنْ خِفْتُمْ أَلَّا يُقِيمَا حُدُودَ اللَّهِ فَلَا **جُنَاحَ** عَلَيْهِمَا فِيمَا افْتَدَتْ بِهِ ۗ تِلْكَ حُدُودُ اللَّهِ فَلَا تَعْتَدُوهَا ۚ وَمَن يَتَعَدَّ حُدُودَ اللَّهِ فَأُولَٰئِكَ هُمُ الظَّالِمُونَ
230	فَإِن طَلَّقَهَا فَلَا تَحِلُّ لَهُ مِن بَعْدُ حَتَّىٰ تَنكِحَ زَوْجًا غَيْرَهُ ۗ فَإِن طَلَّقَهَا فَلَا **جُنَاحَ** عَلَيْهِمَا أَن يَتَرَاجَعَا إِن ظَنَّا أَن يُقِيمَا حُدُودَ اللَّهِ ۗ وَتِلْكَ حُدُودُ اللَّهِ يُبَيِّنُهَا لِقَوْمٍ يَعْلَمُونَ
233	۞ وَالْوَالِدَاتُ يُرْضِعْنَ أَوْلَادَهُنَّ حَوْلَيْنِ كَامِلَيْنِ ۖ لِمَنْ أَرَادَ أَن يُتِمَّ الرَّضَاعَةَ ۚ وَعَلَى الْمَوْلُودِ لَهُ رِزْقُهُنَّ وَكِسْوَتُهُنَّ بِالْمَعْرُوفِ ۚ لَا تُكَلَّفُ نَفْسٌ إِلَّا وُسْعَهَا ۚ لَا تُضَارَّ وَالِدَةٌ بِوَلَدِهَا وَلَا مَوْلُودٌ لَّهُ بِوَلَدِهِ ۚ وَعَلَى الْوَارِثِ مِثْلُ ذَٰلِكَ ۗ فَإِنْ أَرَادَا فِصَالًا عَن تَرَاضٍ مِّنْهُمَا وَتَشَاوُرٍ فَلَا **جُنَاحَ** عَلَيْهِمَا ۗ وَإِنْ أَرَدتُّمْ أَن تَسْتَرْضِعُوا أَوْلَادَكُمْ فَلَا **جُنَاحَ** عَلَيْكُمْ إِذَا سَلَّمْتُم مَّا آتَيْتُم بِالْمَعْرُوفِ ۗ وَاتَّقُوا اللَّهَ وَاعْلَمُوا أَنَّ اللَّهَ بِمَا تَعْمَلُونَ بَصِيرٌ
234	وَالَّذِينَ يُتَوَفَّوْنَ مِنكُمْ وَيَذَرُونَ أَزْوَاجًا يَتَرَبَّصْنَ بِأَنفُسِهِنَّ أَرْبَعَةَ أَشْهُرٍ وَعَشْرًا ۖ فَإِذَا بَلَغْنَ أَجَلَهُنَّ فَلَا **جُنَاحَ** عَلَيْكُمْ فِيمَا فَعَلْنَ فِي أَنفُسِهِنَّ بِالْمَعْرُوفِ ۗ وَاللَّهُ بِمَا تَعْمَلُونَ خَبِيرٌ
235	وَلَا **جُنَاحَ** عَلَيْكُمْ فِيمَا عَرَّضْتُم بِهِ مِنْ خِطْبَةِ النِّسَاءِ أَوْ أَكْنَنتُمْ فِي أَنفُسِكُمْ ۚ عَلِمَ اللَّهُ أَنَّكُمْ سَتَذْكُرُونَهُنَّ وَلَٰكِن لَّا تُوَاعِدُوهُنَّ سِرًّا إِلَّا أَن تَقُولُوا قَوْلًا مَّعْرُوفًا ۚ وَلَا تَعْزِمُوا عُقْدَةَ النِّكَاحِ حَتَّىٰ يَبْلُغَ الْكِتَابُ

	أَجَلَهُ ۚ وَاعْلَمُوا أَنَّ اللَّهَ يَعْلَمُ مَا فِي أَنفُسِكُمْ فَاحْذَرُوهُ ۚ وَاعْلَمُوا أَنَّ اللَّهَ غَفُورٌ حَلِيمٌ
236	لَّا جُنَاحَ عَلَيْكُمْ إِن طَلَّقْتُمُ النِّسَاءَ مَا لَمْ تَمَسُّوهُنَّ أَوْ تَفْرِضُوا لَهُنَّ فَرِيضَةً ۚ وَمَتِّعُوهُنَّ عَلَى الْمُوسِعِ قَدَرُهُ وَعَلَى الْمُقْتِرِ قَدَرُهُ مَتَاعًا بِالْمَعْرُوفِ ۖ حَقًّا عَلَى الْمُحْسِنِينَ
240	وَالَّذِينَ يُتَوَفَّوْنَ مِنكُمْ وَيَذَرُونَ أَزْوَاجًا وَصِيَّةً لِّأَزْوَاجِهِم مَّتَاعًا إِلَى الْحَوْلِ غَيْرَ إِخْرَاجٍ ۚ فَإِنْ خَرَجْنَ فَلَا جُنَاحَ عَلَيْكُمْ فِي مَا فَعَلْنَ فِي أَنفُسِهِنَّ مِن مَّعْرُوفٍ ۗ وَاللَّهُ عَزِيزٌ حَكِيمٌ
282	يَا أَيُّهَا الَّذِينَ آمَنُوا إِذَا تَدَايَنتُم بِدَيْنٍ إِلَىٰ أَجَلٍ مُّسَمًّى فَاكْتُبُوهُ ۚ وَلْيَكْتُب بَّيْنَكُمْ كَاتِبٌ بِالْعَدْلِ ۚ وَلَا يَأْبَ كَاتِبٌ أَن يَكْتُبَ كَمَا عَلَّمَهُ اللَّهُ ۚ فَلْيَكْتُبْ وَلْيُمْلِلِ الَّذِي عَلَيْهِ الْحَقُّ وَلْيَتَّقِ اللَّهَ رَبَّهُ وَلَا يَبْخَسْ مِنْهُ شَيْئًا ۚ فَإِن كَانَ الَّذِي عَلَيْهِ الْحَقُّ سَفِيهًا أَوْ ضَعِيفًا أَوْ لَا يَسْتَطِيعُ أَن يُمِلَّ هُوَ فَلْيُمْلِلْ وَلِيُّهُ بِالْعَدْلِ ۚ وَاسْتَشْهِدُوا شَهِيدَيْنِ مِن رِّجَالِكُمْ ۖ فَإِن لَّمْ يَكُونَا رَجُلَيْنِ فَرَجُلٌ وَامْرَأَتَانِ مِمَّن تَرْضَوْنَ مِنَ الشُّهَدَاءِ أَن تَضِلَّ إِحْدَاهُمَا فَتُذَكِّرَ إِحْدَاهُمَا الْأُخْرَىٰ ۚ وَلَا يَأْبَ الشُّهَدَاءُ إِذَا مَا دُعُوا ۚ وَلَا تَسْأَمُوا أَن تَكْتُبُوهُ صَغِيرًا أَوْ كَبِيرًا إِلَىٰ أَجَلِهِ ۚ ذَٰلِكُمْ أَقْسَطُ عِندَ اللَّهِ وَأَقْوَمُ لِلشَّهَادَةِ وَأَدْنَىٰ أَلَّا تَرْتَابُوا ۖ إِلَّا أَن تَكُونَ تِجَارَةً حَاضِرَةً تُدِيرُونَهَا بَيْنَكُمْ فَلَيْسَ عَلَيْكُمْ جُنَاحٌ أَلَّا تَكْتُبُوهَا ۗ وَأَشْهِدُوا إِذَا تَبَايَعْتُمْ ۚ وَلَا يُضَارَّ كَاتِبٌ وَلَا شَهِيدٌ ۚ وَإِن تَفْعَلُوا فَإِنَّهُ فُسُوقٌ بِكُمْ ۗ وَاتَّقُوا اللَّهَ ۖ وَيُعَلِّمُكُمُ اللَّهُ ۗ وَاللَّهُ بِكُلِّ شَيْءٍ عَلِيمٌ
4 النساء 23	حُرِّمَتْ عَلَيْكُمْ أُمَّهَاتُكُمْ وَبَنَاتُكُمْ وَأَخَوَاتُكُمْ وَعَمَّاتُكُمْ وَخَالَاتُكُمْ وَبَنَاتُ الْأَخِ وَبَنَاتُ الْأُخْتِ وَأُمَّهَاتُكُمُ اللَّاتِي أَرْضَعْنَكُمْ وَأَخَوَاتُكُم مِّنَ الرَّضَاعَةِ وَأُمَّهَاتُ نِسَائِكُمْ وَرَبَائِبُكُمُ اللَّاتِي فِي حُجُورِكُم مِّن نِّسَائِكُمُ اللَّاتِي دَخَلْتُم بِهِنَّ فَإِن لَّمْ تَكُونُوا دَخَلْتُم بِهِنَّ فَلَا جُنَاحَ عَلَيْكُمْ وَحَلَائِلُ أَبْنَائِكُمُ الَّذِينَ مِنْ أَصْلَابِكُمْ وَأَن تَجْمَعُوا بَيْنَ الْأُخْتَيْنِ إِلَّا مَا قَدْ سَلَفَ ۗ إِنَّ اللَّهَ كَانَ غَفُورًا رَّحِيمًا
24	وَالْمُحْصَنَاتُ مِنَ النِّسَاءِ إِلَّا مَا مَلَكَتْ أَيْمَانُكُمْ ۖ كِتَابَ اللَّهِ عَلَيْكُمْ ۚ وَأُحِلَّ لَكُم مَّا وَرَاءَ ذَٰلِكُمْ أَن تَبْتَغُوا بِأَمْوَالِكُم مُّحْصِنِينَ غَيْرَ مُسَافِحِينَ ۚ فَمَا اسْتَمْتَعْتُم بِهِ مِنْهُنَّ فَآتُوهُنَّ أُجُورَهُنَّ فَرِيضَةً ۚ وَلَا

	جُنَاحَ عَلَيْكُمْ فِيمَا تَرَاضَيْتُم بِهِ مِن بَعْدِ الْفَرِيضَةِ ۚإِنَّ اللَّهَ كَانَ عَلِيمًا حَكِيمًا
101	وَإِذَا ضَرَبْتُمْ فِي الْأَرْضِ فَلَيْسَ عَلَيْكُمْ **جُنَاحٌ** أَن تَقْصُرُوا مِنَ الصَّلَاةِ إِنْ خِفْتُمْ أَن يَفْتِنَكُمُ الَّذِينَ كَفَرُوا ۚ إِنَّ الْكَافِرِينَ كَانُوا لَكُمْ عَدُوًّا مُّبِينًا
102	وَإِذَا كُنتَ فِيهِمْ فَأَقَمْتَ لَهُمُ الصَّلَاةَ فَلْتَقُمْ طَائِفَةٌ مِّنْهُم مَّعَكَ وَلْيَأْخُذُوا أَسْلِحَتَهُمْ فَإِذَا سَجَدُوا فَلْيَكُونُوا مِن وَرَائِكُمْ وَلْتَأْتِ طَائِفَةٌ أُخْرَىٰ لَمْ يُصَلُّوا فَلْيُصَلُّوا مَعَكَ وَلْيَأْخُذُوا حِذْرَهُمْ وَأَسْلِحَتَهُمْ ۗ وَدَّ الَّذِينَ كَفَرُوا لَوْ تَغْفُلُونَ عَنْ أَسْلِحَتِكُمْ وَأَمْتِعَتِكُمْ فَيَمِيلُونَ عَلَيْكُم مَّيْلَةً وَاحِدَةً ۚ وَلَا **جُنَاحَ** عَلَيْكُمْ إِن كَانَ بِكُمْ أَذًى مِّن مَّطَرٍ أَوْ كُنتُم مَّرْضَىٰ أَن تَضَعُوا أَسْلِحَتَكُمْ ۖ وَخُذُوا حِذْرَكُمْ ۗ إِنَّ اللَّهَ أَعَدَّ لِلْكَافِرِينَ عَذَابًا مُّهِينًا
128	وَإِنِ امْرَأَةٌ خَافَتْ مِن بَعْلِهَا نُشُوزًا أَوْ إِعْرَاضًا فَلَا **جُنَاحَ** عَلَيْهِمَا أَن يُصْلِحَا بَيْنَهُمَا صُلْحًا ۚ وَالصُّلْحُ خَيْرٌ ۗ وَأُحْضِرَتِ الْأَنفُسُ الشُّحَّ ۚ وَإِن تُحْسِنُوا وَتَتَّقُوا فَإِنَّ اللَّهَ كَانَ بِمَا تَعْمَلُونَ خَبِيرًا
5 المائدة 93	لَيْسَ عَلَى الَّذِينَ آمَنُوا وَعَمِلُوا الصَّالِحَاتِ **جُنَاحٌ** فِيمَا طَعِمُوا إِذَا مَا اتَّقَوا وَّآمَنُوا وَعَمِلُوا الصَّالِحَاتِ ثُمَّ اتَّقَوا وَّآمَنُوا ثُمَّ اتَّقَوا وَّأَحْسَنُوا ۗوَاللَّهُ يُحِبُّ الْمُحْسِنِينَ
24 النور 29	لَّيْسَ عَلَيْكُمْ **جُنَاحٌ** أَن تَدْخُلُوا بُيُوتًا غَيْرَ مَسْكُونَةٍ فِيهَا مَتَاعٌ لَّكُمْ ۚ وَاللَّهُ يَعْلَمُ مَا تُبْدُونَ وَمَا تَكْتُمُونَ
58	يَا أَيُّهَا الَّذِينَ آمَنُوا لِيَسْتَأْذِنكُمُ الَّذِينَ مَلَكَتْ أَيْمَانُكُمْ وَالَّذِينَ لَمْ يَبْلُغُوا الْحُلُمَ مِنكُمْ ثَلَاثَ مَرَّاتٍ ۚ مِّن قَبْلِ صَلَاةِ الْفَجْرِ وَحِينَ تَضَعُونَ ثِيَابَكُم مِّنَ الظَّهِيرَةِ وَمِن بَعْدِ صَلَاةِ الْعِشَاءِ ۚ ثَلَاثُ عَوْرَاتٍ لَّكُمْ ۚ لَيْسَ عَلَيْكُمْ وَلَا عَلَيْهِمْ **جُنَاحٌ** بَعْدَهُنَّ ۚ طَوَّافُونَ عَلَيْكُم بَعْضُكُمْ عَلَىٰ بَعْضٍ ۚ كَذَٰلِكَ يُبَيِّنُ اللَّهُ لَكُمُ الْآيَاتِ ۗ وَاللَّهُ عَلِيمٌ حَكِيمٌ
60	وَالْقَوَاعِدُ مِنَ النِّسَاءِ اللَّاتِي لَا يَرْجُونَ نِكَاحًا فَلَيْسَ عَلَيْهِنَّ **جُنَاحٌ** أَن يَضَعْنَ ثِيَابَهُنَّ غَيْرَ مُتَبَرِّجَاتٍ بِزِينَةٍ ۖ وَأَن يَسْتَعْفِفْنَ خَيْرٌ لَّهُنَّ ۗوَاللَّهُ سَمِيعٌ عَلِيمٌ
61	لَّيْسَ عَلَى الْأَعْمَىٰ حَرَجٌ وَلَا عَلَى الْأَعْرَجِ حَرَجٌ وَلَا عَلَى الْمَرِيضِ حَرَجٌ وَلَا عَلَىٰ أَنفُسِكُمْ أَن تَأْكُلُوا مِن بُيُوتِكُمْ أَوْ بُيُوتِ آبَائِكُمْ أَوْ بُيُوتِ أُمَّهَاتِكُمْ أَوْ بُيُوتِ إِخْوَانِكُمْ أَوْ بُيُوتِ أَخَوَاتِكُمْ أَوْ بُيُوتِ أَعْمَامِكُمْ أَوْ بُيُوتِ

	عَمَّاتِكُمْ أَوْ بُيُوتِ أَخْوَالِكُمْ أَوْ بُيُوتِ خَالَاتِكُمْ أَوْ مَا مَلَكْتُم مَّفَاتِحَهُ أَوْ صَدِيقِكُمْ ۚ لَيْسَ عَلَيْكُمْ **جُنَاحٌ** أَن تَأْكُلُوا جَمِيعًا أَوْ أَشْتَاتًا ۚ فَإِذَا دَخَلْتُم بُيُوتًا فَسَلِّمُوا عَلَىٰ أَنفُسِكُمْ تَحِيَّةً مِّنْ عِندِ اللَّهِ مُبَارَكَةً طَيِّبَةً ۚ كَذَٰلِكَ يُبَيِّنُ اللَّهُ لَكُمُ الْآيَاتِ لَعَلَّكُمْ تَعْقِلُونَ	
33 الأحزاب 5	ادْعُوهُمْ لِآبَائِهِمْ هُوَ أَقْسَطُ عِندَ اللَّهِ ۚ فَإِن لَّمْ تَعْلَمُوا آبَاءَهُمْ فَإِخْوَانُكُمْ فِي الدِّينِ وَمَوَالِيكُمْ ۚ وَلَيْسَ عَلَيْكُمْ **جُنَاحٌ** فِيمَا أَخْطَأْتُم بِهِ وَلَٰكِن مَّا تَعَمَّدَتْ قُلُوبُكُمْ ۚ وَكَانَ اللَّهُ غَفُورًا رَّحِيمًا	
51	۞ تُرْجِي مَن تَشَاءُ مِنْهُنَّ وَتُؤْوِي إِلَيْكَ مَن تَشَاءُ ۖ وَمَنِ ابْتَغَيْتَ مِمَّنْ عَزَلْتَ فَلَا **جُنَاحَ** عَلَيْكَ ۚ ذَٰلِكَ أَدْنَىٰ أَن تَقَرَّ أَعْيُنُهُنَّ وَلَا يَحْزَنَّ وَيَرْضَيْنَ بِمَا آتَيْتَهُنَّ كُلُّهُنَّ ۚ وَاللَّهُ يَعْلَمُ مَا فِي قُلُوبِكُمْ ۚ وَكَانَ اللَّهُ عَلِيمًا حَلِيمًا	
55	لَّا **جُنَاحَ** عَلَيْهِنَّ فِي آبَائِهِنَّ وَلَا أَبْنَائِهِنَّ وَلَا إِخْوَانِهِنَّ وَلَا أَبْنَاءِ إِخْوَانِهِنَّ وَلَا أَبْنَاءِ أَخَوَاتِهِنَّ وَلَا نِسَائِهِنَّ وَلَا مَا مَلَكَتْ أَيْمَانُهُنَّ ۗ وَاتَّقِينَ اللَّهَ ۚ إِنَّ اللَّهَ كَانَ عَلَىٰ كُلِّ شَيْءٍ شَهِيدًا	
60 الممتحنة 10	يَا أَيُّهَا الَّذِينَ آمَنُوا إِذَا جَاءَكُمُ الْمُؤْمِنَاتُ مُهَاجِرَاتٍ فَامْتَحِنُوهُنَّ ۖ اللَّهُ أَعْلَمُ بِإِيمَانِهِنَّ ۖ فَإِنْ عَلِمْتُمُوهُنَّ مُؤْمِنَاتٍ فَلَا تَرْجِعُوهُنَّ إِلَى الْكُفَّارِ ۖ لَا هُنَّ حِلٌّ لَّهُمْ وَلَا هُمْ يَحِلُّونَ لَهُنَّ ۖ وَآتُوهُم مَّا أَنفَقُوا ۚ وَلَا **جُنَاحَ** عَلَيْكُمْ أَن تَنكِحُوهُنَّ إِذَا آتَيْتُمُوهُنَّ أُجُورَهُنَّ ۚ وَلَا تُمْسِكُوا بِعِصَمِ الْكَوَافِرِ وَاسْأَلُوا مَا أَنفَقْتُمْ وَلْيَسْأَلُوا مَا أَنفَقُوا ۚ ذَٰلِكُمْ حُكْمُ اللَّهِ ۖ يَحْكُمُ بَيْنَكُمْ ۚ وَاللَّهُ عَلِيمٌ حَكِيمٌ	

<u>جَنَاحَكَ</u>

Armpit/lower your wing to the believers

15 الحجر 88	لَا تَمُدَّنَّ عَيْنَيْكَ إِلَىٰ مَا مَتَّعْنَا بِهِ أَزْوَاجًا مِّنْهُمْ وَلَا تَحْزَنْ عَلَيْهِمْ وَاخْفِضْ **جَنَاحَكَ** لِلْمُؤْمِنِينَ	
20 طه 22	وَاضْمُمْ يَدَكَ إِلَىٰ **جَنَاحِكَ** تَخْرُجْ بَيْضَاءَ مِنْ غَيْرِ سُوءٍ آيَةً أُخْرَىٰ	
26 الشعراء 215	وَاخْفِضْ **جَنَاحَكَ** لِمَنِ اتَّبَعَكَ مِنَ الْمُؤْمِنِينَ	

28 القصص 32	اسْلُكْ يَدَكَ فِي جَيْبِكَ تَخْرُجْ بَيْضَاءَ مِنْ غَيْرِ سُوءٍ وَاضْمُمْ إِلَيْكَ **جَنَاحَكَ** مِنَ الرَّهْبِ ۖ فَذَانِكَ بُرْهَانَانِ مِن رَّبِّكَ إِلَىٰ فِرْعَوْنَ وَمَلَئِهِ ۚ إِنَّهُمْ كَانُوا قَوْمًا فَاسِقِينَ

جُنُبًا
Polluted/ in a state of janabah

4 النساء 43	يَا أَيُّهَا الَّذِينَ آمَنُوا لَا تَقْرَبُوا الصَّلَاةَ وَأَنتُمْ سُكَارَىٰ حَتَّىٰ تَعْلَمُوا مَا تَقُولُونَ وَلَا **جُنُبًا** إِلَّا عَابِرِي سَبِيلٍ حَتَّىٰ تَغْتَسِلُوا ۚ وَإِن كُنتُم مَّرْضَىٰ أَوْ عَلَىٰ سَفَرٍ أَوْ جَاءَ أَحَدٌ مِّنكُم مِّنَ الْغَائِطِ أَوْ لَامَسْتُمُ النِّسَاءَ فَلَمْ تَجِدُوا مَاءً فَتَيَمَّمُوا صَعِيدًا طَيِّبًا فَامْسَحُوا بِوُجُوهِكُمْ وَأَيْدِيكُمْ ۗ إِنَّ اللَّهَ كَانَ عَفُوًّا غَفُورًا
5 المائدة 6	يَا أَيُّهَا الَّذِينَ آمَنُوا إِذَا قُمْتُمْ إِلَى الصَّلَاةِ فَاغْسِلُوا وُجُوهَكُمْ وَأَيْدِيَكُمْ إِلَى الْمَرَافِقِ وَامْسَحُوا بِرُءُوسِكُمْ وَأَرْجُلَكُمْ إِلَى الْكَعْبَيْنِ ۚ وَإِن كُنتُمْ **جُنُبًا** فَاطَّهَّرُوا ۚ وَإِن كُنتُم مَّرْضَىٰ أَوْ عَلَىٰ سَفَرٍ أَوْ جَاءَ أَحَدٌ مِّنكُم مِّنَ الْغَائِطِ أَوْ لَامَسْتُمُ النِّسَاءَ فَلَمْ تَجِدُوا مَاءً فَتَيَمَّمُوا صَعِيدًا طَيِّبًا فَامْسَحُوا بِوُجُوهِكُمْ وَأَيْدِيكُم مِّنْهُ ۚ مَا يُرِيدُ اللَّهُ لِيَجْعَلَ عَلَيْكُم مِّنْ حَرَجٍ وَلَٰكِن يُرِيدُ لِيُطَهِّرَكُمْ وَلِيُتِمَّ نِعْمَتَهُ عَلَيْكُمْ لَعَلَّكُمْ تَشْكُرُونَ

جند
army

19 مريم 75	قُلْ مَن كَانَ فِي الضَّلَالَةِ فَلْيَمْدُدْ لَهُ الرَّحْمَٰنُ مَدًّا ۚ حَتَّىٰ إِذَا رَأَوْا مَا يُوعَدُونَ إِمَّا الْعَذَابَ وَإِمَّا السَّاعَةَ فَسَيَعْلَمُونَ مَنْ هُوَ شَرٌّ مَّكَانًا وَأَضْعَفُ **جُندًا**
36 يس 28	۞ وَمَا أَنزَلْنَا عَلَىٰ قَوْمِهِ مِن بَعْدِهِ مِن **جُندٍ** مِّنَ السَّمَاءِ وَمَا كُنَّا مُنزِلِينَ
75	لَا يَسْتَطِيعُونَ نَصْرَهُمْ وَهُمْ لَهُمْ **جُندٌ** مُّحْضَرُونَ
37 الصافات 173	وَإِنَّ **جُندَنَا** لَهُمُ الْغَالِبُونَ
38 ص 11	**جُندٌ** مَّا هُنَالِكَ مَهْزُومٌ مِّنَ الْأَحْزَابِ

44 الدخان 24	وَاتْرُكِ الْبَحْرَ رَهْوًا ۖ إِنَّهُمْ **جُندٌ** مُّغْرَقُونَ	
67 الملك 20	أَمَّنْ هَٰذَا الَّذِي هُوَ **جُندٌ** لَّكُمْ يَنصُرُكُم مِّن دُونِ الرَّحْمَٰنِ ۚ إِنِ الْكَافِرُونَ إِلَّا فِي غُرُورٍ	

جَنَفًا
error

2 البقرة 182	فَمَنْ خَافَ مِن مُّوصٍ **جَنَفًا** أَوْ إِثْمًا فَأَصْلَحَ بَيْنَهُمْ فَلَا إِثْمَ عَلَيْهِ ۚ إِنَّ اللَّهَ غَفُورٌ رَّحِيمٌ	

جُنُوبِكُمْ
[lying] on your sides

4 النساء 103	فَإِذَا قَضَيْتُمُ الصَّلَاةَ فَاذْكُرُوا اللَّهَ قِيَامًا وَقُعُودًا وَعَلَىٰ **جُنُوبِكُمْ** ۚ فَإِذَا اطْمَأْنَنتُمْ فَأَقِيمُوا الصَّلَاةَ ۚ إِنَّ الصَّلَاةَ كَانَتْ عَلَى الْمُؤْمِنِينَ كِتَابًا مَّوْقُوتًا	

جُنُوبُهَا
and when they are [lifeless] on their sides

22 الحج 36	وَالْبُدْنَ جَعَلْنَاهَا لَكُم مِّن شَعَائِرِ اللَّهِ لَكُمْ فِيهَا خَيْرٌ ۖ فَاذْكُرُوا اسْمَ اللَّهِ عَلَيْهَا صَوَافَّ ۖ فَإِذَا وَجَبَتْ **جُنُوبُهَا** فَكُلُوا مِنْهَا وَأَطْعِمُوا الْقَانِعَ وَالْمُعْتَرَّ ۚ كَذَٰلِكَ سَخَّرْنَاهَا لَكُمْ لَعَلَّكُمْ تَشْكُرُونَ	

جُنُوبِهِمْ
[lying] on their sides

3 آل عمران 191	الَّذِينَ يَذْكُرُونَ اللَّهَ قِيَامًا وَقُعُودًا وَعَلَىٰ **جُنُوبِهِمْ** وَيَتَفَكَّرُونَ فِي خَلْقِ السَّمَاوَاتِ وَالْأَرْضِ رَبَّنَا مَا خَلَقْتَ هَٰذَا بَاطِلًا سُبْحَانَكَ فَقِنَا عَذَابَ النَّارِ	
9 التوبة 35	يَوْمَ يُحْمَىٰ عَلَيْهَا فِي نَارِ جَهَنَّمَ فَتُكْوَىٰ بِهَا جِبَاهُهُمْ **وَجُنُوبُهُمْ** وَظُهُورُهُمْ ۖ هَٰذَا مَا كَنَزْتُمْ لِأَنفُسِكُمْ فَذُوقُوا مَا كُنتُمْ تَكْنِزُونَ	
32 السجدة 16	تَتَجَافَىٰ **جُنُوبُهُمْ** عَنِ الْمَضَاجِعِ يَدْعُونَ رَبَّهُمْ خَوْفًا وَطَمَعًا وَمِمَّا رَزَقْنَاهُمْ يُنفِقُونَ	

		جنود soldiers
2 البقرة 249		فَلَمَّا فَصَلَ طَالُوتُ **بِالْجُنُودِ** قَالَ إِنَّ اللَّهَ مُبْتَلِيكُم بِنَهَرٍ فَمَن شَرِبَ مِنْهُ فَلَيْسَ مِنِّي وَمَن لَّمْ يَطْعَمْهُ فَإِنَّهُ مِنِّي إِلَّا مَنِ اغْتَرَفَ غُرْفَةً بِيَدِهِ ۚ فَشَرِبُوا مِنْهُ إِلَّا قَلِيلًا مِّنْهُمْ ۚ فَلَمَّا جَاوَزَهُ هُوَ وَالَّذِينَ آمَنُوا مَعَهُ قَالُوا لَا طَاقَةَ لَنَا الْيَوْمَ بِجَالُوتَ **وَجُنُودِهِ** ۚ قَالَ الَّذِينَ يَظُنُّونَ أَنَّهُم مُّلَاقُو اللَّهِ كَم مِّن فِئَةٍ قَلِيلَةٍ غَلَبَتْ فِئَةً كَثِيرَةً بِإِذْنِ اللَّهِ ۗ وَاللَّهُ مَعَ الصَّابِرِينَ
250		وَلَمَّا بَرَزُوا لِجَالُوتَ **وَجُنُودِهِ** قَالُوا رَبَّنَا أَفْرِغْ عَلَيْنَا صَبْرًا وَثَبِّتْ أَقْدَامَنَا وَانصُرْنَا عَلَى الْقَوْمِ الْكَافِرِينَ
9 التوبة 26		ثُمَّ أَنزَلَ اللَّهُ سَكِينَتَهُ عَلَىٰ رَسُولِهِ وَعَلَى الْمُؤْمِنِينَ وَأَنزَلَ **جُنُودًا** لَّمْ تَرَوْهَا وَعَذَّبَ الَّذِينَ كَفَرُوا ۚ وَذَٰلِكَ جَزَاءُ الْكَافِرِينَ
40		إِلَّا تَنصُرُوهُ فَقَدْ نَصَرَهُ اللَّهُ إِذْ أَخْرَجَهُ الَّذِينَ كَفَرُوا ثَانِيَ اثْنَيْنِ إِذْ هُمَا فِي الْغَارِ إِذْ يَقُولُ لِصَاحِبِهِ لَا تَحْزَنْ إِنَّ اللَّهَ مَعَنَا ۖ فَأَنزَلَ اللَّهُ سَكِينَتَهُ عَلَيْهِ وَأَيَّدَهُ **بِجُنُودٍ** لَّمْ تَرَوْهَا وَجَعَلَ كَلِمَةَ الَّذِينَ كَفَرُوا السُّفْلَىٰ ۗ وَكَلِمَةُ اللَّهِ هِيَ الْعُلْيَا ۗ وَاللَّهُ عَزِيزٌ حَكِيمٌ
10 يونس 90		۞ وَجَاوَزْنَا بِبَنِي إِسْرَائِيلَ الْبَحْرَ فَأَتْبَعَهُمْ فِرْعَوْنُ **وَجُنُودُهُ** بَغْيًا وَعَدْوًا ۖ حَتَّىٰ إِذَا أَدْرَكَهُ الْغَرَقُ قَالَ آمَنتُ أَنَّهُ لَا إِلَٰهَ إِلَّا الَّذِي آمَنَتْ بِهِ بَنُو إِسْرَائِيلَ وَأَنَا مِنَ الْمُسْلِمِينَ
20 طه 78		فَأَتْبَعَهُمْ فِرْعَوْنُ **بِجُنُودِهِ** فَغَشِيَهُم مِّنَ الْيَمِّ مَا غَشِيَهُمْ
26 الشعراء 95		**وَجُنُودُ** إِبْلِيسَ أَجْمَعُونَ
27 النمل 17		وَحُشِرَ لِسُلَيْمَانَ **جُنُودُهُ** مِنَ الْجِنِّ وَالْإِنسِ وَالطَّيْرِ فَهُمْ يُوزَعُونَ
18		حَتَّىٰ إِذَا أَتَوْا عَلَىٰ وَادِ النَّمْلِ قَالَتْ نَمْلَةٌ يَا أَيُّهَا النَّمْلُ ادْخُلُوا مَسَاكِنَكُمْ لَا يَحْطِمَنَّكُمْ سُلَيْمَانُ **وَجُنُودُهُ** وَهُمْ لَا يَشْعُرُونَ
37		ارْجِعْ إِلَيْهِمْ فَلَنَأْتِيَنَّهُم **بِجُنُودٍ** لَّا قِبَلَ لَهُم بِهَا وَلَنُخْرِجَنَّهُم مِّنْهَا أَذِلَّةً وَهُمْ صَاغِرُونَ

28 القصص 6	وَنُمَكِّنَ لَهُمْ فِي الْأَرْضِ وَنُرِيَ فِرْعَوْنَ وَهَامَانَ **وَجُنُودَهُمَا** مِنْهُم مَّا كَانُوا يَحْذَرُونَ	
8	فَالْتَقَطَهُ آلُ فِرْعَوْنَ لِيَكُونَ لَهُمْ عَدُوًّا وَحَزَنًا ۗ إِنَّ فِرْعَوْنَ وَهَامَانَ **وَجُنُودَهُمَا** كَانُوا خَاطِئِينَ	
39	وَاسْتَكْبَرَ هُوَ **وَجُنُودُهُ** فِي الْأَرْضِ بِغَيْرِ الْحَقِّ وَظَنُّوا أَنَّهُمْ إِلَيْنَا لَا يُرْجَعُونَ	
40	فَأَخَذْنَاهُ **وَجُنُودَهُ** فَنَبَذْنَاهُمْ فِي الْيَمِّ ۖ فَانظُرْ كَيْفَ كَانَ عَاقِبَةُ الظَّالِمِينَ	
33 الأحزاب 9	يَا أَيُّهَا الَّذِينَ آمَنُوا اذْكُرُوا نِعْمَةَ اللَّهِ عَلَيْكُمْ إِذْ جَاءَتْكُمْ **جُنُودٌ** فَأَرْسَلْنَا عَلَيْهِمْ رِيحًا **وَجُنُودًا** لَّمْ تَرَوْهَا ۚ وَكَانَ اللَّهُ بِمَا تَعْمَلُونَ بَصِيرًا	
48 الفتح 4	هُوَ الَّذِي أَنزَلَ السَّكِينَةَ فِي قُلُوبِ الْمُؤْمِنِينَ لِيَزْدَادُوا إِيمَانًا مَّعَ إِيمَانِهِمْ ۗ وَلِلَّهِ **جُنُودُ** السَّمَاوَاتِ وَالْأَرْضِ ۚ وَكَانَ اللَّهُ عَلِيمًا حَكِيمًا	
7	وَلِلَّهِ **جُنُودُ** السَّمَاوَاتِ وَالْأَرْضِ ۚ وَكَانَ اللَّهُ عَزِيزًا حَكِيمًا	
51 الذاريات 40	فَأَخَذْنَاهُ **وَجُنُودَهُ** فَنَبَذْنَاهُمْ فِي الْيَمِّ وَهُوَ مُلِيمٌ	
74 المدثر 31	وَمَا جَعَلْنَا أَصْحَابَ النَّارِ إِلَّا مَلَائِكَةً ۙ وَمَا جَعَلْنَا عِدَّتَهُمْ إِلَّا فِتْنَةً لِّلَّذِينَ كَفَرُوا لِيَسْتَيْقِنَ الَّذِينَ أُوتُوا الْكِتَابَ وَيَزْدَادَ الَّذِينَ آمَنُوا إِيمَانًا ۙ وَلَا يَرْتَابَ الَّذِينَ أُوتُوا الْكِتَابَ وَالْمُؤْمِنُونَ ۙ وَلِيَقُولَ الَّذِينَ فِي قُلُوبِهِم مَّرَضٌ وَالْكَافِرُونَ مَاذَا أَرَادَ اللَّهُ بِهَٰذَا مَثَلًا ۚ كَذَٰلِكَ يُضِلُّ اللَّهُ مَن يَشَاءُ وَيَهْدِي مَن يَشَاءُ ۚ وَمَا يَعْلَمُ **جُنُودَ** رَبِّكَ إِلَّا هُوَ ۚ وَمَا هِيَ إِلَّا ذِكْرَىٰ لِلْبَشَرِ	
85 البروج 17	هَلْ أَتَاكَ حَدِيثُ **الْجُنُودِ**	

جَنِيًّا
ripe, fresh dates

19 مريم 25	وَهُزِّي إِلَيْكِ بِجِذْعِ النَّخْلَةِ تُسَاقِطْ عَلَيْكِ رُطَبًا **جَنِيًّا**	

	جُهْدَهُمْ **except their effort** (to give)	
9 التوبة 79	الَّذِينَ يَلْمِزُونَ الْمُطَّوِّعِينَ مِنَ الْمُؤْمِنِينَ فِي الصَّدَقَاتِ وَالَّذِينَ لَا يَجِدُونَ إِلَّا **جُهْدَهُمْ** فَيَسْخَرُونَ مِنْهُمْ ۙ سَخِرَ اللَّهُ مِنْهُمْ وَلَهُمْ عَذَابٌ أَلِيمٌ	
	جَهَرَ /جَهْرَةً/ الْجَهْرَ /... Outright/opp. Secret/seen/heard	
2 البقرة 55	وَإِذْ قُلْتُمْ يَا مُوسَىٰ لَن نُّؤْمِنَ لَكَ حَتَّىٰ نَرَى اللَّهَ **جَهْرَةً** فَأَخَذَتْكُمُ الصَّاعِقَةُ وَأَنتُمْ تَنظُرُونَ	
4 النساء 148	لَّا يُحِبُّ اللَّهُ **الْجَهْرَ** بِالسُّوءِ مِنَ الْقَوْلِ إِلَّا مَن ظُلِمَ ۚ وَكَانَ اللَّهُ سَمِيعًا عَلِيمًا	
153	يَسْأَلُكَ أَهْلُ الْكِتَابِ أَن تُنَزِّلَ عَلَيْهِمْ كِتَابًا مِّنَ السَّمَاءِ ۚ فَقَدْ سَأَلُوا مُوسَىٰ أَكْبَرَ مِن ذَٰلِكَ فَقَالُوا أَرِنَا اللَّهَ **جَهْرَةً** فَأَخَذَتْهُمُ الصَّاعِقَةُ بِظُلْمِهِمْ ۚ ثُمَّ اتَّخَذُوا الْعِجْلَ مِن بَعْدِ مَا جَاءَتْهُمُ الْبَيِّنَاتُ فَعَفَوْنَا عَن ذَٰلِكَ ۚ وَآتَيْنَا مُوسَىٰ سُلْطَانًا مُّبِينًا	
6 الأنعام 3	وَهُوَ اللَّهُ فِي السَّمَاوَاتِ وَفِي الْأَرْضِ ۖ يَعْلَمُ سِرَّكُمْ **وَجَهْرَكُمْ** وَيَعْلَمُ مَا تَكْسِبُونَ	
47	قُلْ أَرَأَيْتَكُمْ إِنْ أَتَاكُمْ عَذَابُ اللَّهِ بَغْتَةً أَوْ **جَهْرَةً** هَلْ يُهْلَكُ إِلَّا الْقَوْمُ الظَّالِمُونَ	
7 الأعراف 205	وَاذْكُر رَّبَّكَ فِي نَفْسِكَ تَضَرُّعًا وَخِيفَةً وَدُونَ **الْجَهْرِ** مِنَ الْقَوْلِ بِالْغُدُوِّ وَالْآصَالِ وَلَا تَكُن مِّنَ الْغَافِلِينَ	
13 الرعد 10	سَوَاءٌ مِّنكُم مَّنْ أَسَرَّ الْقَوْلَ وَمَن **جَهَرَ** بِهِ وَمَنْ هُوَ مُسْتَخْفٍ بِاللَّيْلِ وَسَارِبٌ بِالنَّهَارِ	
16 النحل 75	ضَرَبَ اللَّهُ مَثَلًا عَبْدًا مَّمْلُوكًا لَّا يَقْدِرُ عَلَىٰ شَيْءٍ وَمَن رَّزَقْنَاهُ مِنَّا رِزْقًا حَسَنًا فَهُوَ يُنفِقُ مِنْهُ سِرًّا **وَجَهْرًا** ۖ هَلْ يَسْتَوُونَ ۚ الْحَمْدُ لِلَّهِ ۚ بَلْ أَكْثَرُهُمْ لَا يَعْلَمُونَ	
110	قُلِ ادْعُوا اللَّهَ أَوِ ادْعُوا الرَّحْمَٰنَ ۖ أَيًّا مَّا تَدْعُوا فَلَهُ الْأَسْمَاءُ الْحُسْنَىٰ ۚ وَلَا **تَجْهَرْ** بِصَلَاتِكَ وَلَا تُخَافِتْ بِهَا وَابْتَغِ بَيْنَ ذَٰلِكَ سَبِيلًا	
20 طه	وَإِن **تَجْهَرْ** بِالْقَوْلِ فَإِنَّهُ يَعْلَمُ السِّرَّ وَأَخْفَى	

7	
21 الأنبياء 110	إِنَّهُ يَعْلَمُ **الْجَهْرَ** مِنَ الْقَوْلِ وَيَعْلَمُ مَا تَكْتُمُونَ
49 الحجرات 2	يَا أَيُّهَا الَّذِينَ آمَنُوا لَا تَرْفَعُوا أَصْوَاتَكُمْ فَوْقَ صَوْتِ النَّبِيِّ وَلَا **تَجْهَرُوا** لَهُ بِالْقَوْلِ كَجَهْرِ بَعْضِكُمْ لِبَعْضٍ أَن تَحْبَطَ أَعْمَالُكُمْ وَأَنتُمْ لَا تَشْعُرُونَ
67 الملك 13	وَأَسِرُّوا قَوْلَكُمْ أَوِ **اجْهَرُوا** بِهِ ۖ إِنَّهُ عَلِيمٌ بِذَاتِ الصُّدُورِ
87 الأعلى 7	إِلَّا مَا شَاءَ اللَّهُ ۚ إِنَّهُ يَعْلَمُ **الْجَهْرَ** وَمَا يَخْفَىٰ
	جُيُوبِهِنَّ headcovers over their **chests**
24 النور 31	وَقُل لِّلْمُؤْمِنَاتِ يَغْضُضْنَ مِنْ أَبْصَارِهِنَّ وَيَحْفَظْنَ فُرُوجَهُنَّ وَلَا يُبْدِينَ زِينَتَهُنَّ إِلَّا مَا ظَهَرَ مِنْهَا ۖ وَلْيَضْرِبْنَ بِخُمُرِهِنَّ عَلَىٰ **جُيُوبِهِنَّ** ۖ وَلَا يُبْدِينَ زِينَتَهُنَّ إِلَّا لِبُعُولَتِهِنَّ أَوْ آبَائِهِنَّ أَوْ آبَاءِ بُعُولَتِهِنَّ أَوْ أَبْنَائِهِنَّ أَوْ أَبْنَاءِ بُعُولَتِهِنَّ أَوْ إِخْوَانِهِنَّ أَوْ بَنِي إِخْوَانِهِنَّ أَوْ بَنِي أَخَوَاتِهِنَّ أَوْ نِسَائِهِنَّ أَوْ مَا مَلَكَتْ أَيْمَانُهُنَّ أَوِ التَّابِعِينَ غَيْرِ أُولِي الْإِرْبَةِ مِنَ الرِّجَالِ أَوِ الطِّفْلِ الَّذِينَ لَمْ يَظْهَرُوا عَلَىٰ عَوْرَاتِ النِّسَاءِ ۖ وَلَا يَضْرِبْنَ بِأَرْجُلِهِنَّ لِيُعْلَمَ مَا يُخْفِينَ مِن زِينَتِهِنَّ ۚ وَتُوبُوا إِلَى اللَّهِ جَمِيعًا أَيُّهَ الْمُؤْمِنُونَ لَعَلَّكُمْ تُفْلِحُونَ
	جَيْبِكَ put your hand into the **opening of your garment [at the breast]**
27 النمل 12	وَأَدْخِلْ يَدَكَ فِي **جَيْبِكَ** تَخْرُجْ بَيْضَاءَ مِنْ غَيْرِ سُوءٍ ۖ فِي تِسْعِ آيَاتٍ إِلَىٰ فِرْعَوْنَ وَقَوْمِهِ ۚ إِنَّهُمْ كَانُوا قَوْمًا فَاسِقِينَ
28 القصص 32	اسْلُكْ يَدَكَ فِي **جَيْبِكَ** تَخْرُجْ بَيْضَاءَ مِنْ غَيْرِ سُوءٍ وَاضْمُمْ إِلَيْكَ جَنَاحَكَ مِنَ الرَّهْبِ ۖ فَذَانِكَ بُرْهَانَانِ مِن رَّبِّكَ إِلَىٰ فِرْعَوْنَ وَمَلَئِهِ ۚ إِنَّهُمْ كَانُوا قَوْمًا فَاسِقِينَ

	## بحث في مفردات القرآن الكريم ## القسم الاول
	الاحرف أ-خ حرف ح
	أ ب ت ث ج **ح** خ
	حَجَّ /حِجُّ/ حجَّ **makes Hajj**
2 البقرة 158	۞ إِنَّ الصَّفَا وَالْمَرْوَةَ مِن شَعَائِرِ اللَّهِ ۖ فَمَنْ **حَجَّ** الْبَيْتَ أَوِ اعْتَمَرَ فَلَا جُنَاحَ عَلَيْهِ أَن يَطَّوَّفَ بِهِمَا ۚ وَمَن تَطَوَّعَ خَيْرًا فَإِنَّ اللَّهَ شَاكِرٌ عَلِيمٌ
3 آل عمران 97	فِيهِ آيَاتٌ بَيِّنَاتٌ مَّقَامُ إِبْرَاهِيمَ ۖ وَمَن دَخَلَهُ كَانَ آمِنًا ۗ وَلِلَّهِ عَلَى النَّاسِ **حِجُّ** الْبَيْتِ مَنِ اسْتَطَاعَ إِلَيْهِ سَبِيلًا ۚ وَمَن كَفَرَ فَإِنَّ اللَّهَ غَنِيٌّ عَنِ الْعَالَمِينَ
	الْحَجّ complete **the Hajj**
2 البقرة 196	وَأَتِمُّوا **الْحَجَّ** وَالْعُمْرَةَ لِلَّهِ ۚ فَإِنْ أُحْصِرْتُمْ فَمَا اسْتَيْسَرَ مِنَ الْهَدْيِ ۖ وَلَا تَحْلِقُوا رُءُوسَكُمْ حَتَّىٰ يَبْلُغَ الْهَدْيُ مَحِلَّهُ ۚ فَمَن كَانَ مِنكُم مَّرِيضًا أَوْ بِهِ أَذًى مِّن رَّأْسِهِ فَفِدْيَةٌ مِّن صِيَامٍ أَوْ صَدَقَةٍ أَوْ نُسُكٍ ۚ فَإِذَا أَمِنتُمْ فَمَن تَمَتَّعَ بِالْعُمْرَةِ إِلَى **الْحَجِّ** فَمَا اسْتَيْسَرَ مِنَ الْهَدْيِ ۚ فَمَن لَّمْ يَجِدْ فَصِيَامُ ثَلَاثَةِ أَيَّامٍ فِي **الْحَجِّ** وَسَبْعَةٍ إِذَا رَجَعْتُمْ ۗ تِلْكَ عَشَرَةٌ كَامِلَةٌ ۗ ذَٰلِكَ لِمَن لَّمْ يَكُنْ أَهْلُهُ حَاضِرِي الْمَسْجِدِ الْحَرَامِ ۚ وَاتَّقُوا اللَّهَ وَاعْلَمُوا أَنَّ اللَّهَ شَدِيدُ الْعِقَابِ
197	**الْحَجُّ** أَشْهُرٌ مَّعْلُومَاتٌ ۚ فَمَن فَرَضَ فِيهِنَّ **الْحَجَّ** فَلَا رَفَثَ وَلَا فُسُوقَ وَلَا جِدَالَ فِي **الْحَجِّ** ۗ وَمَا تَفْعَلُوا مِنْ خَيْرٍ يَعْلَمْهُ اللَّهُ ۗ وَتَزَوَّدُوا فَإِنَّ خَيْرَ الزَّادِ التَّقْوَىٰ ۚ وَاتَّقُونِ يَا أُولِي الْأَلْبَابِ
9 التوبة 3	وَأَذَانٌ مِّنَ اللَّهِ وَرَسُولِهِ إِلَى النَّاسِ يَوْمَ **الْحَجِّ** الْأَكْبَرِ أَنَّ اللَّهَ بَرِيءٌ مِّنَ الْمُشْرِكِينَ ۙ وَرَسُولُهُ ۚ فَإِن تُبْتُمْ فَهُوَ خَيْرٌ لَّكُمْ ۖ وَإِن تَوَلَّيْتُمْ فَاعْلَمُوا أَنَّكُمْ غَيْرُ مُعْجِزِي اللَّهِ ۗ وَبَشِّرِ الَّذِينَ كَفَرُوا بِعَذَابٍ أَلِيمٍ

	الْحَاجِّ made the providing of water **for the pilgrim**
9 التوبة 19	۞ أَجَعَلْتُمْ سِقَايَةَ **الْحَاجِّ** وَعِمَارَةَ الْمَسْجِدِ الْحَرَامِ كَمَنْ آمَنَ بِاللَّهِ وَالْيَوْمِ الْآخِرِ وَجَاهَدَ فِي سَبِيلِ اللَّهِ ۚ لَا يَسْتَوُونَ عِندَ اللَّهِ ۗ وَاللَّهُ لَا يَهْدِي الْقَوْمَ الظَّالِمِينَ
	حَاجَّ one who **argued with**
2 البقرة 139	قُلْ **أَتُحَاجُّونَنَا** فِي اللَّهِ وَهُوَ رَبُّنَا وَرَبُّكُمْ وَلَنَا أَعْمَالُنَا وَلَكُمْ أَعْمَالُكُمْ وَنَحْنُ لَهُ مُخْلِصُونَ
258	أَلَمْ تَرَ إِلَى الَّذِي **حَاجَّ** إِبْرَاهِيمَ فِي رَبِّهِ أَنْ آتَاهُ اللَّهُ الْمُلْكَ إِذْ قَالَ إِبْرَاهِيمُ رَبِّيَ الَّذِي يُحْيِي وَيُمِيتُ قَالَ أَنَا أُحْيِي وَأُمِيتُ ۖ قَالَ إِبْرَاهِيمُ فَإِنَّ اللَّهَ يَأْتِي بِالشَّمْسِ مِنَ الْمَشْرِقِ فَأْتِ بِهَا مِنَ الْمَغْرِبِ فَبُهِتَ الَّذِي كَفَرَ ۗ وَاللَّهُ لَا يَهْدِي الْقَوْمَ الظَّالِمِينَ
3 آل عمران 65	يَا أَهْلَ الْكِتَابِ لِمَ **تُحَاجُّونَ** فِي إِبْرَاهِيمَ وَمَا أُنزِلَتِ التَّوْرَاةُ وَالْإِنجِيلُ إِلَّا مِن بَعْدِهِ ۚ أَفَلَا تَعْقِلُونَ
73	وَلَا تُؤْمِنُوا إِلَّا لِمَن تَبِعَ دِينَكُمْ قُلْ إِنَّ الْهُدَىٰ هُدَى اللَّهِ أَن يُؤْتَىٰ أَحَدٌ مِّثْلَ مَا أُوتِيتُمْ أَوْ **يُحَاجُّوكُمْ** عِندَ رَبِّكُمْ ۗ قُلْ إِنَّ الْفَضْلَ بِيَدِ اللَّهِ يُؤْتِيهِ مَن يَشَاءُ ۗ وَاللَّهُ وَاسِعٌ عَلِيمٌ
6 الأنعام 80	**وَحَاجَّهُ** قَوْمُهُ ۚ قَالَ **أَتُحَاجُّونِّي** فِي اللَّهِ وَقَدْ هَدَانِ ۚ وَلَا أَخَافُ مَا تُشْرِكُونَ بِهِ إِلَّا أَن يَشَاءَ رَبِّي شَيْئًا ۗ وَسِعَ رَبِّي كُلَّ شَيْءٍ عِلْمًا ۗ أَفَلَا تَتَذَكَّرُونَ
40 غافر 47	وَإِذْ **يَتَحَاجُّونَ** فِي النَّارِ فَيَقُولُ الضُّعَفَاءُ لِلَّذِينَ اسْتَكْبَرُوا إِنَّا كُنَّا لَكُمْ تَبَعًا فَهَلْ أَنتُم مُّغْنُونَ عَنَّا نَصِيبًا مِّنَ النَّارِ
42 الشورى 16	وَالَّذِينَ **يُحَاجُّونَ** فِي اللَّهِ مِن بَعْدِ مَا اسْتُجِيبَ لَهُ **حُجَّتُهُمْ** دَاحِضَةٌ عِندَ رَبِّهِمْ وَعَلَيْهِمْ غَضَبٌ وَلَهُمْ عَذَابٌ شَدِيدٌ
	حَاجَةً except **[it was] a need** within the soul of Jacob

12 يوسف 68	وَلَمَّا دَخَلُوا مِنْ حَيْثُ أَمَرَهُمْ أَبُوهُم مَّا كَانَ يُغْنِي عَنْهُم مِّنَ اللَّهِ مِن شَيْءٍ إِلَّا **حَاجَةً** فِي نَفْسِ يَعْقُوبَ قَضَاهَا ۚ وَإِنَّهُ لَذُو عِلْمٍ لِّمَا عَلَّمْنَاهُ وَلَٰكِنَّ أَكْثَرَ النَّاسِ لَا يَعْلَمُونَ
40 غافر 80	وَلَكُمْ فِيهَا مَنَافِعُ وَلِتَبْلُغُوا عَلَيْهَا **حَاجَةً** فِي صُدُورِكُمْ وَعَلَيْهَا وَعَلَى الْفُلْكِ تُحْمَلُونَ
59 الحشر 9	وَالَّذِينَ تَبَوَّءُوا الدَّارَ وَالْإِيمَانَ مِن قَبْلِهِمْ يُحِبُّونَ مَنْ هَاجَرَ إِلَيْهِمْ وَلَا يَجِدُونَ فِي صُدُورِهِمْ **حَاجَةً** مِّمَّا أُوتُوا وَيُؤْثِرُونَ عَلَىٰ أَنفُسِهِمْ وَلَوْ كَانَ بِهِمْ خَصَاصَةٌ ۚ وَمَن يُوقَ شُحَّ نَفْسِهِ فَأُولَٰئِكَ هُمُ الْمُفْلِحُونَ

حَاجَّكَ
Then whoever argues with you

3 آل عمران 61	فَمَنْ **حَاجَّكَ** فِيهِ مِن بَعْدِ مَا جَاءَكَ مِنَ الْعِلْمِ فَقُلْ تَعَالَوْا نَدْعُ أَبْنَاءَنَا وَأَبْنَاءَكُمْ وَنِسَاءَنَا وَنِسَاءَكُمْ وَأَنفُسَنَا وَأَنفُسَكُمْ ثُمَّ نَبْتَهِلْ فَنَجْعَل لَّعْنَتَ اللَّهِ عَلَى الْكَاذِبِينَ

حَاجُّوكَ
if they argue with you

2 البقرة 76	وَإِذَا لَقُوا الَّذِينَ آمَنُوا قَالُوا آمَنَّا وَإِذَا خَلَا بَعْضُهُمْ إِلَىٰ بَعْضٍ قَالُوا أَتُحَدِّثُونَهُم بِمَا فَتَحَ اللَّهُ عَلَيْكُمْ **لِيُحَاجُّوكُم** بِهِ عِندَ رَبِّكُمْ ۚ أَفَلَا تَعْقِلُونَ
3 آل عمران 20	فَإِنْ **حَاجُّوكَ** فَقُلْ أَسْلَمْتُ وَجْهِيَ لِلَّهِ وَمَنِ اتَّبَعَنِ ۗ وَقُل لِّلَّذِينَ أُوتُوا الْكِتَابَ وَالْأُمِّيِّينَ أَأَسْلَمْتُمْ ۚ فَإِنْ أَسْلَمُوا فَقَدِ اهْتَدَوا ۖ وَّإِن تَوَلَّوْا فَإِنَّمَا عَلَيْكَ الْبَلَاغُ ۗ وَاللَّهُ بَصِيرٌ بِالْعِبَادِ
73	وَلَا تُؤْمِنُوا إِلَّا لِمَن تَبِعَ دِينَكُمْ قُلْ إِنَّ الْهُدَىٰ هُدَى اللَّهِ أَن يُؤْتَىٰ أَحَدٌ مِّثْلَ مَا أُوتِيتُمْ أَوْ **يُحَاجُّوكُمْ** عِندَ رَبِّكُمْ ۗ قُلْ إِنَّ الْفَضْلَ بِيَدِ اللَّهِ يُؤْتِيهِ مَن يَشَاءُ ۗ وَاللَّهُ وَاسِعٌ عَلِيمٌ

حَاجَجْتُمْ
those who have argued about that of which you have [some] knowledge, but **why do you argue** about that of which you have no knowledge

3 آل عمران 66	هَا أَنتُمْ هَٰؤُلَاءِ حَاجَجْتُمْ فِيمَا لَكُم بِهِ عِلْمٌ فَلِمَ تُحَاجُّونَ فِيمَا لَيْسَ لَكُم بِهِ عِلْمٌ ۚ وَاللَّهُ يَعْلَمُ وَأَنتُمْ لَا تَعْلَمُونَ	

حَاجِزًا
barrier

27 النمل 61	أَمَّن جَعَلَ الْأَرْضَ قَرَارًا وَجَعَلَ خِلَالَهَا أَنْهَارًا وَجَعَلَ لَهَا رَوَاسِيَ وَجَعَلَ بَيْنَ الْبَحْرَيْنِ حَاجِزًا ۗ أَإِلَٰهٌ مَّعَ اللَّهِ ۚ بَلْ أَكْثَرُهُمْ لَا يَعْلَمُونَ	

حَاجِزِينَ
prevent [Us] from him

69 الحاقة 47	فَمَا مِنكُم مِّنْ أَحَدٍ عَنْهُ حَاجِزِينَ	

حَارَبَ
a station for whoever had warred against Allah

5 المائدة 33	إِنَّمَا جَزَاءُ الَّذِينَ يُحَارِبُونَ اللَّهَ وَرَسُولَهُ وَيَسْعَوْنَ فِي الْأَرْضِ فَسَادًا أَن يُقَتَّلُوا أَوْ يُصَلَّبُوا أَوْ تُقَطَّعَ أَيْدِيهِمْ وَأَرْجُلُهُم مِّنْ خِلَافٍ أَوْ يُنفَوْا مِنَ الْأَرْضِ ۚ ذَٰلِكَ لَهُمْ خِزْيٌ فِي الدُّنْيَا ۖ وَلَهُمْ فِي الْآخِرَةِ عَذَابٌ عَظِيمٌ	
9 التوبة 107	وَالَّذِينَ اتَّخَذُوا مَسْجِدًا ضِرَارًا وَكُفْرًا وَتَفْرِيقًا بَيْنَ الْمُؤْمِنِينَ وَإِرْصَادًا لِّمَنْ حَارَبَ اللَّهَ وَرَسُولَهُ مِن قَبْلُ ۚ وَلَيَحْلِفُنَّ إِنْ أَرَدْنَا إِلَّا الْحُسْنَىٰ ۖ وَاللَّهُ يَشْهَدُ إِنَّهُمْ لَكَاذِبُونَ	

حَرَامٌ / حَرَامًا
[some] lawful and [some] unlawful

10 يونس 59	قُلْ أَرَأَيْتُم مَّا أَنزَلَ اللَّهُ لَكُم مِّن رِّزْقٍ فَجَعَلْتُم مِّنْهُ حَرَامًا وَحَلَالًا قُلْ آللَّهُ أَذِنَ لَكُمْ ۖ أَمْ عَلَى اللَّهِ تَفْتَرُونَ	
16 النحل 116	وَلَا تَقُولُوا لِمَا تَصِفُ أَلْسِنَتُكُمُ الْكَذِبَ هَٰذَا حَلَالٌ وَهَٰذَا حَرَامٌ لِّتَفْتَرُوا عَلَى اللَّهِ الْكَذِبَ ۚ إِنَّ الَّذِينَ يَفْتَرُونَ عَلَى اللَّهِ الْكَذِبَ لَا يُفْلِحُونَ	
21 الأنبياء 95	وَحَرَامٌ عَلَىٰ قَرْيَةٍ أَهْلَكْنَاهَا أَنَّهُمْ لَا يَرْجِعُونَ	

	حِبَالُهُمْ So they threw their **ropes** and their **staffs**
20 طه 66	قَالَ بَلْ أَلْقُوا ۖ فَإِذَا **حِبَالُهُمْ** وَعِصِيُّهُمْ يُخَيَّلُ إِلَيْهِ مِن سِحْرِهِمْ أَنَّهَا تَسْعَىٰ
26 الشعراء 44	فَأَلْقَوْا **حِبَالَهُمْ** وَعِصِيَّهُمْ وَقَالُوا بِعِزَّةِ فِرْعَوْنَ إِنَّا لَنَحْنُ الْغَالِبُونَ
	حُبًّا **love**
2 البقرة 165	وَمِنَ النَّاسِ مَن يَتَّخِذُ مِن دُونِ اللَّهِ أَندَادًا **يُحِبُّونَهُمْ كَحُبِّ** اللَّهِ ۖ وَالَّذِينَ آمَنُوا أَشَدُّ **حُبًّا** لِّلَّهِ ۗ وَلَوْ يَرَى الَّذِينَ ظَلَمُوا إِذْ يَرَوْنَ الْعَذَابَ أَنَّ الْقُوَّةَ لِلَّهِ جَمِيعًا وَأَنَّ اللَّهَ شَدِيدُ الْعَذَابِ
12 يوسف 30	۞ وَقَالَ نِسْوَةٌ فِي الْمَدِينَةِ امْرَأَتُ الْعَزِيزِ تُرَاوِدُ فَتَاهَا عَن نَّفْسِهِ ۖ قَدْ شَغَفَهَا **حُبًّا** ۖ إِنَّا لَنَرَاهَا فِي ضَلَالٍ مُّبِينٍ
89 الفجر 20	**وَتُحِبُّونَ** الْمَالَ **حُبًّا** جَمًّا
	حَبًّا **grain**
6 الأنعام 99	وَهُوَ الَّذِي أَنزَلَ مِنَ السَّمَاءِ مَاءً فَأَخْرَجْنَا بِهِ نَبَاتَ كُلِّ شَيْءٍ فَأَخْرَجْنَا مِنْهُ خَضِرًا نُّخْرِجُ مِنْهُ **حَبًّا** مُّتَرَاكِبًا وَمِنَ النَّخْلِ مِن طَلْعِهَا قِنْوَانٌ دَانِيَةٌ وَجَنَّاتٍ مِّنْ أَعْنَابٍ وَالزَّيْتُونَ وَالرُّمَّانَ مُشْتَبِهًا وَغَيْرَ مُتَشَابِهٍ ۗ انظُرُوا إِلَىٰ ثَمَرِهِ إِذَا أَثْمَرَ وَيَنْعِهِ ۚ إِنَّ فِي ذَٰلِكُمْ لَآيَاتٍ لِّقَوْمٍ يُؤْمِنُونَ
36 يس 33	وَآيَةٌ لَّهُمُ الْأَرْضُ الْمَيْتَةُ أَحْيَيْنَاهَا وَأَخْرَجْنَا مِنْهَا **حَبًّا** فَمِنْهُ يَأْكُلُونَ
78 النبإ 15	لِّنُخْرِجَ بِهِ **حَبًّا** وَنَبَاتًا
	حبب **endeared the faith**

3 آل عمران 31	قُلْ إِن كُنتُمْ تُحِبُّونَ اللَّهَ فَاتَّبِعُونِي يُحْبِبْكُمُ اللَّهُ وَيَغْفِرْ لَكُمْ ذُنُوبَكُمْ ۗ وَاللَّهُ غَفُورٌ رَّحِيمٌ	
28 القصص 56	إِنَّكَ لَا تَهْدِي مَنْ أَحْبَبْتَ وَلَٰكِنَّ اللَّهَ يَهْدِي مَن يَشَاءُ ۚ وَهُوَ أَعْلَمُ بِالْمُهْتَدِينَ	
38 ص 32	فَقَالَ إِنِّي أَحْبَبْتُ حُبَّ الْخَيْرِ عَن ذِكْرِ رَبِّي حَتَّىٰ تَوَارَتْ بِالْحِجَابِ	
49 الحجرات 7	وَاعْلَمُوا أَنَّ فِيكُمْ رَسُولَ اللَّهِ ۚ لَوْ يُطِيعُكُمْ فِي كَثِيرٍ مِّنَ الْأَمْرِ لَعَنِتُّمْ وَلَٰكِنَّ اللَّهَ حَبَّبَ إِلَيْكُمُ الْإِيمَانَ وَزَيَّنَهُ فِي قُلُوبِكُمْ وَكَرَّهَ إِلَيْكُمُ الْكُفْرَ وَالْفُسُوقَ وَالْعِصْيَانَ ۚ أُولَٰئِكَ هُمُ الرَّاشِدُونَ	

حجابا
hidden barrier

17 الإسراء 45	وَإِذَا قَرَأْتَ الْقُرْآنَ جَعَلْنَا بَيْنَكَ وَبَيْنَ الَّذِينَ لَا يُؤْمِنُونَ بِالْآخِرَةِ حِجَابًا مَّسْتُورًا
19 مريم 17	فَاتَّخَذَتْ مِن دُونِهِمْ حِجَابًا فَأَرْسَلْنَا إِلَيْهَا رُوحَنَا فَتَمَثَّلَ لَهَا بَشَرًا سَوِيًّا

حجة
have no argument against you

2 البقرة 150	وَمِنْ حَيْثُ خَرَجْتَ فَوَلِّ وَجْهَكَ شَطْرَ الْمَسْجِدِ الْحَرَامِ ۚ وَحَيْثُ مَا كُنتُمْ فَوَلُّوا وُجُوهَكُمْ شَطْرَهُ لِئَلَّا يَكُونَ لِلنَّاسِ عَلَيْكُمْ حُجَّةٌ إِلَّا الَّذِينَ ظَلَمُوا مِنْهُمْ فَلَا تَخْشَوْهُمْ وَاخْشَوْنِي وَلِأُتِمَّ نِعْمَتِي عَلَيْكُمْ وَلَعَلَّكُمْ تَهْتَدُونَ
4 النساء 165	رُّسُلًا مُّبَشِّرِينَ وَمُنذِرِينَ لِئَلَّا يَكُونَ لِلنَّاسِ عَلَى اللَّهِ حُجَّةٌ بَعْدَ الرُّسُلِ ۚ وَكَانَ اللَّهُ عَزِيزًا حَكِيمًا
6 الأنعام 149	قُلْ فَلِلَّهِ الْحُجَّةُ الْبَالِغَةُ ۖ فَلَوْ شَاءَ لَهَدَاكُمْ أَجْمَعِينَ
42 الشورى 15	فَلِذَٰلِكَ فَادْعُ ۖ وَاسْتَقِمْ كَمَا أُمِرْتَ ۖ وَلَا تَتَّبِعْ أَهْوَاءَهُمْ ۖ وَقُلْ آمَنتُ بِمَا أَنزَلَ اللَّهُ مِن كِتَابٍ ۖ وَأُمِرْتُ لِأَعْدِلَ بَيْنَكُمُ ۖ اللَّهُ رَبُّنَا وَرَبُّكُمْ ۖ لَنَا

	أَعْمَالُنَا وَلَكُمْ أَعْمَالُكُمْ ۖ لَا **حُجَّةَ** بَيْنَنَا وَبَيْنَكُمُ ۖ اللَّهُ يَجْمَعُ بَيْنَنَا ۖ وَإِلَيْهِ الْمَصِيرُ

حجارة
rain down stones

2 البقرة 24	فَإِن لَّمْ تَفْعَلُوا وَلَن تَفْعَلُوا فَاتَّقُوا النَّارَ الَّتِي وَقُودُهَا النَّاسُ وَ**الْحِجَارَةُ** ۖ أُعِدَّتْ لِلْكَافِرِينَ
74	ثُمَّ قَسَتْ قُلُوبُكُم مِّن بَعْدِ ذَٰلِكَ فَهِيَ كَالْحِجَارَةِ أَوْ أَشَدُّ قَسْوَةً ۚ وَإِنَّ مِنَ **الْحِجَارَةِ** لَمَا يَتَفَجَّرُ مِنْهُ الْأَنْهَارُ ۚ وَإِنَّ مِنْهَا لَمَا يَشَّقَّقُ فَيَخْرُجُ مِنْهُ الْمَاءُ ۚ وَإِنَّ مِنْهَا لَمَا يَهْبِطُ مِنْ خَشْيَةِ اللَّهِ ۗ وَمَا اللَّهُ بِغَافِلٍ عَمَّا تَعْمَلُونَ
8 الأنفال 32	وَإِذْ قَالُوا اللَّهُمَّ إِن كَانَ هَٰذَا هُوَ الْحَقَّ مِنْ عِندِكَ فَأَمْطِرْ عَلَيْنَا **حِجَارَةً** مِّنَ السَّمَاءِ أَوِ ائْتِنَا بِعَذَابٍ أَلِيمٍ
11 هود 82	فَلَمَّا جَاءَ أَمْرُنَا جَعَلْنَا عَالِيَهَا سَافِلَهَا وَأَمْطَرْنَا عَلَيْهَا **حِجَارَةً** مِّن سِجِّيلٍ مَّنضُودٍ
15 الحجر 74	فَجَعَلْنَا عَالِيَهَا سَافِلَهَا وَأَمْطَرْنَا عَلَيْهِمْ **حِجَارَةً** مِّن سِجِّيلٍ
17 الإسراء 50	۞ قُلْ كُونُوا **حِجَارَةً** أَوْ حَدِيدًا
51 الذاريات 33	لِنُرْسِلَ عَلَيْهِمْ **حِجَارَةً** مِّن طِينٍ
66 التحريم 6	يَا أَيُّهَا الَّذِينَ آمَنُوا قُوا أَنفُسَكُمْ وَأَهْلِيكُمْ نَارًا وَقُودُهَا النَّاسُ وَ**الْحِجَارَةُ** عَلَيْهَا مَلَائِكَةٌ غِلَاظٌ شِدَادٌ لَّا يَعْصُونَ اللَّهَ مَا أَمَرَهُمْ وَيَفْعَلُونَ مَا يُؤْمَرُونَ
105 الفيل 4	تَرْمِيهِم بِ**حِجَارَةٍ** مِّن سِجِّيلٍ

حُفْرَةٍ
pit of the Fire

3 آل عمران 103	وَاعْتَصِمُوا بِحَبْلِ اللَّهِ جَمِيعًا وَلَا تَفَرَّقُوا ۚ وَاذْكُرُوا نِعْمَتَ اللَّهِ عَلَيْكُمْ إِذْ كُنتُمْ أَعْدَاءً فَأَلَّفَ بَيْنَ قُلُوبِكُمْ فَأَصْبَحْتُم بِنِعْمَتِهِ إِخْوَانًا وَكُنتُمْ عَلَىٰ شَفَا **حُفْرَةٍ** مِّنَ النَّارِ فَأَنقَذَكُم مِّنْهَا ۗ كَذَٰلِكَ يُبَيِّنُ اللَّهُ لَكُمْ آيَاتِهِ لَعَلَّكُمْ تَهْتَدُونَ
	حَفَظَةً **guardian-angels**
6 الأنعام 61	وَهُوَ الْقَاهِرُ فَوْقَ عِبَادِهِ ۖ وَيُرْسِلُ عَلَيْكُمْ **حَفَظَةً** حَتَّىٰ إِذَا جَاءَ أَحَدَكُمُ الْمَوْتُ تَوَفَّتْهُ رُسُلُنَا وَهُمْ لَا يُفَرِّطُونَ
	حَفِيظ **Guardian**
4 النساء 80	مَّن يُطِعِ الرَّسُولَ فَقَدْ أَطَاعَ اللَّهَ ۖ وَمَن تَوَلَّىٰ فَمَا أَرْسَلْنَاكَ عَلَيْهِمْ **حَفِيظًا**
6 الأنعام 104	قَدْ جَاءَكُم بَصَائِرُ مِن رَّبِّكُمْ ۖ فَمَنْ أَبْصَرَ فَلِنَفْسِهِ ۖ وَمَنْ عَمِيَ فَعَلَيْهَا ۚ وَمَا أَنَا عَلَيْكُم **بِحَفِيظٍ**
107	وَلَوْ شَاءَ اللَّهُ مَا أَشْرَكُوا ۗ وَمَا جَعَلْنَاكَ عَلَيْهِمْ **حَفِيظًا** ۖ وَمَا أَنتَ عَلَيْهِم بِوَكِيلٍ
11 هود 57	فَإِن تَوَلَّوْا فَقَدْ أَبْلَغْتُكُم مَّا أُرْسِلْتُ بِهِ إِلَيْكُمْ ۚ وَيَسْتَخْلِفُ رَبِّي قَوْمًا غَيْرَكُمْ وَلَا تَضُرُّونَهُ شَيْئًا ۚ إِنَّ رَبِّي عَلَىٰ كُلِّ شَيْءٍ **حَفِيظٌ**
86	بَقِيَّتُ اللَّهِ خَيْرٌ لَّكُمْ إِن كُنتُم مُّؤْمِنِينَ ۚ وَمَا أَنَا عَلَيْكُم **بِحَفِيظٍ**
12 يوسف 55	قَالَ اجْعَلْنِي عَلَىٰ خَزَائِنِ الْأَرْضِ ۖ إِنِّي **حَفِيظٌ** عَلِيمٌ
34 سبإ 21	وَمَا كَانَ لَهُ عَلَيْهِم مِّن سُلْطَانٍ إِلَّا لِنَعْلَمَ مَن يُؤْمِنُ بِالْآخِرَةِ مِمَّنْ هُوَ مِنْهَا فِي شَكٍّ ۗ وَرَبُّكَ عَلَىٰ كُلِّ شَيْءٍ **حَفِيظٌ**
42 الشورى 6	وَالَّذِينَ اتَّخَذُوا مِن دُونِهِ أَوْلِيَاءَ اللَّهُ **حَفِيظٌ** عَلَيْهِمْ وَمَا أَنتَ عَلَيْهِم بِوَكِيلٍ
48	فَإِنْ أَعْرَضُوا فَمَا أَرْسَلْنَاكَ عَلَيْهِمْ **حَفِيظًا** ۖ إِنْ عَلَيْكَ إِلَّا الْبَلَاغُ ۗ وَإِنَّا إِذَا أَذَقْنَا الْإِنسَانَ مِنَّا رَحْمَةً فَرِحَ بِهَا ۖ وَإِن تُصِبْهُمْ سَيِّئَةٌ بِمَا قَدَّمَتْ أَيْدِيهِمْ فَإِنَّ الْإِنسَانَ كَفُورٌ

50 ق 4	قَدْ عَلِمْنَا مَا تَنقُصُ الْأَرْضُ مِنْهُمْ ۖ وَعِندَنَا كِتَابٌ **حَفِيظٌ**
32	هَٰذَا مَا تُوعَدُونَ لِكُلِّ أَوَّابٍ **حَفِيظٍ**
	حَفِيٌّ **familiar with it**
7 الأعراف 187	يَسْأَلُونَكَ عَنِ السَّاعَةِ أَيَّانَ مُرْسَاهَا ۖ قُلْ إِنَّمَا عِلْمُهَا عِندَ رَبِّي ۖ لَا يُجَلِّيهَا لِوَقْتِهَا إِلَّا هُوَ ۚ ثَقُلَتْ فِي السَّمَاوَاتِ وَالْأَرْضِ ۚ لَا تَأْتِيكُمْ إِلَّا بَغْتَةً ۗ يَسْأَلُونَكَ كَأَنَّكَ **حَفِيٌّ** عَنْهَا ۖ قُلْ إِنَّمَا عِلْمُهَا عِندَ اللَّهِ وَلَٰكِنَّ أَكْثَرَ النَّاسِ لَا يَعْلَمُونَ
19 مريم 47	قَالَ سَلَامٌ عَلَيْكَ ۖ سَأَسْتَغْفِرُ لَكَ رَبِّي ۖ إِنَّهُ كَانَ بِي **حَفِيًّا**
	الحق
2 البقرة	**إِنَّ اللَّـهَ لَا يَسْتَحْيِي أَن يَضْرِبَ مَثَلًا مَّا بَعُوضَةً فَمَا فَوْقَهَا ۚ فَأَمَّا الَّذِينَ آمَنُوا فَيَعْلَمُونَ أَنَّهُ الْحَقُّ مِن رَّبِّهِمْ ۖ وَأَمَّا الَّذِينَ كَفَرُوا فَيَقُولُونَ مَاذَا أَرَادَ اللَّـهُ بِهَـٰذَا مَثَلًا ۘ يُضِلُّ بِهِ كَثِيرًا وَيَهْدِي بِهِ كَثِيرًا ۚ وَمَا يُضِلُّ بِهِ إِلَّا الْفَاسِقِينَ 26** -- **وَلَا تَلْبِسُوا الْحَقَّ بِالْبَاطِلِ وَتَكْتُمُوا الْحَقَّ وَأَنتُمْ تَعْلَمُونَ 42** -- **وَإِذْ قُلْتُمْ يَا مُوسَىٰ لَن نَّصْبِرَ عَلَىٰ طَعَامٍ وَاحِدٍ فَادْعُ لَنَا رَبَّكَ يُخْرِجْ لَنَا مِمَّا تُنبِتُ الْأَرْضُ مِن بَقْلِهَا وَقِثَّائِهَا وَفُومِهَا وَعَدَسِهَا وَبَصَلِهَا قَالَ أَتَسْتَبْدِلُونَ الَّذِي هُوَ أَدْنَىٰ بِالَّذِي هُوَ خَيْرٌ اهْبِطُوا مِصْرًا فَإِنَّ لَكُم مَّا سَأَلْتُمْ وَضُرِبَتْ عَلَيْهِمُ الذِّلَّةُ وَالْمَسْكَنَةُ وَبَاءُوا بِغَضَبٍ مِّنَ اللَّـهِ ذَٰلِكَ بِأَنَّهُمْ كَانُوا يَكْفُرُونَ بِآيَاتِ اللَّـهِ وَيَقْتُلُونَ النَّبِيِّينَ بِغَيْرِ الْحَقِّ ذَٰلِكَ بِمَا عَصَوا وَّكَانُوا يَعْتَدُونَ 61**

. قَالَ إِنَّهُ يَقُولُ إِنَّهَا بَقَرَةٌ لَّا ذَلُولٌ تُثِيرُ الْأَرْضَ وَلَا تَسْقِي الْحَرْثَ مُسَلَّمَةٌ لَّا شِيَةَ فِيهَا قَالُوا الْآنَ جِئْتَ بِالْحَقِّ فَذَبَحُوهَا وَمَا كَادُوا يَفْعَلُونَ 71 -------------------------------------- وَإِذَا قِيلَ لَهُمْ آمِنُوا بِمَا أَنزَلَ اللَّهُ قَالُوا نُؤْمِنُ بِمَا أُنزِلَ عَلَيْنَا وَيَكْفُرُونَ بِمَا وَرَاءَهُ وَهُوَ الْحَقُّ مُصَدِّقًا لِّمَا مَعَهُمْ قُلْ فَلِمَ تَقْتُلُونَ أَنبِيَاءَ اللَّهِ مِن قَبْلُ إِن كُنتُم مُّؤْمِنِينَ 91 -------------------------------------- وَدَّ كَثِيرٌ مِّنْ أَهْلِ الْكِتَابِ لَوْ يَرُدُّونَكُم مِّن بَعْدِ إِيمَانِكُمْ كُفَّارًا حَسَدًا مِّنْ عِندِ أَنفُسِهِم مِّن بَعْدِ مَا تَبَيَّنَ لَهُمُ الْحَقُّ فَاعْفُوا وَاصْفَحُوا حَتَّىٰ يَأْتِيَ اللَّهُ بِأَمْرِهِ إِنَّ اللَّهَ عَلَىٰ كُلِّ شَيْءٍ قَدِيرٌ 109 إِنَّا أَرْسَلْنَاكَ بِالْحَقِّ بَشِيرًا وَنَذِيرًا وَلَا تُسْأَلُ عَنْ أَصْحَابِ الْجَحِيمِ 119 قَدْ نَرَىٰ تَقَلُّبَ وَجْهِكَ فِي السَّمَاءِ فَلَنُوَلِّيَنَّكَ قِبْلَةً تَرْضَاهَا فَوَلِّ وَجْهَكَ شَطْرَ الْمَسْجِدِ الْحَرَامِ وَحَيْثُ مَا كُنتُمْ فَوَلُّوا وُجُوهَكُمْ شَطْرَهُ وَإِنَّ الَّذِينَ أُوتُوا الْكِتَابَ لَيَعْلَمُونَ أَنَّهُ الْحَقُّ مِن رَّبِّهِمْ وَمَا اللَّهُ بِغَافِلٍ عَمَّا يَعْمَلُونَ 144------ الَّذِينَ آتَيْنَاهُمُ الْكِتَابَ يَعْرِفُونَهُ كَمَا يَعْرِفُونَ أَبْنَاءَهُمْ وَإِنَّ فَرِيقًا مِّنْهُمْ لَيَكْتُمُونَ الْحَقَّ وَهُمْ يَعْلَمُونَ ---------------- --------146 الْحَقُّ مِن رَّبِّكَ فَلَا تَكُونَنَّ مِنَ الْمُمْتَرِينَ ------------ 147 ذَٰلِكَ بِأَنَّ اللَّهَ نَزَّلَ الْكِتَابَ بِالْحَقِّ وَإِنَّ الَّذِينَ اخْتَلَفُوا فِي الْكِتَابِ لَفِي شِقَاقٍ بَعِيدٍ ---------------------------------176 كَانَ النَّاسُ أُمَّةً وَاحِدَةً فَبَعَثَ اللَّهُ النَّبِيِّينَ مُبَشِّرِينَ وَمُنذِرِينَ وَأَنزَلَ مَعَهُمُ الْكِتَابَ بِالْحَقِّ لِيَحْكُمَ بَيْنَ النَّاسِ فِيمَا اخْتَلَفُوا فِيهِ وَمَا اخْتَلَفَ فِيهِ إِلَّا الَّذِينَ أُوتُوهُ مِن بَعْدِ مَا جَاءَتْهُمُ الْبَيِّنَاتُ بَغْيًا بَيْنَهُمْ فَهَدَى اللَّهُ الَّذِينَ آمَنُوا لِمَا اخْتَلَفُوا فِيهِ مِنَ الْحَقِّ بِإِذْنِهِ وَاللَّهُ يَهْدِي مَن يَشَاءُ إِلَىٰ صِرَاطٍ مُّسْتَقِيمٍ ---------213 تِلْكَ آيَاتُ اللَّهِ نَتْلُوهَا عَلَيْكَ بِالْحَقِّ وَإِنَّكَ لَمِنَ الْمُرْسَلِينَ ﴿ 252﴾ يَا أَيُّهَا الَّذِينَ آمَنُوا إِذَا تَدَايَنتُم بِدَيْنٍ إِلَىٰ أَجَلٍ مُّسَمًّى فَاكْتُبُوهُ وَلْيَكْتُب بَّيْنَكُمْ كَاتِبٌ بِالْعَدْلِ وَلَا يَأْبَ كَاتِبٌ أَن يَكْتُبَ كَمَا عَلَّمَهُ اللَّهُ فَلْيَكْتُبْ وَلْيُمْلِلِ	

الَّذِي عَلَيْهِ الْحَقُّ وَلْيَتَّقِ اللَّهَ رَبَّهُ وَلَا يَبْخَسْ مِنْهُ شَيْئًا فَإِن كَانَ الَّذِي عَلَيْهِ الْحَقُّ سَفِيهًا أَوْ ضَعِيفًا أَوْ لَا يَسْتَطِيعُ أَن يُمِلَّ هُوَ فَلْيُمْلِلْ وَلِيُّهُ بِالْعَدْلِ وَاسْتَشْهِدُوا شَهِيدَيْنِ مِن رِّجَالِكُمْ فَإِن لَّمْ يَكُونَا رَجُلَيْنِ فَرَجُلٌ وَامْرَأَتَانِ مِمَّن تَرْضَوْنَ مِنَ الشُّهَدَاءِ أَن تَضِلَّ إِحْدَاهُمَا فَتُذَكِّرَ إِحْدَاهُمَا الْأُخْرَىٰ وَلَا يَأْبَ الشُّهَدَاءُ إِذَا مَا دُعُوا وَلَا تَسْأَمُوا أَن تَكْتُبُوهُ صَغِيرًا أَوْ كَبِيرًا إِلَىٰ أَجَلِهِ ذَٰلِكُمْ أَقْسَطُ عِندَ اللَّهِ وَأَقْوَمُ لِلشَّهَادَةِ وَأَدْنَىٰ أَلَّا تَرْتَابُوا إِلَّا أَن تَكُونَ تِجَارَةً حَاضِرَةً تُدِيرُونَهَا بَيْنَكُمْ فَلَيْسَ عَلَيْكُمْ جُنَاحٌ أَلَّا تَكْتُبُوهَا وَأَشْهِدُوا إِذَا تَبَايَعْتُمْ وَلَا يُضَارَّ كَاتِبٌ وَلَا شَهِيدٌ وَإِن تَفْعَلُوا فَإِنَّهُ فُسُوقٌ بِكُمْ وَاتَّقُوا اللَّهَ وَيُعَلِّمُكُمُ اللَّهُ وَاللَّهُ بِكُلِّ شَيْءٍ عَلِيمٌ ﴿282﴾

3 آل عمران

نَزَّلَ عَلَيْكَ الْكِتَابَ بِالْحَقِّ مُصَدِّقًا لِّمَا بَيْنَ يَدَيْهِ وَأَنزَلَ التَّوْرَاةَ وَالْإِنجِيلَ ﴿3﴾

الْحَقُّ مِن رَّبِّكَ فَلَا تَكُن مِّنَ الْمُمْتَرِينَ ﴿60﴾---------

إِنَّ هَـٰذَا لَهُوَ الْقَصَصُ الْحَقُّ وَمَا مِنْ إِلَـٰهٍ إِلَّا اللَّهُ وَإِنَّ اللَّهَ لَهُوَ الْعَزِيزُ الْحَكِيمُ ﴿62﴾

يَا أَهْلَ الْكِتَابِ لِمَ تَلْبِسُونَ الْحَقَّ بِالْبَاطِلِ وَتَكْتُمُونَ الْحَقَّ وَأَنتُمْ تَعْلَمُونَ ﴿71﴾

تِلْكَ آيَاتُ اللَّهِ نَتْلُوهَا عَلَيْكَ بِالْحَقِّ وَمَا اللَّهُ يُرِيدُ ظُلْمًا لِّلْعَالَمِينَ ﴿108﴾

ثُمَّ أَنزَلَ عَلَيْكُم مِّن بَعْدِ الْغَمِّ أَمَنَةً نُّعَاسًا يَغْشَىٰ طَائِفَةً مِّنكُمْ وَطَائِفَةٌ قَدْ أَهَمَّتْهُمْ أَنفُسُهُمْ يَظُنُّونَ بِاللَّهِ غَيْرَ الْحَقِّ ظَنَّ الْجَاهِلِيَّةِ يَقُولُونَ هَل لَّنَا مِنَ الْأَمْرِ مِن شَيْءٍ قُلْ إِنَّ الْأَمْرَ كُلَّهُ لِلَّهِ يُخْفُونَ فِي أَنفُسِهِم مَّا لَا يُبْدُونَ لَكَ يَقُولُونَ لَوْ كَانَ لَنَا مِنَ الْأَمْرِ شَيْءٌ مَّا قُتِلْنَا هَاهُنَا قُل لَّوْ كُنتُمْ فِي بُيُوتِكُمْ لَبَرَزَ الَّذِينَ كُتِبَ عَلَيْهِمُ الْقَتْلُ إِلَىٰ مَضَاجِعِهِمْ وَلِيَبْتَلِيَ اللَّهُ مَا فِي صُدُورِكُمْ وَلِيُمَحِّصَ مَا فِي قُلُوبِكُمْ وَاللَّهُ عَلِيمٌ بِذَاتِ الصُّدُورِ -------﴿154﴾

4 النساء

إِنَّا أَنزَلْنَا إِلَيْكَ الْكِتَابَ بِالْحَقِّ لِتَحْكُمَ بَيْنَ النَّاسِ بِمَا أَرَاكَ اللَّهُ وَلَا تَكُن لِّلْخَائِنِينَ خَصِيمًا ﴿4 النساء 105﴾

يَا أَيُّهَا النَّاسُ قَدْ جَاءَكُمُ الرَّسُولُ بِالْحَقِّ مِن رَّبِّكُمْ فَآمِنُوا خَيْرًا لَّكُمْ وَإِن تَكْفُرُوا فَإِنَّ لِلَّـهِ مَا فِي السَّمَاوَاتِ وَالْأَرْضِ وَكَانَ اللَّـهُ عَلِيمًا حَكِيمًا ﴿170﴾

يَا أَهْلَ الْكِتَابِ لَا تَغْلُوا فِي دِينِكُمْ وَلَا تَقُولُوا عَلَى اللَّـهِ إِلَّا الْحَقَّ إِنَّمَا الْمَسِيحُ عِيسَى ابْنُ مَرْيَمَ رَسُولُ اللَّـهِ وَكَلِمَتُهُ أَلْقَاهَا إِلَىٰ مَرْيَمَ وَرُوحٌ مِّنْهُ فَآمِنُوا بِاللَّـهِ وَرُسُلِهِ وَلَا تَقُولُوا ثَلَاثَةٌ انتَهُوا خَيْرًا لَّكُمْ إِنَّمَا اللَّـهُ إِلَـٰهٌ وَاحِدٌ سُبْحَانَهُ أَن يَكُونَ لَهُ وَلَدٌ لَّهُ مَا فِي السَّمَاوَاتِ وَمَا فِي الْأَرْضِ وَكَفَىٰ بِاللَّـهِ وَكِيلًا ﴿171﴾

---

5 المائدة

وَاتْلُ عَلَيْهِمْ نَبَأَ ابْنَيْ آدَمَ بِالْحَقِّ إِذْ قَرَّبَا قُرْبَانًا فَتُقُبِّلَ مِنْ أَحَدِهِمَا وَلَمْ يُتَقَبَّلْ مِنَ الْآخَرِ قَالَ لَأَقْتُلَنَّكَ قَالَ إِنَّمَا يَتَقَبَّلُ اللَّـهُ مِنَ الْمُتَّقِينَ ﴿5 المائدة27﴾

وَأَنزَلْنَا إِلَيْكَ الْكِتَابَ بِالْحَقِّ مُصَدِّقًا لِّمَا بَيْنَ يَدَيْهِ مِنَ الْكِتَابِ وَمُهَيْمِنًا عَلَيْهِ فَاحْكُم بَيْنَهُم بِمَا أَنزَلَ اللَّـهُ وَلَا تَتَّبِعْ أَهْوَاءَهُمْ عَمَّا جَاءَكَ مِنَ الْحَقِّ لِكُلٍّ جَعَلْنَا مِنكُمْ شِرْعَةً وَمِنْهَاجًا وَلَوْ شَاءَ اللَّـهُ لَجَعَلَكُمْ أُمَّةً وَاحِدَةً وَلَـٰكِن لِّيَبْلُوَكُمْ فِي مَا آتَاكُمْ فَاسْتَبِقُوا الْخَيْرَاتِ إِلَى اللَّـهِ مَرْجِعُكُمْ جَمِيعًا فَيُنَبِّئُكُم بِمَا كُنتُمْ فِيهِ تَخْتَلِفُونَ ﴿5 المائدة48﴾

قُلْ يَا أَهْلَ الْكِتَابِ لَا تَغْلُوا فِي دِينِكُمْ غَيْرَ الْحَقِّ وَلَا تَتَّبِعُوا أَهْوَاءَ قَوْمٍ قَدْ ضَلُّوا مِن قَبْلُ وَأَضَلُّوا كَثِيرًا وَضَلُّوا عَن سَوَاءِ السَّبِيلِ ﴿77﴾

وَإِذَا سَمِعُوا مَا أُنزِلَ إِلَى الرَّسُولِ تَرَىٰ أَعْيُنَهُمْ تَفِيضُ مِنَ الدَّمْعِ مِمَّا عَرَفُوا مِنَ الْحَقِّ يَقُولُونَ رَبَّنَا آمَنَّا فَاكْتُبْنَا مَعَ الشَّاهِدِينَ ﴿83﴾

وَمَا لَنَا لَا نُؤْمِنُ بِاللَّـهِ وَمَا جَاءَنَا مِنَ الْحَقِّ وَنَطْمَعُ أَن يُدْخِلَنَا رَبُّنَا مَعَ الْقَوْمِ الصَّالِحِينَ

﴿84﴾

---

6 الأنعام

فَقَدْ كَذَّبُوا بِالْحَقِّ لَمَّا جَاءَهُمْ فَسَوْفَ يَأْتِيهِمْ أَنبَاءُ مَا كَانُوا بِهِ يَسْتَهْزِئُونَ ﴿5﴾

وَلَوْ تَرَىٰ إِذْ وُقِفُوا عَلَىٰ رَبِّهِمْ قَالَ أَلَيْسَ هَٰذَا بِالْحَقِّ قَالُوا بَلَىٰ وَرَبِّنَا قَالَ فَذُوقُوا الْعَذَابَ بِمَا كُنتُمْ تَكْفُرُونَ ﴿30﴾ قُلْ إِنِّي عَلَىٰ بَيِّنَةٍ مِّن رَّبِّي وَكَذَّبْتُم بِهِ مَا عِندِي مَا تَسْتَعْجِلُونَ بِهِ إِنِ الْحُكْمُ إِلَّا لِلَّـهِ يَقُصُّ الْحَقَّ وَهُوَ خَيْرُ الْفَاصِلِينَ ﴿57﴾ ثُمَّ رُدُّوا إِلَى اللَّـهِ مَوْلَاهُمُ الْحَقِّ أَلَا لَهُ الْحُكْمُ وَهُوَ أَسْرَعُ الْحَاسِبِينَ ﴿62﴾ وَكَذَّبَ بِهِ قَوْمُكَ وَهُوَ الْحَقُّ قُل لَّسْتُ عَلَيْكُم بِوَكِيلٍ ﴿66﴾ وَهُوَ الَّذِي خَلَقَ السَّمَاوَاتِ وَالْأَرْضَ بِالْحَقِّ وَيَوْمَ يَقُولُ كُن فَيَكُونُ قَوْلُهُ الْحَقُّ وَلَهُ الْمُلْكُ يَوْمَ يُنفَخُ فِي الصُّورِ عَالِمُ الْغَيْبِ وَالشَّهَادَةِ وَهُوَ الْحَكِيمُ الْخَبِيرُ ﴿73﴾ وَمَنْ أَظْلَمُ مِمَّنِ افْتَرَىٰ عَلَى اللَّـهِ كَذِبًا أَوْ قَالَ أُوحِيَ إِلَيَّ وَلَمْ يُوحَ إِلَيْهِ شَيْءٌ وَمَن قَالَ سَأُنزِلُ مِثْلَ مَا أَنزَلَ اللَّـهُ وَلَوْ تَرَىٰ إِذِ الظَّالِمُونَ فِي غَمَرَاتِ الْمَوْتِ وَالْمَلَائِكَةُ بَاسِطُو أَيْدِيهِمْ أَخْرِجُوا أَنفُسَكُمُ الْيَوْمَ تُجْزَوْنَ عَذَابَ الْهُونِ بِمَا كُنتُمْ تَقُولُونَ عَلَى اللَّـهِ غَيْرَ الْحَقِّ وَكُنتُمْ عَنْ آيَاتِهِ تَسْتَكْبِرُونَ ﴿93﴾ أَفَغَيْرَ اللَّـهِ أَبْتَغِي حَكَمًا وَهُوَ الَّذِي أَنزَلَ إِلَيْكُمُ الْكِتَابَ مُفَصَّلًا وَالَّذِينَ آتَيْنَاهُمُ الْكِتَابَ يَعْلَمُونَ أَنَّهُ مُنَزَّلٌ مِّن رَّبِّكَ بِالْحَقِّ فَلَا تَكُونَنَّ مِنَ الْمُمْتَرِينَ ﴿114﴾ قُلْ تَعَالَوْا أَتْلُ مَا حَرَّمَ رَبُّكُمْ عَلَيْكُمْ أَلَّا تُشْرِكُوا بِهِ شَيْئًا وَبِالْوَالِدَيْنِ إِحْسَانًا وَلَا تَقْتُلُوا أَوْلَادَكُم مِّنْ إِمْلَاقٍ نَّحْنُ نَرْزُقُكُمْ وَإِيَّاهُمْ وَلَا تَقْرَبُوا الْفَوَاحِشَ مَا ظَهَرَ مِنْهَا وَمَا بَطَنَ وَلَا تَقْتُلُوا النَّفْسَ الَّتِي حَرَّمَ اللَّـهُ إِلَّا بِالْحَقِّ ذَٰلِكُمْ وَصَّاكُم بِهِ لَعَلَّكُمْ تَعْقِلُونَ ﴿151﴾ **7 الأعراف** وَالْوَزْنُ يَوْمَئِذٍ الْحَقُّ فَمَن ثَقُلَتْ مَوَازِينُهُ فَأُولَـٰئِكَ هُمُ الْمُفْلِحُونَ ﴿8﴾ قُلْ إِنَّمَا حَرَّمَ رَبِّيَ الْفَوَاحِشَ مَا ظَهَرَ مِنْهَا وَمَا بَطَنَ وَالْإِثْمَ وَالْبَغْيَ بِغَيْرِ الْحَقِّ وَأَن تُشْرِكُوا بِاللَّـهِ مَا لَمْ يُنَزِّلْ بِهِ سُلْطَانًا وَأَن تَقُولُوا عَلَى اللَّـهِ مَا لَا تَعْلَمُونَ ﴿33﴾	

وَنَزَعْنَا مَا فِي صُدُورِهِم مِّنْ غِلٍّ تَجْرِي مِن تَحْتِهِمُ الْأَنْهَارُ وَقَالُوا الْحَمْدُ لِلَّهِ الَّذِي هَدَانَا لِهَٰذَا وَمَا كُنَّا لِنَهْتَدِيَ لَوْلَا أَنْ هَدَانَا اللَّهُ لَقَدْ جَاءَتْ رُسُلُ رَبِّنَا بِالْحَقِّ وَنُودُوا أَن تِلْكُمُ الْجَنَّةُ أُورِثْتُمُوهَا بِمَا كُنتُمْ تَعْمَلُونَ ﴿43﴾

هَلْ يَنظُرُونَ إِلَّا تَأْوِيلَهُ يَوْمَ يَأْتِي تَأْوِيلُهُ يَقُولُ الَّذِينَ نَسُوهُ مِن قَبْلُ قَدْ جَاءَتْ رُسُلُ رَبِّنَا بِالْحَقِّ فَهَل لَّنَا مِن شُفَعَاءَ فَيَشْفَعُوا لَنَا أَوْ نُرَدُّ فَنَعْمَلَ غَيْرَ الَّذِي كُنَّا نَعْمَلُ قَدْ خَسِرُوا أَنفُسَهُمْ وَضَلَّ عَنْهُم مَّا كَانُوا يَفْتَرُونَ ﴿53﴾

قَدِ افْتَرَيْنَا عَلَى اللَّهِ كَذِبًا إِنْ عُدْنَا فِي مِلَّتِكُم بَعْدَ إِذْ نَجَّانَا اللَّهُ مِنْهَا وَمَا يَكُونُ لَنَا أَن نَّعُودَ فِيهَا إِلَّا أَن يَشَاءَ اللَّهُ رَبُّنَا وَسِعَ رَبُّنَا كُلَّ شَيْءٍ عِلْمًا عَلَى اللَّهِ تَوَكَّلْنَا رَبَّنَا افْتَحْ بَيْنَنَا وَبَيْنَ قَوْمِنَا بِالْحَقِّ وَأَنتَ خَيْرُ الْفَاتِحِينَ ﴿7 الأعراف 89﴾

حَقِيقٌ عَلَىٰ أَن لَّا أَقُولَ عَلَى اللَّهِ إِلَّا الْحَقَّ قَدْ جِئْتُكُم بِبَيِّنَةٍ مِّن رَّبِّكُمْ فَأَرْسِلْ مَعِيَ بَنِي إِسْرَائِيلَ ﴿105﴾

فَوَقَعَ الْحَقُّ وَبَطَلَ مَا كَانُوا يَعْمَلُونَ ﴿118﴾

سَأَصْرِفُ عَنْ آيَاتِيَ الَّذِينَ يَتَكَبَّرُونَ فِي الْأَرْضِ بِغَيْرِ الْحَقِّ وَإِن يَرَوْا كُلَّ آيَةٍ لَّا يُؤْمِنُوا بِهَا وَإِن يَرَوْا سَبِيلَ الرُّشْدِ لَا يَتَّخِذُوهُ سَبِيلًا وَإِن يَرَوْا سَبِيلَ الْغَيِّ يَتَّخِذُوهُ سَبِيلًا ذَٰلِكَ بِأَنَّهُمْ كَذَّبُوا بِآيَاتِنَا وَكَانُوا عَنْهَا غَافِلِينَ ﴿146﴾

وَمِن قَوْمِ مُوسَىٰ أُمَّةٌ يَهْدُونَ بِالْحَقِّ وَبِهِ يَعْدِلُونَ ﴿159﴾

فَخَلَفَ مِن بَعْدِهِمْ خَلْفٌ وَرِثُوا الْكِتَابَ يَأْخُذُونَ عَرَضَ هَٰذَا الْأَدْنَىٰ وَيَقُولُونَ سَيُغْفَرُ لَنَا وَإِن يَأْتِهِمْ عَرَضٌ مِّثْلُهُ يَأْخُذُوهُ أَلَمْ يُؤْخَذْ عَلَيْهِم مِّيثَاقُ الْكِتَابِ أَن لَّا يَقُولُوا عَلَى اللَّهِ إِلَّا الْحَقَّ وَدَرَسُوا مَا فِيهِ وَالدَّارُ الْآخِرَةُ خَيْرٌ لِّلَّذِينَ يَتَّقُونَ أَفَلَا تَعْقِلُونَ ﴿169﴾

وَمِمَّنْ خَلَقْنَا أُمَّةٌ يَهْدُونَ بِالْحَقِّ وَبِهِ يَعْدِلُونَ ﴿181﴾

﴿8 الأنفال﴾

كَمَا أَخْرَجَكَ رَبُّكَ مِن بَيْتِكَ بِالْحَقِّ وَإِنَّ فَرِيقًا مِّنَ الْمُؤْمِنِينَ لَكَارِهُونَ ﴿8 الأنفال 5﴾

يُجَادِلُونَكَ فِي الْحَقِّ بَعْدَ مَا تَبَيَّنَ كَأَنَّمَا يُسَاقُونَ إِلَى الْمَوْتِ وَهُمْ يَنظُرُونَ ﴿6﴾

وَإِذْ يَعِدُكُمُ اللَّهُ إِحْدَى الطَّائِفَتَيْنِ أَنَّهَا لَكُمْ وَتَوَدُّونَ أَنَّ غَيْرَ ذَاتِ الشَّوْكَةِ تَكُونُ لَكُمْ وَيُرِيدُ اللَّهُ أَن يُحِقَّ الْحَقَّ بِكَلِمَاتِهِ وَيَقْطَعَ دَابِرَ الْكَافِرِينَ ﴿7﴾

لِيُحِقَّ الْحَقَّ وَيُبْطِلَ الْبَاطِلَ وَلَوْ كَرِهَ الْمُجْرِمُونَ ﴿8﴾

وَإِذْ قَالُوا اللَّهُمَّ إِن كَانَ هَٰذَا هُوَ الْحَقَّ مِنْ عِندِكَ فَأَمْطِرْ عَلَيْنَا حِجَارَةً مِّنَ السَّمَاءِ أَوِ ائْتِنَا بِعَذَابٍ أَلِيمٍ ﴿32﴾

قَاتِلُوا الَّذِينَ لَا يُؤْمِنُونَ بِاللَّهِ وَلَا بِالْيَوْمِ الْآخِرِ وَلَا يُحَرِّمُونَ مَا حَرَّمَ اللَّهُ وَرَسُولُهُ وَلَا يَدِينُونَ دِينَ الْحَقِّ مِنَ الَّذِينَ أُوتُوا الْكِتَابَ حَتَّىٰ يُعْطُوا الْجِزْيَةَ عَن يَدٍ وَهُمْ صَاغِرُونَ

﴿9 التوبة 29﴾

هُوَ الَّذِي أَرْسَلَ رَسُولَهُ بِالْهُدَىٰ وَدِينِ الْحَقِّ لِيُظْهِرَهُ عَلَى الدِّينِ كُلِّهِ وَلَوْ كَرِهَ الْمُشْرِكُونَ ﴿33﴾

لَقَدِ ابْتَغَوُا الْفِتْنَةَ مِن قَبْلُ وَقَلَّبُوا لَكَ الْأُمُورَ حَتَّىٰ جَاءَ الْحَقُّ وَظَهَرَ أَمْرُ اللَّهِ وَهُمْ كَارِهُونَ ﴿48﴾

﴿10 يونس﴾

هُوَ الَّذِي جَعَلَ الشَّمْسَ ضِيَاءً وَالْقَمَرَ نُورًا وَقَدَّرَهُ مَنَازِلَ لِتَعْلَمُوا عَدَدَ السِّنِينَ وَالْحِسَابَ مَا خَلَقَ اللَّهُ ذَٰلِكَ إِلَّا بِالْحَقِّ يُفَصِّلُ الْآيَاتِ لِقَوْمٍ يَعْلَمُونَ ﴿5﴾

فَلَمَّا أَنجَاهُمْ إِذَا هُمْ يَبْغُونَ فِي الْأَرْضِ بِغَيْرِ الْحَقِّ يَا أَيُّهَا النَّاسُ إِنَّمَا بَغْيُكُمْ عَلَىٰ أَنفُسِكُم مَّتَاعَ الْحَيَاةِ الدُّنْيَا ثُمَّ إِلَيْنَا مَرْجِعُكُمْ فَنُنَبِّئُكُم بِمَا كُنتُمْ تَعْمَلُونَ ﴿23﴾

هُنَالِكَ تَبْلُو كُلُّ نَفْسٍ مَّا أَسْلَفَتْ وَرُدُّوا إِلَى اللَّهِ مَوْلَاهُمُ الْحَقِّ وَضَلَّ عَنْهُم مَّا كَانُوا يَفْتَرُونَ ﴿30﴾

فَذَٰلِكُمُ اللَّـهُ رَبُّكُمُ الْحَقُّ فَمَاذَا بَعْدَ الْحَقِّ إِلَّا الضَّلَالُ فَأَنَّىٰ تُصْرَفُونَ ﴿32﴾

قُلْ هَلْ مِن شُرَكَائِكُم مَّن يَهْدِي إِلَى الْحَقِّ قُلِ اللَّـهُ يَهْدِي لِلْحَقِّ أَفَمَن يَهْدِي إِلَى الْحَقِّ أَحَقُّ أَن يُتَّبَعَ أَمَّن لَّا يَهِدِّي إِلَّا أَن يُهْدَىٰ فَمَا لَكُمْ كَيْفَ تَحْكُمُونَ ﴿35﴾

وَمَا يَتَّبِعُ أَكْثَرُهُمْ إِلَّا ظَنًّا إِنَّ الظَّنَّ لَا يُغْنِي مِنَ الْحَقِّ شَيْئًا إِنَّ اللَّـهَ عَلِيمٌ بِمَا يَفْعَلُونَ ﴿36﴾

فَلَمَّا جَاءَهُمُ الْحَقُّ مِنْ عِندِنَا قَالُوا إِنَّ هَـٰذَا لَسِحْرٌ مُّبِينٌ ﴿76﴾

وَيُحِقُّ اللَّـهُ الْحَقَّ بِكَلِمَاتِهِ وَلَوْ كَرِهَ الْمُجْرِمُونَ ﴿82﴾

فَإِن كُنتَ فِي شَكٍّ مِّمَّا أَنزَلْنَا إِلَيْكَ فَاسْأَلِ الَّذِينَ يَقْرَءُونَ الْكِتَابَ مِن قَبْلِكَ لَقَدْ جَاءَكَ الْحَقُّ مِن رَّبِّكَ فَلَا تَكُونَنَّ مِنَ الْمُمْتَرِينَ ﴿94﴾

قُلْ يَا أَيُّهَا النَّاسُ قَدْ جَاءَكُمُ الْحَقُّ مِن رَّبِّكُمْ فَمَنِ اهْتَدَىٰ فَإِنَّمَا يَهْتَدِي لِنَفْسِهِ وَمَن ضَلَّ فَإِنَّمَا يَضِلُّ عَلَيْهَا وَمَا أَنَا عَلَيْكُم بِوَكِيلٍ ﴿108﴾

(11 هود)

أَفَمَن كَانَ عَلَىٰ بَيِّنَةٍ مِّن رَّبِّهِ وَيَتْلُوهُ شَاهِدٌ مِّنْهُ وَمِن قَبْلِهِ كِتَابُ مُوسَىٰ إِمَامًا وَرَحْمَةً أُولَـٰئِكَ يُؤْمِنُونَ بِهِ وَمَن يَكْفُرْ بِهِ مِنَ الْأَحْزَابِ فَالنَّارُ مَوْعِدُهُ فَلَا تَكُ فِي مِرْيَةٍ مِّنْهُ إِنَّهُ الْحَقُّ مِن رَّبِّكَ وَلَـٰكِنَّ أَكْثَرَ النَّاسِ لَا يُؤْمِنُونَ ﴿17﴾

وَنَادَىٰ نُوحٌ رَّبَّهُ فَقَالَ رَبِّ إِنَّ ابْنِي مِنْ أَهْلِي وَإِنَّ وَعْدَكَ الْحَقُّ وَأَنتَ أَحْكَمُ الْحَاكِمِينَ ﴿45﴾

وَكُلًّا نَّقُصُّ عَلَيْكَ مِنْ أَنبَاءِ الرُّسُلِ مَا نُثَبِّتُ بِهِ فُؤَادَكَ وَجَاءَكَ فِي هَـٰذِهِ الْحَقُّ وَمَوْعِظَةٌ وَذِكْرَىٰ لِلْمُؤْمِنِينَ ﴿120﴾

(12 يوسف)

قَالَ مَا خَطْبُكُنَّ إِذْ رَاوَدتُّنَّ يُوسُفَ عَن نَّفْسِهِ قُلْنَ حَاشَ لِلَّـهِ مَا عَلِمْنَا عَلَيْهِ مِن سُوءٍ قَالَتِ امْرَأَتُ الْعَزِيزِ الْآنَ حَصْحَصَ الْحَقُّ أَنَا رَاوَدتُّهُ عَن

	نَّفْسِهِ وَإِنَّهُ لَمِنَ الصَّادِقِينَ ﴿51﴾
	﴿13الرعد1﴾ بِسْمِ اللَّـهِ الرَّحْمَـٰنِ الرَّحِيمِ المر تِلْكَ آيَاتُ الْكِتَابِ وَالَّذِي أُنزِلَ إِلَيْكَ مِن رَّبِّكَ الْحَقُّ وَلَـٰكِنَّ أَكْثَرَ النَّاسِ لَا يُؤْمِنُونَ ﴿1﴾ لَهُ دَعْوَةُ الْحَقِّ وَالَّذِينَ يَدْعُونَ مِن دُونِهِ لَا يَسْتَجِيبُونَ لَهُم بِشَيْءٍ إِلَّا كَبَاسِطِ كَفَّيْهِ إِلَى الْمَاءِ لِيَبْلُغَ فَاهُ وَمَا هُوَ بِبَالِغِهِ وَمَا دُعَاءُ الْكَافِرِينَ إِلَّا فِي ضَلَالٍ ﴿14﴾ أَنزَلَ مِنَ السَّمَاءِ مَاءً فَسَالَتْ أَوْدِيَةٌ بِقَدَرِهَا فَاحْتَمَلَ السَّيْلُ زَبَدًا رَّابِيًا وَمِمَّا يُوقِدُونَ عَلَيْهِ فِي النَّارِ ابْتِغَاءَ حِلْيَةٍ أَوْ مَتَاعٍ زَبَدٌ مِّثْلُهُ كَذَٰلِكَ يَضْرِبُ اللَّـهُ الْحَقَّ وَالْبَاطِلَ فَأَمَّا الزَّبَدُ فَيَذْهَبُ جُفَاءً وَأَمَّا مَا يَنفَعُ النَّاسَ فَيَمْكُثُ فِي الْأَرْضِ كَذَٰلِكَ يَضْرِبُ اللَّـهُ الْأَمْثَالَ ﴿17﴾ أَفَمَن يَعْلَمُ أَنَّمَا أُنزِلَ إِلَيْكَ مِن رَّبِّكَ الْحَقُّ كَمَنْ هُوَ أَعْمَىٰ إِنَّمَا يَتَذَكَّرُ أُولُو الْأَلْبَابِ ﴿19﴾
	﴿14ابراهيم19﴾ أَلَمْ تَرَ أَنَّ اللَّـهَ خَلَقَ السَّمَاوَاتِ وَالْأَرْضَ بِالْحَقِّ إِن يَشَأْ يُذْهِبْكُمْ وَيَأْتِ بِخَلْقٍ جَدِيدٍ ﴿19﴾ وَقَالَ الشَّيْطَانُ لَمَّا قُضِيَ الْأَمْرُ إِنَّ اللَّـهَ وَعَدَكُمْ وَعْدَ الْحَقِّ وَوَعَدتُّكُمْ فَأَخْلَفْتُكُمْ وَمَا كَانَ لِيَ عَلَيْكُم مِّن سُلْطَانٍ إِلَّا أَن دَعَوْتُكُمْ فَاسْتَجَبْتُمْ لِي فَلَا تَلُومُونِي وَلُومُوا أَنفُسَكُم مَّا أَنَا بِمُصْرِخِكُمْ وَمَا أَنتُم بِمُصْرِخِيَّ إِنِّي كَفَرْتُ بِمَا أَشْرَكْتُمُونِ مِن قَبْلُ إِنَّ الظَّالِمِينَ لَهُمْ عَذَابٌ أَلِيمٌ ﴿22﴾
	﴿15الحجر﴾ مَا نُنَزِّلُ الْمَلَائِكَةَ إِلَّا بِالْحَقِّ وَمَا كَانُوا إِذًا مُّنظَرِينَ ﴿8﴾

قَالُوا بَشَّرْنَاكَ بِالْحَقِّ فَلَا تَكُن مِّنَ الْقَانِطِينَ ﴿55﴾

وَأَتَيْنَاكَ بِالْحَقِّ وَإِنَّا لَصَادِقُونَ ﴿64﴾

وَمَا خَلَقْنَا السَّمَاوَاتِ وَالْأَرْضَ وَمَا بَيْنَهُمَا إِلَّا بِالْحَقِّ وَإِنَّ السَّاعَةَ لَآتِيَةٌ فَاصْفَحِ الصَّفْحَ الْجَمِيلَ ﴿85﴾

﴿16النحل3﴾

خَلَقَ السَّمَاوَاتِ وَالْأَرْضَ بِالْحَقِّ تَعَالَىٰ عَمَّا يُشْرِكُونَ ﴿3﴾

قُلْ نَزَّلَهُ رُوحُ الْقُدُسِ مِن رَّبِّكَ بِالْحَقِّ لِيُثَبِّتَ الَّذِينَ آمَنُوا وَهُدًى وَبُشْرَىٰ لِلْمُسْلِمِينَ ﴿102﴾

﴿17الإسراء33﴾

وَلَا تَقْتُلُوا النَّفْسَ الَّتِي حَرَّمَ اللَّـهُ إِلَّا بِالْحَقِّ وَمَن قُتِلَ مَظْلُومًا فَقَدْ جَعَلْنَا لِوَلِيِّهِ سُلْطَانًا فَلَا يُسْرِف فِّي الْقَتْلِ إِنَّهُ كَانَ مَنصُورًا ﴿33﴾

وَقُلْ جَاءَ الْحَقُّ وَزَهَقَ الْبَاطِلُ إِنَّ الْبَاطِلَ كَانَ زَهُوقًا ﴿81﴾

وَبِالْحَقِّ أَنزَلْنَاهُ وَبِالْحَقِّ نَزَلَ وَمَا أَرْسَلْنَاكَ إِلَّا مُبَشِّرًا وَنَذِيرًا ﴿105﴾

نَّحْنُ نَقُصُّ عَلَيْكَ نَبَأَهُم بِالْحَقِّ إِنَّهُمْ فِتْيَةٌ آمَنُوا بِرَبِّهِمْ وَزِدْنَاهُمْ هُدًى ﴿18الكهف13﴾

وَقُلِ الْحَقُّ مِن رَّبِّكُمْ فَمَن شَاءَ فَلْيُؤْمِن وَمَن شَاءَ فَلْيَكْفُرْ إِنَّا أَعْتَدْنَا لِلظَّالِمِينَ نَارًا أَحَاطَ بِهِمْ سُرَادِقُهَا وَإِن يَسْتَغِيثُوا يُغَاثُوا بِمَاءٍ كَالْمُهْلِ يَشْوِي الْوُجُوهَ بِئْسَ الشَّرَابُ وَسَاءَتْ مُرْتَفَقًا ﴿29﴾

هُنَالِكَ الْوَلَايَةُ لِلَّـهِ الْحَقِّ هُوَ خَيْرٌ ثَوَابًا وَخَيْرٌ عُقْبًا ﴿44﴾

وَمَا نُرْسِلُ الْمُرْسَلِينَ إِلَّا مُبَشِّرِينَ وَمُنذِرِينَ وَيُجَادِلُ الَّذِينَ كَفَرُوا بِالْبَاطِلِ لِيُدْحِضُوا بِهِ الْحَقَّ وَاتَّخَذُوا آيَاتِي وَمَا أُنذِرُوا هُزُوًا ﴿56﴾

ذَٰلِكَ عِيسَى ابْنُ مَرْيَمَ قَوْلَ الْحَقِّ الَّذِي فِيهِ يَمْتَرُونَ ﴿19مريم34﴾

فَتَعَالَى اللَّـهُ الْمَلِكُ الْحَقُّ وَلَا تَعْجَلْ بِالْقُرْآنِ مِن قَبْلِ أَن يُقْضَىٰ إِلَيْكَ وَحْيُهُ وَقُل رَّبِّ زِدْنِي عِلْمًا ﴿20طه114﴾

بَلْ نَقْذِفُ بِالْحَقِّ عَلَى الْبَاطِلِ فَيَدْمَغُهُ فَإِذَا هُوَ زَاهِقٌ وَلَكُمُ الْوَيْلُ مِمَّا تَصِفُونَ ﴿21الأنبياء18﴾

أَمِ اتَّخَذُوا مِن دُونِهِ آلِهَةً قُلْ هَاتُوا بُرْهَانَكُمْ هَٰذَا ذِكْرُ مَن مَّعِيَ وَذِكْرُ مَن قَبْلِي بَلْ أَكْثَرُهُمْ لَا يَعْلَمُونَ الْحَقَّ فَهُم مُّعْرِضُونَ ﴿24﴾

قَالُوا أَجِئْتَنَا بِالْحَقِّ أَمْ أَنتَ مِنَ اللَّاعِبِينَ ﴿55﴾

وَاقْتَرَبَ الْوَعْدُ الْحَقُّ فَإِذَا هِيَ شَاخِصَةٌ أَبْصَارُ الَّذِينَ كَفَرُوا يَا وَيْلَنَا قَدْ كُنَّا فِي غَفْلَةٍ مِّنْ هَٰذَا بَلْ كُنَّا ظَالِمِينَ ﴿97﴾

قَالَ رَبِّ احْكُم بِالْحَقِّ وَرَبُّنَا الرَّحْمَٰنُ الْمُسْتَعَانُ عَلَىٰ مَا تَصِفُونَ ﴿112﴾

ذَٰلِكَ بِأَنَّ اللَّـهَ هُوَ الْحَقُّ وَأَنَّهُ يُحْيِي الْمَوْتَىٰ وَأَنَّهُ عَلَىٰ كُلِّ شَيْءٍ قَدِيرٌ ﴿22الحج6﴾

وَلِيَعْلَمَ الَّذِينَ أُوتُوا الْعِلْمَ أَنَّهُ الْحَقُّ مِن رَّبِّكَ فَيُؤْمِنُوا بِهِ فَتُخْبِتَ لَهُ قُلُوبُهُمْ وَإِنَّ اللَّـهَ لَهَادِ الَّذِينَ آمَنُوا إِلَىٰ صِرَاطٍ مُّسْتَقِيمٍ ﴿54﴾

ذَٰلِكَ بِأَنَّ اللَّـهَ هُوَ الْحَقُّ وَأَنَّ مَا يَدْعُونَ مِن دُونِهِ هُوَ الْبَاطِلُ وَأَنَّ اللَّـهَ هُوَ الْعَلِيُّ الْكَبِيرُ ﴿ 62﴾

فَأَخَذَتْهُمُ الصَّيْحَةُ بِالْحَقِّ فَجَعَلْنَاهُمْ غُثَاءً فَبُعْدًا لِّلْقَوْمِ الظَّالِمِينَ ﴿23المؤمنون41﴾

وَلَا نُكَلِّفُ نَفْسًا إِلَّا وُسْعَهَا وَلَدَيْنَا كِتَابٌ يَنطِقُ بِالْحَقِّ وَهُمْ لَا يُظْلَمُونَ ﴿62﴾

أَمْ يَقُولُونَ بِهِ جِنَّةٌ بَلْ جَاءَهُم بِالْحَقِّ وَأَكْثَرُهُمْ لِلْحَقِّ كَارِهُونَ ﴿70﴾

وَلَوِ اتَّبَعَ الْحَقُّ أَهْوَاءَهُمْ لَفَسَدَتِ السَّمَاوَاتُ وَالْأَرْضُ وَمَن فِيهِنَّ بَلْ أَتَيْنَاهُم بِذِكْرِهِمْ فَهُمْ عَن ذِكْرِهِم مُّعْرِضُونَ ﴿71﴾

بَلْ أَتَيْنَاهُم بِالْحَقِّ وَإِنَّهُمْ لَكَاذِبُونَ ﴿90﴾

فَتَعَالَى اللَّـهُ الْمَلِكُ الْحَقُّ لَا إِلَـٰهَ إِلَّا هُوَ رَبُّ الْعَرْشِ الْكَرِيمِ ﴿116﴾

يَوْمَئِذٍ يُوَفِّيهِمُ اللَّـهُ دِينَهُمُ الْحَقَّ وَيَعْلَمُونَ أَنَّ اللَّـهَ هُوَ الْحَقُّ الْمُبِينُ ﴿24النور25﴾

وَإِن يَكُن لَّهُمُ الْحَقُّ يَأْتُوا إِلَيْهِ مُذْعِنِينَ ﴿49﴾

الْمُلْكُ يَوْمَئِذٍ الْحَقُّ لِلرَّحْمَـٰنِ وَكَانَ يَوْمًا عَلَى الْكَافِرِينَ عَسِيرًا ﴿25الفرقان26﴾

وَلَا يَأْتُونَكَ بِمَثَلٍ إِلَّا جِئْنَاكَ بِالْحَقِّ وَأَحْسَنَ تَفْسِيرًا ﴿33﴾

وَالَّذِينَ لَا يَدْعُونَ مَعَ اللَّـهِ إِلَـٰهًا آخَرَ وَلَا يَقْتُلُونَ النَّفْسَ الَّتِي حَرَّمَ اللَّـهُ إِلَّا بِالْحَقِّ وَلَا يَزْنُونَ وَمَن يَفْعَلْ ذَٰلِكَ يَلْقَ أَثَامًا ﴿68﴾

رَبِّ هَبْ لِي حُكْمًا وَأَلْحِقْنِي بِالصَّالِحِينَ
﴿26الشعراء83﴾

فَتَوَكَّلْ عَلَى اللَّـهِ إِنَّكَ عَلَى الْحَقِّ الْمُبِينِ
﴿27النمل79﴾

نَتْلُو عَلَيْكَ مِن نَّبَإِ مُوسَىٰ وَفِرْعَوْنَ بِالْحَقِّ لِقَوْمٍ يُؤْمِنُونَ
﴿28القصص3﴾
وَاسْتَكْبَرَ هُوَ وَجُنُودُهُ فِي الْأَرْضِ بِغَيْرِ الْحَقِّ وَظَنُّوا أَنَّهُمْ إِلَيْنَا لَا يُرْجَعُونَ ﴿39﴾
فَلَمَّا جَاءَهُمُ الْحَقُّ مِنْ عِندِنَا قَالُوا لَوْلَا أُوتِيَ مِثْلَ مَا أُوتِيَ مُوسَىٰ أَوَلَمْ يَكْفُرُوا بِمَا أُوتِيَ مُوسَىٰ مِن قَبْلُ قَالُوا سِحْرَانِ تَظَاهَرَا وَقَالُوا إِنَّا بِكُلٍّ كَافِرُونَ ﴿48﴾
وَإِذَا يُتْلَىٰ عَلَيْهِمْ قَالُوا آمَنَّا بِهِ إِنَّهُ الْحَقُّ مِن رَّبِّنَا إِنَّا كُنَّا مِن قَبْلِهِ مُسْلِمِينَ ﴿53﴾
وَنَزَعْنَا مِن كُلِّ أُمَّةٍ شَهِيدًا فَقُلْنَا هَاتُوا بُرْهَانَكُمْ فَعَلِمُوا أَنَّ الْحَقَّ لِلَّـهِ وَضَلَّ عَنْهُم مَّا كَانُوا يَفْتَرُونَ ﴿75﴾

خَلَقَ اللَّـهُ السَّمَاوَاتِ وَالْأَرْضَ بِالْحَقِّ إِنَّ فِي ذَٰلِكَ لَآيَةً لِّلْمُؤْمِنِينَ
﴿29العنكبوت44﴾
وَمَنْ أَظْلَمُ مِمَّنِ افْتَرَىٰ عَلَى اللَّـهِ كَذِبًا أَوْ كَذَّبَ بِالْحَقِّ لَمَّا جَاءَهُ أَلَيْسَ فِي جَهَنَّمَ مَثْوًى لِّلْكَافِرِينَ ﴿68﴾

أَوَلَمْ يَتَفَكَّرُوا فِي أَنفُسِهِم مَّا خَلَقَ اللَّـهُ السَّمَاوَاتِ وَالْأَرْضَ وَمَا بَيْنَهُمَا إِلَّا بِالْحَقِّ وَأَجَلٍ مُّسَمًّى وَإِنَّ كَثِيرًا مِّنَ النَّاسِ بِلِقَاءِ رَبِّهِمْ لَكَافِرُونَ ﴿30الروم8﴾ -------------------------------- ذَٰلِكَ بِأَنَّ اللَّـهَ هُوَ الْحَقُّ وَأَنَّ مَا يَدْعُونَ مِن دُونِهِ الْبَاطِلُ وَأَنَّ اللَّـهَ هُوَ الْعَلِيُّ الْكَبِيرُ ﴿31لقمان30﴾ -------------------------------- أَمْ يَقُولُونَ افْتَرَاهُ بَلْ هُوَ الْحَقُّ مِن رَّبِّكَ لِتُنذِرَ قَوْمًا مَّا أَتَاهُم مِّن نَّذِيرٍ مِّن قَبْلِكَ لَعَلَّهُمْ يَهْتَدُونَ ﴿32السجدة:3﴾ -------------------------------- مَّا جَعَلَ اللَّـهُ لِرَجُلٍ مِّن قَلْبَيْنِ فِي جَوْفِهِ وَمَا جَعَلَ أَزْوَاجَكُمُ اللَّائِي تُظَاهِرُونَ مِنْهُنَّ أُمَّهَاتِكُمْ وَمَا جَعَلَ أَدْعِيَاءَكُمْ أَبْنَاءَكُمْ ذَٰلِكُمْ قَوْلُكُم بِأَفْوَاهِكُمْ وَاللَّـهُ يَقُولُ الْحَقَّ وَهُوَ يَهْدِي السَّبِيلَ ﴿33الأحزاب4﴾ يَا أَيُّهَا الَّذِينَ آمَنُوا لَا تَدْخُلُوا بُيُوتَ النَّبِيِّ إِلَّا أَن يُؤْذَنَ لَكُمْ إِلَىٰ طَعَامٍ غَيْرَ نَاظِرِينَ إِنَاهُ وَلَـٰكِنْ إِذَا دُعِيتُمْ فَادْخُلُوا فَإِذَا طَعِمْتُمْ فَانتَشِرُوا وَلَا مُسْتَأْنِسِينَ لِحَدِيثٍ إِنَّ ذَٰلِكُمْ كَانَ يُؤْذِي النَّبِيَّ فَيَسْتَحْيِي مِنكُمْ وَاللَّـهُ لَا يَسْتَحْيِي مِنَ الْحَقِّ وَإِذَا سَأَلْتُمُوهُنَّ مَتَاعًا فَاسْأَلُوهُنَّ مِن وَرَاءِ حِجَابٍ ذَٰلِكُمْ أَطْهَرُ لِقُلُوبِكُمْ وَقُلُوبِهِنَّ وَمَا كَانَ لَكُمْ أَن تُؤْذُوا رَسُولَ اللَّـهِ وَلَا أَن تَنكِحُوا أَزْوَاجَهُ مِن بَعْدِهِ أَبَدًا إِنَّ ذَٰلِكُمْ كَانَ عِندَ اللَّـهِ عَظِيمًا ﴿53﴾ -------------------------------- وَيَرَى الَّذِينَ أُوتُوا الْعِلْمَ الَّذِي أُنزِلَ إِلَيْكَ مِن رَّبِّكَ هُوَ الْحَقَّ وَيَهْدِي إِلَىٰ صِرَاطِ الْعَزِيزِ الْحَمِيدِ ﴿34سبإ6﴾ وَلَا تَنفَعُ الشَّفَاعَةُ عِندَهُ إِلَّا لِمَنْ أَذِنَ لَهُ حَتَّىٰ إِذَا فُزِّعَ عَن قُلُوبِهِمْ قَالُوا مَاذَا قَالَ رَبُّكُمْ قَالُوا الْحَقَّ وَهُوَ الْعَلِيُّ الْكَبِيرُ ﴿23﴾	

	قُلْ يَجْمَعُ بَيْنَنَا رَبُّنَا ثُمَّ يَفْتَحُ بَيْنَنَا بِالْحَقِّ وَهُوَ الْفَتَّاحُ الْعَلِيمُ ﴿26﴾
قُلْ أَرُونِيَ الَّذِينَ أَلْحَقْتُم بِهِ شُرَكَاءَ كَلَّا بَلْ هُوَ اللَّهُ الْعَزِيزُ الْحَكِيمُ ﴿27﴾
قُلْ إِنَّ رَبِّي يَقْذِفُ بِالْحَقِّ عَلَّامُ الْغُيُوبِ ﴿48﴾

قُلْ جَاءَ الْحَقُّ وَمَا يُبْدِئُ الْبَاطِلُ وَمَا يُعِيدُ ﴿49﴾

إِنَّا أَرْسَلْنَاكَ بِالْحَقِّ بَشِيرًا وَنَذِيرًا وَإِن مِّنْ أُمَّةٍ إِلَّا خَلَا فِيهَا نَذِيرٌ ﴿35فاطر24﴾
وَالَّذِي أَوْحَيْنَا إِلَيْكَ مِنَ الْكِتَابِ هُوَ الْحَقُّ مُصَدِّقًا لِّمَا بَيْنَ يَدَيْهِ إِنَّ اللَّهَ بِعِبَادِهِ لَخَبِيرٌ بَصِيرٌ ﴿31﴾

بَلْ جَاءَ بِالْحَقِّ وَصَدَّقَ الْمُرْسَلِينَ ﴿37الصافات37﴾

إِذْ دَخَلُوا عَلَىٰ دَاوُودَ فَفَزِعَ مِنْهُمْ قَالُوا لَا تَخَفْ خَصْمَانِ بَغَىٰ بَعْضُنَا عَلَىٰ بَعْضٍ فَاحْكُم بَيْنَنَا بِالْحَقِّ وَلَا تُشْطِطْ وَاهْدِنَا إِلَىٰ سَوَاءِ الصِّرَاطِ ﴿38ص22﴾
يَا دَاوُودُ إِنَّا جَعَلْنَاكَ خَلِيفَةً فِي الْأَرْضِ فَاحْكُم بَيْنَ النَّاسِ بِالْحَقِّ وَلَا تَتَّبِعِ الْهَوَىٰ فَيُضِلَّكَ عَن سَبِيلِ اللَّهِ إِنَّ الَّذِينَ يَضِلُّونَ عَن سَبِيلِ اللَّهِ لَهُمْ عَذَابٌ شَدِيدٌ بِمَا نَسُوا يَوْمَ الْحِسَابِ ﴿26﴾
قَالَ فَالْحَقُّ وَالْحَقَّ أَقُولُ ﴿84﴾

إِنَّا أَنزَلْنَا إِلَيْكَ الْكِتَابَ بِالْحَقِّ فَاعْبُدِ اللَّهَ مُخْلِصًا لَّهُ الدِّينَ ﴿39الزمر2﴾ |

خَلَقَ السَّمَاوَاتِ وَالْأَرْضَ بِالْحَقِّ يُكَوِّرُ اللَّيْلَ عَلَى النَّهَارِ وَيُكَوِّرُ النَّهَارَ عَلَى اللَّيْلِ وَسَخَّرَ الشَّمْسَ وَالْقَمَرَ كُلٌّ يَجْرِي لِأَجَلٍ مُّسَمًّى أَلَا هُوَ الْعَزِيزُ الْغَفَّارُ ﴿5﴾ إِنَّا أَنزَلْنَا عَلَيْكَ الْكِتَابَ لِلنَّاسِ بِالْحَقِّ فَمَنِ اهْتَدَىٰ فَلِنَفْسِهِ وَمَن ضَلَّ فَإِنَّمَا يَضِلُّ عَلَيْهَا وَمَا أَنتَ عَلَيْهِم بِوَكِيلٍ ﴿41﴾ وَأَشْرَقَتِ الْأَرْضُ بِنُورِ رَبِّهَا وَوُضِعَ الْكِتَابُ وَجِيءَ بِالنَّبِيِّينَ وَالشُّهَدَاءِ وَقُضِيَ بَيْنَهُم بِالْحَقِّ وَهُمْ لَا يُظْلَمُونَ ﴿69﴾ وَتَرَى الْمَلَائِكَةَ حَافِّينَ مِنْ حَوْلِ الْعَرْشِ يُسَبِّحُونَ بِحَمْدِ رَبِّهِمْ وَقُضِيَ بَيْنَهُم بِالْحَقِّ وَقِيلَ الْحَمْدُ لِلَّـهِ رَبِّ الْعَالَمِينَ ﴿75﴾ --- كَذَّبَتْ قَبْلَهُمْ قَوْمُ نُوحٍ وَالْأَحْزَابُ مِن بَعْدِهِمْ وَهَمَّتْ كُلُّ أُمَّةٍ بِرَسُولِهِمْ لِيَأْخُذُوهُ وَجَادَلُوا بِالْبَاطِلِ لِيُدْحِضُوا بِهِ الْحَقَّ فَأَخَذْتُهُمْ فَكَيْفَ كَانَ عِقَابِ ﴿40غافر5﴾ وَاللَّـهُ يَقْضِي بِالْحَقِّ وَالَّذِينَ يَدْعُونَ مِن دُونِهِ لَا يَقْضُونَ بِشَيْءٍ إِنَّ اللَّـهَ هُوَ السَّمِيعُ الْبَصِيرُ ﴿20﴾ فَلَمَّا جَاءَهُم بِالْحَقِّ مِنْ عِندِنَا قَالُوا اقْتُلُوا أَبْنَاءَ الَّذِينَ آمَنُوا مَعَهُ وَاسْتَحْيُوا نِسَاءَهُمْ وَمَا كَيْدُ الْكَافِرِينَ إِلَّا فِي ضَلَالٍ ﴿25﴾ ذَٰلِكُم بِمَا كُنتُمْ تَفْرَحُونَ فِي الْأَرْضِ بِغَيْرِ الْحَقِّ وَبِمَا كُنتُمْ تَمْرَحُونَ ﴿75﴾ وَلَقَدْ أَرْسَلْنَا رُسُلًا مِّن قَبْلِكَ مِنْهُم مَّن قَصَصْنَا عَلَيْكَ وَمِنْهُم مَّن لَّمْ نَقْصُصْ عَلَيْكَ وَمَا كَانَ لِرَسُولٍ أَن يَأْتِيَ بِآيَةٍ إِلَّا بِإِذْنِ اللَّـهِ فَإِذَا جَاءَ أَمْرُ اللَّـهِ قُضِيَ بِالْحَقِّ وَخَسِرَ هُنَالِكَ الْمُبْطِلُونَ ﴿78﴾ --- فَأَمَّا عَادٌ فَاسْتَكْبَرُوا فِي الْأَرْضِ بِغَيْرِ الْحَقِّ وَقَالُوا مَنْ أَشَدُّ مِنَّا قُوَّةً أَوَلَمْ يَرَوْا أَنَّ اللَّـهَ الَّذِي خَلَقَهُمْ هُوَ أَشَدُّ مِنْهُمْ قُوَّةً وَكَانُوا بِآيَاتِنَا يَجْحَدُونَ ﴿41فصلت15﴾ سَنُرِيهِمْ آيَاتِنَا فِي الْآفَاقِ وَفِي أَنفُسِهِمْ حَتَّىٰ يَتَبَيَّنَ لَهُمْ أَنَّهُ الْحَقُّ أَوَلَمْ يَكْفِ بِرَبِّكَ أَنَّهُ عَلَىٰ كُلِّ شَيْءٍ شَهِيدٌ ﴿53﴾	

اللَّـهُ الَّذِي أَنزَلَ الْكِتَابَ بِالْحَقِّ وَالْمِيزَانَ وَمَا يُدْرِيكَ لَعَلَّ السَّاعَةَ قَرِيبٌ ﴿42الشورى17﴾

يَسْتَعْجِلُ بِهَا الَّذِينَ لَا يُؤْمِنُونَ بِهَا وَالَّذِينَ آمَنُوا مُشْفِقُونَ مِنْهَا وَيَعْلَمُونَ أَنَّهَا الْحَقُّ أَلَا إِنَّ الَّذِينَ يُمَارُونَ فِي السَّاعَةِ لَفِي ضَلَالٍ بَعِيدٍ ﴿18﴾

أَمْ يَقُولُونَ افْتَرَىٰ عَلَى اللَّـهِ كَذِبًا فَإِن يَشَإِ اللَّـهُ يَخْتِمْ عَلَىٰ قَلْبِكَ وَيَمْحُ اللَّـهُ الْبَاطِلَ وَيُحِقُّ الْحَقَّ بِكَلِمَاتِهِ إِنَّهُ عَلِيمٌ بِذَاتِ الصُّدُورِ ﴿24﴾

إِنَّمَا السَّبِيلُ عَلَى الَّذِينَ يَظْلِمُونَ النَّاسَ وَيَبْغُونَ فِي الْأَرْضِ بِغَيْرِ الْحَقِّ أُولَـٰئِكَ لَهُمْ عَذَابٌ أَلِيمٌ ﴿42﴾

بَلْ مَتَّعْتُ هَـٰؤُلَاءِ وَآبَاءَهُمْ حَتَّىٰ جَاءَهُمُ الْحَقُّ وَرَسُولٌ مُّبِينٌ ﴿43الزخرف29﴾

وَلَمَّا جَاءَهُمُ الْحَقُّ قَالُوا هَـٰذَا سِحْرٌ وَإِنَّا بِهِ كَافِرُونَ ﴿30﴾

لَقَدْ جِئْنَاكُم بِالْحَقِّ وَلَـٰكِنَّ أَكْثَرَكُمْ لِلْحَقِّ كَارِهُونَ ﴿78﴾

وَلَا يَمْلِكُ الَّذِينَ يَدْعُونَ مِن دُونِهِ الشَّفَاعَةَ إِلَّا مَن شَهِدَ بِالْحَقِّ وَهُمْ يَعْلَمُونَ ﴿86﴾

مَا خَلَقْنَاهُمَا إِلَّا بِالْحَقِّ وَلَـٰكِنَّ أَكْثَرَهُمْ لَا يَعْلَمُونَ ﴿44الدخان39﴾

تِلْكَ آيَاتُ اللَّـهِ نَتْلُوهَا عَلَيْكَ بِالْحَقِّ فَبِأَيِّ حَدِيثٍ بَعْدَ اللَّـهِ وَآيَاتِهِ يُؤْمِنُونَ ﴿45الجاثية6﴾

وَخَلَقَ اللَّـهُ السَّمَاوَاتِ وَالْأَرْضَ بِالْحَقِّ وَلِتُجْزَىٰ كُلُّ نَفْسٍ بِمَا كَسَبَتْ وَهُمْ لَا يُظْلَمُونَ ﴿الجاثية22﴾

هَٰذَا كِتَابُنَا يَنطِقُ عَلَيْكُم بِالْحَقِّ إِنَّا كُنَّا نَسْتَنسِخُ مَا كُنتُمْ تَعْمَلُونَ ﴿الجاثية29﴾

مَا خَلَقْنَا السَّمَاوَاتِ وَالْأَرْضَ وَمَا بَيْنَهُمَا إِلَّا بِالْحَقِّ وَأَجَلٍ مُّسَمًّى وَالَّذِينَ كَفَرُوا عَمَّا أُنذِرُوا مُعْرِضُونَ ﴿46الأحقاف3﴾

وَيَوْمَ يُعْرَضُ الَّذِينَ كَفَرُوا عَلَى النَّارِ أَذْهَبْتُمْ طَيِّبَاتِكُمْ فِي حَيَاتِكُمُ الدُّنْيَا وَاسْتَمْتَعْتُم بِهَا فَالْيَوْمَ تُجْزَوْنَ عَذَابَ الْهُونِ بِمَا كُنتُمْ تَسْتَكْبِرُونَ فِي الْأَرْضِ بِغَيْرِ الْحَقِّ وَبِمَا كُنتُمْ تَفْسُقُونَ ﴿20﴾

قَالُوا يَا قَوْمَنَا إِنَّا سَمِعْنَا كِتَابًا أُنزِلَ مِن بَعْدِ مُوسَىٰ مُصَدِّقًا لِّمَا بَيْنَ يَدَيْهِ يَهْدِي إِلَى الْحَقِّ وَإِلَىٰ طَرِيقٍ مُّسْتَقِيمٍ ﴿30﴾

وَيَوْمَ يُعْرَضُ الَّذِينَ كَفَرُوا عَلَى النَّارِ أَلَيْسَ هَٰذَا بِالْحَقِّ قَالُوا بَلَىٰ وَرَبِّنَا قَالَ فَذُوقُوا الْعَذَابَ بِمَا كُنتُمْ تَكْفُرُونَ ﴿34﴾

وَالَّذِينَ آمَنُوا وَعَمِلُوا الصَّالِحَاتِ وَآمَنُوا بِمَا نُزِّلَ عَلَىٰ مُحَمَّدٍ وَهُوَ الْحَقُّ مِن رَّبِّهِمْ كَفَّرَ عَنْهُمْ سَيِّئَاتِهِمْ وَأَصْلَحَ بَالَهُمْ ﴿47محمد2﴾

ذَٰلِكَ بِأَنَّ الَّذِينَ كَفَرُوا اتَّبَعُوا الْبَاطِلَ وَأَنَّ الَّذِينَ آمَنُوا اتَّبَعُوا الْحَقَّ مِن رَّبِّهِمْ كَذَٰلِكَ يَضْرِبُ اللَّهُ لِلنَّاسِ أَمْثَالَهُمْ ﴿3﴾

لَّقَدْ صَدَقَ اللَّهُ رَسُولَهُ الرُّؤْيَا بِالْحَقِّ لَتَدْخُلُنَّ الْمَسْجِدَ الْحَرَامَ إِن شَاءَ اللَّهُ آمِنِينَ مُحَلِّقِينَ رُءُوسَكُمْ وَمُقَصِّرِينَ لَا تَخَافُونَ فَعَلِمَ مَا لَمْ تَعْلَمُوا فَجَعَلَ مِن دُونِ ذَٰلِكَ فَتْحًا قَرِيبًا ﴿48الفتح27﴾

هُوَ الَّذِي أَرْسَلَ رَسُولَهُ بِالْهُدَىٰ وَدِينِ الْحَقِّ لِيُظْهِرَهُ عَلَى الدِّينِ كُلِّهِ وَكَفَىٰ بِاللَّهِ شَهِيدًا ﴿28﴾

بَلْ كَذَّبُوا بِالْحَقِّ لَمَّا جَاءَهُمْ فَهُمْ فِي أَمْرٍ مَّرِيجٍ
﴿50ق5﴾

وَجَاءَتْ سَكْرَةُ الْمَوْتِ بِالْحَقِّ ذَٰلِكَ مَا كُنتَ مِنْهُ تَحِيدُ
﴿19﴾
يَوْمَ يَسْمَعُونَ الصَّيْحَةَ بِالْحَقِّ ذَٰلِكَ يَوْمُ الْخُرُوجِ
﴿42﴾

وَالَّذِينَ آمَنُوا وَاتَّبَعَتْهُمْ ذُرِّيَّتُهُم بِإِيمَانٍ أَلْحَقْنَا بِهِمْ ذُرِّيَّتَهُمْ وَمَا أَلَتْنَاهُم مِّنْ عَمَلِهِم مِّن شَيْءٍ كُلُّ امْرِئٍ بِمَا كَسَبَ رَهِينٌ ﴿52الطور21﴾

وَمَا لَهُم بِهِ مِنْ عِلْمٍ إِن يَتَّبِعُونَ إِلَّا الظَّنَّ وَإِنَّ الظَّنَّ لَا يُغْنِي مِنَ الْحَقِّ شَيْئًا ﴿53النجم28﴾

أَلَمْ يَأْنِ لِلَّذِينَ آمَنُوا أَن تَخْشَعَ قُلُوبُهُمْ لِذِكْرِ اللَّـهِ وَمَا نَزَلَ مِنَ الْحَقِّ وَلَا يَكُونُوا كَالَّذِينَ أُوتُوا الْكِتَابَ مِن قَبْلُ فَطَالَ عَلَيْهِمُ الْأَمَدُ فَقَسَتْ قُلُوبُهُمْ وَكَثِيرٌ مِّنْهُمْ فَاسِقُونَ
﴿57الحديد16﴾

بِسْمِ اللَّـهِ الرَّحْمَـٰنِ الرَّحِيمِ يَا أَيُّهَا الَّذِينَ آمَنُوا لَا تَتَّخِذُوا عَدُوِّي وَعَدُوَّكُمْ أَوْلِيَاءَ تُلْقُونَ إِلَيْهِم بِالْمَوَدَّةِ وَقَدْ كَفَرُوا بِمَا جَاءَكُم مِّنَ الْحَقِّ يُخْرِجُونَ الرَّسُولَ وَإِيَّاكُمْ أَن تُؤْمِنُوا بِاللَّـهِ رَبِّكُمْ إِن كُنتُمْ خَرَجْتُمْ جِهَادًا فِي سَبِيلِي وَابْتِغَاءَ مَرْضَاتِي تُسِرُّونَ إِلَيْهِم بِالْمَوَدَّةِ وَأَنَا أَعْلَمُ بِمَا أَخْفَيْتُمْ وَمَا أَعْلَنتُمْ وَمَن يَفْعَلْهُ مِنكُمْ فَقَدْ ضَلَّ سَوَاءَ السَّبِيلِ ﴿60الممتحنة1﴾

هُوَ الَّذِي أَرْسَلَ رَسُولَهُ بِالْهُدَىٰ وَدِينِ الْحَقِّ لِيُظْهِرَهُ عَلَى الدِّينِ كُلِّهِ وَلَوْ كَرِهَ الْمُشْرِكُونَ
﴿61الصف9﴾

	خَلَقَ السَّمَاوَاتِ وَالْأَرْضَ بِالْحَقِّ وَصَوَّرَكُمْ فَأَحْسَنَ صُوَرَكُمْ وَإِلَيْهِ الْمَصِيرُ ﴿64التغابن3﴾ -- **ذَٰلِكَ الْيَوْمُ الْحَقُّ فَمَن شَاءَ اتَّخَذَ إِلَىٰ رَبِّهِ مَآبًا ﴿78النبإ39﴾** **إِلَّا الَّذِينَ آمَنُوا وَعَمِلُوا الصَّالِحَاتِ وَتَوَاصَوْا بِالْحَقِّ وَتَوَاصَوْا بِالصَّبْرِ ﴿103العصر3﴾**
	حَقًّا **duty upon** (the righteous)
2 البقرة **180**	كُتِبَ عَلَيْكُمْ إِذَا حَضَرَ أَحَدَكُمُ الْمَوْتُ إِن تَرَكَ خَيْرًا الْوَصِيَّةُ لِلْوَالِدَيْنِ وَالْأَقْرَبِينَ بِالْمَعْرُوفِ ۖ **حَقًّا** عَلَى الْمُتَّقِينَ
236	لَّا جُنَاحَ عَلَيْكُمْ إِن طَلَّقْتُمُ النِّسَاءَ مَا لَمْ تَمَسُّوهُنَّ أَوْ تَفْرِضُوا لَهُنَّ فَرِيضَةً ۚ وَمَتِّعُوهُنَّ عَلَى الْمُوسِعِ قَدَرُهُ وَعَلَى الْمُقْتِرِ قَدَرُهُ مَتَاعًا بِالْمَعْرُوفِ ۖ **حَقًّا** عَلَى الْمُحْسِنِينَ
241	وَلِلْمُطَلَّقَاتِ مَتَاعٌ بِالْمَعْرُوفِ ۖ **حَقًّا** عَلَى الْمُتَّقِينَ
4 النساء **122**	وَالَّذِينَ آمَنُوا وَعَمِلُوا الصَّالِحَاتِ سَنُدْخِلُهُمْ جَنَّاتٍ تَجْرِي مِن تَحْتِهَا الْأَنْهَارُ خَالِدِينَ فِيهَا أَبَدًا ۖ وَعْدَ اللَّهِ **حَقًّا** ۚ وَمَنْ أَصْدَقُ مِنَ اللَّهِ قِيلًا
151	أُولَـٰئِكَ هُمُ الْكَافِرُونَ **حَقًّا** ۚ وَأَعْتَدْنَا لِلْكَافِرِينَ عَذَابًا مُّهِينًا
5 المائدة **107**	فَإِنْ عُثِرَ عَلَىٰ أَنَّهُمَا **اسْتَحَقَّا** إِثْمًا فَآخَرَانِ يَقُومَانِ مَقَامَهُمَا مِنَ الَّذِينَ **اسْتَحَقَّ** عَلَيْهِمُ الْأَوْلَيَانِ فَيُقْسِمَانِ بِاللَّهِ لَشَهَادَتُنَا أَحَقُّ مِن شَهَادَتِهِمَا وَمَا اعْتَدَيْنَا إِنَّا إِذًا لَّمِنَ الظَّالِمِينَ
7 الأعراف **44**	وَنَادَىٰ أَصْحَابُ الْجَنَّةِ أَصْحَابَ النَّارِ أَن قَدْ وَجَدْنَا مَا وَعَدَنَا رَبُّنَا **حَقًّا** فَهَلْ وَجَدتُّم مَّا وَعَدَ رَبُّكُمْ **حَقًّا** ۖ قَالُوا نَعَمْ ۚ فَأَذَّنَ مُؤَذِّنٌ بَيْنَهُمْ أَن لَّعْنَةُ اللَّهِ عَلَى الظَّالِمِينَ
8 الأنفال **4**	أُولَـٰئِكَ هُمُ الْمُؤْمِنُونَ **حَقًّا** ۚ لَّهُمْ دَرَجَاتٌ عِندَ رَبِّهِمْ وَمَغْفِرَةٌ وَرِزْقٌ كَرِيمٌ

74	وَالَّذِينَ آمَنُوا وَهَاجَرُوا وَجَاهَدُوا فِي سَبِيلِ اللَّهِ وَالَّذِينَ آوَوا وَّنَصَرُوا أُولَـٰئِكَ هُمُ الْمُؤْمِنُونَ **حَقًّا** ۚ لَّهُم مَّغْفِرَةٌ وَرِزْقٌ كَرِيمٌ
9 التوبة 111	۞ إِنَّ اللَّهَ اشْتَرَىٰ مِنَ الْمُؤْمِنِينَ أَنفُسَهُمْ وَأَمْوَالَهُم بِأَنَّ لَهُمُ الْجَنَّةَ ۚ يُقَاتِلُونَ فِي سَبِيلِ اللَّهِ فَيَقْتُلُونَ وَيُقْتَلُونَ ۖ وَعْدًا عَلَيْهِ **حَقًّا** فِي التَّوْرَاةِ وَالْإِنجِيلِ وَالْقُرْآنِ ۚ وَمَنْ أَوْفَىٰ بِعَهْدِهِ مِنَ اللَّهِ ۚ فَاسْتَبْشِرُوا بِبَيْعِكُمُ الَّذِي بَايَعْتُم بِهِ ۚ وَذَٰلِكَ هُوَ الْفَوْزُ الْعَظِيمُ
10 يونس 4	إِلَيْهِ مَرْجِعُكُمْ جَمِيعًا ۖ وَعْدَ اللَّهِ **حَقًّا** ۚ إِنَّهُ يَبْدَأُ الْخَلْقَ ثُمَّ يُعِيدُهُ لِيَجْزِيَ الَّذِينَ آمَنُوا وَعَمِلُوا الصَّالِحَاتِ بِالْقِسْطِ ۚ وَالَّذِينَ كَفَرُوا لَهُمْ شَرَابٌ مِّنْ حَمِيمٍ وَعَذَابٌ أَلِيمٌ بِمَا كَانُوا يَكْفُرُونَ
103	ثُمَّ نُنَجِّي رُسُلَنَا وَالَّذِينَ آمَنُوا ۚ كَذَٰلِكَ **حَقًّا** عَلَيْنَا نُنجِ الْمُؤْمِنِينَ
12 يوسف 100	وَرَفَعَ أَبَوَيْهِ عَلَى الْعَرْشِ وَخَرُّوا لَهُ سُجَّدًا ۖ وَقَالَ يَا أَبَتِ هَـٰذَا تَأْوِيلُ رُؤْيَايَ مِن قَبْلُ قَدْ جَعَلَهَا رَبِّي **حَقًّا** ۖ وَقَدْ أَحْسَنَ بِي إِذْ أَخْرَجَنِي مِنَ السِّجْنِ وَجَاءَ بِكُم مِّنَ الْبَدْوِ مِن بَعْدِ أَن نَّزَغَ الشَّيْطَانُ بَيْنِي وَبَيْنَ إِخْوَتِي ۚ إِنَّ رَبِّي لَطِيفٌ لِّمَا يَشَاءُ ۚ إِنَّهُ هُوَ الْعَلِيمُ الْحَكِيمُ
16 النحل 38	وَأَقْسَمُوا بِاللَّهِ جَهْدَ أَيْمَانِهِمْ ۙ لَا يَبْعَثُ اللَّهُ مَن يَمُوتُ ۚ بَلَىٰ وَعْدًا عَلَيْهِ **حَقًّا** وَلَـٰكِنَّ أَكْثَرَ النَّاسِ لَا يَعْلَمُونَ
18 الكهف 98	قَالَ هَـٰذَا رَحْمَةٌ مِّن رَّبِّي ۖ فَإِذَا جَاءَ وَعْدُ رَبِّي جَعَلَهُ دَكَّاءَ ۖ وَكَانَ وَعْدُ رَبِّي **حَقًّا**
30 الروم 47	وَلَقَدْ أَرْسَلْنَا مِن قَبْلِكَ رُسُلًا إِلَىٰ قَوْمِهِمْ فَجَاءُوهُم بِالْبَيِّنَاتِ فَانتَقَمْنَا مِنَ الَّذِينَ أَجْرَمُوا ۖ وَكَانَ **حَقًّا** عَلَيْنَا نَصْرُ الْمُؤْمِنِينَ
31 لقمان 9	خَالِدِينَ فِيهَا ۖ وَعْدَ اللَّهِ **حَقًّا** ۚ وَهُوَ الْعَزِيزُ الْحَكِيمُ
	حَقَّتْ **come into effect**
10 يونس 33	كَذَٰلِكَ **حَقَّتْ** كَلِمَتُ رَبِّكَ عَلَى الَّذِينَ فَسَقُوا أَنَّهُمْ لَا يُؤْمِنُونَ
96	إِنَّ الَّذِينَ **حَقَّتْ** عَلَيْهِمْ كَلِمَتُ رَبِّكَ لَا يُؤْمِنُونَ

16 النحل 36	وَلَقَدْ بَعَثْنَا فِي كُلِّ أُمَّةٍ رَّسُولًا أَنِ اعْبُدُوا اللَّهَ وَاجْتَنِبُوا الطَّاغُوتَ ۖ فَمِنْهُم مَّنْ هَدَى اللَّهُ وَمِنْهُم مَّنْ **حَقَّتْ** عَلَيْهِ الضَّلَالَةُ ۚ فَسِيرُوا فِي الْأَرْضِ فَانظُرُوا كَيْفَ كَانَ عَاقِبَةُ الْمُكَذِّبِينَ
39 الزمر 71	وَسِيقَ الَّذِينَ كَفَرُوا إِلَىٰ جَهَنَّمَ زُمَرًا ۖ حَتَّىٰ إِذَا جَاءُوهَا فُتِحَتْ أَبْوَابُهَا وَقَالَ لَهُمْ خَزَنَتُهَا أَلَمْ يَأْتِكُمْ رُسُلٌ مِّنكُمْ يَتْلُونَ عَلَيْكُمْ آيَاتِ رَبِّكُمْ وَيُنذِرُونَكُمْ لِقَاءَ يَوْمِكُمْ هَٰذَا ۚ قَالُوا بَلَىٰ وَلَٰكِنْ **حَقَّتْ** كَلِمَةُ الْعَذَابِ عَلَى الْكَافِرِينَ
40 غافر 6	وَكَذَٰلِكَ **حَقَّتْ** كَلِمَتُ رَبِّكَ عَلَى الَّذِينَ كَفَرُوا أَنَّهُمْ أَصْحَابُ النَّارِ

حُقَّتْ

responded to its Lord **and was obligated**

84 الإنشقاق 2	وَأَذِنَتْ لِرَبِّهَا وَ**حُقَّتْ**
5	وَأَذِنَتْ لِرَبِّهَا وَ**حُقَّتْ**

حَقَّهُ

give its due [zakah] on the day of its harvest

6 الأنعام 141	۞ وَهُوَ الَّذِي أَنشَأَ جَنَّاتٍ مَّعْرُوشَاتٍ وَغَيْرَ مَعْرُوشَاتٍ وَالنَّخْلَ وَالزَّرْعَ مُخْتَلِفًا أُكُلُهُ وَالزَّيْتُونَ وَالرُّمَّانَ مُتَشَابِهًا وَغَيْرَ مُتَشَابِهٍ ۚ كُلُوا مِن ثَمَرِهِ إِذَا أَثْمَرَ وَآتُوا **حَقَّهُ** يَوْمَ حَصَادِهِ ۖ وَلَا تُسْرِفُوا ۚ إِنَّهُ لَا يُحِبُّ الْمُسْرِفِينَ
17 الإسراء 26	وَآتِ ذَا الْقُرْبَىٰ **حَقَّهُ** وَالْمِسْكِينَ وَابْنَ السَّبِيلِ وَلَا تُبَذِّرْ تَبْذِيرًا
30 الروم 38	فَآتِ ذَا الْقُرْبَىٰ **حَقَّهُ** وَالْمِسْكِينَ وَابْنَ السَّبِيلِ ۚ ذَٰلِكَ خَيْرٌ لِّلَّذِينَ يُرِيدُونَ وَجْهَ اللَّهِ ۖ وَأُولَٰئِكَ هُمُ الْمُفْلِحُونَ

حَقِيقٌ

obligated

7 الأعراف 105	**حَقِيقٌ** عَلَىٰ أَن لَّا أَقُولَ عَلَى اللَّهِ إِلَّا الْحَقَّ ۚ قَدْ جِئْتُكُم بِبَيِّنَةٍ مِّن رَّبِّكُمْ فَأَرْسِلْ مَعِيَ بَنِي إِسْرَائِيلَ

	حكما/ يَحْكُمَانِ/ مُّحْكَمَاتٌ/ أَفَحُكْمَ **arbitrator**
3 آل عمران 7	هُوَ الَّذِي أَنزَلَ عَلَيْكَ الْكِتَابَ مِنْهُ آيَاتٌ **مُّحْكَمَاتٌ** هُنَّ أُمُّ الْكِتَابِ وَأُخَرُ مُتَشَابِهَاتٌ ۖ فَأَمَّا الَّذِينَ فِي قُلُوبِهِمْ زَيْغٌ فَيَتَّبِعُونَ مَا تَشَابَهَ مِنْهُ ابْتِغَاءَ الْفِتْنَةِ وَابْتِغَاءَ تَأْوِيلِهِ ۗ وَمَا يَعْلَمُ تَأْوِيلَهُ إِلَّا اللَّهُ ۗ وَالرَّاسِخُونَ فِي الْعِلْمِ يَقُولُونَ آمَنَّا بِهِ كُلٌّ مِّنْ عِندِ رَبِّنَا ۗوَمَا يَذَّكَّرُ إِلَّا أُولُو الْأَلْبَابِ
4 النساء 35	وَإِنْ خِفْتُمْ شِقَاقَ بَيْنِهِمَا فَابْعَثُوا **حَكَمًا** مِّنْ أَهْلِهِ **وَحَكَمًا** مِّنْ أَهْلِهَا إِن يُرِيدَا إِصْلَاحًا يُوَفِّقِ اللَّهُ بَيْنَهُمَا ۗ إِنَّ اللَّهَ كَانَ عَلِيمًا خَبِيرًا
5 المائدة 50	**أَفَحُكْمَ** الْجَاهِلِيَّةِ يَبْغُونَ ۚ وَمَنْ أَحْسَنُ مِنَ اللَّهِ **حُكْمًا** لِّقَوْمٍ يُوقِنُونَ
6 الأنعام 114	أَفَغَيْرَ اللَّهِ أَبْتَغِي **حَكَمًا** وَهُوَ الَّذِي أَنزَلَ إِلَيْكُمُ الْكِتَابَ مُفَصَّلًا ۚ وَالَّذِينَ آتَيْنَاهُمُ الْكِتَابَ يَعْلَمُونَ أَنَّهُ مُنَزَّلٌ مِّن رَّبِّكَ بِالْحَقِّ ۖ فَلَا تَكُونَنَّ مِنَ الْمُمْتَرِينَ
12 يوسف 22	وَلَمَّا بَلَغَ أَشُدَّهُ آتَيْنَاهُ **حُكْمًا** وَعِلْمًا ۚ وَكَذَٰلِكَ نَجْزِي الْمُحْسِنِينَ
13 الرعد 37	وَكَذَٰلِكَ أَنزَلْنَاهُ **حُكْمًا** عَرَبِيًّا ۚ وَلَئِنِ اتَّبَعْتَ أَهْوَاءَهُم بَعْدَمَا جَاءَكَ مِنَ الْعِلْمِ مَا لَكَ مِنَ اللَّهِ مِن وَلِيٍّ وَلَا وَاقٍ
21 الأنبياء 74	وَلُوطًا آتَيْنَاهُ **حُكْمًا** وَعِلْمًا وَنَجَّيْنَاهُ مِنَ الْقَرْيَةِ الَّتِي كَانَت تَّعْمَلُ الْخَبَائِثَ ۗ إِنَّهُمْ كَانُوا قَوْمَ سَوْءٍ فَاسِقِينَ
78	وَدَاوُودَ وَسُلَيْمَانَ إِذْ **يَحْكُمَانِ** فِي الْحَرْثِ إِذْ نَفَشَتْ فِيهِ غَنَمُ الْقَوْمِ وَكُنَّا **لِحُكْمِهِمْ** شَاهِدِينَ
79	فَفَهَّمْنَاهَا سُلَيْمَانَ ۚ وَكُلًّا آتَيْنَا **حُكْمًا** وَعِلْمًا ۚ وَسَخَّرْنَا مَعَ دَاوُودَ الْجِبَالَ يُسَبِّحْنَ وَالطَّيْرَ ۚ وَكُنَّا فَاعِلِينَ
26 الشعراء 21	فَفَرَرْتُ مِنكُمْ لَمَّا خِفْتُكُمْ فَوَهَبَ لِي رَبِّي **حُكْمًا** وَجَعَلَنِي مِنَ الْمُرْسَلِينَ
83	رَبِّ هَبْ لِي **حُكْمًا** وَأَلْحِقْنِي بِالصَّالِحِينَ
28 القصص 14	وَلَمَّا بَلَغَ أَشُدَّهُ وَاسْتَوَىٰ آتَيْنَاهُ **حُكْمًا** وَعِلْمًا ۚ وَكَذَٰلِكَ نَجْزِي الْمُحْسِنِينَ

الحكيم

the Wise

2 البقرة 32	قَالُوا سُبْحَانَكَ لَا عِلْمَ لَنَا إِلَّا مَا عَلَّمْتَنَا ۖ إِنَّكَ أَنتَ الْعَلِيمُ **الْحَكِيمُ**
129	رَبَّنَا وَابْعَثْ فِيهِمْ رَسُولًا مِّنْهُمْ يَتْلُو عَلَيْهِمْ آيَاتِكَ وَيُعَلِّمُهُمُ الْكِتَابَ وَالْحِكْمَةَ وَيُزَكِّيهِمْ ۚ إِنَّكَ أَنتَ الْعَزِيزُ **الْحَكِيمُ**
3 آل عمران 6	هُوَ الَّذِي يُصَوِّرُكُمْ فِي الْأَرْحَامِ كَيْفَ يَشَاءُ ۚ لَا إِلَٰهَ إِلَّا هُوَ الْعَزِيزُ **الْحَكِيمُ**
18	شَهِدَ اللَّهُ أَنَّهُ لَا إِلَٰهَ إِلَّا هُوَ وَالْمَلَائِكَةُ وَأُولُو الْعِلْمِ قَائِمًا بِالْقِسْطِ ۚ لَا إِلَٰهَ إِلَّا هُوَ الْعَزِيزُ **الْحَكِيمُ**
58	ذَٰلِكَ نَتْلُوهُ عَلَيْكَ مِنَ الْآيَاتِ وَالذِّكْرِ **الْحَكِيمِ**
62	إِنَّ هَٰذَا لَهُوَ الْقَصَصُ الْحَقُّ ۚ وَمَا مِنْ إِلَٰهٍ إِلَّا اللَّهُ ۚ وَإِنَّ اللَّهَ لَهُوَ الْعَزِيزُ **الْحَكِيمُ**
126	وَمَا جَعَلَهُ اللَّهُ إِلَّا بُشْرَىٰ لَكُمْ وَلِتَطْمَئِنَّ قُلُوبُكُم بِهِ ۗ وَمَا النَّصْرُ إِلَّا مِنْ عِندِ اللَّهِ الْعَزِيزِ **الْحَكِيمِ**
المائدة 5 118	إِن تُعَذِّبْهُمْ فَإِنَّهُمْ عِبَادُكَ ۖ وَإِن تَغْفِرْ لَهُمْ فَإِنَّكَ أَنتَ الْعَزِيزُ **الْحَكِيمُ**
6 الأنعام 18	وَهُوَ الْقَاهِرُ فَوْقَ عِبَادِهِ ۚ وَهُوَ **الْحَكِيمُ** الْخَبِيرُ
73	وَهُوَ الَّذِي خَلَقَ السَّمَاوَاتِ وَالْأَرْضَ بِالْحَقِّ ۖ وَيَوْمَ يَقُولُ كُن فَيَكُونُ ۚ قَوْلُهُ الْحَقُّ ۚ وَلَهُ الْمُلْكُ يَوْمَ يُنفَخُ فِي الصُّورِ ۚ عَالِمُ الْغَيْبِ وَالشَّهَادَةِ ۚ وَهُوَ **الْحَكِيمُ** الْخَبِيرُ
10 يونس 1	الر ۚ تِلْكَ آيَاتُ الْكِتَابِ **الْحَكِيمِ**

12 يوسف 83	قَالَ بَلْ سَوَّلَتْ لَكُمْ أَنفُسُكُمْ أَمْرًا ۖفَصَبْرٌ جَمِيلٌ ۖ عَسَى اللَّهُ أَن يَأْتِيَنِي بِهِمْ جَمِيعًا ۚإِنَّهُ هُوَ الْعَلِيمُ **الْحَكِيمُ**
100	وَرَفَعَ أَبَوَيْهِ عَلَى الْعَرْشِ وَخَرُّوا لَهُ سُجَّدًا ۖوَقَالَ يَا أَبَتِ هَٰذَا تَأْوِيلُ رُؤْيَايَ مِن قَبْلُ قَدْ جَعَلَهَا رَبِّي حَقًّا ۖ وَقَدْ أَحْسَنَ بِي إِذْ أَخْرَجَنِي مِنَ السِّجْنِ وَجَاءَ بِكُم مِّنَ الْبَدْوِ مِن بَعْدِ أَن نَّزَغَ الشَّيْطَانُ بَيْنِي وَبَيْنَ إِخْوَتِي ۚ إِنَّ رَبِّي لَطِيفٌ لِّمَا يَشَاءُ ۚ إِنَّهُ هُوَ الْعَلِيمُ **الْحَكِيمُ**
14 ابراهيم 4	وَمَا أَرْسَلْنَا مِن رَّسُولٍ إِلَّا بِلِسَانِ قَوْمِهِ لِيُبَيِّنَ لَهُمْ ۖ فَيُضِلُّ اللَّهُ مَن يَشَاءُ وَيَهْدِي مَن يَشَاءُ ۚ وَهُوَ الْعَزِيزُ **الْحَكِيمُ**
16 النحل 60	لِلَّذِينَ لَا يُؤْمِنُونَ بِالْآخِرَةِ مَثَلُ السَّوْءِ ۖ وَلِلَّهِ الْمَثَلُ الْأَعْلَىٰ ۚ وَهُوَ الْعَزِيزُ **الْحَكِيمُ**
27 النمل 9	يَا مُوسَىٰ إِنَّهُ أَنَا اللَّهُ الْعَزِيزُ **الْحَكِيمُ**
29العنكبوت 26	۞ فَآمَنَ لَهُ لُوطٌ ۘ وَقَالَ إِنِّي مُهَاجِرٌ إِلَىٰ رَبِّي ۖ إِنَّهُ هُوَ الْعَزِيزُ **الْحَكِيمُ**
42	إِنَّ اللَّهَ يَعْلَمُ مَا يَدْعُونَ مِن دُونِهِ مِن شَيْءٍ ۚ وَهُوَ الْعَزِيزُ **الْحَكِيمُ**
30 الروم 27	وَهُوَ الَّذِي يَبْدَأُ الْخَلْقَ ثُمَّ يُعِيدُهُ وَهُوَ أَهْوَنُ عَلَيْهِ ۚ وَلَهُ الْمَثَلُ الْأَعْلَىٰ فِي السَّمَاوَاتِ وَالْأَرْضِ ۚوَهُوَ الْعَزِيزُ **الْحَكِيمُ**
31 لقمان 2	تِلْكَ آيَاتُ الْكِتَابِ **الْحَكِيمِ**
9	خَالِدِينَ فِيهَا ۖ وَعْدَ اللَّهِ حَقًّا ۚ وَهُوَ الْعَزِيزُ **الْحَكِيمُ**
34 سبإ 1	الْحَمْدُ لِلَّهِ الَّذِي لَهُ مَا فِي السَّمَاوَاتِ وَمَا فِي الْأَرْضِ وَلَهُ الْحَمْدُ فِي الْآخِرَةِ ۚ وَهُوَ **الْحَكِيمُ** الْخَبِيرُ
27	قُلْ أَرُونِيَ الَّذِينَ أَلْحَقْتُم بِهِ شُرَكَاءَ ۖ كَلَّا ۚبَلْ هُوَ اللَّهُ الْعَزِيزُ **الْحَكِيمُ**

35 فاطر 2	مَّا يَفْتَحِ اللَّهُ لِلنَّاسِ مِن رَّحْمَةٍ فَلَا مُمْسِكَ لَهَا ۖ وَمَا يُمْسِكْ فَلَا مُرْسِلَ لَهُ مِن بَعْدِهِ ۚ وَهُوَ الْعَزِيزُ **الْحَكِيمُ**
36 يس 2	وَالْقُرْآنِ **الْحَكِيمِ**
39 الزمر 1	تَنزِيلُ الْكِتَابِ مِنَ اللَّهِ الْعَزِيزِ **الْحَكِيمِ**
40 غافر 8	رَبَّنَا وَأَدْخِلْهُمْ جَنَّاتِ عَدْنٍ الَّتِي وَعَدتَّهُمْ وَمَن صَلَحَ مِنْ آبَائِهِمْ وَأَزْوَاجِهِمْ وَذُرِّيَّاتِهِمْ ۚ إِنَّكَ أَنتَ الْعَزِيزُ **الْحَكِيمُ**
الشورى 42 3	كَذَٰلِكَ يُوحِي إِلَيْكَ وَإِلَى الَّذِينَ مِن قَبْلِكَ اللَّهُ الْعَزِيزُ **الْحَكِيمُ**
43 الزخرف 84	وَهُوَ الَّذِي فِي السَّمَاءِ إِلَٰهٌ وَفِي الْأَرْضِ إِلَٰهٌ ۚ وَهُوَ **الْحَكِيمُ** الْعَلِيمُ
45 الجاثية 2	تَنزِيلُ الْكِتَابِ مِنَ اللَّهِ الْعَزِيزِ **الْحَكِيمِ**
37	وَلَهُ الْكِبْرِيَاءُ فِي السَّمَاوَاتِ وَالْأَرْضِ ۖ وَهُوَ الْعَزِيزُ **الْحَكِيمُ**
الأحقاف 46 2	تَنزِيلُ الْكِتَابِ مِنَ اللَّهِ الْعَزِيزِ **الْحَكِيمِ**
51 الذاريات 30	قَالُوا كَذَٰلِكِ قَالَ رَبُّكِ ۖ إِنَّهُ هُوَ **الْحَكِيمُ** الْعَلِيمُ
57 الحديد 1	سَبَّحَ لِلَّهِ مَا فِي السَّمَاوَاتِ وَالْأَرْضِ ۖ وَهُوَ الْعَزِيزُ **الْحَكِيمُ**
59 الحشر 1	سَبَّحَ لِلَّهِ مَا فِي السَّمَاوَاتِ وَمَا فِي الْأَرْضِ ۖ وَهُوَ الْعَزِيزُ **الْحَكِيمُ**
24	هُوَ اللَّهُ الْخَالِقُ الْبَارِئُ الْمُصَوِّرُ ۖ لَهُ الْأَسْمَاءُ الْحُسْنَىٰ ۚ يُسَبِّحُ لَهُ مَا فِي السَّمَاوَاتِ وَالْأَرْضِ ۖ وَهُوَ الْعَزِيزُ **الْحَكِيمُ**

60 الممتحنة 5	رَبَّنَا لَا تَجْعَلْنَا فِتْنَةً لِّلَّذِينَ كَفَرُوا وَاغْفِرْ لَنَا رَبَّنَا ۖ إِنَّكَ أَنتَ الْعَزِيزُ **الْحَكِيمُ**
61 الصف 1	سَبَّحَ لِلَّهِ مَا فِي السَّمَاوَاتِ وَمَا فِي الْأَرْضِ ۖ وَهُوَ الْعَزِيزُ **الْحَكِيمُ**
62 الجمعة 1	يُسَبِّحُ لِلَّهِ مَا فِي السَّمَاوَاتِ وَمَا فِي الْأَرْضِ الْمَلِكِ الْقُدُّوسِ الْعَزِيزِ **الْحَكِيمِ**
3	وَآخَرِينَ مِنْهُمْ لَمَّا يَلْحَقُوا بِهِمْ ۚ وَهُوَ الْعَزِيزُ **الْحَكِيمُ**
64 التغابن 18	عَالِمُ الْغَيْبِ وَالشَّهَادَةِ الْعَزِيزُ **الْحَكِيمُ**
66 التحريم 2	قَدْ فَرَضَ اللَّهُ لَكُمْ تَحِلَّةَ أَيْمَانِكُمْ ۚ وَاللَّهُ مَوْلَاكُمْ ۖ وَهُوَ الْعَلِيمُ **الْحَكِيمُ**
	حِلًّا/حَلَائِلُ **lawful**
3 آل عمران 93	۞ كُلُّ الطَّعَامِ كَانَ **حِلًّا** لِّبَنِي إِسْرَائِيلَ إِلَّا مَا حَرَّمَ إِسْرَائِيلُ عَلَىٰ نَفْسِهِ مِن قَبْلِ أَن تُنَزَّلَ التَّوْرَاةُ ۗ قُلْ فَأْتُوا بِالتَّوْرَاةِ فَاتْلُوهَا إِن كُنتُمْ صَادِقِينَ
4 النساء 23	حُرِّمَتْ عَلَيْكُمْ أُمَّهَاتُكُمْ وَبَنَاتُكُمْ وَأَخَوَاتُكُمْ وَعَمَّاتُكُمْ وَخَالَاتُكُمْ وَبَنَاتُ الْأَخِ وَبَنَاتُ الْأُخْتِ وَأُمَّهَاتُكُمُ اللَّاتِي أَرْضَعْنَكُمْ وَأَخَوَاتُكُم مِّنَ الرَّضَاعَةِ وَأُمَّهَاتُ نِسَائِكُمْ وَرَبَائِبُكُمُ اللَّاتِي فِي حُجُورِكُم مِّن نِّسَائِكُمُ اللَّاتِي دَخَلْتُم بِهِنَّ فَإِن لَّمْ تَكُونُوا دَخَلْتُم بِهِنَّ فَلَا جُنَاحَ عَلَيْكُمْ **وَحَلَائِلُ** أَبْنَائِكُمُ الَّذِينَ مِنْ أَصْلَابِكُمْ وَأَن تَجْمَعُوا بَيْنَ الْأُخْتَيْنِ إِلَّا مَا قَدْ سَلَفَ ۗ إِنَّ اللَّهَ كَانَ غَفُورًا رَّحِيمًا
	أَحِلَّ/ يَحِلُّ/لِأُحِلَّ/ أَحِلَّتْ/ تُحِلُّوا/ يُحِلُّونَهُ/ حِلٌّ/ أَحْلَلْنَا/ تَحِلَّةَ **It has been made permissible**
2 البقرة 187	**أُحِلَّ** لَكُمْ لَيْلَةَ الصِّيَامِ الرَّفَثُ إِلَىٰ نِسَائِكُمْ ۚ هُنَّ لِبَاسٌ لَّكُمْ وَأَنتُمْ لِبَاسٌ لَّهُنَّ ۗ عَلِمَ اللَّهُ أَنَّكُمْ كُنتُمْ تَخْتَانُونَ أَنفُسَكُمْ فَتَابَ عَلَيْكُمْ وَعَفَا عَنكُمْ ۖ فَالْآنَ بَاشِرُوهُنَّ وَابْتَغُوا مَا كَتَبَ اللَّهُ لَكُمْ ۚ وَكُلُوا وَاشْرَبُوا حَتَّىٰ يَتَبَيَّنَ لَكُمُ الْخَيْطُ الْأَبْيَضُ مِنَ الْخَيْطِ الْأَسْوَدِ مِنَ الْفَجْرِ ۖ ثُمَّ أَتِمُّوا

	الصِّيَامَ إِلَى اللَّيْلِ ۚ وَلَا تُبَاشِرُوهُنَّ وَأَنتُمْ عَاكِفُونَ فِي الْمَسَاجِدِ ۗ تِلْكَ حُدُودُ اللَّهِ فَلَا تَقْرَبُوهَا ۗ كَذَٰلِكَ يُبَيِّنُ اللَّهُ آيَاتِهِ لِلنَّاسِ لَعَلَّهُمْ يَتَّقُونَ
228	وَالْمُطَلَّقَاتُ يَتَرَبَّصْنَ بِأَنفُسِهِنَّ ثَلَاثَةَ قُرُوءٍ ۚ **وَلَا يَحِلُّ** لَهُنَّ أَن يَكْتُمْنَ مَا خَلَقَ اللَّهُ فِي أَرْحَامِهِنَّ إِن كُنَّ يُؤْمِنَّ بِاللَّهِ وَالْيَوْمِ الْآخِرِ ۚ وَبُعُولَتُهُنَّ أَحَقُّ بِرَدِّهِنَّ فِي ذَٰلِكَ إِنْ أَرَادُوا إِصْلَاحًا ۚ وَلَهُنَّ مِثْلُ الَّذِي عَلَيْهِنَّ بِالْمَعْرُوفِ ۚ وَلِلرِّجَالِ عَلَيْهِنَّ دَرَجَةٌ ۗ وَاللَّهُ عَزِيزٌ حَكِيمٌ
229	الطَّلَاقُ مَرَّتَانِ ۖ فَإِمْسَاكٌ بِمَعْرُوفٍ أَوْ تَسْرِيحٌ بِإِحْسَانٍ ۗ **وَلَا يَحِلُّ** لَكُمْ أَن تَأْخُذُوا مِمَّا آتَيْتُمُوهُنَّ شَيْئًا إِلَّا أَن يَخَافَا أَلَّا يُقِيمَا حُدُودَ اللَّهِ ۖ فَإِنْ خِفْتُمْ أَلَّا يُقِيمَا حُدُودَ اللَّهِ **فَلَا جُنَاحَ** عَلَيْهِمَا فِيمَا افْتَدَتْ بِهِ ۗ تِلْكَ حُدُودُ اللَّهِ فَلَا تَعْتَدُوهَا ۚ وَمَن يَتَعَدَّ حُدُودَ اللَّهِ فَأُولَٰئِكَ هُمُ الظَّالِمُونَ
230	فَإِن طَلَّقَهَا **فَلَا تَحِلُّ** لَهُ مِن بَعْدُ حَتَّىٰ تَنكِحَ زَوْجًا غَيْرَهُ ۗ فَإِن طَلَّقَهَا **فَلَا جُنَاحَ** عَلَيْهِمَا أَن يَتَرَاجَعَا إِن ظَنَّا أَن يُقِيمَا حُدُودَ اللَّهِ ۗ وَتِلْكَ حُدُودُ اللَّهِ يُبَيِّنُهَا لِقَوْمٍ يَعْلَمُونَ
275	الَّذِينَ يَأْكُلُونَ الرِّبَا لَا يَقُومُونَ إِلَّا كَمَا يَقُومُ الَّذِي يَتَخَبَّطُهُ الشَّيْطَانُ مِنَ الْمَسِّ ۚ ذَٰلِكَ بِأَنَّهُمْ قَالُوا إِنَّمَا الْبَيْعُ مِثْلُ الرِّبَا ۗ **وَأَحَلَّ** اللَّهُ الْبَيْعَ **وَحَرَّمَ** الرِّبَا ۚ فَمَن جَاءَهُ مَوْعِظَةٌ مِّن رَّبِّهِ فَانتَهَىٰ فَلَهُ مَا سَلَفَ وَأَمْرُهُ إِلَى اللَّهِ ۖ وَمَنْ عَادَ فَأُولَٰئِكَ أَصْحَابُ النَّارِ ۖ هُمْ فِيهَا خَالِدُونَ
3 آل عمران 50	وَمُصَدِّقًا لِّمَا بَيْنَ يَدَيَّ مِنَ التَّوْرَاةِ **وَلِأُحِلَّ** لَكُم بَعْضَ الَّذِي حُرِّمَ عَلَيْكُمْ ۚ وَجِئْتُكُم بِآيَةٍ مِّن رَّبِّكُمْ فَاتَّقُوا اللَّهَ وَأَطِيعُونِ
4 النساء 19	يَا أَيُّهَا الَّذِينَ آمَنُوا **لَا يَحِلُّ** لَكُمْ أَن تَرِثُوا النِّسَاءَ كَرْهًا ۖ وَلَا تَعْضُلُوهُنَّ لِتَذْهَبُوا بِبَعْضِ مَا آتَيْتُمُوهُنَّ إِلَّا أَن يَأْتِينَ بِفَاحِشَةٍ مُّبَيِّنَةٍ ۚ وَعَاشِرُوهُنَّ بِالْمَعْرُوفِ ۚ فَإِن كَرِهْتُمُوهُنَّ فَعَسَىٰ أَن تَكْرَهُوا شَيْئًا وَيَجْعَلَ اللَّهُ فِيهِ خَيْرًا كَثِيرًا
24	وَالْمُحْصَنَاتُ مِنَ النِّسَاءِ إِلَّا مَا مَلَكَتْ أَيْمَانُكُمْ ۖ كِتَابَ اللَّهِ عَلَيْكُمْ ۚ **وَأُحِلَّ** لَكُم مَّا وَرَاءَ ذَٰلِكُمْ أَن تَبْتَغُوا بِأَمْوَالِكُم مُّحْصِنِينَ غَيْرَ مُسَافِحِينَ ۚ فَمَا اسْتَمْتَعْتُم بِهِ مِنْهُنَّ فَآتُوهُنَّ أُجُورَهُنَّ فَرِيضَةً ۚ وَلَا جُنَاحَ عَلَيْكُمْ فِيمَا تَرَاضَيْتُم بِهِ مِن بَعْدِ الْفَرِيضَةِ ۚ إِنَّ اللَّهَ كَانَ عَلِيمًا حَكِيمًا

160	فَبِظُلْمٍ مِّنَ الَّذِينَ هَادُوا **حَرَّمْنَا** عَلَيْهِمْ طَيِّبَاتٍ **أُحِلَّتْ** لَهُمْ وَبِصَدِّهِمْ عَن سَبِيلِ اللَّهِ كَثِيرًا
5 المائدة 1	يَا أَيُّهَا الَّذِينَ آمَنُوا أَوْفُوا بِالْعُقُودِ ۚ **أُحِلَّتْ** لَكُم بَهِيمَةُ الْأَنْعَامِ إِلَّا مَا يُتْلَىٰ عَلَيْكُمْ غَيْرَ **مُحِلِّي** الصَّيْدِ وَأَنتُمْ **حُرُمٌ** ۗ إِنَّ اللَّهَ يَحْكُمُ مَا يُرِيدُ
2	يَا أَيُّهَا الَّذِينَ آمَنُوا **لَا تُحِلُّوا** شَعَائِرَ اللَّهِ وَلَا الشَّهْرَ الْحَرَامَ وَلَا الْهَدْيَ وَلَا الْقَلَائِدَ وَلَا آمِّينَ الْبَيْتَ الْحَرَامَ يَبْتَغُونَ فَضْلًا مِّن رَّبِّهِمْ وَرِضْوَانًا ۚ وَإِذَا **حَلَلْتُمْ** فَاصْطَادُوا ۚ وَلَا يَجْرِمَنَّكُمْ شَنَآنُ قَوْمٍ أَن صَدُّوكُمْ عَنِ الْمَسْجِدِ الْحَرَامِ أَن تَعْتَدُوا ۘ وَتَعَاوَنُوا عَلَى الْبِرِّ وَالتَّقْوَىٰ ۖ وَلَا تَعَاوَنُوا عَلَى الْإِثْمِ وَالْعُدْوَانِ ۚ وَاتَّقُوا اللَّهَ ۖ إِنَّ اللَّهَ شَدِيدُ الْعِقَابِ
4	يَسْأَلُونَكَ مَاذَا **أُحِلَّ** لَهُمْ ۖ قُلْ **أُحِلَّ** لَكُمُ الطَّيِّبَاتُ ۙ وَمَا عَلَّمْتُم مِّنَ الْجَوَارِحِ مُكَلِّبِينَ تُعَلِّمُونَهُنَّ مِمَّا عَلَّمَكُمُ اللَّهُ ۖ فَكُلُوا مِمَّا أَمْسَكْنَ عَلَيْكُمْ وَاذْكُرُوا اسْمَ اللَّهِ عَلَيْهِ ۖ وَاتَّقُوا اللَّهَ ۚ إِنَّ اللَّهَ سَرِيعُ الْحِسَابِ
5	الْيَوْمَ **أُحِلَّ** لَكُمُ الطَّيِّبَاتُ ۖ وَطَعَامُ الَّذِينَ أُوتُوا الْكِتَابَ **حِلٌّ** لَّكُمْ وَطَعَامُكُمْ **حِلٌّ** لَّهُمْ ۖ وَالْمُحْصَنَاتُ مِنَ الْمُؤْمِنَاتِ وَالْمُحْصَنَاتُ مِنَ الَّذِينَ أُوتُوا الْكِتَابَ مِن قَبْلِكُمْ إِذَا آتَيْتُمُوهُنَّ أُجُورَهُنَّ مُحْصِنِينَ غَيْرَ مُسَافِحِينَ وَلَا مُتَّخِذِي أَخْدَانٍ ۗ وَمَن يَكْفُرْ بِالْإِيمَانِ فَقَدْ حَبِطَ عَمَلُهُ وَهُوَ فِي الْآخِرَةِ مِنَ الْخَاسِرِينَ
87	يَا أَيُّهَا الَّذِينَ آمَنُوا **لَا تُحَرِّمُوا** طَيِّبَاتِ مَا **أَحَلَّ** اللَّهُ لَكُمْ وَلَا تَعْتَدُوا ۚ إِنَّ اللَّهَ لَا يُحِبُّ الْمُعْتَدِينَ
96	**أُحِلَّ** لَكُمْ صَيْدُ الْبَحْرِ وَطَعَامُهُ مَتَاعًا لَّكُمْ وَلِلسَّيَّارَةِ ۖ **وَحُرِّمَ** عَلَيْكُمْ صَيْدُ الْبَرِّ مَا دُمْتُمْ **حُرُمًا** ۗ وَاتَّقُوا اللَّهَ الَّذِي إِلَيْهِ تُحْشَرُونَ
7 الأعراف 157	الَّذِينَ يَتَّبِعُونَ الرَّسُولَ النَّبِيَّ الْأُمِّيَّ الَّذِي يَجِدُونَهُ مَكْتُوبًا عِندَهُمْ فِي التَّوْرَاةِ وَالْإِنجِيلِ يَأْمُرُهُم بِالْمَعْرُوفِ وَيَنْهَاهُمْ عَنِ الْمُنكَرِ **وَيُحِلُّ** لَهُمُ الطَّيِّبَاتِ **وَيُحَرِّمُ** عَلَيْهِمُ الْخَبَائِثَ وَيَضَعُ عَنْهُمْ إِصْرَهُمْ وَالْأَغْلَالَ الَّتِي كَانَتْ عَلَيْهِمْ ۚ فَالَّذِينَ آمَنُوا بِهِ وَعَزَّرُوهُ وَنَصَرُوهُ وَاتَّبَعُوا النُّورَ الَّذِي أُنزِلَ مَعَهُ ۙ أُولَٰئِكَ هُمُ الْمُفْلِحُونَ

9 التوبة 37	إِنَّمَا النَّسِيءُ زِيَادَةٌ فِي الْكُفْرِ ۖ يُضَلُّ بِهِ الَّذِينَ كَفَرُوا **يُحِلُّونَهُ** عَامًا **وَيُحَرِّمُونَهُ** عَامًا لِّيُوَاطِئُوا عِدَّةَ مَا حَرَّمَ اللَّهُ **فَيُحِلُّوا** مَا حَرَّمَ اللَّهُ ۚ زُيِّنَ لَهُمْ سُوءُ أَعْمَالِهِمْ ۗ وَاللَّهُ لَا يَهْدِي الْقَوْمَ الْكَافِرِينَ	
22 الحج 30	ذَٰلِكَ وَمَن يُعَظِّمْ **حُرُمَاتِ** اللَّهِ فَهُوَ خَيْرٌ لَّهُ عِندَ رَبِّهِ ۗ **وَأُحِلَّتْ** لَكُمُ الْأَنْعَامُ إِلَّا مَا يُتْلَىٰ عَلَيْكُمْ ۖ **فَاجْتَنِبُوا** الرِّجْسَ مِنَ الْأَوْثَانِ وَاجْتَنِبُوا قَوْلَ الزُّورِ	
33 الأحزاب 50	يَا أَيُّهَا النَّبِيُّ إِنَّا **أَحْلَلْنَا** لَكَ أَزْوَاجَكَ اللَّاتِي آتَيْتَ أُجُورَهُنَّ وَمَا مَلَكَتْ يَمِينُكَ مِمَّا أَفَاءَ اللَّهُ عَلَيْكَ وَبَنَاتِ عَمِّكَ وَبَنَاتِ عَمَّاتِكَ وَبَنَاتِ خَالِكَ وَبَنَاتِ خَالَاتِكَ اللَّاتِي هَاجَرْنَ مَعَكَ وَامْرَأَةً مُّؤْمِنَةً إِن وَهَبَتْ نَفْسَهَا لِلنَّبِيِّ إِنْ أَرَادَ النَّبِيُّ أَن يَسْتَنكِحَهَا خَالِصَةً لَّكَ مِن دُونِ الْمُؤْمِنِينَ ۗ قَدْ عَلِمْنَا مَا فَرَضْنَا عَلَيْهِمْ فِي أَزْوَاجِهِمْ وَمَا مَلَكَتْ أَيْمَانُهُمْ لِكَيْلَا يَكُونَ عَلَيْكَ حَرَجٌ ۗ وَكَانَ اللَّهُ غَفُورًا رَّحِيمًا	
52	**لَّا يَحِلُّ** لَكَ النِّسَاءُ مِن بَعْدُ وَلَا أَن تَبَدَّلَ بِهِنَّ مِنْ أَزْوَاجٍ وَلَوْ أَعْجَبَكَ حُسْنُهُنَّ إِلَّا مَا مَلَكَتْ يَمِينُكَ ۗ وَكَانَ اللَّهُ عَلَىٰ كُلِّ شَيْءٍ رَّقِيبًا	
60 الممتحنة 10	يَا أَيُّهَا الَّذِينَ آمَنُوا إِذَا جَاءَكُمُ الْمُؤْمِنَاتُ مُهَاجِرَاتٍ فَامْتَحِنُوهُنَّ ۖ اللَّهُ أَعْلَمُ بِإِيمَانِهِنَّ ۖ فَإِنْ عَلِمْتُمُوهُنَّ مُؤْمِنَاتٍ فَلَا تَرْجِعُوهُنَّ إِلَى الْكُفَّارِ ۖ **لَا هُنَّ حِلٌّ** لَّهُمْ وَلَا هُمْ **يَحِلُّونَ** لَهُنَّ ۖ وَآتُوهُم مَّا أَنفَقُوا ۚ **وَلَا جُنَاحَ** عَلَيْكُمْ أَن تَنكِحُوهُنَّ إِذَا آتَيْتُمُوهُنَّ أُجُورَهُنَّ ۚ وَلَا تُمْسِكُوا بِعِصَمِ الْكَوَافِرِ وَاسْأَلُوا مَا أَنفَقْتُمْ وَلْيَسْأَلُوا مَا أَنفَقُوا ۚ ذَٰلِكُمْ حُكْمُ اللَّهِ ۖ يَحْكُمُ بَيْنَكُمْ ۚ وَاللَّهُ عَلِيمٌ حَكِيمٌ	
66 التحريم 1	يَا أَيُّهَا النَّبِيُّ لِمَ تُحَرِّمُ مَا **أَحَلَّ** اللَّهُ لَكَ ۖ تَبْتَغِي مَرْضَاتَ أَزْوَاجِكَ ۚ وَاللَّهُ غَفُورٌ رَّحِيمٌ	
2	قَدْ فَرَضَ اللَّهُ لَكُمْ **تَحِلَّةَ** أَيْمَانِكُمْ ۚ وَاللَّهُ مَوْلَاكُمْ ۖ وَهُوَ الْعَلِيمُ الْحَكِيمُ	

حَلَالًا / حَلَالٌ

eat from whatever is on earth [that is] lawful

2 البقرة 168	يَا أَيُّهَا النَّاسُ كُلُوا مِمَّا فِي الْأَرْضِ **حَلَالًا** طَيِّبًا وَلَا تَتَّبِعُوا خُطُوَاتِ الشَّيْطَانِ ۚ إِنَّهُ لَكُمْ عَدُوٌّ مُّبِينٌ	

5 المائدة 88	وَكُلُوا مِمَّا رَزَقَكُمُ اللَّهُ **حَلَالًا** طَيِّبًا ۚ وَاتَّقُوا اللَّهَ الَّذِي أَنتُم بِهِ مُؤْمِنُونَ
8 الأنفال 69	فَكُلُوا مِمَّا غَنِمْتُمْ **حَلَالًا** طَيِّبًا ۚ وَاتَّقُوا اللَّهَ ۚ إِنَّ اللَّهَ غَفُورٌ رَّحِيمٌ
10 يونس 59	قُلْ أَرَأَيْتُم مَّا أَنزَلَ اللَّهُ لَكُم مِّن رِّزْقٍ فَجَعَلْتُم مِّنْهُ **حَرَامًا وَحَلَالًا** قُلْ آللَّهُ أَذِنَ لَكُمْ ۖ أَمْ عَلَى اللَّهِ تَفْتَرُونَ
16 النحل 114	فَكُلُوا مِمَّا رَزَقَكُمُ اللَّهُ **حَلَالًا** طَيِّبًا وَاشْكُرُوا نِعْمَتَ اللَّهِ إِن كُنتُمْ إِيَّاهُ تَعْبُدُونَ
116	وَلَا تَقُولُوا لِمَا تَصِفُ أَلْسِنَتُكُمُ الْكَذِبَ هَٰذَا **حَلَالٌ** وَهَٰذَا **حَرَامٌ** لِّتَفْتَرُوا عَلَى اللَّهِ الْكَذِبَ ۚ إِنَّ الَّذِينَ يَفْتَرُونَ عَلَى اللَّهِ الْكَذِبَ لَا يُفْلِحُونَ
	حِلَّ/يَحِلَّ/أَحَلُّوا/ يَحْلِلْ/ أَحَلَّنَا **descend an enduring punishment/release/**unlock/allowed/be a resident
11 هود 39	فَسَوْفَ تَعْلَمُونَ مَن يَأْتِيهِ عَذَابٌ يُخْزِيهِ وَ**يَحِلُّ** عَلَيْهِ عَذَابٌ مُّقِيمٌ
13 الرعد 31	وَلَوْ أَنَّ قُرْآنًا سُيِّرَتْ بِهِ الْجِبَالُ أَوْ قُطِّعَتْ بِهِ الْأَرْضُ أَوْ كُلِّمَ بِهِ الْمَوْتَىٰ ۗ بَل لِّلَّهِ الْأَمْرُ جَمِيعًا ۗ أَفَلَمْ يَيْأَسِ الَّذِينَ آمَنُوا أَن لَّوْ يَشَاءُ اللَّهُ لَهَدَى النَّاسَ جَمِيعًا ۗ وَلَا يَزَالُ الَّذِينَ كَفَرُوا تُصِيبُهُم بِمَا صَنَعُوا قَارِعَةٌ أَوْ **تَحُلُّ** قَرِيبًا مِّن دَارِهِمْ حَتَّىٰ يَأْتِيَ وَعْدُ اللَّهِ ۚ إِنَّ اللَّهَ لَا يُخْلِفُ الْمِيعَادَ
14 ابراهيم 28	۞ أَلَمْ تَرَ إِلَى الَّذِينَ بَدَّلُوا نِعْمَتَ اللَّهِ كُفْرًا وَ**أَحَلُّوا** قَوْمَهُمْ دَارَ الْبَوَارِ
20 طه 27	**وَاحْلُلْ** عُقْدَةً مِّن لِّسَانِي
81	كُلُوا مِن طَيِّبَاتِ مَا رَزَقْنَاكُمْ وَلَا تَطْغَوْا فِيهِ **فَيَحِلَّ** عَلَيْكُمْ غَضَبِي ۖ وَمَن **يَحْلِلْ** عَلَيْهِ غَضَبِي فَقَدْ هَوَىٰ

86	فَرَجَعَ مُوسَىٰ إِلَىٰ قَوْمِهِ غَضْبَانَ أَسِفًا ۚ قَالَ يَا قَوْمِ أَلَمْ يَعِدْكُمْ رَبُّكُمْ وَعْدًا حَسَنًا ۚ أَفَطَالَ عَلَيْكُمُ الْعَهْدُ أَمْ أَرَدتُّمْ أَن يَحِلَّ عَلَيْكُمْ غَضَبٌ مِّن رَّبِّكُمْ فَأَخْلَفْتُم مَّوْعِدِي	
35 فاطر 35	الَّذِي أَحَلَّنَا دَارَ الْمُقَامَةِ مِن فَضْلِهِ لَا يَمَسُّنَا فِيهَا نَصَبٌ وَلَا يَمَسُّنَا فِيهَا لُغُوبٌ	
39 الزمر 40	مَن يَأْتِيهِ عَذَابٌ يُخْزِيهِ وَيَحِلُّ عَلَيْهِ عَذَابٌ مُّقِيمٌ	
90 البلد 2	وَأَنتَ حِلٌّ بِهَٰذَا الْبَلَدِ	

حَلَلْتُمْ
do not violate the rites of Allah / come out of ihram

5 المائدة 2	يَا أَيُّهَا الَّذِينَ آمَنُوا لَا تُحِلُّوا شَعَائِرَ اللَّهِ وَلَا الشَّهْرَ الْحَرَامَ وَلَا الْهَدْيَ وَلَا الْقَلَائِدَ وَلَا آمِّينَ الْبَيْتَ الْحَرَامَ يَبْتَغُونَ فَضْلًا مِّن رَّبِّهِمْ وَرِضْوَانًا ۚ وَإِذَا حَلَلْتُمْ فَاصْطَادُوا ۚ وَلَا يَجْرِمَنَّكُمْ شَنَآنُ قَوْمٍ أَن صَدُّوكُمْ عَنِ الْمَسْجِدِ الْحَرَامِ أَن تَعْتَدُوا ۘ وَتَعَاوَنُوا عَلَى الْبِرِّ وَالتَّقْوَىٰ ۖ وَلَا تَعَاوَنُوا عَلَى الْإِثْمِ وَالْعُدْوَانِ ۚ وَاتَّقُوا اللَّهَ ۖ إِنَّ اللَّهَ شَدِيدُ الْعِقَابِ	

حِلْيَةٍ
desiring adornments / ornaments

13 الرعد 17	أَنزَلَ مِنَ السَّمَاءِ مَاءً فَسَالَتْ أَوْدِيَةٌ بِقَدَرِهَا فَاحْتَمَلَ السَّيْلُ زَبَدًا رَّابِيًا ۚ وَمِمَّا يُوقِدُونَ عَلَيْهِ فِي النَّارِ ابْتِغَاءَ حِلْيَةٍ أَوْ مَتَاعٍ زَبَدٌ مِّثْلُهُ ۚ كَذَٰلِكَ يَضْرِبُ اللَّهُ الْحَقَّ وَالْبَاطِلَ ۚ فَأَمَّا الزَّبَدُ فَيَذْهَبُ جُفَاءً ۖ وَأَمَّا مَا يَنفَعُ النَّاسَ فَيَمْكُثُ فِي الْأَرْضِ ۚ كَذَٰلِكَ يَضْرِبُ اللَّهُ الْأَمْثَالَ	
16 النحل 14	وَهُوَ الَّذِي سَخَّرَ الْبَحْرَ لِتَأْكُلُوا مِنْهُ لَحْمًا طَرِيًّا وَتَسْتَخْرِجُوا مِنْهُ حِلْيَةً تَلْبَسُونَهَا وَتَرَى الْفُلْكَ مَوَاخِرَ فِيهِ وَلِتَبْتَغُوا مِن فَضْلِهِ وَلَعَلَّكُمْ تَشْكُرُونَ	

35 فاطر 12	وَمَا يَسْتَوِي الْبَحْرَانِ هَٰذَا عَذْبٌ فُرَاتٌ سَائِغٌ شَرَابُهُ وَهَٰذَا مِلْحٌ أُجَاجٌ ۖ وَمِن كُلٍّ تَأْكُلُونَ لَحْمًا طَرِيًّا وَتَسْتَخْرِجُونَ **حِلْيَةً** تَلْبَسُونَهَا ۖ وَتَرَى الْفُلْكَ فِيهِ مَوَاخِرَ لِتَبْتَغُوا مِن فَضْلِهِ وَلَعَلَّكُمْ تَشْكُرُونَ
43 الزخرف 18	أَوَمَن يُنَشَّأُ فِي **الْحِلْيَةِ** وَهُوَ فِي الْخِصَامِ غَيْرُ مُبِينٍ

حَلَّافٍ / حَلَفْتُمْ

**do not obey every worthless habitual swearer. /
expiation for oaths when you have sworn.**

68 القلم 10	وَلَا تُطِعْ كُلَّ **حَلَّافٍ** مَّهِينٍ
5 المائدة 89	لَا يُؤَاخِذُكُمُ اللَّهُ بِاللَّغْوِ فِي أَيْمَانِكُمْ وَلَٰكِن يُؤَاخِذُكُم بِمَا عَقَّدتُّمُ الْأَيْمَانَ ۖ فَكَفَّارَتُهُ إِطْعَامُ عَشَرَةِ مَسَاكِينَ مِنْ أَوْسَطِ مَا تُطْعِمُونَ أَهْلِيكُمْ أَوْ كِسْوَتُهُمْ أَوْ تَحْرِيرُ رَقَبَةٍ ۖ فَمَن لَّمْ يَجِدْ فَصِيَامُ ثَلَاثَةِ أَيَّامٍ ۚ ذَٰلِكَ كَفَّارَةُ أَيْمَانِكُمْ إِذَا **حَلَفْتُمْ** ۚ وَاحْفَظُوا أَيْمَانَكُمْ ۚ كَذَٰلِكَ يُبَيِّنُ اللَّهُ لَكُمْ آيَاتِهِ لَعَلَّكُمْ تَشْكُرُونَ

الحليم

you are the forbearing, the discerning

11 هود 87	قَالُوا يَا شُعَيْبُ أَصَلَاتُكَ تَأْمُرُكَ أَن نَّتْرُكَ مَا يَعْبُدُ آبَاؤُنَا أَوْ أَن نَّفْعَلَ فِي أَمْوَالِنَا مَا نَشَاءُ ۖ إِنَّكَ لَأَنتَ **الْحَلِيمُ** الرَّشِيدُ

حُلِيِّهِمْ

ornaments

7 الأعراف 148	وَاتَّخَذَ قَوْمُ مُوسَىٰ مِن بَعْدِهِ مِنْ **حُلِيِّهِمْ** عِجْلًا جَسَدًا لَّهُ خُوَارٌ ۚ أَلَمْ يَرَوْا أَنَّهُ لَا يُكَلِّمُهُمْ وَلَا يَهْدِيهِمْ سَبِيلًا ۘ اتَّخَذُوهُ وَكَانُوا ظَالِمِينَ

حَمَإٍ

potter's clay of **black mud** altered

15 الحجر 26	وَلَقَدْ خَلَقْنَا الْإِنسَانَ مِن صَلْصَالٍ مِّنْ **حَمَإٍ** مَّسْنُونٍ
28	وَإِذْ قَالَ رَبُّكَ لِلْمَلَائِكَةِ إِنِّي خَالِقٌ بَشَرًا مِّن صَلْصَالٍ مِّنْ **حَمَإٍ** مَّسْنُونٍ
33	قَالَ لَمْ أَكُن لِّأَسْجُدَ لِبَشَرٍ خَلَقْتَهُ مِن صَلْصَالٍ مِّنْ **حَمَإٍ** مَّسْنُونٍ
	حَمِئَةٍ **muddy** spring
18 الكهف 86	حَتَّىٰ إِذَا بَلَغَ مَغْرِبَ الشَّمْسِ وَجَدَهَا تَغْرُبُ فِي عَيْنٍ **حَمِئَةٍ** وَوَجَدَ عِندَهَا قَوْمًا ۗ قُلْنَا يَا ذَا الْقَرْنَيْنِ إِمَّا أَن تُعَذِّبَ وَإِمَّا أَن تَتَّخِذَ فِيهِمْ حُسْنًا
	حمل camel-**load/carry/the expected** woman
12 يوسف 72	قَالُوا نَفْقِدُ صُوَاعَ الْمَلِكِ وَلِمَن جَاءَ بِهِ **حِمْلُ** بَعِيرٍ وَأَنَا بِهِ زَعِيمٌ
20 طه 111	۞ وَعَنَتِ الْوُجُوهُ لِلْحَيِّ الْقَيُّومِ ۖ وَقَدْ خَابَ مَنْ **حَمَلَ** ظُلْمًا
22 الحج 2	يَوْمَ تَرَوْنَهَا تَذْهَلُ كُلُّ مُرْضِعَةٍ عَمَّا أَرْضَعَتْ وَتَضَعُ كُلُّ ذَاتِ **حَمْلٍ** **حَمْلَهَا** وَتَرَى النَّاسَ سُكَارَىٰ وَمَا هُم بِسُكَارَىٰ وَلَٰكِنَّ عَذَابَ اللَّهِ شَدِيدٌ
24 النور 54	قُلْ أَطِيعُوا اللَّهَ وَأَطِيعُوا الرَّسُولَ ۖ فَإِن تَوَلَّوْا فَإِنَّمَا عَلَيْهِ مَا **حُمِّلَ** وَعَلَيْكُم مَّا **حُمِّلْتُمْ** ۖ وَإِن تُطِيعُوهُ تَهْتَدُوا ۚ وَمَا عَلَى الرَّسُولِ إِلَّا الْبَلَاغُ الْمُبِينُ
65 الطلاق 6	أَسْكِنُوهُنَّ مِنْ حَيْثُ سَكَنتُم مِّن وُجْدِكُمْ وَلَا تُضَارُّوهُنَّ لِتُضَيِّقُوا عَلَيْهِنَّ ۚ وَإِن كُنَّ أُولَاتِ **حَمْلٍ** فَأَنفِقُوا عَلَيْهِنَّ حَتَّىٰ يَضَعْنَ **حَمْلَهُنَّ** ۚ فَإِنْ أَرْضَعْنَ لَكُمْ فَآتُوهُنَّ أُجُورَهُنَّ ۖ وَأْتَمِرُوا بَيْنَكُم بِمَعْرُوفٍ ۖ وَإِن تَعَاسَرْتُمْ فَسَتُرْضِعُ لَهُ أُخْرَىٰ
	حَمَّالَةَ/ حملًا his wife, the **wood-carrier**
111 المسد 4	وَامْرَأَتُهُ **حَمَّالَةَ** الْحَطَبِ

7 الأعراف 189	۞ هُوَ الَّذِي خَلَقَكُم مِّن نَّفْسٍ وَاحِدَةٍ وَجَعَلَ مِنْهَا زَوْجَهَا لِيَسْكُنَ إِلَيْهَا ۖ فَلَمَّا تَغَشَّاهَا **حَمَلَتْ حَمْلًا** خَفِيفًا فَمَرَّتْ بِهِ ۖ فَلَمَّا أَثْقَلَت دَّعَوَا اللَّهَ رَبَّهُمَا لَئِنْ آتَيْتَنَا صَالِحًا لَّنَكُونَنَّ مِنَ الشَّاكِرِينَ
20 طه 101	خَالِدِينَ فِيهِ ۖ وَسَاءَ لَهُمْ يَوْمَ الْقِيَامَةِ **حِمْلًا**
	حملت **bore** a light **burden/** His mother **carried him/ and lay** not upon us a burden like that which You **laid upon** those before us
2 البقرة 286	لَا يُكَلِّفُ اللَّهُ نَفْسًا إِلَّا وُسْعَهَا ۚ لَهَا مَا كَسَبَتْ وَعَلَيْهَا مَا اكْتَسَبَتْ ۗ رَبَّنَا لَا تُؤَاخِذْنَا إِن نَّسِينَا أَوْ أَخْطَأْنَا ۚ رَبَّنَا وَلَا **تَحْمِلْ** عَلَيْنَا إِصْرًا كَمَا **حَمَلْتَهُ** عَلَى الَّذِينَ مِن قَبْلِنَا ۚ رَبَّنَا وَلَا **تُحَمِّلْنَا** مَا لَا طَاقَةَ لَنَا بِهِ ۖ وَاعْفُ عَنَّا وَاغْفِرْ لَنَا وَارْحَمْنَا ۚ أَنتَ مَوْلَانَا فَانصُرْنَا عَلَى الْقَوْمِ الْكَافِرِينَ
6 الأنعام 146	وَعَلَى الَّذِينَ هَادُوا حَرَّمْنَا كُلَّ ذِي ظُفُرٍ ۖ وَمِنَ الْبَقَرِ وَالْغَنَمِ حَرَّمْنَا عَلَيْهِمْ شُحُومَهُمَا إِلَّا مَا **حَمَلَتْ** ظُهُورُهُمَا أَوِ الْحَوَايَا أَوْ مَا اخْتَلَطَ بِعَظْمٍ ۚ ذَٰلِكَ جَزَيْنَاهُم بِبَغْيِهِمْ ۖ وَإِنَّا لَصَادِقُونَ
7 الأعراف 189	۞ هُوَ الَّذِي خَلَقَكُم مِّن نَّفْسٍ وَاحِدَةٍ وَجَعَلَ مِنْهَا زَوْجَهَا لِيَسْكُنَ إِلَيْهَا ۖ فَلَمَّا تَغَشَّاهَا **حَمَلَتْ حَمْلًا** خَفِيفًا فَمَرَّتْ بِهِ ۖ فَلَمَّا أَثْقَلَت دَّعَوَا اللَّهَ رَبَّهُمَا لَئِنْ آتَيْتَنَا صَالِحًا لَّنَكُونَنَّ مِنَ الشَّاكِرِينَ
19 مريم 22	۞ **فَحَمَلَتْهُ** فَانتَبَذَتْ بِهِ مَكَانًا قَصِيًّا
24 النور 54	قُلْ أَطِيعُوا اللَّهَ وَأَطِيعُوا الرَّسُولَ ۖ فَإِن تَوَلَّوْا فَإِنَّمَا عَلَيْهِ مَا **حُمِّلَ** وَعَلَيْكُم مَّا **حُمِّلْتُمْ** ۖ وَإِن تُطِيعُوهُ تَهْتَدُوا ۚ وَمَا عَلَى الرَّسُولِ إِلَّا الْبَلَاغُ الْمُبِينُ
31 لقمان 14	وَوَصَّيْنَا الْإِنسَانَ بِوَالِدَيْهِ **حَمَلَتْهُ** أُمُّهُ وَهْنًا عَلَىٰ وَهْنٍ وَفِصَالُهُ فِي عَامَيْنِ أَنِ اشْكُرْ لِي وَلِوَالِدَيْكَ إِلَيَّ الْمَصِيرُ
46 الأحقاف 15	وَوَصَّيْنَا الْإِنسَانَ بِوَالِدَيْهِ إِحْسَانًا ۖ **حَمَلَتْهُ** أُمُّهُ كُرْهًا وَوَضَعَتْهُ كُرْهًا ۖ **وَحَمْلُهُ** وَفِصَالُهُ ثَلَاثُونَ شَهْرًا ۚ حَتَّىٰ إِذَا بَلَغَ أَشُدَّهُ وَبَلَغَ أَرْبَعِينَ سَنَةً قَالَ رَبِّ أَوْزِعْنِي أَنْ أَشْكُرَ نِعْمَتَكَ الَّتِي أَنْعَمْتَ عَلَيَّ وَعَلَىٰ

	وَالِدَيَّ وَأَنْ أَعْمَلَ صَالِحًا تَرْضَاهُ وَأَصْلِحْ لِي فِي ذُرِّيَّتِي ۖ إِنِّي تُبْتُ إِلَيْكَ وَإِنِّي مِنَ الْمُسْلِمِينَ
69 الحاقة 14	وَحُمِلَتِ الْأَرْضُ وَالْجِبَالُ فَدُكَّتَا دَكَّةً وَاحِدَةً

حَمْلَهَا / حَمَلَهَا / حِمْلِهَا
pregnant woman will abort **her pregnancy**

22 الحج 2	يَوْمَ تَرَوْنَهَا تَذْهَلُ كُلُّ مُرْضِعَةٍ عَمَّا أَرْضَعَتْ وَتَضَعُ كُلُّ ذَاتِ **حَمْلٍ حَمْلَهَا** وَتَرَى النَّاسَ سُكَارَىٰ وَمَا هُم بِسُكَارَىٰ وَلَٰكِنَّ عَذَابَ اللَّهِ شَدِيدٌ
33 الأحزاب 72	إِنَّا عَرَضْنَا الْأَمَانَةَ عَلَى السَّمَاوَاتِ وَالْأَرْضِ وَالْجِبَالِ فَأَبَيْنَ أَن **يَحْمِلْنَهَا** وَأَشْفَقْنَ مِنْهَا **وَحَمَلَهَا** الْإِنسَانُ ۖ إِنَّهُ كَانَ ظَلُومًا جَهُولًا
35 فاطر 18	وَلَا تَزِرُ وَازِرَةٌ وِزْرَ أُخْرَىٰ ۚ وَإِن تَدْعُ مُثْقَلَةٌ إِلَىٰ **حِمْلِهَا** لَا يُحْمَلْ مِنْهُ شَيْءٌ وَلَوْ كَانَ ذَا قُرْبَىٰ ۗ إِنَّمَا تُنذِرُ الَّذِينَ يَخْشَوْنَ رَبَّهُم بِالْغَيْبِ وَأَقَامُوا الصَّلَاةَ ۚ وَمَن تَزَكَّىٰ فَإِنَّمَا يَتَزَكَّىٰ لِنَفْسِهِ ۚ وَإِلَى اللَّهِ الْمَصِيرُ

حَمَلْنَا /
carried

2 البقرة 286	لَا يُكَلِّفُ اللَّهُ نَفْسًا إِلَّا وُسْعَهَا ۚ لَهَا مَا كَسَبَتْ وَعَلَيْهَا مَا اكْتَسَبَتْ ۗ رَبَّنَا لَا تُؤَاخِذْنَا إِن نَّسِينَا أَوْ أَخْطَأْنَا ۚ رَبَّنَا وَلَا **تَحْمِلْ** عَلَيْنَا إِصْرًا كَمَا **حَمَلْتَهُ** عَلَى الَّذِينَ مِن قَبْلِنَا ۚ رَبَّنَا وَلَا **تُحَمِّلْنَا** مَا لَا طَاقَةَ لَنَا بِهِ ۖ وَاعْفُ عَنَّا وَاغْفِرْ لَنَا وَارْحَمْنَا ۚ أَنتَ مَوْلَانَا فَانصُرْنَا عَلَى الْقَوْمِ الْكَافِرِينَ Allah does not charge a soul except [with that within] its capacity. It will have [the consequence of] what [good] it has gained, and it will bear [the consequence of] what [evil] it has earned. "Our Lord, do not impose blame upon us if we have forgotten or erred. Our Lord, and lay not upon us a burden like that which You laid upon those before us. Our Lord, and burden us not with that which we have no ability to bear. And pardon us; and forgive us; and have mercy upon us. You are our protector, so give us victory over the disbelieving people".
17 الإسراء	ذُرِّيَّةَ مَنْ **حَمَلْنَا** مَعَ نُوحٍ ۚ إِنَّهُ كَانَ عَبْدًا شَكُورًا

3	
70	وَلَقَدْ كَرَّمْنَا بَنِي آدَمَ **وَحَمَلْنَاهُمْ** فِي الْبَرِّ وَالْبَحْرِ وَرَزَقْنَاهُم مِّنَ الطَّيِّبَاتِ وَفَضَّلْنَاهُمْ عَلَىٰ كَثِيرٍ مِّمَّنْ خَلَقْنَا تَفْضِيلًا
19 مريم 58	أُولَـٰئِكَ الَّذِينَ أَنْعَمَ اللَّهُ عَلَيْهِم مِّنَ النَّبِيِّينَ مِن ذُرِّيَّةِ آدَمَ وَمِمَّنْ **حَمَلْنَا** مَعَ نُوحٍ وَمِن ذُرِّيَّةِ إِبْرَاهِيمَ وَإِسْرَائِيلَ وَمِمَّنْ هَدَيْنَا وَاجْتَبَيْنَا ۚ إِذَا تُتْلَىٰ عَلَيْهِمْ آيَاتُ الرَّحْمَـٰنِ خَرُّوا سُجَّدًا وَبُكِيًّا
20 طه 87	قَالُوا مَا أَخْلَفْنَا مَوْعِدَكَ بِمَلْكِنَا وَلَـٰكِنَّا **حُمِّلْنَا** أَوْزَارًا مِّن زِينَةِ الْقَوْمِ فَقَذَفْنَاهَا فَكَذَٰلِكَ أَلْقَى السَّامِرِيُّ
29 العنكبوت 13	**وَلَيَحْمِلُنَّ** أَثْقَالَهُمْ وَأَثْقَالًا مَّعَ أَثْقَالِهِمْ ۖ وَلَيُسْأَلُنَّ يَوْمَ الْقِيَامَةِ عَمَّا كَانُوا يَفْتَرُونَ
33 الأحزاب 72	إِنَّا عَرَضْنَا الْأَمَانَةَ عَلَى السَّمَاوَاتِ وَالْأَرْضِ وَالْجِبَالِ فَأَبَيْنَ أَن **يَحْمِلْنَهَا** وَأَشْفَقْنَ مِنْهَا **وَحَمَلَهَا** الْإِنسَانُ ۖ إِنَّهُ كَانَ ظَلُومًا جَهُولًا
36 يس 41	وَآيَةٌ لَّهُمْ أَنَّا **حَمَلْنَا** ذُرِّيَّتَهُمْ فِي الْفُلْكِ الْمَشْحُونِ
54 القمر 13	**وَحَمَلْنَاهُ** عَلَىٰ ذَاتِ أَلْوَاحٍ وَدُسُرٍ
69 الحاقة 11	إِنَّا لَمَّا طَغَى الْمَاءُ **حَمَلْنَاكُمْ** فِي الْجَارِيَةِ
	حَمْلَهُنَّ/ الْأَحْمَالِ/ حَمْلٍ And those who no longer expect menstruation among your women - if you doubt, then their period is three months, and [also for] those who have not menstruated. And for those who are pregnant, their term is until they give birth. And whoever fears Allah - He will make for him of his matter ease

65 الطلاق 4	وَاللَّائِي يَئِسْنَ مِنَ الْمَحِيضِ مِن نِّسَائِكُمْ إِنِ ارْتَبْتُمْ فَعِدَّتُهُنَّ ثَلَاثَةُ أَشْهُرٍ وَاللَّائِي لَمْ يَحِضْنَ ۚ وَأُولَاتُ **الْأَحْمَالِ** أَجَلُهُنَّ أَن يَضَعْنَ **حَمْلَهُنَّ** ۚ وَمَن يَتَّقِ اللَّهَ يَجْعَل لَّهُ مِنْ أَمْرِهِ يُسْرًا
6 6	أَسْكِنُوهُنَّ مِنْ حَيْثُ سَكَنتُم مِّن وُجْدِكُمْ وَلَا تُضَارُّوهُنَّ لِتُضَيِّقُوا عَلَيْهِنَّ ۚ وَإِن كُنَّ أُولَاتِ **حَمْلٍ** فَأَنفِقُوا عَلَيْهِنَّ حَتَّىٰ يَضَعْنَ **حَمْلَهُنَّ** ۚ فَإِنْ أَرْضَعْنَ لَكُمْ فَآتُوهُنَّ أُجُورَهُنَّ ۖ وَأْتَمِرُوا بَيْنَكُم بِمَعْرُوفٍ ۖ وَإِن تَعَاسَرْتُمْ فَسَتُرْضِعُ لَهُ أُخْرَىٰ Lodge them [in a section] of where you dwell out of your means and do not harm them in order to oppress them. And if they should be pregnant, then spend on them until they give birth. And if they breastfeed for you, then give them their payment and confer among yourselves in the acceptable way; but if you are in discord, then there may breastfeed for the father another woman.
	حملوا
16 النحل 25	**لِيَحْمِلُوا** أَوْزَارَهُمْ كَامِلَةً يَوْمَ الْقِيَامَةِ ۙ وَمِنْ أَوْزَارِ الَّذِينَ يُضِلُّونَهُم بِغَيْرِ عِلْمٍ ۗ أَلَا سَاءَ مَا يَزِرُونَ
62 الجمعة 5	مَثَلُ الَّذِينَ **حُمِّلُوا** التَّوْرَاةَ ثُمَّ لَمْ **يَحْمِلُوهَا** كَمَثَلِ الْحِمَارِ **يَحْمِلُ** أَسْفَارًا ۚ بِئْسَ مَثَلُ الْقَوْمِ الَّذِينَ كَذَّبُوا بِآيَاتِ اللَّهِ ۚ وَاللَّهُ لَا يَهْدِي الْقَوْمَ الظَّالِمِينَ
	حَمُولَةً **some for burdens, some for food**
6 الأنعام 142	وَمِنَ الْأَنْعَامِ **حَمُولَةً** وَفَرْشًا ۚ كُلُوا مِمَّا رَزَقَكُمُ اللَّهُ وَلَا تَتَّبِعُوا خُطُوَاتِ الشَّيْطَانِ ۚ إِنَّهُ لَكُمْ عَدُوٌّ مُّبِينٌ
	حَمِيَّةَ **age of ignorance**
48 الفتح 26	إِذْ جَعَلَ الَّذِينَ كَفَرُوا فِي قُلُوبِهِمُ **الْحَمِيَّةَ حَمِيَّةَ** الْجَاهِلِيَّةِ فَأَنزَلَ اللَّهُ سَكِينَتَهُ عَلَىٰ رَسُولِهِ وَعَلَى الْمُؤْمِنِينَ وَأَلْزَمَهُمْ كَلِمَةَ التَّقْوَىٰ وَكَانُوا أَحَقَّ بِهَا وَأَهْلَهَا ۚ وَكَانَ اللَّهُ بِكُلِّ شَيْءٍ عَلِيمًا

	الحميد path of the Praiseworthy
14 ابراهيم 1	الر ۚ كِتَابٌ أَنزَلْنَاهُ إِلَيْكَ لِتُخْرِجَ النَّاسَ مِنَ الظُّلُمَاتِ إِلَى النُّورِ بِإِذْنِ رَبِّهِمْ إِلَىٰ صِرَاطِ الْعَزِيزِ **الْحَمِيدِ**
22 الحج 24	وَهُدُوا إِلَى الطَّيِّبِ مِنَ الْقَوْلِ وَهُدُوا إِلَىٰ صِرَاطِ **الْحَمِيدِ**
64	لَّهُ مَا فِي السَّمَاوَاتِ وَمَا فِي الْأَرْضِ ۗ وَإِنَّ اللَّهَ لَهُوَ الْغَنِيُّ **الْحَمِيدُ**
31 لقمان 26	لِلَّهِ مَا فِي السَّمَاوَاتِ وَالْأَرْضِ ۚ إِنَّ اللَّهَ هُوَ الْغَنِيُّ **الْحَمِيدُ**
34 سبإ 6	وَيَرَى الَّذِينَ أُوتُوا الْعِلْمَ الَّذِي أُنزِلَ إِلَيْكَ مِن رَّبِّكَ هُوَ الْحَقَّ وَيَهْدِي إِلَىٰ صِرَاطِ الْعَزِيزِ **الْحَمِيدِ**
35 فاطر 15	۞ يَا أَيُّهَا النَّاسُ أَنتُمُ الْفُقَرَاءُ إِلَى اللَّهِ ۖ وَاللَّهُ هُوَ الْغَنِيُّ **الْحَمِيدُ**
42 الشورى 28	وَهُوَ الَّذِي يُنَزِّلُ الْغَيْثَ مِن بَعْدِ مَا قَنَطُوا وَيَنشُرُ رَحْمَتَهُ ۚ وَهُوَ الْوَلِيُّ **الْحَمِيدُ**
57 الحديد 24	الَّذِينَ يَبْخَلُونَ وَيَأْمُرُونَ النَّاسَ بِالْبُخْلِ ۗ وَمَن يَتَوَلَّ فَإِنَّ اللَّهَ هُوَ الْغَنِيُّ **الْحَمِيدُ**
60 الممتحنة 6	لَقَدْ كَانَ لَكُمْ فِيهِمْ أُسْوَةٌ حَسَنَةٌ لِّمَن كَانَ يَرْجُو اللَّهَ وَالْيَوْمَ الْآخِرَ ۚ وَمَن يَتَوَلَّ فَإِنَّ اللَّهَ هُوَ الْغَنِيُّ **الْحَمِيدُ**
85 البروج 8	وَمَا نَقَمُوا مِنْهُمْ إِلَّا أَن يُؤْمِنُوا بِاللَّهِ الْعَزِيزِ **الْحَمِيدِ**
	حَمِيمٌ **scalding water**

وَذَرِ الَّذِينَ اتَّخَذُوا دِينَهُمْ لَعِبًا وَلَهْوًا وَغَرَّتْهُمُ الْحَيَاةُ الدُّنْيَا ۚ وَذَكِّرْ بِهِ أَن تُبْسَلَ نَفْسٌ بِمَا كَسَبَتْ لَيْسَ لَهَا مِن دُونِ اللَّهِ وَلِيٌّ وَلَا شَفِيعٌ وَإِن تَعْدِلْ كُلَّ عَدْلٍ لَّا يُؤْخَذْ مِنْهَا ۗ أُولَٰئِكَ الَّذِينَ أُبْسِلُوا بِمَا كَسَبُوا ۖ لَهُمْ شَرَابٌ مِّنْ **حَمِيمٍ** وَعَذَابٌ أَلِيمٌ بِمَا كَانُوا يَكْفُرُونَ	6 الأنعام 70
إِلَيْهِ مَرْجِعُكُمْ جَمِيعًا ۖ وَعْدَ اللَّهِ حَقًّا ۚ إِنَّهُ يَبْدَأُ الْخَلْقَ ثُمَّ يُعِيدُهُ لِيَجْزِيَ الَّذِينَ آمَنُوا وَعَمِلُوا الصَّالِحَاتِ بِالْقِسْطِ ۚ وَالَّذِينَ كَفَرُوا لَهُمْ شَرَابٌ مِّنْ **حَمِيمٍ** وَعَذَابٌ أَلِيمٌ بِمَا كَانُوا يَكْفُرُونَ	10 يونس 4
۞ هَٰذَانِ خَصْمَانِ اخْتَصَمُوا فِي رَبِّهِمْ ۖ فَالَّذِينَ كَفَرُوا قُطِّعَتْ لَهُمْ ثِيَابٌ مِّن نَّارٍ يُصَبُّ مِن فَوْقِ رُءُوسِهِمُ **الْحَمِيمُ**	22 الحج 19
وَلَا صَدِيقٍ **حَمِيمٍ**	26 الشعراء 101
ثُمَّ إِنَّ لَهُمْ عَلَيْهَا لَشَوْبًا مِّنْ **حَمِيمٍ**	37 الصافات 67
هَٰذَا فَلْيَذُوقُوهُ **حَمِيمٌ** وَغَسَّاقٌ	38 ص 57
وَأَنذِرْهُمْ يَوْمَ الْآزِفَةِ إِذِ الْقُلُوبُ لَدَى الْحَنَاجِرِ كَاظِمِينَ ۚ مَا لِلظَّالِمِينَ مِنْ **حَمِيمٍ** وَلَا شَفِيعٍ يُطَاعُ	40 غافر 18
فِي **الْحَمِيمِ** ثُمَّ فِي النَّارِ يُسْجَرُونَ	72
وَلَا تَسْتَوِي الْحَسَنَةُ وَلَا السَّيِّئَةُ ۚ ادْفَعْ بِالَّتِي هِيَ أَحْسَنُ فَإِذَا الَّذِي بَيْنَكَ وَبَيْنَهُ عَدَاوَةٌ كَأَنَّهُ وَلِيٌّ **حَمِيمٌ**	41 فصلت 34
كَغَلْيِ **الْحَمِيمِ**	44 الدخان 46
ثُمَّ صُبُّوا فَوْقَ رَأْسِهِ مِنْ عَذَابِ **الْحَمِيمِ**	48
مَّثَلُ الْجَنَّةِ الَّتِي وُعِدَ الْمُتَّقُونَ ۖ فِيهَا أَنْهَارٌ مِّن مَّاءٍ غَيْرِ آسِنٍ وَأَنْهَارٌ مِّن لَّبَنٍ لَّمْ يَتَغَيَّرْ طَعْمُهُ وَأَنْهَارٌ مِّنْ خَمْرٍ لَّذَّةٍ لِّلشَّارِبِينَ وَأَنْهَارٌ مِّنْ عَسَلٍ مُّصَفًّى ۖ وَلَهُمْ فِيهَا مِن كُلِّ الثَّمَرَاتِ وَمَغْفِرَةٌ مِّن رَّبِّهِمْ ۖ كَمَنْ هُوَ خَالِدٌ فِي النَّارِ وَسُقُوا مَاءً **حَمِيمًا** فَقَطَّعَ أَمْعَاءَهُمْ	47 محمد 15

55 الرحمن 44	يَطُوفُونَ بَيْنَهَا وَبَيْنَ حَمِيمٍ آنٍ	
56 الواقعة 42	فِي سَمُومٍ وَحَمِيمٍ	
54	فَشَارِبُونَ عَلَيْهِ مِنَ الْحَمِيمِ	
93	فَنُزُلٌ مِّنْ حَمِيمٍ	
69 الحاقة 35	فَلَيْسَ لَهُ الْيَوْمَ هَاهُنَا حَمِيمٌ	
70 المعارج 10	وَلَا يَسْأَلُ حَمِيمٌ حَمِيمًا	
78 النبإ 25	إِلَّا حَمِيمًا وَغَسَّاقًا	

حُنَفَاءَ
Inclining [only] to Allah

22 الحج 31	حُنَفَاءَ لِلَّهِ غَيْرَ مُشْرِكِينَ بِهِ ۚ وَمَن يُشْرِكْ بِاللَّهِ فَكَأَنَّمَا خَرَّ مِنَ السَّمَاءِ فَتَخْطَفُهُ الطَّيْرُ أَوْ تَهْوِي بِهِ الرِّيحُ فِي مَكَانٍ سَحِيقٍ
98 البينة 5	وَمَا أُمِرُوا إِلَّا لِيَعْبُدُوا اللَّهَ مُخْلِصِينَ لَهُ الدِّينَ حُنَفَاءَ وَيُقِيمُوا الصَّلَاةَ وَيُؤْتُوا الزَّكَاةَ ۚ وَذَٰلِكَ دِينُ الْقَيِّمَةِ

حَنِيفًا
inclining toward truth

2 البقرة 135	وَقَالُوا كُونُوا هُودًا أَوْ نَصَارَىٰ تَهْتَدُوا ۗ قُلْ بَلْ مِلَّةَ إِبْرَاهِيمَ حَنِيفًا ۖ وَمَا كَانَ مِنَ الْمُشْرِكِينَ
3 آل عمران 67	مَا كَانَ إِبْرَاهِيمُ يَهُودِيًّا وَلَا نَصْرَانِيًّا وَلَٰكِن كَانَ حَنِيفًا مُّسْلِمًا وَمَا كَانَ مِنَ الْمُشْرِكِينَ
95	قُلْ صَدَقَ اللَّهُ ۗ فَاتَّبِعُوا مِلَّةَ إِبْرَاهِيمَ حَنِيفًا وَمَا كَانَ مِنَ الْمُشْرِكِينَ

4 النساء **125**	وَمَنْ أَحْسَنُ دِينًا مِّمَّنْ أَسْلَمَ وَجْهَهُ لِلَّهِ وَهُوَ مُحْسِنٌ وَاتَّبَعَ مِلَّةَ إِبْرَاهِيمَ **حَنِيفًا** ۗ وَاتَّخَذَ اللَّهُ إِبْرَاهِيمَ خَلِيلًا
6 الأنعام **79**	إِنِّي وَجَّهْتُ وَجْهِيَ لِلَّذِي فَطَرَ السَّمَاوَاتِ وَالْأَرْضَ **حَنِيفًا** ۖ وَمَا أَنَا مِنَ الْمُشْرِكِينَ
161	قُلْ إِنَّنِي هَدَانِي رَبِّي إِلَىٰ صِرَاطٍ مُّسْتَقِيمٍ دِينًا قِيَمًا مِّلَّةَ إِبْرَاهِيمَ **حَنِيفًا** ۚ وَمَا كَانَ مِنَ الْمُشْرِكِينَ
10 يونس **105**	وَأَنْ أَقِمْ وَجْهَكَ لِلدِّينِ **حَنِيفًا** وَلَا تَكُونَنَّ مِنَ الْمُشْرِكِينَ
16 النحل **120**	إِنَّ إِبْرَاهِيمَ كَانَ أُمَّةً قَانِتًا لِّلَّهِ **حَنِيفًا** وَلَمْ يَكُ مِنَ الْمُشْرِكِينَ
123	ثُمَّ أَوْحَيْنَا إِلَيْكَ أَنِ اتَّبِعْ مِلَّةَ إِبْرَاهِيمَ **حَنِيفًا** ۖ وَمَا كَانَ مِنَ الْمُشْرِكِينَ
30 الروم **30**	فَأَقِمْ وَجْهَكَ لِلدِّينِ **حَنِيفًا** ۚ فِطْرَتَ اللَّهِ الَّتِي فَطَرَ النَّاسَ عَلَيْهَا ۚ لَا تَبْدِيلَ لِخَلْقِ اللَّهِ ۚ ذَٰلِكَ الدِّينُ الْقَيِّمُ وَلَٰكِنَّ أَكْثَرَ النَّاسِ لَا يَعْلَمُونَ
	حول **حَوْلَهُ** Exalted is He who took His Servant by night from al-Masjid al-Haram to al-Masjid al-Aqsa, whose surroundings We have blessed, to show him of Our signs. Indeed, He is the Hearing, the Seeing
2 البقرة **17**	مَثَلُهُمْ كَمَثَلِ الَّذِي اسْتَوْقَدَ نَارًا فَلَمَّا أَضَاءَتْ مَا **حَوْلَهُ** ذَهَبَ اللَّهُ بِنُورِهِمْ وَتَرَكَهُمْ فِي ظُلُمَاتٍ لَّا يُبْصِرُونَ
3 آل عمران **159**	فَبِمَا رَحْمَةٍ مِّنَ اللَّهِ لِنتَ لَهُمْ ۖ وَلَوْ كُنتَ فَظًّا غَلِيظَ الْقَلْبِ لَانفَضُّوا مِنْ **حَوْلِكَ** ۖ فَاعْفُ عَنْهُمْ وَاسْتَغْفِرْ لَهُمْ وَشَاوِرْهُمْ فِي الْأَمْرِ ۖ فَإِذَا عَزَمْتَ فَتَوَكَّلْ عَلَى اللَّهِ ۚ إِنَّ اللَّهَ يُحِبُّ الْمُتَوَكِّلِينَ
6 الأنعام **92**	وَهَٰذَا كِتَابٌ أَنزَلْنَاهُ مُبَارَكٌ مُّصَدِّقُ الَّذِي بَيْنَ يَدَيْهِ وَلِتُنذِرَ أُمَّ الْقُرَىٰ وَمَنْ **حَوْلَهَا** ۚ وَالَّذِينَ يُؤْمِنُونَ بِالْآخِرَةِ يُؤْمِنُونَ بِهِ ۖ وَهُمْ عَلَىٰ صَلَاتِهِمْ يُحَافِظُونَ

9 التوبة 101	وَمِمَّنْ حَوْلَكُم مِّنَ الْأَعْرَابِ مُنَافِقُونَ ۖ وَمِنْ أَهْلِ الْمَدِينَةِ ۖ مَرَدُوا عَلَى النِّفَاقِ لَا تَعْلَمُهُمْ ۖ نَحْنُ نَعْلَمُهُمْ ۚ سَنُعَذِّبُهُم مَّرَّتَيْنِ ثُمَّ يُرَدُّونَ إِلَىٰ عَذَابٍ عَظِيمٍ
120	مَا كَانَ لِأَهْلِ الْمَدِينَةِ وَمَنْ حَوْلَهُم مِّنَ الْأَعْرَابِ أَن يَتَخَلَّفُوا عَن رَّسُولِ اللَّهِ وَلَا يَرْغَبُوا بِأَنفُسِهِمْ عَن نَّفْسِهِ ۚ ذَٰلِكَ بِأَنَّهُمْ لَا يُصِيبُهُمْ ظَمَأٌ وَلَا نَصَبٌ وَلَا مَخْمَصَةٌ فِي سَبِيلِ اللَّهِ وَلَا يَطَئُونَ مَوْطِئًا يَغِيظُ الْكُفَّارَ وَلَا يَنَالُونَ مِنْ عَدُوٍّ نَّيْلًا إِلَّا كُتِبَ لَهُم بِهِ عَمَلٌ صَالِحٌ ۚ إِنَّ اللَّهَ لَا يُضِيعُ أَجْرَ الْمُحْسِنِينَ
17 الإسراء 1	سُبْحَانَ الَّذِي أَسْرَىٰ بِعَبْدِهِ لَيْلًا مِّنَ الْمَسْجِدِ الْحَرَامِ إِلَى الْمَسْجِدِ الْأَقْصَى الَّذِي بَارَكْنَا حَوْلَهُ لِنُرِيَهُ مِنْ آيَاتِنَا ۚ إِنَّهُ هُوَ السَّمِيعُ الْبَصِيرُ

حَوْلَيْنِ

Mothers may breastfeed their children two complete years for whoever wishes to complete the nursing [period]. Upon the father is the mothers' provision and their clothing according to what is acceptable. No person is charged with more than his capacity. No mother should be harmed through her child, and no father through his child. And upon the [father's] heir is [a duty] like that [of the father]. And if they both desire weaning through mutual consent from both of them and consultation, there is no blame upon either of them. And if you wish to have your children nursed by a substitute, there is no blame upon you as long as you give payment according to what is acceptable. And fear Allah and know that Allah is Seeing of what you do

2 البقرة 233	۞ وَالْوَالِدَاتُ يُرْضِعْنَ أَوْلَادَهُنَّ حَوْلَيْنِ كَامِلَيْنِ ۖ لِمَنْ أَرَادَ أَن يُتِمَّ الرَّضَاعَةَ ۚ وَعَلَى الْمَوْلُودِ لَهُ رِزْقُهُنَّ وَكِسْوَتُهُنَّ بِالْمَعْرُوفِ ۚ لَا تُكَلَّفُ نَفْسٌ إِلَّا وُسْعَهَا ۚ لَا تُضَارَّ وَالِدَةٌ بِوَلَدِهَا وَلَا مَوْلُودٌ لَّهُ بِوَلَدِهِ ۚ وَعَلَى الْوَارِثِ مِثْلُ ذَٰلِكَ ۗ فَإِنْ أَرَادَا فِصَالًا عَن تَرَاضٍ مِّنْهُمَا وَتَشَاوُرٍ فَلَا جُنَاحَ عَلَيْهِمَا ۗ وَإِنْ أَرَدتُّمْ أَن تَسْتَرْضِعُوا أَوْلَادَكُمْ فَلَا جُنَاحَ عَلَيْكُمْ إِذَا سَلَّمْتُم مَّا آتَيْتُم بِالْمَعْرُوفِ ۗ وَاتَّقُوا اللَّهَ وَاعْلَمُوا أَنَّ اللَّهَ بِمَا تَعْمَلُونَ بَصِيرٌ

حِوَلًا

Wherein they abide eternally. They will not desire from it any transfer

18 الكهف 108	خَالِدِينَ فِيهَا لَا يَبْغُونَ عَنْهَا **حِوَلًا**

حُوبًا

And give to the orphans their properties and do not substitute the defective [of your own] for the good [of theirs]. And do not consume their properties into your own. Indeed, that is ever a great sin

4 النساء 2	وَآتُوا الْيَتَامَىٰ أَمْوَالَهُمْ ۖ وَلَا تَتَبَدَّلُوا الْخَبِيثَ بِالطَّيِّبِ ۖ وَلَا تَأْكُلُوا أَمْوَالَهُمْ إِلَىٰ أَمْوَالِكُمْ ۚ إِنَّهُ كَانَ **حُوبًا** كَبِيرًا

الحي

the Ever-Living

2 البقرة 255	اللَّهُ لَا إِلَٰهَ إِلَّا هُوَ **الْحَيُّ** الْقَيُّومُ ۚ لَا تَأْخُذُهُ سِنَةٌ وَلَا نَوْمٌ ۚ لَهُ مَا فِي السَّمَاوَاتِ وَمَا فِي الْأَرْضِ ۗ مَن ذَا الَّذِي يَشْفَعُ عِندَهُ إِلَّا بِإِذْنِهِ ۚ يَعْلَمُ مَا بَيْنَ أَيْدِيهِمْ وَمَا خَلْفَهُمْ ۖ وَلَا يُحِيطُونَ بِشَيْءٍ مِّنْ عِلْمِهِ إِلَّا بِمَا شَاءَ ۚ وَسِعَ كُرْسِيُّهُ السَّمَاوَاتِ وَالْأَرْضَ ۖ وَلَا يَئُودُهُ حِفْظُهُمَا ۚ وَهُوَ الْعَلِيُّ الْعَظِيمُ
3 آل عمران 2	اللَّهُ لَا إِلَٰهَ إِلَّا هُوَ **الْحَيُّ** الْقَيُّومُ
27	تُولِجُ اللَّيْلَ فِي النَّهَارِ وَتُولِجُ النَّهَارَ فِي اللَّيْلِ ۖ وَتُخْرِجُ **الْحَيَّ** مِنَ الْمَيِّتِ وَتُخْرِجُ الْمَيِّتَ مِنَ **الْحَيِّ** ۖ وَتَرْزُقُ مَن تَشَاءُ بِغَيْرِ حِسَابٍ
6 الأنعام 95	۞ إِنَّ اللَّهَ فَالِقُ الْحَبِّ وَالنَّوَىٰ ۖ يُخْرِجُ **الْحَيَّ** مِنَ الْمَيِّتِ وَمُخْرِجُ الْمَيِّتِ مِنَ **الْحَيِّ** ۚ ذَٰلِكُمُ اللَّهُ ۖ فَأَنَّىٰ تُؤْفَكُونَ

10 يونس 31	قُلْ مَن يَرْزُقُكُم مِّنَ السَّمَاءِ وَالْأَرْضِ أَمَّن يَمْلِكُ السَّمْعَ وَالْأَبْصَارَ وَمَن يُخْرِجُ **الْحَيَّ** مِنَ الْمَيِّتِ وَيُخْرِجُ الْمَيِّتَ مِنَ **الْحَيِّ** وَمَن يُدَبِّرُ الْأَمْرَ ۚ فَسَيَقُولُونَ اللَّهُ ۚ فَقُلْ أَفَلَا تَتَّقُونَ
25 الفرقان 58	وَتَوَكَّلْ عَلَى **الْحَيِّ** الَّذِي لَا يَمُوتُ وَسَبِّحْ بِحَمْدِهِ ۚ وَكَفَىٰ بِهِ بِذُنُوبِ عِبَادِهِ خَبِيرًا
30 الروم 19	يُخْرِجُ **الْحَيَّ** مِنَ الْمَيِّتِ وَيُخْرِجُ الْمَيِّتَ مِنَ **الْحَيِّ وَيُحْيِي** الْأَرْضَ بَعْدَ مَوْتِهَا ۚ وَكَذَٰلِكَ تُخْرَجُونَ
40 غافر 65	هُوَ **الْحَيُّ** لَا إِلَٰهَ إِلَّا هُوَ فَادْعُوهُ مُخْلِصِينَ لَهُ الدِّينَ ۗ الْحَمْدُ لِلَّهِ رَبِّ الْعَالَمِينَ
	حِيلَةً devise a **plan**
4 النساء 98	إِلَّا الْمُسْتَضْعَفِينَ مِنَ الرِّجَالِ وَالنِّسَاءِ وَالْوِلْدَانِ لَا يَسْتَطِيعُونَ **حِيلَةً** وَلَا يَهْتَدُونَ سَبِيلًا
	حِينَئِذٍ
56 الواقعة 84	وَأَنتُمْ **حِينَئِذٍ** تَنظُرُونَ And you are at that time looking on

	# بحث في مفردات القرآن الكريم ## القسم الاول
	الاحرف أ-خ **حرف** **خ**
	أ ب ت ث ج ح **خ**
	خاب And [all] faces will be humbled before the Ever-Living, the Sustainer of existence. And he will have failed who carries injustice
14 ابراهيم 15	وَاسْتَفْتَحُوا وَ**خَابَ** كُلُّ جَبَّارٍ عَنِيدٍ
20 طه 61	قَالَ لَهُم مُّوسَىٰ وَيْلَكُمْ لَا تَفْتَرُوا عَلَى اللَّهِ كَذِبًا فَيُسْحِتَكُم بِعَذَابٍ ۖ وَقَدْ **خَابَ** مَنِ افْتَرَىٰ
111	وَعَنَتِ الْوُجُوهُ لِلْحَيِّ الْقَيُّومِ ۖ وَقَدْ **خَابَ** مَنْ حَمَلَ ظُلْمًا
91 الشمس 10	وَقَدْ **خَابَ** مَن دَسَّاهَا
	خَاشِعِينَ/ خَاشِعُونَ/ خَاشِعَة And seek help through patience and prayer, and indeed, it is difficult except for the humbly submissive [to Allah]
2 البقرة 45	وَاسْتَعِينُوا بِالصَّبْرِ وَالصَّلَاةِ ۚ وَإِنَّهَا لَكَبِيرَةٌ إِلَّا عَلَى الْ**خَاشِعِينَ**
3 آل عمران 199	وَإِنَّ مِنْ أَهْلِ الْكِتَابِ لَمَن يُؤْمِنُ بِاللَّهِ وَمَا أُنزِلَ إِلَيْكُمْ وَمَا أُنزِلَ إِلَيْهِمْ **خَاشِعِينَ** لِلَّهِ لَا يَشْتَرُونَ بِآيَاتِ اللَّهِ ثَمَنًا قَلِيلًا ۗ أُولَٰئِكَ لَهُمْ أَجْرُهُمْ عِندَ رَبِّهِمْ ۗ إِنَّ اللَّهَ سَرِيعُ الْحِسَابِ
21 الأنبياء 90	فَاسْتَجَبْنَا لَهُ وَوَهَبْنَا لَهُ يَحْيَىٰ وَأَصْلَحْنَا لَهُ زَوْجَهُ ۚ إِنَّهُمْ كَانُوا يُسَارِعُونَ فِي الْخَيْرَاتِ وَيَدْعُونَنَا رَغَبًا وَرَهَبًا ۖ وَكَانُوا لَنَا **خَاشِعِينَ**

23 المؤمنون 2	الَّذِينَ هُمْ فِي صَلَاتِهِمْ **خَاشِعُونَ**
33 الأحزاب 35	إِنَّ الْمُسْلِمِينَ وَالْمُسْلِمَاتِ وَالْمُؤْمِنِينَ وَالْمُؤْمِنَاتِ وَالْقَانِتِينَ وَالْقَانِتَاتِ وَالصَّادِقِينَ وَالصَّادِقَاتِ وَالصَّابِرِينَ وَالصَّابِرَاتِ **وَالْخَاشِعِينَ وَالْخَاشِعَاتِ** وَالْمُتَصَدِّقِينَ وَالْمُتَصَدِّقَاتِ وَالصَّائِمِينَ وَالصَّائِمَاتِ وَالْحَافِظِينَ فُرُوجَهُمْ وَالْحَافِظَاتِ وَالذَّاكِرِينَ اللَّهَ كَثِيرًا وَالذَّاكِرَاتِ أَعَدَّ اللَّهُ لَهُم مَّغْفِرَةً وَأَجْرًا عَظِيمًا
41 فصلت 39	وَمِنْ آيَاتِهِ أَنَّكَ تَرَى الْأَرْضَ **خَاشِعَةً** فَإِذَا أَنزَلْنَا عَلَيْهَا الْمَاءَ اهْتَزَّتْ وَرَبَتْ ۚ إِنَّ الَّذِي أَحْيَاهَا لَمُحْيِي الْمَوْتَىٰ ۚ إِنَّهُ عَلَىٰ كُلِّ شَيْءٍ قَدِيرٌ
42 الشورى 45	وَتَرَاهُمْ يُعْرَضُونَ عَلَيْهَا **خَاشِعِينَ** مِنَ الذُّلِّ يَنظُرُونَ مِن طَرْفٍ خَفِيٍّ ۗ وَقَالَ الَّذِينَ آمَنُوا إِنَّ الْخَاسِرِينَ الَّذِينَ خَسِرُوا أَنفُسَهُمْ وَأَهْلِيهِمْ يَوْمَ الْقِيَامَةِ ۗ أَلَا إِنَّ الظَّالِمِينَ فِي عَذَابٍ مُّقِيمٍ
59 الحشر 21	لَوْ أَنزَلْنَا هَٰذَا الْقُرْآنَ عَلَىٰ جَبَلٍ لَّرَأَيْتَهُ **خَاشِعًا** مُّتَصَدِّعًا مِّنْ خَشْيَةِ اللَّهِ ۚ وَتِلْكَ الْأَمْثَالُ نَضْرِبُهَا لِلنَّاسِ لَعَلَّهُمْ يَتَفَكَّرُونَ
68 القلم 43	**خَاشِعَةً** أَبْصَارُهُمْ تَرْهَقُهُمْ ذِلَّةٌ ۖ وَقَدْ كَانُوا يُدْعَوْنَ إِلَى السُّجُودِ وَهُمْ سَالِمُونَ
70 المعارج 44	**خَاشِعَةً** أَبْصَارُهُمْ تَرْهَقُهُمْ ذِلَّةٌ ۚ ذَٰلِكَ الْيَوْمُ الَّذِي كَانُوا يُوعَدُونَ
79 النازعات 9	أَبْصَارُهَا **خَاشِعَةٌ**
88 الغاشية 2	وُجُوهٌ يَوْمَئِذٍ **خَاشِعَةٌ**

خَافِضَةٌ
It will bring down [some] and raise up [others]

56 الواقعة 3	**خَافِضَةٌ** رَّافِعَةٌ

	خَافِيَةٌ **concealed**
69 الحاقة 18	يَوْمَئِذٍ تُعْرَضُونَ لَا **تَخْفَىٰ** مِنكُمْ **خَافِيَةٌ**
	الخالق He is Allah, the Creator, the Inventor, the Fashioner; to Him belong the best names. Whatever is in the heavens and earth is exalting Him. And He is the Exalted in Might, the Wise.
23 المؤمنون 14	ثُمَّ **خَلَقْنَا** النُّطْفَةَ عَلَقَةً **فَخَلَقْنَا** الْعَلَقَةَ مُضْغَةً **فَخَلَقْنَا** الْمُضْغَةَ عِظَامًا فَكَسَوْنَا الْعِظَامَ لَحْمًا ثُمَّ أَنشَأْنَاهُ **خَلْقًا** آخَرَ ۚ فَتَبَارَكَ اللَّهُ أَحْسَنُ **الْخَالِقِينَ**
37 الصافات 125	أَتَدْعُونَ بَعْلًا وَتَذَرُونَ أَحْسَنَ **الْخَالِقِينَ**
52 الطور 35	أَمْ **خُلِقُوا** مِنْ غَيْرِ شَيْءٍ أَمْ هُمُ **الْخَالِقُونَ**
56 الواقعة 59	أَأَنتُمْ **تَخْلُقُونَهُ** أَمْ نَحْنُ **الْخَالِقُونَ**
59 الحشر 24	هُوَ اللَّهُ **الْخَالِقُ** الْبَارِئُ الْمُصَوِّرُ ۖ لَهُ الْأَسْمَاءُ الْحُسْنَىٰ ۚ يُسَبِّحُ لَهُ مَا فِي السَّمَاوَاتِ وَالْأَرْضِ ۖ وَهُوَ الْعَزِيزُ الْحَكِيمُ
	خَامِدُونَ **extinguished**
36 يس 29	إِن كَانَتْ إِلَّا صَيْحَةً وَاحِدَةً فَإِذَا هُمْ **خَامِدُونَ**
	خَامِدِينَ **extinguished**
21 الأنبياء 15	فَمَا زَالَت تِّلْكَ دَعْوَاهُمْ حَتَّىٰ جَعَلْنَاهُمْ حَصِيدًا **خَامِدِينَ**

	خَاوِيَةٌ fallen into ruin
2 البقرة 259	أَوْ كَالَّذِي مَرَّ عَلَىٰ قَرْيَةٍ وَهِيَ **خَاوِيَةٌ** عَلَىٰ عُرُوشِهَا قَالَ أَنَّىٰ يُحْيِي هَٰذِهِ اللَّهُ بَعْدَ مَوْتِهَا ۖ فَأَمَاتَهُ اللَّهُ مِائَةَ عَامٍ ثُمَّ بَعَثَهُ ۖ قَالَ كَمْ لَبِثْتَ ۖ قَالَ لَبِثْتُ يَوْمًا أَوْ بَعْضَ يَوْمٍ ۖ قَالَ بَل لَّبِثْتَ مِائَةَ عَامٍ فَانظُرْ إِلَىٰ طَعَامِكَ وَشَرَابِكَ لَمْ يَتَسَنَّهْ ۖ وَانظُرْ إِلَىٰ حِمَارِكَ وَلِنَجْعَلَكَ آيَةً لِّلنَّاسِ ۖ وَانظُرْ إِلَى الْعِظَامِ كَيْفَ نُنشِزُهَا ثُمَّ نَكْسُوهَا لَحْمًا ۚ فَلَمَّا تَبَيَّنَ لَهُ قَالَ أَعْلَمُ أَنَّ اللَّهَ عَلَىٰ كُلِّ شَيْءٍ قَدِيرٌ
18 الكهف 42	وَأُحِيطَ بِثَمَرِهِ فَأَصْبَحَ يُقَلِّبُ كَفَّيْهِ عَلَىٰ مَا أَنفَقَ فِيهَا وَهِيَ **خَاوِيَةٌ** عَلَىٰ عُرُوشِهَا وَيَقُولُ يَا لَيْتَنِي لَمْ أُشْرِكْ بِرَبِّي أَحَدًا
22 الحج 45	فَكَأَيِّن مِّن قَرْيَةٍ أَهْلَكْنَاهَا وَهِيَ ظَالِمَةٌ فَهِيَ **خَاوِيَةٌ** عَلَىٰ عُرُوشِهَا وَبِئْرٍ مُّعَطَّلَةٍ وَقَصْرٍ مَّشِيدٍ
27 النمل 52	فَتِلْكَ بُيُوتُهُمْ **خَاوِيَةً** بِمَا ظَلَمُوا ۗ إِنَّ فِي ذَٰلِكَ لَآيَةً لِّقَوْمٍ يَعْلَمُونَ
69 الحاقة 7	سَخَّرَهَا عَلَيْهِمْ سَبْعَ لَيَالٍ وَثَمَانِيَةَ أَيَّامٍ حُسُومًا فَتَرَى الْقَوْمَ فِيهَا صَرْعَىٰ كَأَنَّهُمْ أَعْجَازُ نَخْلٍ **خَاوِيَةٍ**
	خَائِبِينَ disappointed
3 آل عمران 127	لِيَقْطَعَ طَرَفًا مِّنَ الَّذِينَ كَفَرُوا أَوْ يَكْبِتَهُمْ فَيَنقَلِبُوا **خَائِبِينَ**
	خَائِنَةٍ deceit among them
5 المائدة 13	فَبِمَا نَقْضِهِم مِّيثَاقَهُمْ لَعَنَّاهُمْ وَجَعَلْنَا قُلُوبَهُمْ قَاسِيَةً ۖ يُحَرِّفُونَ الْكَلِمَ عَن مَّوَاضِعِهِ ۙ وَنَسُوا حَظًّا مِّمَّا ذُكِّرُوا بِهِ ۚ وَلَا تَزَالُ تَطَّلِعُ عَلَىٰ **خَائِنَةٍ** مِّنْهُمْ إِلَّا قَلِيلًا مِّنْهُمْ ۖ فَاعْفُ عَنْهُمْ وَاصْفَحْ ۚ إِنَّ اللَّهَ يُحِبُّ الْمُحْسِنِينَ
40 غافر 19	يَعْلَمُ **خَائِنَةَ** الْأَعْيُنِ وَمَا تُخْفِي الصُّدُورُ

	خَبَالًا **confusion**
3 آل عمران 118	يَا أَيُّهَا الَّذِينَ آمَنُوا لَا تَتَّخِذُوا بِطَانَةً مِّن دُونِكُمْ لَا يَأْلُونَكُمْ **خَبَالًا** وَدُّوا مَا عَنِتُّمْ قَدْ بَدَتِ الْبَغْضَاءُ مِنْ أَفْوَاهِهِمْ وَمَا تُخْفِي صُدُورُهُمْ أَكْبَرُ ۚ قَدْ بَيَّنَّا لَكُمُ الْآيَاتِ ۖ إِن كُنتُمْ تَعْقِلُونَ
9 التوبة 47	لَوْ خَرَجُوا فِيكُم مَّا زَادُوكُمْ إِلَّا **خَبَالًا** وَلَأَوْضَعُوا خِلَالَكُمْ يَبْغُونَكُمُ الْفِتْنَةَ وَفِيكُمْ سَمَّاعُونَ لَهُمْ ۗ وَاللَّهُ عَلِيمٌ بِالظَّالِمِينَ
	خَبِيثَةٍ **bad** word
14 ابراهيم 26	وَمَثَلُ كَلِمَةٍ **خَبِيثَةٍ** كَشَجَرَةٍ **خَبِيثَةٍ** اجْتُثَّتْ مِن فَوْقِ الْأَرْضِ مَا لَهَا مِن قَرَارٍ
	الخبير And He is the subjugator over His servants. And He is the Wise, the Acquainted [with all]
6 الأنعام 18	وَهُوَ الْقَاهِرُ فَوْقَ عِبَادِهِ ۚ وَهُوَ الْحَكِيمُ **الْخَبِيرُ**
73	وَهُوَ الَّذِي خَلَقَ السَّمَاوَاتِ وَالْأَرْضَ بِالْحَقِّ ۖ وَيَوْمَ يَقُولُ كُن فَيَكُونُ ۚ قَوْلُهُ الْحَقُّ ۚ وَلَهُ الْمُلْكُ يَوْمَ يُنفَخُ فِي الصُّورِ ۚ عَالِمُ الْغَيْبِ وَالشَّهَادَةِ ۚ وَهُوَ الْحَكِيمُ **الْخَبِيرُ**
103	لَّا تُدْرِكُهُ الْأَبْصَارُ وَهُوَ يُدْرِكُ الْأَبْصَارَ ۖ وَهُوَ اللَّطِيفُ **الْخَبِيرُ**
34 سبإ 1	الْحَمْدُ لِلَّهِ الَّذِي لَهُ مَا فِي السَّمَاوَاتِ وَمَا فِي الْأَرْضِ وَلَهُ الْحَمْدُ فِي الْآخِرَةِ ۚ وَهُوَ الْحَكِيمُ **الْخَبِيرُ**
66 التحريم 3	وَإِذْ أَسَرَّ النَّبِيُّ إِلَىٰ بَعْضِ أَزْوَاجِهِ حَدِيثًا فَلَمَّا نَبَّأَتْ بِهِ وَأَظْهَرَهُ اللَّهُ عَلَيْهِ عَرَّفَ بَعْضَهُ وَأَعْرَضَ عَن بَعْضٍ ۖ فَلَمَّا نَبَّأَهَا بِهِ قَالَتْ مَنْ أَنبَأَكَ هَٰذَا ۖ قَالَ نَبَّأَنِيَ الْعَلِيمُ **الْخَبِيرُ**

67 الملك 14	أَلَا يَعْلَمُ مَنْ خَلَقَ وَهُوَ اللَّطِيفُ الْخَبِيرُ
	خِتَامُهُ **The last of it** is musk
83 المطففين 26	**خِتَامُهُ** مِسْكٌ ۚ وَفِي ذَٰلِكَ فَلْيَتَنَافَسِ الْمُتَنَافِسُونَ
	خَتَمَ **set a seal** upon their hearts
2 البقرة 7	**خَتَمَ** اللَّهُ عَلَىٰ قُلُوبِهِمْ وَعَلَىٰ سَمْعِهِمْ ۖ وَعَلَىٰ أَبْصَارِهِمْ غِشَاوَةٌ ۖ وَلَهُمْ عَذَابٌ عَظِيمٌ
6 الأنعام 46	قُلْ أَرَأَيْتُمْ إِنْ أَخَذَ اللَّهُ سَمْعَكُمْ وَأَبْصَارَكُمْ **وَخَتَمَ** عَلَىٰ قُلُوبِكُم مَّنْ إِلَٰهٌ غَيْرُ اللَّهِ يَأْتِيكُم بِهِ ۗ انظُرْ كَيْفَ نُصَرِّفُ الْآيَاتِ ثُمَّ هُمْ يَصْدِفُونَ
36 يس 65	الْيَوْمَ **نَخْتِمُ** عَلَىٰ أَفْوَاهِهِمْ وَتُكَلِّمُنَا أَيْدِيهِمْ وَتَشْهَدُ أَرْجُلُهُم بِمَا كَانُوا يَكْسِبُونَ
42 الشورى 24	أَمْ يَقُولُونَ افْتَرَىٰ عَلَى اللَّهِ كَذِبًا ۖ فَإِن يَشَإِ اللَّهُ **يَخْتِمْ** عَلَىٰ قَلْبِكَ ۗ وَيَمْحُ اللَّهُ الْبَاطِلَ وَيُحِقُّ الْحَقَّ بِكَلِمَاتِهِ ۚ إِنَّهُ عَلِيمٌ بِذَاتِ الصُّدُورِ
45 الجاثية 23	أَفَرَأَيْتَ مَنِ اتَّخَذَ إِلَٰهَهُ هَوَاهُ وَأَضَلَّهُ اللَّهُ عَلَىٰ عِلْمٍ **وَخَتَمَ** عَلَىٰ سَمْعِهِ وَقَلْبِهِ وَجَعَلَ عَلَىٰ بَصَرِهِ غِشَاوَةً فَمَن يَهْدِيهِ مِن بَعْدِ اللَّهِ ۚ أَفَلَا تَذَكَّرُونَ
	خذها **Seize** it and fear not
7 الأعراف 145	وَكَتَبْنَا لَهُ فِي الْأَلْوَاحِ مِن كُلِّ شَيْءٍ مَّوْعِظَةً وَتَفْصِيلًا لِّكُلِّ شَيْءٍ **فَخُذْهَا** بِقُوَّةٍ وَأْمُرْ قَوْمَكَ يَأْخُذُوا بِأَحْسَنِهَا ۚ سَأُرِيكُمْ دَارَ الْفَاسِقِينَ
20 طه 21	قَالَ **خُذْهَا** وَلَا تَخَفْ ۖ سَنُعِيدُهَا سِيرَتَهَا الْأُولَىٰ
	خَرْدَلٍ **mustard** seed

21 الأنبياء 47	وَنَضَعُ الْمَوَازِينَ الْقِسْطَ لِيَوْمِ الْقِيَامَةِ فَلَا تُظْلَمُ نَفْسٌ شَيْئًا ۖ وَإِن كَانَ مِثْقَالَ حَبَّةٍ مِّنْ **خَرْدَلٍ** أَتَيْنَا بِهَا ۗ وَكَفَىٰ بِنَا حَاسِبِينَ
31 لقمان 16	يَا بُنَيَّ إِنَّهَا إِن تَكُ مِثْقَالَ حَبَّةٍ مِّنْ **خَرْدَلٍ** فَتَكُن فِي صَخْرَةٍ أَوْ فِي السَّمَاوَاتِ أَوْ فِي الْأَرْضِ يَأْتِ بِهَا اللَّهُ ۚ إِنَّ اللَّهَ لَطِيفٌ خَبِيرٌ
	خروا **fell in prostration** and weeping
12 يوسف 100	وَرَفَعَ أَبَوَيْهِ عَلَى الْعَرْشِ **وَخَرُّوا** لَهُ سُجَّدًا ۖ وَقَالَ يَا أَبَتِ هَٰذَا تَأْوِيلُ رُؤْيَايَ مِن قَبْلُ قَدْ جَعَلَهَا رَبِّي حَقًّا ۖ وَقَدْ أَحْسَنَ بِي إِذْ أَخْرَجَنِي مِنَ السِّجْنِ وَجَاءَ بِكُم مِّنَ الْبَدْوِ مِن بَعْدِ أَن نَّزَغَ الشَّيْطَانُ بَيْنِي وَبَيْنَ إِخْوَتِي ۚ إِنَّ رَبِّي لَطِيفٌ لِّمَا يَشَاءُ ۚ إِنَّهُ هُوَ الْعَلِيمُ الْحَكِيمُ
19 مريم 58	أُولَٰئِكَ الَّذِينَ أَنْعَمَ اللَّهُ عَلَيْهِم مِّنَ النَّبِيِّينَ مِن ذُرِّيَّةِ آدَمَ وَمِمَّنْ حَمَلْنَا مَعَ نُوحٍ وَمِن ذُرِّيَّةِ إِبْرَاهِيمَ وَإِسْرَائِيلَ وَمِمَّنْ هَدَيْنَا وَاجْتَبَيْنَا ۚ إِذَا تُتْلَىٰ عَلَيْهِمْ آيَاتُ الرَّحْمَٰنِ **خَرُّوا** سُجَّدًا وَبُكِيًّا ۩
25 الفرقان 73	وَالَّذِينَ إِذَا ذُكِّرُوا بِآيَاتِ رَبِّهِمْ لَمْ **يَخِرُّوا** عَلَيْهَا صُمًّا وَعُمْيَانًا
32 السجدة 15	إِنَّمَا يُؤْمِنُ بِآيَاتِنَا الَّذِينَ إِذَا ذُكِّرُوا بِهَا **خَرُّوا** سُجَّدًا وَسَبَّحُوا بِحَمْدِ رَبِّهِمْ وَهُمْ لَا يَسْتَكْبِرُونَ ۩
	خَزَنَتُهَا **its keepers**
39 الزمر 71	وَسِيقَ الَّذِينَ كَفَرُوا إِلَىٰ جَهَنَّمَ زُمَرًا ۖ حَتَّىٰ إِذَا جَاءُوهَا فُتِحَتْ أَبْوَابُهَا وَقَالَ لَهُمْ **خَزَنَتُهَا** أَلَمْ يَأْتِكُمْ رُسُلٌ مِّنكُمْ يَتْلُونَ عَلَيْكُمْ آيَاتِ رَبِّكُمْ وَيُنذِرُونَكُمْ لِقَاءَ يَوْمِكُمْ هَٰذَا ۚ قَالُوا بَلَىٰ وَلَٰكِنْ حَقَّتْ كَلِمَةُ الْعَذَابِ عَلَى الْكَافِرِينَ
73	وَسِيقَ الَّذِينَ اتَّقَوْا رَبَّهُمْ إِلَى الْجَنَّةِ زُمَرًا ۖ حَتَّىٰ إِذَا جَاءُوهَا وَفُتِحَتْ أَبْوَابُهَا وَقَالَ لَهُمْ **خَزَنَتُهَا** سَلَامٌ عَلَيْكُمْ طِبْتُمْ فَادْخُلُوهَا خَالِدِينَ

67 الملك 8	تَكَادُ تَمَيَّزُ مِنَ الْغَيْظِ ۖ كُلَّمَا أُلْقِيَ فِيهَا فَوْجٌ سَأَلَهُمْ **خَزَنَتُهَا** أَلَمْ يَأْتِكُمْ نَذِيرٌ
	خَسَفْنَا So each We seized for his sin; and among them were those upon whom We sent a storm of stones, and among them were those who were seized by the blast [from the sky], and among them were those whom We caused the **earth to swallow**, and among them were those whom We drowned. And Allah would not have wronged them, but it was they who were wronging themselves
28 القصص 81	**فَخَسَفْنَا** بِهِ وَبِدَارِهِ الْأَرْضَ فَمَا كَانَ لَهُ مِن فِئَةٍ يَنصُرُونَهُ مِن دُونِ اللَّهِ وَمَا كَانَ مِنَ الْمُنتَصِرِينَ
29 العنكبوت 40	فَكُلًّا أَخَذْنَا بِذَنبِهِ ۖ فَمِنْهُم مَّنْ أَرْسَلْنَا عَلَيْهِ حَاصِبًا وَمِنْهُم مَّنْ أَخَذَتْهُ الصَّيْحَةُ وَمِنْهُم مَّنْ **خَسَفْنَا** بِهِ الْأَرْضَ وَمِنْهُم مَّنْ أَغْرَقْنَا ۚ وَمَا كَانَ اللَّهُ لِيَظْلِمَهُمْ وَلَٰكِن كَانُوا أَنفُسَهُمْ يَظْلِمُونَ
	خُشَّعًا **Their eyes humbled, they will emerge from the graves as if they were locusts spreading**
54 القمر 7	**خُشَّعًا** أَبْصَارُهُمْ يَخْرُجُونَ مِنَ الْأَجْدَاثِ كَأَنَّهُمْ جَرَادٌ مُّنتَشِرٌ
	خَصَاصَةٌ preference over themselves, even though they are in **privation**
59 الحشر 9	وَالَّذِينَ تَبَوَّءُوا الدَّارَ وَالْإِيمَانَ مِن قَبْلِهِمْ يُحِبُّونَ مَنْ هَاجَرَ إِلَيْهِمْ وَلَا يَجِدُونَ فِي صُدُورِهِمْ حَاجَةً مِّمَّا أُوتُوا وَيُؤْثِرُونَ عَلَىٰ أَنفُسِهِمْ وَلَوْ كَانَ بِهِمْ **خَصَاصَةٌ** ۚ وَمَن يُوقَ شُحَّ نَفْسِهِ فَأُولَٰئِكَ هُمُ الْمُفْلِحُونَ
	خُضْرٍ **greenery**

6 الأنعام 99	وَهُوَ الَّذِي أَنزَلَ مِنَ السَّمَاءِ مَاءً فَأَخْرَجْنَا بِهِ نَبَاتَ كُلِّ شَيْءٍ فَأَخْرَجْنَا مِنْهُ **خَضِرًا** نُّخْرِجُ مِنْهُ حَبًّا مُّتَرَاكِبًا وَمِنَ النَّخْلِ مِن طَلْعِهَا قِنْوَانٌ دَانِيَةٌ وَجَنَّاتٍ مِّنْ أَعْنَابٍ وَالزَّيْتُونَ وَالرُّمَّانَ مُشْتَبِهًا وَغَيْرَ مُتَشَابِهٍ ۗ انظُرُوا إِلَىٰ ثَمَرِهِ إِذَا أَثْمَرَ وَيَنْعِهِ ۚ إِنَّ فِي ذَٰلِكُمْ لَآيَاتٍ لِّقَوْمٍ يُؤْمِنُونَ
12 يوسف 43	وَقَالَ الْمَلِكُ إِنِّي أَرَىٰ سَبْعَ بَقَرَاتٍ سِمَانٍ يَأْكُلُهُنَّ سَبْعٌ عِجَافٌ وَسَبْعَ سُنبُلَاتٍ **خُضْرٍ** وَأُخَرَ يَابِسَاتٍ ۖ يَا أَيُّهَا الْمَلَأُ أَفْتُونِي فِي رُؤْيَايَ إِن كُنتُمْ لِلرُّؤْيَا تَعْبُرُونَ
46	يُوسُفُ أَيُّهَا الصِّدِّيقُ أَفْتِنَا فِي سَبْعِ بَقَرَاتٍ سِمَانٍ يَأْكُلُهُنَّ سَبْعٌ عِجَافٌ وَسَبْعِ سُنبُلَاتٍ **خُضْرٍ** وَأُخَرَ يَابِسَاتٍ لَّعَلِّي أَرْجِعُ إِلَى النَّاسِ لَعَلَّهُمْ يَعْلَمُونَ
18 الكهف 31	أُولَٰئِكَ لَهُمْ جَنَّاتُ عَدْنٍ تَجْرِي مِن تَحْتِهِمُ الْأَنْهَارُ يُحَلَّوْنَ فِيهَا مِنْ أَسَاوِرَ مِن ذَهَبٍ وَيَلْبَسُونَ ثِيَابًا **خُضْرًا** مِّن سُندُسٍ وَإِسْتَبْرَقٍ مُّتَّكِئِينَ فِيهَا عَلَى الْأَرَائِكِ ۚ نِعْمَ الثَّوَابُ وَحَسُنَتْ مُرْتَفَقًا
22 الحج 63	أَلَمْ تَرَ أَنَّ اللَّهَ أَنزَلَ مِنَ السَّمَاءِ مَاءً فَتُصْبِحُ الْأَرْضُ **مُخْضَرَّةً** ۗإِنَّ اللَّهَ لَطِيفٌ خَبِيرٌ
36 يس 80	الَّذِي جَعَلَ لَكُم مِّنَ الشَّجَرِ **الْأَخْضَرِ** نَارًا فَإِذَا أَنتُم مِّنْهُ تُوقِدُونَ
55 الرحمن 76	مُتَّكِئِينَ عَلَىٰ رَفْرَفٍ **خُضْرٍ** وَعَبْقَرِيٍّ حِسَانٍ
76 الانسان 21	عَالِيَهُمْ ثِيَابُ سُندُسٍ **خُضْرٌ** وَإِسْتَبْرَقٌ ۖ وَحُلُّوا أَسَاوِرَ مِن فِضَّةٍ وَسَقَاهُمْ رَبُّهُمْ شَرَابًا طَهُورًا
	خَطَأً Allah does not charge a soul except [with that within] its capacity. It will have [the consequence of] what [good] it has gained, and it will bear [the consequence of] what [evil] it has earned. "Our Lord, do not impose blame upon us if we have forgotten or erred. Our Lord, and lay not upon us a burden like that which You laid upon those before us. Our Lord, and burden us not with that which we have no ability to bear. And pardon us; and forgive us; and have mercy

	upon us. You are our protector, so give us victory over the disbelieving people	
2 البقرة 286	لَا يُكَلِّفُ اللَّهُ نَفْسًا إِلَّا وُسْعَهَا ۚ لَهَا مَا كَسَبَتْ وَعَلَيْهَا مَا اكْتَسَبَتْ ۗ رَبَّنَا لَا تُؤَاخِذْنَا إِن نَّسِينَا أَوْ **أَخْطَأْنَا** ۚ رَبَّنَا وَلَا تَحْمِلْ عَلَيْنَا إِصْرًا كَمَا حَمَلْتَهُ عَلَى الَّذِينَ مِن قَبْلِنَا ۚ رَبَّنَا وَلَا تُحَمِّلْنَا مَا لَا طَاقَةَ لَنَا بِهِ ۖ وَاعْفُ عَنَّا وَاغْفِرْ لَنَا وَارْحَمْنَا ۚ أَنتَ مَوْلَانَا فَانصُرْنَا عَلَى الْقَوْمِ الْكَافِرِينَ	
4 النساء 92	وَمَا كَانَ لِمُؤْمِنٍ أَن يَقْتُلَ مُؤْمِنًا إِلَّا **خَطَأً** ۚ وَمَن قَتَلَ مُؤْمِنًا **خَطَأً** فَتَحْرِيرُ رَقَبَةٍ مُّؤْمِنَةٍ وَدِيَةٌ مُّسَلَّمَةٌ إِلَىٰ أَهْلِهِ إِلَّا أَن يَصَّدَّقُوا ۚ فَإِن كَانَ مِن قَوْمٍ عَدُوٍّ لَّكُمْ وَهُوَ مُؤْمِنٌ فَتَحْرِيرُ رَقَبَةٍ مُّؤْمِنَةٍ ۖ وَإِن كَانَ مِن قَوْمٍ بَيْنَكُمْ وَبَيْنَهُم مِّيثَاقٌ فَدِيَةٌ مُّسَلَّمَةٌ إِلَىٰ أَهْلِهِ وَتَحْرِيرُ رَقَبَةٍ مُّؤْمِنَةٍ ۖ فَمَن لَّمْ يَجِدْ فَصِيَامُ شَهْرَيْنِ مُتَتَابِعَيْنِ تَوْبَةً مِّنَ اللَّهِ ۗ وَكَانَ اللَّهُ عَلِيمًا حَكِيمًا	
33 الأحزاب 5	ادْعُوهُمْ لِآبَائِهِمْ هُوَ أَقْسَطُ عِندَ اللَّهِ ۚ فَإِن لَّمْ تَعْلَمُوا آبَاءَهُمْ فَإِخْوَانُكُمْ فِي الدِّينِ وَمَوَالِيكُمْ ۚ وَلَيْسَ عَلَيْكُمْ جُنَاحٌ فِيمَا **أَخْطَأْتُم** بِهِ وَلَٰكِن مَّا تَعَمَّدَتْ قُلُوبُكُمْ ۚ وَكَانَ اللَّهُ غَفُورًا رَّحِيمًا	

خَطَايَانَا

sins

20 طه 73	إِنَّا آمَنَّا بِرَبِّنَا لِيَغْفِرَ لَنَا **خَطَايَانَا** وَمَا أَكْرَهْتَنَا عَلَيْهِ مِنَ السِّحْرِ ۗ وَاللَّهُ خَيْرٌ وَأَبْقَىٰ	
26 الشعراء 51	إِنَّا نَطْمَعُ أَن يَغْفِرَ لَنَا رَبُّنَا **خَطَايَانَا** أَن كُنَّا أَوَّلَ الْمُؤْمِنِينَ	

خَطَايَاكُمْ

your sins

2 البقرة 58	وَإِذْ قُلْنَا ادْخُلُوا هَٰذِهِ الْقَرْيَةَ فَكُلُوا مِنْهَا حَيْثُ شِئْتُمْ رَغَدًا وَادْخُلُوا الْبَابَ سُجَّدًا وَقُولُوا حِطَّةٌ نَّغْفِرْ لَكُمْ **خَطَايَاكُمْ** ۚ وَسَنَزِيدُ الْمُحْسِنِينَ	
29 العنكبوت 12	وَقَالَ الَّذِينَ كَفَرُوا لِلَّذِينَ آمَنُوا اتَّبِعُوا سَبِيلَنَا وَلْنَحْمِلْ **خَطَايَاكُمْ** وَمَا هُم بِحَامِلِينَ مِنْ **خَطَايَاهُم** مِّن شَيْءٍ ۖ إِنَّهُمْ لَكَاذِبُونَ	

	خَطِيئَاتِهِمْ their sins	
71 نوح 25	مِّمَّا **خَطِيئَاتِهِمْ** أُغْرِقُوا فَأُدْخِلُوا نَارًا فَلَمْ يَجِدُوا لَهُم مِّن دُونِ اللَّهِ أَنصَارًا	
	خَطِيئَاتِكُمْ forgive you your sins	
7 الأعراف 161	وَإِذْ قِيلَ لَهُمُ اسْكُنُوا هَٰذِهِ الْقَرْيَةَ وَكُلُوا مِنْهَا حَيْثُ شِئْتُمْ وَقُولُوا حِطَّةٌ وَادْخُلُوا الْبَابَ سُجَّدًا نَّغْفِرْ لَكُمْ **خَطِيئَاتِكُمْ** ۚ سَنَزِيدُ الْمُحْسِنِينَ	
	خَطِيئَةً earns an offense or a sin	
4 النساء 112	وَمَن يَكْسِبْ **خَطِيئَةً** أَوْ إِثْمًا ثُمَّ يَرْمِ بِهِ بَرِيئًا فَقَدِ احْتَمَلَ بُهْتَانًا وَإِثْمًا مُّبِينًا	
	خَطِيئَتُهُ earns evil and his sin has encompassed him	
2 البقرة 81	بَلَىٰ مَن كَسَبَ سَيِّئَةً وَأَحَاطَتْ بِهِ **خَطِيئَتُهُ** فَأُولَٰئِكَ أَصْحَابُ النَّارِ ۖ هُمْ فِيهَا خَالِدُونَ	
	خفف / يُخَفَّفُ lightened [the hardship]	
2 البقرة 86	أُولَٰئِكَ الَّذِينَ اشْتَرَوُا الْحَيَاةَ الدُّنْيَا بِالْآخِرَةِ ۖ فَلَا **يُخَفَّفُ** عَنْهُمُ الْعَذَابُ وَلَا هُمْ يُنصَرُونَ	
162	خَالِدِينَ فِيهَا ۖ لَا **يُخَفَّفُ** عَنْهُمُ الْعَذَابُ وَلَا هُمْ يُنظَرُونَ	
3 آل عمران 88	خَالِدِينَ فِيهَا لَا **يُخَفَّفُ** عَنْهُمُ الْعَذَابُ وَلَا هُمْ يُنظَرُونَ	
4 النساء 28	يُرِيدُ اللَّهُ أَن **يُخَفِّفَ** عَنكُمْ ۚ وَخُلِقَ الْإِنسَانُ ضَعِيفًا	
8 الأنفال 66	الْآنَ **خَفَّفَ** اللَّهُ عَنكُمْ وَعَلِمَ أَنَّ فِيكُمْ ضَعْفًا ۚ فَإِن يَكُن مِّنكُم مِّائَةٌ صَابِرَةٌ يَغْلِبُوا مِائَتَيْنِ ۚ وَإِن يَكُن مِّنكُمْ أَلْفٌ يَغْلِبُوا أَلْفَيْنِ بِإِذْنِ اللَّهِ ۗ وَاللَّهُ مَعَ الصَّابِرِينَ	

16 النحل 85	وَإِذَا رَأَى الَّذِينَ ظَلَمُوا الْعَذَابَ فَلَا **يُخَفَّفُ** عَنْهُمْ وَلَا هُمْ يُنظَرُونَ	
35 فاطر 36	وَالَّذِينَ كَفَرُوا لَهُمْ نَارُ جَهَنَّمَ لَا يُقْضَىٰ عَلَيْهِمْ فَيَمُوتُوا وَلَا **يُخَفَّفُ** عَنْهُم مِّنْ عَذَابِهَا ۚ كَذَٰلِكَ نَجْزِي كُلَّ كَفُورٍ	
40 غافر 49	وَقَالَ الَّذِينَ فِي النَّارِ لِخَزَنَةِ جَهَنَّمَ ادْعُوا رَبَّكُمْ **يُخَفِّفْ** عَنَّا يَوْمًا مِّنَ الْعَذَابِ	

خَلَائِفَ
successors upon the earth

6 الأنعام 165	وَهُوَ الَّذِي جَعَلَكُمْ **خَلَائِفَ** الْأَرْضِ وَرَفَعَ بَعْضَكُمْ فَوْقَ بَعْضٍ دَرَجَاتٍ لِّيَبْلُوَكُمْ فِي مَا آتَاكُمْ ۗ إِنَّ رَبَّكَ سَرِيعُ الْعِقَابِ وَإِنَّهُ لَغَفُورٌ رَّحِيمٌ	
10 يونس 14	ثُمَّ جَعَلْنَاكُمْ **خَلَائِفَ** فِي الْأَرْضِ مِن بَعْدِهِمْ لِنَنظُرَ كَيْفَ تَعْمَلُونَ	
73	فَكَذَّبُوهُ فَنَجَّيْنَاهُ وَمَن مَّعَهُ فِي الْفُلْكِ وَجَعَلْنَاهُمْ **خَلَائِفَ** وَأَغْرَقْنَا الَّذِينَ كَذَّبُوا بِآيَاتِنَا ۖ فَانظُرْ كَيْفَ كَانَ عَاقِبَةُ الْمُنذَرِينَ	
35 فاطر 39	هُوَ الَّذِي جَعَلَكُمْ **خَلَائِفَ** فِي الْأَرْضِ ۚ فَمَن كَفَرَ فَعَلَيْهِ كُفْرُهُ ۖ وَلَا يَزِيدُ الْكَافِرِينَ كُفْرُهُمْ عِندَ رَبِّهِمْ إِلَّا مَقْتًا ۖ وَلَا يَزِيدُ الْكَافِرِينَ كُفْرُهُمْ إِلَّا خَسَارًا	

خِلَافٍ
from opposite sides

5 المائدة 33	إِنَّمَا جَزَاءُ الَّذِينَ يُحَارِبُونَ اللَّهَ وَرَسُولَهُ وَيَسْعَوْنَ فِي الْأَرْضِ فَسَادًا أَن يُقَتَّلُوا أَوْ يُصَلَّبُوا أَوْ تُقَطَّعَ أَيْدِيهِمْ وَأَرْجُلُهُم مِّنْ **خِلَافٍ** أَوْ يُنفَوْا مِنَ الْأَرْضِ ۚ ذَٰلِكَ لَهُمْ خِزْيٌ فِي الدُّنْيَا ۖ وَلَهُمْ فِي الْآخِرَةِ عَذَابٌ عَظِيمٌ	
7 الأعراف 124	لَأُقَطِّعَنَّ أَيْدِيَكُمْ وَأَرْجُلَكُم مِّنْ **خِلَافٍ** ثُمَّ لَأُصَلِّبَنَّكُمْ أَجْمَعِينَ	
9 التوبة 81	فَرِحَ الْمُخَلَّفُونَ بِمَقْعَدِهِمْ **خِلَافَ** رَسُولِ اللَّهِ وَكَرِهُوا أَن يُجَاهِدُوا بِأَمْوَالِهِمْ وَأَنفُسِهِمْ فِي سَبِيلِ اللَّهِ وَقَالُوا لَا تَنفِرُوا فِي الْحَرِّ ۗ قُلْ نَارُ جَهَنَّمَ أَشَدُّ حَرًّا ۚ لَّوْ كَانُوا يَفْقَهُونَ	

17 الإسراء 76	وَإِن كَادُوا لَيَسْتَفِزُّونَكَ مِنَ الْأَرْضِ لِيُخْرِجُوكَ مِنْهَا ۖ وَإِذًا لَّا يَلْبَثُونَ **خِلَافَكَ** إِلَّا قَلِيلًا
20 طه 71	قَالَ آمَنتُمْ لَهُ قَبْلَ أَنْ آذَنَ لَكُمْ ۖ إِنَّهُ لَكَبِيرُكُمُ الَّذِي عَلَّمَكُمُ السِّحْرَ ۖ فَلَأُقَطِّعَنَّ أَيْدِيَكُمْ وَأَرْجُلَكُم مِّنْ **خِلَافٍ** وَلَأُصَلِّبَنَّكُمْ فِي جُذُوعِ النَّخْلِ وَلَتَعْلَمُنَّ أَيُّنَا أَشَدُّ عَذَابًا وَأَبْقَىٰ
26 الشعراء 49	قَالَ آمَنتُمْ لَهُ قَبْلَ أَنْ آذَنَ لَكُمْ ۖ إِنَّهُ لَكَبِيرُكُمُ الَّذِي عَلَّمَكُمُ السِّحْرَ فَلَسَوْفَ تَعْلَمُونَ ۚ لَأُقَطِّعَنَّ أَيْدِيَكُمْ وَأَرْجُلَكُم مِّنْ **خِلَافٍ** وَلَأُصَلِّبَنَّكُمْ أَجْمَعِينَ

خِلَافَكَ
will not **remain** [there]

17 الإسراء 76	وَإِن كَادُوا لَيَسْتَفِزُّونَكَ مِنَ الْأَرْضِ لِيُخْرِجُوكَ مِنْهَا ۖ وَإِذًا لَّا يَلْبَثُونَ **خِلَافَكَ** إِلَّا قَلِيلًا

خلاق
any share

2 البقرة 102	وَاتَّبَعُوا مَا تَتْلُو الشَّيَاطِينُ عَلَىٰ مُلْكِ سُلَيْمَانَ ۖ وَمَا كَفَرَ سُلَيْمَانُ وَلَٰكِنَّ الشَّيَاطِينَ كَفَرُوا يُعَلِّمُونَ النَّاسَ السِّحْرَ وَمَا أُنزِلَ عَلَى الْمَلَكَيْنِ بِبَابِلَ هَارُوتَ وَمَارُوتَ ۚ وَمَا يُعَلِّمَانِ مِنْ أَحَدٍ حَتَّىٰ يَقُولَا إِنَّمَا نَحْنُ فِتْنَةٌ فَلَا تَكْفُرْ ۖ فَيَتَعَلَّمُونَ مِنْهُمَا مَا يُفَرِّقُونَ بِهِ بَيْنَ الْمَرْءِ وَزَوْجِهِ ۚ وَمَا هُم بِضَارِّينَ بِهِ مِنْ أَحَدٍ إِلَّا بِإِذْنِ اللَّهِ ۚ وَيَتَعَلَّمُونَ مَا يَضُرُّهُمْ وَلَا يَنفَعُهُمْ ۚ وَلَقَدْ عَلِمُوا لَمَنِ اشْتَرَاهُ مَا لَهُ فِي الْآخِرَةِ مِنْ **خَلَاقٍ** ۚ وَلَبِئْسَ مَا شَرَوْا بِهِ أَنفُسَهُمْ ۚ لَوْ كَانُوا يَعْلَمُونَ
200	فَإِذَا قَضَيْتُم مَّنَاسِكَكُمْ فَاذْكُرُوا اللَّهَ كَذِكْرِكُمْ آبَاءَكُمْ أَوْ أَشَدَّ ذِكْرًا ۗ فَمِنَ النَّاسِ مَن يَقُولُ رَبَّنَا آتِنَا فِي الدُّنْيَا وَمَا لَهُ فِي الْآخِرَةِ مِنْ **خَلَاقٍ**
3 آل عمران 77	إِنَّ الَّذِينَ يَشْتَرُونَ بِعَهْدِ اللَّهِ وَأَيْمَانِهِمْ ثَمَنًا قَلِيلًا أُولَٰئِكَ لَا **خَلَاقَ** لَهُمْ فِي الْآخِرَةِ وَلَا يُكَلِّمُهُمُ اللَّهُ وَلَا يَنظُرُ إِلَيْهِمْ يَوْمَ الْقِيَامَةِ وَلَا يُزَكِّيهِمْ وَلَهُمْ عَذَابٌ أَلِيمٌ
9 التوبة 69	كَالَّذِينَ مِن قَبْلِكُمْ كَانُوا أَشَدَّ مِنكُمْ قُوَّةً وَأَكْثَرَ أَمْوَالًا وَأَوْلَادًا فَاسْتَمْتَعُوا **بِخَلَاقِهِمْ** فَاسْتَمْتَعْتُم **بِخَلَاقِكُمْ** كَمَا اسْتَمْتَعَ الَّذِينَ مِن قَبْلِكُم **بِخَلَاقِهِمْ** وَخُضْتُمْ كَالَّذِي خَاضُوا ۚ أُولَٰئِكَ حَبِطَتْ أَعْمَالُهُمْ فِي الدُّنْيَا وَالْآخِرَةِ ۖ وَأُولَٰئِكَ هُمُ الْخَاسِرُونَ

الْخَلَّاقُ
Indeed, your Lord - He is the Knowing **Creator**

15 الحجر 86	إِنَّ رَبَّكَ هُوَ **الْخَلَّاقُ** الْعَلِيمُ
36 يس 81	أَوَلَيْسَ الَّذِي **خَلَقَ** السَّمَاوَاتِ وَالْأَرْضَ بِقَادِرٍ عَلَىٰ أَن يَخْلُقَ مِثْلَهُم ۚ بَلَىٰ وَهُوَ **الْخَلَّاقُ** الْعَلِيمُ

/خِلَالَ/ خَبَالًا/
confusion / through

9 التوبة 47	لَوْ خَرَجُوا فِيكُم مَّا زَادُوكُمْ إِلَّا **خَبَالًا** وَلَأَوْضَعُوا **خِلَالَكُمْ** يَبْغُونَكُمُ الْفِتْنَةَ وَفِيكُمْ سَمَّاعُونَ لَهُمْ ۗ وَاللَّهُ عَلِيمٌ بِالظَّالِمِينَ
17 الإسراء 5	فَإِذَا جَاءَ وَعْدُ أُولَاهُمَا بَعَثْنَا عَلَيْكُمْ عِبَادًا لَّنَا أُولِي بَأْسٍ شَدِيدٍ فَجَاسُوا **خِلَالَ** الدِّيَارِ ۚ وَكَانَ وَعْدًا مَّفْعُولًا
91	أَوْ تَكُونَ لَكَ جَنَّةٌ مِّن نَّخِيلٍ وَعِنَبٍ فَتُفَجِّرَ الْأَنْهَارَ **خِلَالَهَا** تَفْجِيرًا
18 الكهف 33	كِلْتَا الْجَنَّتَيْنِ آتَتْ أُكُلَهَا وَلَمْ تَظْلِم مِّنْهُ شَيْئًا ۚ وَفَجَّرْنَا **خِلَالَهُمَا** نَهَرًا
24 النور 43	أَلَمْ تَرَ أَنَّ اللَّهَ يُزْجِي سَحَابًا ثُمَّ يُؤَلِّفُ بَيْنَهُ ثُمَّ يَجْعَلُهُ رُكَامًا فَتَرَى الْوَدْقَ يَخْرُجُ مِنْ **خِلَالِهِ** وَيُنَزِّلُ مِنَ السَّمَاءِ مِن جِبَالٍ فِيهَا مِن بَرَدٍ فَيُصِيبُ بِهِ مَن يَشَاءُ وَيَصْرِفُهُ عَن مَّن يَشَاءُ ۖ يَكَادُ سَنَا بَرْقِهِ يَذْهَبُ بِالْأَبْصَارِ
27 النمل 61	أَمَّن جَعَلَ الْأَرْضَ قَرَارًا وَجَعَلَ **خِلَالَهَا** أَنْهَارًا وَجَعَلَ لَهَا رَوَاسِيَ وَجَعَلَ بَيْنَ الْبَحْرَيْنِ حَاجِزًا ۗ أَإِلَٰهٌ مَّعَ اللَّهِ ۚ بَلْ أَكْثَرُهُمْ لَا يَعْلَمُونَ
30 الروم 48	اللَّهُ الَّذِي يُرْسِلُ الرِّيَاحَ فَتُثِيرُ سَحَابًا فَيَبْسُطُهُ فِي السَّمَاءِ كَيْفَ يَشَاءُ وَيَجْعَلُهُ كِسَفًا فَتَرَى الْوَدْقَ يَخْرُجُ مِنْ **خِلَالِهِ** ۖ فَإِذَا أَصَابَ بِهِ مَن يَشَاءُ مِنْ عِبَادِهِ إِذَا هُمْ يَسْتَبْشِرُونَ

خِلَالٌ
friendships

14 ابراهيم 31	قُل لِّعِبَادِيَ الَّذِينَ آمَنُوا يُقِيمُوا الصَّلَاةَ وَيُنفِقُوا مِمَّا رَزَقْنَاهُمْ سِرًّا وَعَلَانِيَةً مِّن قَبْلِ أَن يَأْتِيَ يَوْمٌ لَّا بَيْعٌ فِيهِ وَلَا **خِلَالٌ**

	خُلَّةٌ **friendships**
2 البقرة 254	يَا أَيُّهَا الَّذِينَ آمَنُوا أَنفِقُوا مِمَّا رَزَقْنَاكُم مِّن قَبْلِ أَن يَأْتِيَ يَوْمٌ لَّا بَيْعٌ فِيهِ وَلَا **خُلَّةٌ** وَلَا شَفَاعَةٌ ۗ وَالْكَافِرُونَ هُمُ الظَّالِمُونَ
	خَلَتْ **has passed**
2 البقرة 134	تِلْكَ أُمَّةٌ قَدْ **خَلَتْ** ۖ لَهَا مَا كَسَبَتْ وَلَكُم مَّا كَسَبْتُمْ ۖ وَلَا تُسْأَلُونَ عَمَّا كَانُوا يَعْمَلُونَ
141	تِلْكَ أُمَّةٌ قَدْ **خَلَتْ** ۖ لَهَا مَا كَسَبَتْ وَلَكُم مَّا كَسَبْتُمْ ۖ وَلَا تُسْأَلُونَ عَمَّا كَانُوا يَعْمَلُونَ
3 آل عمران 137	قَدْ **خَلَتْ** مِن قَبْلِكُمْ سُنَنٌ فَسِيرُوا فِي الْأَرْضِ فَانظُرُوا كَيْفَ كَانَ عَاقِبَةُ الْمُكَذِّبِينَ
144	وَمَا مُحَمَّدٌ إِلَّا رَسُولٌ قَدْ **خَلَتْ** مِن قَبْلِهِ الرُّسُلُ ۚ أَفَإِن مَّاتَ أَوْ قُتِلَ انقَلَبْتُمْ عَلَىٰ أَعْقَابِكُمْ ۚ وَمَن يَنقَلِبْ عَلَىٰ عَقِبَيْهِ فَلَن يَضُرَّ اللَّهَ شَيْئًا ۗ وَسَيَجْزِي اللَّهُ الشَّاكِرِينَ
5 المائدة 75	مَّا الْمَسِيحُ ابْنُ مَرْيَمَ إِلَّا رَسُولٌ قَدْ **خَلَتْ** مِن قَبْلِهِ الرُّسُلُ وَأُمُّهُ صِدِّيقَةٌ ۖ كَانَا يَأْكُلَانِ الطَّعَامَ ۗ انظُرْ كَيْفَ نُبَيِّنُ لَهُمُ الْآيَاتِ ثُمَّ انظُرْ أَنَّىٰ يُؤْفَكُونَ
7 الأعراف 38	قَالَ ادْخُلُوا فِي أُمَمٍ قَدْ **خَلَتْ** مِن قَبْلِكُم مِّنَ الْجِنِّ وَالْإِنسِ فِي النَّارِ ۖ كُلَّمَا دَخَلَتْ أُمَّةٌ لَّعَنَتْ أُخْتَهَا ۖ حَتَّىٰ إِذَا ادَّارَكُوا فِيهَا جَمِيعًا قَالَتْ أُخْرَاهُمْ لِأُولَاهُمْ رَبَّنَا هَٰؤُلَاءِ أَضَلُّونَا فَآتِهِمْ عَذَابًا ضِعْفًا مِّنَ النَّارِ ۖ قَالَ لِكُلٍّ ضِعْفٌ وَلَٰكِن لَّا تَعْلَمُونَ
13 الرعد 6	وَيَسْتَعْجِلُونَكَ بِالسَّيِّئَةِ قَبْلَ الْحَسَنَةِ وَقَدْ **خَلَتْ** مِن قَبْلِهِمُ الْمَثُلَاتُ ۗ وَإِنَّ رَبَّكَ لَذُو مَغْفِرَةٍ لِّلنَّاسِ عَلَىٰ ظُلْمِهِمْ ۖ وَإِنَّ رَبَّكَ لَشَدِيدُ الْعِقَابِ
30	كَذَٰلِكَ أَرْسَلْنَاكَ فِي أُمَّةٍ قَدْ **خَلَتْ** مِن قَبْلِهَا أُمَمٌ لِّتَتْلُوَ عَلَيْهِمُ الَّذِي أَوْحَيْنَا إِلَيْكَ وَهُمْ يَكْفُرُونَ بِالرَّحْمَٰنِ ۚ قُلْ هُوَ رَبِّي لَا إِلَٰهَ إِلَّا هُوَ عَلَيْهِ تَوَكَّلْتُ وَإِلَيْهِ مَتَابِ

15 الحجر 13	لَا يُؤْمِنُونَ بِهِ ۖ وَقَدْ **خَلَتْ** سُنَّةُ الْأَوَّلِينَ	
40 غافر 85	فَلَمْ يَكُ يَنفَعُهُمْ إِيمَانُهُمْ لَمَّا رَأَوْا بَأْسَنَا ۖ سُنَّتَ اللَّهِ الَّتِي قَدْ **خَلَتْ** فِي عِبَادِهِ ۖ وَخَسِرَ هُنَالِكَ الْكَافِرُونَ	
41 فصلت 25	وَقَيَّضْنَا لَهُمْ قُرَنَاءَ فَزَيَّنُوا لَهُم مَّا بَيْنَ أَيْدِيهِمْ وَمَا خَلْفَهُمْ وَحَقَّ عَلَيْهِمُ الْقَوْلُ فِي أُمَمٍ قَدْ **خَلَتْ** مِن قَبْلِهِم مِّنَ الْجِنِّ وَالْإِنسِ ۖ إِنَّهُمْ كَانُوا خَاسِرِينَ	
46 الأحقاف 17	وَالَّذِي قَالَ لِوَالِدَيْهِ أُفٍّ لَّكُمَا أَتَعِدَانِنِي أَنْ أُخْرَجَ وَقَدْ **خَلَتِ** الْقُرُونُ مِن قَبْلِي وَهُمَا يَسْتَغِيثَانِ اللَّهَ وَيْلَكَ آمِنْ إِنَّ وَعْدَ اللَّهِ حَقٌّ فَيَقُولُ مَا هَٰذَا إِلَّا أَسَاطِيرُ الْأَوَّلِينَ	
18	أُولَٰئِكَ الَّذِينَ حَقَّ عَلَيْهِمُ الْقَوْلُ فِي أُمَمٍ قَدْ **خَلَتْ** مِن قَبْلِهِم مِّنَ الْجِنِّ وَالْإِنسِ ۖ إِنَّهُمْ كَانُوا خَاسِرِينَ	
21	وَاذْكُرْ أَخَا عَادٍ إِذْ أَنذَرَ قَوْمَهُ بِالْأَحْقَافِ وَقَدْ **خَلَتِ** النُّذُرُ مِن بَيْنِ يَدَيْهِ وَمِنْ خَلْفِهِ أَلَّا تَعْبُدُوا إِلَّا اللَّهَ إِنِّي أَخَافُ عَلَيْكُمْ عَذَابَ يَوْمٍ عَظِيمٍ	
48 الفتح 23	سُنَّةَ اللَّهِ الَّتِي قَدْ **خَلَتْ** مِن قَبْلُ ۖ وَلَن تَجِدَ لِسُنَّةِ اللَّهِ تَبْدِيلًا	
	خَلَصُوا secluded themselves in private	
12 يوسف 80	فَلَمَّا اسْتَيْأَسُوا مِنْهُ **خَلَصُوا** نَجِيًّا ۖ قَالَ كَبِيرُهُمْ أَلَمْ تَعْلَمُوا أَنَّ أَبَاكُمْ قَدْ أَخَذَ عَلَيْكُم مَّوْثِقًا مِّنَ اللَّهِ وَمِن قَبْلُ مَا فَرَّطتُمْ فِي يُوسُفَ ۖ فَلَنْ أَبْرَحَ الْأَرْضَ حَتَّىٰ يَأْذَنَ لِي أَبِي أَوْ يَحْكُمَ اللَّهُ لِي ۖ وَهُوَ خَيْرُ الْحَاكِمِينَ	
	خَلَطُوا mixed	
9 التوبة 102	وَآخَرُونَ اعْتَرَفُوا بِذُنُوبِهِمْ **خَلَطُوا** عَمَلًا صَالِحًا وَآخَرَ سَيِّئًا عَسَى اللَّهُ أَن يَتُوبَ عَلَيْهِمْ ۚ إِنَّ اللَّهَ غَفُورٌ رَّحِيمٌ	
	الْخُلَطَاءِ associates	

38 ص 24	قَالَ لَقَدْ ظَلَمَكَ بِسُؤَالِ نَعْجَتِكَ إِلَىٰ نِعَاجِهِ ۖ وَإِنَّ كَثِيرًا مِّنَ **الْخُلَطَاءِ** لَيَبْغِي بَعْضُهُمْ عَلَىٰ بَعْضٍ إِلَّا الَّذِينَ آمَنُوا وَعَمِلُوا الصَّالِحَاتِ وَقَلِيلٌ مَّا هُمْ ۗ وَظَنَّ دَاوُودُ أَنَّمَا فَتَنَّاهُ فَاسْتَغْفَرَ رَبَّهُ وَخَرَّ رَاكِعًا وَأَنَابَ ۩	

خُلَفَاءَ
successors

7 الأعراف 69	أَوَعَجِبْتُمْ أَن جَاءَكُمْ ذِكْرٌ مِّن رَّبِّكُمْ عَلَىٰ رَجُلٍ مِّنكُمْ لِيُنذِرَكُمْ ۚ وَاذْكُرُوا إِذْ جَعَلَكُمْ **خُلَفَاءَ** مِن بَعْدِ قَوْمِ نُوحٍ وَزَادَكُمْ فِي الْخَلْقِ بَسْطَةً ۖ فَاذْكُرُوا آلَاءَ اللَّهِ لَعَلَّكُمْ تُفْلِحُونَ
74	وَاذْكُرُوا إِذْ جَعَلَكُمْ **خُلَفَاءَ** مِن بَعْدِ عَادٍ وَبَوَّأَكُمْ فِي الْأَرْضِ تَتَّخِذُونَ مِن سُهُولِهَا قُصُورًا وَتَنْحِتُونَ الْجِبَالَ بُيُوتًا ۖ فَاذْكُرُوا آلَاءَ اللَّهِ وَلَا تَعْثَوْا فِي الْأَرْضِ مُفْسِدِينَ
27 النمل 62	أَمَّن يُجِيبُ الْمُضْطَرَّ إِذَا دَعَاهُ وَيَكْشِفُ السُّوءَ وَيَجْعَلُكُمْ **خُلَفَاءَ** الْأَرْضِ ۗ أَإِلَٰهٌ مَّعَ اللَّهِ ۚ قَلِيلًا مَّا تَذَكَّرُونَ

خَلَقْنَاكُمْ
as We created you

6 الأنعام 94	وَلَقَدْ جِئْتُمُونَا فُرَادَىٰ كَمَا **خَلَقْنَاكُمْ** أَوَّلَ مَرَّةٍ وَتَرَكْتُم مَّا خَوَّلْنَاكُمْ وَرَاءَ ظُهُورِكُمْ ۖ وَمَا نَرَىٰ مَعَكُمْ شُفَعَاءَكُمُ الَّذِينَ زَعَمْتُمْ أَنَّهُمْ فِيكُمْ شُرَكَاءُ ۚ لَقَد تَّقَطَّعَ بَيْنَكُمْ وَضَلَّ عَنكُم مَّا كُنتُمْ تَزْعُمُونَ
7 الأعراف 11	وَلَقَدْ **خَلَقْنَاكُمْ** ثُمَّ صَوَّرْنَاكُمْ ثُمَّ قُلْنَا لِلْمَلَائِكَةِ اسْجُدُوا لِآدَمَ فَسَجَدُوا إِلَّا إِبْلِيسَ لَمْ يَكُن مِّنَ السَّاجِدِينَ
18 الكهف 48	وَعُرِضُوا عَلَىٰ رَبِّكَ صَفًّا لَّقَدْ جِئْتُمُونَا كَمَا **خَلَقْنَاكُمْ** أَوَّلَ مَرَّةٍ ۚ بَلْ زَعَمْتُمْ أَلَّن نَّجْعَلَ لَكُم مَّوْعِدًا
20 طه 55	مِنْهَا **خَلَقْنَاكُمْ** وَفِيهَا نُعِيدُكُمْ وَمِنْهَا نُخْرِجُكُمْ تَارَةً أُخْرَىٰ
22 الحج 5	يَا أَيُّهَا النَّاسُ إِن كُنتُمْ فِي رَيْبٍ مِّنَ الْبَعْثِ فَإِنَّا **خَلَقْنَاكُم** مِّن تُرَابٍ ثُمَّ مِن نُّطْفَةٍ ثُمَّ مِنْ عَلَقَةٍ ثُمَّ مِن مُّضْغَةٍ مُّخَلَّقَةٍ وَغَيْرِ مُخَلَّقَةٍ لِّنُبَيِّنَ لَكُمْ ۚ وَنُقِرُّ فِي الْأَرْحَامِ مَا نَشَاءُ إِلَىٰ أَجَلٍ مُّسَمًّى ثُمَّ نُخْرِجُكُمْ طِفْلًا ثُمَّ لِتَبْلُغُوا أَشُدَّكُمْ ۖ وَمِنكُم مَّن يُتَوَفَّىٰ وَمِنكُم مَّن يُرَدُّ إِلَىٰ أَرْذَلِ الْعُمُرِ لِكَيْلَا يَعْلَمَ مِن

	بَعْدِ عِلْمٍ شَيْئًا ۚ وَتَرَى الْأَرْضَ هَامِدَةً فَإِذَا أَنزَلْنَا عَلَيْهَا الْمَاءَ اهْتَزَّتْ وَرَبَتْ وَأَنبَتَتْ مِن كُلِّ زَوْجٍ بَهِيجٍ
23 المؤمنون 115	أَفَحَسِبْتُمْ أَنَّمَا **خَلَقْنَاكُمْ** عَبَثًا وَأَنَّكُمْ إِلَيْنَا لَا تُرْجَعُونَ
49 الحجرات 13	يَا أَيُّهَا النَّاسُ إِنَّا **خَلَقْنَاكُم** مِّن ذَكَرٍ وَأُنثَىٰ وَجَعَلْنَاكُمْ شُعُوبًا وَقَبَائِلَ لِتَعَارَفُوا ۚ إِنَّ أَكْرَمَكُمْ عِندَ اللَّهِ أَتْقَاكُمْ ۚ إِنَّ اللَّهَ عَلِيمٌ خَبِيرٌ
56 الواقعة 57	نَحْنُ **خَلَقْنَاكُمْ** فَلَوْلَا تُصَدِّقُونَ
78 النبإ 8	وَ**خَلَقْنَاكُمْ** أَزْوَاجًا
	خَلَوْا **are alone with**
2 البقرة 14	وَإِذَا لَقُوا الَّذِينَ آمَنُوا قَالُوا آمَنَّا وَإِذَا **خَلَوْا** إِلَىٰ شَيَاطِينِهِمْ قَالُوا إِنَّا مَعَكُمْ إِنَّمَا نَحْنُ مُسْتَهْزِئُونَ
214	أَمْ حَسِبْتُمْ أَن تَدْخُلُوا الْجَنَّةَ وَلَمَّا يَأْتِكُم مَّثَلُ الَّذِينَ **خَلَوْا** مِن قَبْلِكُم ۖ مَّسَّتْهُمُ الْبَأْسَاءُ وَالضَّرَّاءُ وَزُلْزِلُوا حَتَّىٰ يَقُولَ الرَّسُولُ وَالَّذِينَ آمَنُوا مَعَهُ مَتَىٰ نَصْرُ اللَّهِ ۗ أَلَا إِنَّ نَصْرَ اللَّهِ قَرِيبٌ
3 آل عمران 119	هَا أَنتُمْ أُولَاءِ تُحِبُّونَهُمْ وَلَا يُحِبُّونَكُمْ وَتُؤْمِنُونَ بِالْكِتَابِ كُلِّهِ وَإِذَا لَقُوكُمْ قَالُوا آمَنَّا وَإِذَا **خَلَوْا** عَضُّوا عَلَيْكُمُ الْأَنَامِلَ مِنَ الْغَيْظِ ۚ قُلْ مُوتُوا بِغَيْظِكُمْ ۗ إِنَّ اللَّهَ عَلِيمٌ بِذَاتِ الصُّدُورِ
10 يونس 102	فَهَلْ يَنتَظِرُونَ إِلَّا مِثْلَ أَيَّامِ الَّذِينَ **خَلَوْا** مِن قَبْلِهِمْ ۚ قُلْ فَانتَظِرُوا إِنِّي مَعَكُم مِّنَ الْمُنتَظِرِينَ
24 النور 34	وَلَقَدْ أَنزَلْنَا إِلَيْكُمْ آيَاتٍ مُّبَيِّنَاتٍ وَمَثَلًا مِّنَ الَّذِينَ **خَلَوْا** مِن قَبْلِكُمْ وَمَوْعِظَةً لِّلْمُتَّقِينَ
33 الأحزاب 38	مَّا كَانَ عَلَى النَّبِيِّ مِنْ حَرَجٍ فِيمَا فَرَضَ اللَّهُ لَهُ ۖ سُنَّةَ اللَّهِ فِي الَّذِينَ **خَلَوْا** مِن قَبْلُ ۚ وَكَانَ أَمْرُ اللَّهِ قَدَرًا مَّقْدُورًا

62	سُنَّةَ اللَّهِ فِي الَّذِينَ **خَلَوْا** مِن قَبْلُ ۖ وَلَن تَجِدَ لِسُنَّةِ اللَّهِ تَبْدِيلًا

خَلِيفَة
a successive

2 البقرة 30	وَإِذْ قَالَ رَبُّكَ لِلْمَلَائِكَةِ إِنِّي جَاعِلٌ فِي الْأَرْضِ **خَلِيفَةً** ۖ قَالُوا أَتَجْعَلُ فِيهَا مَن يُفْسِدُ فِيهَا وَيَسْفِكُ الدِّمَاءَ وَنَحْنُ نُسَبِّحُ بِحَمْدِكَ وَنُقَدِّسُ لَكَ ۖ قَالَ إِنِّي أَعْلَمُ مَا لَا تَعْلَمُونَ
38 ص 26	يَا دَاوُودُ إِنَّا جَعَلْنَاكَ **خَلِيفَةً** فِي الْأَرْضِ فَاحْكُم بَيْنَ النَّاسِ بِالْحَقِّ وَلَا تَتَّبِعِ الْهَوَىٰ فَيُضِلَّكَ عَن سَبِيلِ اللَّهِ ۚ إِنَّ الَّذِينَ يَضِلُّونَ عَن سَبِيلِ اللَّهِ لَهُمْ عَذَابٌ شَدِيدٌ بِمَا نَسُوا يَوْمَ الْحِسَابِ

خَلِيلًا
intimate friend

4 النساء 125	وَمَنْ أَحْسَنُ دِينًا مِّمَّنْ أَسْلَمَ وَجْهَهُ لِلَّهِ وَهُوَ مُحْسِنٌ وَاتَّبَعَ مِلَّةَ إِبْرَاهِيمَ حَنِيفًا ۗ وَاتَّخَذَ اللَّهُ إِبْرَاهِيمَ **خَلِيلًا**
17 الإسراء 73	وَإِن كَادُوا لَيَفْتِنُونَكَ عَنِ الَّذِي أَوْحَيْنَا إِلَيْكَ لِتَفْتَرِيَ عَلَيْنَا غَيْرَهُ ۖ وَإِذًا لَّاتَّخَذُوكَ **خَلِيلًا**
25 الفرقان 28	يَا وَيْلَتَىٰ لَيْتَنِي لَمْ أَتَّخِذْ فُلَانًا **خَلِيلًا**

خَمْرٍ
wine

2 البقرة 219	يَسْأَلُونَكَ عَنِ **الْخَمْرِ** وَالْمَيْسِرِ ۖ قُلْ فِيهِمَا إِثْمٌ كَبِيرٌ وَمَنَافِعُ لِلنَّاسِ وَإِثْمُهُمَا أَكْبَرُ مِن نَّفْعِهِمَا ۗ وَيَسْأَلُونَكَ مَاذَا يُنفِقُونَ قُلِ الْعَفْوَ ۗ كَذَٰلِكَ يُبَيِّنُ اللَّهُ لَكُمُ الْآيَاتِ لَعَلَّكُمْ تَتَفَكَّرُونَ
5 المائدة 90	يَا أَيُّهَا الَّذِينَ آمَنُوا إِنَّمَا **الْخَمْرُ** وَالْمَيْسِرُ وَالْأَنصَابُ وَالْأَزْلَامُ رِجْسٌ مِّنْ عَمَلِ الشَّيْطَانِ فَاجْتَنِبُوهُ لَعَلَّكُمْ تُفْلِحُونَ
91	إِنَّمَا يُرِيدُ الشَّيْطَانُ أَن يُوقِعَ بَيْنَكُمُ الْعَدَاوَةَ وَالْبَغْضَاءَ فِي **الْخَمْرِ** وَالْمَيْسِرِ وَيَصُدَّكُمْ عَن ذِكْرِ اللَّهِ وَعَنِ الصَّلَاةِ ۖ فَهَلْ أَنتُم مُّنتَهُونَ

12 يوسف 36	وَدَخَلَ مَعَهُ السِّجْنَ فَتَيَانِ ۖ قَالَ أَحَدُهُمَا إِنِّي أَرَانِي أَعْصِرُ **خَمْرًا** ۖ وَقَالَ الْآخَرُ إِنِّي أَرَانِي أَحْمِلُ فَوْقَ رَأْسِي خُبْزًا تَأْكُلُ الطَّيْرُ مِنْهُ ۖ نَبِّئْنَا بِتَأْوِيلِهِ ۖ إِنَّا نَرَاكَ مِنَ الْمُحْسِنِينَ
41	يَا صَاحِبَيِ السِّجْنِ أَمَّا أَحَدُكُمَا فَيَسْقِي رَبَّهُ **خَمْرًا** ۖ وَأَمَّا الْآخَرُ فَيُصْلَبُ فَتَأْكُلُ الطَّيْرُ مِن رَّأْسِهِ ۚ قُضِيَ الْأَمْرُ الَّذِي فِيهِ تَسْتَفْتِيَانِ
47 محمد 15	مَّثَلُ الْجَنَّةِ الَّتِي وُعِدَ الْمُتَّقُونَ ۖ فِيهَا أَنْهَارٌ مِّن مَّاءٍ غَيْرِ آسِنٍ وَأَنْهَارٌ مِّن لَّبَنٍ لَّمْ يَتَغَيَّرْ طَعْمُهُ وَأَنْهَارٌ مِّنْ **خَمْرٍ** لَّذَّةٍ لِّلشَّارِبِينَ وَأَنْهَارٌ مِّنْ عَسَلٍ مُّصَفًّى ۖ وَلَهُمْ فِيهَا مِن كُلِّ الثَّمَرَاتِ وَمَغْفِرَةٌ مِّن رَّبِّهِمْ ۖ كَمَنْ هُوَ خَالِدٌ فِي النَّارِ وَسُقُوا مَاءً حَمِيمًا فَقَطَّعَ أَمْعَاءَهُمْ
	(سَكَرًا/ سُكَارَىٰ / سُكِّرَت/ سَكْرَتِهِمْ /سَكْرَةُ) intoxication
15 الحجر 15	لَقَالُوا إِنَّمَا **سُكِّرَتْ** أَبْصَارُنَا بَلْ نَحْنُ قَوْمٌ مَّسْحُورُونَ
72	لَعَمْرُكَ إِنَّهُمْ لَفِي **سَكْرَتِهِمْ** يَعْمَهُونَ
16 النحل 67	وَمِن ثَمَرَاتِ النَّخِيلِ وَالْأَعْنَابِ تَتَّخِذُونَ مِنْهُ **سَكَرًا** وَرِزْقًا حَسَنًا ۗ إِنَّ فِي ذَٰلِكَ لَآيَةً لِّقَوْمٍ يَعْقِلُونَ
50 ق 19	وَجَاءَتْ **سَكْرَةُ** الْمَوْتِ بِالْحَقِّ ۖ ذَٰلِكَ مَا كُنتَ مِنْهُ تَحِيدُ
4 النساء 43	يَا أَيُّهَا الَّذِينَ آمَنُوا لَا تَقْرَبُوا الصَّلَاةَ وَأَنتُمْ **سُكَارَىٰ** حَتَّىٰ تَعْلَمُوا مَا تَقُولُونَ وَلَا جُنُبًا إِلَّا عَابِرِي سَبِيلٍ حَتَّىٰ تَغْتَسِلُوا ۚ وَإِن كُنتُم مَّرْضَىٰ أَوْ عَلَىٰ سَفَرٍ أَوْ جَاءَ أَحَدٌ مِّنكُم مِّنَ الْغَائِطِ أَوْ لَامَسْتُمُ النِّسَاءَ فَلَمْ تَجِدُوا مَاءً فَتَيَمَّمُوا صَعِيدًا طَيِّبًا فَامْسَحُوا بِوُجُوهِكُمْ وَأَيْدِيكُمْ ۗ إِنَّ اللَّهَ كَانَ عَفُوًّا غَفُورًا
22 الحج 2	يَوْمَ تَرَوْنَهَا تَذْهَلُ كُلُّ مُرْضِعَةٍ عَمَّا أَرْضَعَتْ وَتَضَعُ كُلُّ ذَاتِ حَمْلٍ حَمْلَهَا وَتَرَى النَّاسَ **سُكَارَىٰ** وَمَا هُم **بِسُكَارَىٰ** وَلَٰكِنَّ عَذَابَ اللَّهِ شَدِيدٌ

	بِخُمُرِهِنَّ And tell the believing women to reduce [some] of their vision and guard their private parts and not expose their adornment except that which [necessarily] appears thereof and to wrap [a portion of] their headcovers over their chests and not expose their adornment except to their husbands, their fathers, their husbands' fathers, their sons, their husbands' sons, their brothers, their brothers' sons, their sisters' sons, their women, that which their right hands possess, or those male attendants having no physical desire, or children who are not yet aware of the private aspects of women. And let them not stamp their feet to make known what they conceal of their adornment. And turn to Allah in repentance, all of you, O believers, that you might succeed	
24 النور 31	وَقُل لِّلْمُؤْمِنَاتِ يَغْضُضْنَ مِنْ أَبْصَارِهِنَّ وَيَحْفَظْنَ فُرُوجَهُنَّ وَلَا يُبْدِينَ زِينَتَهُنَّ إِلَّا مَا ظَهَرَ مِنْهَا ۖ وَلْيَضْرِبْنَ **بِخُمُرِهِنَّ** عَلَىٰ جُيُوبِهِنَّ ۖ وَلَا يُبْدِينَ زِينَتَهُنَّ إِلَّا لِبُعُولَتِهِنَّ أَوْ آبَائِهِنَّ أَوْ آبَاءِ بُعُولَتِهِنَّ أَوْ أَبْنَائِهِنَّ أَوْ أَبْنَاءِ بُعُولَتِهِنَّ أَوْ إِخْوَانِهِنَّ أَوْ بَنِي إِخْوَانِهِنَّ أَوْ بَنِي أَخَوَاتِهِنَّ أَوْ نِسَائِهِنَّ أَوْ مَا مَلَكَتْ أَيْمَانُهُنَّ أَوِ التَّابِعِينَ غَيْرِ أُولِي الْإِرْبَةِ مِنَ الرِّجَالِ أَوِ الطِّفْلِ الَّذِينَ لَمْ يَظْهَرُوا عَلَىٰ عَوْرَاتِ النِّسَاءِ ۖ وَلَا يَضْرِبْنَ بِأَرْجُلِهِنَّ لِيُعْلَمَ مَا يُخْفِينَ مِن زِينَتِهِنَّ ۚ وَتُوبُوا إِلَى اللَّهِ جَمِيعًا أَيُّهَ الْمُؤْمِنُونَ لَعَلَّكُمْ تُفْلِحُونَ	
	خَمْسَة five	
3 آل عمران 125	بَلَىٰ ۚ إِن تَصْبِرُوا وَتَتَّقُوا وَيَأْتُوكُم مِّن فَوْرِهِمْ هَٰذَا يُمْدِدْكُمْ رَبُّكُم **بِخَمْسَةِ** آلَافٍ مِّنَ الْمَلَائِكَةِ مُسَوِّمِينَ	
18 الكهف 22	سَيَقُولُونَ ثَلَاثَةٌ رَّابِعُهُمْ كَلْبُهُمْ وَيَقُولُونَ **خَمْسَةٌ** سَادِسُهُمْ كَلْبُهُمْ رَجْمًا بِالْغَيْبِ ۖ وَيَقُولُونَ سَبْعَةٌ وَثَامِنُهُمْ كَلْبُهُمْ ۚ قُل رَّبِّي أَعْلَمُ بِعِدَّتِهِم مَّا يَعْلَمُهُمْ إِلَّا قَلِيلٌ ۗ فَلَا تُمَارِ فِيهِمْ إِلَّا مِرَاءً ظَاهِرًا وَلَا تَسْتَفْتِ فِيهِم مِّنْهُمْ أَحَدًا	

58 المجادلة 7	أَلَمْ تَرَ أَنَّ اللَّهَ يَعْلَمُ مَا فِي السَّمَاوَاتِ وَمَا فِي الْأَرْضِ ۖ مَا يَكُونُ مِن نَّجْوَىٰ ثَلَاثَةٍ إِلَّا هُوَ رَابِعُهُمْ وَلَا **خَمْسَةٍ** إِلَّا هُوَ سَادِسُهُمْ وَلَا أَدْنَىٰ مِن ذَٰلِكَ وَلَا أَكْثَرَ إِلَّا هُوَ مَعَهُمْ أَيْنَ مَا كَانُوا ۖ ثُمَّ يُنَبِّئُهُم بِمَا عَمِلُوا يَوْمَ الْقِيَامَةِ ۚ إِنَّ اللَّهَ بِكُلِّ شَيْءٍ عَلِيمٌ
	خُمُسَهُ **one fifth**
8 الأنفال 41	۞ وَاعْلَمُوا أَنَّمَا غَنِمْتُم مِّن شَيْءٍ فَأَنَّ لِلَّهِ **خُمُسَهُ** وَلِلرَّسُولِ وَلِذِي الْقُرْبَىٰ وَالْيَتَامَىٰ وَالْمَسَاكِينِ وَابْنِ السَّبِيلِ إِن كُنتُمْ آمَنتُم بِاللَّهِ وَمَا أَنزَلْنَا عَلَىٰ عَبْدِنَا يَوْمَ الْفُرْقَانِ يَوْمَ الْتَقَى الْجَمْعَانِ ۗ وَاللَّهُ عَلَىٰ كُلِّ شَيْءٍ قَدِيرٌ
	خَمْسِينَ **FIFTY**
29 العنكبوت 14	وَلَقَدْ أَرْسَلْنَا نُوحًا إِلَىٰ قَوْمِهِ فَلَبِثَ فِيهِمْ أَلْفَ سَنَةٍ إِلَّا **خَمْسِينَ** عَامًا فَأَخَذَهُمُ الطُّوفَانُ وَهُمْ ظَالِمُونَ
70 المعارج 4	تَعْرُجُ الْمَلَائِكَةُ وَالرُّوحُ إِلَيْهِ فِي يَوْمٍ كَانَ مِقْدَارُهُ **خَمْسِينَ** أَلْفَ سَنَةٍ
	خَمْطٍ **bitter fruit**
34 سبإ 16	فَأَعْرَضُوا فَأَرْسَلْنَا عَلَيْهِمْ سَيْلَ الْعَرِمِ وَبَدَّلْنَاهُم بِجَنَّتَيْهِمْ جَنَّتَيْنِ ذَوَاتَيْ أُكُلٍ **خَمْطٍ** وَأَثْلٍ وَشَيْءٍ مِّن سِدْرٍ قَلِيلٍ
	خِنزِيرِ **flesh of swine**
2 البقرة 173	إِنَّمَا حَرَّمَ عَلَيْكُمُ الْمَيْتَةَ وَالدَّمَ وَلَحْمَ **الْخِنزِيرِ** وَمَا أُهِلَّ بِهِ لِغَيْرِ اللَّهِ ۖ فَمَنِ اضْطُرَّ غَيْرَ بَاغٍ وَلَا عَادٍ فَلَا إِثْمَ عَلَيْهِ ۚ إِنَّ اللَّهَ غَفُورٌ رَّحِيمٌ
5 المائدة 3	حُرِّمَتْ عَلَيْكُمُ الْمَيْتَةُ وَالدَّمُ وَلَحْمُ **الْخِنزِيرِ** وَمَا أُهِلَّ لِغَيْرِ اللَّهِ بِهِ وَالْمُنْخَنِقَةُ وَالْمَوْقُوذَةُ وَالْمُتَرَدِّيَةُ وَالنَّطِيحَةُ وَمَا أَكَلَ السَّبُعُ إِلَّا مَا ذَكَّيْتُمْ وَمَا ذُبِحَ عَلَى النُّصُبِ وَأَن تَسْتَقْسِمُوا بِالْأَزْلَامِ ۚ ذَٰلِكُمْ فِسْقٌ ۗ الْيَوْمَ

		يَئِسَ الَّذِينَ كَفَرُوا مِن دِينِكُمْ فَلَا تَخْشَوْهُمْ وَاخْشَوْنِ ۚ الْيَوْمَ أَكْمَلْتُ لَكُمْ دِينَكُمْ وَأَتْمَمْتُ عَلَيْكُمْ نِعْمَتِي وَرَضِيتُ لَكُمُ الْإِسْلَامَ دِينًا ۚ فَمَنِ اضْطُرَّ فِي مَخْمَصَةٍ غَيْرَ مُتَجَانِفٍ لِّإِثْمٍ ۙ فَإِنَّ اللَّهَ غَفُورٌ رَّحِيمٌ
6 الأنعام 145		قُل لَّا أَجِدُ فِي مَا أُوحِيَ إِلَيَّ مُحَرَّمًا عَلَىٰ طَاعِمٍ يَطْعَمُهُ إِلَّا أَن يَكُونَ مَيْتَةً أَوْ دَمًا مَّسْفُوحًا أَوْ لَحْمَ **خِنزِيرٍ** فَإِنَّهُ رِجْسٌ أَوْ فِسْقًا أُهِلَّ لِغَيْرِ اللَّهِ بِهِ ۚ فَمَنِ اضْطُرَّ غَيْرَ بَاغٍ وَلَا عَادٍ فَإِنَّ رَبَّكَ غَفُورٌ رَّحِيمٌ
16 النحل 115		إِنَّمَا حَرَّمَ عَلَيْكُمُ الْمَيْتَةَ وَالدَّمَ وَلَحْمَ **الْخِنزِيرِ** وَمَا أُهِلَّ لِغَيْرِ اللَّهِ بِهِ ۖ فَمَنِ اضْطُرَّ غَيْرَ بَاغٍ وَلَا عَادٍ فَإِنَّ اللَّهَ غَفُورٌ رَّحِيمٌ
		خُوَارٌ a lowing sound
7 الأعراف 148		وَاتَّخَذَ قَوْمُ مُوسَىٰ مِن بَعْدِهِ مِنْ حُلِيِّهِمْ عِجْلًا جَسَدًا لَّهُ **خُوَارٌ** ۚ أَلَمْ يَرَوْا أَنَّهُ لَا يُكَلِّمُهُمْ وَلَا يَهْدِيهِمْ سَبِيلًا ۘ اتَّخَذُوهُ وَكَانُوا ظَالِمِينَ
20 طه 88		فَأَخْرَجَ لَهُمْ عِجْلًا جَسَدًا لَّهُ **خُوَارٌ** فَقَالُوا هَـٰذَا إِلَـٰهُكُمْ وَإِلَـٰهُ مُوسَىٰ فَنَسِيَ
		خَوْضٍ Who are in [empty] discourse amusing themselves
4 النساء 140		وَقَدْ نَزَّلَ عَلَيْكُمْ فِي الْكِتَابِ أَنْ إِذَا سَمِعْتُمْ آيَاتِ اللَّهِ يُكْفَرُ بِهَا وَيُسْتَهْزَأُ بِهَا فَلَا تَقْعُدُوا مَعَهُمْ حَتَّىٰ **يَخُوضُوا** فِي حَدِيثٍ غَيْرِهِ ۚ إِنَّكُمْ إِذًا مِّثْلُهُمْ ۗ إِنَّ اللَّهَ جَامِعُ الْمُنَافِقِينَ وَالْكَافِرِينَ فِي جَهَنَّمَ جَمِيعًا
6 الأنعام 68		وَإِذَا رَأَيْتَ الَّذِينَ **يَخُوضُونَ** فِي آيَاتِنَا فَأَعْرِضْ عَنْهُمْ حَتَّىٰ **يَخُوضُوا** فِي حَدِيثٍ غَيْرِهِ ۚ وَإِمَّا يُنسِيَنَّكَ الشَّيْطَانُ فَلَا تَقْعُدْ بَعْدَ الذِّكْرَىٰ مَعَ الْقَوْمِ الظَّالِمِينَ
91		وَمَا قَدَرُوا اللَّهَ حَقَّ قَدْرِهِ إِذْ قَالُوا مَا أَنزَلَ اللَّهُ عَلَىٰ بَشَرٍ مِّن شَيْءٍ ۗ قُلْ مَنْ أَنزَلَ الْكِتَابَ الَّذِي جَاءَ بِهِ مُوسَىٰ نُورًا وَهُدًى لِّلنَّاسِ ۖ تَجْعَلُونَهُ قَرَاطِيسَ تُبْدُونَهَا وَتُخْفُونَ كَثِيرًا ۖ وَعُلِّمْتُم مَّا لَمْ تَعْلَمُوا أَنتُمْ وَلَا آبَاؤُكُمْ ۖ قُلِ اللَّهُ ۖ ثُمَّ ذَرْهُمْ فِي **خَوْضِهِمْ** يَلْعَبُونَ
9 التوبة 65		وَلَئِن سَأَلْتَهُمْ لَيَقُولُنَّ إِنَّمَا كُنَّا **نَخُوضُ** وَنَلْعَبُ ۚ قُلْ أَبِاللَّهِ وَآيَاتِهِ وَرَسُولِهِ كُنتُمْ تَسْتَهْزِئُونَ

43 الزخرف 83	فَذَرْهُمْ **يَخُوضُوا** وَيَلْعَبُوا حَتَّىٰ يُلَاقُوا يَوْمَهُمُ الَّذِي يُوعَدُونَ	
52 الطور 12	الَّذِينَ هُمْ فِي **خَوْضٍ** يَلْعَبُونَ	
70 المعارج 42	فَذَرْهُمْ **يَخُوضُوا** وَيَلْعَبُوا حَتَّىٰ يُلَاقُوا يَوْمَهُمُ الَّذِي يُوعَدُونَ	
74 المدثر 45	وَكُنَّا **نَخُوضُ** مَعَ الْخَائِضِينَ	

خَوْفٌ
fear

2 البقرة 38	قُلْنَا اهْبِطُوا مِنْهَا جَمِيعًا ۖ فَإِمَّا يَأْتِيَنَّكُم مِّنِّي هُدًى فَمَن تَبِعَ هُدَايَ فَلَا **خَوْفٌ** عَلَيْهِمْ وَلَا هُمْ يَحْزَنُونَ	
62	إِنَّ الَّذِينَ آمَنُوا وَالَّذِينَ هَادُوا وَالنَّصَارَىٰ وَالصَّابِئِينَ مَنْ آمَنَ بِاللَّهِ وَالْيَوْمِ الْآخِرِ وَعَمِلَ صَالِحًا فَلَهُمْ أَجْرُهُمْ عِندَ رَبِّهِمْ وَلَا **خَوْفٌ** عَلَيْهِمْ وَلَا هُمْ يَحْزَنُونَ	
112	بَلَىٰ مَنْ أَسْلَمَ وَجْهَهُ لِلَّهِ وَهُوَ مُحْسِنٌ فَلَهُ أَجْرُهُ عِندَ رَبِّهِ وَلَا **خَوْفٌ** عَلَيْهِمْ وَلَا هُمْ يَحْزَنُونَ	
155	وَلَنَبْلُوَنَّكُم بِشَيْءٍ مِّنَ **الْخَوْفِ** وَالْجُوعِ وَنَقْصٍ مِّنَ الْأَمْوَالِ وَالْأَنفُسِ وَالثَّمَرَاتِ ۗ وَبَشِّرِ الصَّابِرِينَ	
262	الَّذِينَ يُنفِقُونَ أَمْوَالَهُمْ فِي سَبِيلِ اللَّهِ ثُمَّ لَا يُتْبِعُونَ مَا أَنفَقُوا مَنًّا وَلَا أَذًى ۙ لَّهُمْ أَجْرُهُمْ عِندَ رَبِّهِمْ وَلَا **خَوْفٌ** عَلَيْهِمْ وَلَا هُمْ يَحْزَنُونَ	
274	الَّذِينَ يُنفِقُونَ أَمْوَالَهُم بِاللَّيْلِ وَالنَّهَارِ سِرًّا وَعَلَانِيَةً فَلَهُمْ أَجْرُهُمْ عِندَ رَبِّهِمْ وَلَا **خَوْفٌ** عَلَيْهِمْ وَلَا هُمْ يَحْزَنُونَ	
277	إِنَّ الَّذِينَ آمَنُوا وَعَمِلُوا الصَّالِحَاتِ وَأَقَامُوا الصَّلَاةَ وَآتَوُا الزَّكَاةَ لَهُمْ أَجْرُهُمْ عِندَ رَبِّهِمْ وَلَا **خَوْفٌ** عَلَيْهِمْ وَلَا هُمْ يَحْزَنُونَ	
3 آل عمران 170	فَرِحِينَ بِمَا آتَاهُمُ اللَّهُ مِن فَضْلِهِ وَيَسْتَبْشِرُونَ بِالَّذِينَ لَمْ يَلْحَقُوا بِهِم مِّنْ خَلْفِهِمْ أَلَّا **خَوْفٌ** عَلَيْهِمْ وَلَا هُمْ يَحْزَنُونَ	

175	إِنَّمَا ذَٰلِكُمُ الشَّيْطَانُ يُخَوِّفُ أَوْلِيَاءَهُ فَلَا **تَخَافُوهُمْ وَخَافُونِ** إِن كُنتُم مُّؤْمِنِينَ	
4 النساء 83	وَإِذَا جَاءَهُمْ أَمْرٌ مِّنَ الْأَمْنِ أَوِ **الْخَوْفِ** أَذَاعُوا بِهِ ۖ وَلَوْ رَدُّوهُ إِلَى الرَّسُولِ وَإِلَىٰ أُولِي الْأَمْرِ مِنْهُمْ لَعَلِمَهُ الَّذِينَ يَسْتَنبِطُونَهُ مِنْهُمْ ۗ وَلَوْلَا فَضْلُ اللَّهِ عَلَيْكُمْ وَرَحْمَتُهُ لَاتَّبَعْتُمُ الشَّيْطَانَ إِلَّا قَلِيلًا	
5 المائدة 69	إِنَّ الَّذِينَ آمَنُوا وَالَّذِينَ هَادُوا وَالصَّابِئُونَ وَالنَّصَارَىٰ مَنْ آمَنَ بِاللَّهِ وَالْيَوْمِ الْآخِرِ وَعَمِلَ صَالِحًا فَلَا **خَوْفٌ** عَلَيْهِمْ وَلَا هُمْ يَحْزَنُونَ	
6 الأنعام 48	وَمَا نُرْسِلُ الْمُرْسَلِينَ إِلَّا مُبَشِّرِينَ وَمُنذِرِينَ ۖ فَمَنْ آمَنَ وَأَصْلَحَ فَلَا **خَوْفٌ** عَلَيْهِمْ وَلَا هُمْ يَحْزَنُونَ	
7 الأعراف 35	يَا بَنِي آدَمَ إِمَّا يَأْتِيَنَّكُمْ رُسُلٌ مِّنكُمْ يَقُصُّونَ عَلَيْكُمْ آيَاتِي ۙ فَمَنِ اتَّقَىٰ وَأَصْلَحَ فَلَا **خَوْفٌ** عَلَيْهِمْ وَلَا هُمْ يَحْزَنُونَ	
49	أَهَٰؤُلَاءِ الَّذِينَ أَقْسَمْتُمْ لَا يَنَالُهُمُ اللَّهُ بِرَحْمَةٍ ۚ ادْخُلُوا الْجَنَّةَ لَا **خَوْفٌ** عَلَيْكُمْ وَلَا أَنتُمْ تَحْزَنُونَ	
56	وَلَا تُفْسِدُوا فِي الْأَرْضِ بَعْدَ إِصْلَاحِهَا وَادْعُوهُ **خَوْفًا** وَطَمَعًا ۚ إِنَّ رَحْمَتَ اللَّهِ قَرِيبٌ مِّنَ الْمُحْسِنِينَ	
10 يونس 62	أَلَا إِنَّ أَوْلِيَاءَ اللَّهِ لَا **خَوْفٌ** عَلَيْهِمْ وَلَا هُمْ يَحْزَنُونَ	
83	فَمَا آمَنَ لِمُوسَىٰ إِلَّا ذُرِّيَّةٌ مِّن قَوْمِهِ عَلَىٰ **خَوْفٍ** مِّن فِرْعَوْنَ وَمَلَئِهِمْ أَن يَفْتِنَهُمْ ۚ وَإِنَّ فِرْعَوْنَ لَعَالٍ فِي الْأَرْضِ وَإِنَّهُ لَمِنَ الْمُسْرِفِينَ	
13 الرعد 12	هُوَ الَّذِي يُرِيكُمُ الْبَرْقَ **خَوْفًا** وَطَمَعًا وَيُنشِئُ السَّحَابَ الثِّقَالَ	
16 النحل 47	أَوْ يَأْخُذَهُمْ عَلَىٰ **تَخَوُّفٍ** فَإِنَّ رَبَّكُمْ لَرَءُوفٌ رَّحِيمٌ	
112	وَضَرَبَ اللَّهُ مَثَلًا قَرْيَةً كَانَتْ آمِنَةً مُّطْمَئِنَّةً يَأْتِيهَا رِزْقُهَا رَغَدًا مِّن كُلِّ مَكَانٍ فَكَفَرَتْ بِأَنْعُمِ اللَّهِ فَأَذَاقَهَا اللَّهُ لِبَاسَ الْجُوعِ **وَالْخَوْفِ** بِمَا كَانُوا يَصْنَعُونَ	
17 الإسراء 60	وَإِذْ قُلْنَا لَكَ إِنَّ رَبَّكَ أَحَاطَ بِالنَّاسِ ۚ وَمَا جَعَلْنَا الرُّؤْيَا الَّتِي أَرَيْنَاكَ إِلَّا فِتْنَةً لِّلنَّاسِ وَالشَّجَرَةَ الْمَلْعُونَةَ فِي الْقُرْآنِ ۚ **وَنُخَوِّفُهُمْ** فَمَا يَزِيدُهُمْ إِلَّا طُغْيَانًا كَبِيرًا	

24 النور 55	وَعَدَ اللَّهُ الَّذِينَ آمَنُوا مِنكُمْ وَعَمِلُوا الصَّالِحَاتِ لَيَسْتَخْلِفَنَّهُمْ فِي الْأَرْضِ كَمَا اسْتَخْلَفَ الَّذِينَ مِن قَبْلِهِمْ وَلَيُمَكِّنَنَّ لَهُمْ دِينَهُمُ الَّذِي ارْتَضَىٰ لَهُمْ وَلَيُبَدِّلَنَّهُم مِّن بَعْدِ **خَوْفِهِمْ** أَمْنًا ۚ يَعْبُدُونَنِي لَا يُشْرِكُونَ بِي شَيْئًا ۚ وَمَن كَفَرَ بَعْدَ ذَٰلِكَ فَأُولَٰئِكَ هُمُ الْفَاسِقُونَ	
30 الروم 24	وَمِنْ آيَاتِهِ يُرِيكُمُ الْبَرْقَ **خَوْفًا** وَطَمَعًا وَيُنَزِّلُ مِنَ السَّمَاءِ مَاءً فَيُحْيِي بِهِ الْأَرْضَ بَعْدَ مَوْتِهَا ۚ إِنَّ فِي ذَٰلِكَ لَآيَاتٍ لِّقَوْمٍ يَعْقِلُونَ	
32 السجدة 16	تَتَجَافَىٰ جُنُوبُهُمْ عَنِ الْمَضَاجِعِ يَدْعُونَ رَبَّهُمْ **خَوْفًا** وَطَمَعًا وَمِمَّا رَزَقْنَاهُمْ يُنفِقُونَ	
33 الأحزاب 19	أَشِحَّةً عَلَيْكُمْ ۖ فَإِذَا جَاءَ **الْخَوْفُ** رَأَيْتَهُمْ يَنظُرُونَ إِلَيْكَ تَدُورُ أَعْيُنُهُمْ كَالَّذِي يُغْشَىٰ عَلَيْهِ مِنَ الْمَوْتِ ۖ فَإِذَا ذَهَبَ **الْخَوْفُ** سَلَقُوكُم بِأَلْسِنَةٍ حِدَادٍ أَشِحَّةً عَلَى الْخَيْرِ ۚ أُولَٰئِكَ لَمْ يُؤْمِنُوا فَأَحْبَطَ اللَّهُ أَعْمَالَهُمْ ۚ وَكَانَ ذَٰلِكَ عَلَى اللَّهِ يَسِيرًا	
39 الزمر 16	لَهُم مِّن فَوْقِهِمْ ظُلَلٌ مِّنَ النَّارِ وَمِن تَحْتِهِمْ ظُلَلٌ ۚ ذَٰلِكَ **يُخَوِّفُ** اللَّهُ بِهِ عِبَادَهُ ۚ يَا عِبَادِ فَاتَّقُونِ	
36	أَلَيْسَ اللَّهُ بِكَافٍ عَبْدَهُ ۖ **وَيُخَوِّفُونَكَ** بِالَّذِينَ مِن دُونِهِ ۚ وَمَن يُضْلِلِ اللَّهُ فَمَا لَهُ مِنْ هَادٍ	
43 الزخرف 68	يَا عِبَادِ لَا **خَوْفٌ** عَلَيْكُمُ الْيَوْمَ وَلَا أَنتُمْ تَحْزَنُونَ	
46 الأحقاف 13	إِنَّ الَّذِينَ قَالُوا رَبُّنَا اللَّهُ ثُمَّ اسْتَقَامُوا فَلَا **خَوْفٌ** عَلَيْهِمْ وَلَا هُمْ يَحْزَنُونَ	
106 قريش 4	الَّذِي أَطْعَمَهُم مِّن جُوعٍ وَآمَنَهُم مِّنْ **خَوْفٍ**	

خَوَّلْنَاكُمْ
bestowed upon you

6 الأنعام 94	وَلَقَدْ جِئْتُمُونَا فُرَادَىٰ كَمَا خَلَقْنَاكُمْ أَوَّلَ مَرَّةٍ وَتَرَكْتُم مَّا **خَوَّلْنَاكُمْ** وَرَاءَ ظُهُورِكُمْ ۖ وَمَا نَرَىٰ مَعَكُمْ شُفَعَاءَكُمُ الَّذِينَ زَعَمْتُمْ أَنَّهُمْ فِيكُمْ شُرَكَاءُ ۚ لَقَد تَّقَطَّعَ بَيْنَكُمْ وَضَلَّ عَنكُم مَّا كُنتُمْ تَزْعُمُونَ	

خَوَّلَهُ
bestows on him

39 الزمر 8	۞ وَإِذَا مَسَّ الْإِنسَانَ ضُرٌّ دَعَا رَبَّهُ مُنِيبًا إِلَيْهِ ثُمَّ إِذَا **خَوَّلَهُ** نِعْمَةً مِّنْهُ نَسِيَ مَا كَانَ يَدْعُو إِلَيْهِ مِن قَبْلُ وَجَعَلَ لِلَّهِ أَندَادًا لِّيُضِلَّ عَن سَبِيلِهِ ۚ قُلْ تَمَتَّعْ بِكُفْرِكَ قَلِيلًا ۖ إِنَّكَ مِنْ أَصْحَابِ النَّارِ
	خَوَّلْنَاهُ **bestow on him**
49	فَإِذَا مَسَّ الْإِنسَانَ ضُرٌّ دَعَانَا ثُمَّ إِذَا **خَوَّلْنَاهُ** نِعْمَةً مِّنَّا قَالَ إِنَّمَا أُوتِيتُهُ عَلَىٰ عِلْمٍ ۚ بَلْ هِيَ فِتْنَةٌ وَلَٰكِنَّ أَكْثَرَهُمْ لَا يَعْلَمُونَ
	خَوَّانًا/ يَخْتَانُونَ/ خَوَّانٍ **treacherous**
4 النساء 107	وَلَا تُجَادِلْ عَنِ الَّذِينَ يَخْتَانُونَ أَنفُسَهُمْ ۚ إِنَّ اللَّهَ لَا يُحِبُّ مَن كَانَ **خَوَّانًا** أَثِيمًا
22 الحج 38	۞ إِنَّ اللَّهَ يُدَافِعُ عَنِ الَّذِينَ آمَنُوا ۗ إِنَّ اللَّهَ لَا يُحِبُّ كُلَّ **خَوَّانٍ** كَفُورٍ
	خَانَتَاهُمَا **betrayed them**
66 التحريم 10	ضَرَبَ اللَّهُ مَثَلًا لِّلَّذِينَ كَفَرُوا امْرَأَتَ نُوحٍ وَامْرَأَتَ لُوطٍ ۖ كَانَتَا تَحْتَ عَبْدَيْنِ مِنْ عِبَادِنَا صَالِحَيْنِ **فَخَانَتَاهُمَا** فَلَمْ يُغْنِيَا عَنْهُمَا مِنَ اللَّهِ شَيْئًا وَقِيلَ ادْخُلَا النَّارَ مَعَ الدَّاخِلِينَ
	خِيَانَةً/ الْخَائِنِينَ/ خِيَانَتَكَ **betrayal/traitors**
8 الأنفال 58	وَإِمَّا تَخَافَنَّ مِن قَوْمٍ **خِيَانَةً** فَانبِذْ إِلَيْهِمْ عَلَىٰ سَوَاءٍ ۚ إِنَّ اللَّهَ لَا يُحِبُّ **الْخَائِنِينَ**
71	وَإِن يُرِيدُوا **خِيَانَتَكَ** فَقَدْ **خَانُوا** اللَّهَ مِن قَبْلُ فَأَمْكَنَ مِنْهُمْ ۗوَاللَّهُ عَلِيمٌ حَكِيمٌ
	خِيفَةً/ خِيفَتِهِ/ تَخَفْ. **And he sensed within himself apprehension, did Moses**
7 الأعراف 205	وَاذْكُر رَّبَّكَ فِي نَفْسِكَ تَضَرُّعًا **وَخِيفَةً** وَدُونَ الْجَهْرِ مِنَ الْقَوْلِ بِالْغُدُوِّ وَالْآصَالِ وَلَا تَكُن مِّنَ الْغَافِلِينَ

11 هود 70	فَلَمَّا رَأَىٰ أَيْدِيَهُمْ لَا تَصِلُ إِلَيْهِ نَكِرَهُمْ وَأَوْجَسَ مِنْهُمْ **خِيفَةً** ۚ قَالُوا لَا **تَخَفْ** إِنَّا أُرْسِلْنَا إِلَىٰ قَوْمِ لُوطٍ	
13 الرعد 13	وَيُسَبِّحُ الرَّعْدُ بِحَمْدِهِ وَالْمَلَائِكَةُ مِنْ **خِيفَتِهِ** وَيُرْسِلُ الصَّوَاعِقَ فَيُصِيبُ بِهَا مَن يَشَاءُ وَهُمْ يُجَادِلُونَ فِي اللَّهِ وَهُوَ شَدِيدُ الْمِحَالِ	
20 طه 67	فَأَوْجَسَ فِي نَفْسِهِ **خِيفَةً** مُّوسَىٰ	
51 الذاريات 28	فَأَوْجَسَ مِنْهُمْ **خِيفَةً** ۖ قَالُوا لَا **تَخَفْ** ۖ وَبَشَّرُوهُ بِغُلَامٍ عَلِيمٍ	

خَيْل
horses

3 آل عمران 14	زُيِّنَ لِلنَّاسِ حُبُّ الشَّهَوَاتِ مِنَ النِّسَاءِ وَالْبَنِينَ وَالْقَنَاطِيرِ الْمُقَنطَرَةِ مِنَ الذَّهَبِ وَالْفِضَّةِ وَ**الْخَيْلِ** الْمُسَوَّمَةِ وَالْأَنْعَامِ وَالْحَرْثِ ۗ ذَٰلِكَ مَتَاعُ الْحَيَاةِ الدُّنْيَا ۖ وَاللَّهُ عِندَهُ حُسْنُ الْمَآبِ	
8 الأنفال 60	وَأَعِدُّوا لَهُم مَّا اسْتَطَعْتُم مِّن قُوَّةٍ وَمِن رِّبَاطِ **الْخَيْلِ** تُرْهِبُونَ بِهِ عَدُوَّ اللَّهِ وَعَدُوَّكُمْ وَآخَرِينَ مِن دُونِهِمْ لَا تَعْلَمُونَهُمُ اللَّهُ يَعْلَمُهُمْ ۚ وَمَا تُنفِقُوا مِن شَيْءٍ فِي سَبِيلِ اللَّهِ يُوَفَّ إِلَيْكُمْ وَأَنتُمْ لَا تُظْلَمُونَ	
16 النحل 8	وَ**الْخَيْلَ** وَالْبِغَالَ وَالْحَمِيرَ لِتَرْكَبُوهَا وَزِينَةً ۚ وَيَخْلُقُ مَا لَا تَعْلَمُونَ	
17 الإسراء 64	وَاسْتَفْزِزْ مَنِ اسْتَطَعْتَ مِنْهُم بِصَوْتِكَ وَأَجْلِبْ عَلَيْهِم بِ**خَيْلِكَ** وَرَجِلِكَ وَشَارِكْهُمْ فِي الْأَمْوَالِ وَالْأَوْلَادِ وَعِدْهُمْ ۚ وَمَا يَعِدُهُمُ الشَّيْطَانُ إِلَّا غُرُورًا	
59 الحشر 6	وَمَا أَفَاءَ اللَّهُ عَلَىٰ رَسُولِهِ مِنْهُمْ فَمَا أَوْجَفْتُمْ عَلَيْهِ مِنْ **خَيْلٍ** وَلَا رِكَابٍ وَلَٰكِنَّ اللَّهَ يُسَلِّطُ رُسُلَهُ عَلَىٰ مَن يَشَاءُ ۚ وَاللَّهُ عَلَىٰ كُلِّ شَيْءٍ قَدِيرٌ	

يُخَيَّلُ
seemed

20 طه 66	قَالَ بَلْ أَلْقُوا ۖ فَإِذَا حِبَالُهُمْ وَعِصِيُّهُمْ **يُخَيَّلُ** إِلَيْهِ مِن سِحْرِهِمْ أَنَّهَا تَسْعَىٰ	

	الْخَيْرَاتِ race to [all that is] **good**
2 البقرة 148	وَلِكُلٍّ وِجْهَةٌ هُوَ مُوَلِّيهَا ۖ فَاسْتَبِقُوا **الْخَيْرَاتِ** ۚ أَيْنَ مَا تَكُونُوا يَأْتِ بِكُمُ اللَّهُ جَمِيعًا ۚ إِنَّ اللَّهَ عَلَىٰ كُلِّ شَيْءٍ قَدِيرٌ
3 آل عمران 114	يُؤْمِنُونَ بِاللَّهِ وَالْيَوْمِ الْآخِرِ وَيَأْمُرُونَ بِالْمَعْرُوفِ وَيَنْهَوْنَ عَنِ الْمُنكَرِ وَيُسَارِعُونَ فِي **الْخَيْرَاتِ** وَأُولَٰئِكَ مِنَ الصَّالِحِينَ
5 المائدة 48	وَأَنزَلْنَا إِلَيْكَ الْكِتَابَ بِالْحَقِّ مُصَدِّقًا لِّمَا بَيْنَ يَدَيْهِ مِنَ الْكِتَابِ وَمُهَيْمِنًا عَلَيْهِ ۖ فَاحْكُم بَيْنَهُم بِمَا أَنزَلَ اللَّهُ ۖ وَلَا تَتَّبِعْ أَهْوَاءَهُمْ عَمَّا جَاءَكَ مِنَ الْحَقِّ ۚ لِكُلٍّ جَعَلْنَا مِنكُمْ شِرْعَةً وَمِنْهَاجًا ۚ وَلَوْ شَاءَ اللَّهُ لَجَعَلَكُمْ أُمَّةً وَاحِدَةً وَلَٰكِن لِّيَبْلُوَكُمْ فِي مَا آتَاكُمْ ۖ فَاسْتَبِقُوا **الْخَيْرَاتِ** ۚ إِلَى اللَّهِ مَرْجِعُكُمْ جَمِيعًا فَيُنَبِّئُكُم بِمَا كُنتُمْ فِيهِ تَخْتَلِفُونَ
9 التوبة 88	لَٰكِنِ الرَّسُولُ وَالَّذِينَ آمَنُوا مَعَهُ جَاهَدُوا بِأَمْوَالِهِمْ وَأَنفُسِهِمْ ۚ وَأُولَٰئِكَ لَهُمُ **الْخَيْرَاتُ** ۖ وَأُولَٰئِكَ هُمُ الْمُفْلِحُونَ
21 الأنبياء 73	وَجَعَلْنَاهُمْ أَئِمَّةً يَهْدُونَ بِأَمْرِنَا وَأَوْحَيْنَا إِلَيْهِمْ فِعْلَ **الْخَيْرَاتِ** وَإِقَامَ الصَّلَاةِ وَإِيتَاءَ الزَّكَاةِ ۖ وَكَانُوا لَنَا عَابِدِينَ
90	فَاسْتَجَبْنَا لَهُ وَوَهَبْنَا لَهُ يَحْيَىٰ وَأَصْلَحْنَا لَهُ زَوْجَهُ ۚ إِنَّهُمْ كَانُوا يُسَارِعُونَ فِي **الْخَيْرَاتِ** وَيَدْعُونَنَا رَغَبًا وَرَهَبًا ۖ وَكَانُوا لَنَا خَاشِعِينَ
23 المؤمنون 56	نُسَارِعُ لَهُمْ فِي **الْخَيْرَاتِ** ۚ بَل لَّا يَشْعُرُونَ
61	أُولَٰئِكَ يُسَارِعُونَ فِي **الْخَيْرَاتِ** وَهُمْ لَهَا سَابِقُونَ
35 فاطر 32	ثُمَّ أَوْرَثْنَا الْكِتَابَ الَّذِينَ اصْطَفَيْنَا مِنْ عِبَادِنَا ۖ فَمِنْهُمْ ظَالِمٌ لِّنَفْسِهِ وَمِنْهُم مُّقْتَصِدٌ وَمِنْهُمْ سَابِقٌ **بِالْخَيْرَاتِ** بِإِذْنِ اللَّهِ ۚ ذَٰلِكَ هُوَ الْفَضْلُ الْكَبِيرُ
55 الرحمن 70	فِيهِنَّ **خَيْرَاتٌ** حِسَانٌ

	بحث في مفردات القرآن الكريم **القسم الثاني**
	الاحرف د- ص حرف د
	د ذ ر ز س ش ص
	دَائِبَيْنِ **continuous [in orbit]**
14 ابراهيم 33	وَسَخَّرَ لَكُمُ الشَّمْسَ وَالْقَمَرَ دَائِبَيْنِ ۖ وَسَخَّرَ لَكُمُ اللَّيْلَ وَالنَّهَارَ
	دَائِرَةٌ **misfortune**
5 المائدة **52**	فَتَرَى الَّذِينَ فِي قُلُوبِهِم مَّرَضٌ يُسَارِعُونَ فِيهِمْ يَقُولُونَ نَخْشَىٰ أَن تُصِيبَنَا **دَائِرَةٌ** ۚ فَعَسَى اللَّهُ أَن يَأْتِيَ بِالْفَتْحِ أَوْ أَمْرٍ مِّنْ عِندِهِ فَيُصْبِحُوا عَلَىٰ مَا أَسَرُّوا فِي أَنفُسِهِمْ نَادِمِينَ
9 التوبة **98**	وَمِنَ الْأَعْرَابِ مَن يَتَّخِذُ مَا يُنفِقُ مَغْرَمًا وَيَتَرَبَّصُ بِكُمُ **الدَّوَائِرَ** ۚ عَلَيْهِمْ **دَائِرَةُ** السَّوْءِ ۗ وَاللَّهُ سَمِيعٌ عَلِيمٌ
48 الفتح **6**	وَيُعَذِّبَ الْمُنَافِقِينَ وَالْمُنَافِقَاتِ وَالْمُشْرِكِينَ وَالْمُشْرِكَاتِ الظَّانِّينَ بِاللَّهِ ظَنَّ السَّوْءِ ۚ عَلَيْهِمْ **دَائِرَةُ** السَّوْءِ ۖ وَغَضِبَ اللَّهُ عَلَيْهِمْ وَلَعَنَهُمْ وَأَعَدَّ لَهُمْ جَهَنَّمَ ۖ وَسَاءَتْ مَصِيرًا
	دَائِمٌ/ دَائِمُونَ **Those who are constant in their prayer**
13 الرعد **35**	۞ مَّثَلُ الْجَنَّةِ الَّتِي وُعِدَ الْمُتَّقُونَ ۖ تَجْرِي مِن تَحْتِهَا الْأَنْهَارُ ۖ **أُكُلُهَا دَائِمٌ** وَظِلُّهَا ۚ تِلْكَ عُقْبَى الَّذِينَ اتَّقَوا ۖ وَّعُقْبَى الْكَافِرِينَ النَّارُ
70المعارج **23**	الَّذِينَ هُمْ عَلَىٰ صَلَاتِهِمْ **دَائِمُونَ**

	دَأْبِ **custom**
3آل عمران 11	**كَدَأْبِ** آلِ فِرْعَوْنَ وَالَّذِينَ مِن قَبْلِهِمْ ۚ كَذَّبُوا بِآيَاتِنَا فَأَخَذَهُمُ اللَّهُ بِذُنُوبِهِمْ ۗ وَاللَّهُ شَدِيدُ الْعِقَابِ
8الأنفال 52	**كَدَأْبِ** آلِ فِرْعَوْنَ ۙ وَالَّذِينَ مِن قَبْلِهِمْ ۚ كَفَرُوا بِآيَاتِ اللَّهِ فَأَخَذَهُمُ اللَّهُ بِذُنُوبِهِمْ ۗ إِنَّ اللَّهَ قَوِيٌّ شَدِيدُ الْعِقَابِ
54	**كَدَأْبِ** آلِ فِرْعَوْنَ ۙ وَالَّذِينَ مِن قَبْلِهِمْ ۚ كَذَّبُوا بِآيَاتِ رَبِّهِمْ فَأَهْلَكْنَاهُم بِذُنُوبِهِمْ وَأَغْرَقْنَا آلَ فِرْعَوْنَ ۚ وَكُلٌّ كَانُوا ظَالِمِينَ
40غافر 31	مِثْلَ **دَأْبِ** قَوْمِ نُوحٍ وَعَادٍ وَثَمُودَ وَالَّذِينَ مِن بَعْدِهِمْ ۚ وَمَا اللَّهُ يُرِيدُ ظُلْمًا لِّلْعِبَادِ
	دَأَبًا **consecutively**
12 يوسف 47	قَالَ تَزْرَعُونَ سَبْعَ سِنِينَ **دَأَبًا** فَمَا حَصَدتُّمْ فَذَرُوهُ فِي سُنبُلِهِ إِلَّا قَلِيلًا مِّمَّا تَأْكُلُونَ
	دَابَّةٌ **moving creature**
2 البقرة 164	إِنَّ فِي خَلْقِ السَّمَاوَاتِ وَالْأَرْضِ وَاخْتِلَافِ اللَّيْلِ وَالنَّهَارِ وَالْفُلْكِ الَّتِي تَجْرِي فِي الْبَحْرِ بِمَا يَنفَعُ النَّاسَ وَمَا أَنزَلَ اللَّهُ مِنَ السَّمَاءِ مِن مَّاءٍ فَأَحْيَا بِهِ الْأَرْضَ بَعْدَ مَوْتِهَا وَبَثَّ فِيهَا مِن كُلِّ **دَابَّةٍ** وَتَصْرِيفِ الرِّيَاحِ وَالسَّحَابِ الْمُسَخَّرِ بَيْنَ السَّمَاءِ وَالْأَرْضِ لَآيَاتٍ لِّقَوْمٍ يَعْقِلُونَ
6 الأنعام 38	وَمَا مِن **دَابَّةٍ** فِي الْأَرْضِ وَلَا طَائِرٍ يَطِيرُ بِجَنَاحَيْهِ إِلَّا أُمَمٌ أَمْثَالُكُم ۚ مَّا فَرَّطْنَا فِي الْكِتَابِ مِن شَيْءٍ ۚ ثُمَّ إِلَىٰ رَبِّهِمْ يُحْشَرُونَ
8 الأنفال 22	۞ إِنَّ شَرَّ **الدَّوَابِّ** عِندَ اللَّهِ الصُّمُّ الْبُكْمُ الَّذِينَ لَا يَعْقِلُونَ
55	إِنَّ شَرَّ **الدَّوَابِّ** عِندَ اللَّهِ الَّذِينَ كَفَرُوا فَهُمْ لَا يُؤْمِنُونَ
11 هود 6	۞ وَمَا مِن **دَابَّةٍ** فِي الْأَرْضِ إِلَّا عَلَى اللَّهِ رِزْقُهَا وَيَعْلَمُ مُسْتَقَرَّهَا وَمُسْتَوْدَعَهَا ۚ كُلٌّ فِي كِتَابٍ مُّبِينٍ
56	إِنِّي تَوَكَّلْتُ عَلَى اللَّهِ رَبِّي وَرَبِّكُم ۚ مَّا مِن **دَابَّةٍ** إِلَّا هُوَ آخِذٌ بِنَاصِيَتِهَا ۚ إِنَّ رَبِّي عَلَىٰ صِرَاطٍ مُّسْتَقِيمٍ

16 النحل 49	وَلِلَّهِ يَسْجُدُ مَا فِي السَّمَاوَاتِ وَمَا فِي الْأَرْضِ مِن **دَابَّةٍ** وَالْمَلَائِكَةُ وَهُمْ لَا يَسْتَكْبِرُونَ
61	وَلَوْ يُؤَاخِذُ اللَّهُ النَّاسَ بِظُلْمِهِم مَّا تَرَكَ عَلَيْهَا مِن **دَابَّةٍ** وَلَٰكِن يُؤَخِّرُهُمْ إِلَىٰ أَجَلٍ مُّسَمًّى ۖ فَإِذَا جَاءَ أَجَلُهُمْ لَا يَسْتَأْخِرُونَ سَاعَةً ۖ وَلَا يَسْتَقْدِمُونَ
22 الحج 18	أَلَمْ تَرَ أَنَّ اللَّهَ يَسْجُدُ لَهُ مَن فِي السَّمَاوَاتِ وَمَن فِي الْأَرْضِ وَالشَّمْسُ وَالْقَمَرُ وَالنُّجُومُ وَالْجِبَالُ وَالشَّجَرُ **وَالدَّوَابُّ** وَكَثِيرٌ مِّنَ النَّاسِ ۖ وَكَثِيرٌ حَقَّ عَلَيْهِ الْعَذَابُ ۗ وَمَن يُهِنِ اللَّهُ فَمَا لَهُ مِن مُّكْرِمٍ ۚ إِنَّ اللَّهَ يَفْعَلُ مَا يَشَاءُ ۩
24 النور 45	وَاللَّهُ خَلَقَ كُلَّ **دَابَّةٍ** مِّن مَّاءٍ ۖ فَمِنْهُم مَّن يَمْشِي عَلَىٰ بَطْنِهِ وَمِنْهُم مَّن يَمْشِي عَلَىٰ رِجْلَيْنِ وَمِنْهُم مَّن يَمْشِي عَلَىٰ أَرْبَعٍ ۚ يَخْلُقُ اللَّهُ مَا يَشَاءُ ۚ إِنَّ اللَّهَ عَلَىٰ كُلِّ شَيْءٍ قَدِيرٌ
27 النمل 82	۞ وَإِذَا وَقَعَ الْقَوْلُ عَلَيْهِمْ أَخْرَجْنَا لَهُمْ **دَابَّةً** مِّنَ الْأَرْضِ تُكَلِّمُهُمْ أَنَّ النَّاسَ كَانُوا بِآيَاتِنَا لَا يُوقِنُونَ
29 العنكبوت 60	وَكَأَيِّن مِّن **دَابَّةٍ** لَّا تَحْمِلُ رِزْقَهَا اللَّهُ يَرْزُقُهَا وَإِيَّاكُمْ ۚ وَهُوَ السَّمِيعُ الْعَلِيمُ
31 لقمان 10	خَلَقَ السَّمَاوَاتِ بِغَيْرِ عَمَدٍ تَرَوْنَهَا ۖ وَأَلْقَىٰ فِي الْأَرْضِ رَوَاسِيَ أَن تَمِيدَ بِكُمْ وَبَثَّ فِيهَا مِن كُلِّ **دَابَّةٍ** ۚ وَأَنزَلْنَا مِنَ السَّمَاءِ مَاءً فَأَنبَتْنَا فِيهَا مِن كُلِّ زَوْجٍ كَرِيمٍ
34 سبإ 14	فَلَمَّا قَضَيْنَا عَلَيْهِ الْمَوْتَ مَا دَلَّهُمْ عَلَىٰ مَوْتِهِ إِلَّا **دَابَّةُ** الْأَرْضِ تَأْكُلُ مِنسَأَتَهُ ۖ فَلَمَّا خَرَّ تَبَيَّنَتِ الْجِنُّ أَن لَّوْ كَانُوا يَعْلَمُونَ الْغَيْبَ مَا لَبِثُوا فِي الْعَذَابِ الْمُهِينِ
35 فاطر 28	وَمِنَ النَّاسِ **وَالدَّوَابِّ وَالْأَنْعَامِ** مُخْتَلِفٌ أَلْوَانُهُ كَذَٰلِكَ ۗ إِنَّمَا يَخْشَى اللَّهَ مِنْ عِبَادِهِ الْعُلَمَاءُ ۗ إِنَّ اللَّهَ عَزِيزٌ غَفُورٌ
45	وَلَوْ يُؤَاخِذُ اللَّهُ النَّاسَ بِمَا كَسَبُوا مَا تَرَكَ عَلَىٰ ظَهْرِهَا مِن **دَابَّةٍ** وَلَٰكِن يُؤَخِّرُهُمْ إِلَىٰ أَجَلٍ مُّسَمًّى ۖ فَإِذَا جَاءَ أَجَلُهُمْ فَإِنَّ اللَّهَ كَانَ بِعِبَادِهِ بَصِيرًا
42 الشورى 29	وَمِنْ آيَاتِهِ خَلْقُ السَّمَاوَاتِ وَالْأَرْضِ وَمَا بَثَّ فِيهِمَا مِن **دَابَّةٍ** ۚ وَهُوَ عَلَىٰ جَمْعِهِمْ إِذَا يَشَاءُ قَدِيرٌ
45 الجاثية 4	وَفِي خَلْقِكُمْ وَمَا يَبُثُّ مِن **دَابَّةٍ** آيَاتٌ لِّقَوْمٍ يُوقِنُونَ
	دَابِرَ **eliminated**

6 الأنعام 45	فَقُطِعَ **دَابِرُ** الْقَوْمِ الَّذِينَ ظَلَمُوا ۚ وَالْحَمْدُ لِلَّهِ رَبِّ الْعَالَمِينَ
7 الأعراف 72	فَأَنجَيْنَاهُ وَالَّذِينَ مَعَهُ بِرَحْمَةٍ مِّنَّا وَقَطَعْنَا **دَابِرَ** الَّذِينَ كَذَّبُوا بِآيَاتِنَا ۖ وَمَا كَانُوا مُؤْمِنِينَ
8 الأنفال 7	وَإِذْ يَعِدُكُمُ اللَّهُ إِحْدَى الطَّائِفَتَيْنِ أَنَّهَا لَكُمْ وَتَوَدُّونَ أَنَّ غَيْرَ ذَاتِ الشَّوْكَةِ تَكُونُ لَكُمْ وَيُرِيدُ اللَّهُ أَن يُحِقَّ الْحَقَّ بِكَلِمَاتِهِ وَيَقْطَعَ **دَابِرَ** الْكَافِرِينَ
15 الحجر 66	وَقَضَيْنَا إِلَيْهِ ذَٰلِكَ الْأَمْرَ أَنَّ **دَابِرَ** هَٰؤُلَاءِ مَقْطُوعٌ مُّصْبِحِينَ
	دَاحِضَةٌ **invalid**
42 الشورى 16	وَالَّذِينَ يُحَاجُّونَ فِي اللَّهِ مِن بَعْدِ مَا اسْتُجِيبَ لَهُ حُجَّتُهُمْ **دَاحِضَةٌ** عِندَ رَبِّهِمْ وَعَلَيْهِمْ غَضَبٌ وَلَهُمْ عَذَابٌ شَدِيدٌ
	دَاخِرُونَ **humble**
16 النحل 48	أَوَلَمْ يَرَوْا إِلَىٰ مَا خَلَقَ اللَّهُ مِن شَيْءٍ يَتَفَيَّأُ ظِلَالُهُ عَنِ الْيَمِينِ وَالشَّمَائِلِ سُجَّدًا لِّلَّهِ وَهُمْ **دَاخِرُونَ**
37 الصافات 18	قُلْ نَعَمْ وَأَنتُمْ **دَاخِرُونَ**
	دَاخِرِينَ **humble**
27 النمل 87	وَيَوْمَ يُنفَخُ فِي الصُّورِ فَفَزِعَ مَن فِي السَّمَاوَاتِ وَمَن فِي الْأَرْضِ إِلَّا مَن شَاءَ اللَّهُ ۚ وَكُلٌّ أَتَوْهُ **دَاخِرِينَ**
40 غافر 60	وَقَالَ رَبُّكُمُ ادْعُونِي أَسْتَجِبْ لَكُمْ ۚ إِنَّ الَّذِينَ يَسْتَكْبِرُونَ عَنْ عِبَادَتِي سَيَدْخُلُونَ جَهَنَّمَ **دَاخِرِينَ**
	الدَّارُ **home** of the Hereafter
2 البقرة 94	قُلْ إِن كَانَتْ لَكُمُ **الدَّارُ** الْآخِرَةُ عِندَ اللَّهِ خَالِصَةً مِّن دُونِ النَّاسِ فَتَمَنَّوُا الْمَوْتَ إِن كُنتُمْ صَادِقِينَ
6 الأنعام 32	وَمَا الْحَيَاةُ الدُّنْيَا إِلَّا لَعِبٌ وَلَهْوٌ ۖ **وَلَلدَّارُ** الْآخِرَةُ خَيْرٌ لِّلَّذِينَ يَتَّقُونَ ۗ أَفَلَا تَعْقِلُونَ

127	لَهُمْ دَارُ السَّلَامِ عِندَ رَبِّهِمْ ۖ وَهُوَ وَلِيُّهُم بِمَا كَانُوا يَعْمَلُونَ	
135	قُلْ يَا قَوْمِ اعْمَلُوا عَلَىٰ مَكَانَتِكُمْ إِنِّي عَامِلٌ ۖ فَسَوْفَ تَعْلَمُونَ مَن تَكُونُ لَهُ عَاقِبَةُ الدَّارِ ۗ إِنَّهُ لَا يُفْلِحُ الظَّالِمُونَ	
7 الأعراف 145	وَكَتَبْنَا لَهُ فِي الْأَلْوَاحِ مِن كُلِّ شَيْءٍ مَّوْعِظَةً وَتَفْصِيلًا لِّكُلِّ شَيْءٍ فَخُذْهَا بِقُوَّةٍ وَأْمُرْ قَوْمَكَ يَأْخُذُوا بِأَحْسَنِهَا ۚ سَأُرِيكُمْ دَارَ الْفَاسِقِينَ	
169	فَخَلَفَ مِن بَعْدِهِمْ خَلْفٌ وَرِثُوا الْكِتَابَ يَأْخُذُونَ عَرَضَ هَٰذَا الْأَدْنَىٰ وَيَقُولُونَ سَيُغْفَرُ لَنَا وَإِن يَأْتِهِمْ عَرَضٌ مِّثْلُهُ يَأْخُذُوهُ ۚ أَلَمْ يُؤْخَذْ عَلَيْهِم مِّيثَاقُ الْكِتَابِ أَن لَّا يَقُولُوا عَلَى اللَّهِ إِلَّا الْحَقَّ وَدَرَسُوا مَا فِيهِ ۗ وَالدَّارُ الْآخِرَةُ خَيْرٌ لِّلَّذِينَ يَتَّقُونَ ۗ أَفَلَا تَعْقِلُونَ	
10 يونس 25	وَاللَّهُ يَدْعُو إِلَىٰ دَارِ السَّلَامِ وَيَهْدِي مَن يَشَاءُ إِلَىٰ صِرَاطٍ مُّسْتَقِيمٍ	
12 يوسف 109	وَمَا أَرْسَلْنَا مِن قَبْلِكَ إِلَّا رِجَالًا نُّوحِي إِلَيْهِم مِّنْ أَهْلِ الْقُرَىٰ ۗ أَفَلَمْ يَسِيرُوا فِي الْأَرْضِ فَيَنظُرُوا كَيْفَ كَانَ عَاقِبَةُ الَّذِينَ مِن قَبْلِهِمْ ۗ وَلَدَارُ الْآخِرَةِ خَيْرٌ لِّلَّذِينَ اتَّقَوْا ۗ أَفَلَا تَعْقِلُونَ	
13 الرعد 22	وَالَّذِينَ صَبَرُوا ابْتِغَاءَ وَجْهِ رَبِّهِمْ وَأَقَامُوا الصَّلَاةَ وَأَنفَقُوا مِمَّا رَزَقْنَاهُمْ سِرًّا وَعَلَانِيَةً وَيَدْرَءُونَ بِالْحَسَنَةِ السَّيِّئَةَ أُولَٰئِكَ لَهُمْ عُقْبَى الدَّارِ	
24	سَلَامٌ عَلَيْكُم بِمَا صَبَرْتُمْ ۚ فَنِعْمَ عُقْبَى الدَّارِ	
25	وَالَّذِينَ يَنقُضُونَ عَهْدَ اللَّهِ مِن بَعْدِ مِيثَاقِهِ وَيَقْطَعُونَ مَا أَمَرَ اللَّهُ بِهِ أَن يُوصَلَ وَيُفْسِدُونَ فِي الْأَرْضِ ۙ أُولَٰئِكَ لَهُمُ اللَّعْنَةُ وَلَهُمْ سُوءُ الدَّارِ	
42	وَقَدْ مَكَرَ الَّذِينَ مِن قَبْلِهِمْ فَلِلَّهِ الْمَكْرُ جَمِيعًا ۖ يَعْلَمُ مَا تَكْسِبُ كُلُّ نَفْسٍ ۗ وَسَيَعْلَمُ الْكُفَّارُ لِمَنْ عُقْبَى الدَّارِ	
14 ابراهيم 28	أَلَمْ تَرَ إِلَى الَّذِينَ بَدَّلُوا نِعْمَتَ اللَّهِ كُفْرًا وَأَحَلُّوا قَوْمَهُمْ دَارَ الْبَوَارِ	
16 النحل 30	وَقِيلَ لِلَّذِينَ اتَّقَوْا مَاذَا أَنزَلَ رَبُّكُمْ ۚ قَالُوا خَيْرًا ۗ لِّلَّذِينَ أَحْسَنُوا فِي هَٰذِهِ الدُّنْيَا حَسَنَةٌ ۚ وَلَدَارُ الْآخِرَةِ خَيْرٌ ۚ وَلَنِعْمَ دَارُ الْمُتَّقِينَ	
28 القصص 37	وَقَالَ مُوسَىٰ رَبِّي أَعْلَمُ بِمَن جَاءَ بِالْهُدَىٰ مِنْ عِندِهِ وَمَن تَكُونُ لَهُ عَاقِبَةُ الدَّارِ ۗ إِنَّهُ لَا يُفْلِحُ الظَّالِمُونَ	
77	وَابْتَغِ فِيمَا آتَاكَ اللَّهُ الدَّارَ الْآخِرَةَ ۖ وَلَا تَنسَ نَصِيبَكَ مِنَ الدُّنْيَا ۖ وَأَحْسِن كَمَا أَحْسَنَ اللَّهُ إِلَيْكَ ۖ وَلَا تَبْغِ الْفَسَادَ فِي الْأَرْضِ ۖ إِنَّ اللَّهَ لَا يُحِبُّ الْمُفْسِدِينَ	

81	فَخَسَفْنَا بِهِ وَبِدَارِهِ الْأَرْضَ فَمَا كَانَ لَهُ مِن فِئَةٍ يَنصُرُونَهُ مِن دُونِ اللَّهِ وَمَا كَانَ مِنَ الْمُنتَصِرِينَ	
83	تِلْكَ الدَّارُ الْآخِرَةُ نَجْعَلُهَا لِلَّذِينَ لَا يُرِيدُونَ عُلُوًّا فِي الْأَرْضِ وَلَا فَسَادًا ۚ وَالْعَاقِبَةُ لِلْمُتَّقِينَ	
29 العنكبوت 64	وَمَا هَٰذِهِ الْحَيَاةُ الدُّنْيَا إِلَّا لَهْوٌ وَلَعِبٌ ۚ وَإِنَّ الدَّارَ الْآخِرَةَ لَهِيَ الْحَيَوَانُ ۚ لَوْ كَانُوا يَعْلَمُونَ	
33 الأحزاب 29	وَإِن كُنتُنَّ تُرِدْنَ اللَّهَ وَرَسُولَهُ وَالدَّارَ الْآخِرَةَ فَإِنَّ اللَّهَ أَعَدَّ لِلْمُحْسِنَاتِ مِنكُنَّ أَجْرًا عَظِيمًا	
35 فاطر 35	الَّذِي أَحَلَّنَا دَارَ الْمُقَامَةِ مِن فَضْلِهِ لَا يَمَسُّنَا فِيهَا نَصَبٌ وَلَا يَمَسُّنَا فِيهَا لُغُوبٌ	
38 ص 46	إِنَّا أَخْلَصْنَاهُم بِخَالِصَةٍ ذِكْرَى الدَّارِ	
40 غافر 39	يَا قَوْمِ إِنَّمَا هَٰذِهِ الْحَيَاةُ الدُّنْيَا مَتَاعٌ وَإِنَّ الْآخِرَةَ هِيَ دَارُ الْقَرَارِ	
52	يَوْمَ لَا يَنفَعُ الظَّالِمِينَ مَعْذِرَتُهُمْ ۖ وَلَهُمُ اللَّعْنَةُ وَلَهُمْ سُوءُ الدَّارِ	
41 فصلت 28	ذَٰلِكَ جَزَاءُ أَعْدَاءِ اللَّهِ النَّارُ ۖ لَهُمْ فِيهَا دَارُ الْخُلْدِ ۖ جَزَاءً بِمَا كَانُوا بِآيَاتِنَا يَجْحَدُونَ	
59 الحشر 9	وَالَّذِينَ تَبَوَّءُوا الدَّارَ وَالْإِيمَانَ مِن قَبْلِهِمْ يُحِبُّونَ مَنْ هَاجَرَ إِلَيْهِمْ وَلَا يَجِدُونَ فِي صُدُورِهِمْ حَاجَةً مِّمَّا أُوتُوا وَيُؤْثِرُونَ عَلَىٰ أَنفُسِهِمْ وَلَوْ كَانَ بِهِمْ خَصَاصَةٌ ۚ وَمَن يُوقَ شُحَّ نَفْسِهِ فَأُولَٰئِكَ هُمُ الْمُفْلِحُونَ	
	دَارِكُمْ your homes	
11 هود 65	فَعَقَرُوهَا فَقَالَ تَمَتَّعُوا فِي دَارِكُمْ ثَلَاثَةَ أَيَّامٍ ۖ ذَٰلِكَ وَعْدٌ غَيْرُ مَكْذُوبٍ	
	دَارِهِمْ their homes	

7 الأعراف 78		فَأَخَذَتْهُمُ الرَّجْفَةُ فَأَصْبَحُوا فِي دَارِهِمْ جَاثِمِينَ
91		فَأَخَذَتْهُمُ الرَّجْفَةُ فَأَصْبَحُوا فِي دَارِهِمْ جَاثِمِينَ
13 الرعد 31		وَلَوْ أَنَّ قُرْآنًا سُيِّرَتْ بِهِ الْجِبَالُ أَوْ قُطِّعَتْ بِهِ الْأَرْضُ أَوْ كُلِّمَ بِهِ الْمَوْتَىٰ ۗ بَل لِّلَّهِ الْأَمْرُ جَمِيعًا ۗ أَفَلَمْ يَيْأَسِ الَّذِينَ آمَنُوا أَن لَّوْ يَشَاءُ اللَّهُ لَهَدَى النَّاسَ جَمِيعًا ۗ وَلَا يَزَالُ الَّذِينَ كَفَرُوا تُصِيبُهُم بِمَا صَنَعُوا قَارِعَةٌ أَوْ تَحُلُّ قَرِيبًا مِّن دَارِهِمْ حَتَّىٰ يَأْتِيَ وَعْدُ اللَّهِ ۚ إِنَّ اللَّهَ لَا يُخْلِفُ الْمِيعَادَ
29 العنكبوت 37		فَكَذَّبُوهُ فَأَخَذَتْهُمُ الرَّجْفَةُ فَأَصْبَحُوا فِي دَارِهِمْ جَاثِمِينَ

دَاعِيَ
Messenger

20 طه 108		يَوْمَئِذٍ يَتَّبِعُونَ الدَّاعِيَ لَا عِوَجَ لَهُ ۖ وَخَشَعَتِ الْأَصْوَاتُ لِلرَّحْمَٰنِ فَلَا تَسْمَعُ إِلَّا هَمْسًا
33 الأحزاب 46		وَدَاعِيًا إِلَى اللَّهِ بِإِذْنِهِ وَسِرَاجًا مُّنِيرًا
46 الأحقاف 31		يَا قَوْمَنَا أَجِيبُوا دَاعِيَ اللَّهِ وَآمِنُوا بِهِ يَغْفِرْ لَكُم مِّن ذُنُوبِكُمْ وَيُجِرْكُم مِّنْ عَذَابٍ أَلِيمٍ
32		وَمَن لَّا يُجِبْ دَاعِيَ اللَّهِ فَلَيْسَ بِمُعْجِزٍ فِي الْأَرْضِ وَلَيْسَ لَهُ مِن دُونِهِ أَوْلِيَاءُ ۚ أُولَٰئِكَ فِي ضَلَالٍ مُّبِينٍ

دَافِعٍ
Of it there is no preventer

52 الطور 8		مَّا لَهُ مِن دَافِعٍ
70 المعارج 2		لِّلْكَافِرِينَ لَيْسَ لَهُ دَافِعٌ

دَافِقٍ
He was created from a fluid, ejected

86 الطارق 6		خُلِقَ مِن مَّاءٍ دَافِقٍ

	دَامَتِ long as the heavens and the earth **endure**
11 هود 107	خَالِدِينَ فِيهَا مَا **دَامَتِ** السَّمَاوَاتُ وَالْأَرْضُ إِلَّا مَا شَاءَ رَبُّكَ ۚ إِنَّ رَبَّكَ فَعَّالٌ لِّمَا يُرِيدُ
108	۞ وَأَمَّا الَّذِينَ سُعِدُوا فَفِي الْجَنَّةِ خَالِدِينَ فِيهَا مَا **دَامَتِ** السَّمَاوَاتُ وَالْأَرْضُ إِلَّا مَا شَاءَ رَبُّكَ ۖ عَطَاءً غَيْرَ مَجْذُوذٍ
	دَامُوا **as long as they are within it**
5 المائدة 24	قَالُوا يَا مُوسَىٰ إِنَّا لَن نَّدْخُلَهَا أَبَدًا مَّا **دَامُوا** فِيهَا ۖ فَاذْهَبْ أَنتَ وَرَبُّكَ فَقَاتِلَا إِنَّا هَاهُنَا قَاعِدُونَ
	دَانٍ [They are] reclining on beds whose linings are of silk brocade, and the fruit of the two gardens is **hanging low.**
55 الرحمن 54	مُتَّكِئِينَ عَلَىٰ فُرُشٍ بَطَائِنُهَا مِنْ إِسْتَبْرَقٍ ۚ وَجَنَى الْجَنَّتَيْنِ **دَانٍ**
	دَانِيَةٌ **clusters hanging low**
6 الأنعام 99	وَهُوَ الَّذِي أَنزَلَ مِنَ السَّمَاءِ مَاءً فَأَخْرَجْنَا بِهِ نَبَاتَ كُلِّ شَيْءٍ فَأَخْرَجْنَا مِنْهُ خَضِرًا نُّخْرِجُ مِنْهُ حَبًّا مُّتَرَاكِبًا وَمِنَ النَّخْلِ مِن طَلْعِهَا قِنْوَانٌ **دَانِيَةٌ** وَجَنَّاتٍ مِّنْ أَعْنَابٍ وَالزَّيْتُونَ وَالرُّمَّانَ مُشْتَبِهًا وَغَيْرَ مُتَشَابِهٍ ۗ انظُرُوا إِلَىٰ ثَمَرِهِ إِذَا أَثْمَرَ وَيَنْعِهِ ۚ إِنَّ فِي ذَٰلِكُمْ لَآيَاتٍ لِّقَوْمٍ يُؤْمِنُونَ
69 الحاقة 23	قُطُوفُهَا **دَانِيَةٌ**
76 الانسان 14	**وَدَانِيَةً** عَلَيْهِمْ ظِلَالُهَا وَذُلِّلَتْ قُطُوفُهَا تَذْلِيلًا
	يَتَدَبَّرُونَ ـ يُدَبِّرُ **do they not reflect upon the Qur'an** **arranging the matter** [of His creation]
4 النساء 82	أَفَلَا **يَتَدَبَّرُونَ** الْقُرْآنَ ۚ وَلَوْ كَانَ مِنْ عِندِ غَيْرِ اللَّهِ لَوَجَدُوا فِيهِ اخْتِلَافًا كَثِيرًا

10 يونس 3	إِنَّ رَبَّكُمُ اللَّهُ الَّذِي خَلَقَ السَّمَاوَاتِ وَالْأَرْضَ فِي سِتَّةِ أَيَّامٍ ثُمَّ اسْتَوَىٰ عَلَى الْعَرْشِ ۖ **يُدَبِّرُ** الْأَمْرَ ۖ مَا مِن شَفِيعٍ إِلَّا مِن بَعْدِ إِذْنِهِ ۚ ذَٰلِكُمُ اللَّهُ رَبُّكُمْ فَاعْبُدُوهُ ۚ أَفَلَا تَذَكَّرُونَ
31	قُلْ مَن يَرْزُقُكُم مِّنَ السَّمَاءِ وَالْأَرْضِ أَمَّن يَمْلِكُ السَّمْعَ وَالْأَبْصَارَ وَمَن يُخْرِجُ الْحَيَّ مِنَ الْمَيِّتِ وَيُخْرِجُ الْمَيِّتَ مِنَ الْحَيِّ وَمَن **يُدَبِّرُ** الْأَمْرَ ۚ فَسَيَقُولُونَ اللَّهُ ۚ فَقُلْ أَفَلَا تَتَّقُونَ
13 الرعد 2	اللَّهُ الَّذِي رَفَعَ السَّمَاوَاتِ بِغَيْرِ عَمَدٍ تَرَوْنَهَا ۖ ثُمَّ اسْتَوَىٰ عَلَى الْعَرْشِ ۖ وَسَخَّرَ الشَّمْسَ وَالْقَمَرَ ۖ كُلٌّ يَجْرِي لِأَجَلٍ مُّسَمًّى ۚ **يُدَبِّرُ** الْأَمْرَ يُفَصِّلُ الْآيَاتِ لَعَلَّكُم بِلِقَاءِ رَبِّكُمْ تُوقِنُونَ
23 المؤمنون 68	أَفَلَمْ **يَدَّبَّرُوا** الْقَوْلَ أَمْ جَاءَهُم مَّا لَمْ يَأْتِ آبَاءَهُمُ الْأَوَّلِينَ
32 السجدة 5	**يُدَبِّرُ** الْأَمْرَ مِنَ السَّمَاءِ إِلَى الْأَرْضِ ثُمَّ يَعْرُجُ إِلَيْهِ فِي يَوْمٍ كَانَ مِقْدَارُهُ أَلْفَ سَنَةٍ مِّمَّا تَعُدُّونَ
38 ص 29	كِتَابٌ أَنزَلْنَاهُ إِلَيْكَ مُبَارَكٌ **لِّيَدَّبَّرُوا** آيَاتِهِ وَلِيَتَذَكَّرَ أُولُو الْأَلْبَابِ
47 محمد 24	أَفَلَا **يَتَدَبَّرُونَ** الْقُرْآنَ أَمْ عَلَىٰ قُلُوبٍ أَقْفَالُهَا
79 النازعات 5	**فَالْمُدَبِّرَاتِ** أَمْرًا
	دُبُرٍ **مُّدْبِرِينَ** the **back** **turned back, fleeing**
8 الأنفال 16	وَمَن يُوَلِّهِمْ يَوْمَئِذٍ **دُبُرَهُ** إِلَّا مُتَحَرِّفًا لِّقِتَالٍ أَوْ مُتَحَيِّزًا إِلَىٰ فِئَةٍ فَقَدْ بَاءَ بِغَضَبٍ مِّنَ اللَّهِ وَمَأْوَاهُ جَهَنَّمُ ۖ وَبِئْسَ الْمَصِيرُ
9 التوبة 25	لَقَدْ نَصَرَكُمُ اللَّهُ فِي مَوَاطِنَ كَثِيرَةٍ ۙ وَيَوْمَ حُنَيْنٍ ۙ إِذْ أَعْجَبَتْكُمْ كَثْرَتُكُمْ فَلَمْ تُغْنِ عَنكُمْ شَيْئًا وَضَاقَتْ عَلَيْكُمُ الْأَرْضُ بِمَا رَحُبَتْ ثُمَّ وَلَّيْتُم **مُّدْبِرِينَ**
12 يوسف 25	وَاسْتَبَقَا الْبَابَ وَقَدَّتْ قَمِيصَهُ مِن **دُبُرٍ** وَأَلْفَيَا سَيِّدَهَا لَدَى الْبَابِ ۚ قَالَتْ مَا جَزَاءُ مَنْ أَرَادَ بِأَهْلِكَ سُوءًا إِلَّا أَن يُسْجَنَ أَوْ عَذَابٌ أَلِيمٌ
27	وَإِن كَانَ قَمِيصُهُ قُدَّ مِن **دُبُرٍ** فَكَذَبَتْ وَهُوَ مِنَ الصَّادِقِينَ

28	فَلَمَّا رَأَىٰ قَمِيصَهُ قُدَّ مِن **دُبُرٍ** قَالَ إِنَّهُ مِن كَيْدِكُنَّ ۖ إِنَّ كَيْدَكُنَّ عَظِيمٌ
21 الأنبياء 57	وَتَاللَّهِ لَأَكِيدَنَّ أَصْنَامَكُم بَعْدَ أَن تُوَلُّوا **مُدْبِرِينَ**
27 النمل 10	وَأَلْقِ عَصَاكَ ۚ فَلَمَّا رَآهَا تَهْتَزُّ كَأَنَّهَا جَانٌّ وَلَّىٰ **مُدْبِرًا** وَلَمْ يُعَقِّبْ ۚ يَا مُوسَىٰ لَا تَخَفْ إِنِّي لَا يَخَافُ لَدَيَّ الْمُرْسَلُونَ
80	إِنَّكَ لَا تُسْمِعُ الْمَوْتَىٰ وَلَا تُسْمِعُ الصُّمَّ الدُّعَاءَ إِذَا وَلَّوْا **مُدْبِرِينَ**
28 القصص 31	وَأَنْ أَلْقِ عَصَاكَ ۖ فَلَمَّا رَآهَا تَهْتَزُّ كَأَنَّهَا جَانٌّ وَلَّىٰ **مُدْبِرًا** وَلَمْ يُعَقِّبْ ۚ يَا مُوسَىٰ أَقْبِلْ وَلَا تَخَفْ ۖ إِنَّكَ مِنَ الْآمِنِينَ
30 الروم 52	فَإِنَّكَ لَا تُسْمِعُ الْمَوْتَىٰ وَلَا تُسْمِعُ الصُّمَّ الدُّعَاءَ إِذَا وَلَّوْا **مُدْبِرِينَ**
37 الصافات 90	فَتَوَلَّوْا عَنْهُ **مُدْبِرِينَ**
40 غافر 33	يَوْمَ تُوَلُّونَ **مُدْبِرِينَ** مَا لَكُم مِّنَ اللَّهِ مِنْ عَاصِمٍ ۗ وَمَن يُضْلِلِ اللَّهُ فَمَا لَهُ مِنْ هَادٍ
54 القمر 45	سَيُهْزَمُ الْجَمْعُ وَيُوَلُّونَ **الدُّبُرَ**
70 المعارج 17	تَدْعُو مَنْ **أَدْبَرَ** وَتَوَلَّىٰ
74 المدثر 23	ثُمَّ **أَدْبَرَ** وَاسْتَكْبَرَ
33	وَاللَّيْلِ إِذْ **أَدْبَرَ**
79 النازعات 22	ثُمَّ **أَدْبَرَ** يَسْعَىٰ
	دَحَاهَا And after that He **spread** the earth
79 النازعات 30	وَالْأَرْضَ بَعْدَ ذَٰلِكَ **دَحَاهَا**

	دُحُورًا **Repelled**; and for them is a constant punishment
37 الصافات 9	**دُحُورًا** ۖ وَلَهُمْ عَذَابٌ وَاصِبٌ
	دَخَلَهُ **enters it**
3 آل عمران 97	فِيهِ آيَاتٌ بَيِّنَاتٌ مَّقَامُ إِبْرَاهِيمَ ۖ وَمَن **دَخَلَهُ** كَانَ آمِنًا ۗ وَلِلَّهِ عَلَى النَّاسِ حِجُّ الْبَيْتِ مَنِ اسْتَطَاعَ إِلَيْهِ سَبِيلًا ۚ وَمَن كَفَرَ فَإِنَّ اللَّهَ غَنِيٌّ عَنِ الْعَالَمِينَ
4 النساء 13	تِلْكَ حُدُودُ اللَّهِ ۚ وَمَن يُطِعِ اللَّهَ وَرَسُولَهُ **يُدْخِلْهُ** جَنَّاتٍ تَجْرِي مِن تَحْتِهَا الْأَنْهَارُ خَالِدِينَ فِيهَا ۚ وَذَٰلِكَ الْفَوْزُ الْعَظِيمُ
14	وَمَن يَعْصِ اللَّهَ وَرَسُولَهُ وَيَتَعَدَّ حُدُودَهُ **يُدْخِلْهُ** نَارًا خَالِدًا فِيهَا وَلَهُ عَذَابٌ مُّهِينٌ
57	وَالَّذِينَ آمَنُوا وَعَمِلُوا الصَّالِحَاتِ **سَنُدْخِلُهُمْ** جَنَّاتٍ تَجْرِي مِن تَحْتِهَا الْأَنْهَارُ خَالِدِينَ فِيهَا أَبَدًا ۖ لَّهُمْ فِيهَا أَزْوَاجٌ مُّطَهَّرَةٌ ۖ وَنُدْخِلُهُمْ ظِلًّا ظَلِيلًا
122	وَالَّذِينَ آمَنُوا وَعَمِلُوا الصَّالِحَاتِ **سَنُدْخِلُهُمْ** جَنَّاتٍ تَجْرِي مِن تَحْتِهَا الْأَنْهَارُ خَالِدِينَ فِيهَا أَبَدًا ۖ وَعْدَ اللَّهِ حَقًّا ۚ وَمَنْ أَصْدَقُ مِنَ اللَّهِ قِيلًا
175	فَأَمَّا الَّذِينَ آمَنُوا بِاللَّهِ وَاعْتَصَمُوا بِهِ **فَسَيُدْخِلُهُمْ** فِي رَحْمَةٍ مِّنْهُ وَفَضْلٍ وَيَهْدِيهِمْ إِلَيْهِ صِرَاطًا مُّسْتَقِيمًا
5 المائدة 22	قَالُوا يَا مُوسَىٰ إِنَّ فِيهَا قَوْمًا جَبَّارِينَ وَإِنَّا لَن **نَّدْخُلَهَا** حَتَّىٰ يَخْرُجُوا مِنْهَا فَإِن يَخْرُجُوا مِنْهَا فَإِنَّا **دَاخِلُونَ**
24	قَالُوا يَا مُوسَىٰ إِنَّا لَن **نَّدْخُلَهَا** أَبَدًا مَّا دَامُوا فِيهَا ۖ فَاذْهَبْ أَنتَ وَرَبُّكَ فَقَاتِلَا إِنَّا هَاهُنَا قَاعِدُونَ
9 التوبة 99	وَمِنَ الْأَعْرَابِ مَن يُؤْمِنُ بِاللَّهِ وَالْيَوْمِ الْآخِرِ وَيَتَّخِذُ مَا يُنفِقُ قُرُبَاتٍ عِندَ اللَّهِ وَصَلَوَاتِ الرَّسُولِ ۚ أَلَا إِنَّهَا قُرْبَةٌ لَّهُمْ ۚ **سَيُدْخِلُهُمُ** اللَّهُ فِي رَحْمَتِهِ ۗ إِنَّ اللَّهَ غَفُورٌ رَّحِيمٌ
40 غافر 8	رَبَّنَا **وَأَدْخِلْهُمْ** جَنَّاتِ عَدْنٍ الَّتِي وَعَدتَّهُمْ وَمَن صَلَحَ مِنْ آبَائِهِمْ وَأَزْوَاجِهِمْ وَذُرِّيَّاتِهِمْ ۚ إِنَّكَ أَنتَ الْعَزِيزُ الْحَكِيمُ

45 الجاثية 30	فَأَمَّا الَّذِينَ آمَنُوا وَعَمِلُوا الصَّالِحَاتِ **فَيُدْخِلُهُمْ** رَبُّهُمْ فِي رَحْمَتِهِ ۚ ذَٰلِكَ هُوَ الْفَوْزُ الْمُبِينُ	
47 محمد 6	**وَيُدْخِلُهُمُ** الْجَنَّةَ عَرَّفَهَا لَهُمْ	
48 الفتح 17	لَّيْسَ عَلَى الْأَعْمَىٰ حَرَجٌ وَلَا عَلَى الْأَعْرَجِ حَرَجٌ وَلَا عَلَى الْمَرِيضِ حَرَجٌ ۗ وَمَن يُطِعِ اللَّهَ وَرَسُولَهُ **يُدْخِلْهُ** جَنَّاتٍ تَجْرِي مِن تَحْتِهَا الْأَنْهَارُ ۖ وَمَن يَتَوَلَّ يُعَذِّبْهُ عَذَابًا أَلِيمًا	
58 المجادلة 22	لَّا تَجِدُ قَوْمًا يُؤْمِنُونَ بِاللَّهِ وَالْيَوْمِ الْآخِرِ يُوَادُّونَ مَنْ حَادَّ اللَّهَ وَرَسُولَهُ وَلَوْ كَانُوا آبَاءَهُمْ أَوْ أَبْنَاءَهُمْ أَوْ إِخْوَانَهُمْ أَوْ عَشِيرَتَهُمْ ۚ أُولَٰئِكَ كَتَبَ فِي قُلُوبِهِمُ الْإِيمَانَ وَأَيَّدَهُم بِرُوحٍ مِّنْهُ ۖ **وَيُدْخِلُهُمْ** جَنَّاتٍ تَجْرِي مِن تَحْتِهَا الْأَنْهَارُ خَالِدِينَ فِيهَا ۚ رَضِيَ اللَّهُ عَنْهُمْ وَرَضُوا عَنْهُ ۚ أُولَٰئِكَ حِزْبُ اللَّهِ ۚ أَلَا إِنَّ حِزْبَ اللَّهِ هُمُ الْمُفْلِحُونَ	
64 التغابن 9	يَوْمَ يَجْمَعُكُمْ لِيَوْمِ الْجَمْعِ ۖ ذَٰلِكَ يَوْمُ التَّغَابُنِ ۗ وَمَن يُؤْمِن بِاللَّهِ وَيَعْمَلْ صَالِحًا يُكَفِّرْ عَنْهُ سَيِّئَاتِهِ **وَيُدْخِلْهُ** جَنَّاتٍ تَجْرِي مِن تَحْتِهَا الْأَنْهَارُ خَالِدِينَ فِيهَا أَبَدًا ۚ ذَٰلِكَ الْفَوْزُ الْعَظِيمُ	
65 الطلاق 11	رَّسُولًا يَتْلُو عَلَيْكُمْ آيَاتِ اللَّهِ مُبَيِّنَاتٍ لِّيُخْرِجَ الَّذِينَ آمَنُوا وَعَمِلُوا الصَّالِحَاتِ مِنَ الظُّلُمَاتِ إِلَى النُّورِ ۚ وَمَن يُؤْمِن بِاللَّهِ وَيَعْمَلْ صَالِحًا **يُدْخِلْهُ** جَنَّاتٍ تَجْرِي مِن تَحْتِهَا الْأَنْهَارُ خَالِدِينَ فِيهَا أَبَدًا ۖ قَدْ أَحْسَنَ اللَّهُ لَهُ رِزْقًا	
	## ادْخُلُوهَا ### دخلوه **Enter it in peace, safe [and secure]** [And said], "If you do good, you do good for yourselves; and if you do evil, [you do it] to yourselves." Then when the final promise came, [We sent your enemies] to sadden your faces and to enter the temple in Jerusalem, as they **entered it** the first time, and to destroy what they had taken over with [total] destruction	
2 البقرة 114	وَمَنْ أَظْلَمُ مِمَّن مَّنَعَ مَسَاجِدَ اللَّهِ أَن يُذْكَرَ فِيهَا اسْمُهُ وَسَعَىٰ فِي خَرَابِهَا ۚ أُولَٰئِكَ مَا كَانَ لَهُمْ أَن **يَدْخُلُوهَا** إِلَّا خَائِفِينَ ۚ لَهُمْ فِي الدُّنْيَا خِزْيٌ وَلَهُمْ فِي الْآخِرَةِ عَذَابٌ عَظِيمٌ	

7 الأعراف 46	وَبَيْنَهُمَا حِجَابٌ ۚ وَعَلَى الْأَعْرَافِ رِجَالٌ يَعْرِفُونَ كُلًّا بِسِيمَاهُمْ ۚ وَنَادَوْا أَصْحَابَ الْجَنَّةِ أَن سَلَامٌ عَلَيْكُمْ ۚ لَمْ **يَدْخُلُوهَا** وَهُمْ يَطْمَعُونَ	
15 الحجر 46	**ادْخُلُوهَا** بِسَلَامٍ آمِنِينَ	
17 الإسراء 7	إِنْ أَحْسَنتُمْ أَحْسَنتُمْ لِأَنفُسِكُمْ ۖ وَإِنْ أَسَأْتُمْ فَلَهَا ۚ فَإِذَا جَاءَ وَعْدُ الْآخِرَةِ لِيَسُوءُوا وُجُوهَكُمْ **وَلِيَدْخُلُوا** الْمَسْجِدَ كَمَا دَخَلُوهُ أَوَّلَ مَرَّةٍ وَلِيُتَبِّرُوا مَا عَلَوْا تَتْبِيرًا	
24 النور 28	فَإِن لَّمْ تَجِدُوا فِيهَا أَحَدًا فَلَا **تَدْخُلُوهَا** حَتَّىٰ يُؤْذَنَ لَكُمْ ۖ وَإِن قِيلَ لَكُمُ ارْجِعُوا فَارْجِعُوا ۖ هُوَ أَزْكَىٰ لَكُمْ ۚ وَاللَّهُ بِمَا تَعْمَلُونَ عَلِيمٌ	
39 الزمر 73	وَسِيقَ الَّذِينَ اتَّقَوْا رَبَّهُمْ إِلَى الْجَنَّةِ زُمَرًا ۖ حَتَّىٰ إِذَا جَاءُوهَا وَفُتِحَتْ أَبْوَابُهَا وَقَالَ لَهُمْ خَزَنَتُهَا سَلَامٌ عَلَيْكُمْ طِبْتُمْ **فَادْخُلُوهَا** خَالِدِينَ	
50 ق 34	**ادْخُلُوهَا** بِسَلَامٍ ۖ ذَٰلِكَ يَوْمُ الْخُلُودِ	

دَخَلًا

And do not take your oaths as [means of] **deceit** between you

4 النساء 31	إِن تَجْتَنِبُوا كَبَائِرَ مَا تُنْهَوْنَ عَنْهُ نُكَفِّرْ عَنكُمْ سَيِّئَاتِكُمْ **وَنُدْخِلْكُم مُّدْخَلًا** كَرِيمًا	
9 التوبة 57	لَوْ يَجِدُونَ مَلْجَأً أَوْ مَغَارَاتٍ أَوْ **مُدَّخَلًا** لَّوَلَّوْا إِلَيْهِ وَهُمْ يَجْمَحُونَ	
16 النحل 92	وَلَا تَكُونُوا كَالَّتِي نَقَضَتْ غَزْلَهَا مِن بَعْدِ قُوَّةٍ أَنكَاثًا تَتَّخِذُونَ أَيْمَانَكُمْ **دَخَلًا** بَيْنَكُمْ أَن تَكُونَ أُمَّةٌ هِيَ أَرْبَىٰ مِنْ أُمَّةٍ ۚ إِنَّمَا يَبْلُوكُمُ اللَّهُ بِهِ ۚ وَلَيُبَيِّنَنَّ لَكُمْ يَوْمَ الْقِيَامَةِ مَا كُنتُمْ فِيهِ تَخْتَلِفُونَ	
94	وَلَا تَتَّخِذُوا أَيْمَانَكُمْ **دَخَلًا** بَيْنَكُمْ فَتَزِلَّ قَدَمٌ بَعْدَ ثُبُوتِهَا وَتَذُوقُوا السُّوءَ بِمَا صَدَدتُّمْ عَن سَبِيلِ اللَّهِ ۖ وَلَكُمْ عَذَابٌ عَظِيمٌ	
22 الحج 59	**لَيُدْخِلَنَّهُم مُّدْخَلًا** يَرْضَوْنَهُ ۗ وَإِنَّ اللَّهَ لَعَلِيمٌ حَلِيمٌ	

66 التحريم 10	ضَرَبَ اللَّهُ مَثَلًا لِّلَّذِينَ كَفَرُوا امْرَأَتَ نُوحٍ وَامْرَأَتَ لُوطٍ ۖ كَانَتَا تَحْتَ عَبْدَيْنِ مِنْ عِبَادِنَا صَالِحَيْنِ فَخَانَتَاهُمَا فَلَمْ يُغْنِيَا عَنْهُمَا مِنَ اللَّهِ شَيْئًا وَقِيلَ **ادْخُلَا** النَّارَ مَعَ **الدَّاخِلِينَ**	

دخلت/دخلتم
دخلتموه
entered
entered into it

4 النساء 23	حُرِّمَتْ عَلَيْكُمْ أُمَّهَاتُكُمْ وَبَنَاتُكُمْ وَأَخَوَاتُكُمْ وَعَمَّاتُكُمْ وَخَالَاتُكُمْ وَبَنَاتُ الْأَخِ وَبَنَاتُ الْأُخْتِ وَأُمَّهَاتُكُمُ اللَّاتِي أَرْضَعْنَكُمْ وَأَخَوَاتُكُم مِّنَ الرَّضَاعَةِ وَأُمَّهَاتُ نِسَائِكُمْ وَرَبَائِبُكُمُ اللَّاتِي فِي حُجُورِكُم مِّن نِّسَائِكُمُ اللَّاتِي **دَخَلْتُم** بِهِنَّ فَإِن لَّمْ تَكُونُوا **دَخَلْتُم** بِهِنَّ فَلَا جُنَاحَ عَلَيْكُمْ وَحَلَائِلُ أَبْنَائِكُمُ الَّذِينَ مِنْ أَصْلَابِكُمْ وَأَن تَجْمَعُوا بَيْنَ الْأُخْتَيْنِ إِلَّا مَا قَدْ سَلَفَ ۗ إِنَّ اللَّهَ كَانَ غَفُورًا رَّحِيمًا	
5 المائدة 23	قَالَ رَجُلَانِ مِنَ الَّذِينَ يَخَافُونَ أَنْعَمَ اللَّهُ عَلَيْهِمَا **ادْخُلُوا** عَلَيْهِمُ الْبَابَ فَإِذَا **دَخَلْتُمُوهُ** فَإِنَّكُمْ غَالِبُونَ ۚ وَعَلَى اللَّهِ فَتَوَكَّلُوا إِن كُنتُم مُّؤْمِنِينَ	
7 الأعراف 38	قَالَ **ادْخُلُوا** فِي أُمَمٍ قَدْ خَلَتْ مِن قَبْلِكُم مِّنَ الْجِنِّ وَالْإِنسِ فِي النَّارِ ۖ كُلَّمَا **دَخَلَتْ** أُمَّةٌ لَّعَنَتْ أُخْتَهَا ۖ حَتَّىٰ إِذَا ادَّارَكُوا فِيهَا جَمِيعًا قَالَتْ أُخْرَاهُمْ لِأُولَاهُمْ رَبَّنَا هَٰؤُلَاءِ أَضَلُّونَا فَآتِهِمْ عَذَابًا ضِعْفًا مِّنَ النَّارِ ۖ قَالَ لِكُلٍّ ضِعْفٌ وَلَٰكِن لَّا تَعْلَمُونَ	
18 الكهف 39	وَلَوْلَا إِذْ **دَخَلْتَ** جَنَّتَكَ قُلْتَ مَا شَاءَ اللَّهُ لَا قُوَّةَ إِلَّا بِاللَّهِ ۚ إِن تَرَنِ أَنَا أَقَلَّ مِنكَ مَالًا وَوَلَدًا	
24 النور 61	لَّيْسَ عَلَى الْأَعْمَىٰ حَرَجٌ وَلَا عَلَى الْأَعْرَجِ حَرَجٌ وَلَا عَلَى الْمَرِيضِ حَرَجٌ وَلَا عَلَىٰ أَنفُسِكُمْ أَن تَأْكُلُوا مِن بُيُوتِكُمْ أَوْ بُيُوتِ آبَائِكُمْ أَوْ بُيُوتِ أُمَّهَاتِكُمْ أَوْ بُيُوتِ إِخْوَانِكُمْ أَوْ بُيُوتِ أَخَوَاتِكُمْ أَوْ بُيُوتِ أَعْمَامِكُمْ أَوْ بُيُوتِ عَمَّاتِكُمْ أَوْ بُيُوتِ أَخْوَالِكُمْ أَوْ بُيُوتِ خَالَاتِكُمْ أَوْ مَا مَلَكْتُم مَّفَاتِحَهُ أَوْ صَدِيقِكُمْ ۚ لَيْسَ عَلَيْكُمْ جُنَاحٌ أَن تَأْكُلُوا جَمِيعًا أَوْ أَشْتَاتًا ۚ فَإِذَا **دَخَلْتُم** بُيُوتًا فَسَلِّمُوا عَلَىٰ أَنفُسِكُمْ تَحِيَّةً مِّنْ عِندِ اللَّهِ مُبَارَكَةً طَيِّبَةً ۚ كَذَٰلِكَ يُبَيِّنُ اللَّهُ لَكُمُ الْآيَاتِ لَعَلَّكُمْ تَعْقِلُونَ	
33 الأحزاب 14	وَلَوْ **دُخِلَتْ** عَلَيْهِم مِّنْ أَقْطَارِهَا ثُمَّ سُئِلُوا الْفِتْنَةَ لَآتَوْهَا وَمَا تَلَبَّثُوا بِهَا إِلَّا يَسِيرًا	

	دُخَانٌ smoke
41 فصلت 11	ثُمَّ اسْتَوَىٰ إِلَى السَّمَاءِ وَهِيَ **دُخَانٌ** فَقَالَ لَهَا وَلِلْأَرْضِ ائْتِيَا طَوْعًا أَوْ كَرْهًا قَالَتَا أَتَيْنَا طَائِعِينَ
44 الدخان 10	فَارْتَقِبْ يَوْمَ تَأْتِي السَّمَاءُ بِ**دُخَانٍ** مُبِينٍ
	دَرَاهِمَ And they sold him for a reduced price - a **few dirhams** - and they were, concerning him, of those content with little
12 يوسف 20	وَشَرَوْهُ بِثَمَنٍ بَخْسٍ **دَرَاهِمَ** مَعْدُودَةٍ وَكَانُوا فِيهِ مِنَ الزَّاهِدِينَ
	دَرَكًا you will not fear being **overtaken**
20 طه 77	وَلَقَدْ أَوْحَيْنَا إِلَىٰ مُوسَىٰ أَنْ أَسْرِ بِعِبَادِي فَاضْرِبْ لَهُمْ طَرِيقًا فِي الْبَحْرِ يَبَسًا لَّا تَخَافُ **دَرَكًا** وَلَا تَخْشَىٰ
	وَإِنْ أَدْرِي / **I know not** / أَدْرِي / **I know** دُرِّيٌّ / **pearly** [white] star تَدْرِي / يُدْرِيكَ / نَدْرِي **And I know** not whether near or far is that which you are promised
21 الأنبياء 109	فَإِن تَوَلَّوْا فَقُلْ آذَنتُكُمْ عَلَىٰ سَوَاءٍ ۖ وَإِنْ **أَدْرِي** أَقَرِيبٌ أَم بَعِيدٌ مَّا تُوعَدُونَ
111	وَإِنْ **أَدْرِي** لَعَلَّهُ فِتْنَةٌ لَّكُمْ وَمَتَاعٌ إِلَىٰ حِينٍ
31 لقمان 34	إِنَّ اللَّهَ عِندَهُ عِلْمُ السَّاعَةِ وَيُنَزِّلُ الْغَيْثَ وَيَعْلَمُ مَا فِي الْأَرْحَامِ ۖ وَمَا **تَدْرِي** نَفْسٌ مَّاذَا تَكْسِبُ غَدًا ۖ وَمَا **تَدْرِي** نَفْسٌ بِأَيِّ أَرْضٍ تَمُوتُ ۚ إِنَّ اللَّهَ عَلِيمٌ خَبِيرٌ

33 الأحزاب 63	يَسْأَلُكَ النَّاسُ عَنِ السَّاعَةِ ۖ قُلْ إِنَّمَا عِلْمُهَا عِندَ اللَّهِ ۚ وَمَا **يُدْرِيكَ** لَعَلَّ السَّاعَةَ تَكُونُ قَرِيبًا
42 الشورى 17	اللَّهُ الَّذِي أَنزَلَ الْكِتَابَ بِالْحَقِّ وَالْمِيزَانَ ۗوَمَا **يُدْرِيكَ** لَعَلَّ السَّاعَةَ قَرِيبٌ
52	وَكَذَٰلِكَ أَوْحَيْنَا إِلَيْكَ رُوحًا مِّنْ أَمْرِنَا ۚ مَا كُنتَ **تَدْرِي** مَا الْكِتَابُ وَلَا الْإِيمَانُ وَلَٰكِن جَعَلْنَاهُ نُورًا نَّهْدِي بِهِ مَن نَّشَاءُ مِنْ عِبَادِنَا ۚوَإِنَّكَ لَتَهْدِي إِلَىٰ صِرَاطٍ مُّسْتَقِيمٍ
45 الجاثية 32	وَإِذَا قِيلَ إِنَّ وَعْدَ اللَّهِ حَقٌّ وَالسَّاعَةُ لَا رَيْبَ فِيهَا قُلْتُم مَّا **نَدْرِي** مَا السَّاعَةُ إِن نَّظُنُّ إِلَّا ظَنًّا وَمَا نَحْنُ بِمُسْتَيْقِنِينَ
46 الأحقاف 9	قُلْ مَا كُنتُ بِدْعًا مِّنَ الرُّسُلِ وَمَا **أَدْرِي** مَا يُفْعَلُ بِي وَلَا بِكُمْ ۖ إِنْ أَتَّبِعُ إِلَّا مَا يُوحَىٰ إِلَيَّ وَمَا أَنَا إِلَّا نَذِيرٌ مُّبِينٌ
65 الطلاق 1	يَا أَيُّهَا النَّبِيُّ إِذَا طَلَّقْتُمُ النِّسَاءَ فَطَلِّقُوهُنَّ لِعِدَّتِهِنَّ وَأَحْصُوا الْعِدَّةَ ۖ وَاتَّقُوا اللَّهَ رَبَّكُمْ ۖ لَا تُخْرِجُوهُنَّ مِن بُيُوتِهِنَّ وَلَا يَخْرُجْنَ إِلَّا أَن يَأْتِينَ بِفَاحِشَةٍ مُّبَيِّنَةٍ ۚ وَتِلْكَ حُدُودُ اللَّهِ ۚ وَمَن يَتَعَدَّ حُدُودَ اللَّهِ فَقَدْ ظَلَمَ نَفْسَهُ ۚ لَا **تَدْرِي** لَعَلَّ اللَّهَ يُحْدِثُ بَعْدَ ذَٰلِكَ أَمْرًا
72 الجن 10	وَأَنَّا لَا **نَدْرِي** أَشَرٌّ أُرِيدَ بِمَن فِي الْأَرْضِ أَمْ أَرَادَ بِهِمْ رَبُّهُمْ رَشَدًا
25	قُلْ إِنْ **أَدْرِي** أَقَرِيبٌ مَّا تُوعَدُونَ أَمْ يَجْعَلُ لَهُ رَبِّي أَمَدًا
80 عبس 3	وَمَا **يُدْرِيكَ** لَعَلَّهُ يَزَّكَّىٰ
	دِرَاسَتِهِمْ **their study** unaware
6 الأنعام 156	أَن تَقُولُوا إِنَّمَا أُنزِلَ الْكِتَابُ عَلَىٰ طَائِفَتَيْنِ مِن قَبْلِنَا وَإِن كُنَّا عَن **دِرَاسَتِهِمْ** لَغَافِلِينَ
	دَرَسَ/ تَدْرُسُونَ/ وَدَرَسُوا/ يَدْرُسُونَهَا **learn**

3 آل عمران 79	مَا كَانَ لِبَشَرٍ أَن يُؤْتِيَهُ اللَّهُ الْكِتَابَ وَالْحُكْمَ وَالنُّبُوَّةَ ثُمَّ يَقُولَ لِلنَّاسِ كُونُوا عِبَادًا لِّي مِن دُونِ اللَّهِ وَلَٰكِن كُونُوا رَبَّانِيِّينَ بِمَا كُنتُمْ تُعَلِّمُونَ الْكِتَابَ وَبِمَا كُنتُمْ **تَدْرُسُونَ**
7 الأعراف 169	فَخَلَفَ مِن بَعْدِهِمْ خَلْفٌ وَرِثُوا الْكِتَابَ يَأْخُذُونَ عَرَضَ هَٰذَا الْأَدْنَىٰ وَيَقُولُونَ سَيُغْفَرُ لَنَا وَإِن يَأْتِهِمْ عَرَضٌ مِّثْلُهُ يَأْخُذُوهُ ۚ أَلَمْ يُؤْخَذْ عَلَيْهِم مِّيثَاقُ الْكِتَابِ أَن لَّا يَقُولُوا عَلَى اللَّهِ إِلَّا الْحَقَّ **وَدَرَسُوا** مَا فِيهِ ۗ وَالدَّارُ الْآخِرَةُ خَيْرٌ لِّلَّذِينَ يَتَّقُونَ ۗ أَفَلَا تَعْقِلُونَ
34 سبإ 44	وَمَا آتَيْنَاهُم مِّن كُتُبٍ **يَدْرُسُونَهَا** ۖ وَمَا أَرْسَلْنَا إِلَيْهِمْ قَبْلَكَ مِن نَّذِيرٍ
68 القلم 37	**أَمْ لَكُمْ كِتَابٌ فِيهِ تَدْرُسُونَ** Or do you have a scripture in which **you learn**
	درجة have a **degree** over them
2 البقرة 228	وَالْمُطَلَّقَاتُ يَتَرَبَّصْنَ بِأَنفُسِهِنَّ ثَلَاثَةَ قُرُوءٍ ۚ وَلَا يَحِلُّ لَهُنَّ أَن يَكْتُمْنَ مَا خَلَقَ اللَّهُ فِي أَرْحَامِهِنَّ إِن كُنَّ يُؤْمِنَّ بِاللَّهِ وَالْيَوْمِ الْآخِرِ ۚ وَبُعُولَتُهُنَّ أَحَقُّ بِرَدِّهِنَّ فِي ذَٰلِكَ إِنْ أَرَادُوا إِصْلَاحًا ۚ وَلَهُنَّ مِثْلُ الَّذِي عَلَيْهِنَّ بِالْمَعْرُوفِ ۚ وَلِلرِّجَالِ عَلَيْهِنَّ **دَرَجَةٌ** ۗ وَاللَّهُ عَزِيزٌ حَكِيمٌ
4 النساء 95	لَّا يَسْتَوِي الْقَاعِدُونَ مِنَ الْمُؤْمِنِينَ غَيْرُ أُولِي الضَّرَرِ وَالْمُجَاهِدُونَ فِي سَبِيلِ اللَّهِ بِأَمْوَالِهِمْ وَأَنفُسِهِمْ ۚ فَضَّلَ اللَّهُ الْمُجَاهِدِينَ بِأَمْوَالِهِمْ وَأَنفُسِهِمْ عَلَى الْقَاعِدِينَ **دَرَجَةً** ۚ وَكُلًّا وَعَدَ اللَّهُ الْحُسْنَىٰ ۚ وَفَضَّلَ اللَّهُ الْمُجَاهِدِينَ عَلَى الْقَاعِدِينَ أَجْرًا عَظِيمًا
9 التوبة 20	الَّذِينَ آمَنُوا وَهَاجَرُوا وَجَاهَدُوا فِي سَبِيلِ اللَّهِ بِأَمْوَالِهِمْ وَأَنفُسِهِمْ أَعْظَمُ **دَرَجَةً** عِندَ اللَّهِ ۚ وَأُولَٰئِكَ هُمُ الْفَائِزُونَ
57 الحديد 10	وَمَا لَكُمْ أَلَّا تُنفِقُوا فِي سَبِيلِ اللَّهِ وَلِلَّهِ مِيرَاثُ السَّمَاوَاتِ وَالْأَرْضِ ۚ لَا يَسْتَوِي مِنكُم مَّنْ أَنفَقَ مِن قَبْلِ الْفَتْحِ وَقَاتَلَ ۚ أُولَٰئِكَ أَعْظَمُ **دَرَجَةً** مِّنَ الَّذِينَ أَنفَقُوا مِن بَعْدُ وَقَاتَلُوا ۚ وَكُلًّا وَعَدَ اللَّهُ الْحُسْنَىٰ ۚ وَاللَّهُ بِمَا تَعْمَلُونَ خَبِيرٌ
	دَرَجَاتٍ raised some of them in **degree**

2 البقرة 253	۞ تِلْكَ الرُّسُلُ فَضَّلْنَا بَعْضَهُمْ عَلَىٰ بَعْضٍ ۘ مِّنْهُم مَّن كَلَّمَ اللَّهُ ۖ وَرَفَعَ بَعْضَهُمْ **دَرَجَاتٍ** ۚ وَآتَيْنَا عِيسَى ابْنَ مَرْيَمَ الْبَيِّنَاتِ وَأَيَّدْنَاهُ بِرُوحِ الْقُدُسِ ۗ وَلَوْ شَاءَ اللَّهُ مَا اقْتَتَلَ الَّذِينَ مِن بَعْدِهِم مِّن بَعْدِ مَا جَاءَتْهُمُ الْبَيِّنَاتُ وَلَٰكِنِ اخْتَلَفُوا فَمِنْهُم مَّنْ آمَنَ وَمِنْهُم مَّن كَفَرَ ۚ وَلَوْ شَاءَ اللَّهُ مَا اقْتَتَلُوا وَلَٰكِنَّ اللَّهَ يَفْعَلُ مَا يُرِيدُ
3 آل عمران 163	هُمْ **دَرَجَاتٌ** عِندَ اللَّهِ ۗ وَاللَّهُ بَصِيرٌ بِمَا يَعْمَلُونَ
4 النساء 96	**دَرَجَاتٍ** مِّنْهُ وَمَغْفِرَةً وَرَحْمَةً ۚ وَكَانَ اللَّهُ غَفُورًا رَّحِيمًا
6 الأنعام 83	وَتِلْكَ حُجَّتُنَا آتَيْنَاهَا إِبْرَاهِيمَ عَلَىٰ قَوْمِهِ ۚ نَرْفَعُ **دَرَجَاتٍ** مَّن نَّشَاءُ ۗ إِنَّ رَبَّكَ حَكِيمٌ عَلِيمٌ
132	وَلِكُلٍّ **دَرَجَاتٌ** مِّمَّا عَمِلُوا ۚ وَمَا رَبُّكَ بِغَافِلٍ عَمَّا يَعْمَلُونَ
165	وَهُوَ الَّذِي جَعَلَكُمْ خَلَائِفَ الْأَرْضِ وَرَفَعَ بَعْضَكُمْ فَوْقَ بَعْضٍ **دَرَجَاتٍ** لِّيَبْلُوَكُمْ فِي مَا آتَاكُمْ ۗ إِنَّ رَبَّكَ سَرِيعُ الْعِقَابِ وَإِنَّهُ لَغَفُورٌ رَّحِيمٌ
8 الأنفال 4	أُولَٰئِكَ هُمُ الْمُؤْمِنُونَ حَقًّا ۚ لَّهُمْ **دَرَجَاتٌ** عِندَ رَبِّهِمْ وَمَغْفِرَةٌ وَرِزْقٌ كَرِيمٌ
12 يوسف 76	فَبَدَأَ بِأَوْعِيَتِهِمْ قَبْلَ وِعَاءِ أَخِيهِ ثُمَّ اسْتَخْرَجَهَا مِن وِعَاءِ أَخِيهِ ۚ كَذَٰلِكَ كِدْنَا لِيُوسُفَ ۖ مَا كَانَ لِيَأْخُذَ أَخَاهُ فِي دِينِ الْمَلِكِ إِلَّا أَن يَشَاءَ اللَّهُ ۚ نَرْفَعُ **دَرَجَاتٍ** مَّن نَّشَاءُ ۗ وَفَوْقَ كُلِّ ذِي عِلْمٍ عَلِيمٌ
17 الإسراء 21	انظُرْ كَيْفَ فَضَّلْنَا بَعْضَهُمْ عَلَىٰ بَعْضٍ ۚ وَلَلْآخِرَةُ أَكْبَرُ **دَرَجَاتٍ** وَأَكْبَرُ تَفْضِيلًا
20 طه 75	وَمَن يَأْتِهِ مُؤْمِنًا قَدْ عَمِلَ الصَّالِحَاتِ فَأُولَٰئِكَ لَهُمُ **الدَّرَجَاتُ الْعُلَىٰ**
40 غافر 15	رَفِيعُ **الدَّرَجَاتِ** ذُو الْعَرْشِ يُلْقِي الرُّوحَ مِنْ أَمْرِهِ عَلَىٰ مَن يَشَاءُ مِنْ عِبَادِهِ لِيُنذِرَ يَوْمَ التَّلَاقِ
43 الزخرف 32	أَهُمْ يَقْسِمُونَ رَحْمَتَ رَبِّكَ ۚ نَحْنُ قَسَمْنَا بَيْنَهُم مَّعِيشَتَهُمْ فِي الْحَيَاةِ الدُّنْيَا ۚ وَرَفَعْنَا بَعْضَهُمْ فَوْقَ بَعْضٍ **دَرَجَاتٍ** لِّيَتَّخِذَ بَعْضُهُم بَعْضًا سُخْرِيًّا ۗ وَرَحْمَتُ رَبِّكَ خَيْرٌ مِّمَّا يَجْمَعُونَ

46 الأحقاف 19	وَلِكُلٍّ **دَرَجَاتٌ** مِّمَّا عَمِلُوا ۖ وَلِيُوَفِّيَهُمْ أَعْمَالَهُمْ وَهُمْ لَا يُظْلَمُونَ
58 المجادلة 11	يَا أَيُّهَا الَّذِينَ آمَنُوا إِذَا قِيلَ لَكُمْ تَفَسَّحُوا فِي الْمَجَالِسِ فَافْسَحُوا يَفْسَحِ اللَّهُ لَكُمْ ۖ وَإِذَا قِيلَ انشُزُوا فَانشُزُوا يَرْفَعِ اللَّهُ الَّذِينَ آمَنُوا مِنكُمْ وَالَّذِينَ أُوتُوا الْعِلْمَ **دَرَجَاتٍ** ۚ وَاللَّهُ بِمَا تَعْمَلُونَ خَبِيرٌ
	دَرَسْتَ And thus do We diversify the verses so the disbelievers will say, "You have **studied**," and so We may make the Qur'an clear for a people who know
6 الأنعام 105	وَكَذَٰلِكَ نُصَرِّفُ الْآيَاتِ وَلِيَقُولُوا **دَرَسْتَ** وَلِنُبَيِّنَهُ لِقَوْمٍ يَعْلَمُونَ
	دَسَّاهَا And he has failed who **instills it** [with corruption]
91 الشمس 10	وَقَدْ خَابَ مَن **دَسَّاهَا**
	/ دَعَا /الدُّعَاءِ
3 آل عمران 38	هُنَالِكَ **دَعَا** زَكَرِيَّا رَبَّهُ ۖ قَالَ رَبِّ هَبْ لِي مِن لَّدُنكَ ذُرِّيَّةً طَيِّبَةً ۖ إِنَّكَ سَمِيعُ **الدُّعَاءِ** At that, Zechariah called upon his Lord, saying, "**My Lord, grant me from Yourself a good offspring. Indeed, You are the Hearer of supplication**".
14 ابراهيم 39	الْحَمْدُ لِلَّهِ الَّذِي وَهَبَ لِي عَلَى الْكِبَرِ إِسْمَاعِيلَ وَإِسْحَاقَ ۚ إِنَّ رَبِّي لَسَمِيعُ **الدُّعَاءِ**
21 الأنبياء 45	قُلْ إِنَّمَا أُنذِرُكُم بِالْوَحْيِ ۚ وَلَا يَسْمَعُ الصُّمُّ **الدُّعَاءَ** إِذَا مَا يُنذَرُونَ
27 النمل 80	إِنَّكَ لَا تُسْمِعُ الْمَوْتَىٰ وَلَا تُسْمِعُ الصُّمَّ **الدُّعَاءَ** إِذَا وَلَّوْا مُدْبِرِينَ
30 الروم 52	فَإِنَّكَ لَا تُسْمِعُ الْمَوْتَىٰ وَلَا تُسْمِعُ الصُّمَّ **الدُّعَاءَ** إِذَا وَلَّوْا مُدْبِرِينَ

		دُعَاءً
		The example of those who disbelieve is like that of one who shouts at what hears nothing but **calls** and cries cattle or sheep - deaf, dumb and blind, so they do not understand
2 البقرة 171		وَمَثَلُ الَّذِينَ كَفَرُوا كَمَثَلِ الَّذِي يَنْعِقُ بِمَا لَا يَسْمَعُ إِلَّا **دُعَاءً** وَنِدَاءً ۚ صُمٌّ بُكْمٌ عُمْيٌ فَهُمْ لَا يَعْقِلُونَ
13 الرعد 14		لَهُ **دَعْوَةُ** الْحَقِّ ۖ وَالَّذِينَ **يَدْعُونَ** مِن دُونِهِ لَا يَسْتَجِيبُونَ لَهُم بِشَيْءٍ إِلَّا كَبَاسِطِ كَفَّيْهِ إِلَى الْمَاءِ لِيَبْلُغَ فَاهُ وَمَا هُوَ بِبَالِغِهِ ۚ وَمَا **دُعَاءُ** الْكَافِرِينَ إِلَّا فِي ضَلَالٍ
14 ابراهيم 39		الْحَمْدُ لِلَّهِ الَّذِي وَهَبَ لِي عَلَى الْكِبَرِ إِسْمَاعِيلَ وَإِسْحَاقَ ۚ إِنَّ رَبِّي لَسَمِيعُ **الدُّعَاءِ**
40		رَبِّ اجْعَلْنِي مُقِيمَ الصَّلَاةِ وَمِن ذُرِّيَّتِي ۚ رَبَّنَا وَتَقَبَّلْ **دُعَاءِ**
17 الإسراء 11		**وَيَدْعُ** الْإِنسَانُ بِالشَّرِّ **دُعَاءَهُ** بِالْخَيْرِ ۖ وَكَانَ الْإِنسَانُ عَجُولًا
19 مريم 48		وَأَعْتَزِلُكُمْ وَمَا **تَدْعُونَ** مِن دُونِ اللَّهِ **وَأَدْعُو** رَبِّي عَسَىٰ أَلَّا أَكُونَ **بِدُعَاءِ** رَبِّي شَقِيًّا
21 الأنبياء 45		قُلْ إِنَّمَا أُنذِرُكُم بِالْوَحْيِ ۚ وَلَا يَسْمَعُ الصُّمُّ **الدُّعَاءَ** إِذَا مَا يُنذَرُونَ
24 النور 63		لَّا تَجْعَلُوا **دُعَاءَ** الرَّسُولِ بَيْنَكُمْ **كَدُعَاءِ** بَعْضِكُم بَعْضًا ۚ قَدْ يَعْلَمُ اللَّهُ الَّذِينَ يَتَسَلَّلُونَ مِنكُمْ لِوَاذًا ۚ فَلْيَحْذَرِ الَّذِينَ يُخَالِفُونَ عَنْ أَمْرِهِ أَن تُصِيبَهُمْ فِتْنَةٌ أَوْ يُصِيبَهُمْ عَذَابٌ أَلِيمٌ
27 النمل 80		إِنَّكَ لَا تُسْمِعُ الْمَوْتَىٰ وَلَا تُسْمِعُ الصُّمَّ **الدُّعَاءَ** إِذَا وَلَّوْا مُدْبِرِينَ
30 الروم 52		فَإِنَّكَ لَا تُسْمِعُ الْمَوْتَىٰ وَلَا تُسْمِعُ الصُّمَّ **الدُّعَاءَ** إِذَا وَلَّوْا مُدْبِرِينَ
35 فاطر 14		إِن **تَدْعُوهُمْ** لَا يَسْمَعُوا **دُعَاءَكُمْ** وَلَوْ سَمِعُوا مَا اسْتَجَابُوا لَكُمْ ۖ وَيَوْمَ الْقِيَامَةِ يَكْفُرُونَ بِشِرْكِكُمْ ۚ وَلَا يُنَبِّئُكَ مِثْلُ خَبِيرٍ
40 غافر 50		قَالُوا أَوَلَمْ تَكُ تَأْتِيكُمْ رُسُلُكُم بِالْبَيِّنَاتِ ۖ قَالُوا بَلَىٰ ۚ قَالُوا **فَادْعُوا** ۗ وَمَا **دُعَاءُ** الْكَافِرِينَ إِلَّا فِي ضَلَالٍ
41 فصلت 49		لَّا يَسْأَمُ الْإِنسَانُ مِن **دُعَاءِ** الْخَيْرِ وَإِن مَّسَّهُ الشَّرُّ فَيَئُوسٌ قَنُوطٌ

51	وَإِذَا أَنْعَمْنَا عَلَى الْإِنسَانِ أَعْرَضَ وَنَأَىٰ بِجَانِبِهِ وَإِذَا مَسَّهُ الشَّرُّ فَذُو **دُعَاءٍ** عَرِيضٍ
	دعواهم **Their call** therein will be, "Exalted are You, O Allah," and their greeting therein will be, "Peace." And the last of their "!call will be, "Praise to Allah, Lord of the worlds
7 الأعراف 5	فَمَا كَانَ **دَعْوَاهُمْ** إِذْ جَاءَهُم بَأْسُنَا إِلَّا أَن قَالُوا إِنَّا كُنَّا ظَالِمِينَ
10 يونس 10	**دَعْوَاهُمْ** فِيهَا سُبْحَانَكَ اللَّهُمَّ وَتَحِيَّتُهُمْ فِيهَا سَلَامٌ ۚ وَآخِرُ **دَعْوَاهُمْ** أَنِ الْحَمْدُ لِلَّهِ رَبِّ الْعَالَمِينَ
21 الأنبياء 15	فَمَا زَالَت تِّلْكَ **دَعْوَاهُمْ** حَتَّىٰ جَعَلْنَاهُمْ حَصِيدًا خَامِدِينَ
	دعوة And when My servants ask you, [O Muhammad], concerning Me - indeed I am near. **I respond to the invocation of the supplicant when he calls upon Me**. So let them respond to Me [by obedience] and believe in Me that they may be [rightly] guided.
2 البقرة 186	وَإِذَا سَأَلَكَ عِبَادِي عَنِّي فَإِنِّي قَرِيبٌ ۖ أُجِيبُ **دَعْوَةَ الدَّاعِ** إِذَا **دَعَانِ** ۖ فَلْيَسْتَجِيبُوا لِي وَلْيُؤْمِنُوا بِي لَعَلَّهُمْ يَرْشُدُونَ
13 الرعد 14	لَهُ **دَعْوَةُ** الْحَقِّ ۖ وَالَّذِينَ **يَدْعُونَ** مِن دُونِهِ لَا يَسْتَجِيبُونَ لَهُم بِشَيْءٍ إِلَّا كَبَاسِطِ كَفَّيْهِ إِلَى الْمَاءِ لِيَبْلُغَ فَاهُ وَمَا هُوَ بِبَالِغِهِ ۚ وَمَا **دُعَاءُ** الْكَافِرِينَ إِلَّا فِي ضَلَالٍ
30 الروم 25	وَمِنْ آيَاتِهِ أَن تَقُومَ السَّمَاءُ وَالْأَرْضُ بِأَمْرِهِ ۚ ثُمَّ إِذَا **دَعَاكُمْ دَعْوَةً** مِّنَ الْأَرْضِ إِذَا أَنتُمْ تَخْرُجُونَ
40 غافر 43	لَا جَرَمَ أَنَّمَا **تَدْعُونَنِي** إِلَيْهِ لَيْسَ لَهُ **دَعْوَةٌ** فِي الدُّنْيَا وَلَا فِي الْآخِرَةِ وَأَنَّ مَرَدَّنَا إِلَى اللَّهِ وَأَنَّ الْمُسْرِفِينَ هُمْ أَصْحَابُ النَّارِ
	دعوت/ دَّعْوَتُكُمَا/ دَعْوَتُكُمْ/ دَعْوَتَكَ **called/supplication**
7 الأعراف 193	وَإِن **تَدْعُوهُمْ** إِلَى الْهُدَىٰ لَا يَتَّبِعُوكُمْ ۚ سَوَاءٌ عَلَيْكُمْ **أَدَعَوْتُمُوهُمْ** أَمْ أَنتُمْ صَامِتُونَ

10 يونس 89	قَالَ قَدْ أُجِيبَت **دَّعْوَتُكُمَا** فَاسْتَقِيمَا وَلَا تَتَّبِعَانِّ سَبِيلَ الَّذِينَ لَا يَعْلَمُونَ
14 ابراهيم 22	وَقَالَ الشَّيْطَانُ لَمَّا قُضِيَ الْأَمْرُ إِنَّ اللَّهَ وَعَدَكُمْ وَعْدَ الْحَقِّ وَوَعَدتُّكُمْ فَأَخْلَفْتُكُمْ ۖ وَمَا كَانَ لِيَ عَلَيْكُم مِّن سُلْطَانٍ إِلَّا أَن **دَعَوْتُكُمْ** فَاسْتَجَبْتُمْ لِي ۖ فَلَا تَلُومُونِي وَلُومُوا أَنفُسَكُم ۖ مَّا أَنَا بِمُصْرِخِكُمْ وَمَا أَنتُم بِمُصْرِخِيَّ ۖ إِنِّي كَفَرْتُ بِمَا أَشْرَكْتُمُونِ مِن قَبْلُ ۗ إِنَّ الظَّالِمِينَ لَهُمْ عَذَابٌ أَلِيمٌ
44	وَأَنذِرِ النَّاسَ يَوْمَ يَأْتِيهِمُ الْعَذَابُ فَيَقُولُ الَّذِينَ ظَلَمُوا رَبَّنَا أَخِّرْنَا إِلَىٰ أَجَلٍ قَرِيبٍ نُّجِبْ **دَعْوَتَكَ** وَنَتَّبِعِ الرُّسُلَ ۗ أَوَلَمْ تَكُونُوا أَقْسَمْتُم مِّن قَبْلُ مَا لَكُم مِّن زَوَالٍ
71 نوح 5	قَالَ رَبِّ إِنِّي **دَعَوْتُ** قَوْمِي لَيْلًا وَنَهَارًا He said, "My Lord, indeed I **invited** my people [to truth] night and day
	دَعَوْتُهُمْ
71 نوح 7	وَإِنِّي كُلَّمَا **دَعَوْتُهُمْ** لِتَغْفِرَ لَهُمْ جَعَلُوا أَصَابِعَهُمْ فِي آذَانِهِمْ وَاسْتَغْشَوْا ثِيَابَهُمْ وَأَصَرُّوا وَاسْتَكْبَرُوا اسْتِكْبَارًا
8	ثُمَّ إِنِّي **دَعَوْتُهُمْ** جِهَارًا
	دعي/أَدْعِيَاءَكُمْ/أَدْعِيَائِهِمْ/ دُعِيتُمْ
33 الأحزاب 4	مَّا جَعَلَ اللَّهُ لِرَجُلٍ مِّن قَلْبَيْنِ فِي جَوْفِهِ ۚ وَمَا جَعَلَ أَزْوَاجَكُمُ اللَّائِي تُظَاهِرُونَ مِنْهُنَّ أُمَّهَاتِكُمْ ۚ وَمَا جَعَلَ **أَدْعِيَاءَكُمْ** أَبْنَاءَكُمْ ۚ ذَٰلِكُمْ قَوْلُكُم بِأَفْوَاهِكُمْ ۖ وَاللَّهُ يَقُولُ الْحَقَّ وَهُوَ يَهْدِي السَّبِيلَ Allah has not made for a man two hearts in his interior. And He has not made your wives whom you declare unlawful your mothers. And he has not made **your adopted sons** your [true] sons. That is [merely] your saying by your mouths, but Allah says the truth, and He guides to the [right] way
37	وَإِذْ تَقُولُ لِلَّذِي أَنْعَمَ اللَّهُ عَلَيْهِ وَأَنْعَمْتَ عَلَيْهِ أَمْسِكْ عَلَيْكَ زَوْجَكَ وَاتَّقِ اللَّهَ وَتُخْفِي فِي نَفْسِكَ مَا اللَّهُ مُبْدِيهِ وَتَخْشَى النَّاسَ وَاللَّهُ أَحَقُّ أَن تَخْشَاهُ ۖ فَلَمَّا قَضَىٰ زَيْدٌ مِّنْهَا وَطَرًا زَوَّجْنَاكَهَا لِكَيْ لَا يَكُونَ عَلَى

	الْمُؤْمِنِينَ حَرَجٌ فِي أَزْوَاجِ **أَدْعِيَائِهِمْ** إِذَا قَضَوْا مِنْهُنَّ وَطَرًا ۚ وَكَانَ أَمْرُ اللَّهِ مَفْعُولًا	
53	يَا أَيُّهَا الَّذِينَ آمَنُوا لَا تَدْخُلُوا بُيُوتَ النَّبِيِّ إِلَّا أَن يُؤْذَنَ لَكُمْ إِلَىٰ طَعَامٍ غَيْرَ نَاظِرِينَ إِنَاهُ وَلَٰكِنْ إِذَا **دُعِيتُمْ** فَادْخُلُوا فَإِذَا طَعِمْتُمْ فَانتَشِرُوا وَلَا مُسْتَأْنِسِينَ لِحَدِيثٍ ۚ إِنَّ ذَٰلِكُمْ كَانَ يُؤْذِي النَّبِيَّ فَيَسْتَحْيِي مِنكُمْ ۖ وَاللَّهُ لَا يَسْتَحْيِي مِنَ الْحَقِّ ۚ وَإِذَا سَأَلْتُمُوهُنَّ مَتَاعًا فَاسْأَلُوهُنَّ مِن وَرَاءِ حِجَابٍ ۚ ذَٰلِكُمْ أَطْهَرُ لِقُلُوبِكُمْ وَقُلُوبِهِنَّ ۚ وَمَا كَانَ لَكُمْ أَن تُؤْذُوا رَسُولَ اللَّهِ وَلَا أَن تَنكِحُوا أَزْوَاجَهُ مِن بَعْدِهِ أَبَدًا ۚ إِنَّ ذَٰلِكُمْ كَانَ عِندَ اللَّهِ عَظِيمًا	
40 غافر 12	ذَٰلِكُم بِأَنَّهُ إِذَا **دُعِيَ** اللَّهُ وَحْدَهُ كَفَرْتُمْ ۖ وَإِن يُشْرَكْ بِهِ تُؤْمِنُوا ۚ فَالْحُكْمُ لِلَّهِ الْعَلِيِّ الْكَبِيرِ	

دَعَاكُمْ

And of His signs is that the heaven and earth remain by His command. Then when **He calls you with a [single] call** from the earth, immediately you will come forth.

8 الأنفال 24	يَا أَيُّهَا الَّذِينَ آمَنُوا اسْتَجِيبُوا لِلَّهِ وَلِلرَّسُولِ إِذَا **دَعَاكُمْ** لِمَا يُحْيِيكُمْ ۖ وَاعْلَمُوا أَنَّ اللَّهَ يَحُولُ بَيْنَ الْمَرْءِ وَقَلْبِهِ وَأَنَّهُ إِلَيْهِ تُحْشَرُونَ	
30 الروم 25	وَمِنْ آيَاتِهِ أَن تَقُومَ السَّمَاءُ وَالْأَرْضُ بِأَمْرِهِ ۚ ثُمَّ إِذَا **دَعَاكُمْ دَعْوَةً** مِّنَ الْأَرْضِ إِذَا أَنتُمْ تَخْرُجُونَ	

دِفْءٌ

16 النحل 5	وَالْأَنْعَامَ خَلَقَهَا ۗ لَكُمْ فِيهَا **دِفْءٌ** وَمَنَافِعُ وَمِنْهَا تَأْكُلُونَ	

And the grazing livestock He has created for you; in them is **warmth** and [numerous] benefits, and from them you eat

دَفْعُ

[They are] those who have been evicted from their homes without right - only because they say, "Our Lord is Allah." And were it not that Allah **checks the people**, some by means of others, there would have been demolished monasteries, churches, synagogues, and mosques in which the name of Allah is much mentioned. And Allah will surely support those who support Him. Indeed, Allah is Powerful and Exalted in Might

2 البقرة 251	فَهَزَمُوهُم بِإِذْنِ اللَّهِ وَقَتَلَ دَاوُودُ جَالُوتَ وَآتَاهُ اللَّهُ الْمُلْكَ وَالْحِكْمَةَ وَعَلَّمَهُ مِمَّا يَشَاءُ ۗ وَلَوْلَا **دَفْعُ** اللَّهِ النَّاسَ بَعْضَهُم بِبَعْضٍ لَّفَسَدَتِ الْأَرْضُ وَلَٰكِنَّ اللَّهَ ذُو فَضْلٍ عَلَى الْعَالَمِينَ	
3 آل عمران 167	وَلِيَعْلَمَ الَّذِينَ نَافَقُوا ۚ وَقِيلَ لَهُمْ تَعَالَوْا قَاتِلُوا فِي سَبِيلِ اللَّهِ أَوِ **ادْفَعُوا** ۖ قَالُوا لَوْ نَعْلَمُ قِتَالًا لَّاتَّبَعْنَاكُمْ ۗ هُمْ لِلْكُفْرِ يَوْمَئِذٍ أَقْرَبُ مِنْهُمْ لِلْإِيمَانِ ۚ يَقُولُونَ بِأَفْوَاهِهِم مَّا لَيْسَ فِي قُلُوبِهِمْ ۗ وَاللَّهُ أَعْلَمُ بِمَا يَكْتُمُونَ	
22 الحج 40	الَّذِينَ أُخْرِجُوا مِن دِيَارِهِم بِغَيْرِ حَقٍّ إِلَّا أَن يَقُولُوا رَبُّنَا اللَّهُ ۗ وَلَوْلَا **دَفْعُ** اللَّهِ النَّاسَ بَعْضَهُم بِبَعْضٍ لَّهُدِّمَتْ صَوَامِعُ وَبِيَعٌ وَصَلَوَاتٌ وَمَسَاجِدُ يُذْكَرُ فِيهَا اسْمُ اللَّهِ كَثِيرًا ۗ وَلَيَنصُرَنَّ اللَّهُ مَن يَنصُرُهُ ۗ إِنَّ اللَّهَ لَقَوِيٌّ عَزِيزٌ	
23 المؤمنون 96	**ادْفَعْ** بِالَّتِي هِيَ أَحْسَنُ السَّيِّئَةَ ۚ نَحْنُ أَعْلَمُ بِمَا يَصِفُونَ	
41 فصلت 34	وَلَا تَسْتَوِي الْحَسَنَةُ وَلَا السَّيِّئَةُ ۚ **ادْفَعْ** بِالَّتِي هِيَ أَحْسَنُ فَإِذَا الَّذِي بَيْنَكَ وَبَيْنَهُ عَدَاوَةٌ كَأَنَّهُ وَلِيٌّ حَمِيمٌ	

دَفَعْتُمْ /ادْفَعُوا

And test the orphans [in their abilities] until they reach marriageable age. Then if you perceive in them sound judgement, **release their** property to them. And do not consume it excessively and quickly, [anticipating] that they will grow up. And whoever, [when acting as guardian], is self-sufficient should refrain [from taking a fee]; and whoever is poor - let him take according to what is acceptable. Then when you **release** their property to them, bring witnesses upon them. And sufficient is Allah as Accountant

4 النساء 6	وَابْتَلُوا الْيَتَامَىٰ حَتَّىٰ إِذَا بَلَغُوا النِّكَاحَ فَإِنْ آنَسْتُم مِّنْهُمْ رُشْدًا **فَادْفَعُوا** إِلَيْهِمْ أَمْوَالَهُمْ ۖ وَلَا تَأْكُلُوهَا إِسْرَافًا وَبِدَارًا أَن يَكْبَرُوا ۚ وَمَن كَانَ غَنِيًّا فَلْيَسْتَعْفِفْ ۖ وَمَن كَانَ فَقِيرًا فَلْيَأْكُلْ بِالْمَعْرُوفِ ۚ فَإِذَا **دَفَعْتُمْ** إِلَيْهِمْ أَمْوَالَهُمْ فَأَشْهِدُوا عَلَيْهِمْ ۚ وَكَفَىٰ بِاللَّهِ حَسِيبًا

دَكًّا/ دَكَّاءَ / دَكَّةً

7 الأعراف 143	وَلَمَّا جَاءَ مُوسَىٰ لِمِيقَاتِنَا وَكَلَّمَهُ رَبُّهُ قَالَ رَبِّ أَرِنِي أَنظُرْ إِلَيْكَ ۚ قَالَ لَن تَرَانِي وَلَٰكِنِ انظُرْ إِلَى الْجَبَلِ فَإِنِ اسْتَقَرَّ مَكَانَهُ فَسَوْفَ تَرَانِي ۚ فَلَمَّا تَجَلَّىٰ رَبُّهُ لِلْجَبَلِ جَعَلَهُ **دَكًّا** وَخَرَّ مُوسَىٰ صَعِقًا ۚ فَلَمَّا أَفَاقَ قَالَ سُبْحَانَكَ تُبْتُ إِلَيْكَ وَأَنَا أَوَّلُ الْمُؤْمِنِينَ
18 الكهف 98	قَالَ هَٰذَا رَحْمَةٌ مِّن رَّبِّي ۖ فَإِذَا جَاءَ وَعْدُ رَبِّي جَعَلَهُ **دَكَّاءَ** ۖ وَكَانَ وَعْدُ رَبِّي حَقًّا
89 الفجر 21	كَلَّا إِذَا **دُكَّتِ** الْأَرْضُ **دَكًّا دَكًّا**
69 الحاقة 14	وَحُمِلَتِ الْأَرْضُ وَالْجِبَالُ **فَدُكَّتَا دَكَّةً** وَاحِدَةً And the earth and the mountains are lifted and **leveled** with one blow
	دَلَّهُمْ **indicated to the jinn**
34 سبإ 14	فَلَمَّا قَضَيْنَا عَلَيْهِ الْمَوْتَ مَا **دَلَّهُمْ** عَلَىٰ مَوْتِهِ إِلَّا دَابَّةُ الْأَرْضِ تَأْكُلُ مِنسَأَتَهُ ۖ فَلَمَّا خَرَّ تَبَيَّنَتِ الْجِنُّ أَن لَّوْ كَانُوا يَعْلَمُونَ الْغَيْبَ مَا لَبِثُوا فِي الْعَذَابِ الْمُهِينِ
	دَلْوَهُ let down **his bucket**
12 يوسف 19	وَجَاءَتْ سَيَّارَةٌ فَأَرْسَلُوا وَارِدَهُمْ **فَأَدْلَىٰ دَلْوَهُ** ۖ قَالَ يَا بُشْرَىٰ هَٰذَا غُلَامٌ ۚ وَأَسَرُّوهُ بِضَاعَةً ۚ وَاللَّهُ عَلِيمٌ بِمَا يَعْمَلُونَ
	دَلِيلًا **an indication**
25الفرقان 45	أَلَمْ تَرَ إِلَىٰ رَبِّكَ كَيْفَ مَدَّ الظِّلَّ وَلَوْ شَاءَ لَجَعَلَهُ سَاكِنًا ثُمَّ جَعَلْنَا الشَّمْسَ عَلَيْهِ **دَلِيلًا**
	دَمًا Say, "I do not find within that which was revealed to me [anything] forbidden to one who would eat it unless it be a dead animal or blood spilled out or the flesh of swine - for indeed, it is impure - or it be [that slaughtered in] disobedience, dedicated to other than Allah. But whoever is forced [by necessity], neither desiring [it] nor transgressing [its limit], then indeed, your Lord is Forgiving and ".Merciful

2 البقرة 30	وَإِذْ قَالَ رَبُّكَ لِلْمَلَائِكَةِ إِنِّي جَاعِلٌ فِي الْأَرْضِ خَلِيفَةً ۖ قَالُوا أَتَجْعَلُ فِيهَا مَن يُفْسِدُ فِيهَا وَيَسْفِكُ **الدِّمَاءَ** وَنَحْنُ نُسَبِّحُ بِحَمْدِكَ وَنُقَدِّسُ لَكَ ۖ قَالَ إِنِّي أَعْلَمُ مَا لَا تَعْلَمُونَ	
84	وَإِذْ أَخَذْنَا مِيثَاقَكُمْ لَا تَسْفِكُونَ **دِمَاءَكُمْ** وَلَا تُخْرِجُونَ أَنفُسَكُم مِّن دِيَارِكُمْ ثُمَّ أَقْرَرْتُمْ وَأَنتُمْ تَشْهَدُونَ	
6 الأنعام 145	قُل لَّا أَجِدُ فِي مَا أُوحِيَ إِلَيَّ مُحَرَّمًا عَلَىٰ طَاعِمٍ يَطْعَمُهُ إِلَّا أَن يَكُونَ مَيْتَةً أَوْ **دَمًا** مَّسْفُوحًا أَوْ لَحْمَ خِنزِيرٍ فَإِنَّهُ رِجْسٌ أَوْ فِسْقًا أُهِلَّ لِغَيْرِ اللَّهِ بِهِ ۚ فَمَنِ اضْطُرَّ غَيْرَ بَاغٍ وَلَا عَادٍ فَإِنَّ رَبَّكَ غَفُورٌ رَّحِيمٌ	
22 الحج 37	لَن يَنَالَ اللَّهَ لُحُومُهَا وَلَا **دِمَاؤُهَا** وَلَٰكِن يَنَالُهُ التَّقْوَىٰ مِنكُمْ ۚ كَذَٰلِكَ سَخَّرَهَا لَكُمْ لِتُكَبِّرُوا اللَّهَ عَلَىٰ مَا هَدَاكُمْ ۗ وَبَشِّرِ الْمُحْسِنِينَ	

دُمْتَ

I said not to them except what You commanded me - to worship Allah, my Lord and your Lord. And I was a witness over them **as long as I was among them**; but when You took me up, You were the Observer over them, and You are, over all things, Witness

3 آل عمران 75	۞ وَمِنْ أَهْلِ الْكِتَابِ مَنْ إِن تَأْمَنْهُ بِقِنطَارٍ يُؤَدِّهِ إِلَيْكَ وَمِنْهُم مَّنْ إِن تَأْمَنْهُ بِدِينَارٍ لَّا يُؤَدِّهِ إِلَيْكَ إِلَّا مَا **دُمْتَ** عَلَيْهِ قَائِمًا ۗ ذَٰلِكَ بِأَنَّهُمْ قَالُوا لَيْسَ عَلَيْنَا فِي الْأُمِّيِّينَ سَبِيلٌ وَيَقُولُونَ عَلَى اللَّهِ الْكَذِبَ وَهُمْ يَعْلَمُونَ	
5 المائدة 96	أُحِلَّ لَكُمْ صَيْدُ الْبَحْرِ وَطَعَامُهُ مَتَاعًا لَّكُمْ وَلِلسَّيَّارَةِ ۖ وَحُرِّمَ عَلَيْكُمْ صَيْدُ الْبَرِّ مَا **دُمْتُمْ** حُرُمًا ۗ وَاتَّقُوا اللَّهَ الَّذِي إِلَيْهِ تُحْشَرُونَ	
117	مَا قُلْتُ لَهُمْ إِلَّا مَا أَمَرْتَنِي بِهِ أَنِ اعْبُدُوا اللَّهَ رَبِّي وَرَبَّكُمْ ۚ وَكُنتُ عَلَيْهِمْ شَهِيدًا مَّا **دُمْتُ** فِيهِمْ ۖ فَلَمَّا تَوَفَّيْتَنِي كُنتَ أَنتَ الرَّقِيبَ عَلَيْهِمْ ۚ وَأَنتَ عَلَىٰ كُلِّ شَيْءٍ شَهِيدٌ	
19 مريم 31	وَجَعَلَنِي مُبَارَكًا أَيْنَ مَا كُنتُ وَأَوْصَانِي بِالصَّلَاةِ وَالزَّكَاةِ مَا **دُمْتُ** حَيًّا	

دَمَّرَ

destroyed

7 الأعراف 137	وَأَوْرَثْنَا الْقَوْمَ الَّذِينَ كَانُوا يُسْتَضْعَفُونَ مَشَارِقَ الْأَرْضِ وَمَغَارِبَهَا الَّتِي بَارَكْنَا فِيهَا ۖ وَتَمَّتْ كَلِمَتُ رَبِّكَ الْحُسْنَىٰ عَلَىٰ بَنِي إِسْرَائِيلَ بِمَا صَبَرُوا ۖ **وَدَمَّرْنَا** مَا كَانَ يَصْنَعُ فِرْعَوْنُ وَقَوْمُهُ وَمَا كَانُوا يَعْرِشُونَ	
17 الإسراء 16	وَإِذَا أَرَدْنَا أَن نُّهْلِكَ قَرْيَةً أَمَرْنَا مُتْرَفِيهَا فَفَسَقُوا فِيهَا فَحَقَّ عَلَيْهَا الْقَوْلُ **فَدَمَّرْنَاهَا تَدْمِيرًا**	

25 الفرقان 36	فَقُلْنَا اذْهَبَا إِلَى الْقَوْمِ الَّذِينَ كَذَّبُوا بِآيَاتِنَا فَدَمَّرْنَاهُمْ تَدْمِيرًا	
26 الشعراء 172	ثُمَّ دَمَّرْنَا الْآخَرِينَ	
27 النمل 51	فَانظُرْ كَيْفَ كَانَ عَاقِبَةُ مَكْرِهِمْ أَنَّا دَمَّرْنَاهُمْ وَقَوْمَهُمْ أَجْمَعِينَ	
37 الصافات 136	ثُمَّ دَمَّرْنَا الْآخَرِينَ	
46 الأحقاف 25	تُدَمِّرُ كُلَّ شَيْءٍ بِأَمْرِ رَبِّهَا فَأَصْبَحُوا لَا يُرَىٰ إِلَّا مَسَاكِنُهُمْ ۚ كَذَٰلِكَ نَجْزِي الْقَوْمَ الْمُجْرِمِينَ	
47 محمد 10	أَفَلَمْ يَسِيرُوا فِي الْأَرْضِ فَيَنظُرُوا كَيْفَ كَانَ عَاقِبَةُ الَّذِينَ مِن قَبْلِهِمْ ۚ دَمَّرَ اللَّهُ عَلَيْهِمْ ۖ وَلِلْكَافِرِينَ أَمْثَالُهَا	

دُولَةً
perpetual distribution

59 الحشر 7	مَّا أَفَاءَ اللَّهُ عَلَىٰ رَسُولِهِ مِنْ أَهْلِ الْقُرَىٰ فَلِلَّهِ وَلِلرَّسُولِ وَلِذِي الْقُرْبَىٰ وَالْيَتَامَىٰ وَالْمَسَاكِينِ وَابْنِ السَّبِيلِ كَيْ لَا يَكُونَ دُولَةً بَيْنَ الْأَغْنِيَاءِ مِنكُمْ ۚ وَمَا آتَاكُمُ الرَّسُولُ فَخُذُوهُ وَمَا نَهَاكُمْ عَنْهُ فَانتَهُوا ۚ وَاتَّقُوا اللَّهَ ۖ إِنَّ اللَّهَ شَدِيدُ الْعِقَابِ	

دُونِهِمُ
aside from them

28 القصص 23	وَلَمَّا وَرَدَ مَاءَ مَدْيَنَ وَجَدَ عَلَيْهِ أُمَّةً مِّنَ النَّاسِ يَسْقُونَ وَوَجَدَ مِن دُونِهِمُ امْرَأَتَيْنِ تَذُودَانِ ۖ قَالَ مَا خَطْبُكُمَا ۖ قَالَتَا لَا نَسْقِي حَتَّىٰ يُصْدِرَ الرِّعَاءُ ۖ وَأَبُونَا شَيْخٌ كَبِيرٌ	

دَيَّارًا/ دِيَارِنَا دِيَارِكُمْ/ دِيَارِهِمْ

71 نوح 26	وَقَالَ نُوحٌ رَّبِّ لَا تَذَرْ عَلَى الْأَرْضِ مِنَ الْكَافِرِينَ دَيَّارًا And Noah said, "My Lord, do not leave upon the earth from among the disbelievers an **inhabitant**	
2 البقرة 246	أَلَمْ تَرَ إِلَى الْمَلَإِ مِن بَنِي إِسْرَائِيلَ مِن بَعْدِ مُوسَىٰ إِذْ قَالُوا لِنَبِيٍّ لَّهُمُ ابْعَثْ لَنَا مَلِكًا نُّقَاتِلْ فِي سَبِيلِ اللَّهِ ۖ قَالَ هَلْ عَسَيْتُمْ إِن كُتِبَ عَلَيْكُمُ الْقِتَالُ أَلَّا تُقَاتِلُوا ۖ قَالُوا وَمَا لَنَا أَلَّا نُقَاتِلَ فِي سَبِيلِ اللَّهِ وَقَدْ أُخْرِجْنَا مِن دِيَارِنَا	

	وَأَبْنَائِنَا ۖ فَلَمَّا كُتِبَ عَلَيْهِمُ الْقِتَالُ تَوَلَّوْا إِلَّا قَلِيلًا مِّنْهُمْ ۗ وَاللَّهُ عَلِيمٌ بِالظَّالِمِينَ
2 البقرة 84	وَإِذْ أَخَذْنَا مِيثَاقَكُمْ لَا تَسْفِكُونَ دِمَاءَكُمْ وَلَا تُخْرِجُونَ أَنفُسَكُم مِّن **دِيَارِكُمْ** ثُمَّ أَقْرَرْتُمْ وَأَنتُمْ تَشْهَدُونَ
4 النساء 66	وَلَوْ أَنَّا كَتَبْنَا عَلَيْهِمْ أَنِ اقْتُلُوا أَنفُسَكُمْ أَوِ اخْرُجُوا مِن **دِيَارِكُم** مَّا فَعَلُوهُ إِلَّا قَلِيلٌ مِّنْهُمْ ۖ وَلَوْ أَنَّهُمْ فَعَلُوا مَا يُوعَظُونَ بِهِ لَكَانَ خَيْرًا لَّهُمْ وَأَشَدَّ تَثْبِيتًا
60 الممتحنة 8	لَّا يَنْهَاكُمُ اللَّهُ عَنِ الَّذِينَ لَمْ يُقَاتِلُوكُمْ فِي الدِّينِ وَلَمْ يُخْرِجُوكُم مِّن **دِيَارِكُمْ** أَن تَبَرُّوهُمْ وَتُقْسِطُوا إِلَيْهِمْ ۚ إِنَّ اللَّهَ يُحِبُّ الْمُقْسِطِينَ
9	إِنَّمَا يَنْهَاكُمُ اللَّهُ عَنِ الَّذِينَ قَاتَلُوكُمْ فِي الدِّينِ وَأَخْرَجُوكُم مِّن **دِيَارِكُمْ** وَظَاهَرُوا عَلَىٰ إِخْرَاجِكُمْ أَن تَوَلَّوْهُمْ ۚ وَمَن يَتَوَلَّهُمْ فَأُولَٰئِكَ هُمُ الظَّالِمُونَ
2 البقرة 85	ثُمَّ أَنتُمْ هَٰؤُلَاءِ تَقْتُلُونَ أَنفُسَكُمْ وَتُخْرِجُونَ فَرِيقًا مِّنكُم مِّن **دِيَارِهِمْ** تَظَاهَرُونَ عَلَيْهِم بِالْإِثْمِ وَالْعُدْوَانِ وَإِن يَأْتُوكُمْ أُسَارَىٰ تُفَادُوهُمْ وَهُوَ مُحَرَّمٌ عَلَيْكُمْ إِخْرَاجُهُمْ ۚ أَفَتُؤْمِنُونَ بِبَعْضِ الْكِتَابِ وَتَكْفُرُونَ بِبَعْضٍ ۚ فَمَا جَزَاءُ مَن يَفْعَلُ ذَٰلِكَ مِنكُمْ إِلَّا خِزْيٌ فِي الْحَيَاةِ الدُّنْيَا ۖ وَيَوْمَ الْقِيَامَةِ يُرَدُّونَ إِلَىٰ أَشَدِّ الْعَذَابِ ۗ وَمَا اللَّهُ بِغَافِلٍ عَمَّا تَعْمَلُونَ
243	۞ أَلَمْ تَرَ إِلَى الَّذِينَ خَرَجُوا مِن **دِيَارِهِمْ** وَهُمْ أُلُوفٌ حَذَرَ الْمَوْتِ فَقَالَ لَهُمُ اللَّهُ مُوتُوا ثُمَّ أَحْيَاهُمْ ۚ إِنَّ اللَّهَ لَذُو فَضْلٍ عَلَى النَّاسِ وَلَٰكِنَّ أَكْثَرَ النَّاسِ لَا يَشْكُرُونَ
3 آل عمران 195	فَاسْتَجَابَ لَهُمْ رَبُّهُمْ أَنِّي لَا أُضِيعُ عَمَلَ عَامِلٍ مِّنكُم مِّن ذَكَرٍ أَوْ أُنثَىٰ ۖ بَعْضُكُم مِّن بَعْضٍ ۖ فَالَّذِينَ هَاجَرُوا وَأُخْرِجُوا مِن **دِيَارِهِمْ** وَأُوذُوا فِي سَبِيلِي وَقَاتَلُوا وَقُتِلُوا لَأُكَفِّرَنَّ عَنْهُمْ سَيِّئَاتِهِمْ وَلَأُدْخِلَنَّهُمْ جَنَّاتٍ تَجْرِي مِن تَحْتِهَا الْأَنْهَارُ ثَوَابًا مِّنْ عِندِ اللَّهِ ۗ وَاللَّهُ عِندَهُ حُسْنُ الثَّوَابِ
	دِينِكُمْ O People of the Scripture, do not commit excess in **your religion** or say about Allah except the truth. The Messiah, Jesus, the son of Mary, was but a messenger of Allah and His word which He directed to Mary and a soul [created at a command] from Him. So believe in Allah and His messengers. And do not say, "Three"; desist - it is better for you. Indeed, Allah is but one God. Exalted is He above

	having a son. To Him belongs whatever is in the heavens and whatever is on the earth. And sufficient is Allah as .Disposer of affairs
2 البقرة 217	يَسْأَلُونَكَ عَنِ الشَّهْرِ الْحَرَامِ قِتَالٍ فِيهِ ۖ قُلْ قِتَالٌ فِيهِ كَبِيرٌ ۖ وَصَدٌّ عَن سَبِيلِ اللَّهِ وَكُفْرٌ بِهِ وَالْمَسْجِدِ الْحَرَامِ وَإِخْرَاجُ أَهْلِهِ مِنْهُ أَكْبَرُ عِندَ اللَّهِ ۚ وَالْفِتْنَةُ أَكْبَرُ مِنَ الْقَتْلِ ۗ وَلَا يَزَالُونَ يُقَاتِلُونَكُمْ حَتَّىٰ يَرُدُّوكُمْ عَن **دِينِكُمْ** إِنِ اسْتَطَاعُوا ۚ وَمَن يَرْتَدِدْ مِنكُمْ عَن **دِينِهِ** فَيَمُتْ وَهُوَ كَافِرٌ فَأُولَٰئِكَ حَبِطَتْ أَعْمَالُهُمْ فِي الدُّنْيَا وَالْآخِرَةِ ۖ وَأُولَٰئِكَ أَصْحَابُ النَّارِ ۖ هُمْ فِيهَا خَالِدُونَ
3 آل عمران 73	وَلَا تُؤْمِنُوا إِلَّا لِمَن تَبِعَ **دِينَكُمْ** قُلْ إِنَّ الْهُدَىٰ هُدَى اللَّهِ أَن يُؤْتَىٰ أَحَدٌ مِّثْلَ مَا أُوتِيتُمْ أَوْ يُحَاجُّوكُمْ عِندَ رَبِّكُمْ ۗ قُلْ إِنَّ الْفَضْلَ بِيَدِ اللَّهِ يُؤْتِيهِ مَن يَشَاءُ ۗ وَاللَّهُ وَاسِعٌ عَلِيمٌ
4 النساء 171	يَا أَهْلَ الْكِتَابِ لَا تَغْلُوا فِي **دِينِكُمْ** وَلَا تَقُولُوا عَلَى اللَّهِ إِلَّا الْحَقَّ ۚ إِنَّمَا الْمَسِيحُ عِيسَى ابْنُ مَرْيَمَ رَسُولُ اللَّهِ وَكَلِمَتُهُ أَلْقَاهَا إِلَىٰ مَرْيَمَ وَرُوحٌ مِّنْهُ ۖ فَآمِنُوا بِاللَّهِ وَرُسُلِهِ ۖ وَلَا تَقُولُوا ثَلَاثَةٌ ۚ انتَهُوا خَيْرًا لَّكُمْ ۚ إِنَّمَا اللَّهُ إِلَٰهٌ وَاحِدٌ ۖ سُبْحَانَهُ أَن يَكُونَ لَهُ وَلَدٌ ۘ لَّهُ مَا فِي السَّمَاوَاتِ وَمَا فِي الْأَرْضِ ۗ وَكَفَىٰ بِاللَّهِ وَكِيلًا
5 المائدة 3	حُرِّمَتْ عَلَيْكُمُ الْمَيْتَةُ وَالدَّمُ وَلَحْمُ الْخِنزِيرِ وَمَا أُهِلَّ لِغَيْرِ اللَّهِ بِهِ وَالْمُنْخَنِقَةُ وَالْمَوْقُوذَةُ وَالْمُتَرَدِّيَةُ وَالنَّطِيحَةُ وَمَا أَكَلَ السَّبُعُ إِلَّا مَا ذَكَّيْتُمْ وَمَا ذُبِحَ عَلَى النُّصُبِ وَأَن تَسْتَقْسِمُوا بِالْأَزْلَامِ ۚ ذَٰلِكُمْ فِسْقٌ ۗ الْيَوْمَ يَئِسَ الَّذِينَ كَفَرُوا مِن **دِينِكُمْ** فَلَا تَخْشَوْهُمْ وَاخْشَوْنِ ۚ الْيَوْمَ أَكْمَلْتُ لَكُمْ **دِينَكُمْ** وَأَتْمَمْتُ عَلَيْكُمْ نِعْمَتِي وَرَضِيتُ لَكُمُ الْإِسْلَامَ **دِينًا** ۚ فَمَنِ اضْطُرَّ فِي مَخْمَصَةٍ غَيْرَ مُتَجَانِفٍ لِّإِثْمٍ ۙ فَإِنَّ اللَّهَ غَفُورٌ رَّحِيمٌ
57	يَا أَيُّهَا الَّذِينَ آمَنُوا لَا تَتَّخِذُوا الَّذِينَ اتَّخَذُوا **دِينَكُمْ** هُزُوًا وَلَعِبًا مِّنَ الَّذِينَ أُوتُوا الْكِتَابَ مِن قَبْلِكُمْ وَالْكُفَّارَ أَوْلِيَاءَ ۚ وَاتَّقُوا اللَّهَ إِن كُنتُم مُّؤْمِنِينَ
77	قُلْ يَا أَهْلَ الْكِتَابِ لَا تَغْلُوا فِي **دِينِكُمْ** غَيْرَ الْحَقِّ وَلَا تَتَّبِعُوا أَهْوَاءَ قَوْمٍ قَدْ ضَلُّوا مِن قَبْلُ وَأَضَلُّوا كَثِيرًا وَضَلُّوا عَن سَوَاءِ السَّبِيلِ
التوبة 9 12	وَإِن نَّكَثُوا أَيْمَانَهُم مِّن بَعْدِ عَهْدِهِمْ وَطَعَنُوا فِي **دِينِكُمْ** فَقَاتِلُوا أَئِمَّةَ الْكُفْرِ ۙ إِنَّهُمْ لَا أَيْمَانَ لَهُمْ لَعَلَّهُمْ يَنتَهُونَ
غافر 40 26	وَقَالَ فِرْعَوْنُ ذَرُونِي أَقْتُلْ مُوسَىٰ وَلْيَدْعُ رَبَّهُ ۖ إِنِّي أَخَافُ أَن يُبَدِّلَ **دِينَكُمْ** أَوْ أَن يُظْهِرَ فِي الْأَرْضِ الْفَسَادَ

49 الحجرات 16	قُلْ أَتُعَلِّمُونَ اللَّهَ بِدِينِكُمْ وَاللَّهُ يَعْلَمُ مَا فِي السَّمَاوَاتِ وَمَا فِي الْأَرْضِ ۚ وَاللَّهُ بِكُلِّ شَيْءٍ عَلِيمٌ	
109 الكافرون 6	لَكُمْ دِينُكُمْ وَلِيَ دِينِ For you is **your religion**, and for me is **my religion**".	

بحث في مفردات القرآن الكريم

القسم الثاني

الاحرف د- ص	حرف ذ	
د ذ ر ز س ش ص		

ذَائِقَةُ

Every soul **will taste** death. And We test you with evil and with good as trial; and to Us you will be returned

3 آل عمران 185	كُلُّ نَفْسٍ **ذَائِقَةُ** الْمَوْتِ ۗ وَإِنَّمَا تُوَفَّوْنَ أُجُورَكُمْ يَوْمَ الْقِيَامَةِ ۖ فَمَن زُحْزِحَ عَنِ النَّارِ وَأُدْخِلَ الْجَنَّةَ فَقَدْ فَازَ ۗ وَمَا الْحَيَاةُ الدُّنْيَا إِلَّا مَتَاعُ الْغُرُورِ
21 الأنبياء 35	كُلُّ نَفْسٍ **ذَائِقَةُ** الْمَوْتِ ۗ وَنَبْلُوكُم بِالشَّرِّ وَالْخَيْرِ فِتْنَةً ۖ وَإِلَيْنَا تُرْجَعُونَ
29 العنكبوت 57	كُلُّ نَفْسٍ **ذَائِقَةُ** الْمَوْتِ ۖ ثُمَّ إِلَيْنَا تُرْجَعُونَ

ذَاقَا

So he made them fall, through deception. And when they **tasted** of the tree, their private parts became apparent to them, and they began to fasten together over themselves from the leaves of Paradise. And their Lord

	called to them, "Did I not forbid you from that tree and "?tell you that Satan is to you a clear enemy
7 الأعراف 22	فَدَلَّاهُمَا بِغُرُورٍ ۚ فَلَمَّا **ذَاقَا** الشَّجَرَةَ بَدَتْ لَهُمَا سَوْآتُهُمَا وَطَفِقَا يَخْصِفَانِ عَلَيْهِمَا مِن وَرَقِ الْجَنَّةِ ۖ وَنَادَاهُمَا رَبُّهُمَا أَلَمْ أَنْهَكُمَا عَن تِلْكُمَا الشَّجَرَةِ وَأَقُل لَّكُمَا إِنَّ الشَّيْطَانَ لَكُمَا عَدُوٌّ مُّبِينٌ
	ذَاقُوا **they tasted**
6 الأنعام 148	سَيَقُولُ الَّذِينَ أَشْرَكُوا لَوْ شَاءَ اللَّهُ مَا أَشْرَكْنَا وَلَا آبَاؤُنَا وَلَا حَرَّمْنَا مِن شَيْءٍ ۚ كَذَٰلِكَ كَذَّبَ الَّذِينَ مِن قَبْلِهِمْ حَتَّىٰ **ذَاقُوا** بَأْسَنَا ۗ قُلْ هَلْ عِندَكُم مِّنْ عِلْمٍ فَتُخْرِجُوهُ لَنَا ۖ إِن تَتَّبِعُونَ إِلَّا الظَّنَّ وَإِنْ أَنتُمْ إِلَّا تَخْرُصُونَ
59 الحشر 15	كَمَثَلِ الَّذِينَ مِن قَبْلِهِمْ قَرِيبًا ۖ **ذَاقُوا** وَبَالَ أَمْرِهِمْ وَلَهُمْ عَذَابٌ أَلِيمٌ
64 التغابن 5	أَلَمْ يَأْتِكُمْ نَبَأُ الَّذِينَ كَفَرُوا مِن قَبْلُ **فَذَاقُوا** وَبَالَ أَمْرِهِمْ وَلَهُمْ عَذَابٌ أَلِيمٌ
	ذَاهِبٌ And [then] he said, "Indeed, **I will go to** [where I am ordered by] my Lord; He will guide me
37 الصافات 99	وَقَالَ إِنِّي **ذَاهِبٌ** إِلَىٰ رَبِّي سَيَهْدِينِ
	ذُبَابًا/ الذُّبَابُ **a fly/ the fly**
22 الحج 73	يَا أَيُّهَا النَّاسُ ضُرِبَ مَثَلٌ فَاسْتَمِعُوا لَهُ ۚ إِنَّ الَّذِينَ تَدْعُونَ مِن دُونِ اللَّهِ لَن يَخْلُقُوا **ذُبَابًا** وَلَوِ اجْتَمَعُوا لَهُ ۖ وَإِن يَسْلُبْهُمُ **الذُّبَابُ** شَيْئًا لَّا يَسْتَنقِذُوهُ مِنْهُ ۚ ضَعُفَ الطَّالِبُ وَالْمَطْلُوبُ
	ذُبِحَ **to slaughter**

2 البقرة 49	وَإِذْ نَجَّيْنَاكُم مِّنْ آلِ فِرْعَوْنَ يَسُومُونَكُمْ سُوءَ الْعَذَابِ **يُذَبِّحُونَ** أَبْنَاءَكُمْ وَيَسْتَحْيُونَ نِسَاءَكُمْ ۚ وَفِي ذَٰلِكُم بَلَاءٌ مِّن رَّبِّكُمْ عَظِيمٌ	
67	وَإِذْ قَالَ مُوسَىٰ لِقَوْمِهِ إِنَّ اللَّهَ يَأْمُرُكُمْ أَن **تَذْبَحُوا** بَقَرَةً ۖ قَالُوا أَتَتَّخِذُنَا هُزُوًا ۖ قَالَ أَعُوذُ بِاللَّهِ أَنْ أَكُونَ مِنَ الْجَاهِلِينَ	
71	قَالَ إِنَّهُ يَقُولُ إِنَّهَا بَقَرَةٌ لَّا ذَلُولٌ تُثِيرُ الْأَرْضَ وَلَا تَسْقِي الْحَرْثَ مُسَلَّمَةٌ لَّا شِيَةَ فِيهَا ۚ قَالُوا الْآنَ جِئْتَ بِالْحَقِّ ۚ **فَذَبَحُوهَا** وَمَا كَادُوا يَفْعَلُونَ	
5 المائدة 3	حُرِّمَتْ عَلَيْكُمُ الْمَيْتَةُ وَالدَّمُ وَلَحْمُ الْخِنزِيرِ وَمَا أُهِلَّ لِغَيْرِ اللَّهِ بِهِ وَالْمُنْخَنِقَةُ وَالْمَوْقُوذَةُ وَالْمُتَرَدِّيَةُ وَالنَّطِيحَةُ وَمَا أَكَلَ السَّبُعُ إِلَّا مَا ذَكَّيْتُمْ وَمَا **ذُبِحَ** عَلَى النُّصُبِ وَأَن تَسْتَقْسِمُوا بِالْأَزْلَامِ ۚ ذَٰلِكُمْ فِسْقٌ ۗ الْيَوْمَ يَئِسَ الَّذِينَ كَفَرُوا مِن دِينِكُمْ فَلَا تَخْشَوْهُمْ وَاخْشَوْنِ ۚ الْيَوْمَ أَكْمَلْتُ لَكُمْ دِينَكُمْ وَأَتْمَمْتُ عَلَيْكُمْ نِعْمَتِي وَرَضِيتُ لَكُمُ الْإِسْلَامَ دِينًا ۚ فَمَنِ اضْطُرَّ فِي مَخْمَصَةٍ غَيْرَ مُتَجَانِفٍ لِّإِثْمٍ ۙ فَإِنَّ اللَّهَ غَفُورٌ رَّحِيمٌ	
14 ابراهيم 6	وَإِذْ قَالَ مُوسَىٰ لِقَوْمِهِ اذْكُرُوا نِعْمَةَ اللَّهِ عَلَيْكُمْ إِذْ أَنجَاكُم مِّنْ آلِ فِرْعَوْنَ يَسُومُونَكُمْ سُوءَ الْعَذَابِ **وَيُذَبِّحُونَ** أَبْنَاءَكُمْ وَيَسْتَحْيُونَ نِسَاءَكُمْ ۚ وَفِي ذَٰلِكُم بَلَاءٌ مِّن رَّبِّكُمْ عَظِيمٌ	
27 النمل 21	لَأُعَذِّبَنَّهُ عَذَابًا شَدِيدًا أَوْ **لَأَذْبَحَنَّهُ** أَوْ لَيَأْتِيَنِّي بِسُلْطَانٍ مُّبِينٍ	
28 القصص 4	إِنَّ فِرْعَوْنَ عَلَا فِي الْأَرْضِ وَجَعَلَ أَهْلَهَا شِيَعًا يَسْتَضْعِفُ طَائِفَةً مِّنْهُمْ **يُذَبِّحُ** أَبْنَاءَهُمْ وَيَسْتَحْيِي نِسَاءَهُمْ ۚ إِنَّهُ كَانَ مِنَ الْمُفْسِدِينَ	
37 الصافات 102	فَلَمَّا بَلَغَ مَعَهُ السَّعْيَ قَالَ يَا بُنَيَّ إِنِّي أَرَىٰ فِي الْمَنَامِ أَنِّي **أَذْبَحُكَ** فَانظُرْ مَاذَا تَرَىٰ ۚ قَالَ يَا أَبَتِ افْعَلْ مَا تُؤْمَرُ ۖ سَتَجِدُنِي إِن شَاءَ اللَّهُ مِنَ الصَّابِرِينَ	
107	وَفَدَيْنَاهُ **بِذِبْحٍ** عَظِيمٍ	

ذات/ بِذَاتِ/ ذَاتَ

and we turned them **to the** right and **to the** left

3 آل عمران 119	هَا أَنتُمْ أُولَاءِ تُحِبُّونَهُمْ وَلَا يُحِبُّونَكُمْ وَتُؤْمِنُونَ بِالْكِتَابِ كُلِّهِ وَإِذَا لَقُوكُمْ قَالُوا آمَنَّا وَإِذَا خَلَوْا عَضُّوا عَلَيْكُمُ الْأَنَامِلَ مِنَ الْغَيْظِ ۚ قُلْ مُوتُوا بِغَيْظِكُمْ ۗ إِنَّ اللَّهَ عَلِيمٌ **بِذَاتِ** الصُّدُورِ

154	ثُمَّ أَنزَلَ عَلَيْكُم مِّن بَعْدِ الْغَمِّ أَمَنَةً نُّعَاسًا يَغْشَىٰ طَائِفَةً مِّنكُمْ ۖ وَطَائِفَةٌ قَدْ أَهَمَّتْهُمْ أَنفُسُهُمْ يَظُنُّونَ بِاللَّهِ غَيْرَ الْحَقِّ ظَنَّ الْجَاهِلِيَّةِ ۖ يَقُولُونَ هَل لَّنَا مِنَ الْأَمْرِ مِن شَيْءٍ ۗ قُلْ إِنَّ الْأَمْرَ كُلَّهُ لِلَّهِ ۗ يُخْفُونَ فِي أَنفُسِهِم مَّا لَا يُبْدُونَ لَكَ ۖ يَقُولُونَ لَوْ كَانَ لَنَا مِنَ الْأَمْرِ شَيْءٌ مَّا قُتِلْنَا هَاهُنَا ۗ قُل لَّوْ كُنتُمْ فِي بُيُوتِكُمْ لَبَرَزَ الَّذِينَ كُتِبَ عَلَيْهِمُ الْقَتْلُ إِلَىٰ مَضَاجِعِهِمْ ۖ وَلِيَبْتَلِيَ اللَّهُ مَا فِي صُدُورِكُمْ وَلِيُمَحِّصَ مَا فِي قُلُوبِكُمْ ۗ وَاللَّهُ عَلِيمٌ **بِذَاتِ** الصُّدُورِ	
5 المائدة 7	وَاذْكُرُوا نِعْمَةَ اللَّهِ عَلَيْكُمْ وَمِيثَاقَهُ الَّذِي وَاثَقَكُم بِهِ إِذْ قُلْتُمْ سَمِعْنَا وَأَطَعْنَا ۖ وَاتَّقُوا اللَّهَ ۚ إِنَّ اللَّهَ عَلِيمٌ **بِذَاتِ** الصُّدُورِ	
8 الأنفال 1	يَسْأَلُونَكَ عَنِ الْأَنفَالِ ۖ قُلِ الْأَنفَالُ لِلَّهِ وَالرَّسُولِ ۖ فَاتَّقُوا اللَّهَ وَأَصْلِحُوا **ذَاتَ** بَيْنِكُمْ ۖ وَأَطِيعُوا اللَّهَ وَرَسُولَهُ إِن كُنتُم مُّؤْمِنِينَ	
7	وَإِذْ يَعِدُكُمُ اللَّهُ إِحْدَى الطَّائِفَتَيْنِ أَنَّهَا لَكُمْ وَتَوَدُّونَ أَنَّ غَيْرَ **ذَاتِ** الشَّوْكَةِ تَكُونُ لَكُمْ وَيُرِيدُ اللَّهُ أَن يُحِقَّ الْحَقَّ بِكَلِمَاتِهِ وَيَقْطَعَ دَابِرَ الْكَافِرِينَ	
43	إِذْ يُرِيكَهُمُ اللَّهُ فِي مَنَامِكَ قَلِيلًا ۖ وَلَوْ أَرَاكَهُمْ كَثِيرًا لَّفَشِلْتُمْ وَلَتَنَازَعْتُمْ فِي الْأَمْرِ وَلَٰكِنَّ اللَّهَ سَلَّمَ ۗ إِنَّهُ عَلِيمٌ **بِذَاتِ** الصُّدُورِ	
11 هود 5	أَلَا إِنَّهُمْ يَثْنُونَ صُدُورَهُمْ لِيَسْتَخْفُوا مِنْهُ ۚ أَلَا حِينَ يَسْتَغْشُونَ ثِيَابَهُمْ يَعْلَمُ مَا يُسِرُّونَ وَمَا يُعْلِنُونَ ۚ إِنَّهُ عَلِيمٌ **بِذَاتِ** الصُّدُورِ	
18 الكهف 17	وَتَرَى الشَّمْسَ إِذَا طَلَعَت تَّزَاوَرُ عَن كَهْفِهِمْ **ذَاتَ** الْيَمِينِ وَإِذَا غَرَبَت تَّقْرِضُهُمْ **ذَاتَ** الشِّمَالِ وَهُمْ فِي فَجْوَةٍ مِّنْهُ ۚ ذَٰلِكَ مِنْ آيَاتِ اللَّهِ ۗ مَن يَهْدِ اللَّهُ فَهُوَ الْمُهْتَدِ ۖ وَمَن يُضْلِلْ فَلَن تَجِدَ لَهُ وَلِيًّا مُّرْشِدًا	
18	وَتَحْسَبُهُمْ أَيْقَاظًا وَهُمْ رُقُودٌ ۚ وَنُقَلِّبُهُمْ **ذَاتَ** الْيَمِينِ وَذَاتَ الشِّمَالِ ۖ وَكَلْبُهُم بَاسِطٌ ذِرَاعَيْهِ بِالْوَصِيدِ ۚ لَوِ اطَّلَعْتَ عَلَيْهِمْ لَوَلَّيْتَ مِنْهُمْ فِرَارًا وَلَمُلِئْتَ مِنْهُمْ رُعْبًا	
22 الحج 2	يَوْمَ تَرَوْنَهَا تَذْهَلُ كُلُّ مُرْضِعَةٍ عَمَّا أَرْضَعَتْ وَتَضَعُ كُلُّ **ذَاتِ** حَمْلٍ حَمْلَهَا وَتَرَى النَّاسَ سُكَارَىٰ وَمَا هُم بِسُكَارَىٰ وَلَٰكِنَّ عَذَابَ اللَّهِ شَدِيدٌ	
23 المؤمنون 50	وَجَعَلْنَا ابْنَ مَرْيَمَ وَأُمَّهُ آيَةً وَآوَيْنَاهُمَا إِلَىٰ رَبْوَةٍ **ذَاتِ** قَرَارٍ وَمَعِينٍ	

27 النمل 60	أَمَّنْ خَلَقَ السَّمَاوَاتِ وَالْأَرْضَ وَأَنزَلَ لَكُم مِّنَ السَّمَاءِ مَاءً فَأَنبَتْنَا بِهِ حَدَائِقَ **ذَاتَ** بَهْجَةٍ مَّا كَانَ لَكُمْ أَن تُنبِتُوا شَجَرَهَا ۗ أَإِلَٰهٌ مَّعَ اللَّهِ ۚ بَلْ هُمْ قَوْمٌ يَعْدِلُونَ	
31 لقمان 23	وَمَن كَفَرَ فَلَا يَحْزُنكَ كُفْرُهُ ۚ إِلَيْنَا مَرْجِعُهُمْ فَنُنَبِّئُهُم بِمَا عَمِلُوا ۚ إِنَّ اللَّهَ عَلِيمٌ **بِذَاتِ** الصُّدُورِ	
35 فاطر 38	إِنَّ اللَّهَ عَالِمُ غَيْبِ السَّمَاوَاتِ وَالْأَرْضِ ۚ إِنَّهُ عَلِيمٌ **بِذَاتِ** الصُّدُورِ	
39 الزمر 7	إِن تَكْفُرُوا فَإِنَّ اللَّهَ غَنِيٌّ عَنكُمْ ۖ وَلَا يَرْضَىٰ لِعِبَادِهِ الْكُفْرَ ۖ وَإِن تَشْكُرُوا يَرْضَهُ لَكُمْ ۗ وَلَا تَزِرُ وَازِرَةٌ وِزْرَ أُخْرَىٰ ۗ ثُمَّ إِلَىٰ رَبِّكُم مَّرْجِعُكُمْ فَيُنَبِّئُكُم بِمَا كُنتُمْ تَعْمَلُونَ ۚ إِنَّهُ عَلِيمٌ **بِذَاتِ** الصُّدُورِ	
42 الشورى 24	أَمْ يَقُولُونَ افْتَرَىٰ عَلَى اللَّهِ كَذِبًا ۖ فَإِن يَشَإِ اللَّهُ يَخْتِمْ عَلَىٰ قَلْبِكَ ۗ وَيَمْحُ اللَّهُ الْبَاطِلَ وَيُحِقُّ الْحَقَّ بِكَلِمَاتِهِ ۚ إِنَّهُ عَلِيمٌ **بِذَاتِ** الصُّدُورِ	
51 الذاريات 7	وَالسَّمَاءِ **ذَاتِ** الْحُبُكِ	
54 القمر 13	وَحَمَلْنَاهُ عَلَىٰ **ذَاتِ** أَلْوَاحٍ وَدُسُرٍ	
55 الرحمن 11	فِيهَا فَاكِهَةٌ وَالنَّخْلُ **ذَاتُ** الْأَكْمَامِ	
57 الحديد 6	يُولِجُ اللَّيْلَ فِي النَّهَارِ وَيُولِجُ النَّهَارَ فِي اللَّيْلِ ۚ وَهُوَ عَلِيمٌ **بِذَاتِ** الصُّدُورِ	
64 التغابن 4	يَعْلَمُ مَا فِي السَّمَاوَاتِ وَالْأَرْضِ وَيَعْلَمُ مَا تُسِرُّونَ وَمَا تُعْلِنُونَ ۚ وَاللَّهُ عَلِيمٌ **بِذَاتِ** الصُّدُورِ	
67 الملك 13	وَأَسِرُّوا قَوْلَكُمْ أَوِ اجْهَرُوا بِهِ ۖ إِنَّهُ عَلِيمٌ **بِذَاتِ** الصُّدُورِ	
85 البروج 1	وَالسَّمَاءِ **ذَاتِ** الْبُرُوجِ By the sky **containing** great stars	

5	النَّارِ **ذَاتِ** الْوَقُودِ
86 الطارق 11	وَالسَّمَاءِ **ذَاتِ** الرَّجْعِ
12	وَالْأَرْضِ **ذَاتِ** الصَّدْعِ
89 الفجر 7	إِرَمَ **ذَاتِ** الْعِمَادِ
111 المسد 3	سَيَصْلَىٰ نَارًا **ذَاتَ** لَهَبٍ
	ذَرَّةٍ **atom's weight**
4 النساء 40	إِنَّ اللَّهَ لَا يَظْلِمُ مِثْقَالَ **ذَرَّةٍ** ۖ وَإِن تَكُ حَسَنَةً يُضَاعِفْهَا وَيُؤْتِ مِن لَّدُنْهُ أَجْرًا عَظِيمًا
10 يونس 61	وَمَا تَكُونُ فِي شَأْنٍ وَمَا تَتْلُو مِنْهُ مِن قُرْآنٍ وَلَا تَعْمَلُونَ مِنْ عَمَلٍ إِلَّا كُنَّا عَلَيْكُمْ شُهُودًا إِذْ تُفِيضُونَ فِيهِ ۚ وَمَا يَعْزُبُ عَن رَّبِّكَ مِن مِّثْقَالِ **ذَرَّةٍ** فِي الْأَرْضِ وَلَا فِي السَّمَاءِ وَلَا أَصْغَرَ مِن ذَٰلِكَ وَلَا أَكْبَرَ إِلَّا فِي كِتَابٍ مُّبِينٍ
34 سبإ 3	وَقَالَ الَّذِينَ كَفَرُوا لَا تَأْتِينَا السَّاعَةُ ۖ قُلْ بَلَىٰ وَرَبِّي لَتَأْتِيَنَّكُمْ عَالِمِ الْغَيْبِ ۖ لَا يَعْزُبُ عَنْهُ مِثْقَالُ **ذَرَّةٍ** فِي السَّمَاوَاتِ وَلَا فِي الْأَرْضِ وَلَا أَصْغَرُ مِن ذَٰلِكَ وَلَا أَكْبَرُ إِلَّا فِي كِتَابٍ مُّبِينٍ
22	قُلِ ادْعُوا الَّذِينَ زَعَمْتُم مِّن دُونِ اللَّهِ ۖ لَا يَمْلِكُونَ مِثْقَالَ **ذَرَّةٍ** فِي السَّمَاوَاتِ وَلَا فِي الْأَرْضِ وَمَا لَهُمْ فِيهِمَا مِن شِرْكٍ وَمَا لَهُ مِنْهُم مِّن ظَهِيرٍ
99 الزلزلة 7	فَمَن يَعْمَلْ مِثْقَالَ **ذَرَّةٍ** خَيْرًا يَرَهُ
8	وَمَن يَعْمَلْ مِثْقَالَ **ذَرَّةٍ** شَرًّا يَرَهُ

	ذَرْعُهَا/ذِرَاعًا Then into a chain whose length is seventy cubits insert him".
69 الحاقة 32	ثُمَّ فِي سِلْسِلَةٍ **ذَرْعُهَا** سَبْعُونَ **ذِرَاعًا** فَاسْلُكُوهُ
	ذَرْعًا And when Our messengers, [the angels], came to Lot, he was anguished for them and felt for them great discomfort and said, "This is a trying day".
11 هود 77	وَلَمَّا جَاءَتْ رُسُلُنَا لُوطًا سِيءَ بِهِمْ وَضَاقَ بِهِمْ **ذَرْعًا** وَقَالَ هَٰذَا يَوْمٌ عَصِيبٌ
29 العنكبوت 33	وَلَمَّا أَن جَاءَتْ رُسُلُنَا لُوطًا سِيءَ بِهِمْ وَضَاقَ بِهِمْ **ذَرْعًا** وَقَالُوا لَا تَخَفْ وَلَا تَحْزَنْ ۖ إِنَّا مُنَجُّوكَ وَأَهْلَكَ إِلَّا امْرَأَتَكَ كَانَتْ مِنَ الْغَابِرِينَ
	ذَرْنَا Leave us
9 التوبة 86	وَإِذَا أُنزِلَتْ سُورَةٌ أَنْ آمِنُوا بِاللَّهِ وَجَاهِدُوا مَعَ رَسُولِهِ اسْتَأْذَنَكَ أُولُو الطَّوْلِ مِنْهُمْ وَقَالُوا **ذَرْنَا** نَكُن مَّعَ الْقَاعِدِينَ
	ذَرْهُمْ leave them
6 الأنعام 91	وَمَا قَدَرُوا اللَّهَ حَقَّ قَدْرِهِ إِذْ قَالُوا مَا أَنزَلَ اللَّهُ عَلَىٰ بَشَرٍ مِّن شَيْءٍ ۗ قُلْ مَنْ أَنزَلَ الْكِتَابَ الَّذِي جَاءَ بِهِ مُوسَىٰ نُورًا وَهُدًى لِّلنَّاسِ ۖ تَجْعَلُونَهُ قَرَاطِيسَ تُبْدُونَهَا وَتُخْفُونَ كَثِيرًا ۖ وَعُلِّمْتُم مَّا لَمْ تَعْلَمُوا أَنتُمْ وَلَا آبَاؤُكُمْ ۖ قُلِ اللَّهُ ۖ ثُمَّ **ذَرْهُمْ** فِي خَوْضِهِمْ يَلْعَبُونَ
110	وَنُقَلِّبُ أَفْئِدَتَهُمْ وَأَبْصَارَهُمْ كَمَا لَمْ يُؤْمِنُوا بِهِ أَوَّلَ مَرَّةٍ **وَنَذَرُهُمْ** فِي طُغْيَانِهِمْ يَعْمَهُونَ
112	وَكَذَٰلِكَ جَعَلْنَا لِكُلِّ نَبِيٍّ عَدُوًّا شَيَاطِينَ الْإِنسِ وَالْجِنِّ يُوحِي بَعْضُهُمْ إِلَىٰ بَعْضٍ زُخْرُفَ الْقَوْلِ غُرُورًا ۚ وَلَوْ شَاءَ رَبُّكَ مَا فَعَلُوهُ ۖ **فَذَرْهُمْ** وَمَا يَفْتَرُونَ

137	وَكَذَٰلِكَ زَيَّنَ لِكَثِيرٍ مِّنَ الْمُشْرِكِينَ قَتْلَ أَوْلَادِهِمْ شُرَكَاؤُهُمْ لِيُرْدُوهُمْ وَلِيَلْبِسُوا عَلَيْهِمْ دِينَهُمْ ۚ وَلَوْ شَاءَ اللَّهُ مَا فَعَلُوهُ ۖ **فَذَرْهُمْ** وَمَا يَفْتَرُونَ
7 الأعراف 186	مَن يُضْلِلِ اللَّهُ فَلَا هَادِيَ لَهُ ۚ **وَيَذَرُهُمْ** فِي طُغْيَانِهِمْ يَعْمَهُونَ
15 الحجر 3	**ذَرْهُمْ** يَأْكُلُوا وَيَتَمَتَّعُوا وَيُلْهِهِمُ الْأَمَلُ ۖ فَسَوْفَ يَعْلَمُونَ
23 المؤمنون 54	**فَذَرْهُمْ** فِي غَمْرَتِهِمْ حَتَّىٰ حِينٍ
43 الزخرف 83	**فَذَرْهُمْ** يَخُوضُوا وَيَلْعَبُوا حَتَّىٰ يُلَاقُوا يَوْمَهُمُ الَّذِي يُوعَدُونَ
52 الطور 45	**فَذَرْهُمْ** حَتَّىٰ يُلَاقُوا يَوْمَهُمُ الَّذِي فِيهِ يُصْعَقُونَ
70 المعارج 42	**فَذَرْهُمْ** يَخُوضُوا وَيَلْعَبُوا حَتَّىٰ يُلَاقُوا يَوْمَهُمُ الَّذِي يُوعَدُونَ
71 نوح 27	إِنَّكَ إِن **تَذَرْهُمْ** يُضِلُّوا عِبَادَكَ وَلَا يَلِدُوا إِلَّا فَاجِرًا كَفَّارًا

ذَرُونِي
Let me

40 غافر 26	وَقَالَ فِرْعَوْنُ **ذَرُونِي** أَقْتُلْ مُوسَىٰ وَلْيَدْعُ رَبَّهُ ۖ إِنِّي أَخَافُ أَن يُبَدِّلَ دِينَكُمْ أَوْ أَن يُظْهِرَ فِي الْأَرْضِ الْفَسَادَ

ذَرُونَا
Let us

48 الفتح 15	سَيَقُولُ الْمُخَلَّفُونَ إِذَا انطَلَقْتُمْ إِلَىٰ مَغَانِمَ لِتَأْخُذُوهَا **ذَرُونَا** نَتَّبِعْكُمْ ۖ يُرِيدُونَ أَن يُبَدِّلُوا كَلَامَ اللَّهِ ۚ قُل لَّن تَتَّبِعُونَا كَذَٰلِكُمْ قَالَ اللَّهُ مِن قَبْلُ ۖ فَسَيَقُولُونَ بَلْ تَحْسُدُونَنَا ۚ بَلْ كَانُوا لَا يَفْقَهُونَ إِلَّا قَلِيلًا

	ذروا **O you who have believed, fear Allah and give up what remains [due to you] of interest, if you should be .believers**
2 البقرة 278	يَا أَيُّهَا الَّذِينَ آمَنُوا اتَّقُوا اللَّهَ **وَذَرُوا** مَا بَقِيَ مِنَ الرِّبَا إِن كُنتُم مُّؤْمِنِينَ
6 الأنعام 120	**وَذَرُوا** ظَاهِرَ الْإِثْمِ وَبَاطِنَهُ ۚ إِنَّ الَّذِينَ يَكْسِبُونَ الْإِثْمَ سَيُجْزَوْنَ بِمَا كَانُوا يَقْتَرِفُونَ
7 الأعراف 180	وَلِلَّهِ الْأَسْمَاءُ الْحُسْنَىٰ فَادْعُوهُ بِهَا ۖ **وَذَرُوا** الَّذِينَ يُلْحِدُونَ فِي أَسْمَائِهِ ۚ سَيُجْزَوْنَ مَا كَانُوا يَعْمَلُونَ
62 الجمعة 9	يَا أَيُّهَا الَّذِينَ آمَنُوا إِذَا نُودِيَ لِلصَّلَاةِ مِن يَوْمِ الْجُمُعَةِ فَاسْعَوْا إِلَىٰ ذِكْرِ اللَّهِ **وَذَرُوا** الْبَيْعَ ۚذَٰلِكُمْ خَيْرٌ لَّكُمْ إِن كُنتُمْ تَعْلَمُونَ
	ذَرْنِي **Leave Me with the one I created alone**
21 الأنبياء 89	وَزَكَرِيَّا إِذْ نَادَىٰ رَبَّهُ رَبِّ لَا **تَذَرْنِي** فَرْدًا وَأَنتَ خَيْرُ الْوَارِثِينَ
68 القلم 44	**فَذَرْنِي** وَمَن يُكَذِّبُ بِهَٰذَا الْحَدِيثِ ۖ سَنَسْتَدْرِجُهُم مِّنْ حَيْثُ لَا يَعْلَمُونَ
73 المزمل 11	**وَذَرْنِي** وَالْمُكَذِّبِينَ أُولِي النَّعْمَةِ وَمَهِّلْهُمْ قَلِيلًا
74 المدثر 11	**ذَرْنِي** وَمَنْ خَلَقْتُ وَحِيدًا
	ذرية **O descendants of those We carried [in the ship] with Noah. Indeed, he was a grateful servant**
2 البقرة 266	أَيَوَدُّ أَحَدُكُمْ أَن تَكُونَ لَهُ جَنَّةٌ مِّن نَّخِيلٍ وَأَعْنَابٍ تَجْرِي مِن تَحْتِهَا الْأَنْهَارُ لَهُ فِيهَا مِن كُلِّ الثَّمَرَاتِ وَأَصَابَهُ الْكِبَرُ وَلَهُ **ذُرِّيَّةٌ** ضُعَفَاءُ فَأَصَابَهَا إِعْصَارٌ فِيهِ نَارٌ فَاحْتَرَقَتْ ۗ كَذَٰلِكَ يُبَيِّنُ اللَّهُ لَكُمُ الْآيَاتِ لَعَلَّكُمْ تَتَفَكَّرُونَ

3 آل عمران 34	ذُرِّيَّةً بَعْضُهَا مِن بَعْضٍ ۗ وَاللَّهُ سَمِيعٌ عَلِيمٌ	
38	هُنَالِكَ دَعَا زَكَرِيَّا رَبَّهُ ۖ قَالَ رَبِّ هَبْ لِي مِن لَّدُنكَ **ذُرِّيَّةً** طَيِّبَةً ۖ إِنَّكَ سَمِيعُ الدُّعَاءِ	
4 النساء 9	وَلْيَخْشَ الَّذِينَ لَوْ تَرَكُوا مِنْ خَلْفِهِمْ **ذُرِّيَّةً** ضِعَافًا خَافُوا عَلَيْهِمْ فَلْيَتَّقُوا اللَّهَ وَلْيَقُولُوا قَوْلًا سَدِيدًا	
6 الأنعام 133	وَرَبُّكَ الْغَنِيُّ ذُو الرَّحْمَةِ ۚ إِن يَشَأْ يُذْهِبْكُمْ وَيَسْتَخْلِفْ مِن بَعْدِكُم مَّا يَشَاءُ كَمَا أَنشَأَكُم مِّن **ذُرِّيَّةِ** قَوْمٍ آخَرِينَ	
7 الأعراف 173	أَوْ تَقُولُوا إِنَّمَا أَشْرَكَ آبَاؤُنَا مِن قَبْلُ وَكُنَّا **ذُرِّيَّةً** مِّن بَعْدِهِمْ ۖ أَفَتُهْلِكُنَا بِمَا فَعَلَ الْمُبْطِلُونَ	
10 يونس 83	فَمَا آمَنَ لِمُوسَىٰ إِلَّا **ذُرِّيَّةٌ** مِّن قَوْمِهِ عَلَىٰ خَوْفٍ مِّن فِرْعَوْنَ وَمَلَئِهِمْ أَن يَفْتِنَهُمْ ۚ وَإِنَّ فِرْعَوْنَ لَعَالٍ فِي الْأَرْضِ وَإِنَّهُ لَمِنَ الْمُسْرِفِينَ	
13 الرعد 38	وَلَقَدْ أَرْسَلْنَا رُسُلًا مِّن قَبْلِكَ وَجَعَلْنَا لَهُمْ أَزْوَاجًا **وَذُرِّيَّةً** ۚ وَمَا كَانَ لِرَسُولٍ أَن يَأْتِيَ بِآيَةٍ إِلَّا بِإِذْنِ اللَّهِ ۗ لِكُلِّ أَجَلٍ كِتَابٌ	
17 الإسراء 3	**ذُرِّيَّةَ** مَنْ حَمَلْنَا مَعَ نُوحٍ ۚ إِنَّهُ كَانَ عَبْدًا شَكُورًا	
19 مريم 58	أُولَٰئِكَ الَّذِينَ أَنْعَمَ اللَّهُ عَلَيْهِم مِّنَ النَّبِيِّينَ مِن **ذُرِّيَّةِ** آدَمَ وَمِمَّنْ حَمَلْنَا مَعَ نُوحٍ وَمِن **ذُرِّيَّةِ** إِبْرَاهِيمَ وَإِسْرَائِيلَ وَمِمَّنْ هَدَيْنَا وَاجْتَبَيْنَا ۚ إِذَا تُتْلَىٰ عَلَيْهِمْ آيَاتُ الرَّحْمَٰنِ خَرُّوا سُجَّدًا وَبُكِيًّا	
	ذُرِّيَّتِنَا	
2 البقرة 128	رَبَّنَا وَاجْعَلْنَا مُسْلِمَيْنِ لَكَ وَمِن **ذُرِّيَّتِنَا** أُمَّةً مُّسْلِمَةً لَّكَ وَأَرِنَا مَنَاسِكَنَا وَتُبْ عَلَيْنَا ۖ إِنَّكَ أَنتَ التَّوَّابُ الرَّحِيمُ Our Lord, and make us Muslims [in submission] to You and from **our descendants** a Muslim nation [in submission] to You. And show us our rites and accept our repentance. Indeed, You are the Accepting of repentance, the Merciful	

	ذريته/ذُرِّيَّتَهَا/ ذُرِّيَّتَهُمْ/ ذُرِّيَّتِهِمَا And We made his **descendants** those remaining [on the earth]
3 آل عمران 36	فَلَمَّا وَضَعَتْهَا قَالَتْ رَبِّ إِنِّي وَضَعْتُهَا أُنثَىٰ وَاللَّهُ أَعْلَمُ بِمَا وَضَعَتْ وَلَيْسَ الذَّكَرُ كَالْأُنثَىٰ ۖ وَإِنِّي سَمَّيْتُهَا مَرْيَمَ وَإِنِّي أُعِيذُهَا بِكَ **وَذُرِّيَّتَهَا** مِنَ الشَّيْطَانِ الرَّجِيمِ
6 الأنعام 84	وَوَهَبْنَا لَهُ إِسْحَاقَ وَيَعْقُوبَ ۚ كُلًّا هَدَيْنَا ۚ وَنُوحًا هَدَيْنَا مِن قَبْلُ ۖ وَمِن **ذُرِّيَّتِهِ** دَاوُودَ وَسُلَيْمَانَ وَأَيُّوبَ وَيُوسُفَ وَمُوسَىٰ وَهَارُونَ ۚ وَكَذَٰلِكَ نَجْزِي الْمُحْسِنِينَ
7 الأعراف 172	وَإِذْ أَخَذَ رَبُّكَ مِن بَنِي آدَمَ مِن ظُهُورِهِمْ **ذُرِّيَّتَهُمْ** وَأَشْهَدَهُمْ عَلَىٰ أَنفُسِهِمْ أَلَسْتُ بِرَبِّكُمْ ۖ قَالُوا بَلَىٰ ۛ شَهِدْنَا ۛ أَن تَقُولُوا يَوْمَ الْقِيَامَةِ إِنَّا كُنَّا عَنْ هَٰذَا غَافِلِينَ
17 الإسراء 62	قَالَ أَرَأَيْتَكَ هَٰذَا الَّذِي كَرَّمْتَ عَلَيَّ لَئِنْ أَخَّرْتَنِ إِلَىٰ يَوْمِ الْقِيَامَةِ لَأَحْتَنِكَنَّ **ذُرِّيَّتَهُ** إِلَّا قَلِيلًا
18 الكهف 50	وَإِذْ قُلْنَا لِلْمَلَائِكَةِ اسْجُدُوا لِآدَمَ فَسَجَدُوا إِلَّا إِبْلِيسَ كَانَ مِنَ الْجِنِّ فَفَسَقَ عَنْ أَمْرِ رَبِّهِ ۗ أَفَتَتَّخِذُونَهُ **وَذُرِّيَّتَهُ** أَوْلِيَاءَ مِن دُونِي وَهُمْ لَكُمْ عَدُوٌّ ۚ بِئْسَ لِلظَّالِمِينَ بَدَلًا
29 العنكبوت 27	وَوَهَبْنَا لَهُ إِسْحَاقَ وَيَعْقُوبَ وَجَعَلْنَا فِي **ذُرِّيَّتِهِ** النُّبُوَّةَ وَالْكِتَابَ وَآتَيْنَاهُ أَجْرَهُ فِي الدُّنْيَا ۖ وَإِنَّهُ فِي الْآخِرَةِ لَمِنَ الصَّالِحِينَ
36 يس 41	وَآيَةٌ لَّهُمْ أَنَّا حَمَلْنَا **ذُرِّيَّتَهُمْ** فِي الْفُلْكِ الْمَشْحُونِ
37 الصافات 77	وَجَعَلْنَا **ذُرِّيَّتَهُ** هُمُ الْبَاقِينَ
113	وَبَارَكْنَا عَلَيْهِ وَعَلَىٰ إِسْحَاقَ ۚ وَمِن **ذُرِّيَّتِهِمَا** مُحْسِنٌ وَظَالِمٌ لِّنَفْسِهِ مُبِينٌ
52 الطور 21	وَالَّذِينَ آمَنُوا وَاتَّبَعَتْهُمْ **ذُرِّيَّتُهُم** بِإِيمَانٍ أَلْحَقْنَا بِهِمْ **ذُرِّيَّتَهُمْ** وَمَا أَلَتْنَاهُم مِّنْ عَمَلِهِم مِّن شَيْءٍ ۚ كُلُّ امْرِئٍ بِمَا كَسَبَ رَهِينٌ

57 الحديد 26	وَلَقَدْ أَرْسَلْنَا نُوحًا وَإِبْرَاهِيمَ وَجَعَلْنَا فِي ذُرِّيَّتِهِمَا النُّبُوَّةَ وَالْكِتَابَ ۖ فَمِنْهُم مُّهْتَدٍ ۖ وَكَثِيرٌ مِّنْهُمْ فَاسِقُونَ	
	## ذُرِّيَّتِي My Lord, make me an establisher of prayer, and [many] from **my descendants**. Our Lord, and accept my supplication	
2 البقرة 124	وَإِذِ ابْتَلَىٰ إِبْرَاهِيمَ رَبُّهُ بِكَلِمَاتٍ فَأَتَمَّهُنَّ ۖ قَالَ إِنِّي جَاعِلُكَ لِلنَّاسِ إِمَامًا ۖ قَالَ وَمِن **ذُرِّيَّتِي** ۖ قَالَ لَا يَنَالُ عَهْدِي الظَّالِمِينَ	
14 ابراهيم 37	رَّبَّنَا إِنِّي أَسْكَنتُ مِن **ذُرِّيَّتِي** بِوَادٍ غَيْرِ ذِي زَرْعٍ عِندَ بَيْتِكَ الْمُحَرَّمِ رَبَّنَا لِيُقِيمُوا الصَّلَاةَ فَاجْعَلْ أَفْئِدَةً مِّنَ النَّاسِ تَهْوِي إِلَيْهِمْ وَارْزُقْهُم مِّنَ الثَّمَرَاتِ لَعَلَّهُمْ يَشْكُرُونَ	
40	رَبِّ اجْعَلْنِي مُقِيمَ الصَّلَاةِ وَمِن **ذُرِّيَّتِي** ۚ رَبَّنَا وَتَقَبَّلْ دُعَاءِ	
46 الأحقاف 15	وَوَصَّيْنَا الْإِنسَانَ بِوَالِدَيْهِ إِحْسَانًا ۖ حَمَلَتْهُ أُمُّهُ كُرْهًا وَوَضَعَتْهُ كُرْهًا ۖ وَحَمْلُهُ وَفِصَالُهُ ثَلَاثُونَ شَهْرًا ۚ حَتَّىٰ إِذَا بَلَغَ أَشُدَّهُ وَبَلَغَ أَرْبَعِينَ سَنَةً قَالَ رَبِّ أَوْزِعْنِي أَنْ أَشْكُرَ نِعْمَتَكَ الَّتِي أَنْعَمْتَ عَلَيَّ وَعَلَىٰ وَالِدَيَّ وَأَنْ أَعْمَلَ صَالِحًا تَرْضَاهُ وَأَصْلِحْ لِي فِي **ذُرِّيَّتِي** ۖ إِنِّي تُبْتُ إِلَيْكَ وَإِنِّي مِنَ الْمُسْلِمِينَ	
	## ذُقْ [It will be said], "**Taste**! Indeed, you are the honored, the noble!	
10 يونس 21	وَإِذَا **أَذَقْنَا** النَّاسَ رَحْمَةً مِّن بَعْدِ ضَرَّاءَ مَسَّتْهُمْ إِذَا لَهُم مَّكْرٌ فِي آيَاتِنَا ۚ قُلِ اللَّهُ أَسْرَعُ مَكْرًا ۚ إِنَّ رُسُلَنَا يَكْتُبُونَ مَا تَمْكُرُونَ	
11 هود 9	وَلَئِنْ **أَذَقْنَا** الْإِنسَانَ مِنَّا رَحْمَةً ثُمَّ نَزَعْنَاهَا مِنْهُ إِنَّهُ لَيَئُوسٌ كَفُورٌ And if **We give man a taste** of mercy from Us and then We withdraw it from him, indeed, he is despairing and ungrateful	
10	وَلَئِنْ **أَذَقْنَاهُ** نَعْمَاءَ بَعْدَ ضَرَّاءَ مَسَّتْهُ لَيَقُولَنَّ ذَهَبَ السَّيِّئَاتُ عَنِّي ۚ إِنَّهُ لَفَرِحٌ فَخُورٌ	

17 الإسراء 75	إِذًا **لَّأَذَقْنَاكَ** ضِعْفَ الْحَيَاةِ وَضِعْفَ الْمَمَاتِ ثُمَّ لَا تَجِدُ لَكَ عَلَيْنَا نَصِيرًا
22 الحج 25	إِنَّ الَّذِينَ كَفَرُوا وَيَصُدُّونَ عَن سَبِيلِ اللَّهِ وَالْمَسْجِدِ الْحَرَامِ الَّذِي جَعَلْنَاهُ لِلنَّاسِ سَوَاءً الْعَاكِفُ فِيهِ وَالْبَادِ ۚ وَمَن يُرِدْ فِيهِ بِإِلْحَادٍ بِظُلْمٍ **نُّذِقْهُ** مِنْ عَذَابٍ أَلِيمٍ
25 الفرقان 19	فَقَدْ كَذَّبُوكُم بِمَا تَقُولُونَ فَمَا تَسْتَطِيعُونَ صَرْفًا وَلَا نَصْرًا ۚ وَمَن يَظْلِم مِّنكُمْ **نُذِقْهُ** عَذَابًا كَبِيرًا
30 الروم 36	وَإِذَا **أَذَقْنَا** النَّاسَ رَحْمَةً فَرِحُوا بِهَا ۖ وَإِن تُصِبْهُمْ سَيِّئَةٌ بِمَا قَدَّمَتْ أَيْدِيهِمْ إِذَا هُمْ يَقْنَطُونَ
34 سبإ 12	وَلِسُلَيْمَانَ الرِّيحَ غُدُوُّهَا شَهْرٌ وَرَوَاحُهَا شَهْرٌ ۖ وَأَسَلْنَا لَهُ عَيْنَ الْقِطْرِ ۖ وَمِنَ الْجِنِّ مَن يَعْمَلُ بَيْنَ يَدَيْهِ بِإِذْنِ رَبِّهِ ۖ وَمَن يَزِغْ مِنْهُمْ عَنْ أَمْرِنَا **نُذِقْهُ** مِنْ عَذَابِ السَّعِيرِ
41 فصلت 50	وَلَئِنْ **أَذَقْنَاهُ** رَحْمَةً مِّنَّا مِن بَعْدِ ضَرَّاءَ مَسَّتْهُ لَيَقُولَنَّ هَٰذَا لِي وَمَا أَظُنُّ السَّاعَةَ قَائِمَةً وَلَئِن رُّجِعْتُ إِلَىٰ رَبِّي إِنَّ لِي عِندَهُ لَلْحُسْنَىٰ ۚ فَلَنُنَبِّئَنَّ الَّذِينَ كَفَرُوا بِمَا عَمِلُوا **وَلَنُذِيقَنَّهُم** مِّنْ عَذَابٍ غَلِيظٍ
42 الشورى 48	فَإِنْ أَعْرَضُوا فَمَا أَرْسَلْنَاكَ عَلَيْهِمْ حَفِيظًا ۖ إِنْ عَلَيْكَ إِلَّا الْبَلَاغُ ۗ وَإِنَّا إِذَا **أَذَقْنَا** الْإِنسَانَ مِنَّا رَحْمَةً فَرِحَ بِهَا ۖ وَإِن تُصِبْهُمْ سَيِّئَةٌ بِمَا قَدَّمَتْ أَيْدِيهِمْ فَإِنَّ الْإِنسَانَ كَفُورٌ
44 الدخان 49	**ذُقْ** إِنَّكَ أَنتَ الْعَزِيزُ الْكَرِيمُ
	ذِكْرٌ Then do you wonder that there has come to you a **reminder** from your Lord through a man from among you, that he may warn you? And remember when He made you successors after the people of Noah and increased you in stature extensively. So remember the favors of Allah that you might succeed
7 الأعراف 69	أَوَعَجِبْتُمْ أَن جَاءَكُمْ **ذِكْرٌ** مِّن رَّبِّكُمْ عَلَىٰ رَجُلٍ مِّنكُمْ لِيُنذِرَكُمْ ۚ **وَاذْكُرُوا** إِذْ جَعَلَكُمْ خُلَفَاءَ مِن بَعْدِ قَوْمِ نُوحٍ وَزَادَكُمْ فِي الْخَلْقِ بَسْطَةً ۖ **فَاذْكُرُوا** آلَاءَ اللَّهِ لَعَلَّكُمْ تُفْلِحُونَ

	ذكرا	
2 البقرة 200	فَإِذَا قَضَيْتُم مَّنَاسِكَكُمْ فَاذْكُرُوا اللَّهَ كَذِكْرِكُمْ آبَاءَكُمْ أَوْ أَشَدَّ **ذِكْرًا** ۗ فَمِنَ النَّاسِ مَن يَقُولُ رَبَّنَا آتِنَا فِي الدُّنْيَا وَمَا لَهُ فِي الْآخِرَةِ مِنْ خَلَاقٍ	
18 الكهف 70	قَالَ فَإِنِ اتَّبَعْتَنِي فَلَا تَسْأَلْنِي عَن شَيْءٍ حَتَّىٰ أُحْدِثَ لَكَ مِنْهُ **ذِكْرًا**	
83	وَيَسْأَلُونَكَ عَن ذِي الْقَرْنَيْنِ ۖ قُلْ سَأَتْلُو عَلَيْكُم مِّنْهُ **ذِكْرًا**	
20 طه 99	كَذَٰلِكَ نَقُصُّ عَلَيْكَ مِنْ أَنبَاءِ مَا قَدْ سَبَقَ ۚ وَقَدْ آتَيْنَاكَ مِن لَّدُنَّا **ذِكْرًا**	
113	وَكَذَٰلِكَ أَنزَلْنَاهُ قُرْآنًا عَرَبِيًّا وَصَرَّفْنَا فِيهِ مِنَ الْوَعِيدِ لَعَلَّهُمْ يَتَّقُونَ أَوْ يُحْدِثُ لَهُمْ **ذِكْرًا** And thus We have sent it down as an Arabic Qur'an and have diversified therein the warnings that perhaps they will avoid [sin] or it would cause them **remembrance**	
21 الأنبياء 48	وَلَقَدْ آتَيْنَا مُوسَىٰ وَهَارُونَ الْفُرْقَانَ وَضِيَاءً **وَذِكْرًا لِّلْمُتَّقِينَ**	
33 الأحزاب 41	يَا أَيُّهَا الَّذِينَ آمَنُوا **اذْكُرُوا** اللَّهَ **ذِكْرًا** كَثِيرًا O you who have believed, **remembe**r Allah with much **remembrance**	
37 الصافات 3	فَالتَّالِيَاتِ **ذِكْرًا**	
168	لَوْ أَنَّ عِندَنَا **ذِكْرًا** مِّنَ الْأَوَّلِينَ	
65 الطلاق 10	أَعَدَّ اللَّهُ لَهُمْ عَذَابًا شَدِيدًا ۖ فَاتَّقُوا اللَّهَ يَا أُولِي الْأَلْبَابِ الَّذِينَ آمَنُوا ۚ قَدْ أَنزَلَ اللَّهُ إِلَيْكُمْ **ذِكْرًا**	
77 المرسلات 5	فَالْمُلْقِيَاتِ **ذِكْرًا**	

	ذِكْرَاهَا
79 النازعات 43	فِيمَ أَنتَ مِن ذِكْرَاهَا In what [position] are you that you should **mention it**?
	ذِكْرَاهُمْ Then do they await except that the Hour should come upon them unexpectedly? But already there have come [some of] its indications. Then what good to them, when it has come, will be **their remembrance**?
47 محمد 18	فَهَلْ يَنظُرُونَ إِلَّا السَّاعَةَ أَن تَأْتِيَهُم بَغْتَةً ۖ فَقَدْ جَاءَ أَشْرَاطُهَا ۚ فَأَنَّىٰ لَهُمْ إِذَا جَاءَتْهُمْ **ذِكْرَاهُمْ**
	ذُكْرَانَ
26 الشعراء 165	أَتَأْتُونَ **الذُّكْرَانَ** مِنَ الْعَالَمِينَ Do you approach **males** among the worlds
	ذُكْرَانًا Or He makes them [both] **males** and females, and He renders whom He wills barren. Indeed, He is Knowing and Competent
42 الشورى 50	أَوْ يُزَوِّجُهُمْ **ذُكْرَانًا** وَإِنَاثًا ۖ وَيَجْعَلُ مَن يَشَاءُ عَقِيمًا ۚ إِنَّهُ عَلِيمٌ قَدِيرٌ
	ذكرت And We have placed over their hearts coverings, lest they understand it, and in their ears deafness. And when you **mention** your Lord alone in the Qur'an, they turn back in aversion
17 الإسراء 46	وَجَعَلْنَا عَلَىٰ قُلُوبِهِمْ أَكِنَّةً أَن يَفْقَهُوهُ وَفِي آذَانِهِمْ وَقْرًا ۚ وَإِذَا **ذَكَرْتَ** رَبَّكَ فِي الْقُرْآنِ وَحْدَهُ وَلَّوْا عَلَىٰ أَدْبَارِهِمْ نُفُورًا

	ذُكِّرْتُم were reminded?	
36 يس 19	قَالُوا طَائِرُكُم مَّعَكُمْ ۚ أَئِن ذُكِّرْتُم ۚ بَلْ أَنتُمْ قَوْمٌ مُّسْرِفُونَ	
	ذكرك	
2 البقرة 152	فَاذْكُرُونِي أَذْكُرْكُمْ وَاشْكُرُوا لِي وَلَا تَكْفُرُونِ So **remember Me; I will remember you**. And be grateful to Me and do not deny Me	
200	فَإِذَا قَضَيْتُم مَّنَاسِكَكُمْ فَاذْكُرُوا اللَّهَ كَذِكْرِكُمْ آبَاءَكُمْ أَوْ أَشَدَّ ذِكْرًا ۗ فَمِنَ النَّاسِ مَن يَقُولُ رَبَّنَا آتِنَا فِي الدُّنْيَا وَمَا لَهُ فِي الْآخِرَةِ مِنْ خَلَاقٍ	
20 طه 34	وَنَذْكُرَكَ كَثِيرًا	
21 الأنبياء 10	لَقَدْ أَنزَلْنَا إِلَيْكُمْ كِتَابًا فِيهِ ذِكْرُكُمْ ۖ أَفَلَا تَعْقِلُونَ	
94 الشرح 4	وَرَفَعْنَا لَكَ ذِكْرَكَ	
	ذكرى	
6 الأنعام 68	وَإِذَا رَأَيْتَ الَّذِينَ يَخُوضُونَ فِي آيَاتِنَا فَأَعْرِضْ عَنْهُمْ حَتَّىٰ يَخُوضُوا فِي حَدِيثٍ غَيْرِهِ ۚ وَإِمَّا يُنسِيَنَّكَ الشَّيْطَانُ فَلَا تَقْعُدْ بَعْدَ الذِّكْرَىٰ مَعَ الْقَوْمِ الظَّالِمِينَ	
69	وَمَا عَلَى الَّذِينَ يَتَّقُونَ مِنْ حِسَابِهِم مِّن شَيْءٍ وَلَٰكِن ذِكْرَىٰ لَعَلَّهُمْ يَتَّقُونَ	
90	أُولَٰئِكَ الَّذِينَ هَدَى اللَّهُ ۖ فَبِهُدَاهُمُ اقْتَدِهْ ۗ قُل لَّا أَسْأَلُكُمْ عَلَيْهِ أَجْرًا ۖ إِنْ هُوَ إِلَّا ذِكْرَىٰ لِلْعَالَمِينَ	
7 الأعراف 2	كِتَابٌ أُنزِلَ إِلَيْكَ فَلَا يَكُن فِي صَدْرِكَ حَرَجٌ مِّنْهُ لِتُنذِرَ بِهِ وَذِكْرَىٰ لِلْمُؤْمِنِينَ	

11 هود 114	وَأَقِمِ الصَّلَاةَ طَرَفَيِ النَّهَارِ وَزُلَفًا مِّنَ اللَّيْلِ ۚ إِنَّ الْحَسَنَاتِ يُذْهِبْنَ السَّيِّئَاتِ ۚ ذَٰلِكَ **ذِكْرَىٰ لِلذَّاكِرِينَ**	
120	وَكُلًّا نَّقُصُّ عَلَيْكَ مِنْ أَنبَاءِ الرُّسُلِ مَا نُثَبِّتُ بِهِ فُؤَادَكَ ۚ وَجَاءَكَ فِي هَٰذِهِ الْحَقُّ وَمَوْعِظَةٌ **وَذِكْرَىٰ لِلْمُؤْمِنِينَ**	
21 الأنبياء 84	فَاسْتَجَبْنَا لَهُ فَكَشَفْنَا مَا بِهِ مِن ضُرٍّ ۖ وَآتَيْنَاهُ أَهْلَهُ وَمِثْلَهُم مَّعَهُمْ رَحْمَةً مِّنْ عِندِنَا **وَذِكْرَىٰ لِلْعَابِدِينَ**	
26 الشعراء 209	**ذِكْرَىٰ** وَمَا كُنَّا ظَالِمِينَ	
29 العنكبوت 51	أَوَلَمْ يَكْفِهِمْ أَنَّا أَنزَلْنَا عَلَيْكَ الْكِتَابَ يُتْلَىٰ عَلَيْهِمْ ۚ إِنَّ فِي ذَٰلِكَ لَرَحْمَةً **وَذِكْرَىٰ** لِقَوْمٍ يُؤْمِنُونَ	
38 ص 43	وَوَهَبْنَا لَهُ أَهْلَهُ وَمِثْلَهُم مَّعَهُمْ رَحْمَةً مِّنَّا **وَذِكْرَىٰ لِأُولِي الْأَلْبَابِ**	
46	إِنَّا أَخْلَصْنَاهُم بِخَالِصَةٍ **ذِكْرَى** الدَّارِ	
39 الزمر 21	أَلَمْ تَرَ أَنَّ اللَّهَ أَنزَلَ مِنَ السَّمَاءِ مَاءً فَسَلَكَهُ يَنَابِيعَ فِي الْأَرْضِ ثُمَّ يُخْرِجُ بِهِ زَرْعًا مُّخْتَلِفًا أَلْوَانُهُ ثُمَّ يَهِيجُ فَتَرَاهُ مُصْفَرًّا ثُمَّ يَجْعَلُهُ حُطَامًا ۚ إِنَّ فِي ذَٰلِكَ **لَذِكْرَىٰ لِأُولِي الْأَلْبَابِ**	
40 غافر 54	هُدًى **وَذِكْرَىٰ لِأُولِي الْأَلْبَابِ** As guidance and a reminder for those of understanding	
44 الدخان 13	أَنَّىٰ لَهُمُ **الذِّكْرَىٰ** وَقَدْ جَاءَهُمْ رَسُولٌ مُّبِينٌ	
50 ق 8	تَبْصِرَةً **وَذِكْرَىٰ** لِكُلِّ عَبْدٍ مُّنِيبٍ	
37	إِنَّ فِي ذَٰلِكَ **لَذِكْرَىٰ** لِمَن كَانَ لَهُ قَلْبٌ أَوْ أَلْقَى السَّمْعَ وَهُوَ شَهِيدٌ	
51 الذاريات 55	وَذَكِّرْ فَإِنَّ **الذِّكْرَىٰ** تَنفَعُ الْمُؤْمِنِينَ	

74 المدثر 31	وَمَا جَعَلْنَا أَصْحَابَ النَّارِ إِلَّا مَلَائِكَةً ۙ وَمَا جَعَلْنَا عِدَّتَهُمْ إِلَّا فِتْنَةً لِّلَّذِينَ كَفَرُوا لِيَسْتَيْقِنَ الَّذِينَ أُوتُوا الْكِتَابَ وَيَزْدَادَ الَّذِينَ آمَنُوا إِيمَانًا ۙ وَلَا يَرْتَابَ الَّذِينَ أُوتُوا الْكِتَابَ وَالْمُؤْمِنُونَ ۙ وَلِيَقُولَ الَّذِينَ فِي قُلُوبِهِم مَّرَضٌ وَالْكَافِرُونَ مَاذَا أَرَادَ اللَّهُ بِهَـٰذَا مَثَلًا ۚ كَذَٰلِكَ يُضِلُّ اللَّهُ مَن يَشَاءُ وَيَهْدِي مَن يَشَاءُ ۚ وَمَا يَعْلَمُ جُنُودَ رَبِّكَ إِلَّا هُوَ ۚ وَمَا هِيَ إِلَّا **ذِكْرَىٰ** لِلْبَشَرِ
80 عبس 4	أَوْ **يَذَّكَّرُ** فَتَنفَعَهُ **الذِّكْرَىٰ**
87 الأعلى 9	**فَذَكِّرْ** إِن نَّفَعَتِ **الذِّكْرَىٰ**
89 الفجر 23	وَجِيءَ يَوْمَئِذٍ بِجَهَنَّمَ ۚ يَوْمَئِذٍ **يَتَذَكَّرُ** الْإِنسَانُ وَأَنَّىٰ لَهُ **الذِّكْرَىٰ**
	ذِكْرُكُمْ
2 البقرة 152	**فَاذْكُرُونِي أَذْكُرْكُمْ** وَاشْكُرُوا لِي وَلَا تَكْفُرُونِ
200	فَإِذَا قَضَيْتُم مَّنَاسِكَكُمْ **فَاذْكُرُوا** اللَّهَ **كَذِكْرِكُمْ** آبَاءَكُمْ أَوْ أَشَدَّ **ذِكْرًا** ۗ فَمِنَ النَّاسِ مَن يَقُولُ رَبَّنَا آتِنَا فِي الدُّنْيَا وَمَا لَهُ فِي الْآخِرَةِ مِنْ خَلَاقٍ
20 طه 34	**وَنَذْكُرَكَ** كَثِيرًا
21 الأنبياء 10	لَقَدْ أَنزَلْنَا إِلَيْكُمْ كِتَابًا فِيهِ **ذِكْرُكُمْ** ۖ أَفَلَا تَعْقِلُونَ We have certainly sent down to you a Book in which is **your mention**. Then will you not reason?
94 الشرح 4	وَرَفَعْنَا لَكَ **ذِكْرَكَ**
	ذكرنا
18 الكهف 28	وَاصْبِرْ نَفْسَكَ مَعَ الَّذِينَ يَدْعُونَ رَبَّهُم بِالْغَدَاةِ وَالْعَشِيِّ يُرِيدُونَ وَجْهَهُ ۖ وَلَا تَعْدُ عَيْنَاكَ عَنْهُمْ تُرِيدُ زِينَةَ الْحَيَاةِ الدُّنْيَا ۖ وَلَا تُطِعْ مَنْ أَغْفَلْنَا قَلْبَهُ عَن **ذِكْرِنَا** وَاتَّبَعَ هَوَاهُ وَكَانَ أَمْرُهُ فُرُطًا

53 النجم 29	فَأَعْرِضْ عَن مَّن تَوَلَّىٰ عَن **ذِكْرِنَا** وَلَمْ يُرِدْ إِلَّا الْحَيَاةَ الدُّنْيَا So turn away from whoever turns his back **on Our message and desires** not except the worldly life	
	ذكره	
14 ابراهيم 5	وَلَقَدْ أَرْسَلْنَا مُوسَىٰ بِآيَاتِنَا أَنْ أَخْرِجْ قَوْمَكَ مِنَ الظُّلُمَاتِ إِلَى النُّورِ وَ**ذَكِّرْهُم** بِأَيَّامِ اللَّهِ ۚ إِنَّ فِي ذَٰلِكَ لَآيَاتٍ لِّكُلِّ صَبَّارٍ شَكُورٍ	
18 الكهف 63	قَالَ أَرَأَيْتَ إِذْ أَوَيْنَا إِلَى الصَّخْرَةِ فَإِنِّي نَسِيتُ الْحُوتَ وَمَا أَنسَانِيهُ إِلَّا الشَّيْطَانُ أَنْ **أَذْكُرَهُ** ۚ وَاتَّخَذَ سَبِيلَهُ فِي الْبَحْرِ عَجَبًا	
21 الأنبياء 60	قَالُوا سَمِعْنَا فَتًى **يَذْكُرُهُمْ** يُقَالُ لَهُ إِبْرَاهِيمُ	
23 المؤمنون 71	وَلَوِ اتَّبَعَ الْحَقُّ أَهْوَاءَهُمْ لَفَسَدَتِ السَّمَاوَاتُ وَالْأَرْضُ وَمَن فِيهِنَّ ۚ بَلْ أَتَيْنَاهُم **بِذِكْرِهِمْ** فَهُمْ عَن **ذِكْرِهِم** مُّعْرِضُونَ	
74 المدثر 55	**فَمَن شَاءَ ذَكَرَهُ** Then whoever wills will **remember it**	
80 عبس 12	فَمَن شَاءَ **ذَكَرَهُ**	
	ذكرهم their message	
14 ابراهيم 5	وَلَقَدْ أَرْسَلْنَا مُوسَىٰ بِآيَاتِنَا أَنْ أَخْرِجْ قَوْمَكَ مِنَ الظُّلُمَاتِ إِلَى النُّورِ وَ**ذَكِّرْهُم** بِأَيَّامِ اللَّهِ ۚ إِنَّ فِي ذَٰلِكَ لَآيَاتٍ لِّكُلِّ صَبَّارٍ شَكُورٍ	
21 الأنبياء 60	قَالُوا سَمِعْنَا فَتًى **يَذْكُرُهُمْ** يُقَالُ لَهُ إِبْرَاهِيمُ	
23 المؤمنون 71	وَلَوِ اتَّبَعَ الْحَقُّ أَهْوَاءَهُمْ لَفَسَدَتِ السَّمَاوَاتُ وَالْأَرْضُ وَمَن فِيهِنَّ ۚ بَلْ أَتَيْنَاهُم **بِذِكْرِهِمْ** فَهُمْ عَن **ذِكْرِهِم** مُّعْرِضُونَ	

	ذَكَرُوا
	And those who, when they commit an immorality or wrong themselves [by transgression], **remember Allah** and seek forgiveness for their sins - and who can forgive sins except Allah? - and [who] do not persist in what they have done while they know
3 آل عمران 135	وَالَّذِينَ إِذَا فَعَلُوا فَاحِشَةً أَوْ ظَلَمُوا أَنفُسَهُمْ **ذَكَرُوا** اللَّهَ فَاسْتَغْفَرُوا لِذُنُوبِهِمْ وَمَن يَغْفِرُ الذُّنُوبَ إِلَّا اللَّهُ وَلَمْ يُصِرُّوا عَلَىٰ مَا فَعَلُوا وَهُمْ يَعْلَمُونَ
26 الشعراء 227	إِلَّا الَّذِينَ آمَنُوا وَعَمِلُوا الصَّالِحَاتِ **وَذَكَرُوا** اللَّهَ كَثِيرًا وَانتَصَرُوا مِن بَعْدِ مَا ظُلِمُوا ۗ وَسَيَعْلَمُ الَّذِينَ ظَلَمُوا أَيَّ مُنقَلَبٍ يَنقَلِبُونَ
	ذُكِّرُوا
5 المائدة 13	فَبِمَا نَقْضِهِم مِّيثَاقَهُمْ لَعَنَّاهُمْ وَجَعَلْنَا قُلُوبَهُمْ قَاسِيَةً ۖ يُحَرِّفُونَ الْكَلِمَ عَن مَّوَاضِعِهِ ۙ وَنَسُوا حَظًّا مِّمَّا **ذُكِّرُوا** بِهِ ۚ وَلَا تَزَالُ تَطَّلِعُ عَلَىٰ خَائِنَةٍ مِّنْهُمْ إِلَّا قَلِيلًا مِّنْهُمْ ۖ فَاعْفُ عَنْهُمْ وَاصْفَحْ ۚ إِنَّ اللَّهَ يُحِبُّ الْمُحْسِنِينَ
14	وَمِنَ الَّذِينَ قَالُوا إِنَّا نَصَارَىٰ أَخَذْنَا مِيثَاقَهُمْ فَنَسُوا حَظًّا مِّمَّا **ذُكِّرُوا** بِهِ فَأَغْرَيْنَا بَيْنَهُمُ الْعَدَاوَةَ وَالْبَغْضَاءَ إِلَىٰ يَوْمِ الْقِيَامَةِ ۚ وَسَوْفَ يُنَبِّئُهُمُ اللَّهُ بِمَا كَانُوا يَصْنَعُونَ
6 الأنعام 44	فَلَمَّا نَسُوا مَا **ذُكِّرُوا** بِهِ فَتَحْنَا عَلَيْهِمْ أَبْوَابَ كُلِّ شَيْءٍ حَتَّىٰ إِذَا فَرِحُوا بِمَا أُوتُوا أَخَذْنَاهُم بَغْتَةً فَإِذَا هُم مُّبْلِسُونَ
7 الأعراف 165	فَلَمَّا نَسُوا مَا **ذُكِّرُوا** بِهِ أَنجَيْنَا الَّذِينَ يَنْهَوْنَ عَنِ السُّوءِ وَأَخَذْنَا الَّذِينَ ظَلَمُوا بِعَذَابٍ بَئِيسٍ بِمَا كَانُوا يَفْسُقُونَ
25 الفرقان 73	وَالَّذِينَ إِذَا **ذُكِّرُوا** بِآيَاتِ رَبِّهِمْ لَمْ يَخِرُّوا عَلَيْهَا صُمًّا وَعُمْيَانًا
32 السجدة 15	إِنَّمَا يُؤْمِنُ بِآيَاتِنَا الَّذِينَ إِذَا **ذُكِّرُوا** بِهَا خَرُّوا سُجَّدًا وَسَبَّحُوا بِحَمْدِ رَبِّهِمْ وَهُمْ لَا يَسْتَكْبِرُونَ
37 الصافات 13	وَإِذَا **ذُكِّرُوا** لَا يَذْكُرُونَ And when they are **reminded**, they **remember not**

	ذكري
18 الكهف 101	الَّذِينَ كَانَتْ أَعْيُنُهُمْ فِي غِطَاءٍ عَن **ذِكْرِي** وَكَانُوا لَا يَسْتَطِيعُونَ سَمْعًا
20 طه 14	إِنَّنِي أَنَا اللَّهُ لَا إِلَٰهَ إِلَّا أَنَا فَاعْبُدْنِي وَأَقِمِ الصَّلَاةَ **لِذِكْرِي**
42	اذْهَبْ أَنتَ وَأَخُوكَ بِآيَاتِي وَلَا تَنِيَا فِي **ذِكْرِي**
124	وَمَنْ أَعْرَضَ عَن **ذِكْرِي** فَإِنَّ لَهُ مَعِيشَةً ضَنكًا وَنَحْشُرُهُ يَوْمَ الْقِيَامَةِ أَعْمَىٰ
23 المؤمنون 110	فَاتَّخَذْتُمُوهُمْ سِخْرِيًّا حَتَّىٰ أَنسَوْكُمْ **ذِكْرِي** وَكُنتُم مِّنْهُمْ تَضْحَكُونَ But you took them in mockery to the point that they made you forget **My remembrance**, and you used to laugh at them
38 ص 8	أَأُنزِلَ عَلَيْهِ **الذِّكْرُ** مِن بَيْنِنَا ۚ بَلْ هُمْ فِي شَكٍّ مِّن **ذِكْرِي** ۖ بَل لَّمَّا يَذُوقُوا عَذَابِ
	ذَكَّيْتُمْ
5 المائدة 3	حُرِّمَتْ عَلَيْكُمُ الْمَيْتَةُ وَالدَّمُ وَلَحْمُ الْخِنزِيرِ وَمَا أُهِلَّ لِغَيْرِ اللَّهِ بِهِ وَالْمُنْخَنِقَةُ وَالْمَوْقُوذَةُ وَالْمُتَرَدِّيَةُ وَالنَّطِيحَةُ وَمَا أَكَلَ السَّبُعُ إِلَّا مَا **ذَكَّيْتُمْ** وَمَا ذُبِحَ عَلَى النُّصُبِ وَأَن تَسْتَقْسِمُوا بِالْأَزْلَامِ ۚ ذَٰلِكُمْ فِسْقٌ ۗ الْيَوْمَ يَئِسَ الَّذِينَ كَفَرُوا مِن دِينِكُمْ فَلَا تَخْشَوْهُمْ وَاخْشَوْنِ ۚ الْيَوْمَ أَكْمَلْتُ لَكُمْ دِينَكُمْ وَأَتْمَمْتُ عَلَيْكُمْ نِعْمَتِي وَرَضِيتُ لَكُمُ الْإِسْلَامَ دِينًا ۚ فَمَنِ اضْطُرَّ فِي مَخْمَصَةٍ غَيْرَ مُتَجَانِفٍ لِّإِثْمٍ ۙ فَإِنَّ اللَّهَ غَفُورٌ رَّحِيمٌ
	Prohibited to you are dead animals, blood, the flesh of swine, and that which has been dedicated to other than Allah, and [those animals] killed by strangling or by a violent blow or by a head-long fall or by the goring of horns, and those from which a wild animal has eaten, except what you [are able to] **slaughter [before its death]**, and those which are sacrificed on stone altars, and [prohibited

	is] that you seek decision through divining arrows. That is grave disobedience. This day those who disbelieve have despaired of [defeating] your religion; so fear them not, but fear Me. This day I have perfected for you your religion and completed My favor upon you and have approved for you Islam as religion. But whoever is forced by severe hunger with no inclination to sin - then indeed, Allah is Forgiving and Merciful
	ذِلَّةٌ
2 البقرة 61	وَإِذْ قُلْتُمْ يَا مُوسَىٰ لَن نَّصْبِرَ عَلَىٰ طَعَامٍ وَاحِدٍ فَادْعُ لَنَا رَبَّكَ يُخْرِجْ لَنَا مِمَّا تُنبِتُ الْأَرْضُ مِن بَقْلِهَا وَقِثَّائِهَا وَفُومِهَا وَعَدَسِهَا وَبَصَلِهَا ۖ قَالَ أَتَسْتَبْدِلُونَ الَّذِي هُوَ أَدْنَىٰ بِالَّذِي هُوَ خَيْرٌ ۚ اهْبِطُوا مِصْرًا فَإِنَّ لَكُم مَّا سَأَلْتُمْ ۗ وَضُرِبَتْ عَلَيْهِمُ **الذِّلَّةُ** وَالْمَسْكَنَةُ وَبَاءُوا بِغَضَبٍ مِّنَ اللَّهِ ۗ ذَٰلِكَ بِأَنَّهُمْ كَانُوا يَكْفُرُونَ بِآيَاتِ اللَّهِ وَيَقْتُلُونَ النَّبِيِّينَ بِغَيْرِ الْحَقِّ ۗ ذَٰلِكَ بِمَا عَصَوا وَّكَانُوا يَعْتَدُونَ
3 آل عمران 112	ضُرِبَتْ عَلَيْهِمُ **الذِّلَّةُ** أَيْنَ مَا ثُقِفُوا إِلَّا بِحَبْلٍ مِّنَ اللَّهِ وَحَبْلٍ مِّنَ النَّاسِ وَبَاءُوا بِغَضَبٍ مِّنَ اللَّهِ وَضُرِبَتْ عَلَيْهِمُ الْمَسْكَنَةُ ۚ ذَٰلِكَ بِأَنَّهُمْ كَانُوا يَكْفُرُونَ بِآيَاتِ اللَّهِ وَيَقْتُلُونَ الْأَنبِيَاءَ بِغَيْرِ حَقٍّ ۚ ذَٰلِكَ بِمَا عَصَوا وَّكَانُوا يَعْتَدُونَ
123	وَلَقَدْ نَصَرَكُمُ اللَّهُ بِبَدْرٍ وَأَنتُمْ **أَذِلَّةٌ** ۖ فَاتَّقُوا اللَّهَ لَعَلَّكُمْ تَشْكُرُونَ
5 المائدة 54	يَا أَيُّهَا الَّذِينَ آمَنُوا مَن يَرْتَدَّ مِنكُمْ عَن دِينِهِ فَسَوْفَ يَأْتِي اللَّهُ بِقَوْمٍ يُحِبُّهُمْ وَيُحِبُّونَهُ **أَذِلَّةٍ** عَلَى الْمُؤْمِنِينَ أَعِزَّةٍ عَلَى الْكَافِرِينَ يُجَاهِدُونَ فِي سَبِيلِ اللَّهِ وَلَا يَخَافُونَ لَوْمَةَ لَائِمٍ ۚ ذَٰلِكَ فَضْلُ اللَّهِ يُؤْتِيهِ مَن يَشَاءُ ۚ وَاللَّهُ وَاسِعٌ عَلِيمٌ
7 الأعراف 152	إِنَّ الَّذِينَ اتَّخَذُوا الْعِجْلَ سَيَنَالُهُمْ غَضَبٌ مِّن رَّبِّهِمْ **وَذِلَّةٌ** فِي الْحَيَاةِ الدُّنْيَا ۚ وَكَذَٰلِكَ نَجْزِي الْمُفْتَرِينَ
10 يونس 26	لِّلَّذِينَ أَحْسَنُوا الْحُسْنَىٰ وَزِيَادَةٌ ۖ وَلَا يَرْهَقُ وُجُوهَهُمْ قَتَرٌ وَلَا **ذِلَّةٌ** ۚ أُولَٰئِكَ أَصْحَابُ الْجَنَّةِ ۖ هُمْ فِيهَا خَالِدُونَ

27	وَالَّذِينَ كَسَبُوا السَّيِّئَاتِ جَزَاءُ سَيِّئَةٍ بِمِثْلِهَا وَتَرْهَقُهُمْ **ذِلَّةٌ** ۖ مَّا لَهُم مِّنَ اللَّهِ مِنْ عَاصِمٍ ۖ كَأَنَّمَا أُغْشِيَتْ وُجُوهُهُمْ قِطَعًا مِّنَ اللَّيْلِ مُظْلِمًا ۚ أُولَٰئِكَ أَصْحَابُ النَّارِ ۖ هُمْ فِيهَا خَالِدُونَ
16 النحل 69	ثُمَّ كُلِي مِن كُلِّ الثَّمَرَاتِ فَاسْلُكِي سُبُلَ رَبِّكِ **ذُلُلًا** ۚ يَخْرُجُ مِن بُطُونِهَا شَرَابٌ مُّخْتَلِفٌ أَلْوَانُهُ فِيهِ شِفَاءٌ لِّلنَّاسِ ۗ إِنَّ فِي ذَٰلِكَ لَآيَةً لِّقَوْمٍ يَتَفَكَّرُونَ
27 النمل 34	قَالَتْ إِنَّ الْمُلُوكَ إِذَا دَخَلُوا قَرْيَةً أَفْسَدُوهَا وَجَعَلُوا أَعِزَّةَ أَهْلِهَا **أَذِلَّةً** ۖ وَكَذَٰلِكَ يَفْعَلُونَ She said, "Indeed kings - when they enter a city, they ruin it and render the honored of its people **humbled**. And thus do they do
37	ارْجِعْ إِلَيْهِمْ فَلَنَأْتِيَنَّهُم بِجُنُودٍ لَّا قِبَلَ لَهُم بِهَا وَلَنُخْرِجَنَّهُم مِّنْهَا **أَذِلَّةً** وَهُمْ صَاغِرُونَ
68 القلم 43	خَاشِعَةً أَبْصَارُهُمْ تَرْهَقُهُمْ **ذِلَّةٌ** ۖ وَقَدْ كَانُوا يُدْعَوْنَ إِلَى السُّجُودِ وَهُمْ سَالِمُونَ
70 المعارج 44	خَاشِعَةً أَبْصَارُهُمْ تَرْهَقُهُمْ **ذِلَّةٌ** ۚ ذَٰلِكَ الْيَوْمُ الَّذِي كَانُوا يُوعَدُونَ
	ذَلُولٌ
2 البقرة 71	قَالَ إِنَّهُ يَقُولُ إِنَّهَا بَقَرَةٌ لَّا **ذَلُولٌ** تُثِيرُ الْأَرْضَ وَلَا تَسْقِي الْحَرْثَ مُسَلَّمَةٌ لَّا شِيَةَ فِيهَا ۚ قَالُوا الْآنَ جِئْتَ بِالْحَقِّ ۚ فَذَبَحُوهَا وَمَا كَادُوا يَفْعَلُونَ
67 الملك 15	هُوَ الَّذِي جَعَلَ لَكُمُ الْأَرْضَ **ذَلُولًا** فَامْشُوا فِي مَنَاكِبِهَا وَكُلُوا مِن رِّزْقِهِ ۖ وَإِلَيْهِ النُّشُورُ It is He who made the earth **tame** for you - so walk among its slopes and eat of His provision - and to Him is the resurrection
	ذُلُلًا
16 النحل 69	ثُمَّ كُلِي مِن كُلِّ الثَّمَرَاتِ فَاسْلُكِي سُبُلَ رَبِّكِ **ذُلُلًا** ۚ يَخْرُجُ مِن بُطُونِهَا شَرَابٌ مُّخْتَلِفٌ أَلْوَانُهُ فِيهِ شِفَاءٌ لِّلنَّاسِ ۗ إِنَّ فِي ذَٰلِكَ لَآيَةً لِّقَوْمٍ يَتَفَكَّرُونَ

	Then eat from all the fruits and follow the ways of your Lord **laid down [for you]**." There emerges from their bellies a drink, varying in colors, in which there is healing for people. Indeed in that is a sign for a people who give thought
	ذِمَّةً
9 التوبة 8	كَيْفَ وَإِن يَظْهَرُوا عَلَيْكُمْ لَا يَرْقُبُوا فِيكُمْ إِلًّا وَلَا **ذِمَّةً** ۚ يُرْضُونَكُم بِأَفْوَاهِهِمْ وَتَأْبَىٰ قُلُوبُهُمْ وَأَكْثَرُهُمْ فَاسِقُونَ
10	لَا يَرْقُبُونَ فِي مُؤْمِنٍ إِلًّا وَلَا **ذِمَّةً** ۚ وَأُولَٰئِكَ هُمُ الْمُعْتَدُونَ They do not observe toward a believer any pact of kinship or **covenant of protection**. And it is they who are the transgressors
	ذَنبٍ
12 يوسف 29	يُوسُفُ أَعْرِضْ عَنْ هَٰذَا ۚ وَاسْتَغْفِرِي **لِذَنبِكِ** ۖ إِنَّكِ كُنتِ مِنَ الْخَاطِئِينَ
26 الشعراء 14	وَلَهُمْ عَلَيَّ **ذَنبٌ** فَأَخَافُ أَن يَقْتُلُونِ
29 العنكبوت 40	فَكُلًّا أَخَذْنَا **بِذَنبِهِ** ۖ فَمِنْهُم مَّنْ أَرْسَلْنَا عَلَيْهِ حَاصِبًا وَمِنْهُم مَّنْ أَخَذَتْهُ الصَّيْحَةُ وَمِنْهُم مَّنْ خَسَفْنَا بِهِ الْأَرْضَ وَمِنْهُم مَّنْ أَغْرَقْنَا ۚ وَمَا كَانَ اللَّهُ لِيَظْلِمَهُمْ وَلَٰكِن كَانُوا أَنفُسَهُمْ يَظْلِمُونَ
40 غافر 3	غَافِرِ **الذَّنبِ** وَقَابِلِ التَّوْبِ شَدِيدِ الْعِقَابِ ذِي الطَّوْلِ ۖ لَا إِلَٰهَ إِلَّا هُوَ ۖ إِلَيْهِ الْمَصِيرُ
55	فَاصْبِرْ إِنَّ وَعْدَ اللَّهِ حَقٌّ وَاسْتَغْفِرْ **لِذَنبِكَ** وَسَبِّحْ بِحَمْدِ رَبِّكَ بِالْعَشِيِّ وَالْإِبْكَارِ
47 محمد 19	فَاعْلَمْ أَنَّهُ لَا إِلَٰهَ إِلَّا اللَّهُ وَاسْتَغْفِرْ **لِذَنبِكَ** وَلِلْمُؤْمِنِينَ وَالْمُؤْمِنَاتِ ۗ وَاللَّهُ يَعْلَمُ مُتَقَلَّبَكُمْ وَمَثْوَاكُمْ
48 الفتح 2	لِّيَغْفِرَ لَكَ اللَّهُ مَا تَقَدَّمَ مِن **ذَنبِكَ** وَمَا تَأَخَّرَ وَيُتِمَّ نِعْمَتَهُ عَلَيْكَ وَيَهْدِيَكَ صِرَاطًا مُّسْتَقِيمًا

55 الرحمن 39	فَيَوْمَئِذٍ لَّا يُسْأَلُ عَن **ذَنبِهِ** إِنسٌ وَلَا جَانٌّ
67 الملك 11	فَاعْتَرَفُوا **بِذَنبِهِمْ** فَسُحْقًا لِّأَصْحَابِ السَّعِيرِ
81 التكوير 9	بِأَيِّ **ذَنبٍ** قُتِلَتْ For what **sin** she was killed
91 الشمس 14	فَكَذَّبُوهُ فَعَقَرُوهَا فَدَمْدَمَ عَلَيْهِمْ رَبُّهُم **بِذَنبِهِمْ** فَسَوَّاهَا
	ذُنُوبِ
3 آل عمران 11	كَدَأْبِ آلِ فِرْعَوْنَ وَالَّذِينَ مِن قَبْلِهِمْ ۚ كَذَّبُوا بِآيَاتِنَا فَأَخَذَهُمُ اللَّهُ **بِذُنُوبِهِمْ** ۗ وَاللَّهُ شَدِيدُ الْعِقَابِ
16	الَّذِينَ يَقُولُونَ رَبَّنَا إِنَّنَا آمَنَّا فَاغْفِرْ لَنَا **ذُنُوبَنَا** وَقِنَا عَذَابَ النَّارِ
31	قُلْ إِن كُنتُمْ تُحِبُّونَ اللَّهَ فَاتَّبِعُونِي يُحْبِبْكُمُ اللَّهُ وَيَغْفِرْ لَكُمْ **ذُنُوبَكُمْ** ۗ وَاللَّهُ غَفُورٌ رَّحِيمٌ
135	وَالَّذِينَ إِذَا فَعَلُوا فَاحِشَةً أَوْ ظَلَمُوا أَنفُسَهُمْ ذَكَرُوا اللَّهَ فَاسْتَغْفَرُوا **لِذُنُوبِهِمْ** وَمَن يَغْفِرُ **الذُّنُوبَ** إِلَّا اللَّهُ وَلَمْ يُصِرُّوا عَلَىٰ مَا فَعَلُوا وَهُمْ يَعْلَمُونَ
147	وَمَا كَانَ قَوْلَهُمْ إِلَّا أَن قَالُوا رَبَّنَا اغْفِرْ لَنَا **ذُنُوبَنَا** وَإِسْرَافَنَا فِي أَمْرِنَا وَثَبِّتْ أَقْدَامَنَا وَانصُرْنَا عَلَى الْقَوْمِ الْكَافِرِينَ
193	رَّبَّنَا إِنَّنَا سَمِعْنَا مُنَادِيًا يُنَادِي لِلْإِيمَانِ أَنْ آمِنُوا بِرَبِّكُمْ فَآمَنَّا ۚ رَبَّنَا فَاغْفِرْ لَنَا **ذُنُوبَنَا** وَكَفِّرْ عَنَّا سَيِّئَاتِنَا وَتَوَفَّنَا مَعَ الْأَبْرَارِ
5 المائدة 18	وَقَالَتِ الْيَهُودُ وَالنَّصَارَىٰ نَحْنُ أَبْنَاءُ اللَّهِ وَأَحِبَّاؤُهُ ۚ قُلْ فَلِمَ يُعَذِّبُكُم **بِذُنُوبِكُم** ۖ بَلْ أَنتُم بَشَرٌ مِّمَّنْ خَلَقَ ۚ يَغْفِرُ لِمَن يَشَاءُ وَيُعَذِّبُ مَن يَشَاءُ ۚ وَلِلَّهِ مُلْكُ السَّمَاوَاتِ وَالْأَرْضِ وَمَا بَيْنَهُمَا ۖ وَإِلَيْهِ الْمَصِيرُ
49	وَأَنِ احْكُم بَيْنَهُم بِمَا أَنزَلَ اللَّهُ وَلَا تَتَّبِعْ أَهْوَاءَهُمْ وَاحْذَرْهُمْ أَن يَفْتِنُوكَ عَن بَعْضِ مَا أَنزَلَ اللَّهُ إِلَيْكَ ۖ فَإِن تَوَلَّوْا فَاعْلَمْ أَنَّمَا يُرِيدُ اللَّهُ أَن يُصِيبَهُم بِبَعْضِ **ذُنُوبِهِمْ** ۗ وَإِنَّ كَثِيرًا مِّنَ النَّاسِ لَفَاسِقُونَ

	And judge, [O Muhammad], between them by what Allah has revealed and do not follow their inclinations and beware of them, lest they tempt you away from some of what Allah has revealed to you. And if they turn away - then know that Allah only intends to afflict them with some of **their [own] sins**. And indeed, many among the people are defiantly disobedient.
6 الأنعام 6	أَلَمْ يَرَوْا كَمْ أَهْلَكْنَا مِن قَبْلِهِم مِّن قَرْنٍ مَّكَّنَّاهُمْ فِي الْأَرْضِ مَا لَمْ نُمَكِّن لَّكُمْ وَأَرْسَلْنَا السَّمَاءَ عَلَيْهِم مِّدْرَارًا وَجَعَلْنَا الْأَنْهَارَ تَجْرِي مِن تَحْتِهِمْ فَأَهْلَكْنَاهُم **بِذُنُوبِهِمْ** وَأَنشَأْنَا مِن بَعْدِهِمْ قَرْنًا آخَرِينَ
7 الأعراف 100	أَوَلَمْ يَهْدِ لِلَّذِينَ يَرِثُونَ الْأَرْضَ مِن بَعْدِ أَهْلِهَا أَن لَّوْ نَشَاءُ أَصَبْنَاهُم **بِذُنُوبِهِمْ** وَنَطْبَعُ عَلَىٰ قُلُوبِهِمْ فَهُمْ لَا يَسْمَعُونَ
8 الأنفال 52	كَدَأْبِ آلِ فِرْعَوْنَ وَالَّذِينَ مِن قَبْلِهِمْ كَفَرُوا بِآيَاتِ اللَّهِ فَأَخَذَهُمُ اللَّهُ **بِذُنُوبِهِمْ** إِنَّ اللَّهَ قَوِيٌّ شَدِيدُ الْعِقَابِ
54	كَدَأْبِ آلِ فِرْعَوْنَ وَالَّذِينَ مِن قَبْلِهِمْ كَذَّبُوا بِآيَاتِ رَبِّهِمْ فَأَهْلَكْنَاهُم **بِذُنُوبِهِمْ** وَأَغْرَقْنَا آلَ فِرْعَوْنَ وَكُلٌّ كَانُوا ظَالِمِينَ
9 التوبة 102	وَآخَرُونَ اعْتَرَفُوا **بِذُنُوبِهِمْ** خَلَطُوا عَمَلًا صَالِحًا وَآخَرَ سَيِّئًا عَسَى اللَّهُ أَن يَتُوبَ عَلَيْهِمْ إِنَّ اللَّهَ غَفُورٌ رَّحِيمٌ
12 يوسف 97	قَالُوا يَا أَبَانَا اسْتَغْفِرْ لَنَا **ذُنُوبَنَا** إِنَّا كُنَّا خَاطِئِينَ
14 ابراهيم 10	قَالَتْ رُسُلُهُمْ أَفِي اللَّهِ شَكٌّ فَاطِرِ السَّمَاوَاتِ وَالْأَرْضِ يَدْعُوكُمْ لِيَغْفِرَ لَكُم مِّن **ذُنُوبِكُمْ** وَيُؤَخِّرَكُمْ إِلَىٰ أَجَلٍ مُّسَمًّى قَالُوا إِنْ أَنتُمْ إِلَّا بَشَرٌ مِّثْلُنَا تُرِيدُونَ أَن تَصُدُّونَا عَمَّا كَانَ يَعْبُدُ آبَاؤُنَا فَأْتُونَا بِسُلْطَانٍ مُّبِينٍ
17 الإسراء 17	وَكَمْ أَهْلَكْنَا مِنَ الْقُرُونِ مِن بَعْدِ نُوحٍ وَكَفَىٰ بِرَبِّكَ **بِذُنُوبِ** عِبَادِهِ خَبِيرًا بَصِيرًا
25 الفرقان 58	وَتَوَكَّلْ عَلَى الْحَيِّ الَّذِي لَا يَمُوتُ وَسَبِّحْ بِحَمْدِهِ وَكَفَىٰ بِهِ **بِذُنُوبِ** عِبَادِهِ خَبِيرًا
28 القصص 78	قَالَ إِنَّمَا أُوتِيتُهُ عَلَىٰ عِلْمٍ عِندِي أَوَلَمْ يَعْلَمْ أَنَّ اللَّهَ قَدْ أَهْلَكَ مِن قَبْلِهِ مِنَ الْقُرُونِ مَنْ هُوَ أَشَدُّ مِنْهُ قُوَّةً وَأَكْثَرُ جَمْعًا وَلَا يُسْأَلُ عَن **ذُنُوبِهِمُ** الْمُجْرِمُونَ

33 الأحزاب 71	يُصْلِحْ لَكُمْ أَعْمَالَكُمْ وَيَغْفِرْ لَكُمْ **ذُنُوبَكُمْ** ۗ وَمَن يُطِعِ اللَّهَ وَرَسُولَهُ فَقَدْ فَازَ فَوْزًا عَظِيمًا	
39 الزمر 53	قُلْ يَا عِبَادِيَ الَّذِينَ أَسْرَفُوا عَلَىٰ أَنفُسِهِمْ لَا تَقْنَطُوا مِن رَّحْمَةِ اللَّهِ ۚ إِنَّ اللَّهَ يَغْفِرُ **الذُّنُوبَ** جَمِيعًا ۚ إِنَّهُ هُوَ الْغَفُورُ الرَّحِيمُ	
40 غافر 11	قَالُوا رَبَّنَا أَمَتَّنَا اثْنَتَيْنِ وَأَحْيَيْتَنَا اثْنَتَيْنِ فَاعْتَرَفْنَا **بِذُنُوبِنَا** فَهَلْ إِلَىٰ خُرُوجٍ مِّن سَبِيلٍ	
21	أَوَلَمْ يَسِيرُوا فِي الْأَرْضِ فَيَنظُرُوا كَيْفَ كَانَ عَاقِبَةُ الَّذِينَ كَانُوا مِن قَبْلِهِمْ ۚ كَانُوا هُمْ أَشَدَّ مِنْهُمْ قُوَّةً وَآثَارًا فِي الْأَرْضِ فَأَخَذَهُمُ اللَّهُ **بِذُنُوبِهِمْ** وَمَا كَانَ لَهُم مِّنَ اللَّهِ مِن وَاقٍ	
46 الأحقاف 31	يَا قَوْمَنَا أَجِيبُوا دَاعِيَ اللَّهِ وَآمِنُوا بِهِ يَغْفِرْ لَكُم مِّن **ذُنُوبِكُمْ** وَيُجِرْكُم مِّنْ عَذَابٍ أَلِيمٍ	
61 الصف 12	يَغْفِرْ لَكُمْ **ذُنُوبَكُمْ** وَيُدْخِلْكُمْ جَنَّاتٍ تَجْرِي مِن تَحْتِهَا الْأَنْهَارُ وَمَسَاكِنَ طَيِّبَةً فِي جَنَّاتِ عَدْنٍ ۚ ذَٰلِكَ الْفَوْزُ الْعَظِيمُ	
71 نوح 4	يَغْفِرْ لَكُم مِّن **ذُنُوبِكُمْ** وَيُؤَخِّرْكُمْ إِلَىٰ أَجَلٍ مُّسَمًّى ۚ إِنَّ أَجَلَ اللَّهِ إِذَا جَاءَ لَا يُؤَخَّرُ ۖ لَوْ كُنتُمْ تَعْلَمُونَ	

ذَنُوبًا

51 الذاريات 59	فَإِنَّ لِلَّذِينَ ظَلَمُوا **ذَنُوبًا** مِّثْلَ **ذَنُوبِ** أَصْحَابِهِمْ فَلَا يَسْتَعْجِلُونِ And indeed, for those who have wronged is **a portion [of punishment] like the portion of their predecessors**, so let them not impatiently urge Me

ذَهَابٍ

23 المؤمنون 18	وَأَنزَلْنَا مِنَ السَّمَاءِ مَاءً بِقَدَرٍ فَأَسْكَنَّاهُ فِي الْأَرْضِ ۖ وَإِنَّا عَلَىٰ **ذَهَابٍ** بِهِ لَقَادِرُونَ And We have sent down rain from the sky in a measured amount and settled it in the earth. And indeed, We are Able **to take it away**

ذَهَبَ

2 البقرة 17	مَثَلُهُمْ كَمَثَلِ الَّذِي اسْتَوْقَدَ نَارًا فَلَمَّا أَضَاءَتْ مَا حَوْلَهُ **ذَهَبَ** اللَّهُ بِنُورِهِمْ وَتَرَكَهُمْ فِي ظُلُمَاتٍ لَّا يُبْصِرُونَ
20	يَكَادُ الْبَرْقُ يَخْطَفُ أَبْصَارَهُمْ ۖ كُلَّمَا أَضَاءَ لَهُم مَّشَوْا فِيهِ وَإِذَا أَظْلَمَ عَلَيْهِمْ قَامُوا ۚ وَلَوْ شَاءَ اللَّهُ **لَذَهَبَ** بِسَمْعِهِمْ وَأَبْصَارِهِمْ ۚ إِنَّ اللَّهَ عَلَىٰ كُلِّ شَيْءٍ قَدِيرٌ
4 النساء 19	يَا أَيُّهَا الَّذِينَ آمَنُوا لَا يَحِلُّ لَكُمْ أَن تَرِثُوا النِّسَاءَ كَرْهًا ۖ وَلَا تَعْضُلُوهُنَّ **لِتَذْهَبُوا** بِبَعْضِ مَا آتَيْتُمُوهُنَّ إِلَّا أَن يَأْتِينَ بِفَاحِشَةٍ مُّبَيِّنَةٍ ۚ وَعَاشِرُوهُنَّ بِالْمَعْرُوفِ ۚ فَإِن كَرِهْتُمُوهُنَّ فَعَسَىٰ أَن تَكْرَهُوا شَيْئًا وَيَجْعَلَ اللَّهُ فِيهِ خَيْرًا كَثِيرًا
	O you who have believed, it is not lawful for you to inherit women by compulsion. And do not make difficulties for them in order to **take [back] part of what you gave them** unless they commit a clear immorality. And live with them in kindness. For if you dislike them - perhaps you dislike a thing and Allah makes therein much good
133	إِن يَشَأْ **يُذْهِبْكُمْ** أَيُّهَا النَّاسُ وَيَأْتِ بِآخَرِينَ ۚ وَكَانَ اللَّهُ عَلَىٰ ذَٰلِكَ قَدِيرًا
5 المائدة 24	قَالُوا يَا مُوسَىٰ إِنَّا لَن نَّدْخُلَهَا أَبَدًا مَّا دَامُوا فِيهَا ۖ **فَاذْهَبْ** أَنتَ وَرَبُّكَ فَقَاتِلَا إِنَّا هَاهُنَا قَاعِدُونَ
6 الأنعام 133	وَرَبُّكَ الْغَنِيُّ ذُو الرَّحْمَةِ ۚ إِن يَشَأْ **يُذْهِبْكُمْ** وَيَسْتَخْلِفْ مِن بَعْدِكُم مَّا يَشَاءُ كَمَا أَنشَأَكُم مِّن ذُرِّيَّةِ قَوْمٍ آخَرِينَ
8 الأنفال 11	إِذْ يُغَشِّيكُمُ النُّعَاسَ أَمَنَةً مِّنْهُ وَيُنَزِّلُ عَلَيْكُم مِّنَ السَّمَاءِ مَاءً لِّيُطَهِّرَكُم بِهِ **وَيُذْهِبَ** عَنكُمْ رِجْزَ الشَّيْطَانِ وَلِيَرْبِطَ عَلَىٰ قُلُوبِكُمْ وَيُثَبِّتَ بِهِ الْأَقْدَامَ
46	وَأَطِيعُوا اللَّهَ وَرَسُولَهُ وَلَا تَنَازَعُوا فَتَفْشَلُوا **وَتَذْهَبَ** رِيحُكُمْ ۖ وَاصْبِرُوا ۚ إِنَّ اللَّهَ مَعَ الصَّابِرِينَ
9 التوبة 15	**وَيُذْهِبْ** غَيْظَ قُلُوبِهِمْ ۗ وَيَتُوبُ اللَّهُ عَلَىٰ مَن يَشَاءُ ۗ وَاللَّهُ عَلِيمٌ حَكِيمٌ
11 هود 10	وَلَئِنْ أَذَقْنَاهُ نَعْمَاءَ بَعْدَ ضَرَّاءَ مَسَّتْهُ لَيَقُولَنَّ **ذَهَبَ** السَّيِّئَاتُ عَنِّي ۚ إِنَّهُ لَفَرِحٌ فَخُورٌ

74	فَلَمَّا **ذَهَبَ** عَنْ إِبْرَاهِيمَ الرَّوْعُ وَجَاءَتْهُ الْبُشْرَىٰ يُجَادِلُنَا فِي قَوْمِ لُوطٍ	
114	وَأَقِمِ الصَّلَاةَ طَرَفَيِ النَّهَارِ وَزُلَفًا مِّنَ اللَّيْلِ ۚ إِنَّ الْحَسَنَاتِ **يُذْهِبْنَ** السَّيِّئَاتِ ۚ ذَٰلِكَ ذِكْرَىٰ لِلذَّاكِرِينَ	
12 يوسف 13	قَالَ إِنِّي لَيَحْزُنُنِي أَن **تَذْهَبُوا** بِهِ وَأَخَافُ أَن يَأْكُلَهُ الذِّئْبُ وَأَنتُمْ عَنْهُ غَافِلُونَ	
15	فَلَمَّا **ذَهَبُوا** بِهِ وَأَجْمَعُوا أَن يَجْعَلُوهُ فِي غَيَابَتِ الْجُبِّ ۚ وَأَوْحَيْنَا إِلَيْهِ لَتُنَبِّئَنَّهُم بِأَمْرِهِمْ هَٰذَا وَهُمْ لَا يَشْعُرُونَ	
17	قَالُوا يَا أَبَانَا إِنَّا **ذَهَبْنَا** نَسْتَبِقُ وَتَرَكْنَا يُوسُفَ عِندَ مَتَاعِنَا فَأَكَلَهُ الذِّئْبُ ۖ وَمَا أَنتَ بِمُؤْمِنٍ لَّنَا وَلَوْ كُنَّا صَادِقِينَ	
87	يَا بَنِيَّ **اذْهَبُوا** فَتَحَسَّسُوا مِن يُوسُفَ وَأَخِيهِ وَلَا تَيْأَسُوا مِن رَّوْحِ اللَّهِ ۖ إِنَّهُ لَا يَيْأَسُ مِن رَّوْحِ اللَّهِ إِلَّا الْقَوْمُ الْكَافِرُونَ	
93	**اذْهَبُوا** بِقَمِيصِي هَٰذَا فَأَلْقُوهُ عَلَىٰ وَجْهِ أَبِي يَأْتِ بَصِيرًا وَأْتُونِي بِأَهْلِكُمْ أَجْمَعِينَ	
13 الرعد 17	أَنزَلَ مِنَ السَّمَاءِ مَاءً فَسَالَتْ أَوْدِيَةٌ بِقَدَرِهَا فَاحْتَمَلَ السَّيْلُ زَبَدًا رَّابِيًا ۚ وَمِمَّا يُوقِدُونَ عَلَيْهِ فِي النَّارِ ابْتِغَاءَ حِلْيَةٍ أَوْ مَتَاعٍ زَبَدٌ مِّثْلُهُ ۚ كَذَٰلِكَ يَضْرِبُ اللَّهُ الْحَقَّ وَالْبَاطِلَ ۚ فَأَمَّا الزَّبَدُ **فَيَذْهَبُ** جُفَاءً ۖ وَأَمَّا مَا يَنفَعُ النَّاسَ فَيَمْكُثُ فِي الْأَرْضِ ۚ كَذَٰلِكَ يَضْرِبُ اللَّهُ الْأَمْثَالَ	
14 ابراهيم 19	أَلَمْ تَرَ أَنَّ اللَّهَ خَلَقَ السَّمَاوَاتِ وَالْأَرْضَ بِالْحَقِّ ۚ إِن يَشَأْ **يُذْهِبْكُمْ** وَيَأْتِ بِخَلْقٍ جَدِيدٍ	
17 الإسراء 63	قَالَ **اذْهَبْ** فَمَن تَبِعَكَ مِنْهُمْ فَإِنَّ جَهَنَّمَ جَزَاؤُكُمْ جَزَاءً مَّوْفُورًا	
86	وَلَئِن شِئْنَا **لَنَذْهَبَنَّ** بِالَّذِي أَوْحَيْنَا إِلَيْكَ ثُمَّ لَا تَجِدُ لَكَ بِهِ عَلَيْنَا وَكِيلًا	
20 طه 24	**اذْهَبْ** إِلَىٰ فِرْعَوْنَ إِنَّهُ طَغَىٰ	
42	**اذْهَبْ** أَنتَ وَأَخُوكَ بِآيَاتِي وَلَا تَنِيَا فِي ذِكْرِي	

43	اذْهَبَا إِلَىٰ فِرْعَوْنَ إِنَّهُ طَغَىٰ
63	قَالُوا إِنْ هَٰذَانِ لَسَاحِرَانِ يُرِيدَانِ أَن يُخْرِجَاكُم مِّنْ أَرْضِكُم بِسِحْرِهِمَا وَيَذْهَبَا بِطَرِيقَتِكُمُ الْمُثْلَىٰ
97	قَالَ فَاذْهَبْ فَإِنَّ لَكَ فِي الْحَيَاةِ أَن تَقُولَ لَا مِسَاسَ ۖ وَإِنَّ لَكَ مَوْعِدًا لَّن تُخْلَفَهُ ۖ وَانظُرْ إِلَىٰ إِلَٰهِكَ الَّذِي ظَلْتَ عَلَيْهِ عَاكِفًا ۖ لَّنُحَرِّقَنَّهُ ثُمَّ لَنَنسِفَنَّهُ فِي الْيَمِّ نَسْفًا
21 الأنبياء 87	وَذَا النُّونِ إِذ ذَّهَبَ مُغَاضِبًا فَظَنَّ أَن لَّن نَّقْدِرَ عَلَيْهِ فَنَادَىٰ فِي الظُّلُمَاتِ أَن لَّا إِلَٰهَ إِلَّا أَنتَ سُبْحَانَكَ إِنِّي كُنتُ مِنَ الظَّالِمِينَ
22 الحج 15	مَن كَانَ يَظُنُّ أَن لَّن يَنصُرَهُ اللَّهُ فِي الدُّنْيَا وَالْآخِرَةِ فَلْيَمْدُدْ بِسَبَبٍ إِلَى السَّمَاءِ ثُمَّ لْيَقْطَعْ فَلْيَنظُرْ هَلْ يُذْهِبَنَّ كَيْدُهُ مَا يَغِيظُ
23 المؤمنون 91	مَا اتَّخَذَ اللَّهُ مِن وَلَدٍ وَمَا كَانَ مَعَهُ مِنْ إِلَٰهٍ ۚ إِذًا لَّذَهَبَ كُلُّ إِلَٰهٍ بِمَا خَلَقَ وَلَعَلَا بَعْضُهُمْ عَلَىٰ بَعْضٍ ۚ سُبْحَانَ اللَّهِ عَمَّا يَصِفُونَ
24 النور 43	أَلَمْ تَرَ أَنَّ اللَّهَ يُزْجِي سَحَابًا ثُمَّ يُؤَلِّفُ بَيْنَهُ ثُمَّ يَجْعَلُهُ رُكَامًا فَتَرَى الْوَدْقَ يَخْرُجُ مِنْ خِلَالِهِ وَيُنَزِّلُ مِنَ السَّمَاءِ مِن جِبَالٍ فِيهَا مِن بَرَدٍ فَيُصِيبُ بِهِ مَن يَشَاءُ وَيَصْرِفُهُ عَن مَّن يَشَاءُ ۖ يَكَادُ سَنَا بَرْقِهِ يَذْهَبُ بِالْأَبْصَارِ
62	إِنَّمَا الْمُؤْمِنُونَ الَّذِينَ آمَنُوا بِاللَّهِ وَرَسُولِهِ وَإِذَا كَانُوا مَعَهُ عَلَىٰ أَمْرٍ جَامِعٍ لَّمْ يَذْهَبُوا حَتَّىٰ يَسْتَأْذِنُوهُ ۚ إِنَّ الَّذِينَ يَسْتَأْذِنُونَكَ أُولَٰئِكَ الَّذِينَ يُؤْمِنُونَ بِاللَّهِ وَرَسُولِهِ ۚ فَإِذَا اسْتَأْذَنُوكَ لِبَعْضِ شَأْنِهِمْ فَأْذَن لِّمَن شِئْتَ مِنْهُمْ وَاسْتَغْفِرْ لَهُمُ اللَّهَ ۚ إِنَّ اللَّهَ غَفُورٌ رَّحِيمٌ
25 الفرقان 36	فَقُلْنَا اذْهَبَا إِلَى الْقَوْمِ الَّذِينَ كَذَّبُوا بِآيَاتِنَا فَدَمَّرْنَاهُمْ تَدْمِيرًا
26 الشعراء 15	قَالَ كَلَّا ۖ فَاذْهَبَا بِآيَاتِنَا ۖ إِنَّا مَعَكُم مُّسْتَمِعُونَ
27 النمل 28	اذْهَب بِّكِتَابِي هَٰذَا فَأَلْقِهْ إِلَيْهِمْ ثُمَّ تَوَلَّ عَنْهُمْ فَانظُرْ مَاذَا يَرْجِعُونَ
33 الأحزاب 19	أَشِحَّةً عَلَيْكُمْ ۖ فَإِذَا جَاءَ الْخَوْفُ رَأَيْتَهُمْ يَنظُرُونَ إِلَيْكَ تَدُورُ أَعْيُنُهُمْ كَالَّذِي يُغْشَىٰ عَلَيْهِ مِنَ الْمَوْتِ ۖ فَإِذَا ذَهَبَ الْخَوْفُ سَلَقُوكُم بِأَلْسِنَةٍ حِدَادٍ

	أَشِحَّةً عَلَى الْخَيْرِ ۚ أُولَٰئِكَ لَمْ يُؤْمِنُوا فَأَحْبَطَ اللَّهُ أَعْمَالَهُمْ ۚ وَكَانَ ذَٰلِكَ عَلَى اللَّهِ يَسِيرًا	
20	يَحْسَبُونَ الْأَحْزَابَ لَمْ **يَذْهَبُوا** ۖ وَإِن يَأْتِ الْأَحْزَابُ يَوَدُّوا لَوْ أَنَّهُم بَادُونَ فِي الْأَعْرَابِ يَسْأَلُونَ عَنْ أَنبَائِكُمْ ۚ وَلَوْ كَانُوا فِيكُم مَّا قَاتَلُوا إِلَّا قَلِيلًا	
33	وَقَرْنَ فِي بُيُوتِكُنَّ وَلَا تَبَرَّجْنَ تَبَرُّجَ الْجَاهِلِيَّةِ الْأُولَىٰ ۖ وَأَقِمْنَ الصَّلَاةَ وَآتِينَ الزَّكَاةَ وَأَطِعْنَ اللَّهَ وَرَسُولَهُ ۚ إِنَّمَا يُرِيدُ اللَّهُ **لِيُذْهِبَ** عَنكُمُ الرِّجْسَ أَهْلَ الْبَيْتِ وَيُطَهِّرَكُمْ تَطْهِيرًا	
35 فاطر 8	أَفَمَن زُيِّنَ لَهُ سُوءُ عَمَلِهِ فَرَآهُ حَسَنًا ۖ فَإِنَّ اللَّهَ يُضِلُّ مَن يَشَاءُ وَيَهْدِي مَن يَشَاءُ ۖ فَلَا **تَذْهَبْ** نَفْسُكَ عَلَيْهِمْ حَسَرَاتٍ ۚ إِنَّ اللَّهَ عَلِيمٌ بِمَا يَصْنَعُونَ	
16	إِن يَشَأْ **يُذْهِبْكُمْ** وَيَأْتِ بِخَلْقٍ جَدِيدٍ	
34	وَقَالُوا الْحَمْدُ لِلَّهِ الَّذِي **أَذْهَبَ** عَنَّا الْحَزَنَ ۖ إِنَّ رَبَّنَا لَغَفُورٌ شَكُورٌ	
43 الزخرف 41	فَإِمَّا **نَذْهَبَنَّ** بِكَ فَإِنَّا مِنْهُم مُّنتَقِمُونَ	
46 الأحقاف 20	وَيَوْمَ يُعْرَضُ الَّذِينَ كَفَرُوا عَلَى النَّارِ **أَذْهَبْتُمْ** طَيِّبَاتِكُمْ فِي حَيَاتِكُمُ الدُّنْيَا وَاسْتَمْتَعْتُم بِهَا فَالْيَوْمَ تُجْزَوْنَ عَذَابَ الْهُونِ بِمَا كُنتُمْ تَسْتَكْبِرُونَ فِي الْأَرْضِ بِغَيْرِ الْحَقِّ وَبِمَا كُنتُمْ تَفْسُقُونَ	
60 الممتحنة 11	وَإِن فَاتَكُمْ شَيْءٌ مِّنْ أَزْوَاجِكُمْ إِلَى الْكُفَّارِ فَعَاقَبْتُمْ فَآتُوا الَّذِينَ **ذَهَبَتْ** أَزْوَاجُهُم مِّثْلَ مَا أَنفَقُوا ۚ وَاتَّقُوا اللَّهَ الَّذِي أَنتُم بِهِ مُؤْمِنُونَ	
	And if you have lost any of your wives to the disbelievers and you subsequently obtain [something], then give those whose wives **have gone** the equivalent of what they had spent. And fear Allah, in whom you are believers	
75 القيامة 33	ثُمَّ **ذَهَبَ** إِلَىٰ أَهْلِهِ يَتَمَطَّىٰ	
	And then he **went** to his people, swaggering [in pride]	
79 النازعات 17	**اذْهَبْ** إِلَىٰ فِرْعَوْنَ إِنَّهُ طَغَىٰ	

81 التكوير 26	فَأَيْنَ تَذْهَبُونَ	
	الذَّهَبِ / ذَهَبًا / ذَهَبٍ	
3 آل عمران 14	زُيِّنَ لِلنَّاسِ حُبُّ الشَّهَوَاتِ مِنَ النِّسَاءِ وَالْبَنِينَ وَالْقَنَاطِيرِ الْمُقَنطَرَةِ مِنَ **الذَّهَبِ** وَالْفِضَّةِ وَالْخَيْلِ الْمُسَوَّمَةِ وَالْأَنْعَامِ وَالْحَرْثِ ۗ ذَٰلِكَ مَتَاعُ الْحَيَاةِ الدُّنْيَا ۖ وَاللَّهُ عِندَهُ حُسْنُ الْمَآبِ	
91	إِنَّ الَّذِينَ كَفَرُوا وَمَاتُوا وَهُمْ كُفَّارٌ فَلَن يُقْبَلَ مِنْ أَحَدِهِم مِّلْءُ الْأَرْضِ **ذَهَبًا** وَلَوِ افْتَدَىٰ بِهِ ۗ أُولَٰئِكَ لَهُمْ عَذَابٌ أَلِيمٌ وَمَا لَهُم مِّن نَّاصِرِينَ	
9 التوبة 34	يَا أَيُّهَا الَّذِينَ آمَنُوا إِنَّ كَثِيرًا مِّنَ الْأَحْبَارِ وَالرُّهْبَانِ لَيَأْكُلُونَ أَمْوَالَ النَّاسِ بِالْبَاطِلِ وَيَصُدُّونَ عَن سَبِيلِ اللَّهِ ۗ وَالَّذِينَ يَكْنِزُونَ **الذَّهَبَ** وَالْفِضَّةَ وَلَا يُنفِقُونَهَا فِي سَبِيلِ اللَّهِ فَبَشِّرْهُم بِعَذَابٍ أَلِيمٍ	
18 الكهف 31	أُولَٰئِكَ لَهُمْ جَنَّاتُ عَدْنٍ تَجْرِي مِن تَحْتِهِمُ الْأَنْهَارُ يُحَلَّوْنَ فِيهَا مِنْ أَسَاوِرَ مِن **ذَهَبٍ** وَيَلْبَسُونَ ثِيَابًا خُضْرًا مِّن سُندُسٍ وَإِسْتَبْرَقٍ مُّتَّكِئِينَ فِيهَا عَلَى الْأَرَائِكِ ۚ نِعْمَ الثَّوَابُ وَحَسُنَتْ مُرْتَفَقًا	
22 الحج 23	إِنَّ اللَّهَ يُدْخِلُ الَّذِينَ آمَنُوا وَعَمِلُوا الصَّالِحَاتِ جَنَّاتٍ تَجْرِي مِن تَحْتِهَا الْأَنْهَارُ يُحَلَّوْنَ فِيهَا مِنْ أَسَاوِرَ مِن **ذَهَبٍ** وَلُؤْلُؤًا ۖ وَلِبَاسُهُمْ فِيهَا حَرِيرٌ	
35 فاطر 33	جَنَّاتُ عَدْنٍ يَدْخُلُونَهَا يُحَلَّوْنَ فِيهَا مِنْ أَسَاوِرَ مِن **ذَهَبٍ** وَلُؤْلُؤًا ۖ وَلِبَاسُهُمْ فِيهَا حَرِيرٌ	
43 الزخرف 53	فَلَوْلَا أُلْقِيَ عَلَيْهِ أَسْوِرَةٌ مِّن **ذَهَبٍ** أَوْ جَاءَ مَعَهُ الْمَلَائِكَةُ مُقْتَرِنِينَ	
71	يُطَافُ عَلَيْهِم بِصِحَافٍ مِّن **ذَهَبٍ** وَأَكْوَابٍ ۖ وَفِيهَا مَا تَشْتَهِيهِ الْأَنفُسُ وَتَلَذُّ الْأَعْيُنُ ۖ وَأَنتُمْ فِيهَا خَالِدُونَ	
	Circulated among them will be plates and vessels of **gold**. And therein is whatever the souls desire and [what] delights the eyes, and you will abide therein eternally	

(ذو الجلال و الاكرام)

وَيَبْقَىٰ وَجْهُ رَبِّكَ **ذُو الْجَلَالِ وَالْإِكْرَامِ**

And there will remain the Face of your Lord, **Owner of Majesty and Honor**

بحث في مفردات القرآن الكريم
القسم الثاني

الاحرف د- ص				حرف ر		
د	ذ	ر	ز	س	ش	ص

رَّابِيًا
rising foam

13 الرعد 17	أَنزَلَ مِنَ السَّمَاءِ مَاءً فَسَالَتْ أَوْدِيَةٌ بِقَدَرِهَا فَاحْتَمَلَ السَّيْلُ زَبَدًا **رَّابِيًا** ۚ وَمِمَّا يُوقِدُونَ عَلَيْهِ فِي النَّارِ ابْتِغَاءَ حِلْيَةٍ أَوْ مَتَاعٍ زَبَدٌ مِّثْلُهُ ۚ كَذَٰلِكَ يَضْرِبُ اللَّهُ الْحَقَّ وَالْبَاطِلَ ۚ فَأَمَّا الزَّبَدُ فَيَذْهَبُ جُفَاءً ۖ وَأَمَّا مَا يَنفَعُ النَّاسَ فَيَمْكُثُ فِي الْأَرْضِ ۚ كَذَٰلِكَ يَضْرِبُ اللَّهُ الْأَمْثَالَ

	رَّابِيَةً
69 الحاقة 10	فَعَصَوْا رَسُولَ رَبِّهِمْ فَأَخَذَهُمْ أَخْذَةً **رَّابِيَةً** And they disobeyed the messenger of their Lord, so He seized them with a seizure **exceeding** [in severity]
	رَّابِعُهُمْ **fourth of them**
18 الكهف 22	سَيَقُولُونَ ثَلَاثَةٌ **رَّابِعُهُمْ** كَلْبُهُمْ وَيَقُولُونَ خَمْسَةٌ سَادِسُهُمْ كَلْبُهُمْ رَجْمًا بِالْغَيْبِ ۖ وَيَقُولُونَ سَبْعَةٌ وَثَامِنُهُمْ كَلْبُهُمْ ۚ قُل رَّبِّي أَعْلَمُ بِعِدَّتِهِم مَّا يَعْلَمُهُمْ إِلَّا قَلِيلٌ ۗ فَلَا تُمَارِ فِيهِمْ إِلَّا مِرَاءً ظَاهِرًا وَلَا تَسْتَفْتِ فِيهِم مِّنْهُمْ أَحَدًا
58 المجادلة 7	أَلَمْ تَرَ أَنَّ اللَّهَ يَعْلَمُ مَا فِي السَّمَاوَاتِ وَمَا فِي الْأَرْضِ ۖ مَا يَكُونُ مِن نَّجْوَىٰ ثَلَاثَةٍ إِلَّا هُوَ **رَابِعُهُمْ** وَلَا خَمْسَةٍ إِلَّا هُوَ سَادِسُهُمْ وَلَا أَدْنَىٰ مِن ذَٰلِكَ وَلَا أَكْثَرَ إِلَّا هُوَ مَعَهُمْ أَيْنَ مَا كَانُوا ۖ ثُمَّ يُنَبِّئُهُم بِمَا عَمِلُوا يَوْمَ الْقِيَامَةِ ۚ إِنَّ اللَّهَ بِكُلِّ شَيْءٍ عَلِيمٌ
	رَاجِعُونَ **we will return**
2 البقرة 46	الَّذِينَ يَظُنُّونَ أَنَّهُم مُّلَاقُو رَبِّهِمْ وَأَنَّهُمْ إِلَيْهِ **رَاجِعُونَ**
156	الَّذِينَ إِذَا أَصَابَتْهُم مُّصِيبَةٌ قَالُوا إِنَّا لِلَّهِ وَإِنَّا إِلَيْهِ **رَاجِعُونَ** Who, when disaster strikes them, say, "Indeed we belong to Allah, and indeed to Him we will return".
21 الأنبياء 93	وَتَقَطَّعُوا أَمْرَهُم بَيْنَهُمْ ۖ كُلٌّ إِلَيْنَا **رَاجِعُونَ**
23 المؤمنون 60	وَالَّذِينَ يُؤْتُونَ مَا آتَوا وَّقُلُوبُهُمْ وَجِلَةٌ أَنَّهُمْ إِلَىٰ رَبِّهِمْ **رَاجِعُونَ**
	رَادَّ/ رَادُّوهُ **take them back /will return him**

2 البقرة 228	وَالْمُطَلَّقَاتُ يَتَرَبَّصْنَ بِأَنفُسِهِنَّ ثَلَاثَةَ قُرُوءٍ ۚ وَلَا يَحِلُّ لَهُنَّ أَن يَكْتُمْنَ مَا خَلَقَ اللَّهُ فِي أَرْحَامِهِنَّ إِن كُنَّ يُؤْمِنَّ بِاللَّهِ وَالْيَوْمِ الْآخِرِ ۚ وَبُعُولَتُهُنَّ أَحَقُّ **بِرَدِّهِنَّ** فِي ذَٰلِكَ إِنْ أَرَادُوا إِصْلَاحًا ۚ وَلَهُنَّ مِثْلُ الَّذِي عَلَيْهِنَّ بِالْمَعْرُوفِ ۚ وَلِلرِّجَالِ عَلَيْهِنَّ دَرَجَةٌ ۗ وَاللَّهُ عَزِيزٌ حَكِيمٌ	
	Divorced women remain in waiting for three periods, and it is not lawful for them to conceal what Allah has created in their wombs if they believe in Allah and the Last Day. And their husbands have more right to **take them back** in this [period] if they want reconciliation. And due to the wives is similar to what is expected of them, according to what is reasonable. But the men have a degree over them [in responsibility and authority]. And Allah is Exalted in Might and Wise	
10 يونس 107	وَإِن يَمْسَسْكَ اللَّهُ بِضُرٍّ فَلَا كَاشِفَ لَهُ إِلَّا هُوَ ۖ وَإِن يُرِدْكَ بِخَيْرٍ فَلَا **رَادَّ** لِفَضْلِهِ ۚ يُصِيبُ بِهِ مَن يَشَاءُ مِنْ عِبَادِهِ ۚ وَهُوَ الْغَفُورُ الرَّحِيمُ	
13 الرعد 11	لَهُ مُعَقِّبَاتٌ مِّن بَيْنِ يَدَيْهِ وَمِنْ خَلْفِهِ يَحْفَظُونَهُ مِنْ أَمْرِ اللَّهِ ۗ إِنَّ اللَّهَ لَا يُغَيِّرُ مَا بِقَوْمٍ حَتَّىٰ يُغَيِّرُوا مَا بِأَنفُسِهِمْ ۗ وَإِذَا أَرَادَ اللَّهُ بِقَوْمٍ سُوءًا فَلَا **مَرَدَّ** لَهُ ۚ وَمَا لَهُم مِّن دُونِهِ مِن وَالٍ	
16 النحل 71	وَاللَّهُ فَضَّلَ بَعْضَكُمْ عَلَىٰ بَعْضٍ فِي الرِّزْقِ ۚ فَمَا الَّذِينَ فُضِّلُوا **بِرَادِّي** رِزْقِهِمْ عَلَىٰ مَا مَلَكَتْ أَيْمَانُهُمْ فَهُمْ فِيهِ سَوَاءٌ ۚ أَفَبِنِعْمَةِ اللَّهِ يَجْحَدُونَ	
28 القصص 7	وَأَوْحَيْنَا إِلَىٰ أُمِّ مُوسَىٰ أَنْ أَرْضِعِيهِ ۖ فَإِذَا خِفْتِ عَلَيْهِ فَأَلْقِيهِ فِي الْيَمِّ وَلَا تَخَافِي وَلَا تَحْزَنِي ۖ إِنَّا **رَادُّوهُ** إِلَيْكِ وَجَاعِلُوهُ مِنَ الْمُرْسَلِينَ	
	And We inspired to the mother of Moses, "Suckle him; but when you fear for him, cast him into the river and do not fear and do not grieve. Indeed, We **will return him** to you and will make him [one] of the messengers"	
85	إِنَّ الَّذِي فَرَضَ عَلَيْكَ الْقُرْآنَ **لَرَادُّكَ** إِلَىٰ مَعَادٍ ۚ قُل رَّبِّي أَعْلَمُ مَن جَاءَ بِالْهُدَىٰ وَمَنْ هُوَ فِي ضَلَالٍ مُّبِينٍ	
	<div align="center">رَأْسِهِ/ رَأْسِي/رَأْس **my head**</div>	

2 البقرة 196	وَأَتِمُّوا الْحَجَّ وَالْعُمْرَةَ لِلَّهِ ۚ فَإِنْ أُحْصِرْتُمْ فَمَا اسْتَيْسَرَ مِنَ الْهَدْيِ ۖ وَلَا تَحْلِقُوا **رُءُوسَكُمْ** حَتَّىٰ يَبْلُغَ الْهَدْيُ مَحِلَّهُ ۚ فَمَن كَانَ مِنكُم مَّرِيضًا أَوْ بِهِ أَذًى مِّن **رَّأْسِهِ** فَفِدْيَةٌ مِّن صِيَامٍ أَوْ صَدَقَةٍ أَوْ نُسُكٍ ۚ فَإِذَا أَمِنتُمْ فَمَن تَمَتَّعَ بِالْعُمْرَةِ إِلَى الْحَجِّ فَمَا اسْتَيْسَرَ مِنَ الْهَدْيِ ۚ فَمَن لَّمْ يَجِدْ فَصِيَامُ ثَلَاثَةِ أَيَّامٍ فِي الْحَجِّ وَسَبْعَةٍ إِذَا رَجَعْتُمْ ۗ تِلْكَ عَشَرَةٌ كَامِلَةٌ ۗ ذَٰلِكَ لِمَن لَّمْ يَكُنْ أَهْلُهُ حَاضِرِي الْمَسْجِدِ الْحَرَامِ ۚ وَاتَّقُوا اللَّهَ وَاعْلَمُوا أَنَّ اللَّهَ شَدِيدُ الْعِقَابِ
7 الأعراف 150	وَلَمَّا رَجَعَ مُوسَىٰ إِلَىٰ قَوْمِهِ غَضْبَانَ أَسِفًا قَالَ بِئْسَمَا خَلَفْتُمُونِي مِن بَعْدِي ۖ أَعَجِلْتُمْ أَمْرَ رَبِّكُمْ ۖ وَأَلْقَى الْأَلْوَاحَ وَأَخَذَ **بِرَأْسِ** أَخِيهِ يَجُرُّهُ إِلَيْهِ ۚ قَالَ ابْنَ أُمَّ إِنَّ الْقَوْمَ اسْتَضْعَفُونِي وَكَادُوا يَقْتُلُونَنِي فَلَا تُشْمِتْ بِيَ الْأَعْدَاءَ وَلَا تَجْعَلْنِي مَعَ الْقَوْمِ الظَّالِمِينَ
12 يوسف 36	وَدَخَلَ مَعَهُ السِّجْنَ فَتَيَانِ ۖ قَالَ أَحَدُهُمَا إِنِّي أَرَانِي أَعْصِرُ خَمْرًا ۖ وَقَالَ الْآخَرُ إِنِّي أَرَانِي أَحْمِلُ فَوْقَ **رَأْسِي** خُبْزًا تَأْكُلُ الطَّيْرُ مِنْهُ ۖ نَبِّئْنَا بِتَأْوِيلِهِ ۖ إِنَّا نَرَاكَ مِنَ الْمُحْسِنِينَ
	And there entered the prison with him two young men. One of them said, "Indeed, I have seen myself [in a dream] pressing wine." The other said, "Indeed, I have seen myself carrying upon **my head** [some] bread, from which the birds were eating. Inform us of its interpretation; indeed, we see you to be of those who do good
41	يَا صَاحِبَيِ السِّجْنِ أَمَّا أَحَدُكُمَا فَيَسْقِي رَبَّهُ خَمْرًا ۖ وَأَمَّا الْآخَرُ فَيُصْلَبُ فَتَأْكُلُ الطَّيْرُ مِن **رَّأْسِهِ** ۚ قُضِيَ الْأَمْرُ الَّذِي فِيهِ تَسْتَفْتِيَانِ
19 مريم 4	قَالَ رَبِّ إِنِّي وَهَنَ الْعَظْمُ مِنِّي وَاشْتَعَلَ **الرَّأْسُ** شَيْبًا وَلَمْ أَكُن بِدُعَائِكَ رَبِّ شَقِيًّا
20 طه 94	قَالَ يَا ابْنَ أُمَّ لَا تَأْخُذْ بِلِحْيَتِي وَلَا **بِرَأْسِي** ۖ إِنِّي خَشِيتُ أَن تَقُولَ فَرَّقْتَ بَيْنَ بَنِي إِسْرَائِيلَ وَلَمْ تَرْقُبْ قَوْلِي
44 الدخان 48	ثُمَّ صُبُّوا فَوْقَ **رَأْسِهِ** مِنْ عَذَابِ الْحَمِيمِ
	رَّاسِيَاتٍ **stationary**

34 سبإ 13	يَعْمَلُونَ لَهُ مَا يَشَاءُ مِن مَّحَارِيبَ وَتَمَاثِيلَ وَجِفَانٍ كَالْجَوَابِ وَقُدُورٍ **رَّاسِيَاتٍ** ۚ اعْمَلُوا آلَ دَاوُودَ شُكْرًا ۚ وَقَلِيلٌ مِّنْ عِبَادِيَ الشَّكُورُ
	رَاضِيَةٌ **well-pleased**
69 الحاقة 21	فَهُوَ فِي عِيشَةٍ **رَّاضِيَةٍ**
88 الغاشية 9	لِّسَعْيِهَا **رَاضِيَةٌ**
89 الفجر 28	ارْجِعِي إِلَىٰ رَبِّكِ **رَاضِيَةً مَّرْضِيَّةً** Return to your Lord, **well-pleased and pleasing** [to Him]
101 القارعة 7	فَهُوَ فِي عِيشَةٍ **رَّاضِيَةٍ**. He will be in **a pleasant** life
	رَاعِنَا **Listen to us**
2 البقرة 104	يَا أَيُّهَا الَّذِينَ آمَنُوا لَا تَقُولُوا **رَاعِنَا** وَقُولُوا انظُرْنَا وَاسْمَعُوا ۗ وَلِلْكَافِرِينَ عَذَابٌ أَلِيمٌ O ye who believe, say not (unto the Prophet): "Listen to us" but say "Look upon us," and be ye listeners. For disbelievers is a painful doom.
4 النساء 46	مِّنَ الَّذِينَ هَادُوا يُحَرِّفُونَ الْكَلِمَ عَن مَّوَاضِعِهِ وَيَقُولُونَ سَمِعْنَا وَعَصَيْنَا وَاسْمَعْ غَيْرَ مُسْمَعٍ **وَرَاعِنَا** لَيًّا بِأَلْسِنَتِهِمْ وَطَعْنًا فِي الدِّينِ ۚ وَلَوْ أَنَّهُمْ قَالُوا سَمِعْنَا وَأَطَعْنَا وَاسْمَعْ وَانظُرْنَا لَكَانَ خَيْرًا لَّهُمْ وَأَقْوَمَ وَلَٰكِن لَّعَنَهُمُ اللَّهُ بِكُفْرِهِمْ فَلَا يُؤْمِنُونَ إِلَّا قَلِيلًا
	رَاعُونَ
23 المؤمنون 8	وَالَّذِينَ هُمْ لِأَمَانَاتِهِمْ وَعَهْدِهِمْ **رَاعُونَ** And who are **shepherds** of their pledge and their covenant

70 المعارج 32	وَالَّذِينَ هُمْ لِأَمَانَاتِهِمْ وَعَهْدِهِمْ رَاعُونَ
	رَاغِبُونَ **desirous**
9 التوبة 59	وَلَوْ أَنَّهُمْ رَضُوا مَا آتَاهُمُ اللَّهُ وَرَسُولُهُ وَقَالُوا حَسْبُنَا اللَّهُ سَيُؤْتِينَا اللَّهُ مِن فَضْلِهِ وَرَسُولُهُ إِنَّا إِلَى اللَّهِ **رَاغِبُونَ**
68 القلم 32	عَسَىٰ رَبُّنَا أَن يُبْدِلَنَا خَيْرًا مِّنْهَا إِنَّا إِلَىٰ رَبِّنَا **رَاغِبُونَ** Perhaps our Lord will substitute for us [one] better than it. Indeed, we are toward our Lord **desirous**"
	رَأْفَةٌ **compassion**
24 النور 2	الزَّانِيَةُ وَالزَّانِي فَاجْلِدُوا كُلَّ وَاحِدٍ مِّنْهُمَا مِائَةَ جَلْدَةٍ ۖ وَلَا تَأْخُذْكُم بِهِمَا **رَأْفَةٌ** فِي دِينِ اللَّهِ إِن كُنتُمْ تُؤْمِنُونَ بِاللَّهِ وَالْيَوْمِ الْآخِرِ ۖ وَلْيَشْهَدْ عَذَابَهُمَا طَائِفَةٌ مِّنَ الْمُؤْمِنِينَ
57 الحديد 27	ثُمَّ قَفَّيْنَا عَلَىٰ آثَارِهِم بِرُسُلِنَا وَقَفَّيْنَا بِعِيسَى ابْنِ مَرْيَمَ وَآتَيْنَاهُ الْإِنجِيلَ وَجَعَلْنَا فِي قُلُوبِ الَّذِينَ اتَّبَعُوهُ **رَأْفَةً** وَرَحْمَةً وَرَهْبَانِيَّةً ابْتَدَعُوهَا مَا كَتَبْنَاهَا عَلَيْهِمْ إِلَّا ابْتِغَاءَ رِضْوَانِ اللَّهِ فَمَا رَعَوْهَا حَقَّ رِعَايَتِهَا ۖ فَآتَيْنَا الَّذِينَ آمَنُوا مِنْهُمْ أَجْرَهُمْ ۖ وَكَثِيرٌ مِّنْهُمْ فَاسِقُونَ
	Then We sent following their footsteps Our messengers and followed [them] with Jesus, the son of Mary, and gave him the Gospel. And We placed in the hearts of those who followed him **compassion** and mercy and monasticism, which they innovated; We did not prescribe it for them except [that they did so] seeking the approval of Allah. But they did not observe it with due observance. So We gave the ones who believed among them their reward, but many .of them are defiantly disobedient
	رَّافِعَةٌ
56 الواقعة 3	خَافِضَةٌ **رَّافِعَةٌ** It will bring down [some] and **raise up** [others]

	رَاقٍ
75 القيامة 27	وَقِيلَ مَنْ ۜ **رَاقٍ** And it is said, "Who will **cure** [him]"?
	رَاكِعًا
38 ص 24	قَالَ لَقَدْ ظَلَمَكَ بِسُؤَالِ نَعْجَتِكَ إِلَىٰ نِعَاجِهِ ۖ وَإِنَّ كَثِيرًا مِّنَ الْخُلَطَاءِ لَيَبْغِي بَعْضُهُمْ عَلَىٰ بَعْضٍ إِلَّا الَّذِينَ آمَنُوا وَعَمِلُوا الصَّالِحَاتِ وَقَلِيلٌ مَّا هُمْ ۗ وَظَنَّ دَاوُودُ أَنَّمَا فَتَنَّاهُ فَاسْتَغْفَرَ رَبَّهُ وَخَرَّ **رَاكِعًا** وَأَنَابَ ۩
	[David] said, "He has certainly wronged you in demanding your ewe [in addition] to his ewes. And indeed, many associates oppress one another, except for those who believe and do righteous deeds - and few are they." And David became certain that We had tried him, and he asked forgiveness of his Lord **and fell down bowing [in prostration]** and turned in repentance [to Allah]
	رَاكِعُونَ **who bow** and prostrate [in prayer]
5 المائدة 55	إِنَّمَا وَلِيُّكُمُ اللَّهُ وَرَسُولُهُ وَالَّذِينَ آمَنُوا الَّذِينَ يُقِيمُونَ الصَّلَاةَ وَيُؤْتُونَ الزَّكَاةَ وَهُمْ **رَاكِعُونَ**
9 التوبة 112	التَّائِبُونَ الْعَابِدُونَ الْحَامِدُونَ السَّائِحُونَ **الرَّاكِعُونَ** السَّاجِدُونَ الْآمِرُونَ بِالْمَعْرُوفِ وَالنَّاهُونَ عَنِ الْمُنكَرِ وَالْحَافِظُونَ لِحُدُودِ اللَّهِ ۗ وَبَشِّرِ الْمُؤْمِنِينَ
	[Such believers are] the repentant, the worshippers, the praisers [of Allah], the travelers [for His cause], those **who bow** and prostrate [in prayer], those who enjoin what is right and forbid what is wrong, and those who observe the limits [set by] Allah. And give good tidings to the believers
	رَآهَا
12 يوسف 30	۞ وَقَالَ نِسْوَةٌ فِي الْمَدِينَةِ امْرَأَتُ الْعَزِيزِ تُرَاوِدُ فَتَاهَا عَن نَّفْسِهِ ۖ قَدْ شَغَفَهَا حُبًّا ۖ إِنَّا **لَنَرَاهَا** فِي ضَلَالٍ مُّبِينٍ

24 النور 40	أَوْ كَظُلُمَاتٍ فِي بَحْرٍ لُّجِّيٍّ يَغْشَاهُ مَوْجٌ مِّن فَوْقِهِ مَوْجٌ مِّن فَوْقِهِ سَحَابٌ ۚ ظُلُمَاتٌ بَعْضُهَا فَوْقَ بَعْضٍ إِذَا أَخْرَجَ يَدَهُ لَمْ يَكَدْ **يَرَاهَا** ۗ وَمَن لَّمْ يَجْعَلِ اللَّهُ لَهُ نُورًا فَمَا لَهُ مِن نُّورٍ
27 النمل 10	وَأَلْقِ عَصَاكَ ۚ فَلَمَّا **رَآهَا** تَهْتَزُّ كَأَنَّهَا جَانٌّ وَلَّىٰ مُدْبِرًا وَلَمْ يُعَقِّبْ ۚ يَا مُوسَىٰ لَا تَخَفْ إِنِّي لَا يَخَافُ لَدَيَّ الْمُرْسَلُونَ
	And [he was told], "Throw down your staff." But when he **saw it** writhing as if it were a snake, he turned in flight and did not return. [Allah said], "O Moses, fear not. Indeed, in My presence the messengers do not fear
28 القصص 31	وَأَنْ أَلْقِ عَصَاكَ ۖ فَلَمَّا **رَآهَا** تَهْتَزُّ كَأَنَّهَا جَانٌّ وَلَّىٰ مُدْبِرًا وَلَمْ يُعَقِّبْ ۚ يَا مُوسَىٰ أَقْبِلْ وَلَا تَخَفْ ۖ إِنَّكَ مِنَ الْآمِنِينَ
	رِّبَاطِ
8 الأنفال 60	وَأَعِدُّوا لَهُم مَّا اسْتَطَعْتُم مِّن قُوَّةٍ وَمِن **رِّبَاطِ** الْخَيْلِ تُرْهِبُونَ بِهِ عَدُوَّ اللَّهِ وَعَدُوَّكُمْ وَآخَرِينَ مِن دُونِهِمْ لَا تَعْلَمُونَهُمُ اللَّهُ يَعْلَمُهُمْ ۚ وَمَا تُنفِقُوا مِن شَيْءٍ فِي سَبِيلِ اللَّهِ يُوَفَّ إِلَيْكُمْ وَأَنتُمْ لَا تُظْلَمُونَ
	And prepare against them whatever you are able of power and of **steeds of war** by which you may terrify the enemy of Allah and your enemy and others besides them whom you do not know [but] whom Allah knows. And whatever you spend in the cause of Allah will be fully repaid to you, and you will not be wronged
	رَبَّانِيِّينَ **Be pious scholars**
3 آل عمران 79	مَا كَانَ لِبَشَرٍ أَن يُؤْتِيَهُ اللَّهُ الْكِتَابَ وَالْحُكْمَ وَالنُّبُوَّةَ ثُمَّ يَقُولَ لِلنَّاسِ كُونُوا عِبَادًا لِّي مِن دُونِ اللَّهِ وَلَٰكِن كُونُوا **رَبَّانِيِّينَ** بِمَا كُنتُمْ تُعَلِّمُونَ الْكِتَابَ وَبِمَا كُنتُمْ تَدْرُسُونَ
	رَّبَطْنَا
18 الكهف 14	**وَرَبَطْنَا** عَلَىٰ قُلُوبِهِمْ إِذْ قَامُوا فَقَالُوا رَبُّنَا رَبُّ السَّمَاوَاتِ وَالْأَرْضِ لَن نَّدْعُوَ مِن دُونِهِ إِلَٰهًا ۖ لَّقَدْ قُلْنَا إِذًا شَطَطًا

28 القصص 10	وَأَصْبَحَ فُؤَادُ أُمِّ مُوسَىٰ فَارِغًا ۖ إِن كَادَتْ لَتُبْدِي بِهِ لَوْلَا أَن **رَّبَطْنَا** عَلَىٰ قَلْبِهَا لِتَكُونَ مِنَ الْمُؤْمِنِينَ And the heart of Moses' mother became empty [of all else]. She was about to disclose [the matter concerning] him had We not **bound fast her heart** that she would be of the believers
	رُّبَمَا **Perhaps** those who disbelieve will wish that they had been Muslims
15 الحجر 2	**رُّبَمَا** يَوَدُّ الَّذِينَ كَفَرُوا لَوْ كَانُوا مُسْلِمِينَ
	رَبْوَةٍ
2 البقرة 265	وَمَثَلُ الَّذِينَ يُنفِقُونَ أَمْوَالَهُمُ ابْتِغَاءَ مَرْضَاتِ اللَّهِ وَتَثْبِيتًا مِّنْ أَنفُسِهِمْ كَمَثَلِ جَنَّةٍ **بِرَبْوَةٍ** أَصَابَهَا وَابِلٌ فَآتَتْ أُكُلَهَا ضِعْفَيْنِ فَإِن لَّمْ يُصِبْهَا وَابِلٌ فَطَلٌّ ۗ وَاللَّهُ بِمَا تَعْمَلُونَ بَصِيرٌ
23 المؤمنون 50	وَجَعَلْنَا ابْنَ مَرْيَمَ وَأُمَّهُ آيَةً وَآوَيْنَاهُمَا إِلَىٰ **رَبْوَةٍ** ذَاتِ قَرَارٍ وَمَعِينٍ And We made the son of Mary and his mother a sign and sheltered them within a **high ground** having level [areas] and flowing water
	رَبَّيَانِي And lower to them the wing of humility out of mercy and **brought** ".say, "My Lord, have mercy upon them as **they me up** [when I was] small
17 الإسراء 24	وَاخْفِضْ لَهُمَا جَنَاحَ الذُّلِّ مِنَ الرَّحْمَةِ وَقُل رَّبِّ ارْحَمْهُمَا كَمَا **رَبَّيَانِي** صَغِيرًا
	رَتْقًا Have those who disbelieved not considered that the heavens and the earth were **a joined entity**, and We separated them thing? Then will they ?and made from water every living not believe

21 الأنبياء 30	أَوَلَمْ يَرَ الَّذِينَ كَفَرُوا أَنَّ السَّمَاوَاتِ وَالْأَرْضَ كَانَتَا **رَتْقًا** فَفَتَقْنَاهُمَا ۖ وَجَعَلْنَا مِنَ الْمَاءِ كُلَّ شَيْءٍ حَيٍّ ۖ أَفَلَا يُؤْمِنُونَ
	رِّجْزٍ/ رِجْزَ
2 البقرة 59	فَبَدَّلَ الَّذِينَ ظَلَمُوا قَوْلًا غَيْرَ الَّذِي قِيلَ لَهُمْ فَأَنزَلْنَا عَلَى الَّذِينَ ظَلَمُوا **رِجْزًا** مِّنَ السَّمَاءِ بِمَا كَانُوا يَفْسُقُونَ
7 الأعراف 134	وَلَمَّا وَقَعَ عَلَيْهِمُ **الرِّجْزُ** قَالُوا يَا مُوسَى ادْعُ لَنَا رَبَّكَ بِمَا عَهِدَ عِندَكَ ۖ لَئِن كَشَفْتَ عَنَّا **الرِّجْزَ** لَنُؤْمِنَنَّ لَكَ وَلَنُرْسِلَنَّ مَعَكَ بَنِي إِسْرَائِيلَ
135	فَلَمَّا كَشَفْنَا عَنْهُمُ **الرِّجْزَ** إِلَىٰ أَجَلٍ هُم بَالِغُوهُ إِذَا هُمْ يَنكُثُونَ
162	فَبَدَّلَ الَّذِينَ ظَلَمُوا مِنْهُمْ قَوْلًا غَيْرَ الَّذِي قِيلَ لَهُمْ فَأَرْسَلْنَا عَلَيْهِمْ **رِجْزًا** مِّنَ السَّمَاءِ بِمَا كَانُوا يَظْلِمُونَ
8 الأنفال 11	إِذْ يُغَشِّيكُمُ النُّعَاسَ أَمَنَةً مِّنْهُ وَيُنَزِّلُ عَلَيْكُم مِّنَ السَّمَاءِ مَاءً لِّيُطَهِّرَكُم بِهِ وَيُذْهِبَ عَنكُمْ **رِجْزَ** الشَّيْطَانِ وَلِيَرْبِطَ عَلَىٰ قُلُوبِكُمْ وَيُثَبِّتَ بِهِ الْأَقْدَامَ
	[Remember] when He overwhelmed you with drowsiness [giving] security from Him and sent down upon you from the sky, rain by which to purify you and remove from you the **evil [suggestions]** of Satan and to make steadfast your hearts and plant firmly thereby your feet
29 العنكبوت 34	إِنَّا مُنزِلُونَ عَلَىٰ أَهْلِ هَٰذِهِ الْقَرْيَةِ **رِجْزًا** مِّنَ السَّمَاءِ بِمَا كَانُوا يَفْسُقُونَ
34 سبإ 5	وَالَّذِينَ سَعَوْا فِي آيَاتِنَا مُعَاجِزِينَ أُولَٰئِكَ لَهُمْ عَذَابٌ مِّن **رِّجْزٍ** أَلِيمٌ
45 الجاثية 11	هَٰذَا هُدًى ۖ وَالَّذِينَ كَفَرُوا بِآيَاتِ رَبِّهِمْ لَهُمْ عَذَابٌ مِّن **رِّجْزٍ** أَلِيمٌ
74 المدثر 5	وَ**الرِّجْزَ** فَاهْجُرْ
	رِجْسٌ **defilement from the work of Satan**

5 المائدة 90	يَا أَيُّهَا الَّذِينَ آمَنُوا إِنَّمَا الْخَمْرُ وَالْمَيْسِرُ وَالْأَنصَابُ وَالْأَزْلَامُ **رِجْسٌ** مِّنْ عَمَلِ الشَّيْطَانِ فَاجْتَنِبُوهُ لَعَلَّكُمْ تُفْلِحُونَ
	O you who have believed, indeed, intoxicants, gambling, [sacrificing on] stone alters [to other than Allah], and divining arrows are but **defilement from the work of Satan**, so avoid it that you may be successful
6 الأنعام 125	فَمَن يُرِدِ اللَّهُ أَن يَهْدِيَهُ يَشْرَحْ صَدْرَهُ لِلْإِسْلَامِ ۖ وَمَن يُرِدْ أَن يُضِلَّهُ يَجْعَلْ صَدْرَهُ ضَيِّقًا حَرَجًا كَأَنَّمَا يَصَّعَّدُ فِي السَّمَاءِ ۚ كَذَٰلِكَ يَجْعَلُ اللَّهُ **الرِّجْسَ** عَلَى الَّذِينَ لَا يُؤْمِنُونَ
145	قُل لَّا أَجِدُ فِي مَا أُوحِيَ إِلَيَّ مُحَرَّمًا عَلَىٰ طَاعِمٍ يَطْعَمُهُ إِلَّا أَن يَكُونَ مَيْتَةً أَوْ دَمًا مَّسْفُوحًا أَوْ لَحْمَ خِنزِيرٍ فَإِنَّهُ **رِجْسٌ** أَوْ فِسْقًا أُهِلَّ لِغَيْرِ اللَّهِ بِهِ ۚ فَمَنِ اضْطُرَّ غَيْرَ بَاغٍ وَلَا عَادٍ فَإِنَّ رَبَّكَ غَفُورٌ رَّحِيمٌ
7 الأعراف 71	قَالَ قَدْ وَقَعَ عَلَيْكُم مِّن رَّبِّكُمْ **رِجْسٌ** وَغَضَبٌ ۖ أَتُجَادِلُونَنِي فِي أَسْمَاءٍ سَمَّيْتُمُوهَا أَنتُمْ وَآبَاؤُكُم مَّا نَزَّلَ اللَّهُ بِهَا مِن سُلْطَانٍ ۚ فَانتَظِرُوا إِنِّي مَعَكُم مِّنَ الْمُنتَظِرِينَ
9 التوبة 95	سَيَحْلِفُونَ بِاللَّهِ لَكُمْ إِذَا انقَلَبْتُمْ إِلَيْهِمْ لِتُعْرِضُوا عَنْهُمْ ۖ فَأَعْرِضُوا عَنْهُمْ ۖ إِنَّهُمْ **رِجْسٌ** ۖ وَمَأْوَاهُمْ جَهَنَّمُ جَزَاءً بِمَا كَانُوا يَكْسِبُونَ
125	وَأَمَّا الَّذِينَ فِي قُلُوبِهِم مَّرَضٌ فَزَادَتْهُمْ **رِجْسًا** إِلَىٰ **رِجْسِهِمْ** وَمَاتُوا وَهُمْ كَافِرُونَ
10 يونس 100	وَمَا كَانَ لِنَفْسٍ أَن تُؤْمِنَ إِلَّا بِإِذْنِ اللَّهِ ۚ وَيَجْعَلُ **الرِّجْسَ** عَلَى الَّذِينَ لَا يَعْقِلُونَ
22 الحج 30	ذَٰلِكَ وَمَن يُعَظِّمْ حُرُمَاتِ اللَّهِ فَهُوَ خَيْرٌ لَّهُ عِندَ رَبِّهِ ۗ وَأُحِلَّتْ لَكُمُ الْأَنْعَامُ إِلَّا مَا يُتْلَىٰ عَلَيْكُمْ ۖ فَاجْتَنِبُوا **الرِّجْسَ** مِنَ الْأَوْثَانِ وَاجْتَنِبُوا قَوْلَ الزُّورِ
33 الأحزاب 33	وَقَرْنَ فِي بُيُوتِكُنَّ وَلَا تَبَرَّجْنَ تَبَرُّجَ الْجَاهِلِيَّةِ الْأُولَىٰ ۖ وَأَقِمْنَ الصَّلَاةَ وَآتِينَ الزَّكَاةَ وَأَطِعْنَ اللَّهَ وَرَسُولَهُ ۚ إِنَّمَا يُرِيدُ اللَّهُ لِيُذْهِبَ عَنكُمُ **الرِّجْسَ** أَهْلَ الْبَيْتِ وَيُطَهِّرَكُمْ تَطْهِيرًا
	رَّجِيمِ

3 آل عمران 36	فَلَمَّا وَضَعَتْهَا قَالَتْ رَبِّ إِنِّي وَضَعْتُهَا أُنثَىٰ وَاللَّهُ أَعْلَمُ بِمَا وَضَعَتْ وَلَيْسَ الذَّكَرُ كَالْأُنثَىٰ ۖ وَإِنِّي سَمَّيْتُهَا مَرْيَمَ وَإِنِّي أُعِيذُهَا بِكَ وَذُرِّيَّتَهَا مِنَ الشَّيْطَانِ الرَّجِيمِ	
	But when she delivered her, she said, "My Lord, I have delivered a female." And Allah was most knowing of what she delivered, "And the male is not like the female. And I have named her Mary, and I seek refuge for her in You and [for] her descendants from Satan, **the expelled [from the mercy of Allah]**	
15 الحجر 17	وَحَفِظْنَاهَا مِن كُلِّ شَيْطَانٍ رَّجِيمٍ	
34	قَالَ فَاخْرُجْ مِنْهَا فَإِنَّكَ رَجِيمٌ	
16 النحل 98	فَإِذَا قَرَأْتَ الْقُرْآنَ فَاسْتَعِذْ بِاللَّهِ مِنَ الشَّيْطَانِ الرَّجِيمِ	
38 ص 77	قَالَ فَاخْرُجْ مِنْهَا فَإِنَّكَ رَجِيمٌ	
81 التكوير 25	وَمَا هُوَ بِقَوْلِ شَيْطَانٍ رَّجِيمٍ	

رُحَمَاءُ

merciful

48 الفتح 29	مُّحَمَّدٌ رَّسُولُ اللَّهِ ۚ وَالَّذِينَ مَعَهُ أَشِدَّاءُ عَلَى الْكُفَّارِ **رُحَمَاءُ** بَيْنَهُمْ ۖ تَرَاهُمْ رُكَّعًا سُجَّدًا يَبْتَغُونَ فَضْلًا مِّنَ اللَّهِ وَرِضْوَانًا ۖ سِيمَاهُمْ فِي وُجُوهِهِم مِّنْ أَثَرِ السُّجُودِ ۚ ذَٰلِكَ مَثَلُهُمْ فِي التَّوْرَاةِ ۚ وَمَثَلُهُمْ فِي الْإِنجِيلِ كَزَرْعٍ أَخْرَجَ شَطْأَهُ فَآزَرَهُ فَاسْتَغْلَظَ فَاسْتَوَىٰ عَلَىٰ سُوقِهِ يُعْجِبُ الزُّرَّاعَ لِيَغِيظَ بِهِمُ الْكُفَّارَ ۗ وَعَدَ اللَّهُ الَّذِينَ آمَنُوا وَعَمِلُوا الصَّالِحَاتِ مِنْهُم مَّغْفِرَةً وَأَجْرًا عَظِيمًا	
	Muhammad is the Messenger of Allah; and those with him are forceful against the disbelievers, **merciful** among themselves. You see them bowing and prostrating [in prayer], seeking bounty from Allah and [His] pleasure.	

Their mark is on their faces from the trace of prostration. That is their description in the Torah. And their description in the Gospel is as a plant which produces its offshoots and strengthens them so they grow firm and stand upon their stalks, delighting the sowers - so that Allah may enrage by them the disbelievers. Allah has promised those who believe and do righteous deeds among them forgiveness and a great reward.

الرحمن

بِسْمِ اللَّهِ **الرَّحْمَٰنِ** الرَّحِيمِ ﴿1الفاتحة1﴾

الرَّحْمَٰنِ الرَّحِيمِ ﴿1الفاتحة3﴾

كَذَٰلِكَ أَرْسَلْنَاكَ فِي أُمَّةٍ قَدْ خَلَتْ مِن قَبْلِهَا أُمَمٌ لِّتَتْلُوَ عَلَيْهِمُ الَّذِي أَوْحَيْنَا إِلَيْكَ وَهُمْ يَكْفُرُونَ **بِالرَّحْمَٰنِ** قُلْ هُوَ رَبِّي لَا إِلَٰهَ إِلَّا هُوَ عَلَيْهِ تَوَكَّلْتُ وَإِلَيْهِ مَتَابِ ﴿13الرعد30﴾

قَالَتْ إِنِّي أَعُوذُ **بِالرَّحْمَٰنِ** مِنكَ إِن كُنتَ تَقِيًّا ﴿19مريم18﴾

يَا أَبَتِ إِنِّي أَخَافُ أَن يَمَسَّكَ عَذَابٌ مِّنَ **الرَّحْمَٰنِ** فَتَكُونَ لِلشَّيْطَانِ وَلِيًّا ﴿19مريم45﴾

أُولَٰئِكَ الَّذِينَ أَنْعَمَ اللَّهُ عَلَيْهِم مِّنَ النَّبِيِّينَ مِن ذُرِّيَّةِ آدَمَ وَمِمَّنْ حَمَلْنَا مَعَ نُوحٍ وَمِن ذُرِّيَّةِ إِبْرَاهِيمَ وَإِسْرَائِيلَ وَمِمَّنْ هَدَيْنَا وَاجْتَبَيْنَا إِذَا تُتْلَىٰ عَلَيْهِمْ آيَاتُ **الرَّحْمَٰنِ** خَرُّوا سُجَّدًا وَبُكِيًّا ﴿19مريم58﴾

ثُمَّ لَنَنزِعَنَّ مِن كُلِّ شِيعَةٍ أَيُّهُمْ أَشَدُّ عَلَى **الرَّحْمَٰنِ** عِتِيًّا ﴿19مريم69﴾

أَطَّلَعَ الْغَيْبَ أَمِ اتَّخَذَ عِندَ **الرَّحْمَٰنِ** عَهْدًا ﴿19مريم78﴾

يَوْمَ نَحْشُرُ الْمُتَّقِينَ إِلَى **الرَّحْمَٰنِ** وَفْدًا ﴿19مريم85﴾

لَّا يَمْلِكُونَ الشَّفَاعَةَ إِلَّا مَنِ اتَّخَذَ عِندَ **الرَّحْمَٰنِ** عَهْدًا ﴿19مريم87﴾

إِن كُلُّ مَن فِي السَّمَاوَاتِ وَالْأَرْضِ إِلَّا آتِي **الرَّحْمَٰنِ** عَبْدًا ﴿19مريم93﴾

وَإِذَا رَآكَ الَّذِينَ كَفَرُوا إِن يَتَّخِذُونَكَ إِلَّا هُزُوًا أَهَٰذَا الَّذِي يَذْكُرُ آلِهَتَكُمْ وَهُم بِذِكْرِ **الرَّحْمَٰنِ** هُمْ كَافِرُونَ ﴿21الأنبياء36﴾

قُلْ مَن يَكْلَؤُكُم بِاللَّيْلِ وَالنَّهَارِ مِنَ **الرَّحْمَـٰنِ** بَلْ هُمْ عَن ذِكْرِ رَبِّهِم مُّعْرِضُونَ ﴿21الأنبياء42﴾ وَعِبَادُ **الرَّحْمَـٰنِ** الَّذِينَ يَمْشُونَ عَلَى الْأَرْضِ هَوْنًا وَإِذَا خَاطَبَهُمُ الْجَاهِلُونَ قَالُوا سَلَامًا ﴿25الفرقان63﴾ وَمَا يَأْتِيهِم مِّن ذِكْرٍ مِّنَ **الرَّحْمَـٰنِ** مُحْدَثٍ إِلَّا كَانُوا عَنْهُ مُعْرِضِينَ ﴿26الشعراء5﴾ إِنَّهُ مِن سُلَيْمَانَ وَإِنَّهُ بِسْمِ اللَّـهِ الرَّحْمَـٰنِ الرَّحِيمِ ﴿27 النمل3﴾ تَنزِيلٌ مِّنَ **الرَّحْمَـٰنِ** الرَّحِيمِ ﴿41فصلت2﴾ وَجَعَلُوا الْمَلَائِكَةَ الَّذِينَ هُمْ عِبَادُ **الرَّحْمَـٰنِ** إِنَاثًا أَشَهِدُوا خَلْقَهُمْ سَتُكْتَبُ شَهَادَتُهُمْ وَيُسْأَلُونَ ﴿43الزخرف19﴾ وَلَوْلَا أَن يَكُونَ النَّاسُ أُمَّةً وَاحِدَةً لَّجَعَلْنَا لِمَن يَكْفُرُ **بِالرَّحْمَـٰنِ** لِبُيُوتِهِمْ سُقُفًا مِّن فِضَّةٍ وَمَعَارِجَ عَلَيْهَا يَظْهَرُونَ ﴿43الزخرف33﴾ وَمَن يَعْشُ عَن ذِكْرِ **الرَّحْمَـٰنِ** نُقَيِّضْ لَهُ شَيْطَانًا فَهُوَ لَهُ قَرِينٌ ﴿43الزخرف36﴾ وَاسْأَلْ مَنْ أَرْسَلْنَا مِن قَبْلِكَ مِن رُّسُلِنَا أَجَعَلْنَا مِن دُونِ **الرَّحْمَـٰنِ** آلِهَةً يُعْبَدُونَ ﴿43الزخرف 45﴾ الَّذِي خَلَقَ سَبْعَ سَمَاوَاتٍ طِبَاقًا مَّا تَرَىٰ فِي خَلْقِ **الرَّحْمَـٰنِ** مِن تَفَاوُتٍ فَارْجِعِ الْبَصَرَ هَلْ تَرَىٰ مِن فُطُورٍ ﴿67الملك3﴾ أَمَّنْ هَـٰذَا الَّذِي هُوَ جُندٌ لَّكُمْ يَنصُرُكُم مِّن دُونِ **الرَّحْمَـٰنِ** إِنِ الْكَافِرُونَ إِلَّا فِي غُرُورٍ ﴿67الملك20﴾ رَّبِّ السَّمَاوَاتِ وَالْأَرْضِ وَمَا بَيْنَهُمَا الرَّحْمَـٰنِ ۖ لَا يَمْلِكُونَ مِنْهُ خِطَابًا ﴿78النبإ37﴾	
الرحيم	
بِسْمِ اللَّهِ الرَّحْمَـٰنِ **الرَّحِيمِ**	

	الرزاق
	إِنَّ اللَّهَ هُوَ **الرَّزَّاقُ** ذُو الْقُوَّةِ الْمَتِينُ
	رِزْقًا **provision**
2 البقرة 22	الَّذِي جَعَلَ لَكُمُ الْأَرْضَ فِرَاشًا وَالسَّمَاءَ بِنَاءً وَأَنزَلَ مِنَ السَّمَاءِ مَاءً فَأَخْرَجَ بِهِ مِنَ الثَّمَرَاتِ **رِزْقًا لَّكُمْ** ۖ فَلَا تَجْعَلُوا لِلَّهِ أَندَادًا وَأَنتُمْ تَعْلَمُونَ
25	وَبَشِّرِ الَّذِينَ آمَنُوا وَعَمِلُوا الصَّالِحَاتِ أَنَّ لَهُمْ جَنَّاتٍ تَجْرِي مِن تَحْتِهَا الْأَنْهَارُ ۖ **كُلَّمَا رُزِقُوا** مِنْهَا مِن ثَمَرَةٍ **رِّزْقًا** ۙ قَالُوا هَٰذَا الَّذِي **رُزِقْنَا** مِن قَبْلُ ۖ وَأُتُوا بِهِ مُتَشَابِهًا ۖ وَلَهُمْ فِيهَا أَزْوَاجٌ مُّطَهَّرَةٌ ۖ وَهُمْ فِيهَا خَالِدُونَ
3 آل عمران 37	فَتَقَبَّلَهَا رَبُّهَا بِقَبُولٍ حَسَنٍ وَأَنبَتَهَا نَبَاتًا حَسَنًا وَكَفَّلَهَا زَكَرِيَّا ۖ **كُلَّمَا** دَخَلَ عَلَيْهَا زَكَرِيَّا الْمِحْرَابَ وَجَدَ عِندَهَا **رِزْقًا** ۖ قَالَ يَا مَرْيَمُ أَنَّىٰ لَكِ هَٰذَا ۖ قَالَتْ هُوَ مِنْ عِندِ اللَّهِ ۖ إِنَّ اللَّهَ **يَرْزُقُ** مَن يَشَاءُ بِغَيْرِ حِسَابٍ
	So her Lord accepted her with good acceptance and caused her to grow in a good manner and put her in the care of Zechariah. Every time Zechariah entered upon her in the prayer chamber, he found with her **provision**. He said, "O Mary, from where is this [coming] to you?" She said, "It is from Allah. Indeed, Allah provides for whom He wills without account"
11 هود 88	قَالَ يَا قَوْمِ أَرَأَيْتُمْ إِن كُنتُ عَلَىٰ بَيِّنَةٍ مِّن رَّبِّي **وَرَزَقَنِي** مِنْهُ **رِزْقًا** حَسَنًا ۚ وَمَا أُرِيدُ أَنْ أُخَالِفَكُمْ إِلَىٰ مَا أَنْهَاكُمْ عَنْهُ ۚ إِنْ أُرِيدُ إِلَّا الْإِصْلَاحَ مَا اسْتَطَعْتُ ۚ وَمَا تَوْفِيقِي إِلَّا بِاللَّهِ ۚ عَلَيْهِ تَوَكَّلْتُ وَإِلَيْهِ أُنِيبُ
12 يوسف 37	قَالَ لَا يَأْتِيكُمَا طَعَامٌ **تُرْزَقَانِهِ** إِلَّا نَبَّأْتُكُمَا بِتَأْوِيلِهِ قَبْلَ أَن يَأْتِيَكُمَا ۚ ذَٰلِكُمَا مِمَّا عَلَّمَنِي رَبِّي ۚ إِنِّي تَرَكْتُ مِلَّةَ قَوْمٍ لَّا يُؤْمِنُونَ بِاللَّهِ وَهُم بِالْآخِرَةِ هُمْ كَافِرُونَ

اللَّهُ الَّذِي خَلَقَ السَّمَاوَاتِ وَالْأَرْضَ وَأَنزَلَ مِنَ السَّمَاءِ مَاءً فَأَخْرَجَ بِهِ مِنَ الثَّمَرَاتِ **رِزْقًا** لَّكُمْ ۖ وَسَخَّرَ لَكُمُ الْفُلْكَ لِتَجْرِيَ فِي الْبَحْرِ بِأَمْرِهِ ۖ وَسَخَّرَ لَكُمُ الْأَنْهَارَ	**14 ابراهيم 32**
وَمِن ثَمَرَاتِ النَّخِيلِ وَالْأَعْنَابِ تَتَّخِذُونَ مِنْهُ سَكَرًا **وَرِزْقًا** حَسَنًا ۗ إِنَّ فِي ذَٰلِكَ لَآيَةً لِّقَوْمٍ يَعْقِلُونَ	**16 النحل 67**
وَيَعْبُدُونَ مِن دُونِ اللَّهِ مَا لَا يَمْلِكُ لَهُمْ **رِزْقًا** مِّنَ السَّمَاوَاتِ وَالْأَرْضِ شَيْئًا وَلَا يَسْتَطِيعُونَ	**73**
۞ ضَرَبَ اللَّهُ مَثَلًا عَبْدًا مَّمْلُوكًا لَّا يَقْدِرُ عَلَىٰ شَيْءٍ وَمَن **رَّزَقْنَاهُ** مِنَّا **رِزْقًا** حَسَنًا فَهُوَ يُنفِقُ مِنْهُ سِرًّا وَجَهْرًا ۖ هَلْ يَسْتَوُونَ ۚ الْحَمْدُ لِلَّهِ ۚ بَلْ أَكْثَرُهُمْ لَا يَعْلَمُونَ	**75**
وَأْمُرْ أَهْلَكَ بِالصَّلَاةِ وَاصْطَبِرْ عَلَيْهَا ۖ لَا نَسْأَلُكَ **رِزْقًا** ۖ نَّحْنُ **نَرْزُقُكَ** ۗ وَالْعَاقِبَةُ لِلتَّقْوَىٰ	**20 طه 132**
وَالَّذِينَ هَاجَرُوا فِي سَبِيلِ اللَّهِ ثُمَّ قُتِلُوا أَوْ مَاتُوا **لَيَرْزُقَنَّهُمُ** اللَّهُ **رِزْقًا** حَسَنًا ۚ وَإِنَّ اللَّهَ لَهُوَ خَيْرُ **الرَّازِقِينَ**	**22 الحج 58**
وَقَالُوا إِن نَّتَّبِعِ الْهُدَىٰ مَعَكَ نُتَخَطَّفْ مِنْ أَرْضِنَا ۚ أَوَلَمْ نُمَكِّن لَّهُمْ حَرَمًا آمِنًا يُجْبَىٰ إِلَيْهِ ثَمَرَاتُ كُلِّ شَيْءٍ **رِّزْقًا** مِّن لَّدُنَّا وَلَٰكِنَّ أَكْثَرَهُمْ لَا يَعْلَمُونَ	**28 القصص 57**
إِنَّمَا تَعْبُدُونَ مِن دُونِ اللَّهِ أَوْثَانًا وَتَخْلُقُونَ إِفْكًا ۚ إِنَّ الَّذِينَ تَعْبُدُونَ مِن دُونِ اللَّهِ لَا يَمْلِكُونَ لَكُمْ **رِزْقًا** فَابْتَغُوا عِندَ اللَّهِ **الرِّزْقَ** وَاعْبُدُوهُ وَاشْكُرُوا لَهُ ۖ إِلَيْهِ تُرْجَعُونَ	**29 العنكبوت 17**
۞ وَمَن يَقْنُتْ مِنكُنَّ لِلَّهِ وَرَسُولِهِ وَتَعْمَلْ صَالِحًا نُّؤْتِهَا أَجْرَهَا مَرَّتَيْنِ وَأَعْتَدْنَا لَهَا **رِزْقًا** كَرِيمًا	**33 الأحزاب 31**
هُوَ الَّذِي يُرِيكُمْ آيَاتِهِ وَيُنَزِّلُ لَكُم مِّنَ السَّمَاءِ **رِزْقًا** ۚ وَمَا يَتَذَكَّرُ إِلَّا مَن يُنِيبُ	**40 غافر 13**
رِّزْقًا لِّلْعِبَادِ ۖ وَأَحْيَيْنَا بِهِ بَلْدَةً مَّيْتًا ۚ كَذَٰلِكَ الْخُرُوجُ	**50 ق 11**
رَّسُولًا يَتْلُو عَلَيْكُمْ آيَاتِ اللَّهِ مُبَيِّنَاتٍ لِّيُخْرِجَ الَّذِينَ آمَنُوا وَعَمِلُوا الصَّالِحَاتِ مِنَ الظُّلُمَاتِ إِلَى النُّورِ ۚ وَمَن يُؤْمِن بِاللَّهِ وَيَعْمَلْ صَالِحًا	**65 الطلاق 11**

	يُدْخِلْهُ جَنَّاتٍ تَجْرِي مِن تَحْتِهَا الْأَنْهَارُ خَالِدِينَ فِيهَا أَبَدًا ۚ قَدْ أَحْسَنَ اللَّهُ لَهُ رِزْقًا
	رَزَقَكُمْ/ نَرْزُقُكُمْ
5 المائدة 88	وَكُلُوا مِمَّا رَزَقَكُمُ اللَّهُ حَلَالًا طَيِّبًا ۚ وَاتَّقُوا اللَّهَ الَّذِي أَنتُم بِهِ مُؤْمِنُونَ
6 الأنعام 142	وَمِنَ الْأَنْعَامِ حَمُولَةً وَفَرْشًا ۚ كُلُوا مِمَّا رَزَقَكُمُ اللَّهُ وَلَا تَتَّبِعُوا خُطُوَاتِ الشَّيْطَانِ ۚ إِنَّهُ لَكُمْ عَدُوٌّ مُّبِينٌ
151	۞ قُلْ تَعَالَوْا أَتْلُ مَا حَرَّمَ رَبُّكُمْ عَلَيْكُمْ ۖ أَلَّا تُشْرِكُوا بِهِ شَيْئًا ۖ وَبِالْوَالِدَيْنِ إِحْسَانًا ۖ وَلَا تَقْتُلُوا أَوْلَادَكُم مِّنْ إِمْلَاقٍ ۖ نَّحْنُ نَرْزُقُكُمْ وَإِيَّاهُمْ ۖ وَلَا تَقْرَبُوا الْفَوَاحِشَ مَا ظَهَرَ مِنْهَا وَمَا بَطَنَ ۖ وَلَا تَقْتُلُوا النَّفْسَ الَّتِي حَرَّمَ اللَّهُ إِلَّا بِالْحَقِّ ۚ ذَٰلِكُمْ وَصَّاكُم بِهِ لَعَلَّكُمْ تَعْقِلُونَ
	Say, "Come, I will recite what your Lord has prohibited to you. [He commands] that you not associate anything with Him, and to parents, good treatment, and do not kill your children out of poverty; **We will provide for you** and them. And do not approach immoralities - what is apparent of them and what is concealed. And do not kill the soul which Allah has forbidden [to be killed] except by [legal] right. This has He instructed you that you may use reason."
7 الأعراف 50	وَنَادَىٰ أَصْحَابُ النَّارِ أَصْحَابَ الْجَنَّةِ أَنْ أَفِيضُوا عَلَيْنَا مِنَ الْمَاءِ أَوْ مِمَّا رَزَقَكُمُ اللَّهُ ۚ قَالُوا إِنَّ اللَّهَ حَرَّمَهُمَا عَلَى الْكَافِرِينَ
8 الأنفال 26	وَاذْكُرُوا إِذْ أَنتُمْ قَلِيلٌ مُّسْتَضْعَفُونَ فِي الْأَرْضِ تَخَافُونَ أَن يَتَخَطَّفَكُمُ النَّاسُ فَآوَاكُمْ وَأَيَّدَكُم بِنَصْرِهِ وَرَزَقَكُم مِّنَ الطَّيِّبَاتِ لَعَلَّكُمْ تَشْكُرُونَ
10 يونس 31	قُلْ مَن يَرْزُقُكُم مِّنَ السَّمَاءِ وَالْأَرْضِ أَمَّن يَمْلِكُ السَّمْعَ وَالْأَبْصَارَ وَمَن يُخْرِجُ الْحَيَّ مِنَ الْمَيِّتِ وَيُخْرِجُ الْمَيِّتَ مِنَ الْحَيِّ وَمَن يُدَبِّرُ الْأَمْرَ ۚ فَسَيَقُولُونَ اللَّهُ ۚ فَقُلْ أَفَلَا تَتَّقُونَ
16 النحل 72	وَاللَّهُ جَعَلَ لَكُم مِّنْ أَنفُسِكُمْ أَزْوَاجًا وَجَعَلَ لَكُم مِّنْ أَزْوَاجِكُم بَنِينَ وَحَفَدَةً وَرَزَقَكُم مِّنَ الطَّيِّبَاتِ ۚ أَفَبِالْبَاطِلِ يُؤْمِنُونَ وَبِنِعْمَتِ اللَّهِ هُمْ يَكْفُرُونَ
114	فَكُلُوا مِمَّا رَزَقَكُمُ اللَّهُ حَلَالًا طَيِّبًا وَاشْكُرُوا نِعْمَتَ اللَّهِ إِن كُنتُمْ إِيَّاهُ تَعْبُدُونَ
27 النمل 64	أَمَّن يَبْدَأُ الْخَلْقَ ثُمَّ يُعِيدُهُ وَمَن يَرْزُقُكُم مِّنَ السَّمَاءِ وَالْأَرْضِ ۗ أَإِلَٰهٌ مَّعَ اللَّهِ ۚ قُلْ هَاتُوا بُرْهَانَكُمْ إِن كُنتُمْ صَادِقِينَ

30 الروم 40	اللَّهُ الَّذِي خَلَقَكُمْ ثُمَّ **رَزَقَكُمْ** ثُمَّ يُمِيتُكُمْ ثُمَّ يُحْيِيكُمْ ۖ هَلْ مِن شُرَكَائِكُم مَّن يَفْعَلُ مِن ذَٰلِكُم مِّن شَيْءٍ ۚ سُبْحَانَهُ وَتَعَالَىٰ عَمَّا يُشْرِكُونَ
34 سبإ 24	۞ قُلْ مَن **يَرْزُقُكُم** مِّنَ السَّمَاوَاتِ وَالْأَرْضِ ۖ قُلِ اللَّهُ ۖ وَإِنَّا أَوْ إِيَّاكُمْ لَعَلَىٰ هُدًى أَوْ فِي ضَلَالٍ مُّبِينٍ
35 فاطر 3	يَا أَيُّهَا النَّاسُ اذْكُرُوا نِعْمَتَ اللَّهِ عَلَيْكُمْ ۚ هَلْ مِنْ خَالِقٍ غَيْرُ اللَّهِ **يَرْزُقُكُم** مِّنَ السَّمَاءِ وَالْأَرْضِ ۚ لَا إِلَٰهَ إِلَّا هُوَ ۖ فَأَنَّىٰ تُؤْفَكُونَ
36 يس 47	وَإِذَا قِيلَ لَهُمْ أَنفِقُوا مِمَّا **رَزَقَكُمُ** اللَّهُ قَالَ الَّذِينَ كَفَرُوا لِلَّذِينَ آمَنُوا أَنُطْعِمُ مَن لَّوْ يَشَاءُ اللَّهُ أَطْعَمَهُ إِنْ أَنتُمْ إِلَّا فِي ضَلَالٍ مُّبِينٍ
40 غافر 64	اللَّهُ الَّذِي جَعَلَ لَكُمُ الْأَرْضَ قَرَارًا وَالسَّمَاءَ بِنَاءً وَصَوَّرَكُمْ فَأَحْسَنَ صُوَرَكُمْ **وَرَزَقَكُم** مِّنَ الطَّيِّبَاتِ ۚ ذَٰلِكُمُ اللَّهُ رَبُّكُمْ ۖ فَتَبَارَكَ اللَّهُ رَبُّ الْعَالَمِينَ
51 الذاريات 22	وَفِي السَّمَاءِ **رِزْقُكُمْ** وَمَا تُوعَدُونَ
56 الواقعة 82	وَتَجْعَلُونَ **رِزْقَكُمْ** أَنَّكُمْ تُكَذِّبُونَ
67 الملك 21	أَمَّنْ هَٰذَا الَّذِي **يَرْزُقُكُمْ** إِنْ أَمْسَكَ **رِزْقَهُ** ۚ بَل لَّجُّوا فِي عُتُوٍّ وَنُفُورٍ
	رِسَالَاتِ/ رِسَالَتَهُ/ رُسُلُ/ رِسَالَةَ/ بِرِسَالَاتِي/
5 المائدة 67	۞ يَا أَيُّهَا **الرَّسُولُ** بَلِّغْ مَا أُنزِلَ إِلَيْكَ مِن رَّبِّكَ ۖ وَإِن لَّمْ تَفْعَلْ فَمَا بَلَّغْتَ **رِسَالَتَهُ** ۚ وَاللَّهُ يَعْصِمُكَ مِنَ النَّاسِ ۗ إِنَّ اللَّهَ لَا يَهْدِي الْقَوْمَ الْكَافِرِينَ
	O Messenger, announce that which has been revealed to you from your Lord, and if you do not, then you have not conveyed **His message**. And Allah will protect you from the people. Indeed, Allah does not guide the disbelieving people.
6 الأنعام 124	وَإِذَا جَاءَتْهُمْ آيَةٌ قَالُوا لَن نُّؤْمِنَ حَتَّىٰ نُؤْتَىٰ مِثْلَ مَا أُوتِيَ **رُسُلُ** اللَّهِ ۘ اللَّهُ أَعْلَمُ حَيْثُ يَجْعَلُ **رِسَالَتَهُ** ۗ سَيُصِيبُ الَّذِينَ أَجْرَمُوا صَغَارٌ عِندَ اللَّهِ وَعَذَابٌ شَدِيدٌ بِمَا كَانُوا يَمْكُرُونَ

7 الأعراف 62	أُبَلِّغُكُمْ **رِسَالَاتِ** رَبِّي وَأَنصَحُ لَكُمْ وَأَعْلَمُ مِنَ اللَّهِ مَا لَا تَعْلَمُونَ
68	أُبَلِّغُكُمْ **رِسَالَاتِ** رَبِّي وَأَنَا لَكُمْ نَاصِحٌ أَمِينٌ
79	فَتَوَلَّىٰ عَنْهُمْ وَقَالَ يَا قَوْمِ لَقَدْ أَبْلَغْتُكُمْ **رِسَالَةَ** رَبِّي وَنَصَحْتُ لَكُمْ وَلَٰكِن لَّا تُحِبُّونَ النَّاصِحِينَ
93	فَتَوَلَّىٰ عَنْهُمْ وَقَالَ يَا قَوْمِ لَقَدْ أَبْلَغْتُكُمْ **رِسَالَاتِ** رَبِّي وَنَصَحْتُ لَكُمْ ۖ فَكَيْفَ آسَىٰ عَلَىٰ قَوْمٍ كَافِرِينَ
144	قَالَ يَا مُوسَىٰ إِنِّي اصْطَفَيْتُكَ عَلَى النَّاسِ **بِرِسَالَاتِي** وَبِكَلَامِي فَخُذْ مَا آتَيْتُكَ وَكُن مِّنَ الشَّاكِرِينَ
33 الأحزاب 39	الَّذِينَ يُبَلِّغُونَ **رِسَالَاتِ** اللَّهِ وَيَخْشَوْنَهُ وَلَا يَخْشَوْنَ أَحَدًا إِلَّا اللَّهَ ۗ وَكَفَىٰ بِاللَّهِ حَسِيبًا
72 الجن 23	إِلَّا بَلَاغًا مِّنَ اللَّهِ **وَرِسَالَاتِهِ** ۚ وَمَن يَعْصِ اللَّهَ **وَرَسُولَهُ** فَإِنَّ لَهُ نَارَ جَهَنَّمَ خَالِدِينَ فِيهَا أَبَدًا
28	لِّيَعْلَمَ أَن قَدْ أَبْلَغُوا **رِسَالَاتِ** رَبِّهِمْ وَأَحَاطَ بِمَا لَدَيْهِمْ وَأَحْصَىٰ كُلَّ شَيْءٍ عَدَدًا
	الرَّاشِدُونَ **the [rightly] guided**
49 الحجرات 7	وَاعْلَمُوا أَنَّ فِيكُمْ رَسُولَ اللَّهِ ۚ لَوْ يُطِيعُكُمْ فِي كَثِيرٍ مِّنَ الْأَمْرِ لَعَنِتُّمْ وَلَٰكِنَّ اللَّهَ حَبَّبَ إِلَيْكُمُ الْإِيمَانَ وَزَيَّنَهُ فِي قُلُوبِكُمْ وَكَرَّهَ إِلَيْكُمُ الْكُفْرَ وَالْفُسُوقَ وَالْعِصْيَانَ ۚ أُولَٰئِكَ هُمُ **الرَّاشِدُونَ**
	الرَّشَادِ **the way of right conduct**
40 غافر 29	يَا قَوْمِ لَكُمُ الْمُلْكُ الْيَوْمَ ظَاهِرِينَ فِي الْأَرْضِ فَمَن يَنصُرُنَا مِن بَأْسِ اللَّهِ إِن جَاءَنَا ۚ قَالَ فِرْعَوْنُ مَا أُرِيكُمْ إِلَّا مَا أَرَىٰ وَمَا أَهْدِيكُمْ إِلَّا سَبِيلَ **الرَّشَادِ**
38	وَقَالَ الَّذِي آمَنَ يَا قَوْمِ اتَّبِعُونِ أَهْدِكُمْ سَبِيلَ **الرَّشَادِ**

		رشد
2 البقرة 186		وَإِذَا سَأَلَكَ عِبَادِي عَنِّي فَإِنِّي قَرِيبٌ ۖ أُجِيبُ دَعْوَةَ الدَّاعِ إِذَا دَعَانِ ۖ فَلْيَسْتَجِيبُوا لِي وَلْيُؤْمِنُوا بِي لَعَلَّهُمْ **يَرْشُدُونَ**
	And when My servants ask you, [O Muhammad], concerning Me - indeed I am near. I respond to the invocation of the supplicant when he calls upon Me. So let them respond to Me [by obedience] and believe in Me that they **may be [rightly] guided**	
	256	لَا إِكْرَاهَ فِي الدِّينِ ۖ قَد تَّبَيَّنَ **الرُّشْدُ** مِنَ الْغَيِّ ۚ فَمَن يَكْفُرْ بِالطَّاغُوتِ وَيُؤْمِن بِاللَّهِ فَقَدِ اسْتَمْسَكَ بِالْعُرْوَةِ الْوُثْقَىٰ لَا انفِصَامَ لَهَا ۗ وَاللَّهُ سَمِيعٌ عَلِيمٌ
4 النساء 6		وَابْتَلُوا الْيَتَامَىٰ حَتَّىٰ إِذَا بَلَغُوا النِّكَاحَ فَإِنْ آنَسْتُم مِّنْهُمْ **رُشْدًا** فَادْفَعُوا إِلَيْهِمْ أَمْوَالَهُمْ ۖ وَلَا تَأْكُلُوهَا إِسْرَافًا وَبِدَارًا أَن يَكْبَرُوا ۚ وَمَن كَانَ غَنِيًّا فَلْيَسْتَعْفِفْ ۖ وَمَن كَانَ فَقِيرًا فَلْيَأْكُلْ بِالْمَعْرُوفِ ۚ فَإِذَا دَفَعْتُمْ إِلَيْهِمْ أَمْوَالَهُمْ فَأَشْهِدُوا عَلَيْهِمْ ۚ وَكَفَىٰ بِاللَّهِ حَسِيبًا
7 الأعراف 146		سَأَصْرِفُ عَنْ آيَاتِيَ الَّذِينَ يَتَكَبَّرُونَ فِي الْأَرْضِ بِغَيْرِ الْحَقِّ وَإِن يَرَوْا كُلَّ آيَةٍ لَّا يُؤْمِنُوا بِهَا وَإِن يَرَوْا سَبِيلَ **الرُّشْدِ** لَا يَتَّخِذُوهُ سَبِيلًا وَإِن يَرَوْا سَبِيلَ الْغَيِّ يَتَّخِذُوهُ سَبِيلًا ۚ ذَٰلِكَ بِأَنَّهُمْ كَذَّبُوا بِآيَاتِنَا وَكَانُوا عَنْهَا غَافِلِينَ
18 الكهف 10		إِذْ أَوَى الْفِتْيَةُ إِلَى الْكَهْفِ فَقَالُوا رَبَّنَا آتِنَا مِن لَّدُنكَ رَحْمَةً وَهَيِّئْ لَنَا مِنْ أَمْرِنَا **رَشَدًا**
	17	وَتَرَى الشَّمْسَ إِذَا طَلَعَت تَّزَاوَرُ عَن كَهْفِهِمْ ذَاتَ الْيَمِينِ وَإِذَا غَرَبَت تَّقْرِضُهُمْ ذَاتَ الشِّمَالِ وَهُمْ فِي فَجْوَةٍ مِّنْهُ ۚ ذَٰلِكَ مِنْ آيَاتِ اللَّهِ ۗ مَن يَهْدِ اللَّهُ فَهُوَ الْمُهْتَدِ ۖ وَمَن يُضْلِلْ فَلَن تَجِدَ لَهُ وَلِيًّا **مُّرْشِدًا**
	24	إِلَّا أَن يَشَاءَ اللَّهُ ۚ وَاذْكُر رَّبَّكَ إِذَا نَسِيتَ وَقُلْ عَسَىٰ أَن يَهْدِيَنِ رَبِّي لِأَقْرَبَ مِنْ هَٰذَا **رَشَدًا**
	66	قَالَ لَهُ مُوسَىٰ هَلْ أَتَّبِعُكَ عَلَىٰ أَن تُعَلِّمَنِ مِمَّا عُلِّمْتَ **رُشْدًا**
21 الأنبياء 51		وَلَقَدْ آتَيْنَا إِبْرَاهِيمَ **رُشْدَهُ** مِن قَبْلُ وَكُنَّا بِهِ عَالِمِينَ

يَهْدِي إِلَى الرُّشْدِ فَآمَنَّا بِهِ ۖ وَلَن نُّشْرِكَ بِرَبِّنَا أَحَدًا	72 الجن 2	
وَأَنَّا لَا نَدْرِي أَشَرٌّ أُرِيدَ بِمَن فِي الْأَرْضِ أَمْ أَرَادَ بِهِمْ رَبُّهُمْ رَشَدًا	10	
وَأَنَّا مِنَّا الْمُسْلِمُونَ وَمِنَّا الْقَاسِطُونَ ۖ فَمَنْ أَسْلَمَ فَأُولَٰئِكَ تَحَرَّوْا رَشَدًا	14	
قُلْ إِنِّي لَا أَمْلِكُ لَكُمْ ضَرًّا وَلَا رَشَدًا	21	

رَّشِيدٌ
man of reason

وَجَاءَهُ قَوْمُهُ يُهْرَعُونَ إِلَيْهِ وَمِن قَبْلُ كَانُوا يَعْمَلُونَ السَّيِّئَاتِ ۚ قَالَ يَا قَوْمِ هَٰؤُلَاءِ بَنَاتِي هُنَّ أَطْهَرُ لَكُمْ ۖ فَاتَّقُوا اللَّهَ وَلَا تُخْزُونِ فِي ضَيْفِي ۖ أَلَيْسَ مِنكُمْ رَجُلٌ **رَّشِيدٌ**	11 هود 78	
إِلَىٰ فِرْعَوْنَ وَمَلَئِهِ فَاتَّبَعُوا أَمْرَ فِرْعَوْنَ ۖ وَمَا أَمْرُ فِرْعَوْنَ **بِرَشِيدٍ**	97	

الرشيد

قَالُوا يَا شُعَيْبُ أَصَلَاتُكَ تَأْمُرُكَ أَن نَّتْرُكَ مَا يَعْبُدُ آبَاؤُنَا أَوْ أَن نَّفْعَلَ فِي أَمْوَالِنَا مَا نَشَاءُ ۖ إِنَّكَ لَأَنتَ الْحَلِيمُ **الرَّشِيدُ**	11 هود 87	
They said, "O Shu'ayb, does your prayer command you that we should leave what our fathers worship or not do with our wealth what we please? Indeed, you are the **forbearer, right-minded (H&K) the discerning**		

رَّصَدًا

وَأَنَّا كُنَّا نَقْعُدُ مِنْهَا مَقَاعِدَ لِلسَّمْعِ ۖ فَمَن يَسْتَمِعِ الْآنَ يَجِدْ لَهُ شِهَابًا **رَّصَدًا**	72 الجن 9	
And we used to sit therein in positions for hearing, but whoever listens now will find **a burning flame lying in wait for him**		

27	إِلَّا مَنِ ارْتَضَىٰ مِن رَّسُولٍ فَإِنَّهُ يَسْلُكُ مِن بَيْنِ يَدَيْهِ وَمِنْ خَلْفِهِ رَصَدًا	
	رِضْوَانَ/ رَضُوا/ لِتَرْضَوْا/ رِضْوَانَهُ/ يَرْضَىٰ	
3 آل عمران 162	أَفَمَنِ اتَّبَعَ **رِضْوَانَ** اللَّهِ كَمَن بَاءَ بِسَخَطٍ مِّنَ اللَّهِ وَمَأْوَاهُ جَهَنَّمُ ۚ وَبِئْسَ الْمَصِيرُ	
174	فَانقَلَبُوا بِنِعْمَةٍ مِّنَ اللَّهِ وَفَضْلٍ لَّمْ يَمْسَسْهُمْ سُوءٌ وَاتَّبَعُوا **رِضْوَانَ** اللَّهِ ۗ وَاللَّهُ ذُو فَضْلٍ عَظِيمٍ	
5 المائدة 2	يَا أَيُّهَا الَّذِينَ آمَنُوا لَا تُحِلُّوا شَعَائِرَ اللَّهِ وَلَا الشَّهْرَ الْحَرَامَ وَلَا الْهَدْيَ وَلَا الْقَلَائِدَ وَلَا آمِّينَ الْبَيْتَ الْحَرَامَ يَبْتَغُونَ فَضْلًا مِّن رَّبِّهِمْ وَ**رِضْوَانًا** ۚ وَإِذَا حَلَلْتُمْ فَاصْطَادُوا ۚ وَلَا يَجْرِمَنَّكُمْ شَنَآنُ قَوْمٍ أَن صَدُّوكُمْ عَنِ الْمَسْجِدِ الْحَرَامِ أَن تَعْتَدُوا ۘ وَتَعَاوَنُوا عَلَى الْبِرِّ وَالتَّقْوَىٰ ۖ وَلَا تَعَاوَنُوا عَلَى الْإِثْمِ وَالْعُدْوَانِ ۚ وَاتَّقُوا اللَّهَ ۖ إِنَّ اللَّهَ شَدِيدُ الْعِقَابِ	
16	يَهْدِي بِهِ اللَّهُ مَنِ اتَّبَعَ **رِضْوَانَهُ** سُبُلَ السَّلَامِ وَيُخْرِجُهُم مِّنَ الظُّلُمَاتِ إِلَى النُّورِ بِإِذْنِهِ وَيَهْدِيهِمْ إِلَىٰ صِرَاطٍ مُّسْتَقِيمٍ	
9 التوبة 21	يُبَشِّرُهُمْ رَبُّهُم بِرَحْمَةٍ مِّنْهُ وَ**رِضْوَانٍ** وَجَنَّاتٍ لَّهُمْ فِيهَا نَعِيمٌ مُّقِيمٌ	
58	وَمِنْهُم مَّن يَلْمِزُكَ فِي الصَّدَقَاتِ فَإِنْ أُعْطُوا مِنْهَا **رَضُوا** وَإِن لَّمْ يُعْطَوْا مِنْهَا إِذَا هُمْ يَسْخَطُونَ	
59	وَلَوْ أَنَّهُمْ **رَضُوا** مَا آتَاهُمُ اللَّهُ وَرَسُولُهُ وَقَالُوا حَسْبُنَا اللَّهُ سَيُؤْتِينَا اللَّهُ مِن فَضْلِهِ وَرَسُولُهُ إِنَّا إِلَى اللَّهِ رَاغِبُونَ	
72	وَعَدَ اللَّهُ الْمُؤْمِنِينَ وَالْمُؤْمِنَاتِ جَنَّاتٍ تَجْرِي مِن تَحْتِهَا الْأَنْهَارُ خَالِدِينَ فِيهَا وَمَسَاكِنَ طَيِّبَةً فِي جَنَّاتِ عَدْنٍ ۚ وَ**رِضْوَانٌ** مِّنَ اللَّهِ أَكْبَرُ ۚ ذَٰلِكَ هُوَ الْفَوْزُ الْعَظِيمُ	
87	**رَضُوا** بِأَن يَكُونُوا مَعَ الْخَوَالِفِ وَطُبِعَ عَلَىٰ قُلُوبِهِمْ فَهُمْ لَا يَفْقَهُونَ	
93	۞ إِنَّمَا السَّبِيلُ عَلَى الَّذِينَ يَسْتَأْذِنُونَكَ وَهُمْ أَغْنِيَاءُ ۚ **رَضُوا** بِأَن يَكُونُوا مَعَ الْخَوَالِفِ وَطَبَعَ اللَّهُ عَلَىٰ قُلُوبِهِمْ فَهُمْ لَا يَعْلَمُونَ	

96	يَحْلِفُونَ لَكُمْ **لِتَرْضَوْا** عَنْهُمْ ۖ فَإِن **تَرْضَوْا** عَنْهُمْ فَإِنَّ اللَّهَ لَا **يَرْضَىٰ** عَنِ الْقَوْمِ الْفَاسِقِينَ
109	أَفَمَنْ أَسَّسَ بُنْيَانَهُ عَلَىٰ تَقْوَىٰ مِنَ اللَّهِ **وَرِضْوَانٍ** خَيْرٌ أَم مَّنْ أَسَّسَ بُنْيَانَهُ عَلَىٰ شَفَا جُرُفٍ هَارٍ فَانْهَارَ بِهِ فِي نَارِ جَهَنَّمَ ۗ وَاللَّهُ لَا يَهْدِي الْقَوْمَ الظَّالِمِينَ
10 يونس 7	إِنَّ الَّذِينَ لَا يَرْجُونَ لِقَاءَنَا **وَرَضُوا** بِالْحَيَاةِ الدُّنْيَا وَاطْمَأَنُّوا بِهَا وَالَّذِينَ هُمْ عَنْ آيَاتِنَا غَافِلُونَ
47 محمد 28	ذَٰلِكَ بِأَنَّهُمُ اتَّبَعُوا مَا أَسْخَطَ اللَّهَ وَكَرِهُوا **رِضْوَانَهُ** فَأَحْبَطَ أَعْمَالَهُمْ
48 الفتح 29	مُّحَمَّدٌ رَّسُولُ اللَّهِ ۚ وَالَّذِينَ مَعَهُ أَشِدَّاءُ عَلَى الْكُفَّارِ رُحَمَاءُ بَيْنَهُمْ ۖ تَرَاهُمْ رُكَّعًا سُجَّدًا يَبْتَغُونَ فَضْلًا مِّنَ اللَّهِ **وَرِضْوَانًا** ۖ سِيمَاهُمْ فِي وُجُوهِهِم مِّنْ أَثَرِ السُّجُودِ ۚ ذَٰلِكَ مَثَلُهُمْ فِي التَّوْرَاةِ ۚ وَمَثَلُهُمْ فِي الْإِنجِيلِ كَزَرْعٍ أَخْرَجَ شَطْأَهُ فَآزَرَهُ فَاسْتَغْلَظَ فَاسْتَوَىٰ عَلَىٰ سُوقِهِ يُعْجِبُ الزُّرَّاعَ لِيَغِيظَ بِهِمُ الْكُفَّارَ ۗ وَعَدَ اللَّهُ الَّذِينَ آمَنُوا وَعَمِلُوا الصَّالِحَاتِ مِنْهُم مَّغْفِرَةً وَأَجْرًا عَظِيمًا
	Muhammad is the Messenger of Allah; and those with him are forceful against the disbelievers, merciful among themselves. You see them bowing and prostrating [in prayer], seeking bounty from Allah and **[His] pleasure**. Their mark is on their faces from the trace of prostration. That is their description in the Torah. And their description in the Gospel is as a plant which produces its offshoots and strengthens them so they grow firm and stand upon their stalks, delighting the sowers - so that Allah may enrage by them the disbelievers. Allah has promised those who believe and do righteous deeds among them forgiveness and .a great reward
57 الحديد 20	اعْلَمُوا أَنَّمَا الْحَيَاةُ الدُّنْيَا لَعِبٌ وَلَهْوٌ وَزِينَةٌ وَتَفَاخُرٌ بَيْنَكُمْ وَتَكَاثُرٌ فِي الْأَمْوَالِ وَالْأَوْلَادِ ۖ كَمَثَلِ غَيْثٍ أَعْجَبَ الْكُفَّارَ نَبَاتُهُ ثُمَّ يَهِيجُ فَتَرَاهُ مُصْفَرًّا ثُمَّ يَكُونُ حُطَامًا ۖ وَفِي الْآخِرَةِ عَذَابٌ شَدِيدٌ وَمَغْفِرَةٌ مِّنَ اللَّهِ **وَرِضْوَانٌ** ۚ وَمَا الْحَيَاةُ الدُّنْيَا إِلَّا مَتَاعُ الْغُرُورِ

27	ثُمَّ قَفَّيْنَا عَلَىٰ آثَارِهِم بِرُسُلِنَا وَقَفَّيْنَا بِعِيسَى ابْنِ مَرْيَمَ وَآتَيْنَاهُ الْإِنجِيلَ وَجَعَلْنَا فِي قُلُوبِ الَّذِينَ اتَّبَعُوهُ رَأْفَةً وَرَحْمَةً وَرَهْبَانِيَّةً ابْتَدَعُوهَا مَا كَتَبْنَاهَا عَلَيْهِمْ إِلَّا ابْتِغَاءَ **رِضْوَانِ** اللَّهِ فَمَا رَعَوْهَا حَقَّ رِعَايَتِهَا ۖ فَآتَيْنَا الَّذِينَ آمَنُوا مِنْهُمْ أَجْرَهُمْ ۖ وَكَثِيرٌ مِّنْهُمْ فَاسِقُونَ
59 الحشر 8	لِلْفُقَرَاءِ الْمُهَاجِرِينَ الَّذِينَ أُخْرِجُوا مِن دِيَارِهِمْ وَأَمْوَالِهِمْ يَبْتَغُونَ فَضْلًا مِّنَ اللَّهِ **وَرِضْوَانًا** وَيَنصُرُونَ اللَّهَ وَرَسُولَهُ ۚ أُولَٰئِكَ هُمُ الصَّادِقُونَ
	رَّضِيَ
5 المائدة 119	قَالَ اللَّهُ هَٰذَا يَوْمُ يَنفَعُ الصَّادِقِينَ صِدْقُهُمْ ۚ لَهُمْ جَنَّاتٌ تَجْرِي مِن تَحْتِهَا الْأَنْهَارُ خَالِدِينَ فِيهَا أَبَدًا ۚ **رَّضِيَ** اللَّهُ عَنْهُمْ **وَرَضُوا** عَنْهُ ۚ ذَٰلِكَ الْفَوْزُ الْعَظِيمُ
	Allah will say, "This is the Day when the truthful will benefit from their truthfulness." For them are gardens [in Paradise] beneath which rivers flow, wherein they will abide forever, **Allah being pleased with them**, **and they with Him.** That is the great attainment
9 التوبة 100	وَالسَّابِقُونَ الْأَوَّلُونَ مِنَ الْمُهَاجِرِينَ وَالْأَنصَارِ وَالَّذِينَ اتَّبَعُوهُم بِإِحْسَانٍ **رَّضِيَ** اللَّهُ عَنْهُمْ **وَرَضُوا** عَنْهُ وَأَعَدَّ لَهُمْ جَنَّاتٍ تَجْرِي تَحْتَهَا الْأَنْهَارُ خَالِدِينَ فِيهَا أَبَدًا ۚ ذَٰلِكَ الْفَوْزُ الْعَظِيمُ
58 المجادلة 22	لَّا تَجِدُ قَوْمًا يُؤْمِنُونَ بِاللَّهِ وَالْيَوْمِ الْآخِرِ يُوَادُّونَ مَنْ حَادَّ اللَّهَ وَرَسُولَهُ وَلَوْ كَانُوا آبَاءَهُمْ أَوْ أَبْنَاءَهُمْ أَوْ إِخْوَانَهُمْ أَوْ عَشِيرَتَهُمْ ۚ أُولَٰئِكَ كَتَبَ فِي قُلُوبِهِمُ الْإِيمَانَ وَأَيَّدَهُم بِرُوحٍ مِّنْهُ ۖ وَيُدْخِلُهُمْ جَنَّاتٍ تَجْرِي مِن تَحْتِهَا الْأَنْهَارُ خَالِدِينَ فِيهَا ۚ **رَضِيَ** اللَّهُ عَنْهُمْ **وَرَضُوا** عَنْهُ ۚ أُولَٰئِكَ حِزْبُ اللَّهِ ۚ أَلَا إِنَّ حِزْبَ اللَّهِ هُمُ الْمُفْلِحُونَ
98 البينة 8	جَزَاؤُهُمْ عِندَ رَبِّهِمْ جَنَّاتُ عَدْنٍ تَجْرِي مِن تَحْتِهَا الْأَنْهَارُ خَالِدِينَ فِيهَا أَبَدًا ۖ **رَّضِيَ** اللَّهُ عَنْهُمْ **وَرَضُوا** عَنْهُ ۚ ذَٰلِكَ لِمَنْ خَشِيَ رَبَّهُ
	رَضِيًّا/ مَرْضِيًّا

19 مريم 6	يَرِثُنِي وَيَرِثُ مِنْ آلِ يَعْقُوبَ ۖ وَاجْعَلْهُ رَبِّ **رَضِيًّا**	
55	وَكَانَ يَأْمُرُ أَهْلَهُ بِالصَّلَاةِ وَالزَّكَاةِ وَكَانَ عِندَ رَبِّهِ **مَرْضِيًّا**	
	And he used to enjoin on his people prayer and zakah and was **to his Lord pleasing**	

رَضِيتُم/ أَرَضِيتُم

9 التوبة 38	يَا أَيُّهَا الَّذِينَ آمَنُوا مَا لَكُمْ إِذَا قِيلَ لَكُمُ انفِرُوا فِي سَبِيلِ اللَّهِ اثَّاقَلْتُمْ إِلَى الْأَرْضِ ۚ **أَرَضِيتُم** بِالْحَيَاةِ الدُّنْيَا مِنَ الْآخِرَةِ ۚ فَمَا مَتَاعُ الْحَيَاةِ الدُّنْيَا فِي الْآخِرَةِ إِلَّا قَلِيلٌ	
	O you who have believed, what is [the matter] with you that, when you are told to go forth in the cause of Allah, you adhere heavily to the earth? **Are you satisfied with the life of this world rather than the Hereafter**? But what is the enjoyment of worldly life compared to the Hereafter except a [very] little.	
83	فَإِن رَّجَعَكَ اللَّهُ إِلَىٰ طَائِفَةٍ مِّنْهُمْ فَاسْتَأْذَنُوكَ لِلْخُرُوجِ فَقُل لَّن تَخْرُجُوا مَعِيَ أَبَدًا وَلَن تُقَاتِلُوا مَعِيَ عَدُوًّا ۖ إِنَّكُمْ **رَضِيتُم** بِالْقُعُودِ أَوَّلَ مَرَّةٍ فَاقْعُدُوا مَعَ الْخَالِفِينَ	

رَطْبٍ/ رُطَبًا

6 الأنعام 59	۞ وَعِندَهُ مَفَاتِحُ الْغَيْبِ لَا يَعْلَمُهَا إِلَّا هُوَ ۚ وَيَعْلَمُ مَا فِي الْبَرِّ وَالْبَحْرِ ۚ وَمَا تَسْقُطُ مِن وَرَقَةٍ إِلَّا يَعْلَمُهَا وَلَا حَبَّةٍ فِي ظُلُمَاتِ الْأَرْضِ وَلَا **رَطْبٍ** وَلَا يَابِسٍ إِلَّا فِي كِتَابٍ مُّبِينٍ	
19 مريم 25	وَهُزِّي إِلَيْكِ بِجِذْعِ النَّخْلَةِ تُسَاقِطْ عَلَيْكِ **رُطَبًا** جَنِيًّا	
	And shake toward you the trunk of the palm tree; it will drop upon you ripe, fresh dates	

رُعْبًا
filled by them **with terror.**

18 الكهف 18	وَتَحْسَبُهُمْ أَيْقَاظًا وَهُمْ رُقُودٌ ۚ وَنُقَلِّبُهُمْ ذَاتَ الْيَمِينِ وَذَاتَ الشِّمَالِ ۖ وَكَلْبُهُم بَاسِطٌ ذِرَاعَيْهِ بِالْوَصِيدِ ۚ لَوِ اطَّلَعْتَ عَلَيْهِمْ لَوَلَّيْتَ مِنْهُمْ فِرَارًا وَلَمُلِئْتَ مِنْهُمْ رُعْبًا	

رَعَوْهَا / رِعَايَتِهَا

57 الحديد 27	ثُمَّ قَفَّيْنَا عَلَىٰ آثَارِهِم بِرُسُلِنَا وَقَفَّيْنَا بِعِيسَى ابْنِ مَرْيَمَ وَآتَيْنَاهُ الْإِنجِيلَ وَجَعَلْنَا فِي قُلُوبِ الَّذِينَ اتَّبَعُوهُ رَأْفَةً وَرَحْمَةً وَرَهْبَانِيَّةً ابْتَدَعُوهَا مَا كَتَبْنَاهَا عَلَيْهِمْ إِلَّا ابْتِغَاءَ رِضْوَانِ اللَّهِ فَمَا **رَعَوْهَا حَقَّ رِعَايَتِهَا** ۖ فَآتَيْنَا الَّذِينَ آمَنُوا مِنْهُمْ أَجْرَهُمْ ۖ وَكَثِيرٌ مِّنْهُمْ فَاسِقُونَ
	Then We sent following their footsteps Our messengers and followed [them] with Jesus, the son of Mary, and gave him the Gospel. And We placed in the hearts of those who followed him compassion and mercy and monasticism, which they innovated; We did not prescribe it for them except [that they did so] seeking the approval of Allah. But they did not **observe it with due observance**. So We gave the ones who believed among them their reward, but many of them are defiantly disobedient.

رَغَبًا وَ رَهَبًا

21 الأنبياء 90	فَاسْتَجَبْنَا لَهُ وَوَهَبْنَا لَهُ يَحْيَىٰ وَأَصْلَحْنَا لَهُ زَوْجَهُ ۚ إِنَّهُمْ كَانُوا يُسَارِعُونَ فِي الْخَيْرَاتِ وَيَدْعُونَنَا **رَغَبًا وَرَهَبًا** ۖ وَكَانُوا لَنَا خَاشِعِينَ
	So We responded to him, and We gave to him John, and amended for him his wife. Indeed, they used to hasten to good deeds and supplicate Us **in hope and fear**, and they were to Us humbly submissive

رَغَدًا

2 البقرة 35	وَقُلْنَا يَا آدَمُ اسْكُنْ أَنتَ وَزَوْجُكَ الْجَنَّةَ وَكُلَا مِنْهَا **رَغَدًا** حَيْثُ شِئْتُمَا وَلَا تَقْرَبَا هَٰذِهِ الشَّجَرَةَ فَتَكُونَا مِنَ الظَّالِمِينَ
58	وَإِذْ قُلْنَا ادْخُلُوا هَٰذِهِ الْقَرْيَةَ فَكُلُوا مِنْهَا حَيْثُ شِئْتُمْ **رَغَدًا** وَادْخُلُوا الْبَابَ سُجَّدًا وَقُولُوا حِطَّةٌ نَّغْفِرْ لَكُمْ خَطَايَاكُمْ ۚ وَسَنَزِيدُ الْمُحْسِنِينَ

16 النحل 112	وَضَرَبَ اللَّهُ مَثَلًا قَرْيَةً كَانَتْ آمِنَةً مُّطْمَئِنَّةً يَأْتِيهَا رِزْقُهَا **رَغَدًا** مِّن كُلِّ مَكَانٍ فَكَفَرَتْ بِأَنْعُمِ اللَّهِ فَأَذَاقَهَا اللَّهُ لِبَاسَ الْجُوعِ وَالْخَوْفِ بِمَا كَانُوا يَصْنَعُونَ
	And Allah presents an example: a city which was safe and secure, its provision coming to it **in abundance** from every location, but it denied the favors of Allah. So Allah made it taste the envelopment of hunger and fear for what they had been doing
	رفث
2 البقرة 187	أُحِلَّ لَكُمْ لَيْلَةَ الصِّيَامِ **الرَّفَثُ** إِلَىٰ نِسَائِكُمْ ۚ هُنَّ لِبَاسٌ لَّكُمْ وَأَنتُمْ لِبَاسٌ لَّهُنَّ ۗ عَلِمَ اللَّهُ أَنَّكُمْ كُنتُمْ تَخْتَانُونَ أَنفُسَكُمْ فَتَابَ عَلَيْكُمْ وَعَفَا عَنكُمْ ۖ فَالْآنَ بَاشِرُوهُنَّ وَابْتَغُوا مَا كَتَبَ اللَّهُ لَكُمْ ۚ وَكُلُوا وَاشْرَبُوا حَتَّىٰ يَتَبَيَّنَ لَكُمُ الْخَيْطُ الْأَبْيَضُ مِنَ الْخَيْطِ الْأَسْوَدِ مِنَ الْفَجْرِ ۖ ثُمَّ أَتِمُّوا الصِّيَامَ إِلَى اللَّيْلِ ۚ وَلَا تُبَاشِرُوهُنَّ وَأَنتُمْ عَاكِفُونَ فِي الْمَسَاجِدِ ۗ تِلْكَ حُدُودُ اللَّهِ فَلَا تَقْرَبُوهَا ۗ كَذَٰلِكَ يُبَيِّنُ اللَّهُ آيَاتِهِ لِلنَّاسِ لَعَلَّهُمْ يَتَّقُونَ
	It has been made permissible for you the night preceding fasting **to go to your wives** [for sexual relations]. They are clothing for you and you are clothing for them. Allah knows that you used to deceive yourselves, so He accepted your repentance and forgave you. So now, have relations with them and seek that which Allah has decreed for you. And eat and drink until the white thread of dawn becomes distinct to you from the black thread [of night]. Then complete the fast until the sunset. And do not have relations with them as long as you are staying for worship in the mosques. These are the limits [set by] Allah, so do not approach them. Thus does Allah make clear His ordinances to the people that they may become righteous.
197	الْحَجُّ أَشْهُرٌ مَّعْلُومَاتٌ ۚ فَمَن فَرَضَ فِيهِنَّ الْحَجَّ فَلَا **رَفَثَ** وَلَا فُسُوقَ وَلَا جِدَالَ فِي الْحَجِّ ۗ وَمَا تَفْعَلُوا مِنْ خَيْرٍ يَعْلَمْهُ اللَّهُ ۗ وَتَزَوَّدُوا فَإِنَّ خَيْرَ الزَّادِ التَّقْوَىٰ ۚ وَاتَّقُونِ يَا أُولِي الْأَلْبَابِ

	رَفِيعُ
	above [all] degrees
40 غافر 15	رَفِيعُ الدَّرَجَاتِ ذُو الْعَرْشِ يُلْقِي الرُّوحَ مِنْ أَمْرِهِ عَلَىٰ مَن يَشَاءُ مِنْ عِبَادِهِ لِيُنذِرَ يَوْمَ التَّلَاقِ
	رَفِيقًا
4 النساء 69	وَمَن يُطِعِ اللَّهَ وَالرَّسُولَ فَأُولَٰئِكَ مَعَ الَّذِينَ أَنْعَمَ اللَّهُ عَلَيْهِم مِّنَ النَّبِيِّينَ وَالصِّدِّيقِينَ وَالشُّهَدَاءِ وَالصَّالِحِينَ ۚ وَحَسُنَ أُولَٰئِكَ رَفِيقًا
	And whoever obeys Allah and the Messenger - those will be with the ones upon whom Allah has bestowed favor of the prophets, the steadfast affirmers of truth, the martyrs and the righteous. **And excellent are those as companions.**
	رُقُودٌ
	while they were **asleep**
18 الكهف 18	وَتَحْسَبُهُمْ أَيْقَاظًا وَهُمْ رُقُودٌ ۚ وَنُقَلِّبُهُمْ ذَاتَ الْيَمِينِ وَذَاتَ الشِّمَالِ ۖ وَكَلْبُهُم بَاسِطٌ ذِرَاعَيْهِ بِالْوَصِيدِ ۚ لَوِ اطَّلَعْتَ عَلَيْهِمْ لَوَلَّيْتَ مِنْهُمْ فِرَارًا وَلَمُلِئْتَ مِنْهُمْ رُعْبًا
	الرقيب
5 المائدة 117	مَا قُلْتُ لَهُمْ إِلَّا مَا أَمَرْتَنِي بِهِ أَنِ اعْبُدُوا اللَّهَ رَبِّي وَرَبَّكُمْ ۚ وَكُنتُ عَلَيْهِمْ شَهِيدًا مَّا دُمْتُ فِيهِمْ ۖ فَلَمَّا تَوَفَّيْتَنِي كُنتَ أَنتَ الرَّقِيبَ عَلَيْهِمْ ۚ وَأَنتَ عَلَىٰ كُلِّ شَيْءٍ شَهِيدٌ
	I said not to them except what You commanded me - to worship Allah, my Lord and your Lord. And I was a witness over them as long as I was among them; but when You took me up, You were **the Observer** over them, and You are, over all things, Witness
	رَقِيبٌ

4 النساء 1	يَا أَيُّهَا النَّاسُ اتَّقُوا رَبَّكُمُ الَّذِي خَلَقَكُم مِّن نَّفْسٍ وَاحِدَةٍ وَخَلَقَ مِنْهَا زَوْجَهَا وَبَثَّ مِنْهُمَا رِجَالًا كَثِيرًا وَنِسَاءً ۚ وَاتَّقُوا اللَّهَ الَّذِي تَسَاءَلُونَ بِهِ وَالْأَرْحَامَ ۚ إِنَّ اللَّهَ كَانَ عَلَيْكُمْ رَقِيبًا	
11 هود 93	وَيَا قَوْمِ اعْمَلُوا عَلَىٰ مَكَانَتِكُمْ إِنِّي عَامِلٌ ۖ سَوْفَ تَعْلَمُونَ مَن يَأْتِيهِ عَذَابٌ يُخْزِيهِ وَمَنْ هُوَ كَاذِبٌ ۖ وَارْتَقِبُوا إِنِّي مَعَكُمْ رَقِيبٌ	
33 الأحزاب 52	لَّا يَحِلُّ لَكَ النِّسَاءُ مِن بَعْدُ وَلَا أَن تَبَدَّلَ بِهِنَّ مِنْ أَزْوَاجٍ وَلَوْ أَعْجَبَكَ حُسْنُهُنَّ إِلَّا مَا مَلَكَتْ يَمِينُكَ ۗ وَكَانَ اللَّهُ عَلَىٰ كُلِّ شَيْءٍ رَّقِيبًا	
50 ق 18	مَّا يَلْفِظُ مِن قَوْلٍ إِلَّا لَدَيْهِ رَقِيبٌ عَتِيدٌ	

Man does not utter any word except that with him is **an observer** prepared [to record]

رُكَامًا

24 النور 43	أَلَمْ تَرَ أَنَّ اللَّهَ يُزْجِي سَحَابًا ثُمَّ يُؤَلِّفُ بَيْنَهُ ثُمَّ يَجْعَلُهُ رُكَامًا فَتَرَى الْوَدْقَ يَخْرُجُ مِنْ خِلَالِهِ وَيُنَزِّلُ مِنَ السَّمَاءِ مِن جِبَالٍ فِيهَا مِن بَرَدٍ فَيُصِيبُ بِهِ مَن يَشَاءُ وَيَصْرِفُهُ عَن مَّن يَشَاءُ ۖ يَكَادُ سَنَا بَرْقِهِ يَذْهَبُ بِالْأَبْصَارِ

Do you not see that Allah drives clouds? Then He brings them together, then He makes them **into a mass**, and you see the rain emerge from within it. And He sends down from the sky, mountains [of clouds] within which is hail, and He strikes with it whom He wills and averts it from whom He wills. The flash of its lightening almost takes away the eyesight

رُكَّعًا
bowing and prostrating

48 الفتح 29	مُّحَمَّدٌ رَّسُولُ اللَّهِ ۚ وَالَّذِينَ مَعَهُ أَشِدَّاءُ عَلَى الْكُفَّارِ رُحَمَاءُ بَيْنَهُمْ ۖ تَرَاهُمْ رُكَّعًا سُجَّدًا يَبْتَغُونَ فَضْلًا مِّنَ اللَّهِ وَرِضْوَانًا ۖ سِيمَاهُمْ فِي وُجُوهِهِم مِّنْ أَثَرِ السُّجُودِ ۚ ذَٰلِكَ مَثَلُهُمْ فِي التَّوْرَاةِ ۚ وَمَثَلُهُمْ فِي الْإِنجِيلِ كَزَرْعٍ أَخْرَجَ شَطْأَهُ فَآزَرَهُ فَاسْتَغْلَظَ فَاسْتَوَىٰ عَلَىٰ سُوقِهِ يُعْجِبُ

	الزُّرَّاعَ لِيَغِيظَ بِهِمُ الْكُفَّارَ ۗ وَعَدَ اللَّهُ الَّذِينَ آمَنُوا وَعَمِلُوا الصَّالِحَاتِ مِنْهُم مَّغْفِرَةً وَأَجْرًا عَظِيمًا
	رَمَضَانَ
2 البقرة 185	شَهْرُ رَمَضَانَ الَّذِي أُنزِلَ فِيهِ الْقُرْآنُ هُدًى لِّلنَّاسِ وَبَيِّنَاتٍ مِّنَ الْهُدَىٰ وَالْفُرْقَانِ ۚ فَمَن شَهِدَ مِنكُمُ الشَّهْرَ فَلْيَصُمْهُ ۖ وَمَن كَانَ مَرِيضًا أَوْ عَلَىٰ سَفَرٍ فَعِدَّةٌ مِّنْ أَيَّامٍ أُخَرَ ۗ يُرِيدُ اللَّهُ بِكُمُ الْيُسْرَ وَلَا يُرِيدُ بِكُمُ الْعُسْرَ وَلِتُكْمِلُوا الْعِدَّةَ وَلِتُكَبِّرُوا اللَّهَ عَلَىٰ مَا هَدَاكُمْ وَلَعَلَّكُمْ تَشْكُرُونَ
	The month of **Ramadhan** [is that] in which was revealed the Qur'an, a guidance for the people and clear proofs of guidance and criterion. So whoever sights [the new moon of] the month, let him fast it; and whoever is ill or on a journey - then an equal number of other days. Allah intends for you ease and does not intend for you hardship and [wants] for you to complete the period and to glorify Allah for that [to] which He has guided you; and perhaps you will be grateful.
	رَمَيْتَ
8 الأنفال 17	فَلَمْ تَقْتُلُوهُمْ وَلَٰكِنَّ اللَّهَ قَتَلَهُمْ ۚ وَمَا رَمَيْتَ إِذْ رَمَيْتَ وَلَٰكِنَّ اللَّهَ رَمَىٰ ۚ وَلِيُبْلِيَ الْمُؤْمِنِينَ مِنْهُ بَلَاءً حَسَنًا ۚ إِنَّ اللَّهَ سَمِيعٌ عَلِيمٌ
	And you did not kill them, but it was Allah who killed them. **And you threw not, [O Muhammad], when you threw, but it was Allah who threw** that He might test the believers with a good test. Indeed, Allah is Hearing and Knowing.
	رَمِيمٌ
36 يس 78	وَضَرَبَ لَنَا مَثَلًا وَنَسِيَ خَلْقَهُ ۖ قَالَ مَن يُحْيِي الْعِظَامَ وَهِيَ رَمِيمٌ
	And he presents for Us an example and forgets his [own] creation. He says, "Who will give life to bones while they are **disintegrated**?

51 الذاريات 42	مَا تَذَرُ مِن شَيْءٍ أَتَتْ عَلَيْهِ إِلَّا جَعَلَتْهُ **كَالرَّمِيمِ**
	رَهْبَةً
59 الحشر 13	لَأَنتُمْ أَشَدُّ **رَهْبَةً** فِي صُدُورِهِم مِّنَ اللَّهِ ۚ ذَٰلِكَ بِأَنَّهُمْ قَوْمٌ لَّا يَفْقَهُونَ
	You [believers] are **more fearful** within their breasts than Allah. That is because they are a people who do not understand.
	رَهَقًا
72 الجن 6	وَأَنَّهُ كَانَ رِجَالٌ مِّنَ الْإِنسِ يَعُوذُونَ بِرِجَالٍ مِّنَ الْجِنِّ فَزَادُوهُمْ **رَهَقًا**
13	وَأَنَّا لَمَّا سَمِعْنَا الْهُدَىٰ آمَنَّا بِهِ ۖ فَمَن يُؤْمِن بِرَبِّهِ فَلَا يَخَافُ بَخْسًا وَلَا **رَهَقًا**
	And when we heard the guidance, we believed in it. And whoever believes in his Lord will not fear deprivation or **burden**
	رَهْوًا
44 الدخان 24	وَاتْرُكِ الْبَحْرَ **رَهْوًا** ۖ إِنَّهُمْ جُندٌ مُّغْرَقُونَ army **to** ".And leave the sea in stillness. Indeed, they are an **be drowned**
	رَهِينٌ
52 الطور 21	وَالَّذِينَ آمَنُوا وَاتَّبَعَتْهُمْ ذُرِّيَّتُهُم بِإِيمَانٍ أَلْحَقْنَا بِهِمْ ذُرِّيَّتَهُمْ وَمَا أَلَتْنَاهُم مِّنْ عَمَلِهِم مِّن شَيْءٍ ۚ كُلُّ امْرِئٍ بِمَا كَسَبَ **رَهِينٌ**
	And those who believed and whose descendants followed them in faith - We will join with them their descendants, and We will not deprive them of anything of their deeds. Every person, for what he earned, **is retained**.

74 المدثر 38		كُلُّ نَفْسٍ بِمَا كَسَبَتْ رَهِينَةٌ
		رَوَاسِيَ
13 الرعد 3		وَهُوَ الَّذِي مَدَّ الْأَرْضَ وَجَعَلَ فِيهَا رَوَاسِيَ وَأَنْهَارًا ۖ وَمِن كُلِّ الثَّمَرَاتِ جَعَلَ فِيهَا زَوْجَيْنِ اثْنَيْنِ ۖ يُغْشِي اللَّيْلَ النَّهَارَ ۚ إِنَّ فِي ذَٰلِكَ لَآيَاتٍ لِّقَوْمٍ يَتَفَكَّرُونَ
15 الحجر 19		وَالْأَرْضَ مَدَدْنَاهَا وَأَلْقَيْنَا فِيهَا رَوَاسِيَ وَأَنبَتْنَا فِيهَا مِن كُلِّ شَيْءٍ مَّوْزُونٍ
16 النحل 15		وَأَلْقَىٰ فِي الْأَرْضِ رَوَاسِيَ أَن تَمِيدَ بِكُمْ وَأَنْهَارًا وَسُبُلًا لَّعَلَّكُمْ تَهْتَدُونَ
	And He has cast into the earth firmly **set mountains**, lest it shift with you, and [made] rivers and roads, that you may be guided	
21 الأنبياء 31		وَجَعَلْنَا فِي الْأَرْضِ رَوَاسِيَ أَن تَمِيدَ بِهِمْ وَجَعَلْنَا فِيهَا فِجَاجًا سُبُلًا لَّعَلَّهُمْ يَهْتَدُونَ
27 النمل 61		أَمَّن جَعَلَ الْأَرْضَ قَرَارًا وَجَعَلَ خِلَالَهَا أَنْهَارًا وَجَعَلَ لَهَا رَوَاسِيَ وَجَعَلَ بَيْنَ الْبَحْرَيْنِ حَاجِزًا ۗ أَإِلَٰهٌ مَّعَ اللَّهِ ۚ بَلْ أَكْثَرُهُمْ لَا يَعْلَمُونَ
31 لقمان 10		خَلَقَ السَّمَاوَاتِ بِغَيْرِ عَمَدٍ تَرَوْنَهَا ۖ وَأَلْقَىٰ فِي الْأَرْضِ رَوَاسِيَ أَن تَمِيدَ بِكُمْ وَبَثَّ فِيهَا مِن كُلِّ دَابَّةٍ ۚ وَأَنزَلْنَا مِنَ السَّمَاءِ مَاءً فَأَنبَتْنَا فِيهَا مِن كُلِّ زَوْجٍ كَرِيمٍ
41 فصلت 10		وَجَعَلَ فِيهَا رَوَاسِيَ مِن فَوْقِهَا وَبَارَكَ فِيهَا وَقَدَّرَ فِيهَا أَقْوَاتَهَا فِي أَرْبَعَةِ أَيَّامٍ سَوَاءً لِّلسَّائِلِينَ
50 ق 7		وَالْأَرْضَ مَدَدْنَاهَا وَأَلْقَيْنَا فِيهَا رَوَاسِيَ وَأَنبَتْنَا فِيهَا مِن كُلِّ زَوْجٍ بَهِيجٍ
77 المرسلات 27		وَجَعَلْنَا فِيهَا رَوَاسِيَ شَامِخَاتٍ وَأَسْقَيْنَاكُم مَّاءً فُرَاتًا

		رَوَاكِدَ motionless
42 الشورى 33		إِن يَشَأْ يُسْكِنِ الرِّيحَ فَيَظْلَلْنَ **رَوَاكِدَ** عَلَىٰ ظَهْرِهِ ۚ إِنَّ فِي ذَٰلِكَ لَآيَاتٍ لِّكُلِّ صَبَّارٍ شَكُورٍ
		رَّوْحِ
2 البقرة 87		وَلَقَدْ آتَيْنَا مُوسَى الْكِتَابَ وَقَفَّيْنَا مِن بَعْدِهِ بِالرُّسُلِ ۖ وَآتَيْنَا عِيسَى ابْنَ مَرْيَمَ الْبَيِّنَاتِ وَأَيَّدْنَاهُ **بِرُوحِ** الْقُدُسِ ۗ أَفَكُلَّمَا جَاءَكُمْ رَسُولٌ بِمَا لَا تَهْوَىٰ أَنفُسُكُمُ اسْتَكْبَرْتُمْ فَفَرِيقًا كَذَّبْتُمْ وَفَرِيقًا تَقْتُلُونَ
253		۞ تِلْكَ الرُّسُلُ فَضَّلْنَا بَعْضَهُمْ عَلَىٰ بَعْضٍ ۘ مِّنْهُم مَّن كَلَّمَ اللَّهُ ۖ وَرَفَعَ بَعْضَهُمْ دَرَجَاتٍ ۚ وَآتَيْنَا عِيسَى ابْنَ مَرْيَمَ الْبَيِّنَاتِ وَأَيَّدْنَاهُ **بِرُوحِ** الْقُدُسِ ۗ وَلَوْ شَاءَ اللَّهُ مَا اقْتَتَلَ الَّذِينَ مِن بَعْدِهِم مِّن بَعْدِ مَا جَاءَتْهُمُ الْبَيِّنَاتُ وَلَٰكِنِ اخْتَلَفُوا فَمِنْهُم مَّنْ آمَنَ وَمِنْهُم مَّن كَفَرَ ۚ وَلَوْ شَاءَ اللَّهُ مَا اقْتَتَلُوا وَلَٰكِنَّ اللَّهَ يَفْعَلُ مَا يُرِيدُ
4 النساء 171		يَا أَهْلَ الْكِتَابِ لَا تَغْلُوا فِي دِينِكُمْ وَلَا تَقُولُوا عَلَى اللَّهِ إِلَّا الْحَقَّ ۚ إِنَّمَا الْمَسِيحُ عِيسَى ابْنُ مَرْيَمَ رَسُولُ اللَّهِ وَكَلِمَتُهُ أَلْقَاهَا إِلَىٰ مَرْيَمَ **وَرُوحٌ** مِّنْهُ ۖ فَآمِنُوا بِاللَّهِ وَرُسُلِهِ ۖ وَلَا تَقُولُوا ثَلَاثَةٌ ۚ انتَهُوا خَيْرًا لَّكُمْ ۚ إِنَّمَا اللَّهُ إِلَٰهٌ وَاحِدٌ ۖ سُبْحَانَهُ أَن يَكُونَ لَهُ وَلَدٌ ۘ لَّهُ مَا فِي السَّمَاوَاتِ وَمَا فِي الْأَرْضِ ۗ وَكَفَىٰ بِاللَّهِ وَكِيلًا
5 المائدة 110		إِذْ قَالَ اللَّهُ يَا عِيسَى ابْنَ مَرْيَمَ اذْكُرْ نِعْمَتِي عَلَيْكَ وَعَلَىٰ وَالِدَتِكَ إِذْ أَيَّدتُّكَ **بِرُوحِ** الْقُدُسِ تُكَلِّمُ النَّاسَ فِي الْمَهْدِ وَكَهْلًا ۖ وَإِذْ عَلَّمْتُكَ الْكِتَابَ وَالْحِكْمَةَ وَالتَّوْرَاةَ وَالْإِنجِيلَ ۖ وَإِذْ تَخْلُقُ مِنَ الطِّينِ كَهَيْئَةِ الطَّيْرِ بِإِذْنِي فَتَنفُخُ فِيهَا فَتَكُونُ طَيْرًا بِإِذْنِي ۖ وَتُبْرِئُ الْأَكْمَهَ وَالْأَبْرَصَ بِإِذْنِي ۖ وَإِذْ تُخْرِجُ الْمَوْتَىٰ بِإِذْنِي ۖ وَإِذْ كَفَفْتُ بَنِي إِسْرَائِيلَ عَنكَ إِذْ جِئْتَهُم بِالْبَيِّنَاتِ فَقَالَ الَّذِينَ كَفَرُوا مِنْهُمْ إِنْ هَٰذَا إِلَّا سِحْرٌ مُّبِينٌ
12 يوسف 87		يَا بَنِيَّ اذْهَبُوا فَتَحَسَّسُوا مِن يُوسُفَ وَأَخِيهِ وَلَا تَيْأَسُوا مِن **رَّوْحِ** اللَّهِ ۖ إِنَّهُ لَا يَيْأَسُ مِن **رَّوْحِ** اللَّهِ إِلَّا الْقَوْمُ الْكَافِرُونَ
		O my sons, go and find out about Joseph and his brother and despair not **of relief from Allah**. Indeed, no one

	despairs **of relief from Allah** except the disbelieving people	
15 الحجر 29	فَإِذَا سَوَّيْتُهُ وَنَفَخْتُ فِيهِ مِن رُّوحِي فَقَعُوا لَهُ سَاجِدِينَ	
16 النحل 2	يُنَزِّلُ الْمَلَائِكَةَ بِالرُّوحِ مِنْ أَمْرِهِ عَلَىٰ مَن يَشَاءُ مِنْ عِبَادِهِ أَنْ أَنذِرُوا أَنَّهُ لَا إِلَٰهَ إِلَّا أَنَا فَاتَّقُونِ	
102	قُلْ نَزَّلَهُ رُوحُ الْقُدُسِ مِن رَّبِّكَ بِالْحَقِّ لِيُثَبِّتَ الَّذِينَ آمَنُوا وَهُدًى وَبُشْرَىٰ لِلْمُسْلِمِينَ	
17 الإسراء 85	وَيَسْأَلُونَكَ عَنِ الرُّوحِ ۖ قُلِ الرُّوحُ مِنْ أَمْرِ رَبِّي وَمَا أُوتِيتُم مِّنَ الْعِلْمِ إِلَّا قَلِيلًا	
19 مريم 17	فَاتَّخَذَتْ مِن دُونِهِمْ حِجَابًا فَأَرْسَلْنَا إِلَيْهَا رُوحَنَا فَتَمَثَّلَ لَهَا بَشَرًا سَوِيًّا	
21 الأنبياء 91	وَالَّتِي أَحْصَنَتْ فَرْجَهَا فَنَفَخْنَا فِيهَا مِن رُّوحِنَا وَجَعَلْنَاهَا وَابْنَهَا آيَةً لِّلْعَالَمِينَ	
26 الشعراء 193	نَزَلَ بِهِ الرُّوحُ الْأَمِينُ	
32 السجدة 9	ثُمَّ سَوَّاهُ وَنَفَخَ فِيهِ مِن رُّوحِهِ ۖ وَجَعَلَ لَكُمُ السَّمْعَ وَالْأَبْصَارَ وَالْأَفْئِدَةَ ۚ قَلِيلًا مَّا تَشْكُرُونَ	
38 ص 72	فَإِذَا سَوَّيْتُهُ وَنَفَخْتُ فِيهِ مِن رُّوحِي فَقَعُوا لَهُ سَاجِدِينَ	
40 غافر 15	رَفِيعُ الدَّرَجَاتِ ذُو الْعَرْشِ يُلْقِي الرُّوحَ مِنْ أَمْرِهِ عَلَىٰ مَن يَشَاءُ مِنْ عِبَادِهِ لِيُنذِرَ يَوْمَ التَّلَاقِ	
42 الشورى 52	وَكَذَٰلِكَ أَوْحَيْنَا إِلَيْكَ رُوحًا مِّنْ أَمْرِنَا ۚ مَا كُنتَ تَدْرِي مَا الْكِتَابُ وَلَا الْإِيمَانُ وَلَٰكِن جَعَلْنَاهُ نُورًا نَّهْدِي بِهِ مَن نَّشَاءُ مِنْ عِبَادِنَا ۚ وَإِنَّكَ لَتَهْدِي إِلَىٰ صِرَاطٍ مُّسْتَقِيمٍ	
58 المجادلة 22	لَّا تَجِدُ قَوْمًا يُؤْمِنُونَ بِاللَّهِ وَالْيَوْمِ الْآخِرِ يُوَادُّونَ مَنْ حَادَّ اللَّهَ وَرَسُولَهُ وَلَوْ كَانُوا آبَاءَهُمْ أَوْ أَبْنَاءَهُمْ أَوْ إِخْوَانَهُمْ أَوْ عَشِيرَتَهُمْ ۚ أُولَٰئِكَ كَتَبَ فِي	

	قُلُوبِهِمُ الْإِيمَانَ وَأَيَّدَهُم بِرُوحٍ مِّنْهُ ۖ وَيُدْخِلُهُمْ جَنَّاتٍ تَجْرِي مِن تَحْتِهَا الْأَنْهَارُ خَالِدِينَ فِيهَا ۚ رَضِيَ اللَّهُ عَنْهُمْ وَرَضُوا عَنْهُ ۚ أُولَٰئِكَ حِزْبُ اللَّهِ ۚ أَلَا إِنَّ حِزْبَ اللَّهِ هُمُ الْمُفْلِحُونَ
66 التحريم 12	وَمَرْيَمَ ابْنَتَ عِمْرَانَ الَّتِي أَحْصَنَتْ فَرْجَهَا فَنَفَخْنَا فِيهِ مِن **رُّوحِنَا** وَصَدَّقَتْ بِكَلِمَاتِ رَبِّهَا وَكُتُبِهِ وَكَانَتْ مِنَ الْقَانِتِينَ
70 المعارج 4	تَعْرُجُ الْمَلَائِكَةُ **وَالرُّوحُ** إِلَيْهِ فِي يَوْمٍ كَانَ مِقْدَارُهُ خَمْسِينَ أَلْفَ سَنَةٍ
78 النبإ 38	يَوْمَ يَقُومُ **الرُّوحُ** وَالْمَلَائِكَةُ صَفًّا ۖ لَّا يَتَكَلَّمُونَ إِلَّا مَنْ أَذِنَ لَهُ الرَّحْمَٰنُ وَقَالَ صَوَابًا
97 القدر 4	تَنَزَّلُ الْمَلَائِكَةُ **وَالرُّوحُ** فِيهَا بِإِذْنِ رَبِّهِم مِّن كُلِّ أَمْرٍ
	رَوْضَاتِ
42 الشورى 22	تَرَى الظَّالِمِينَ مُشْفِقِينَ مِمَّا كَسَبُوا وَهُوَ وَاقِعٌ بِهِمْ ۗ وَالَّذِينَ آمَنُوا وَعَمِلُوا الصَّالِحَاتِ فِي **رَوْضَاتِ** الْجَنَّاتِ ۖ لَهُم مَّا يَشَاءُونَ عِندَ رَبِّهِمْ ۚ ذَٰلِكَ هُوَ الْفَضْلُ الْكَبِيرُ
	رَوْضَةٍ
30 الروم 15	فَأَمَّا الَّذِينَ آمَنُوا وَعَمِلُوا الصَّالِحَاتِ فَهُمْ فِي **رَوْضَةٍ** يُحْبَرُونَ
	And as for those who had believed and done righteous deeds, they will be in a **garden** [of Paradise], delighted.
	رُوَيْدًا So allow time for the disbelievers. Leave them **awhile**.
86 الطارق 17	فَمَهِّلِ الْكَافِرِينَ أَمْهِلْهُمْ **رُوَيْدًا**

	رِيحٍ/ رِيحًا
3 آل عمران 117	مَثَلُ مَا يُنفِقُونَ فِي هَٰذِهِ الْحَيَاةِ الدُّنْيَا كَمَثَلِ **رِيحٍ** فِيهَا صِرٌّ أَصَابَتْ حَرْثَ قَوْمٍ ظَلَمُوا أَنفُسَهُمْ فَأَهْلَكَتْهُ ۚ وَمَا ظَلَمَهُمُ اللَّهُ وَلَٰكِنْ أَنفُسَهُمْ يَظْلِمُونَ
10 يونس 22	هُوَ الَّذِي يُسَيِّرُكُمْ فِي الْبَرِّ وَالْبَحْرِ ۖ حَتَّىٰ إِذَا كُنتُمْ فِي الْفُلْكِ وَجَرَيْنَ بِهِم **بِرِيحٍ** طَيِّبَةٍ وَفَرِحُوا بِهَا جَاءَتْهَا **رِيحٌ** عَاصِفٌ وَجَاءَهُمُ الْمَوْجُ مِن كُلِّ مَكَانٍ وَظَنُّوا أَنَّهُمْ أُحِيطَ بِهِمْ ۙ دَعَوُا اللَّهَ مُخْلِصِينَ لَهُ الدِّينَ لَئِنْ أَنجَيْتَنَا مِنْ هَٰذِهِ لَنَكُونَنَّ مِنَ الشَّاكِرِينَ
12 يوسف 94	وَلَمَّا فَصَلَتِ الْعِيرُ قَالَ أَبُوهُمْ إِنِّي لَأَجِدُ **رِيحَ** يُوسُفَ ۖ لَوْلَا أَن تُفَنِّدُونِ
14 ابراهيم 18	مَّثَلُ الَّذِينَ كَفَرُوا بِرَبِّهِمْ ۖ أَعْمَالُهُمْ كَرَمَادٍ اشْتَدَّتْ بِهِ **الرِّيحُ** فِي يَوْمٍ عَاصِفٍ ۖ لَّا يَقْدِرُونَ مِمَّا كَسَبُوا عَلَىٰ شَيْءٍ ۚ ذَٰلِكَ هُوَ الضَّلَالُ الْبَعِيدُ
17 الإسراء 69	أَمْ أَمِنتُمْ أَن يُعِيدَكُمْ فِيهِ تَارَةً أُخْرَىٰ فَيُرْسِلَ عَلَيْكُمْ قَاصِفًا مِّنَ **الرِّيحِ** فَيُغْرِقَكُم بِمَا كَفَرْتُمْ ۙ ثُمَّ لَا تَجِدُوا لَكُمْ عَلَيْنَا بِهِ تَبِيعًا
21 الأنبياء 81	وَلِسُلَيْمَانَ **الرِّيحَ** عَاصِفَةً تَجْرِي بِأَمْرِهِ إِلَى الْأَرْضِ الَّتِي بَارَكْنَا فِيهَا ۚ وَكُنَّا بِكُلِّ شَيْءٍ عَالِمِينَ
22 الحج 31	حُنَفَاءَ لِلَّهِ غَيْرَ مُشْرِكِينَ بِهِ ۚ وَمَن يُشْرِكْ بِاللَّهِ فَكَأَنَّمَا خَرَّ مِنَ السَّمَاءِ فَتَخْطَفُهُ الطَّيْرُ أَوْ تَهْوِي بِهِ **الرِّيحُ** فِي مَكَانٍ سَحِيقٍ
30 الروم 51	وَلَئِنْ أَرْسَلْنَا **رِيحًا** فَرَأَوْهُ مُصْفَرًّا لَّظَلُّوا مِن بَعْدِهِ يَكْفُرُونَ
33 الأحزاب 9	يَا أَيُّهَا الَّذِينَ آمَنُوا اذْكُرُوا نِعْمَةَ اللَّهِ عَلَيْكُمْ إِذْ جَاءَتْكُمْ جُنُودٌ فَأَرْسَلْنَا عَلَيْهِمْ **رِيحًا** وَجُنُودًا لَّمْ تَرَوْهَا ۚ وَكَانَ اللَّهُ بِمَا تَعْمَلُونَ بَصِيرًا
34 سبإ 12	وَلِسُلَيْمَانَ **الرِّيحَ** غُدُوُّهَا شَهْرٌ وَرَوَاحُهَا شَهْرٌ ۖ وَأَسَلْنَا لَهُ عَيْنَ الْقِطْرِ ۖ وَمِنَ الْجِنِّ مَن يَعْمَلُ بَيْنَ يَدَيْهِ بِإِذْنِ رَبِّهِ ۖ وَمَن يَزِغْ مِنْهُمْ عَنْ أَمْرِنَا نُذِقْهُ مِنْ عَذَابِ السَّعِيرِ
38 ص 36	فَسَخَّرْنَا لَهُ **الرِّيحَ** تَجْرِي بِأَمْرِهِ رُخَاءً حَيْثُ أَصَابَ

41 فصلت 16	فَأَرْسَلْنَا عَلَيْهِمْ رِيحًا صَرْصَرًا فِي أَيَّامٍ نَّحِسَاتٍ لِّنُذِيقَهُمْ عَذَابَ الْخِزْيِ فِي الْحَيَاةِ الدُّنْيَا ۖ وَلَعَذَابُ الْآخِرَةِ أَخْزَىٰ ۖ وَهُمْ لَا يُنصَرُونَ	
42 الشورى 33	إِن يَشَأْ يُسْكِنِ الرِّيحَ فَيَظْلَلْنَ رَوَاكِدَ عَلَىٰ ظَهْرِهِ ۚ إِنَّ فِي ذَٰلِكَ لَآيَاتٍ لِّكُلِّ صَبَّارٍ شَكُورٍ	
46 الأحقاف 24	فَلَمَّا رَأَوْهُ عَارِضًا مُّسْتَقْبِلَ أَوْدِيَتِهِمْ قَالُوا هَٰذَا عَارِضٌ مُّمْطِرُنَا ۚ بَلْ هُوَ مَا اسْتَعْجَلْتُم بِهِ ۖ رِيحٌ فِيهَا عَذَابٌ أَلِيمٌ	
	And when they saw it as a cloud approaching their valleys, they said, "This is a cloud bringing us rain!" Rather, it is that for which you were impatient: a **wind**, within it a painful punishment	
51 الذاريات 41	وَفِي عَادٍ إِذْ أَرْسَلْنَا عَلَيْهِمُ الرِّيحَ الْعَقِيمَ	
54 القمر 19	إِنَّا أَرْسَلْنَا عَلَيْهِمْ رِيحًا صَرْصَرًا فِي يَوْمِ نَحْسٍ مُّسْتَمِرٍّ	
69 الحاقة 6	وَأَمَّا عَادٌ فَأُهْلِكُوا بِرِيحٍ صَرْصَرٍ عَاتِيَةٍ	

ريحكم

8 الأنفال 46	وَأَطِيعُوا اللَّهَ وَرَسُولَهُ وَلَا تَنَازَعُوا فَتَفْشَلُوا وَتَذْهَبَ رِيحُكُمْ ۖ وَاصْبِرُوا ۚ إِنَّ اللَّهَ مَعَ الصَّابِرِينَ	
	And obey Allah and His Messenger, and do not dispute and [thus] lose courage and [then] your **strength** would depart; and be patient. Indeed, Allah is with the patient	

رِيعٍ

26 الشعراء 128	أَتَبْنُونَ بِكُلِّ رِيعٍ آيَةً تَعْبَثُونَ	
	Do you construct on every **elevation** a sign, amusing yourselves	

	# بحث في مفردات القرآن الكريم ## القسم الثاني
	الاحرف د- ص حرف ز
	د ذ ر **ز** س ش ص
	زَادَهُمْ
2 البقرة 10	فِي قُلُوبِهِم مَّرَضٌ **فَزَادَهُمُ** اللَّهُ مَرَضًا ۖ وَلَهُمْ عَذَابٌ أَلِيمٌ بِمَا كَانُوا يَكْذِبُونَ
3 آل عمران 173	الَّذِينَ قَالَ لَهُمُ النَّاسُ إِنَّ النَّاسَ قَدْ جَمَعُوا لَكُمْ فَاخْشَوْهُمْ **فَزَادَهُمْ** إِيمَانًا وَقَالُوا حَسْبُنَا اللَّهُ وَنِعْمَ الْوَكِيلُ
8 الأنفال 2	إِنَّمَا الْمُؤْمِنُونَ الَّذِينَ إِذَا ذُكِرَ اللَّهُ وَجِلَتْ قُلُوبُهُمْ وَإِذَا تُلِيَتْ عَلَيْهِمْ آيَاتُهُ **زَادَتْهُمْ** إِيمَانًا وَعَلَىٰ رَبِّهِمْ يَتَوَكَّلُونَ
	The believers are only those who, when Allah is mentioned, their hearts become fearful, and when His verses are recited to them, it **increases** them in faith; and upon their Lord they rely
9 التوبة 47	لَوْ خَرَجُوا فِيكُم مَّا **زَادُوكُمْ** إِلَّا خَبَالًا وَلَأَوْضَعُوا خِلَالَكُمْ يَبْغُونَكُمُ الْفِتْنَةَ وَفِيكُمْ سَمَّاعُونَ لَهُمْ ۗ وَاللَّهُ عَلِيمٌ بِالظَّالِمِينَ
124	وَإِذَا مَا أُنزِلَتْ سُورَةٌ فَمِنْهُم مَّن يَقُولُ أَيُّكُمْ **زَادَتْهُ** هَٰذِهِ إِيمَانًا ۚ فَأَمَّا الَّذِينَ آمَنُوا فَزَادَتْهُمْ إِيمَانًا وَهُمْ يَسْتَبْشِرُونَ
125	وَأَمَّا الَّذِينَ فِي قُلُوبِهِم مَّرَضٌ **فَزَادَتْهُمْ** رِجْسًا إِلَىٰ رِجْسِهِمْ وَمَاتُوا وَهُمْ كَافِرُونَ
11 هود 101	وَمَا ظَلَمْنَاهُمْ وَلَٰكِن ظَلَمُوا أَنفُسَهُمْ ۖ فَمَا أَغْنَتْ عَنْهُمْ آلِهَتُهُمُ الَّتِي يَدْعُونَ مِن دُونِ اللَّهِ مِن شَيْءٍ لَّمَّا جَاءَ أَمْرُ رَبِّكَ ۖ وَمَا **زَادُوهُمْ** غَيْرَ تَتْبِيبٍ

25 الفرقان 60	وَإِذَا قِيلَ لَهُمُ اسْجُدُوا لِلرَّحْمَٰنِ قَالُوا وَمَا الرَّحْمَٰنُ أَنَسْجُدُ لِمَا تَأْمُرُنَا **وَزَادَهُمْ نُفُورًا** ۩	
33 الأحزاب 22	وَلَمَّا رَأَى الْمُؤْمِنُونَ الْأَحْزَابَ قَالُوا هَٰذَا مَا وَعَدَنَا اللَّهُ وَرَسُولُهُ وَصَدَقَ اللَّهُ وَرَسُولُهُ ۚ **وَمَا زَادَهُمْ إِلَّا** إِيمَانًا وَتَسْلِيمًا	
	And when the believers saw the companies, they said, "This is what Allah and His Messenger had promised us, and Allah and His Messenger spoke the truth." And **it increased them only in** faith and acceptance	
35 فاطر 42	وَأَقْسَمُوا بِاللَّهِ جَهْدَ أَيْمَانِهِمْ لَئِن جَاءَهُمْ نَذِيرٌ لَّيَكُونُنَّ أَهْدَىٰ مِنْ إِحْدَى الْأُمَمِ ۖ فَلَمَّا جَاءَهُمْ نَذِيرٌ مَّا **زَادَهُمْ إِلَّا** نُفُورًا	
47 محمد 17	وَالَّذِينَ اهْتَدَوْا **زَادَهُمْ** هُدًى وَآتَاهُمْ تَقْوَاهُمْ	
72 الجن 6	وَأَنَّهُ كَانَ رِجَالٌ مِّنَ الْإِنسِ يَعُوذُونَ بِرِجَالٍ مِّنَ الْجِنِّ **فَزَادُوهُمْ** رَهَقًا	

زَادُوكُمْ

9 التوبة 47	لَوْ خَرَجُوا فِيكُم مَّا **زَادُوكُمْ** إِلَّا خَبَالًا وَلَأَوْضَعُوا خِلَالَكُمْ يَبْغُونَكُمُ الْفِتْنَةَ وَفِيكُمْ سَمَّاعُونَ لَهُمْ ۗ وَاللَّهُ عَلِيمٌ بِالظَّالِمِينَ	
	Had they gone forth with you, **they would not have increased you** except in confusion, and they would have been active among you, seeking [to cause] you fitnah. And among you are avid listeners to them. And Allah is Knowing of the wrongdoers	

زَادُوهُمْ
increase them

11 هود 101	وَمَا ظَلَمْنَاهُمْ وَلَٰكِن ظَلَمُوا أَنفُسَهُمْ ۖ فَمَا أَغْنَتْ عَنْهُمْ آلِهَتُهُمُ الَّتِي يَدْعُونَ مِن دُونِ اللَّهِ مِن شَيْءٍ لَّمَّا جَاءَ أَمْرُ رَبِّكَ ۖ **وَمَا زَادُوهُمْ** غَيْرَ تَتْبِيبٍ	
72 الجن 6	وَأَنَّهُ كَانَ رِجَالٌ مِّنَ الْإِنسِ يَعُوذُونَ بِرِجَالٍ مِّنَ الْجِنِّ **فَزَادُوهُمْ** رَهَقًا	

		زَادَتْهُ/ زَادَتْهُمْ
8 الأنفال 2		إِنَّمَا الْمُؤْمِنُونَ الَّذِينَ إِذَا ذُكِرَ اللَّهُ وَجِلَتْ قُلُوبُهُمْ وَإِذَا تُلِيَتْ عَلَيْهِمْ آيَاتُهُ **زَادَتْهُمْ** إِيمَانًا وَعَلَىٰ رَبِّهِمْ يَتَوَكَّلُونَ
		The believers are only those who, when Allah is mentioned, their hearts become fearful, and when His verses are recited to them, **it increases them** in faith; and upon their Lord they rely
9 التوبة 124		وَإِذَا مَا أُنزِلَتْ سُورَةٌ فَمِنْهُم مَّن يَقُولُ أَيُّكُمْ **زَادَتْهُ** هَٰذِهِ إِيمَانًا ۚ فَأَمَّا الَّذِينَ آمَنُوا **فَزَادَتْهُمْ** إِيمَانًا وَهُمْ يَسْتَبْشِرُونَ
125		وَأَمَّا الَّذِينَ فِي قُلُوبِهِم مَّرَضٌ **فَزَادَتْهُمْ** رِجْسًا إِلَىٰ رِجْسِهِمْ وَمَاتُوا وَهُمْ كَافِرُونَ
		زَاغَ/ زَاغَتِ/ زَاغُوا
33 الأحزاب 10		إِذْ جَاءُوكُم مِّن فَوْقِكُمْ وَمِنْ أَسْفَلَ مِنكُمْ وَإِذْ **زَاغَتِ** الْأَبْصَارُ وَبَلَغَتِ الْقُلُوبُ الْحَنَاجِرَ وَتَظُنُّونَ بِاللَّهِ الظُّنُونَا
38 ص 63		أَتَّخَذْنَاهُمْ سِخْرِيًّا أَمْ **زَاغَتْ** عَنْهُمُ الْأَبْصَارُ
		Is it [because] we took them in ridicule, or has [our] **vision turned away from them**?
53 النجم 17		مَا **زَاغَ** الْبَصَرُ وَمَا طَغَىٰ
61 الصف 5		وَإِذْ قَالَ مُوسَىٰ لِقَوْمِهِ يَا قَوْمِ لِمَ تُؤْذُونَنِي وَقَد تَّعْلَمُونَ أَنِّي رَسُولُ اللَّهِ إِلَيْكُمْ ۖ فَلَمَّا **زَاغُوا** **أَزَاغَ** اللَّهُ قُلُوبَهُمْ ۚ وَاللَّهُ لَا يَهْدِي الْقَوْمَ الْفَاسِقِينَ
		زَالَتْ/ زَالَتَا
		cease
21 الأنبياء 15		فَمَا **زَالَت** تِّلْكَ دَعْوَاهُمْ حَتَّىٰ جَعَلْنَاهُمْ حَصِيدًا خَامِدِينَ
35 فاطر 41		۞ إِنَّ اللَّهَ يُمْسِكُ السَّمَاوَاتِ وَالْأَرْضَ أَن تَزُولَا ۚ وَلَئِن **زَالَتَا** إِنْ أَمْسَكَهُمَا مِنْ أَحَدٍ مِّن بَعْدِهِ ۚ إِنَّهُ كَانَ حَلِيمًا غَفُورًا

315

	زَانٍ
24 النور 2	**الزَّانِيَةُ وَالزَّانِي** فَاجْلِدُوا كُلَّ وَاحِدٍ مِّنْهُمَا مِائَةَ جَلْدَةٍ ۖ وَلَا تَأْخُذْكُم بِهِمَا رَأْفَةٌ فِي دِينِ اللَّهِ إِن كُنتُمْ تُؤْمِنُونَ بِاللَّهِ وَالْيَوْمِ الْآخِرِ ۖ وَلْيَشْهَدْ عَذَابَهُمَا طَائِفَةٌ مِّنَ الْمُؤْمِنِينَ
	The **[unmarried] woman or [unmarried] man found guilty of sexual intercourse** - lash each one of them with a hundred lashes, and do not be taken by pity for them in the religion of Allah, if you should believe in Allah and the Last Day. And let a group of the believers witness their punishment
3	**الزَّانِي** لَا يَنكِحُ إِلَّا **زَانِيَةً** أَوْ مُشْرِكَةً وَالزَّانِيَةُ لَا يَنكِحُهَا إِلَّا **زَانٍ** أَوْ مُشْرِكٌ ۚ وَحُرِّمَ ذَٰلِكَ عَلَى الْمُؤْمِنِينَ
	زَبَدٌ/ زَبَدًا rising **foam/falsehood**
13 الرعد 17	أَنزَلَ مِنَ السَّمَاءِ مَاءً فَسَالَتْ أَوْدِيَةٌ بِقَدَرِهَا فَاحْتَمَلَ السَّيْلُ **زَبَدًا** رَّابِيًا ۚ وَمِمَّا يُوقِدُونَ عَلَيْهِ فِي النَّارِ ابْتِغَاءَ حِلْيَةٍ أَوْ مَتَاعٍ **زَبَدٌ** مِّثْلُهُ ۚ كَذَٰلِكَ يَضْرِبُ اللَّهُ الْحَقَّ وَالْبَاطِلَ ۚ فَأَمَّا **الزَّبَدُ** فَيَذْهَبُ جُفَاءً ۖ وَأَمَّا مَا يَنفَعُ النَّاسَ فَيَمْكُثُ فِي الْأَرْضِ ۚ كَذَٰلِكَ يَضْرِبُ اللَّهُ الْأَمْثَالَ
	زُبَرَ
18 الكهف 96	آتُونِي **زُبَرَ** الْحَدِيدِ ۖ حَتَّىٰ إِذَا سَاوَىٰ بَيْنَ الصَّدَفَيْنِ قَالَ انفُخُوا ۖ حَتَّىٰ إِذَا جَعَلَهُ نَارًا قَالَ آتُونِي أُفْرِغْ عَلَيْهِ قِطْرًا
	زُبُرِ/ الزُّبُرِ/ زُبُرًا
3 آل عمران 184	فَإِن كَذَّبُوكَ فَقَدْ كُذِّبَ رُسُلٌ مِّن قَبْلِكَ جَاءُوا بِالْبَيِّنَاتِ **وَالزُّبُرِ** وَالْكِتَابِ الْمُنِيرِ
16 النحل 44	بِالْبَيِّنَاتِ **وَالزُّبُرِ** ۗ وَأَنزَلْنَا إِلَيْكَ الذِّكْرَ لِتُبَيِّنَ لِلنَّاسِ مَا نُزِّلَ إِلَيْهِمْ وَلَعَلَّهُمْ يَتَفَكَّرُونَ

23 المؤمنون 53	فَتَقَطَّعُوا أَمْرَهُم بَيْنَهُمْ **زُبُرًا** ۖ كُلُّ حِزْبٍ بِمَا لَدَيْهِمْ فَرِحُونَ But the people divided their religion among them into **sects** - each faction, in what it has, rejoicing
26 الشعراء 196	وَإِنَّهُ لَفِي **زُبُرِ** الْأَوَّلِينَ
35 فاطر 25	وَإِن يُكَذِّبُوكَ فَقَدْ كَذَّبَ الَّذِينَ مِن قَبْلِهِمْ جَاءَتْهُمْ رُسُلُهُم بِالْبَيِّنَاتِ **وَبِالزُّبُرِ** وَبِالْكِتَابِ الْمُنِيرِ
54 القمر 43	أَكُفَّارُكُمْ خَيْرٌ مِّنْ أُولَٰئِكُمْ أَمْ لَكُم بَرَاءَةٌ فِي **الزُّبُرِ**
52	وَكُلُّ شَيْءٍ فَعَلُوهُ فِي **الزُّبُرِ**
	زَبُورًا
4 النساء 163	۞ إِنَّا أَوْحَيْنَا إِلَيْكَ كَمَا أَوْحَيْنَا إِلَىٰ نُوحٍ وَالنَّبِيِّينَ مِن بَعْدِهِ ۚ وَأَوْحَيْنَا إِلَىٰ إِبْرَاهِيمَ وَإِسْمَاعِيلَ وَإِسْحَاقَ وَيَعْقُوبَ وَالْأَسْبَاطِ وَعِيسَىٰ وَأَيُّوبَ وَيُونُسَ وَهَارُونَ وَسُلَيْمَانَ ۚ وَآتَيْنَا دَاوُودَ **زَبُورًا**
17 الإسراء 55	وَرَبُّكَ أَعْلَمُ بِمَن فِي السَّمَاوَاتِ وَالْأَرْضِ ۗ وَلَقَدْ فَضَّلْنَا بَعْضَ النَّبِيِّينَ عَلَىٰ بَعْضٍ ۖ وَآتَيْنَا دَاوُودَ **زَبُورًا**
	And your Lord is most knowing of whoever is in the heavens and the earth. And We have made some of the prophets exceed others [in various ways], and to David We .gave the **book [of Psalms]**
	زُجَاجَةٍ **/glass,**
24 النور 35	۞ اللَّهُ نُورُ السَّمَاوَاتِ وَالْأَرْضِ ۚ مَثَلُ نُورِهِ كَمِشْكَاةٍ فِيهَا مِصْبَاحٌ ۖ الْمِصْبَاحُ فِي **زُجَاجَةٍ** ۖ **الزُّجَاجَةُ** كَأَنَّهَا كَوْكَبٌ دُرِّيٌّ يُوقَدُ مِن شَجَرَةٍ مُّبَارَكَةٍ زَيْتُونَةٍ لَّا شَرْقِيَّةٍ وَلَا غَرْبِيَّةٍ يَكَادُ زَيْتُهَا يُضِيءُ وَلَوْ لَمْ تَمْسَسْهُ نَارٌ ۚ نُّورٌ عَلَىٰ نُورٍ ۗ يَهْدِي اللَّهُ لِنُورِهِ مَن يَشَاءُ ۚ وَيَضْرِبُ اللَّهُ الْأَمْثَالَ لِلنَّاسِ ۗ وَاللَّهُ بِكُلِّ شَيْءٍ عَلِيمٌ

	زَجْرًا/ زَجْرَةٌ **And those who drive [the clouds]**
37 الصافات 2	**فَالزَّاجِرَاتِ زَجْرًا**
19	فَإِنَّمَا هِيَ **زَجْرَةٌ** وَاحِدَةٌ فَإِذَا هُمْ يَنظُرُونَ
79 النازعات 13	فَإِنَّمَا هِيَ **زَجْرَةٌ** وَاحِدَةٌ
	زُحْزِحَ
2 البقرة 96	وَلَتَجِدَنَّهُمْ أَحْرَصَ النَّاسِ عَلَىٰ حَيَاةٍ وَمِنَ الَّذِينَ أَشْرَكُوا ۚ يَوَدُّ أَحَدُهُمْ لَوْ يُعَمَّرُ أَلْفَ سَنَةٍ وَمَا هُوَ **بِمُزَحْزِحِهِ** مِنَ الْعَذَابِ أَن يُعَمَّرَ ۗ وَاللَّهُ بَصِيرٌ بِمَا يَعْمَلُونَ
3 آل عمران 185	كُلُّ نَفْسٍ ذَائِقَةُ الْمَوْتِ ۗ وَإِنَّمَا تُوَفَّوْنَ أُجُورَكُمْ يَوْمَ الْقِيَامَةِ ۖ فَمَن **زُحْزِحَ** عَنِ النَّارِ وَأُدْخِلَ الْجَنَّةَ فَقَدْ فَازَ ۗ وَمَا الْحَيَاةُ الدُّنْيَا إِلَّا مَتَاعُ الْغُرُورِ
	Every soul will taste death, and you will only be given your [full] compensation on the Day of Resurrection. So he who is **drawn away from** the Fire and admitted to Paradise has attained [his desire]. And what is the life of this world except the enjoyment of delusion
	زَحْفًا
8 الأنفال 15	يَا أَيُّهَا الَّذِينَ آمَنُوا إِذَا لَقِيتُمُ الَّذِينَ كَفَرُوا **زَحْفًا** فَلَا تُوَلُّوهُمُ الْأَدْبَارَ
	O you who have believed, when you meet those who disbelieve **advancing** [for battle], do not turn to them your backs [in flight]
	زُخْرُفَ/ زُخْرُفَهَا
6 الأنعام 112	وَكَذَٰلِكَ جَعَلْنَا لِكُلِّ نَبِيٍّ عَدُوًّا شَيَاطِينَ الْإِنسِ وَالْجِنِّ يُوحِي بَعْضُهُمْ إِلَىٰ بَعْضٍ **زُخْرُفَ** الْقَوْلِ غُرُورًا ۚ وَلَوْ شَاءَ رَبُّكَ مَا فَعَلُوهُ ۖ فَذَرْهُمْ وَمَا يَفْتَرُونَ

10 يونس 24	إِنَّمَا مَثَلُ الْحَيَاةِ الدُّنْيَا كَمَاءٍ أَنزَلْنَاهُ مِنَ السَّمَاءِ فَاخْتَلَطَ بِهِ نَبَاتُ الْأَرْضِ مِمَّا يَأْكُلُ النَّاسُ وَالْأَنْعَامُ حَتَّىٰ إِذَا أَخَذَتِ الْأَرْضُ **زُخْرُفَهَا** وَازَّيَّنَتْ وَظَنَّ أَهْلُهَا أَنَّهُمْ قَادِرُونَ عَلَيْهَا أَتَاهَا أَمْرُنَا لَيْلًا أَوْ نَهَارًا فَجَعَلْنَاهَا حَصِيدًا كَأَن لَّمْ تَغْنَ بِالْأَمْسِ ۚ كَذَٰلِكَ نُفَصِّلُ الْآيَاتِ لِقَوْمٍ يَتَفَكَّرُونَ
17 الإسراء 93	أَوْ يَكُونَ لَكَ بَيْتٌ مِّن **زُخْرُفٍ** أَوْ تَرْقَىٰ فِي السَّمَاءِ وَلَن نُّؤْمِنَ لِرُقِيِّكَ حَتَّىٰ تُنَزِّلَ عَلَيْنَا كِتَابًا نَّقْرَؤُهُ ۗ قُلْ سُبْحَانَ رَبِّي هَلْ كُنتُ إِلَّا بَشَرًا رَّسُولًا
	Or you have a house of **gold** or you ascend into the sky. And [even then], we will not believe in your ascension until you bring down to us a book we may read." Say, "Exalted is my Lord! Was I ever but a human messenger"?
43 الزخرف 35	**وَزُخْرُفًا** ۚ وَإِن كُلُّ ذَٰلِكَ لَمَّا مَتَاعُ الْحَيَاةِ الدُّنْيَا ۚ وَالْآخِرَةُ عِندَ رَبِّكَ لِلْمُتَّقِينَ
	زِدْ/يَزِدْكُمْ /تَزْدَادُ / فَزِدْهُ/ نَزِدْ/ يَزِدْهُمْ / يَزِدْهُ/ تَزِدِ
11 هود 52	وَيَا قَوْمِ اسْتَغْفِرُوا رَبَّكُمْ ثُمَّ تُوبُوا إِلَيْهِ يُرْسِلِ السَّمَاءَ عَلَيْكُم مِّدْرَارًا **وَيَزِدْكُمْ** قُوَّةً إِلَىٰ قُوَّتِكُمْ وَلَا تَتَوَلَّوْا مُجْرِمِينَ
13 الرعد 8	اللَّهُ يَعْلَمُ مَا تَحْمِلُ كُلُّ أُنثَىٰ وَمَا تَغِيضُ الْأَرْحَامُ وَمَا **تَزْدَادُ** ۖ وَكُلُّ شَيْءٍ عِندَهُ بِمِقْدَارٍ
38 ص 61	قَالُوا رَبَّنَا مَن قَدَّمَ لَنَا هَٰذَا **فَزِدْهُ** عَذَابًا ضِعْفًا فِي النَّارِ
42 الشورى 20	مَن كَانَ يُرِيدُ حَرْثَ الْآخِرَةِ **نَزِدْ** لَهُ فِي حَرْثِهِ ۖ وَمَن كَانَ يُرِيدُ حَرْثَ الدُّنْيَا نُؤْتِهِ مِنْهَا وَمَا لَهُ فِي الْآخِرَةِ مِن نَّصِيبٍ
23	ذَٰلِكَ الَّذِي يُبَشِّرُ اللَّهُ عِبَادَهُ الَّذِينَ آمَنُوا وَعَمِلُوا الصَّالِحَاتِ ۗ قُل لَّا أَسْأَلُكُمْ عَلَيْهِ أَجْرًا إِلَّا الْمَوَدَّةَ فِي الْقُرْبَىٰ ۗ وَمَن يَقْتَرِفْ حَسَنَةً **نَّزِدْ** لَهُ فِيهَا حُسْنًا ۚ إِنَّ اللَّهَ غَفُورٌ شَكُورٌ
71 نوح 6	فَلَمْ **يَزِدْهُمْ** دُعَائِي إِلَّا فِرَارًا

21	قَالَ نُوحٌ رَّبِّ إِنَّهُمْ عَصَوْنِي وَاتَّبَعُوا مَن لَّمْ يَزِدْهُ مَالُهُ وَوَلَدُهُ إِلَّا خَسَارًا	
24	وَقَدْ أَضَلُّوا كَثِيرًا ۖ وَلَا تَزِدِ الظَّالِمِينَ إِلَّا ضَلَالًا	
28	رَّبِّ اغْفِرْ لِي وَلِوَالِدَيَّ وَلِمَن دَخَلَ بَيْتِيَ مُؤْمِنًا وَلِلْمُؤْمِنِينَ وَالْمُؤْمِنَاتِ وَلَا تَزِدِ الظَّالِمِينَ إِلَّا تَبَارًا	
73 المزمل 4	أَوْ زِدْ عَلَيْهِ وَرَتِّلِ الْقُرْآنَ تَرْتِيلًا	

Or **add to it**, and recite the Qur'an with measured recitation.

زِدْنَاهُمْ
will increase

16 النحل 88	الَّذِينَ كَفَرُوا وَصَدُّوا عَن سَبِيلِ اللَّهِ **زِدْنَاهُمْ** عَذَابًا فَوْقَ الْعَذَابِ بِمَا كَانُوا يُفْسِدُونَ
17 الإسراء 97	وَمَن يَهْدِ اللَّهُ فَهُوَ الْمُهْتَدِ ۖ وَمَن يُضْلِلْ فَلَن تَجِدَ لَهُمْ أَوْلِيَاءَ مِن دُونِهِ ۖ وَنَحْشُرُهُمْ يَوْمَ الْقِيَامَةِ عَلَىٰ وُجُوهِهِمْ عُمْيًا وَبُكْمًا وَصُمًّا ۖ مَّأْوَاهُمْ جَهَنَّمُ ۖ كُلَّمَا خَبَتْ **زِدْنَاهُمْ** سَعِيرًا
18 الكهف 13	نَّحْنُ نَقُصُّ عَلَيْكَ نَبَأَهُم بِالْحَقِّ ۚ إِنَّهُمْ فِتْيَةٌ آمَنُوا بِرَبِّهِمْ **وَزِدْنَاهُمْ** هُدًى

زِدْنِي
increase me in knowledge

20 طه 114	فَتَعَالَى اللَّهُ الْمَلِكُ الْحَقُّ ۗ وَلَا تَعْجَلْ بِالْقُرْآنِ مِن قَبْلِ أَن يُقْضَىٰ إِلَيْكَ وَحْيُهُ ۖ وَقُل رَّبِّ **زِدْنِي** عِلْمًا

So high [above all] is Allah, the Sovereign, the Truth. And, [O Muhammad], do not hasten with [recitation of] the Qur'an before its revelation is completed to you, and say, "My Lord, **increase me in knowledge**.

	زُرْتُمُ **Until you visit the graveyards**
102 التكاثر 2	حَتَّىٰ **زُرْتُمُ** الْمَقَابِرَ
	زُرْقًا The Day the Horn will be blown. And We will gather the criminals, that Day, **blue-eyed**
20 طه 102	يَوْمَ يُنفَخُ فِي الصُّورِ ۚ وَنَحْشُرُ الْمُجْرِمِينَ يَوْمَئِذٍ **زُرْقًا**
	زَعَمَ/ زَعَمْتَ/ زَعَمْتُمْ
4 النساء 60	أَلَمْ تَرَ إِلَى الَّذِينَ **يَزْعُمُونَ** أَنَّهُمْ آمَنُوا بِمَا أُنزِلَ إِلَيْكَ وَمَا أُنزِلَ مِن قَبْلِكَ يُرِيدُونَ أَن يَتَحَاكَمُوا إِلَى الطَّاغُوتِ وَقَدْ أُمِرُوا أَن يَكْفُرُوا بِهِ وَيُرِيدُ الشَّيْطَانُ أَن يُضِلَّهُمْ ضَلَالًا بَعِيدًا
6 الأنعام 22	وَيَوْمَ نَحْشُرُهُمْ جَمِيعًا ثُمَّ نَقُولُ لِلَّذِينَ أَشْرَكُوا أَيْنَ شُرَكَاؤُكُمُ الَّذِينَ كُنتُمْ **تَزْعُمُونَ**
94	وَلَقَدْ جِئْتُمُونَا فُرَادَىٰ كَمَا خَلَقْنَاكُمْ أَوَّلَ مَرَّةٍ وَتَرَكْتُم مَّا خَوَّلْنَاكُمْ وَرَاءَ ظُهُورِكُمْ ۖ وَمَا نَرَىٰ مَعَكُمْ شُفَعَاءَكُمُ الَّذِينَ **زَعَمْتُمْ** أَنَّهُمْ فِيكُمْ شُرَكَاءُ ۚ لَقَد تَّقَطَّعَ بَيْنَكُمْ وَضَلَّ عَنكُم مَّا كُنتُمْ **تَزْعُمُونَ**
136	وَجَعَلُوا لِلَّهِ مِمَّا ذَرَأَ مِنَ الْحَرْثِ وَالْأَنْعَامِ نَصِيبًا فَقَالُوا هَٰذَا لِلَّهِ **بِزَعْمِهِمْ** وَهَٰذَا لِشُرَكَائِنَا ۖ فَمَا كَانَ لِشُرَكَائِهِمْ فَلَا يَصِلُ إِلَى اللَّهِ ۖ وَمَا كَانَ لِلَّهِ فَهُوَ يَصِلُ إِلَىٰ شُرَكَائِهِمْ ۗ سَاءَ مَا يَحْكُمُونَ
138	وَقَالُوا هَٰذِهِ أَنْعَامٌ وَحَرْثٌ حِجْرٌ لَّا يَطْعَمُهَا إِلَّا مَن نَّشَاءُ **بِزَعْمِهِمْ** وَأَنْعَامٌ حُرِّمَتْ ظُهُورُهَا وَأَنْعَامٌ لَّا يَذْكُرُونَ اسْمَ اللَّهِ عَلَيْهَا افْتِرَاءً عَلَيْهِ ۚ سَيَجْزِيهِم بِمَا كَانُوا يَفْتَرُونَ
17 الإسراء 56	قُلِ ادْعُوا الَّذِينَ **زَعَمْتُم** مِّن دُونِهِ فَلَا يَمْلِكُونَ كَشْفَ الضُّرِّ عَنكُمْ وَلَا تَحْوِيلًا
92	أَوْ تُسْقِطَ السَّمَاءَ كَمَا **زَعَمْتَ** عَلَيْنَا كِسَفًا أَوْ تَأْتِيَ بِاللَّهِ وَالْمَلَائِكَةِ قَبِيلًا

18 الكهف 48	وَعُرِضُوا عَلَىٰ رَبِّكَ صَفًّا لَّقَدْ جِئْتُمُونَا كَمَا خَلَقْنَاكُمْ أَوَّلَ مَرَّةٍ ۚ بَلْ **زَعَمْتُمْ** أَلَّن نَّجْعَلَ لَكُم مَّوْعِدًا
	And they will be presented before your Lord in rows, [and He will say], "You have certainly come to Us just as We created you the first time. But you **claimed** that We would never make for you an appointment
52	وَيَوْمَ يَقُولُ نَادُوا شُرَكَائِيَ الَّذِينَ **زَعَمْتُمْ** فَدَعَوْهُمْ فَلَمْ يَسْتَجِيبُوا لَهُمْ وَجَعَلْنَا بَيْنَهُم مَّوْبِقًا
28 القصص 62	وَيَوْمَ يُنَادِيهِمْ فَيَقُولُ أَيْنَ شُرَكَائِيَ الَّذِينَ كُنتُمْ **تَزْعُمُونَ**
74	وَيَوْمَ يُنَادِيهِمْ فَيَقُولُ أَيْنَ شُرَكَائِيَ الَّذِينَ كُنتُمْ **تَزْعُمُونَ**
34 سبإ 22	قُلِ ادْعُوا الَّذِينَ **زَعَمْتُم** مِّن دُونِ اللَّهِ ۖ لَا يَمْلِكُونَ مِثْقَالَ ذَرَّةٍ فِي السَّمَاوَاتِ وَلَا فِي الْأَرْضِ وَمَا لَهُمْ فِيهِمَا مِن شِرْكٍ وَمَا لَهُ مِنْهُم مِّن ظَهِيرٍ
62 الجمعة 6	قُلْ يَا أَيُّهَا الَّذِينَ هَادُوا إِن **زَعَمْتُمْ** أَنَّكُمْ أَوْلِيَاءُ لِلَّهِ مِن دُونِ النَّاسِ فَتَمَنَّوُا الْمَوْتَ إِن كُنتُمْ صَادِقِينَ
64 التغابن 7	**زَعَمَ** الَّذِينَ كَفَرُوا أَن لَّن يُبْعَثُوا ۚ قُلْ بَلَىٰ وَرَبِّي لَتُبْعَثُنَّ ثُمَّ لَتُنَبَّؤُنَّ بِمَا عَمِلْتُمْ ۚ وَذَٰلِكَ عَلَى اللَّهِ يَسِيرٌ
	زَعِيمٌ
12 يوسف 72	قَالُوا نَفْقِدُ صُوَاعَ الْمَلِكِ وَلِمَن جَاءَ بِهِ حِمْلُ بَعِيرٍ وَأَنَا بِهِ **زَعِيمٌ**
	They said, "We are missing the measure of the king. And for he who produces it is [the reward of] a camel's load, and I am **responsible for it**".
68 القلم 40	سَلْهُمْ أَيُّهُم بِذَٰلِكَ **زَعِيمٌ**

		زَفِيرٌ
11 هود 106		فَأَمَّا الَّذِينَ شَقُوا فَفِي النَّارِ لَهُمْ فِيهَا زَفِيرٌ وَشَهِيقٌ
	As for those who were [destined to be] wretched, they will be in the Fire. For them therein is [violent] **exhaling** and inhaling	
21 الأنبياء 100		لَهُمْ فِيهَا زَفِيرٌ وَهُمْ فِيهَا لَا يَسْمَعُونَ
25 الفرقان 12		إِذَا رَأَتْهُم مِّن مَّكَانٍ بَعِيدٍ سَمِعُوا لَهَا تَغَيُّظًا وَزَفِيرًا
		زَقُّومٍ
37 الصافات 62		أَذَٰلِكَ خَيْرٌ نُّزُلًا أَمْ شَجَرَةُ الزَّقُّومِ
	Is Paradise a better accommodation or the **tree of Zaqqum**?	
44 الدخان 43		إِنَّ شَجَرَتَ الزَّقُّومِ
56 الواقعة 52		لَآكِلُونَ مِن شَجَرٍ مِّن زَقُّومٍ
		زَكَّاهَا
91 الشمس 9		قَدْ أَفْلَحَ مَن زَكَّاهَا
	He has succeeded who **purifies it**	
		زَكَىٰ
2 البقرة 232		وَإِذَا طَلَّقْتُمُ النِّسَاءَ فَبَلَغْنَ أَجَلَهُنَّ فَلَا تَعْضُلُوهُنَّ أَن يَنكِحْنَ أَزْوَاجَهُنَّ إِذَا تَرَاضَوْا بَيْنَهُم بِالْمَعْرُوفِ ۗ ذَٰلِكَ يُوعَظُ بِهِ مَن كَانَ مِنكُمْ يُؤْمِنُ بِاللَّهِ وَالْيَوْمِ الْآخِرِ ۗ ذَٰلِكُمْ أَزْكَىٰ لَكُمْ وَأَطْهَرُ ۗ وَاللَّهُ يَعْلَمُ وَأَنتُمْ لَا تَعْلَمُونَ

18 الكهف 19	وَكَذَٰلِكَ بَعَثْنَاهُمْ لِيَتَسَاءَلُوا بَيْنَهُمْ ۚ قَالَ قَائِلٌ مِّنْهُمْ كَمْ لَبِثْتُمْ ۖ قَالُوا لَبِثْنَا يَوْمًا أَوْ بَعْضَ يَوْمٍ ۚ قَالُوا رَبُّكُمْ أَعْلَمُ بِمَا لَبِثْتُمْ فَابْعَثُوا أَحَدَكُم بِوَرِقِكُمْ هَٰذِهِ إِلَى الْمَدِينَةِ فَلْيَنظُرْ أَيُّهَا أَزْكَىٰ طَعَامًا فَلْيَأْتِكُم بِرِزْقٍ مِّنْهُ وَلْيَتَلَطَّفْ وَلَا يُشْعِرَنَّ بِكُمْ أَحَدًا	
20 طه 76	جَنَّاتُ عَدْنٍ تَجْرِي مِن تَحْتِهَا الْأَنْهَارُ خَالِدِينَ فِيهَا ۚ وَذَٰلِكَ جَزَاءُ مَن تَزَكَّىٰ	
24 النور 21	يَا أَيُّهَا الَّذِينَ آمَنُوا لَا تَتَّبِعُوا خُطُوَاتِ الشَّيْطَانِ ۚ وَمَن يَتَّبِعْ خُطُوَاتِ الشَّيْطَانِ فَإِنَّهُ يَأْمُرُ بِالْفَحْشَاءِ وَالْمُنكَرِ ۚ وَلَوْلَا فَضْلُ اللَّهِ عَلَيْكُمْ وَرَحْمَتُهُ مَا زَكَىٰ مِنكُم مِّنْ أَحَدٍ أَبَدًا وَلَٰكِنَّ اللَّهَ يُزَكِّي مَن يَشَاءُ ۗ وَاللَّهُ سَمِيعٌ عَلِيمٌ	
	O you who have believed, do not follow the footsteps of Satan. And whoever follows the footsteps of Satan - indeed, he enjoins immorality and wrongdoing. And if not for the favor of Allah upon you and His mercy, not one of you would have been **pure**, ever, but Allah **purifies** whom He wills, and Allah is Hearing and Knowing.	
28	فَإِن لَّمْ تَجِدُوا فِيهَا أَحَدًا فَلَا تَدْخُلُوهَا حَتَّىٰ يُؤْذَنَ لَكُمْ ۖ وَإِن قِيلَ لَكُمُ ارْجِعُوا فَارْجِعُوا ۖ هُوَ أَزْكَىٰ لَكُمْ ۚ وَاللَّهُ بِمَا تَعْمَلُونَ عَلِيمٌ	
30	قُل لِّلْمُؤْمِنِينَ يَغُضُّوا مِنْ أَبْصَارِهِمْ وَيَحْفَظُوا فُرُوجَهُمْ ۚ ذَٰلِكَ أَزْكَىٰ لَهُمْ ۗ إِنَّ اللَّهَ خَبِيرٌ بِمَا يَصْنَعُونَ	
35 فاطر 18	وَلَا تَزِرُ وَازِرَةٌ وِزْرَ أُخْرَىٰ ۚ وَإِن تَدْعُ مُثْقَلَةٌ إِلَىٰ حِمْلِهَا لَا يُحْمَلْ مِنْهُ شَيْءٌ وَلَوْ كَانَ ذَا قُرْبَىٰ ۗ إِنَّمَا تُنذِرُ الَّذِينَ يَخْشَوْنَ رَبَّهُم بِالْغَيْبِ وَأَقَامُوا الصَّلَاةَ ۚ وَمَن تَزَكَّىٰ فَإِنَّمَا يَتَزَكَّىٰ لِنَفْسِهِ ۚ وَإِلَى اللَّهِ الْمَصِيرُ	
79 النازعات 18	فَقُلْ هَل لَّكَ إِلَىٰ أَن تَزَكَّىٰ	
80 عبس 3	وَمَا يُدْرِيكَ لَعَلَّهُ يَزَّكَّىٰ	
7	وَمَا عَلَيْكَ أَلَّا يَزَّكَّىٰ	
87 الأعلى 14	قَدْ أَفْلَحَ مَن تَزَكَّىٰ	

الليل 92 18	الَّذِي يُؤْتِي مَالَهُ يَتَزَكَّىٰ	
	الزَّكَاة	
البقرة 2 43	وَأَقِيمُوا الصَّلَاةَ وَآتُوا الزَّكَاةَ وَارْكَعُوا مَعَ الرَّاكِعِينَ	
83	وَإِذْ أَخَذْنَا مِيثَاقَ بَنِي إِسْرَائِيلَ لَا تَعْبُدُونَ إِلَّا اللَّهَ وَبِالْوَالِدَيْنِ إِحْسَانًا وَذِي الْقُرْبَىٰ وَالْيَتَامَىٰ وَالْمَسَاكِينِ وَقُولُوا لِلنَّاسِ حُسْنًا وَأَقِيمُوا الصَّلَاةَ وَآتُوا الزَّكَاةَ ثُمَّ تَوَلَّيْتُمْ إِلَّا قَلِيلًا مِّنكُمْ وَأَنتُم مُّعْرِضُونَ	
110	وَأَقِيمُوا الصَّلَاةَ وَآتُوا الزَّكَاةَ ۚ وَمَا تُقَدِّمُوا لِأَنفُسِكُم مِّنْ خَيْرٍ تَجِدُوهُ عِندَ اللَّهِ ۗ إِنَّ اللَّهَ بِمَا تَعْمَلُونَ بَصِيرٌ	
177	۞ لَّيْسَ الْبِرَّ أَن تُوَلُّوا وُجُوهَكُمْ قِبَلَ الْمَشْرِقِ وَالْمَغْرِبِ وَلَٰكِنَّ الْبِرَّ مَنْ آمَنَ بِاللَّهِ وَالْيَوْمِ الْآخِرِ وَالْمَلَائِكَةِ وَالْكِتَابِ وَالنَّبِيِّينَ وَآتَى الْمَالَ عَلَىٰ حُبِّهِ ذَوِي الْقُرْبَىٰ وَالْيَتَامَىٰ وَالْمَسَاكِينَ وَابْنَ السَّبِيلِ وَالسَّائِلِينَ وَفِي الرِّقَابِ وَأَقَامَ الصَّلَاةَ وَآتَى الزَّكَاةَ وَالْمُوفُونَ بِعَهْدِهِمْ إِذَا عَاهَدُوا ۖ وَالصَّابِرِينَ فِي الْبَأْسَاءِ وَالضَّرَّاءِ وَحِينَ الْبَأْسِ ۗ أُولَٰئِكَ الَّذِينَ صَدَقُوا ۖ وَأُولَٰئِكَ هُمُ الْمُتَّقُونَ	
277	إِنَّ الَّذِينَ آمَنُوا وَعَمِلُوا الصَّالِحَاتِ وَأَقَامُوا الصَّلَاةَ وَآتَوُا الزَّكَاةَ لَهُمْ أَجْرُهُمْ عِندَ رَبِّهِمْ وَلَا خَوْفٌ عَلَيْهِمْ وَلَا هُمْ يَحْزَنُونَ	
النساء 4 77	أَلَمْ تَرَ إِلَى الَّذِينَ قِيلَ لَهُمْ كُفُّوا أَيْدِيَكُمْ وَأَقِيمُوا الصَّلَاةَ وَآتُوا الزَّكَاةَ فَلَمَّا كُتِبَ عَلَيْهِمُ الْقِتَالُ إِذَا فَرِيقٌ مِّنْهُمْ يَخْشَوْنَ النَّاسَ كَخَشْيَةِ اللَّهِ أَوْ أَشَدَّ خَشْيَةً ۚ وَقَالُوا رَبَّنَا لِمَ كَتَبْتَ عَلَيْنَا الْقِتَالَ لَوْلَا أَخَّرْتَنَا إِلَىٰ أَجَلٍ قَرِيبٍ ۗ قُلْ مَتَاعُ الدُّنْيَا قَلِيلٌ وَالْآخِرَةُ خَيْرٌ لِّمَنِ اتَّقَىٰ وَلَا تُظْلَمُونَ فَتِيلًا	
162	لَّٰكِنِ الرَّاسِخُونَ فِي الْعِلْمِ مِنْهُمْ وَالْمُؤْمِنُونَ يُؤْمِنُونَ بِمَا أُنزِلَ إِلَيْكَ وَمَا أُنزِلَ مِن قَبْلِكَ ۚ وَالْمُقِيمِينَ الصَّلَاةَ ۚ وَالْمُؤْتُونَ الزَّكَاةَ وَالْمُؤْمِنُونَ بِاللَّهِ وَالْيَوْمِ الْآخِرِ أُولَٰئِكَ سَنُؤْتِيهِمْ أَجْرًا عَظِيمًا	

۞ وَلَقَدْ أَخَذَ اللَّهُ مِيثَاقَ بَنِي إِسْرَائِيلَ وَبَعَثْنَا مِنْهُمُ اثْنَيْ عَشَرَ نَقِيبًا ۖ وَقَالَ اللَّهُ إِنِّي مَعَكُمْ ۖ لَئِنْ أَقَمْتُمُ الصَّلَاةَ وَآتَيْتُمُ **الزَّكَاةَ** وَآمَنتُم بِرُسُلِي وَعَزَّرْتُمُوهُمْ وَأَقْرَضْتُمُ اللَّهَ قَرْضًا حَسَنًا لَّأُكَفِّرَنَّ عَنكُمْ سَيِّئَاتِكُمْ وَلَأُدْخِلَنَّكُمْ جَنَّاتٍ تَجْرِي مِن تَحْتِهَا الْأَنْهَارُ ۚ فَمَن كَفَرَ بَعْدَ ذَٰلِكَ مِنكُمْ فَقَدْ ضَلَّ سَوَاءَ السَّبِيلِ	5 المائدة 12
إِنَّمَا وَلِيُّكُمُ اللَّهُ وَرَسُولُهُ وَالَّذِينَ آمَنُوا الَّذِينَ يُقِيمُونَ الصَّلَاةَ وَيُؤْتُونَ **الزَّكَاةَ** وَهُمْ رَاكِعُونَ	55
۞ وَاكْتُبْ لَنَا فِي هَٰذِهِ الدُّنْيَا حَسَنَةً وَفِي الْآخِرَةِ إِنَّا هُدْنَا إِلَيْكَ ۚ قَالَ عَذَابِي أُصِيبُ بِهِ مَنْ أَشَاءُ ۖ وَرَحْمَتِي وَسِعَتْ كُلَّ شَيْءٍ ۚ فَسَأَكْتُبُهَا لِلَّذِينَ يَتَّقُونَ وَيُؤْتُونَ **الزَّكَاةَ** وَالَّذِينَ هُم بِآيَاتِنَا يُؤْمِنُونَ	7 الأعراف 156
فَإِذَا انسَلَخَ الْأَشْهُرُ الْحُرُمُ فَاقْتُلُوا الْمُشْرِكِينَ حَيْثُ وَجَدتُّمُوهُمْ وَخُذُوهُمْ وَاحْصُرُوهُمْ وَاقْعُدُوا لَهُمْ كُلَّ مَرْصَدٍ ۚ فَإِن تَابُوا وَأَقَامُوا الصَّلَاةَ وَآتَوُا **الزَّكَاةَ** فَخَلُّوا سَبِيلَهُمْ ۚ إِنَّ اللَّهَ غَفُورٌ رَّحِيمٌ	9 التوبة 5
فَإِن تَابُوا وَأَقَامُوا الصَّلَاةَ وَآتَوُا **الزَّكَاةَ** فَإِخْوَانُكُمْ فِي الدِّينِ ۗ وَنُفَصِّلُ الْآيَاتِ لِقَوْمٍ يَعْلَمُونَ	11
إِنَّمَا يَعْمُرُ مَسَاجِدَ اللَّهِ مَنْ آمَنَ بِاللَّهِ وَالْيَوْمِ الْآخِرِ وَأَقَامَ الصَّلَاةَ وَآتَى **الزَّكَاةَ** وَلَمْ يَخْشَ إِلَّا اللَّهَ ۖ فَعَسَىٰ أُولَٰئِكَ أَن يَكُونُوا مِنَ الْمُهْتَدِينَ	18
وَالْمُؤْمِنُونَ وَالْمُؤْمِنَاتُ بَعْضُهُمْ أَوْلِيَاءُ بَعْضٍ ۚ يَأْمُرُونَ بِالْمَعْرُوفِ وَيَنْهَوْنَ عَنِ الْمُنكَرِ وَيُقِيمُونَ الصَّلَاةَ وَيُؤْتُونَ **الزَّكَاةَ** وَيُطِيعُونَ اللَّهَ وَرَسُولَهُ ۚ أُولَٰئِكَ سَيَرْحَمُهُمُ اللَّهُ ۗ إِنَّ اللَّهَ عَزِيزٌ حَكِيمٌ	71
فَأَرَدْنَا أَن يُبْدِلَهُمَا رَبُّهُمَا خَيْرًا مِّنْهُ **زَكَاةً** وَأَقْرَبَ رُحْمًا	18 الكهف 81
وَحَنَانًا مِّن لَّدُنَّا **وَزَكَاةً** ۖ وَكَانَ تَقِيًّا	19 مريم 13
وَجَعَلَنِي مُبَارَكًا أَيْنَ مَا كُنتُ وَأَوْصَانِي بِالصَّلَاةِ **وَالزَّكَاةِ** مَا دُمْتُ حَيًّا	31
وَكَانَ يَأْمُرُ أَهْلَهُ بِالصَّلَاةِ **وَالزَّكَاةِ** وَكَانَ عِندَ رَبِّهِ مَرْضِيًّا	55

21 الأنبياء 73	وَجَعَلْنَاهُمْ أَئِمَّةً يَهْدُونَ بِأَمْرِنَا وَأَوْحَيْنَا إِلَيْهِمْ فِعْلَ الْخَيْرَاتِ وَإِقَامَ الصَّلَاةِ وَإِيتَاءَ **الزَّكَاةِ** ۖ وَكَانُوا لَنَا عَابِدِينَ
22 الحج 41	الَّذِينَ إِن مَّكَّنَّاهُمْ فِي الْأَرْضِ أَقَامُوا الصَّلَاةَ وَآتَوُا **الزَّكَاةَ** وَأَمَرُوا بِالْمَعْرُوفِ وَنَهَوْا عَنِ الْمُنكَرِ ۗ وَلِلَّهِ عَاقِبَةُ الْأُمُورِ
78	وَجَاهِدُوا فِي اللَّهِ حَقَّ جِهَادِهِ ۚ هُوَ اجْتَبَاكُمْ وَمَا جَعَلَ عَلَيْكُمْ فِي الدِّينِ مِنْ حَرَجٍ ۚ مِّلَّةَ أَبِيكُمْ إِبْرَاهِيمَ ۚ هُوَ سَمَّاكُمُ الْمُسْلِمِينَ مِن قَبْلُ وَفِي هَٰذَا لِيَكُونَ الرَّسُولُ شَهِيدًا عَلَيْكُمْ وَتَكُونُوا شُهَدَاءَ عَلَى النَّاسِ ۚ فَأَقِيمُوا الصَّلَاةَ وَآتُوا **الزَّكَاةَ** وَاعْتَصِمُوا بِاللَّهِ هُوَ مَوْلَاكُمْ ۖ فَنِعْمَ الْمَوْلَىٰ وَنِعْمَ النَّصِيرُ
23 المؤمنون 4	وَالَّذِينَ هُمْ **لِلزَّكَاةِ** فَاعِلُونَ
24 النور 37	رِجَالٌ لَّا تُلْهِيهِمْ تِجَارَةٌ وَلَا بَيْعٌ عَن ذِكْرِ اللَّهِ وَإِقَامِ الصَّلَاةِ وَإِيتَاءِ **الزَّكَاةِ** ۙ يَخَافُونَ يَوْمًا تَتَقَلَّبُ فِيهِ الْقُلُوبُ وَالْأَبْصَارُ
56	وَأَقِيمُوا الصَّلَاةَ وَآتُوا **الزَّكَاةَ** وَأَطِيعُوا الرَّسُولَ لَعَلَّكُمْ تُرْحَمُونَ
27 النمل 3	الَّذِينَ يُقِيمُونَ الصَّلَاةَ وَيُؤْتُونَ **الزَّكَاةَ** وَهُم بِالْآخِرَةِ هُمْ يُوقِنُونَ
30 الروم 39	وَمَا آتَيْتُم مِّن رِّبًا لِّيَرْبُوَ فِي أَمْوَالِ النَّاسِ فَلَا يَرْبُو عِندَ اللَّهِ ۖ وَمَا آتَيْتُم مِّن **زَكَاةٍ** تُرِيدُونَ وَجْهَ اللَّهِ فَأُولَٰئِكَ هُمُ الْمُضْعِفُونَ
31 لقمان 4	الَّذِينَ يُقِيمُونَ الصَّلَاةَ وَيُؤْتُونَ **الزَّكَاةَ** وَهُم بِالْآخِرَةِ هُمْ يُوقِنُونَ
33 الأحزاب 33	وَقَرْنَ فِي بُيُوتِكُنَّ وَلَا تَبَرَّجْنَ تَبَرُّجَ الْجَاهِلِيَّةِ الْأُولَىٰ ۖ وَأَقِمْنَ الصَّلَاةَ وَآتِينَ **الزَّكَاةَ** وَأَطِعْنَ اللَّهَ وَرَسُولَهُ ۚ إِنَّمَا يُرِيدُ اللَّهُ لِيُذْهِبَ عَنكُمُ الرِّجْسَ أَهْلَ الْبَيْتِ وَيُطَهِّرَكُمْ تَطْهِيرًا
41 فصلت 7	الَّذِينَ لَا يُؤْتُونَ **الزَّكَاةَ** وَهُم بِالْآخِرَةِ هُمْ كَافِرُونَ
58 المجادلة 13	أَأَشْفَقْتُمْ أَن تُقَدِّمُوا بَيْنَ يَدَيْ نَجْوَاكُمْ صَدَقَاتٍ ۚ فَإِذْ لَمْ تَفْعَلُوا وَتَابَ اللَّهُ عَلَيْكُمْ فَأَقِيمُوا الصَّلَاةَ وَآتُوا **الزَّكَاةَ** وَأَطِيعُوا اللَّهَ وَرَسُولَهُ ۚ وَاللَّهُ خَبِيرٌ بِمَا تَعْمَلُونَ

73 المزمل 20	إِنَّ رَبَّكَ يَعْلَمُ أَنَّكَ تَقُومُ أَدْنَىٰ مِن ثُلُثَيِ اللَّيْلِ وَنِصْفَهُ وَثُلُثَهُ وَطَائِفَةٌ مِّنَ الَّذِينَ مَعَكَ ۚ وَاللَّهُ يُقَدِّرُ اللَّيْلَ وَالنَّهَارَ ۚ عَلِمَ أَن لَّن تُحْصُوهُ فَتَابَ عَلَيْكُمْ ۖ فَاقْرَءُوا مَا تَيَسَّرَ مِنَ الْقُرْآنِ ۚ عَلِمَ أَن سَيَكُونُ مِنكُم مَّرْضَىٰ ۙ وَآخَرُونَ يَضْرِبُونَ فِي الْأَرْضِ يَبْتَغُونَ مِن فَضْلِ اللَّهِ ۙ وَآخَرُونَ يُقَاتِلُونَ فِي سَبِيلِ اللَّهِ ۖ فَاقْرَءُوا مَا تَيَسَّرَ مِنْهُ ۚ وَأَقِيمُوا الصَّلَاةَ وَآتُوا **الزَّكَاةَ** وَأَقْرِضُوا اللَّهَ قَرْضًا حَسَنًا ۚ وَمَا تُقَدِّمُوا لِأَنفُسِكُم مِّنْ خَيْرٍ تَجِدُوهُ عِندَ اللَّهِ هُوَ خَيْرًا وَأَعْظَمَ أَجْرًا ۚ وَاسْتَغْفِرُوا اللَّهَ ۖ إِنَّ اللَّهَ غَفُورٌ رَّحِيمٌ
	Indeed, your Lord knows, [O Muhammad], that you stand [in prayer] almost two thirds of the night or half of it or a third of it, and [so do] a group of those with you. And Allah determines [the extent of] the night and the day. He has known that you [Muslims] will not be able to do it and has turned to you in forgiveness, so recite what is easy [for you] of the Qur'an. He has known that there will be among you those who are ill and others traveling throughout the land seeking [something] of the bounty of Allah and others fighting for the cause of Allah. So recite what is easy from it and establish prayer and give **zakah** and loan Allah a goodly loan. And whatever good you put forward for yourselves - you will find it with Allah. It is better and greater in reward. And seek forgiveness of Allah. Indeed, Allah is Forgiving and Merciful.
92 الليل 18	الَّذِي يُؤْتِي مَالَهُ **يَتَزَكَّىٰ** [He] who gives [from] his wealth **to purify himself**
98 البينة 5	وَمَا أُمِرُوا إِلَّا لِيَعْبُدُوا اللَّهَ مُخْلِصِينَ لَهُ الدِّينَ حُنَفَاءَ وَيُقِيمُوا الصَّلَاةَ وَيُؤْتُوا **الزَّكَاةَ** ۚ وَذَٰلِكَ دِينُ الْقَيِّمَةِ
	زَكِيًّا He said, "I am only the messenger of your Lord to give you [news of] **a pure** boy."
19 مريم 19	قَالَ إِنَّمَا أَنَا رَسُولُ رَبِّكِ لِأَهَبَ لَكِ غُلَامًا **زَكِيًّا**
	زَكِيَّةً
18 الكهف 74	فَانطَلَقَا حَتَّىٰ إِذَا لَقِيَا غُلَامًا فَقَتَلَهُ قَالَ أَقَتَلْتَ نَفْسًا **زَكِيَّةً** بِغَيْرِ نَفْسٍ لَّقَدْ جِئْتَ شَيْئًا نُّكْرًا
	So they set out, until when they met a boy, al-Khidh r killed him. [Moses] said, "Have you killed **a pure soul** for other

	than [having killed] a soul? You have certainly done a deplorable thing".
	<div align="center">زَكَرِيَّا</div>
3 آل عمران 37	فَتَقَبَّلَهَا رَبُّهَا بِقَبُولٍ حَسَنٍ وَأَنبَتَهَا نَبَاتًا حَسَنًا وَكَفَّلَهَا **زَكَرِيَّا** ۖ كُلَّمَا دَخَلَ عَلَيْهَا **زَكَرِيَّا** الْمِحْرَابَ وَجَدَ عِندَهَا رِزْقًا ۖ قَالَ يَا مَرْيَمُ أَنَّىٰ لَكِ هَٰذَا ۖ قَالَتْ هُوَ مِنْ عِندِ اللَّهِ ۖ إِنَّ اللَّهَ يَرْزُقُ مَن يَشَاءُ بِغَيْرِ حِسَابٍ
38	هُنَالِكَ دَعَا **زَكَرِيَّا** رَبَّهُ ۖ قَالَ رَبِّ هَبْ لِي مِن لَّدُنكَ ذُرِّيَّةً طَيِّبَةً ۖ إِنَّكَ سَمِيعُ الدُّعَاءِ
6 الأنعام 85	**وَزَكَرِيَّا** وَيَحْيَىٰ وَعِيسَىٰ وَإِلْيَاسَ ۚ كُلٌّ مِّنَ الصَّالِحِينَ
19 مريم 2	ذِكْرُ رَحْمَتِ رَبِّكَ عَبْدَهُ **زَكَرِيَّا**
7	يَا **زَكَرِيَّا** إِنَّا نُبَشِّرُكَ بِغُلَامٍ اسْمُهُ يَحْيَىٰ لَمْ نَجْعَل لَّهُ مِن قَبْلُ سَمِيًّا
21 الأنبياء 89	**وَزَكَرِيَّا** إِذْ نَادَىٰ رَبَّهُ رَبِّ لَا تَذَرْنِي فَرْدًا وَأَنتَ خَيْرُ الْوَارِثِينَ
	And [mention] **Zechariah**, when he called to his Lord, "My Lord, do not leave me alone [with no heir], while you are the best of inheritors.
	<div align="center">زِلْتُمْ</div>
40 غافر 34	وَلَقَدْ جَاءَكُمْ يُوسُفُ مِن قَبْلُ بِالْبَيِّنَاتِ فَمَا **زِلْتُمْ** فِي شَكٍّ مِّمَّا جَاءَكُم بِهِ ۖ حَتَّىٰ إِذَا هَلَكَ قُلْتُمْ لَن يَبْعَثَ اللَّهُ مِن بَعْدِهِ رَسُولًا ۚ كَذَٰلِكَ يُضِلُّ اللَّهُ مَنْ هُوَ مُسْرِفٌ مُّرْتَابٌ
	And Joseph had already come to you before with clear proofs, but you **remained** in doubt of that which he brought to you, until when he died, you said, 'Never will Allah send a messenger after him.' Thus does Allah leave astray he who is a transgressor and skeptic".

	زِلْزَالًا /زُلْزِلُوا
الأحزاب33 11	هُنَالِكَ ابْتُلِيَ الْمُؤْمِنُونَ **وَزُلْزِلُوا زِلْزَالًا** شَدِيدًا
	There the believers were tested and **shaken with a severe shaking**
	When the earth **is shaken** with its **[final] earthquake** زُلْزِلَتِ/ زِلْزَالَهَا
الزلزلة99 1	إِذَا **زُلْزِلَتِ** الْأَرْضُ **زِلْزَالَهَا**
	زَلْزَلَةَ O mankind, fear your Lord. Indeed, the **convulsion** of the [final] Hour is a terrible thing
الحج22 1	يَا أَيُّهَا النَّاسُ اتَّقُوا رَبَّكُمْ ۚ إِنَّ **زَلْزَلَةَ** السَّاعَةِ شَيْءٌ عَظِيمٌ
	زُلْفَةً
67 الملك 27	فَلَمَّا رَأَوْهُ **زُلْفَةً** سِيئَتْ وُجُوهُ الَّذِينَ كَفَرُوا وَقِيلَ هَٰذَا الَّذِي كُنتُم بِهِ تَدَّعُونَ
	But when they see it **approaching**, the faces of those who disbelieve will be distressed, and it will be said, "This is that for which you used to call".
	زُلْفَىٰ
34 سبإ 37	وَمَا أَمْوَالُكُمْ وَلَا أَوْلَادُكُم بِالَّتِي تُقَرِّبُكُمْ عِندَنَا **زُلْفَىٰ** إِلَّا مَنْ آمَنَ وَعَمِلَ صَالِحًا فَأُولَٰئِكَ لَهُمْ جَزَاءُ الضِّعْفِ بِمَا عَمِلُوا وَهُمْ فِي الْغُرُفَاتِ آمِنُونَ
	And it is not your wealth or your children that bring you **nearer to Us** in position, but it is [by being] one who has believed and done righteousness. For them there will be the

	double reward for what they did, and they will be in the upper chambers [of Paradise], safe [and secure]
38 ص 25	فَغَفَرْنَا لَهُ ذَٰلِكَ ۖ وَإِنَّ لَهُ عِندَنَا **لَزُلْفَىٰ** وَحُسْنَ مَآبٍ
40	وَإِنَّ لَهُ عِندَنَا **لَزُلْفَىٰ** وَحُسْنَ مَآبٍ
39 الزمر 3	أَلَا لِلَّهِ الدِّينُ الْخَالِصُ ۚ وَالَّذِينَ اتَّخَذُوا مِن دُونِهِ أَوْلِيَاءَ مَا نَعْبُدُهُمْ إِلَّا لِيُقَرِّبُونَا إِلَى اللَّهِ **زُلْفَىٰ** إِنَّ اللَّهَ يَحْكُمُ بَيْنَهُمْ فِي مَا هُمْ فِيهِ يَخْتَلِفُونَ ۗ إِنَّ اللَّهَ لَا يَهْدِي مَنْ هُوَ كَاذِبٌ كَفَّارٌ

زَلَقًا

18 الكهف 40	فَعَسَىٰ رَبِّي أَن يُؤْتِيَنِ خَيْرًا مِّن جَنَّتِكَ وَيُرْسِلَ عَلَيْهَا حُسْبَانًا مِّنَ السَّمَاءِ فَتُصْبِحَ صَعِيدًا **زَلَقًا**
	It may be that my Lord will give me [something] better than your garden and will send upon it a calamity from the sky, and it will become a smooth, **dusty** ground

زَلَلْتُم
deviate

2 البقرة 209	فَإِن **زَلَلْتُم** مِّن بَعْدِ مَا جَاءَتْكُمُ الْبَيِّنَاتُ فَاعْلَمُوا أَنَّ اللَّهَ عَزِيزٌ حَكِيمٌ

زُمَرًا

39 الزمر 71	وَسِيقَ الَّذِينَ كَفَرُوا إِلَىٰ جَهَنَّمَ **زُمَرًا** ۖ حَتَّىٰ إِذَا جَاءُوهَا فُتِحَتْ أَبْوَابُهَا وَقَالَ لَهُمْ خَزَنَتُهَا أَلَمْ يَأْتِكُمْ رُسُلٌ مِّنكُمْ يَتْلُونَ عَلَيْكُمْ آيَاتِ رَبِّكُمْ وَيُنذِرُونَكُمْ لِقَاءَ يَوْمِكُمْ هَٰذَا ۚ قَالُوا بَلَىٰ وَلَٰكِنْ حَقَّتْ كَلِمَةُ الْعَذَابِ عَلَى الْكَافِرِينَ
73	وَسِيقَ الَّذِينَ اتَّقَوْا رَبَّهُمْ إِلَى الْجَنَّةِ **زُمَرًا** ۖ حَتَّىٰ إِذَا جَاءُوهَا وَفُتِحَتْ أَبْوَابُهَا وَقَالَ لَهُمْ خَزَنَتُهَا سَلَامٌ عَلَيْكُمْ طِبْتُمْ فَادْخُلُوهَا خَالِدِينَ
	But those who feared their Lord will be driven to Paradise **in groups** until, when they reach it while its gates have been opened and its keepers say, "Peace be upon you; you

	have become pure; so enter it to abide eternally therein," [they will enter]	
	زَمْهَرِيرًا	
76 الانسان 13	مُتَّكِئِينَ فِيهَا عَلَى الْأَرَائِكِ ۖ لَا يَرَوْنَ فِيهَا شَمْسًا وَلَا زَمْهَرِيرًا	
	[They will be] reclining therein on adorned couches. They will not see therein any [burning] sun or **[freezing] cold**	
	زَنجَبِيلًا And they will be given to drink a cup [of wine] whose mixture is of **ginger**	
76 الانسان 17	وَيُسْقَوْنَ فِيهَا كَأْسًا كَانَ مِزَاجُهَا زَنجَبِيلًا	
	زَنِيمٍ Cruel, moreover, and an **illegitimate pretender**.	
68 القلم 13	عُتُلٍّ بَعْدَ ذَٰلِكَ زَنِيمٍ	
	زَهْرَةَ	
20 طه 131	وَلَا تَمُدَّنَّ عَيْنَيْكَ إِلَىٰ مَا مَتَّعْنَا بِهِ أَزْوَاجًا مِّنْهُمْ زَهْرَةَ الْحَيَاةِ الدُّنْيَا لِنَفْتِنَهُمْ فِيهِ ۚ وَرِزْقُ رَبِّكَ خَيْرٌ وَأَبْقَىٰ	
	And do not extend your eyes toward that by which We have given enjoyment to [some] categories of them, [its being but] the **splendor** of worldly life by which We test them. And the provision of your Lord is better and more enduring	
	زَهُوقًا And say, "Truth has come, and falsehood has departed. **bound to depart.** Indeed is falsehood, [by nature], **ever**	
17 الإسراء 81	وَقُلْ جَاءَ الْحَقُّ وَزَهَقَ الْبَاطِلُ ۚ إِنَّ الْبَاطِلَ كَانَ زَهُوقًا	

	زَوَالٍ **be no cessation?**
14ابراهيم 44	وَأَنذِرِ النَّاسَ يَوْمَ يَأْتِيهِمُ الْعَذَابُ فَيَقُولُ الَّذِينَ ظَلَمُوا رَبَّنَا أَخِّرْنَا إِلَىٰ أَجَلٍ قَرِيبٍ نُّجِبْ دَعْوَتَكَ وَنَتَّبِعِ الرُّسُلَ ۗ أَوَلَمْ تَكُونُوا أَقْسَمْتُم مِّن قَبْلُ مَا لَكُم مِّن **زَوَالٍ**
	زوج
4 النساء 20	وَإِنْ أَرَدتُّمُ اسْتِبْدَالَ **زَوْجٍ** مَّكَانَ **زَوْجٍ** وَآتَيْتُمْ إِحْدَاهُنَّ قِنطَارًا فَلَا تَأْخُذُوا مِنْهُ شَيْئًا ۚ أَتَأْخُذُونَهُ بُهْتَانًا وَإِثْمًا مُّبِينًا
	But if you want to replace **one wife** with another and you have given one of them a great amount [in gifts], do not take [back] from it anything. Would you take it in injustice and manifest sin?
11 هود 40	حَتَّىٰ إِذَا جَاءَ أَمْرُنَا وَفَارَ التَّنُّورُ قُلْنَا احْمِلْ فِيهَا مِن كُلٍّ **زَوْجَيْنِ** اثْنَيْنِ وَأَهْلَكَ إِلَّا مَن سَبَقَ عَلَيْهِ الْقَوْلُ وَمَنْ آمَنَ ۚ وَمَا آمَنَ مَعَهُ إِلَّا قَلِيلٌ
13 الرعد 3	وَهُوَ الَّذِي مَدَّ الْأَرْضَ وَجَعَلَ فِيهَا رَوَاسِيَ وَأَنْهَارًا ۖ وَمِن كُلِّ الثَّمَرَاتِ جَعَلَ فِيهَا **زَوْجَيْنِ** اثْنَيْنِ ۖ يُغْشِي اللَّيْلَ النَّهَارَ ۚ إِنَّ فِي ذَٰلِكَ لَآيَاتٍ لِّقَوْمٍ يَتَفَكَّرُونَ
22 الحج 5	يَا أَيُّهَا النَّاسُ إِن كُنتُمْ فِي رَيْبٍ مِّنَ الْبَعْثِ فَإِنَّا خَلَقْنَاكُم مِّن تُرَابٍ ثُمَّ مِن نُّطْفَةٍ ثُمَّ مِنْ عَلَقَةٍ ثُمَّ مِن مُّضْغَةٍ مُّخَلَّقَةٍ وَغَيْرِ مُخَلَّقَةٍ لِّنُبَيِّنَ لَكُمْ ۚ وَنُقِرُّ فِي الْأَرْحَامِ مَا نَشَاءُ إِلَىٰ أَجَلٍ مُّسَمًّى ثُمَّ نُخْرِجُكُمْ طِفْلًا ثُمَّ لِتَبْلُغُوا أَشُدَّكُمْ ۖ وَمِنكُم مَّن يُتَوَفَّىٰ وَمِنكُم مَّن يُرَدُّ إِلَىٰ أَرْذَلِ الْعُمُرِ لِكَيْلَا يَعْلَمَ مِن بَعْدِ عِلْمٍ شَيْئًا ۚ وَتَرَى الْأَرْضَ هَامِدَةً فَإِذَا أَنزَلْنَا عَلَيْهَا الْمَاءَ اهْتَزَّتْ وَرَبَتْ وَأَنبَتَتْ مِن كُلِّ **زَوْجٍ** بَهِيجٍ
	O People, if you should be in doubt about the Resurrection, then [consider that] indeed, We created you from dust, then from a sperm-drop, then from a clinging clot, and then from a lump of flesh, formed and unformed - that We may show you. And We settle in the wombs whom We will for a specified term, then We bring you out as a child, and then [We develop you] that you may reach your [time of]

	maturity. And among you is he who is taken in [early] death, and among you is he who is returned to the most decrepit [old] age so that he knows, after [once having] knowledge, nothing. And you see the earth barren, but when We send down upon it rain, it quivers and swells and grows [something] of every beautiful **kind**.	
23 المؤمنون 27	فَأَوْحَيْنَا إِلَيْهِ أَنِ اصْنَعِ الْفُلْكَ بِأَعْيُنِنَا وَوَحْيِنَا فَإِذَا جَاءَ أَمْرُنَا وَفَارَ التَّنُّورُ ۙ فَاسْلُكْ فِيهَا مِن كُلٍّ **زَوْجَيْنِ** اثْنَيْنِ وَأَهْلَكَ إِلَّا مَن سَبَقَ عَلَيْهِ الْقَوْلُ مِنْهُمْ ۖ وَلَا تُخَاطِبْنِي فِي الَّذِينَ ظَلَمُوا ۚ إِنَّهُم مُّغْرَقُونَ	
26 الشعراء 7	أَوَلَمْ يَرَوْا إِلَى الْأَرْضِ كَمْ أَنبَتْنَا فِيهَا مِن كُلِّ **زَوْجٍ** كَرِيمٍ	
31 لقمان 10	خَلَقَ السَّمَاوَاتِ بِغَيْرِ عَمَدٍ تَرَوْنَهَا ۖ وَأَلْقَىٰ فِي الْأَرْضِ رَوَاسِيَ أَن تَمِيدَ بِكُمْ وَبَثَّ فِيهَا مِن كُلِّ دَابَّةٍ ۚ وَأَنزَلْنَا مِنَ السَّمَاءِ مَاءً فَأَنبَتْنَا فِيهَا مِن كُلِّ **زَوْجٍ** كَرِيمٍ	
42 الشورى 50	أَوْ **يُزَوِّجُهُمْ** ذُكْرَانًا وَإِنَاثًا ۖ وَيَجْعَلُ مَن يَشَاءُ عَقِيمًا ۚ إِنَّهُ عَلِيمٌ قَدِيرٌ	
44 الدخان 54	كَذَٰلِكَ **وَزَوَّجْنَاهُم** بِحُورٍ عِينٍ	
50 ق 7	وَالْأَرْضَ مَدَدْنَاهَا وَأَلْقَيْنَا فِيهَا رَوَاسِيَ وَأَنبَتْنَا فِيهَا مِن كُلِّ **زَوْجٍ** بَهِيجٍ	
51 الذاريات 49	وَمِن كُلِّ شَيْءٍ خَلَقْنَا **زَوْجَيْنِ** لَعَلَّكُمْ تَذَكَّرُونَ	
52 الطور 20	مُتَّكِئِينَ عَلَىٰ سُرُرٍ مَّصْفُوفَةٍ ۖ **وَزَوَّجْنَاهُم** بِحُورٍ عِينٍ	
53 النجم 45	وَأَنَّهُ خَلَقَ **الزَّوْجَيْنِ** الذَّكَرَ وَالْأُنثَىٰ	
58 المجادلة 1	قَدْ سَمِعَ اللَّهُ قَوْلَ الَّتِي تُجَادِلُكَ فِي **زَوْجِهَا** وَتَشْتَكِي إِلَى اللَّهِ وَاللَّهُ يَسْمَعُ تَحَاوُرَكُمَا ۚ إِنَّ اللَّهَ سَمِيعٌ بَصِيرٌ	

75 القيامة 39	فَجَعَلَ مِنْهُ **الزَّوْجَيْنِ** الذَّكَرَ وَالْأُنثَىٰ
	زَوْجًا/ زَوْجَانِ
2 البقرة 230	فَإِن طَلَّقَهَا فَلَا تَحِلُّ لَهُ مِن بَعْدُ حَتَّىٰ تَنكِحَ **زَوْجًا** غَيْرَهُ ۗ فَإِن طَلَّقَهَا فَلَا جُنَاحَ عَلَيْهِمَا أَن يَتَرَاجَعَا إِن ظَنَّا أَن يُقِيمَا حُدُودَ اللَّهِ ۗ وَتِلْكَ حُدُودُ اللَّهِ يُبَيِّنُهَا لِقَوْمٍ يَعْلَمُونَ
	And if he has divorced her [for the third time], then she is not lawful to him afterward until [after] she **marries a husband** other than him. And if the latter husband divorces her [or dies], there is no blame upon the woman and her former husband for returning to each other if they think that they can keep [within] the limits of Allah. These are the limits of Allah, which He makes clear to a people who know.
55 الرحمن 52	فِيهِمَا مِن كُلِّ فَاكِهَةٍ **زَوْجَانِ**
	زُوِّجَتْ And when the souls **are paired**
81 التكوير 7	وَإِذَا النُّفُوسُ **زُوِّجَتْ**
	زَوْجَكَ
2 البقرة 35	وَقُلْنَا يَا آدَمُ اسْكُنْ أَنتَ **وَزَوْجُكَ** الْجَنَّةَ وَكُلَا مِنْهَا رَغَدًا حَيْثُ شِئْتُمَا وَلَا تَقْرَبَا هَٰذِهِ الشَّجَرَةَ فَتَكُونَا مِنَ الظَّالِمِينَ
	And We said, "O Adam, dwell, you and **your wife**, in Paradise and eat therefrom in [ease and] abundance from wherever you will. But do not approach this tree, lest you be among the wrongdoers".
7 الأعراف 19	وَيَا آدَمُ اسْكُنْ أَنتَ **وَزَوْجُكَ** الْجَنَّةَ فَكُلَا مِنْ حَيْثُ شِئْتُمَا وَلَا تَقْرَبَا هَٰذِهِ الشَّجَرَةَ فَتَكُونَا مِنَ الظَّالِمِينَ

20 طه 117	فَقُلْنَا يَا آدَمُ إِنَّ هَٰذَا عَدُوٌّ لَّكَ **وَلِزَوْجِكَ** فَلَا يُخْرِجَنَّكُمَا مِنَ الْجَنَّةِ فَتَشْقَىٰ
	زَوَّجْنَاكَهَا/ زَيْدٌ
33 الأحزاب 37	وَإِذْ تَقُولُ لِلَّذِي أَنْعَمَ اللَّهُ عَلَيْهِ وَأَنْعَمْتَ عَلَيْهِ أَمْسِكْ عَلَيْكَ **زَوْجَكَ** وَاتَّقِ اللَّهَ وَتُخْفِي فِي نَفْسِكَ مَا اللَّهُ مُبْدِيهِ وَتَخْشَى النَّاسَ وَاللَّهُ أَحَقُّ أَن تَخْشَاهُ ۖ فَلَمَّا قَضَىٰ **زَيْدٌ** مِّنْهَا وَطَرًا **زَوَّجْنَاكَهَا** لِكَيْ لَا يَكُونَ عَلَى الْمُؤْمِنِينَ حَرَجٌ فِي **أَزْوَاجِ** أَدْعِيَائِهِمْ إِذَا قَضَوْا مِنْهُنَّ وَطَرًا ۚ وَكَانَ أَمْرُ اللَّهِ مَفْعُولًا
	And [remember, O Muhammad], when you said to the one on whom Allah bestowed favor and you bestowed favor, "Keep your wife and fear Allah," while you concealed within yourself that which Allah is to disclose. And you feared the people, while Allah has more right that you fear Him. So when **Zayd** had no longer any need for her, **We married her to you** in order that there not be upon the believers any discomfort concerning the **wives** of their adopted sons when they no longer have need of them. And ever is the command of Allah accomplished.
	زَوْجَهُ
2 البقرة 102	وَاتَّبَعُوا مَا تَتْلُو الشَّيَاطِينُ عَلَىٰ مُلْكِ سُلَيْمَانَ ۖ وَمَا كَفَرَ سُلَيْمَانُ وَلَٰكِنَّ الشَّيَاطِينَ كَفَرُوا يُعَلِّمُونَ النَّاسَ السِّحْرَ وَمَا أُنزِلَ عَلَى الْمَلَكَيْنِ بِبَابِلَ هَارُوتَ وَمَارُوتَ ۚ وَمَا يُعَلِّمَانِ مِنْ أَحَدٍ حَتَّىٰ يَقُولَا إِنَّمَا نَحْنُ فِتْنَةٌ فَلَا تَكْفُرْ ۖ فَيَتَعَلَّمُونَ مِنْهُمَا مَا يُفَرِّقُونَ بِهِ بَيْنَ الْمَرْءِ **وَزَوْجِهِ** ۚ وَمَا هُم بِضَارِّينَ بِهِ مِنْ أَحَدٍ إِلَّا بِإِذْنِ اللَّهِ ۚ وَيَتَعَلَّمُونَ مَا يَضُرُّهُمْ وَلَا يَنفَعُهُمْ ۚ وَلَقَدْ عَلِمُوا لَمَنِ اشْتَرَاهُ مَا لَهُ فِي الْآخِرَةِ مِنْ خَلَاقٍ ۚ وَلَبِئْسَ مَا شَرَوْا بِهِ أَنفُسَهُمْ ۚ لَوْ كَانُوا يَعْلَمُونَ
4 النساء 1	يَا أَيُّهَا النَّاسُ اتَّقُوا رَبَّكُمُ الَّذِي خَلَقَكُم مِّن نَّفْسٍ وَاحِدَةٍ وَخَلَقَ مِنْهَا **زَوْجَهَا** وَبَثَّ مِنْهُمَا رِجَالًا كَثِيرًا وَنِسَاءً ۚ وَاتَّقُوا اللَّهَ الَّذِي تَسَاءَلُونَ بِهِ وَالْأَرْحَامَ ۚ إِنَّ اللَّهَ كَانَ عَلَيْكُمْ رَقِيبًا

7 الأعراف 189	هُوَ الَّذِي خَلَقَكُم مِّن نَّفْسٍ وَاحِدَةٍ وَجَعَلَ مِنْهَا **زَوْجَهَا** لِيَسْكُنَ إِلَيْهَا ۖ فَلَمَّا تَغَشَّاهَا حَمَلَتْ حَمْلًا خَفِيفًا فَمَرَّتْ بِهِ ۖ فَلَمَّا أَثْقَلَت دَّعَوَا اللَّهَ رَبَّهُمَا لَئِنْ آتَيْتَنَا صَالِحًا لَّنَكُونَنَّ مِنَ الشَّاكِرِينَ	
21 الأنبياء 90	فَاسْتَجَبْنَا لَهُ وَوَهَبْنَا لَهُ يَحْيَىٰ وَأَصْلَحْنَا لَهُ **زَوْجَهُ** ۚ إِنَّهُمْ كَانُوا يُسَارِعُونَ فِي الْخَيْرَاتِ وَيَدْعُونَنَا رَغَبًا وَرَهَبًا ۖ وَكَانُوا لَنَا خَاشِعِينَ	
39 الزمر 6	خَلَقَكُم مِّن نَّفْسٍ وَاحِدَةٍ ثُمَّ جَعَلَ مِنْهَا **زَوْجَهَا** وَأَنزَلَ لَكُم مِّنَ الْأَنْعَامِ ثَمَانِيَةَ أَزْوَاجٍ ۚ يَخْلُقُكُمْ فِي بُطُونِ أُمَّهَاتِكُمْ خَلْقًا مِّن بَعْدِ خَلْقٍ فِي ظُلُمَاتٍ ثَلَاثٍ ۚ ذَٰلِكُمُ اللَّهُ رَبُّكُمْ لَهُ الْمُلْكُ ۖ لَا إِلَٰهَ إِلَّا هُوَ ۖ فَأَنَّىٰ تُصْرَفُونَ	
	He created you from one soul. Then He made from it **its mate**, and He produced for you from the grazing livestock eight mates. He creates you in the wombs of your mothers, creation after creation, within three darknesses. That is Allah, your Lord; to Him belongs dominion. There is no deity except Him, so how are you averted?	
42 الشورى 50	أَوْ **يُزَوِّجُهُمْ** ذُكْرَانًا وَإِنَاثًا ۖ وَيَجْعَلُ مَن يَشَاءُ عَقِيمًا ۚ إِنَّهُ عَلِيمٌ قَدِيرٌ	
58 المجادلة 1	قَدْ سَمِعَ اللَّهُ قَوْلَ الَّتِي تُجَادِلُكَ فِي **زَوْجِهَا** وَتَشْتَكِي إِلَى اللَّهِ وَاللَّهُ يَسْمَعُ تَحَاوُرَكُمَا ۚ إِنَّ اللَّهَ سَمِيعٌ بَصِيرٌ	

زِيَادَةٌ/ مَّزِيدٍ/ أَزِيدَ

9 التوبة 37	إِنَّمَا النَّسِيءُ **زِيَادَةٌ** فِي الْكُفْرِ ۖ يُضَلُّ بِهِ الَّذِينَ كَفَرُوا يُحِلُّونَهُ عَامًا وَيُحَرِّمُونَهُ عَامًا لِّيُوَاطِئُوا عِدَّةَ مَا حَرَّمَ اللَّهُ فَيُحِلُّوا مَا حَرَّمَ اللَّهُ ۚ زُيِّنَ لَهُمْ سُوءُ أَعْمَالِهِمْ ۗ وَاللَّهُ لَا يَهْدِي الْقَوْمَ الْكَافِرِينَ	
	Indeed, the postponing [of restriction within sacred months] is an **increase** in disbelief by which those who have disbelieved are led [further] astray. They make it lawful one year and unlawful another year to correspond to the number made unlawful by Allah and [thus] make lawful what Allah has made unlawful. Made pleasing to them is the evil of their deeds; and Allah does not guide the disbelieving people.	

10 يونس 26	۞ لِّلَّذِينَ أَحْسَنُوا الْحُسْنَىٰ **وَزِيَادَةٌ** ۖ وَلَا يَرْهَقُ وُجُوهَهُمْ قَتَرٌ وَلَا ذِلَّةٌ ۚ أُولَٰئِكَ أَصْحَابُ الْجَنَّةِ ۖ هُمْ فِيهَا خَالِدُونَ
50 ق 30	يَوْمَ نَقُولُ لِجَهَنَّمَ هَلِ امْتَلَأْتِ وَتَقُولُ هَلْ مِن **مَّزِيدٍ**
35	لَهُم مَّا يَشَاءُونَ فِيهَا وَلَدَيْنَا **مَزِيدٌ**
74 المدثر 15	ثُمَّ يَطْمَعُ أَنْ **أَزِيدَ**
78 النبإ 30	فَذُوقُوا فَلَن **نَّزِيدَكُمْ** إِلَّا عَذَابًا
	زَيْدٌ
33 الأحزاب 37	وَإِذْ تَقُولُ لِلَّذِي أَنْعَمَ اللَّهُ عَلَيْهِ وَأَنْعَمْتَ عَلَيْهِ أَمْسِكْ عَلَيْكَ زَوْجَكَ وَاتَّقِ اللَّهَ وَتُخْفِي فِي نَفْسِكَ مَا اللَّهُ مُبْدِيهِ وَتَخْشَى النَّاسَ وَاللَّهُ أَحَقُّ أَن تَخْشَاهُ ۖ فَلَمَّا قَضَىٰ **زَيْدٌ** مِّنْهَا وَطَرًا زَوَّجْنَاكَهَا لِكَيْ لَا يَكُونَ عَلَى الْمُؤْمِنِينَ حَرَجٌ فِي أَزْوَاجِ أَدْعِيَائِهِمْ إِذَا قَضَوْا مِنْهُنَّ وَطَرًا ۚ وَكَانَ أَمْرُ اللَّهِ مَفْعُولًا
	زَيْتُهَا - زَيْتُونَةٍ
24 النور 35	۞ اللَّهُ نُورُ السَّمَاوَاتِ وَالْأَرْضِ ۚ مَثَلُ نُورِهِ كَمِشْكَاةٍ فِيهَا مِصْبَاحٌ ۖ الْمِصْبَاحُ فِي زُجَاجَةٍ ۖ الزُّجَاجَةُ كَأَنَّهَا كَوْكَبٌ دُرِّيٌّ يُوقَدُ مِن شَجَرَةٍ مُّبَارَكَةٍ **زَيْتُونَةٍ** لَّا شَرْقِيَّةٍ وَلَا غَرْبِيَّةٍ يَكَادُ **زَيْتُهَا** يُضِيءُ وَلَوْ لَمْ تَمْسَسْهُ نَارٌ ۚ نُّورٌ عَلَىٰ نُورٍ ۗ يَهْدِي اللَّهُ لِنُورِهِ مَن يَشَاءُ ۚ وَيَضْرِبُ اللَّهُ الْأَمْثَالَ لِلنَّاسِ ۗ وَاللَّهُ بِكُلِّ شَيْءٍ عَلِيمٌ
	Allah is the Light of the heavens and the earth. The example of His light is like a niche within which is a lamp, the lamp is within glass, the glass as if it were a pearly [white] star lit from [the oil of] a blessed **olive tree**, neither of the east nor of the west, **whose oil** would almost glow even if untouched by fire. Light upon light. Allah guides to His light whom He wills. And Allah presents examples for the people, and Allah is Knowing of all things.

	زَيْغٌ/ يَزِيغُ
3 آل عمران 7	هُوَ الَّذِي أَنزَلَ عَلَيْكَ الْكِتَابَ مِنْهُ آيَاتٌ مُّحْكَمَاتٌ هُنَّ أُمُّ الْكِتَابِ وَأُخَرُ مُتَشَابِهَاتٌ ۖ فَأَمَّا الَّذِينَ فِي قُلُوبِهِمْ **زَيْغٌ** فَيَتَّبِعُونَ مَا تَشَابَهَ مِنْهُ ابْتِغَاءَ الْفِتْنَةِ وَابْتِغَاءَ تَأْوِيلِهِ ۗ وَمَا يَعْلَمُ تَأْوِيلَهُ إِلَّا اللَّهُ ۗ وَالرَّاسِخُونَ فِي الْعِلْمِ يَقُولُونَ آمَنَّا بِهِ كُلٌّ مِّنْ عِندِ رَبِّنَا ۗ وَمَا يَذَّكَّرُ إِلَّا أُولُو الْأَلْبَابِ
	It is He who has sent down to you, [O Muhammad], the Book; in it are verses [that are] precise - they are the foundation of the Book - and others unspecific. As for those in whose hearts is **deviation** [from truth], they will follow that of it which is unspecific, seeking discord and seeking an interpretation [suitable to them]. And no one knows its [true] interpretation except Allah. But those firm in knowledge say, "We believe in it. All [of it] is from our Lord." And no one will be reminded except those of understanding.
9 التوبة 117	لَّقَد تَّابَ اللَّهُ عَلَى النَّبِيِّ وَالْمُهَاجِرِينَ وَالْأَنصَارِ الَّذِينَ اتَّبَعُوهُ فِي سَاعَةِ الْعُسْرَةِ مِن بَعْدِ مَا كَادَ **يَزِيغُ** قُلُوبُ فَرِيقٍ مِّنْهُمْ ثُمَّ تَابَ عَلَيْهِمْ ۚ إِنَّهُ بِهِمْ رَءُوفٌ رَّحِيمٌ
	زُيِّنَ
2 البقرة 212	**زُيِّنَ** لِلَّذِينَ كَفَرُوا الْحَيَاةُ الدُّنْيَا وَيَسْخَرُونَ مِنَ الَّذِينَ آمَنُوا ۘ وَالَّذِينَ اتَّقَوْا فَوْقَهُمْ يَوْمَ الْقِيَامَةِ ۗ وَاللَّهُ يَرْزُقُ مَن يَشَاءُ بِغَيْرِ حِسَابٍ
3 آل عمران 14	**زُيِّنَ** لِلنَّاسِ حُبُّ الشَّهَوَاتِ مِنَ النِّسَاءِ وَالْبَنِينَ وَالْقَنَاطِيرِ الْمُقَنطَرَةِ مِنَ الذَّهَبِ وَالْفِضَّةِ وَالْخَيْلِ الْمُسَوَّمَةِ وَالْأَنْعَامِ وَالْحَرْثِ ۗ ذَٰلِكَ مَتَاعُ الْحَيَاةِ الدُّنْيَا ۖ وَاللَّهُ عِندَهُ حُسْنُ الْمَآبِ
6 الأنعام 122	أَوَمَن كَانَ مَيْتًا فَأَحْيَيْنَاهُ وَجَعَلْنَا لَهُ نُورًا يَمْشِي بِهِ فِي النَّاسِ كَمَن مَّثَلُهُ فِي الظُّلُمَاتِ لَيْسَ بِخَارِجٍ مِّنْهَا ۚ كَذَٰلِكَ **زُيِّنَ** لِلْكَافِرِينَ مَا كَانُوا يَعْمَلُونَ
137	وَكَذَٰلِكَ **زَيَّنَ** لِكَثِيرٍ مِّنَ الْمُشْرِكِينَ قَتْلَ أَوْلَادِهِمْ شُرَكَاؤُهُمْ لِيُرْدُوهُمْ وَلِيَلْبِسُوا عَلَيْهِمْ دِينَهُمْ ۖ وَلَوْ شَاءَ اللَّهُ مَا فَعَلُوهُ ۖ فَذَرْهُمْ وَمَا يَفْتَرُونَ

8 الأنفال 48	وَإِذْ **زَيَّنَ** لَهُمُ الشَّيْطَانُ أَعْمَالَهُمْ وَقَالَ لَا غَالِبَ لَكُمُ الْيَوْمَ مِنَ النَّاسِ وَإِنِّي جَارٌ لَّكُمْ ۖ فَلَمَّا تَرَاءَتِ الْفِئَتَانِ نَكَصَ عَلَىٰ عَقِبَيْهِ وَقَالَ إِنِّي بَرِيءٌ مِّنكُمْ إِنِّي أَرَىٰ مَا لَا تَرَوْنَ إِنِّي أَخَافُ اللَّهَ ۚ وَاللَّهُ شَدِيدُ الْعِقَابِ
	And [remember] when Satan made their deeds **pleasing to them** and said, "No one can overcome you today from among the people, and indeed, I am your protector." But when the two armies sighted each other, he turned on his heels and said, "Indeed, I am disassociated from you. Indeed, I see what you do not see; indeed I fear Allah. And Allah is severe in penalty".
9 التوبة 37	إِنَّمَا النَّسِيءُ زِيَادَةٌ فِي الْكُفْرِ ۖ يُضَلُّ بِهِ الَّذِينَ كَفَرُوا يُحِلُّونَهُ عَامًا وَيُحَرِّمُونَهُ عَامًا لِّيُوَاطِئُوا عِدَّةَ مَا حَرَّمَ اللَّهُ فَيُحِلُّوا مَا حَرَّمَ اللَّهُ ۚ **زُيِّنَ** لَهُمْ سُوءُ أَعْمَالِهِمْ ۗ وَاللَّهُ لَا يَهْدِي الْقَوْمَ الْكَافِرِينَ
10 يونس 12	وَإِذَا مَسَّ الْإِنسَانَ الضُّرُّ دَعَانَا لِجَنبِهِ أَوْ قَاعِدًا أَوْ قَائِمًا فَلَمَّا كَشَفْنَا عَنْهُ ضُرَّهُ مَرَّ كَأَن لَّمْ يَدْعُنَا إِلَىٰ ضُرٍّ مَّسَّهُ ۚ كَذَٰلِكَ **زُيِّنَ** لِلْمُسْرِفِينَ مَا كَانُوا يَعْمَلُونَ
13 الرعد 33	أَفَمَنْ هُوَ قَائِمٌ عَلَىٰ كُلِّ نَفْسٍ بِمَا كَسَبَتْ ۗ وَجَعَلُوا لِلَّهِ شُرَكَاءَ قُلْ سَمُّوهُمْ ۚ أَمْ تُنَبِّئُونَهُ بِمَا لَا يَعْلَمُ فِي الْأَرْضِ أَم بِظَاهِرٍ مِّنَ الْقَوْلِ ۗ بَلْ **زُيِّنَ** لِلَّذِينَ كَفَرُوا مَكْرُهُمْ وَصُدُّوا عَنِ السَّبِيلِ ۗ وَمَن يُضْلِلِ اللَّهُ فَمَا لَهُ مِنْ هَادٍ
35 فاطر 8	أَفَمَن **زُيِّنَ** لَهُ سُوءُ عَمَلِهِ فَرَآهُ حَسَنًا ۖ فَإِنَّ اللَّهَ يُضِلُّ مَن يَشَاءُ وَيَهْدِي مَن يَشَاءُ ۖ فَلَا تَذْهَبْ نَفْسُكَ عَلَيْهِمْ حَسَرَاتٍ ۚ إِنَّ اللَّهَ عَلِيمٌ بِمَا يَصْنَعُونَ
40 غافر 37	أَسْبَابَ السَّمَاوَاتِ فَأَطَّلِعَ إِلَىٰ إِلَٰهِ مُوسَىٰ وَإِنِّي لَأَظُنُّهُ كَاذِبًا ۚ وَكَذَٰلِكَ **زُيِّنَ** لِفِرْعَوْنَ سُوءُ عَمَلِهِ وَصُدَّ عَنِ السَّبِيلِ ۚ وَمَا كَيْدُ فِرْعَوْنَ إِلَّا فِي تَبَابٍ
47 محمد 14	أَفَمَن كَانَ عَلَىٰ بَيِّنَةٍ مِّن رَّبِّهِ كَمَن **زُيِّنَ** لَهُ سُوءُ عَمَلِهِ وَاتَّبَعُوا أَهْوَاءَهُم

	زَيَّنَّا
6 الأنعام 108	وَلَا تَسُبُّوا الَّذِينَ يَدْعُونَ مِن دُونِ اللَّهِ فَيَسُبُّوا اللَّهَ عَدْوًا بِغَيْرِ عِلْمٍ ۗ كَذَٰلِكَ زَيَّنَّا لِكُلِّ أُمَّةٍ عَمَلَهُمْ ثُمَّ إِلَىٰ رَبِّهِم مَّرْجِعُهُمْ فَيُنَبِّئُهُم بِمَا كَانُوا يَعْمَلُونَ
	And do not insult those they invoke other than Allah, lest they insult Allah in enmity without knowledge. Thus We have **made pleasing** to every community their deeds. Then to their Lord is their return, and He will inform them about what they used to do.
15 الحجر 16	وَلَقَدْ جَعَلْنَا فِي السَّمَاءِ بُرُوجًا **وَزَيَّنَّاهَا** لِلنَّاظِرِينَ
27 النمل 4	إِنَّ الَّذِينَ لَا يُؤْمِنُونَ بِالْآخِرَةِ زَيَّنَّا لَهُمْ أَعْمَالَهُمْ فَهُمْ يَعْمَهُونَ
37 الصافات 6	إِنَّا زَيَّنَّا السَّمَاءَ الدُّنْيَا بِزِينَةٍ الْكَوَاكِبِ
41 فصلت 12	فَقَضَاهُنَّ سَبْعَ سَمَاوَاتٍ فِي يَوْمَيْنِ وَأَوْحَىٰ فِي كُلِّ سَمَاءٍ أَمْرَهَا ۚ **وَزَيَّنَّا** السَّمَاءَ الدُّنْيَا بِمَصَابِيحَ وَحِفْظًا ۚ ذَٰلِكَ تَقْدِيرُ الْعَزِيزِ الْعَلِيمِ
50 ق 6	أَفَلَمْ يَنظُرُوا إِلَى السَّمَاءِ فَوْقَهُمْ كَيْفَ بَنَيْنَاهَا **وَزَيَّنَّاهَا** وَمَا لَهَا مِن فُرُوجٍ
67 الملك 5	وَلَقَدْ **زَيَّنَّا** السَّمَاءَ الدُّنْيَا بِمَصَابِيحَ وَجَعَلْنَاهَا رُجُومًا لِّلشَّيَاطِينِ ۖ وَأَعْتَدْنَا لَهُمْ عَذَابَ السَّعِيرِ
	زِينَةَ
7 الأعراف 32	قُلْ مَنْ حَرَّمَ زِينَةَ اللَّهِ الَّتِي أَخْرَجَ لِعِبَادِهِ وَالطَّيِّبَاتِ مِنَ الرِّزْقِ ۚ قُلْ هِيَ لِلَّذِينَ آمَنُوا فِي الْحَيَاةِ الدُّنْيَا خَالِصَةً يَوْمَ الْقِيَامَةِ ۗ كَذَٰلِكَ نُفَصِّلُ الْآيَاتِ لِقَوْمٍ يَعْلَمُونَ
10 يونس 88	وَقَالَ مُوسَىٰ رَبَّنَا إِنَّكَ آتَيْتَ فِرْعَوْنَ وَمَلَأَهُ زِينَةً وَأَمْوَالًا فِي الْحَيَاةِ الدُّنْيَا رَبَّنَا لِيُضِلُّوا عَن سَبِيلِكَ ۖ رَبَّنَا اطْمِسْ عَلَىٰ أَمْوَالِهِمْ وَاشْدُدْ عَلَىٰ قُلُوبِهِمْ فَلَا يُؤْمِنُوا حَتَّىٰ يَرَوُا الْعَذَابَ الْأَلِيمَ
16 النحل 8	وَالْخَيْلَ وَالْبِغَالَ وَالْحَمِيرَ لِتَرْكَبُوهَا **وَزِينَةً** ۚ وَيَخْلُقُ مَا لَا تَعْلَمُونَ

18 الكهف 7	إِنَّا جَعَلْنَا مَا عَلَى الْأَرْضِ زِينَةً لَّهَا لِنَبْلُوَهُمْ أَيُّهُمْ أَحْسَنُ عَمَلًا	
28	وَاصْبِرْ نَفْسَكَ مَعَ الَّذِينَ يَدْعُونَ رَبَّهُم بِالْغَدَاةِ وَالْعَشِيِّ يُرِيدُونَ وَجْهَهُ ۖ وَلَا تَعْدُ عَيْنَاكَ عَنْهُمْ تُرِيدُ زِينَةَ الْحَيَاةِ الدُّنْيَا ۖ وَلَا تُطِعْ مَنْ أَغْفَلْنَا قَلْبَهُ عَن ذِكْرِنَا وَاتَّبَعَ هَوَاهُ وَكَانَ أَمْرُهُ فُرُطًا	
	And keep yourself patient [by being] with those who call upon their Lord in the morning and the evening, seeking His countenance. And let not your eyes pass beyond them, desiring **adornments** of the worldly life, and do not obey one whose heart We have made heedless of Our remembrance and who follows his desire and whose affair is ever [in] neglect.	
46	الْمَالُ وَالْبَنُونَ زِينَةُ الْحَيَاةِ الدُّنْيَا ۖ وَالْبَاقِيَاتُ الصَّالِحَاتُ خَيْرٌ عِندَ رَبِّكَ ثَوَابًا وَخَيْرٌ أَمَلًا	
20 طه 59	قَالَ مَوْعِدُكُمْ يَوْمُ الزِّينَةِ وَأَن يُحْشَرَ النَّاسُ ضُحًى	
87	قَالُوا مَا أَخْلَفْنَا مَوْعِدَكَ بِمَلْكِنَا وَلَٰكِنَّا حُمِّلْنَا أَوْزَارًا مِّن زِينَةِ الْقَوْمِ فَقَذَفْنَاهَا فَكَذَٰلِكَ أَلْقَى السَّامِرِيُّ	
24 النور 60	وَالْقَوَاعِدُ مِنَ النِّسَاءِ اللَّاتِي لَا يَرْجُونَ نِكَاحًا فَلَيْسَ عَلَيْهِنَّ جُنَاحٌ أَن يَضَعْنَ ثِيَابَهُنَّ غَيْرَ مُتَبَرِّجَاتٍ بِزِينَةٍ ۖ وَأَن يَسْتَعْفِفْنَ خَيْرٌ لَّهُنَّ ۗ وَاللَّهُ سَمِيعٌ عَلِيمٌ	
37 الصافات 6	إِنَّا زَيَّنَّا السَّمَاءَ الدُّنْيَا بِزِينَةٍ الْكَوَاكِبِ	
57 الحديد 20	اعْلَمُوا أَنَّمَا الْحَيَاةُ الدُّنْيَا لَعِبٌ وَلَهْوٌ وَزِينَةٌ وَتَفَاخُرٌ بَيْنَكُمْ وَتَكَاثُرٌ فِي الْأَمْوَالِ وَالْأَوْلَادِ ۖ كَمَثَلِ غَيْثٍ أَعْجَبَ الْكُفَّارَ نَبَاتُهُ ثُمَّ يَهِيجُ فَتَرَاهُ مُصْفَرًّا ثُمَّ يَكُونُ حُطَامًا ۖ وَفِي الْآخِرَةِ عَذَابٌ شَدِيدٌ وَمَغْفِرَةٌ مِّنَ اللَّهِ وَرِضْوَانٌ ۚ وَمَا الْحَيَاةُ الدُّنْيَا إِلَّا مَتَاعُ الْغُرُورِ	
	زِينَتَكُمْ	
7 الأعراف 31	يَا بَنِي آدَمَ خُذُوا زِينَتَكُمْ عِندَ كُلِّ مَسْجِدٍ وَكُلُوا وَاشْرَبُوا وَلَا تُسْرِفُوا ۚ إِنَّهُ لَا يُحِبُّ الْمُسْرِفِينَ	

		O children of Adam, take your **adornment** at every masjid, and eat and drink, but be not excessive. Indeed, He likes not those who commit excess.
		زِينَتَهَا/ زِينَتِهِ/ زِينَتَهُنَّ
11 هود 15		مَن كَانَ يُرِيدُ الْحَيَاةَ الدُّنْيَا وَزِينَتَهَا نُوَفِّ إِلَيْهِمْ أَعْمَالَهُمْ فِيهَا وَهُمْ فِيهَا لَا يُبْخَسُونَ
24 النور 31		وَقُل لِّلْمُؤْمِنَاتِ يَغْضُضْنَ مِنْ أَبْصَارِهِنَّ وَيَحْفَظْنَ فُرُوجَهُنَّ وَلَا يُبْدِينَ زِينَتَهُنَّ إِلَّا مَا ظَهَرَ مِنْهَا ۖ وَلْيَضْرِبْنَ بِخُمُرِهِنَّ عَلَىٰ جُيُوبِهِنَّ ۖ وَلَا يُبْدِينَ زِينَتَهُنَّ إِلَّا لِبُعُولَتِهِنَّ أَوْ آبَائِهِنَّ أَوْ آبَاءِ بُعُولَتِهِنَّ أَوْ أَبْنَائِهِنَّ أَوْ أَبْنَاءِ بُعُولَتِهِنَّ أَوْ إِخْوَانِهِنَّ أَوْ بَنِي إِخْوَانِهِنَّ أَوْ بَنِي أَخَوَاتِهِنَّ أَوْ نِسَائِهِنَّ أَوْ مَا مَلَكَتْ أَيْمَانُهُنَّ أَوِ التَّابِعِينَ غَيْرِ أُولِي الْإِرْبَةِ مِنَ الرِّجَالِ أَوِ الطِّفْلِ الَّذِينَ لَمْ يَظْهَرُوا عَلَىٰ عَوْرَاتِ النِّسَاءِ ۖ وَلَا يَضْرِبْنَ بِأَرْجُلِهِنَّ لِيُعْلَمَ مَا يُخْفِينَ مِن زِينَتِهِنَّ ۚ وَتُوبُوا إِلَى اللَّهِ جَمِيعًا أَيُّهَ الْمُؤْمِنُونَ لَعَلَّكُمْ تُفْلِحُونَ
		And tell the believing women to reduce [some] of their vision and guard their private parts and not expose **their adornment** except that which [necessarily] appears thereof and to wrap [a portion of] their headcovers over their chests and not expose their **adornment** except to their husbands, their fathers, their husbands' fathers, their sons, their husbands' sons, their brothers, their brothers' sons, their sisters' sons, their women, that which their right hands possess, or those male attendants having no physical desire, or children who are not yet aware of the private aspects of women. And let them not stamp their feet to make known what they conceal of their **adornment**. And turn to Allah in repentance, all of you, O believers, that you might succeed
28 القصص 60		وَمَا أُوتِيتُم مِّن شَيْءٍ فَمَتَاعُ الْحَيَاةِ الدُّنْيَا وَزِينَتُهَا ۚ وَمَا عِندَ اللَّهِ خَيْرٌ وَأَبْقَىٰ ۚ أَفَلَا تَعْقِلُونَ
79		فَخَرَجَ عَلَىٰ قَوْمِهِ فِي زِينَتِهِ ۖ قَالَ الَّذِينَ يُرِيدُونَ الْحَيَاةَ الدُّنْيَا يَا لَيْتَ لَنَا مِثْلَ مَا أُوتِيَ قَارُونُ إِنَّهُ لَذُو حَظٍّ عَظِيمٍ
33 الأحزاب 28		يَا أَيُّهَا النَّبِيُّ قُل لِّأَزْوَاجِكَ إِن كُنتُنَّ تُرِدْنَ الْحَيَاةَ الدُّنْيَا وَزِينَتَهَا فَتَعَالَيْنَ أُمَتِّعْكُنَّ وَأُسَرِّحْكُنَّ سَرَاحًا جَمِيلًا

	بحث في مفردات القرآن الكريم **القسم الثاني**
	الاحرف د- ص حرف س
	د ذ ر ز **س** ش ص
	سَائِبَةٍ
5 المائدة **103**	مَا جَعَلَ اللَّهُ مِن بَحِيرَةٍ وَلَا **سَائِبَةٍ** وَلَا وَصِيلَةٍ وَلَا حَامٍ ۙ وَلَٰكِنَّ الَّذِينَ كَفَرُوا يَفْتَرُونَ عَلَى اللَّهِ الْكَذِبَ ۖ وَأَكْثَرُهُمْ لَا يَعْقِلُونَ
	Allah has not appointed [such **innovations as**] bahirah or sa'ibah or wasilah or ham. But those who disbelieve invent falsehood about Allah, and most of them do not reason.
	سَائِغٌ
16النحل **66**	وَإِنَّ لَكُمْ فِي الْأَنْعَامِ لَعِبْرَةً ۖ نُّسْقِيكُم مِّمَّا فِي بُطُونِهِ مِن بَيْنِ فَرْثٍ وَدَمٍ لَّبَنًا خَالِصًا **سَائِغًا** لِّلشَّارِبِينَ
	And indeed, for you in grazing livestock is a lesson. We give you drink from what is in their bellies - between to drinkers.excretion and blood - pure milk, **palatable**
35 فاطر **12**	وَمَا يَسْتَوِي الْبَحْرَانِ هَٰذَا عَذْبٌ فُرَاتٌ **سَائِغٌ** شَرَابُهُ وَهَٰذَا مِلْحٌ أُجَاجٌ ۖ وَمِن كُلٍّ تَأْكُلُونَ لَحْمًا طَرِيًّا وَتَسْتَخْرِجُونَ حِلْيَةً تَلْبَسُونَهَا ۖ وَتَرَى الْفُلْكَ فِيهِ مَوَاخِرَ لِتَبْتَغُوا مِن فَضْلِهِ وَلَعَلَّكُمْ تَشْكُرُونَ
	سَائِقٌ And every soul will come, with it a driver and a witness
50 ق **21**	وَجَاءَتْ كُلُّ نَفْسٍ مَّعَهَا **سَائِقٌ** وَشَهِيدٌ

	سَائِلٌ	
2 البقرة 177	لَّيْسَ الْبِرَّ أَن تُوَلُّوا وُجُوهَكُمْ قِبَلَ الْمَشْرِقِ وَالْمَغْرِبِ وَلَٰكِنَّ الْبِرَّ مَنْ آمَنَ بِاللَّهِ وَالْيَوْمِ الْآخِرِ وَالْمَلَائِكَةِ وَالْكِتَابِ وَالنَّبِيِّينَ وَآتَى الْمَالَ عَلَىٰ حُبِّهِ ذَوِي الْقُرْبَىٰ وَالْيَتَامَىٰ وَالْمَسَاكِينَ وَابْنَ السَّبِيلِ **وَالسَّائِلِينَ** وَفِي الرِّقَابِ وَأَقَامَ الصَّلَاةَ وَآتَى الزَّكَاةَ وَالْمُوفُونَ بِعَهْدِهِمْ إِذَا عَاهَدُوا ۖ وَالصَّابِرِينَ فِي الْبَأْسَاءِ وَالضَّرَّاءِ وَحِينَ الْبَأْسِ ۗ أُولَٰئِكَ الَّذِينَ صَدَقُوا ۖ وَأُولَٰئِكَ هُمُ الْمُتَّقُونَ	
12 يوسف 7	لَّقَدْ كَانَ فِي يُوسُفَ وَإِخْوَتِهِ آيَاتٌ **لِّلسَّائِلِينَ**	
41 فصلت 10	وَجَعَلَ فِيهَا رَوَاسِيَ مِن فَوْقِهَا وَبَارَكَ فِيهَا وَقَدَّرَ فِيهَا أَقْوَاتَهَا فِي أَرْبَعَةِ أَيَّامٍ سَوَاءً **لِّلسَّائِلِينَ**	
51 الذاريات 19	وَفِي أَمْوَالِهِمْ حَقٌّ **لِّلسَّائِلِ** وَالْمَحْرُومِ	
70 المعارج 1	سَأَلَ **سَائِلٌ** بِعَذَابٍ وَاقِعٍ	
25	**لِّلسَّائِلِ** وَالْمَحْرُومِ	
93 الضحى 10	وَأَمَّا **السَّائِلَ** فَلَا تَنْهَرْ	
	And as for the **petitioner**, do not repel [him].	

سَابِغَاتٍ

[Commanding him], "Make full **coats of mail** and calculate [precisely] the links, and work [all of you] righteousness. Indeed I, of what you do, am Seeing

34 سبأ 11	أَنِ اعْمَلْ **سَابِغَاتٍ** وَقَدِّرْ فِي السَّرْدِ ۖ وَاعْمَلُوا صَالِحًا ۖ إِنِّي بِمَا تَعْمَلُونَ بَصِيرٌ

	ساحر
7الأعراف 109	قَالَ الْمَلَأُ مِن قَوْمِ فِرْعَوْنَ إِنَّ هَٰذَا لَسَاحِرٌ عَلِيمٌ
112	يَأْتُوكَ بِكُلِّ سَاحِرٍ عَلِيمٍ
يونس 10 2	أَكَانَ لِلنَّاسِ عَجَبًا أَنْ أَوْحَيْنَا إِلَىٰ رَجُلٍ مِّنْهُمْ أَنْ أَنذِرِ النَّاسَ وَبَشِّرِ الَّذِينَ آمَنُوا أَنَّ لَهُمْ قَدَمَ صِدْقٍ عِندَ رَبِّهِمْ ۗ قَالَ الْكَافِرُونَ إِنَّ هَٰذَا لَسَاحِرٌ مُّبِينٌ
77	قَالَ مُوسَىٰ أَتَقُولُونَ لِلْحَقِّ لَمَّا جَاءَكُمْ ۖ أَسِحْرٌ هَٰذَا وَلَا يُفْلِحُ السَّاحِرُونَ
79	وَقَالَ فِرْعَوْنُ ائْتُونِي بِكُلِّ سَاحِرٍ عَلِيمٍ
20 طه 63	قَالُوا إِنْ هَٰذَانِ لَسَاحِرَانِ يُرِيدَانِ أَن يُخْرِجَاكُم مِّنْ أَرْضِكُم بِسِحْرِهِمَا وَيَذْهَبَا بِطَرِيقَتِكُمُ الْمُثْلَىٰ
69	وَأَلْقِ مَا فِي يَمِينِكَ تَلْقَفْ مَا صَنَعُوا ۖ إِنَّمَا صَنَعُوا كَيْدُ سَاحِرٍ ۖ وَلَا يُفْلِحُ السَّاحِرُ حَيْثُ أَتَىٰ
26الشعراء 34	قَالَ لِلْمَلَإِ حَوْلَهُ إِنَّ هَٰذَا لَسَاحِرٌ عَلِيمٌ
38 ص 4	وَعَجِبُوا أَن جَاءَهُم مُّنذِرٌ مِّنْهُمْ ۖ وَقَالَ الْكَافِرُونَ هَٰذَا سَاحِرٌ كَذَّابٌ
40غافر 24	إِلَىٰ فِرْعَوْنَ وَهَامَانَ وَقَارُونَ فَقَالُوا سَاحِرٌ كَذَّابٌ
43 الزخرف 49	وَقَالُوا يَا أَيُّهَ السَّاحِرُ ادْعُ لَنَا رَبَّكَ بِمَا عَهِدَ عِندَكَ إِنَّنَا لَمُهْتَدُونَ
51 الذاريات 39	فَتَوَلَّىٰ بِرُكْنِهِ وَقَالَ سَاحِرٌ أَوْ مَجْنُونٌ
52	كَذَٰلِكَ مَا أَتَى الَّذِينَ مِن قَبْلِهِم مِّن رَّسُولٍ إِلَّا قَالُوا سَاحِرٌ أَوْ مَجْنُونٌ

	Similarly, there came not to those before them any messenger except that they said, "A **magician** or a madman".
	سافلها
هود11 82	فَلَمَّا جَاءَ أَمْرُنَا جَعَلْنَا عَالِيَهَا **سَافِلَهَا** وَأَمْطَرْنَا عَلَيْهَا حِجَارَةً مِّن سِجِّيلٍ مَّنضُودٍ
	So when Our command came, We made the highest part [of the city] **its lowest** and rained upon them stones of layered hard clay, [which were]
الحجر15 74	فَجَعَلْنَا عَالِيَهَا **سَافِلَهَا** وَأَمْطَرْنَا عَلَيْهِمْ حِجَارَةً مِّن سِجِّيلٍ
	سألك
2 البقرة 186	وَإِذَا **سَأَلَكَ** عِبَادِي عَنِّي فَإِنِّي قَرِيبٌ ۖ أُجِيبُ دَعْوَةَ الدَّاعِ إِذَا دَعَانِ ۖ فَلْيَسْتَجِيبُوا لِي وَلْيُؤْمِنُوا بِي لَعَلَّهُمْ يَرْشُدُونَ
	And when My servants **ask you**, [O Muhammad], concerning Me - indeed I am near. I respond to the invocation of the supplicant when he calls upon Me. So let them respond to Me [by obedience] and believe in Me that they may be [rightly] guided.
4 النساء 153	**يَسْأَلُكَ** أَهْلُ الْكِتَابِ أَن تُنَزِّلَ عَلَيْهِمْ كِتَابًا مِّنَ السَّمَاءِ ۚ فَقَدْ **سَأَلُوا** مُوسَىٰ أَكْبَرَ مِن ذَٰلِكَ فَقَالُوا أَرِنَا اللَّهَ جَهْرَةً فَأَخَذَتْهُمُ الصَّاعِقَةُ بِظُلْمِهِمْ ۚ ثُمَّ اتَّخَذُوا الْعِجْلَ مِن بَعْدِ مَا جَاءَتْهُمُ الْبَيِّنَاتُ فَعَفَوْنَا عَن ذَٰلِكَ ۚ وَآتَيْنَا مُوسَىٰ سُلْطَانًا مُّبِينًا
6 الأنعام 90	أُولَٰئِكَ الَّذِينَ هَدَى اللَّهُ ۖ فَبِهُدَاهُمُ اقْتَدِهْ ۗ قُل لَّا **أَسْأَلُكُمْ** عَلَيْهِ أَجْرًا ۖ إِنْ هُوَ إِلَّا ذِكْرَىٰ لِلْعَالَمِينَ
هود11 29	وَيَا قَوْمِ لَا **أَسْأَلُكُمْ** عَلَيْهِ مَالًا ۖ إِنْ أَجْرِيَ إِلَّا عَلَى اللَّهِ ۚوَمَا أَنَا بِطَارِدِ الَّذِينَ آمَنُوا ۚ إِنَّهُم مُّلَاقُو رَبِّهِمْ وَلَٰكِنِّي أَرَاكُمْ قَوْمًا تَجْهَلُونَ
47	قَالَ رَبِّ إِنِّي أَعُوذُ بِكَ أَنْ **أَسْأَلَكَ** مَا لَيْسَ لِي بِهِ عِلْمٌ ۖ وَإِلَّا تَغْفِرْ لِي وَتَرْحَمْنِي أَكُن مِّنَ الْخَاسِرِينَ

51	يَا قَوْمِ لَا **أَسْأَلُكُمْ** عَلَيْهِ أَجْرًا ۖ إِنْ أَجْرِيَ إِلَّا عَلَى الَّذِي فَطَرَنِي ۚ أَفَلَا تَعْقِلُونَ
20 طه 132	وَأْمُرْ أَهْلَكَ بِالصَّلَاةِ وَاصْطَبِرْ عَلَيْهَا ۖ لَا **نَسْأَلُكَ** رِزْقًا ۖ نَّحْنُ نَرْزُقُكَ ۗ وَالْعَاقِبَةُ لِلتَّقْوَىٰ
25 الفرقان 57	قُلْ مَا **أَسْأَلُكُمْ** عَلَيْهِ مِنْ أَجْرٍ إِلَّا مَن شَاءَ أَن يَتَّخِذَ إِلَىٰ رَبِّهِ سَبِيلًا
26 الشعراء 109	وَمَا **أَسْأَلُكُمْ** عَلَيْهِ مِنْ أَجْرٍ ۖ إِنْ أَجْرِيَ إِلَّا عَلَىٰ رَبِّ الْعَالَمِينَ
127	وَمَا **أَسْأَلُكُمْ** عَلَيْهِ مِنْ أَجْرٍ ۖ إِنْ أَجْرِيَ إِلَّا عَلَىٰ رَبِّ الْعَالَمِينَ
145	وَمَا **أَسْأَلُكُمْ** عَلَيْهِ مِنْ أَجْرٍ ۖ إِنْ أَجْرِيَ إِلَّا عَلَىٰ رَبِّ الْعَالَمِينَ
164	وَمَا **أَسْأَلُكُمْ** عَلَيْهِ مِنْ أَجْرٍ ۖ إِنْ أَجْرِيَ إِلَّا عَلَىٰ رَبِّ الْعَالَمِينَ
180	وَمَا **أَسْأَلُكُمْ** عَلَيْهِ مِنْ أَجْرٍ ۖ إِنْ أَجْرِيَ إِلَّا عَلَىٰ رَبِّ الْعَالَمِينَ
33 الأحزاب 63	**يَسْأَلُكَ** النَّاسُ عَنِ السَّاعَةِ ۖ قُلْ إِنَّمَا عِلْمُهَا عِندَ اللَّهِ ۚ وَمَا يُدْرِيكَ لَعَلَّ السَّاعَةَ تَكُونُ قَرِيبًا
36 يس 21	اتَّبِعُوا مَن لَّا **يَسْأَلُكُمْ** أَجْرًا وَهُم مُّهْتَدُونَ
38 ص 86	قُلْ مَا **أَسْأَلُكُمْ** عَلَيْهِ مِنْ أَجْرٍ وَمَا أَنَا مِنَ الْمُتَكَلِّفِينَ
42 الشورى 23	ذَٰلِكَ الَّذِي يُبَشِّرُ اللَّهُ عِبَادَهُ الَّذِينَ آمَنُوا وَعَمِلُوا الصَّالِحَاتِ ۗ قُل لَّا **أَسْأَلُكُمْ** عَلَيْهِ أَجْرًا إِلَّا الْمَوَدَّةَ فِي الْقُرْبَىٰ ۗ وَمَن يَقْتَرِفْ حَسَنَةً نَّزِدْ لَهُ فِيهَا حُسْنًا ۚ إِنَّ اللَّهَ غَفُورٌ شَكُورٌ
47 محمد 36	إِنَّمَا الْحَيَاةُ الدُّنْيَا لَعِبٌ وَلَهْوٌ ۚ وَإِن تُؤْمِنُوا وَتَتَّقُوا يُؤْتِكُمْ أُجُورَكُمْ وَلَا **يَسْأَلْكُمْ** أَمْوَالَكُمْ
37	إِن **يَسْأَلْكُمُوهَا** فَيُحْفِكُمْ تَبْخَلُوا وَيُخْرِجْ أَضْغَانَكُمْ

	سَاجِدًا
39 الزمر 9	أَمَّنْ هُوَ قَانِتٌ آنَاءَ اللَّيْلِ **سَاجِدًا** وَقَائِمًا يَحْذَرُ الْآخِرَةَ وَيَرْجُو رَحْمَةَ رَبِّهِ ۗ قُلْ هَلْ يَسْتَوِي الَّذِينَ يَعْلَمُونَ وَالَّذِينَ لَا يَعْلَمُونَ ۗ إِنَّمَا يَتَذَكَّرُ أُولُو الْأَلْبَابِ
	Is one who is devoutly obedient during periods of the night, **prostrating** and standing [in prayer], fearing the Hereafter and hoping for the mercy of his Lord, [like one who does not]? Say, "Are those who know equal to those who do not know?" Only they will remember [who are] people of understanding.
	سَاجِدِينَ
7 الأعراف 11	وَلَقَدْ خَلَقْنَاكُمْ ثُمَّ صَوَّرْنَاكُمْ ثُمَّ قُلْنَا لِلْمَلَائِكَةِ **اسْجُدُوا** لِآدَمَ **فَسَجَدُوا** إِلَّا إِبْلِيسَ لَمْ يَكُن مِّنَ **السَّاجِدِينَ**
120	وَأُلْقِيَ السَّحَرَةُ **سَاجِدِينَ**
12 يوسف 4	إِذْ قَالَ يُوسُفُ لِأَبِيهِ يَا أَبَتِ إِنِّي رَأَيْتُ أَحَدَ عَشَرَ كَوْكَبًا وَالشَّمْسَ وَالْقَمَرَ رَأَيْتُهُمْ لِي **سَاجِدِينَ**
	[Of these stories mention] when Joseph said to his father, "O my father, indeed I have seen [in a dream] eleven stars **prostrating** to me".and the sun and the moon; I saw them
15 الحجر 29	فَإِذَا سَوَّيْتُهُ وَنَفَخْتُ فِيهِ مِن رُّوحِي فَقَعُوا لَهُ **سَاجِدِينَ**
31	إِلَّا إِبْلِيسَ أَبَىٰ أَن يَكُونَ مَعَ **السَّاجِدِينَ**
32	قَالَ يَا إِبْلِيسُ مَا لَكَ أَلَّا تَكُونَ مَعَ **السَّاجِدِينَ**
98	فَسَبِّحْ بِحَمْدِ رَبِّكَ وَكُن مِّنَ **السَّاجِدِينَ**
26 الشعراء 46	فَأُلْقِيَ السَّحَرَةُ **سَاجِدِينَ**

219	وَتَقَلُّبَكَ فِي **السَّاجِدِينَ**
38 ص 72	فَإِذَا سَوَّيْتُهُ وَنَفَخْتُ فِيهِ مِن رُّوحِي فَقَعُوا لَهُ **سَاجِدِينَ**
	سُبُلَ
5 المائدة 16	يَهْدِي بِهِ اللَّهُ مَنِ اتَّبَعَ رِضْوَانَهُ **سُبُلَ** السَّلَامِ وَيُخْرِجُهُم مِّنَ الظُّلُمَاتِ إِلَى النُّورِ بِإِذْنِهِ وَيَهْدِيهِمْ إِلَىٰ صِرَاطٍ مُّسْتَقِيمٍ
6 الأنعام 153	وَأَنَّ هَٰذَا صِرَاطِي مُسْتَقِيمًا فَاتَّبِعُوهُ ۖ وَلَا تَتَّبِعُوا **السُّبُلَ** فَتَفَرَّقَ بِكُمْ عَن **سَبِيلِهِ** ۚ ذَٰلِكُمْ وَصَّاكُم بِهِ لَعَلَّكُمْ تَتَّقُونَ
14 ابراهيم 12	وَمَا لَنَا أَلَّا نَتَوَكَّلَ عَلَى اللَّهِ وَقَدْ هَدَانَا **سُبُلَنَا** ۚ وَلَنَصْبِرَنَّ عَلَىٰ مَا آذَيْتُمُونَا ۚ وَعَلَى اللَّهِ فَلْيَتَوَكَّلِ الْمُتَوَكِّلُونَ
16 النحل 15	وَأَلْقَىٰ فِي الْأَرْضِ رَوَاسِيَ أَن تَمِيدَ بِكُمْ وَأَنْهَارًا **وَسُبُلًا** لَّعَلَّكُمْ تَهْتَدُونَ
69	ثُمَّ كُلِي مِن كُلِّ الثَّمَرَاتِ فَاسْلُكِي **سُبُلَ** رَبِّكِ ذُلُلًا ۚ يَخْرُجُ مِن بُطُونِهَا شَرَابٌ مُّخْتَلِفٌ أَلْوَانُهُ فِيهِ شِفَاءٌ لِّلنَّاسِ ۗ إِنَّ فِي ذَٰلِكَ لَآيَةً لِّقَوْمٍ يَتَفَكَّرُونَ
	Then eat from all the fruits and follow **the ways** of your Lord laid down [for you]." There emerges from their bellies a drink, varying in colors, in which there is healing for people. Indeed in that is a sign for a people who give thought.
20 طه 53	الَّذِي جَعَلَ لَكُمُ الْأَرْضَ مَهْدًا وَسَلَكَ لَكُمْ فِيهَا **سُبُلًا** وَأَنزَلَ مِنَ السَّمَاءِ مَاءً فَأَخْرَجْنَا بِهِ أَزْوَاجًا مِّن نَّبَاتٍ شَتَّىٰ
21 الأنبياء 31	وَجَعَلْنَا فِي الْأَرْضِ رَوَاسِيَ أَن تَمِيدَ بِهِمْ وَجَعَلْنَا فِيهَا فِجَاجًا **سُبُلًا** لَّعَلَّهُمْ يَهْتَدُونَ
29 العنكبوت 69	وَالَّذِينَ جَاهَدُوا فِينَا لَنَهْدِيَنَّهُمْ **سُبُلَنَا** ۚ وَإِنَّ اللَّهَ لَمَعَ الْمُحْسِنِينَ
43 الزخرف 10	الَّذِي جَعَلَ لَكُمُ الْأَرْضَ مَهْدًا وَجَعَلَ لَكُمْ فِيهَا **سُبُلًا** لَّعَلَّكُمْ تَهْتَدُونَ

71 نوح 20	لِّتَسْلُكُوا مِنْهَا **سُبُلًا** فِجَاجًا
	سَجَىٰ And [by] the night **when it covers with darkness**
93 الضحى 2	وَاللَّيْلِ إِذَا **سَجَىٰ**
	سجدا
2 البقرة 58	وَإِذْ قُلْنَا ادْخُلُوا هَٰذِهِ الْقَرْيَةَ فَكُلُوا مِنْهَا حَيْثُ شِئْتُمْ رَغَدًا وَادْخُلُوا الْبَابَ **سُجَّدًا** وَقُولُوا حِطَّةٌ نَّغْفِرْ لَكُمْ خَطَايَاكُمْ ۚ وَسَنَزِيدُ الْمُحْسِنِينَ
4 النساء 154	وَرَفَعْنَا فَوْقَهُمُ الطُّورَ بِمِيثَاقِهِمْ وَقُلْنَا لَهُمُ ادْخُلُوا الْبَابَ **سُجَّدًا** وَقُلْنَا لَهُمْ لَا تَعْدُوا فِي السَّبْتِ وَأَخَذْنَا مِنْهُم مِّيثَاقًا غَلِيظًا
7 الأعراف 161	وَإِذْ قِيلَ لَهُمُ اسْكُنُوا هَٰذِهِ الْقَرْيَةَ وَكُلُوا مِنْهَا حَيْثُ شِئْتُمْ وَقُولُوا حِطَّةٌ وَادْخُلُوا الْبَابَ **سُجَّدًا** نَّغْفِرْ لَكُمْ خَطِيئَاتِكُمْ ۚ سَنَزِيدُ الْمُحْسِنِينَ
9 التوبة 107	وَالَّذِينَ اتَّخَذُوا **مَسْجِدًا** ضِرَارًا وَكُفْرًا وَتَفْرِيقًا بَيْنَ الْمُؤْمِنِينَ وَإِرْصَادًا لِّمَنْ حَارَبَ اللَّهَ وَرَسُولَهُ مِن قَبْلُ ۚ وَلَيَحْلِفُنَّ إِنْ أَرَدْنَا إِلَّا الْحُسْنَىٰ ۖ وَاللَّهُ يَشْهَدُ إِنَّهُمْ لَكَاذِبُونَ
12 يوسف 100	وَرَفَعَ أَبَوَيْهِ عَلَى الْعَرْشِ وَخَرُّوا لَهُ **سُجَّدًا** ۖ وَقَالَ يَا أَبَتِ هَٰذَا تَأْوِيلُ رُؤْيَايَ مِن قَبْلُ قَدْ جَعَلَهَا رَبِّي حَقًّا ۖ وَقَدْ أَحْسَنَ بِي إِذْ أَخْرَجَنِي مِنَ السِّجْنِ وَجَاءَ بِكُم مِّنَ الْبَدْوِ مِن بَعْدِ أَن نَّزَغَ الشَّيْطَانُ بَيْنِي وَبَيْنَ إِخْوَتِي ۚ إِنَّ رَبِّي لَطِيفٌ لِّمَا يَشَاءُ ۚ إِنَّهُ هُوَ الْعَلِيمُ الْحَكِيمُ
	And he raised his parents upon the throne, and they bowed to him in **prostration**. And he said, "O my father, this is the explanation of my vision of before. My Lord has made it reality. And He was certainly good to me when He took me out of prison and brought you [here] from bedouin life after Satan had induced [estrangement] between me and my brothers. Indeed, my Lord is Subtle in what He wills. Indeed, it is He who is the Knowing, the Wise
16 النحل 48	أَوَلَمْ يَرَوْا إِلَىٰ مَا خَلَقَ اللَّهُ مِن شَيْءٍ يَتَفَيَّأُ ظِلَالُهُ عَنِ الْيَمِينِ وَالشَّمَائِلِ **سُجَّدًا** لِّلَّهِ وَهُمْ دَاخِرُونَ

17 الإسراء 107	قُلْ آمِنُوا بِهِ أَوْ لَا تُؤْمِنُوا ۚ إِنَّ الَّذِينَ أُوتُوا الْعِلْمَ مِن قَبْلِهِ إِذَا يُتْلَىٰ عَلَيْهِمْ يَخِرُّونَ لِلْأَذْقَانِ **سُجَّدًا**	
18 الكهف 21	وَكَذَٰلِكَ أَعْثَرْنَا عَلَيْهِمْ لِيَعْلَمُوا أَنَّ وَعْدَ اللَّهِ حَقٌّ وَأَنَّ السَّاعَةَ لَا رَيْبَ فِيهَا إِذْ يَتَنَازَعُونَ بَيْنَهُمْ أَمْرَهُمْ ۖ فَقَالُوا ابْنُوا عَلَيْهِم بُنْيَانًا ۖ رَّبُّهُمْ أَعْلَمُ بِهِمْ ۚ قَالَ الَّذِينَ غَلَبُوا عَلَىٰ أَمْرِهِمْ لَنَتَّخِذَنَّ عَلَيْهِم **مَّسْجِدًا**	
19 مريم 58	أُولَٰئِكَ الَّذِينَ أَنْعَمَ اللَّهُ عَلَيْهِم مِّنَ النَّبِيِّينَ مِن ذُرِّيَّةِ آدَمَ وَمِمَّنْ حَمَلْنَا مَعَ نُوحٍ وَمِن ذُرِّيَّةِ إِبْرَاهِيمَ وَإِسْرَائِيلَ وَمِمَّنْ هَدَيْنَا وَاجْتَبَيْنَا ۚ إِذَا تُتْلَىٰ عَلَيْهِمْ آيَاتُ الرَّحْمَٰنِ خَرُّوا **سُجَّدًا** وَبُكِيًّا ۩	
20 طه 70	فَأُلْقِيَ السَّحَرَةُ **سُجَّدًا** قَالُوا آمَنَّا بِرَبِّ هَارُونَ وَمُوسَىٰ	
25 الفرقان 64	وَالَّذِينَ يَبِيتُونَ لِرَبِّهِمْ **سُجَّدًا** وَقِيَامًا	
32 السجدة 15	إِنَّمَا يُؤْمِنُ بِآيَاتِنَا الَّذِينَ إِذَا ذُكِّرُوا بِهَا خَرُّوا **سُجَّدًا** وَسَبَّحُوا بِحَمْدِ رَبِّهِمْ وَهُمْ لَا يَسْتَكْبِرُونَ ۩	
48 الفتح 29	مُّحَمَّدٌ رَّسُولُ اللَّهِ ۚ وَالَّذِينَ مَعَهُ أَشِدَّاءُ عَلَى الْكُفَّارِ رُحَمَاءُ بَيْنَهُمْ ۖ تَرَاهُمْ رُكَّعًا **سُجَّدًا** يَبْتَغُونَ فَضْلًا مِّنَ اللَّهِ وَرِضْوَانًا ۖ سِيمَاهُمْ فِي وُجُوهِهِم مِّنْ أَثَرِ **السُّجُودِ** ۚ ذَٰلِكَ مَثَلُهُمْ فِي التَّوْرَاةِ ۚ وَمَثَلُهُمْ فِي الْإِنجِيلِ كَزَرْعٍ أَخْرَجَ شَطْأَهُ فَآزَرَهُ فَاسْتَغْلَظَ فَاسْتَوَىٰ عَلَىٰ سُوقِهِ يُعْجِبُ الزُّرَّاعَ لِيَغِيظَ بِهِمُ الْكُفَّارَ ۗ وَعَدَ اللَّهُ الَّذِينَ آمَنُوا وَعَمِلُوا الصَّالِحَاتِ مِنْهُم مَّغْفِرَةً وَأَجْرًا عَظِيمًا	
55 الرحمن 6	وَالنَّجْمُ وَالشَّجَرُ **يَسْجُدَانِ**	
سَجَدُوا		
2 البقرة 34	وَإِذْ قُلْنَا لِلْمَلَائِكَةِ اسْجُدُوا لِآدَمَ **فَسَجَدُوا** إِلَّا إِبْلِيسَ أَبَىٰ وَاسْتَكْبَرَ وَكَانَ مِنَ الْكَافِرِينَ	
4 النساء 102	وَإِذَا كُنتَ فِيهِمْ فَأَقَمْتَ لَهُمُ الصَّلَاةَ فَلْتَقُمْ طَائِفَةٌ مِّنْهُم مَّعَكَ وَلْيَأْخُذُوا أَسْلِحَتَهُمْ فَإِذَا **سَجَدُوا** فَلْيَكُونُوا مِن وَرَائِكُمْ وَلْتَأْتِ طَائِفَةٌ أُخْرَىٰ لَمْ يُصَلُّوا	

	فَلْيُصَلُّوا مَعَكَ وَلْيَأْخُذُوا حِذْرَهُمْ وَأَسْلِحَتَهُمْ ۗ وَدَّ الَّذِينَ كَفَرُوا لَوْ تَغْفُلُونَ عَنْ أَسْلِحَتِكُمْ وَأَمْتِعَتِكُمْ فَيَمِيلُونَ عَلَيْكُم مَّيْلَةً وَاحِدَةً ۚ وَلَا جُنَاحَ عَلَيْكُمْ إِن كَانَ بِكُمْ أَذًى مِّن مَّطَرٍ أَوْ كُنتُم مَّرْضَىٰ أَن تَضَعُوا أَسْلِحَتَكُمْ ۖ وَخُذُوا حِذْرَكُمْ ۗ إِنَّ اللَّهَ أَعَدَّ لِلْكَافِرِينَ عَذَابًا مُّهِينًا	
7 الأعراف 11	**وَلَقَدْ خَلَقْنَاكُمْ ثُمَّ صَوَّرْنَاكُمْ ثُمَّ قُلْنَا لِلْمَلَائِكَةِ اسْجُدُوا لِآدَمَ فَسَجَدُوا إِلَّا إِبْلِيسَ لَمْ يَكُن مِّنَ السَّاجِدِينَ**	
	And We have certainly created you, [O Mankind], and given you [human] form. Then We said to the angels, "Prostrate to Adam"; so they prostrated, except for Iblees. He was not of those who **prostrated**.	
17 الإسراء 61	وَإِذْ قُلْنَا لِلْمَلَائِكَةِ **اسْجُدُوا** لِآدَمَ **فَسَجَدُوا** إِلَّا إِبْلِيسَ قَالَ أَأَسْجُدُ لِمَنْ خَلَقْتَ طِينًا	
18 الكهف 50	وَإِذْ قُلْنَا لِلْمَلَائِكَةِ **اسْجُدُوا** لِآدَمَ **فَسَجَدُوا** إِلَّا إِبْلِيسَ كَانَ مِنَ الْجِنِّ فَفَسَقَ عَنْ أَمْرِ رَبِّهِ ۗ أَفَتَتَّخِذُونَهُ وَذُرِّيَّتَهُ أَوْلِيَاءَ مِن دُونِي وَهُمْ لَكُمْ عَدُوٌّ ۚ بِئْسَ لِلظَّالِمِينَ بَدَلًا	
20 طه 116	وَإِذْ قُلْنَا لِلْمَلَائِكَةِ **اسْجُدُوا** لِآدَمَ **فَسَجَدُوا** إِلَّا إِبْلِيسَ أَبَىٰ	
22 الحج 77	يَا أَيُّهَا الَّذِينَ آمَنُوا ارْكَعُوا **وَاسْجُدُوا** وَاعْبُدُوا رَبَّكُمْ وَافْعَلُوا الْخَيْرَ لَعَلَّكُمْ تُفْلِحُونَ ۩	
25 الفرقان 60	وَإِذَا قِيلَ لَهُمُ **اسْجُدُوا** لِلرَّحْمَٰنِ قَالُوا وَمَا الرَّحْمَٰنُ **أَنَسْجُدُ** لِمَا تَأْمُرُنَا وَزَادَهُمْ نُفُورًا ۩	
27 النمل 25	أَلَّا **يَسْجُدُوا** لِلَّهِ الَّذِي يُخْرِجُ الْخَبْءَ فِي السَّمَاوَاتِ وَالْأَرْضِ وَيَعْلَمُ مَا تُخْفُونَ وَمَا تُعْلِنُونَ	
41 فصلت 37	وَمِنْ آيَاتِهِ اللَّيْلُ وَالنَّهَارُ وَالشَّمْسُ وَالْقَمَرُ ۚ لَا **تَسْجُدُوا** لِلشَّمْسِ وَلَا لِلْقَمَرِ **وَاسْجُدُوا** لِلَّهِ الَّذِي خَلَقَهُنَّ إِن كُنتُمْ إِيَّاهُ تَعْبُدُونَ	
53 النجم 62	**فَاسْجُدُوا** لِلَّهِ وَاعْبُدُوا ۩	

	سِجِّيلٍ
11هود 82	فَلَمَّا جَاءَ أَمْرُنَا جَعَلْنَا عَالِيَهَا سَافِلَهَا وَأَمْطَرْنَا عَلَيْهَا حِجَارَةً مِّن **سِجِّيلٍ** مَّنضُودٍ
	So when Our command came, We made the highest part [of the city] its lowest and rained upon them stones of layered hard **clay**, [which were]
15 الحجر 74	فَجَعَلْنَا عَالِيَهَا سَافِلَهَا وَأَمْطَرْنَا عَلَيْهِمْ حِجَارَةً مِّن **سِجِّيلٍ**
105 الفيل 4	تَرْمِيهِم بِحِجَارَةٍ مِّن **سِجِّيلٍ**
	سجن/السِّجْنُ/ السِّجْنَ/ السِّجْنِ
12 يوسف 25	وَاسْتَبَقَا الْبَابَ وَقَدَّتْ قَمِيصَهُ مِن دُبُرٍ وَأَلْفَيَا سَيِّدَهَا لَدَى الْبَابِ ۚ قَالَتْ مَا جَزَاءُ مَنْ أَرَادَ بِأَهْلِكَ سُوءًا إِلَّا أَن **يُسْجَنَ** أَوْ عَذَابٌ أَلِيمٌ
32	قَالَتْ فَذَٰلِكُنَّ الَّذِي لُمْتُنَّنِي فِيهِ ۖ وَلَقَدْ رَاوَدتُّهُ عَن نَّفْسِهِ فَاسْتَعْصَمَ ۖ وَلَئِن لَّمْ يَفْعَلْ مَا آمُرُهُ **لَيُسْجَنَنَّ** وَلَيَكُونًا مِّنَ الصَّاغِرِينَ
33	قَالَ رَبِّ **السِّجْنُ** أَحَبُّ إِلَيَّ مِمَّا يَدْعُونَنِي إِلَيْهِ ۖ وَإِلَّا تَصْرِفْ عَنِّي كَيْدَهُنَّ أَصْبُ إِلَيْهِنَّ وَأَكُن مِّنَ الْجَاهِلِينَ
35	ثُمَّ بَدَا لَهُم مِّن بَعْدِ مَا رَأَوُا الْآيَاتِ **لَيَسْجُنُنَّهُ** حَتَّىٰ حِينٍ
36	وَدَخَلَ مَعَهُ **السِّجْنَ** فَتَيَانِ ۖ قَالَ أَحَدُهُمَا إِنِّي أَرَانِي أَعْصِرُ خَمْرًا ۖ وَقَالَ الْآخَرُ إِنِّي أَرَانِي أَحْمِلُ فَوْقَ رَأْسِي خُبْزًا تَأْكُلُ الطَّيْرُ مِنْهُ ۖ نَبِّئْنَا بِتَأْوِيلِهِ ۖ إِنَّا نَرَاكَ مِنَ الْمُحْسِنِينَ
	And two young men went to **prison** with him. One of them said: I dreamed that I was pressing wine. The other said: I dreamed that I was carrying upon my head bread whereof the birds were eating. Announce unto us the interpretation, for we see thee of those good (at interpretation).
39	يَا صَاحِبَيِ **السِّجْنِ** أَأَرْبَابٌ مُّتَفَرِّقُونَ خَيْرٌ أَمِ اللَّهُ الْوَاحِدُ الْقَهَّارُ

41	يَا صَاحِبَيِ السِّجْنِ أَمَّا أَحَدُكُمَا فَيَسْقِي رَبَّهُ خَمْرًا ۖ وَأَمَّا الْآخَرُ فَيُصْلَبُ فَتَأْكُلُ الطَّيْرُ مِن رَّأْسِهِ ۚ قُضِيَ الْأَمْرُ الَّذِي فِيهِ تَسْتَفْتِيَانِ
42	وَقَالَ لِلَّذِي ظَنَّ أَنَّهُ نَاجٍ مِّنْهُمَا اذْكُرْنِي عِندَ رَبِّكَ فَأَنسَاهُ الشَّيْطَانُ ذِكْرَ رَبِّهِ فَلَبِثَ فِي السِّجْنِ بِضْعَ سِنِينَ
100	وَرَفَعَ أَبَوَيْهِ عَلَى الْعَرْشِ وَخَرُّوا لَهُ سُجَّدًا ۖ وَقَالَ يَا أَبَتِ هَٰذَا تَأْوِيلُ رُؤْيَايَ مِن قَبْلُ قَدْ جَعَلَهَا رَبِّي حَقًّا ۖ وَقَدْ أَحْسَنَ بِي إِذْ أَخْرَجَنِي مِنَ السِّجْنِ وَجَاءَ بِكُم مِّنَ الْبَدْوِ مِن بَعْدِ أَن نَّزَغَ الشَّيْطَانُ بَيْنِي وَبَيْنَ إِخْوَتِي ۚ إِنَّ رَبِّي لَطِيفٌ لِّمَا يَشَاءُ ۚ إِنَّهُ هُوَ الْعَلِيمُ الْحَكِيمُ
	سحاب
2 البقرة 164	إِنَّ فِي خَلْقِ السَّمَاوَاتِ وَالْأَرْضِ وَاخْتِلَافِ اللَّيْلِ وَالنَّهَارِ وَالْفُلْكِ الَّتِي تَجْرِي فِي الْبَحْرِ بِمَا يَنفَعُ النَّاسَ وَمَا أَنزَلَ اللَّهُ مِنَ السَّمَاءِ مِن مَّاءٍ فَأَحْيَا بِهِ الْأَرْضَ بَعْدَ مَوْتِهَا وَبَثَّ فِيهَا مِن كُلِّ دَابَّةٍ وَتَصْرِيفِ الرِّيَاحِ وَالسَّحَابِ الْمُسَخَّرِ بَيْنَ السَّمَاءِ وَالْأَرْضِ لَآيَاتٍ لِّقَوْمٍ يَعْقِلُونَ
7 الأعراف 57	وَهُوَ الَّذِي يُرْسِلُ الرِّيَاحَ بُشْرًا بَيْنَ يَدَيْ رَحْمَتِهِ ۖ حَتَّىٰ إِذَا أَقَلَّتْ سَحَابًا ثِقَالًا سُقْنَاهُ لِبَلَدٍ مَّيِّتٍ فَأَنزَلْنَا بِهِ الْمَاءَ فَأَخْرَجْنَا بِهِ مِن كُلِّ الثَّمَرَاتِ ۚ كَذَٰلِكَ نُخْرِجُ الْمَوْتَىٰ لَعَلَّكُمْ تَذَكَّرُونَ
13 الرعد 12	هُوَ الَّذِي يُرِيكُمُ الْبَرْقَ خَوْفًا وَطَمَعًا وَيُنشِئُ السَّحَابَ الثِّقَالَ
24 النور 40	أَوْ كَظُلُمَاتٍ فِي بَحْرٍ لُّجِّيٍّ يَغْشَاهُ مَوْجٌ مِّن فَوْقِهِ مَوْجٌ مِّن فَوْقِهِ سَحَابٌ ۚ ظُلُمَاتٌ بَعْضُهَا فَوْقَ بَعْضٍ إِذَا أَخْرَجَ يَدَهُ لَمْ يَكَدْ يَرَاهَا ۗ وَمَن لَّمْ يَجْعَلِ اللَّهُ لَهُ نُورًا فَمَا لَهُ مِن نُّورٍ
	Or [the state of a disbeliever] is like the darkness in a vast deep sea, overwhelmed with a great wave topped by a great wave, topped by dark **clouds**, darkness, one above another, if a man stretches out his hand, he can hardly see it! And he for whom Allah has not appointed light, for him there is no light: **(H&K)**
43	أَلَمْ تَرَ أَنَّ اللَّهَ يُزْجِي سَحَابًا ثُمَّ يُؤَلِّفُ بَيْنَهُ ثُمَّ يَجْعَلُهُ رُكَامًا فَتَرَى الْوَدْقَ يَخْرُجُ مِنْ خِلَالِهِ وَيُنَزِّلُ مِنَ السَّمَاءِ مِن جِبَالٍ فِيهَا مِن بَرَدٍ فَيُصِيبُ بِهِ مَن يَشَاءُ وَيَصْرِفُهُ عَن مَّن يَشَاءُ ۖ يَكَادُ سَنَا بَرْقِهِ يَذْهَبُ بِالْأَبْصَارِ

27 النمل 88	وَتَرَى الْجِبَالَ تَحْسَبُهَا جَامِدَةً وَهِيَ تَمُرُّ مَرَّ **السَّحَابِ** ۚ صُنْعَ اللَّهِ الَّذِي أَتْقَنَ كُلَّ شَيْءٍ ۚ إِنَّهُ خَبِيرٌ بِمَا تَفْعَلُونَ
30 الروم 48	اللَّهُ الَّذِي يُرْسِلُ الرِّيَاحَ فَتُثِيرُ **سَحَابًا** فَيَبْسُطُهُ فِي السَّمَاءِ كَيْفَ يَشَاءُ وَيَجْعَلُهُ كِسَفًا فَتَرَى الْوَدْقَ يَخْرُجُ مِنْ خِلَالِهِ ۖ فَإِذَا أَصَابَ بِهِ مَن يَشَاءُ مِنْ عِبَادِهِ إِذَا هُمْ يَسْتَبْشِرُونَ
35 فاطر 9	وَاللَّهُ الَّذِي أَرْسَلَ الرِّيَاحَ فَتُثِيرُ **سَحَابًا** فَسُقْنَاهُ إِلَىٰ بَلَدٍ مَّيِّتٍ فَأَحْيَيْنَا بِهِ الْأَرْضَ بَعْدَ مَوْتِهَا ۚ كَذَٰلِكَ النُّشُورُ
52 الطور 44	وَإِن يَرَوْا كِسْفًا مِّنَ السَّمَاءِ سَاقِطًا يَقُولُوا **سَحَابٌ** مَّرْكُومٌ
	سَحَّارٍ
26 الشعراء 37	يَأْتُوكَ بِكُلِّ **سَحَّارٍ** عَلِيمٍ every learned, skilled magician".
	(سَحَرٍ) الْأَسْحَارِ/ بِالْأَسْحَارِ/ وَبِالْأَسْحَارِ/ بِسَحَرٍ
3 آل عمران 17	الصَّابِرِينَ وَالصَّادِقِينَ وَالْقَانِتِينَ وَالْمُنفِقِينَ وَالْمُسْتَغْفِرِينَ **بِالْأَسْحَارِ**
	The patient, the true, the obedient, those who spend [in the who seek forgiveness before .way of Allah], and those **dawn**
51 الذاريات 18	**وَبِالْأَسْحَارِ** هُمْ يَسْتَغْفِرُونَ
54 القمر 34	إِنَّا أَرْسَلْنَا عَلَيْهِمْ حَاصِبًا إِلَّا آلَ لُوطٍ ۖ نَّجَّيْنَاهُم **بِسَحَرٍ**
	السِّحْرِ
2 البقرة 102	وَاتَّبَعُوا مَا تَتْلُو الشَّيَاطِينُ عَلَىٰ مُلْكِ سُلَيْمَانَ ۖ وَمَا كَفَرَ سُلَيْمَانُ وَلَٰكِنَّ الشَّيَاطِينَ كَفَرُوا يُعَلِّمُونَ النَّاسَ **السِّحْرَ** وَمَا أُنزِلَ عَلَى الْمَلَكَيْنِ بِبَابِلَ هَارُوتَ وَمَارُوتَ ۚ وَمَا يُعَلِّمَانِ مِنْ أَحَدٍ حَتَّىٰ يَقُولَا إِنَّمَا نَحْنُ فِتْنَةٌ فَلَا تَكْفُرْ ۖ فَيَتَعَلَّمُونَ مِنْهُمَا مَا يُفَرِّقُونَ بِهِ بَيْنَ الْمَرْءِ وَزَوْجِهِ ۚ وَمَا هُم

	بِضَارِّينَ بِهِ مِنْ أَحَدٍ إِلَّا بِإِذْنِ اللَّهِ ۚ وَيَتَعَلَّمُونَ مَا يَضُرُّهُمْ وَلَا يَنفَعُهُمْ ۚ وَلَقَدْ عَلِمُوا لَمَنِ اشْتَرَاهُ مَا لَهُ فِي الْآخِرَةِ مِنْ خَلَاقٍ ۚ وَلَبِئْسَ مَا شَرَوْا بِهِ أَنفُسَهُمْ ۚ لَوْ كَانُوا يَعْلَمُونَ	
7 الأعراف 113	وَجَاءَ السَّحَرَةُ فِرْعَوْنَ قَالُوا إِنَّ لَنَا لَأَجْرًا إِن كُنَّا نَحْنُ الْغَالِبِينَ	
120	وَأُلْقِيَ السَّحَرَةُ سَاجِدِينَ	
10 يونس 80	فَلَمَّا جَاءَ السَّحَرَةُ قَالَ لَهُم مُّوسَىٰ أَلْقُوا مَا أَنتُم مُّلْقُونَ	
81	فَلَمَّا أَلْقَوْا قَالَ مُوسَىٰ مَا جِئْتُم بِهِ السِّحْرُ ۖ إِنَّ اللَّهَ سَيُبْطِلُهُ ۖ إِنَّ اللَّهَ لَا يُصْلِحُ عَمَلَ الْمُفْسِدِينَ	
20 طه 70	فَأُلْقِيَ السَّحَرَةُ سُجَّدًا قَالُوا آمَنَّا بِرَبِّ هَارُونَ وَمُوسَىٰ	
71	قَالَ آمَنتُمْ لَهُ قَبْلَ أَنْ آذَنَ لَكُمْ ۖ إِنَّهُ لَكَبِيرُكُمُ الَّذِي عَلَّمَكُمُ السِّحْرَ ۖ فَلَأُقَطِّعَنَّ أَيْدِيَكُمْ وَأَرْجُلَكُم مِّنْ خِلَافٍ وَلَأُصَلِّبَنَّكُمْ فِي جُذُوعِ النَّخْلِ وَلَتَعْلَمُنَّ أَيُّنَا أَشَدُّ عَذَابًا وَأَبْقَىٰ	
	[Pharaoh] said, "You believed him before I gave you permission. Indeed, he is your leader who has taught you **magic**. So I will surely cut off your hands and your feet on opposite sides, and I will crucify you on the trunks of palm trees, and you will surely know which of us is more severe in [giving] punishment and more enduring".	
73	إِنَّا آمَنَّا بِرَبِّنَا لِيَغْفِرَ لَنَا خَطَايَانَا وَمَا أَكْرَهْتَنَا عَلَيْهِ مِنَ السِّحْرِ ۗ وَاللَّهُ خَيْرٌ وَأَبْقَىٰ	
21 الأنبياء 3	لَاهِيَةً قُلُوبُهُمْ ۗ وَأَسَرُّوا النَّجْوَى الَّذِينَ ظَلَمُوا هَلْ هَٰذَا إِلَّا بَشَرٌ مِّثْلُكُمْ ۖ أَفَتَأْتُونَ السِّحْرَ وَأَنتُمْ تُبْصِرُونَ	
26 الشعراء 38	فَجُمِعَ السَّحَرَةُ لِمِيقَاتِ يَوْمٍ مَّعْلُومٍ	
40	لَعَلَّنَا نَتَّبِعُ السَّحَرَةَ إِن كَانُوا هُمُ الْغَالِبِينَ	
41	فَلَمَّا جَاءَ السَّحَرَةُ قَالُوا لِفِرْعَوْنَ أَئِنَّ لَنَا لَأَجْرًا إِن كُنَّا نَحْنُ الْغَالِبِينَ	

46	فَأُلْقِيَ السَّحَرَةُ سَاجِدِينَ
49	قَالَ آمَنتُمْ لَهُ قَبْلَ أَنْ آذَنَ لَكُمْ ۖ إِنَّهُ لَكَبِيرُكُمُ الَّذِي عَلَّمَكُمُ السِّحْرَ فَلَسَوْفَ تَعْلَمُونَ ۚ لَأُقَطِّعَنَّ أَيْدِيَكُمْ وَأَرْجُلَكُم مِّنْ خِلَافٍ وَلَأُصَلِّبَنَّكُمْ أَجْمَعِينَ

سِحْرَانِ

28 القصص 48	فَلَمَّا جَاءَهُمُ الْحَقُّ مِنْ عِندِنَا قَالُوا لَوْلَا أُوتِيَ مِثْلَ مَا أُوتِيَ مُوسَىٰ ۚ أَوَلَمْ يَكْفُرُوا بِمَا أُوتِيَ مُوسَىٰ مِن قَبْلُ ۖ قَالُوا سِحْرَانِ تَظَاهَرَا وَقَالُوا إِنَّا بِكُلٍّ كَافِرُونَ
	But when the truth came to them from Us, they said, "Why was he not given like that which was given to Moses?" Did they not disbelieve in that which was given to Moses before? They said, "[They are but] two works of **magic** supporting each other, and indeed we are, in both, disbelievers".

سِحْرِهِمْ

20 طه 63	قَالُوا إِنْ هَـٰذَانِ لَسَاحِرَانِ يُرِيدَانِ أَن يُخْرِجَاكُم مِّنْ أَرْضِكُم بِسِحْرِهِمَا وَيَذْهَبَا بِطَرِيقَتِكُمُ الْمُثْلَىٰ
66	قَالَ بَلْ أَلْقُوا ۖ فَإِذَا حِبَالُهُمْ وَعِصِيُّهُمْ يُخَيَّلُ إِلَيْهِ مِن سِحْرِهِمْ أَنَّهَا تَسْعَىٰ
	He said, "Rather, you throw." And suddenly their ropes and staffs seemed to him from **their magic** that they were moving [like snakes].

سَحَرُوا

7 الأعراف 116	قَالَ أَلْقُوا ۖ فَلَمَّا أَلْقَوْا سَحَرُوا أَعْيُنَ النَّاسِ وَاسْتَرْهَبُوهُمْ وَجَاءُوا بِسِحْرٍ عَظِيمٍ
	He said, "Throw," and when they threw, they bewitched the eyes of the people and struck terror into them, and they presented a great [feat of] **magic**.

	سَخَّرَ	
2 البقرة 164	إِنَّ فِي خَلْقِ السَّمَاوَاتِ وَالْأَرْضِ وَاخْتِلَافِ اللَّيْلِ وَالنَّهَارِ وَالْفُلْكِ الَّتِي تَجْرِي فِي الْبَحْرِ بِمَا يَنفَعُ النَّاسَ وَمَا أَنزَلَ اللَّهُ مِنَ السَّمَاءِ مِن مَّاءٍ فَأَحْيَا بِهِ الْأَرْضَ بَعْدَ مَوْتِهَا وَبَثَّ فِيهَا مِن كُلِّ دَابَّةٍ وَتَصْرِيفِ الرِّيَاحِ وَالسَّحَابِ الْمُسَخَّرِ بَيْنَ السَّمَاءِ وَالْأَرْضِ لَآيَاتٍ لِّقَوْمٍ يَعْقِلُونَ	
7 الأعراف 54	إِنَّ رَبَّكُمُ اللَّهُ الَّذِي خَلَقَ السَّمَاوَاتِ وَالْأَرْضَ فِي سِتَّةِ أَيَّامٍ ثُمَّ اسْتَوَىٰ عَلَى الْعَرْشِ يُغْشِي اللَّيْلَ النَّهَارَ يَطْلُبُهُ حَثِيثًا وَالشَّمْسَ وَالْقَمَرَ وَالنُّجُومَ مُسَخَّرَاتٍ بِأَمْرِهِ ۗ أَلَا لَهُ الْخَلْقُ وَالْأَمْرُ ۗ تَبَارَكَ اللَّهُ رَبُّ الْعَالَمِينَ	
13 الرعد 2	اللَّهُ الَّذِي رَفَعَ السَّمَاوَاتِ بِغَيْرِ عَمَدٍ تَرَوْنَهَا ۖ ثُمَّ اسْتَوَىٰ عَلَى الْعَرْشِ ۖ وَسَخَّرَ الشَّمْسَ وَالْقَمَرَ ۖ كُلٌّ يَجْرِي لِأَجَلٍ مُّسَمًّى ۚ يُدَبِّرُ الْأَمْرَ يُفَصِّلُ الْآيَاتِ لَعَلَّكُم بِلِقَاءِ رَبِّكُمْ تُوقِنُونَ	
14 ابراهيم 32	اللَّهُ الَّذِي خَلَقَ السَّمَاوَاتِ وَالْأَرْضَ وَأَنزَلَ مِنَ السَّمَاءِ مَاءً فَأَخْرَجَ بِهِ مِنَ الثَّمَرَاتِ رِزْقًا لَّكُمْ ۖ وَسَخَّرَ لَكُمُ الْفُلْكَ لِتَجْرِيَ فِي الْبَحْرِ بِأَمْرِهِ ۖ وَسَخَّرَ لَكُمُ الْأَنْهَارَ	
33	وَسَخَّرَ لَكُمُ الشَّمْسَ وَالْقَمَرَ دَائِبَيْنِ ۖ وَسَخَّرَ لَكُمُ اللَّيْلَ وَالنَّهَارَ	
16 النحل 12	وَسَخَّرَ لَكُمُ اللَّيْلَ وَالنَّهَارَ وَالشَّمْسَ وَالْقَمَرَ ۖ وَالنُّجُومُ مُسَخَّرَاتٌ بِأَمْرِهِ ۗ إِنَّ فِي ذَٰلِكَ لَآيَاتٍ لِّقَوْمٍ يَعْقِلُونَ	
14	وَهُوَ الَّذِي سَخَّرَ الْبَحْرَ لِتَأْكُلُوا مِنْهُ لَحْمًا طَرِيًّا وَتَسْتَخْرِجُوا مِنْهُ حِلْيَةً تَلْبَسُونَهَا وَتَرَى الْفُلْكَ مَوَاخِرَ فِيهِ وَلِتَبْتَغُوا مِن فَضْلِهِ وَلَعَلَّكُمْ تَشْكُرُونَ	
79	أَلَمْ يَرَوْا إِلَى الطَّيْرِ مُسَخَّرَاتٍ فِي جَوِّ السَّمَاءِ مَا يُمْسِكُهُنَّ إِلَّا اللَّهُ ۗ إِنَّ فِي ذَٰلِكَ لَآيَاتٍ لِّقَوْمٍ يُؤْمِنُونَ	
21 الأنبياء 79	فَفَهَّمْنَاهَا سُلَيْمَانَ ۚ وَكُلًّا آتَيْنَا حُكْمًا وَعِلْمًا ۚ وَسَخَّرْنَا مَعَ دَاوُودَ الْجِبَالَ يُسَبِّحْنَ وَالطَّيْرَ ۚ وَكُنَّا فَاعِلِينَ	
22 الحج 36	وَالْبُدْنَ جَعَلْنَاهَا لَكُم مِّن شَعَائِرِ اللَّهِ لَكُمْ فِيهَا خَيْرٌ ۖ فَاذْكُرُوا اسْمَ اللَّهِ عَلَيْهَا صَوَافَّ ۖ فَإِذَا وَجَبَتْ جُنُوبُهَا فَكُلُوا مِنْهَا وَأَطْعِمُوا الْقَانِعَ وَالْمُعْتَرَّ ۚ كَذَٰلِكَ سَخَّرْنَاهَا لَكُمْ لَعَلَّكُمْ تَشْكُرُونَ	
37	لَن يَنَالَ اللَّهَ لُحُومُهَا وَلَا دِمَاؤُهَا وَلَٰكِن يَنَالُهُ التَّقْوَىٰ مِنكُمْ ۚ كَذَٰلِكَ سَخَّرَهَا لَكُمْ لِتُكَبِّرُوا اللَّهَ عَلَىٰ مَا هَدَاكُمْ ۗ وَبَشِّرِ الْمُحْسِنِينَ	

65	أَلَمْ تَرَ أَنَّ اللَّهَ **سَخَّرَ** لَكُم مَّا فِي الْأَرْضِ وَالْفُلْكَ تَجْرِي فِي الْبَحْرِ بِأَمْرِهِ وَيُمْسِكُ السَّمَاءَ أَن تَقَعَ عَلَى الْأَرْضِ إِلَّا بِإِذْنِهِ ۗ إِنَّ اللَّهَ بِالنَّاسِ لَرَءُوفٌ رَّحِيمٌ
	Do you not see that Allah has **subjected** to you whatever is on the earth and the ships which run through the sea by His command? And He restrains the sky from falling upon the earth, unless by His permission. Indeed Allah, to the people, is Kind and Merciful.
29 العنكبوت 61	وَلَئِن سَأَلْتَهُم مَّنْ خَلَقَ السَّمَاوَاتِ وَالْأَرْضَ **وَسَخَّرَ** الشَّمْسَ وَالْقَمَرَ لَيَقُولُنَّ اللَّهُ ۖ فَأَنَّىٰ يُؤْفَكُونَ
31 لقمان 20	أَلَمْ تَرَوْا أَنَّ اللَّهَ **سَخَّرَ** لَكُم مَّا فِي السَّمَاوَاتِ وَمَا فِي الْأَرْضِ وَأَسْبَغَ عَلَيْكُمْ نِعَمَهُ ظَاهِرَةً وَبَاطِنَةً ۗ وَمِنَ النَّاسِ مَن يُجَادِلُ فِي اللَّهِ بِغَيْرِ عِلْمٍ وَلَا هُدًى وَلَا كِتَابٍ مُّنِيرٍ
29	أَلَمْ تَرَ أَنَّ اللَّهَ يُولِجُ اللَّيْلَ فِي النَّهَارِ وَيُولِجُ النَّهَارَ فِي اللَّيْلِ **وَسَخَّرَ** الشَّمْسَ وَالْقَمَرَ كُلٌّ يَجْرِي إِلَىٰ أَجَلٍ مُّسَمًّى وَأَنَّ اللَّهَ بِمَا تَعْمَلُونَ خَبِيرٌ
35 فاطر 13	يُولِجُ اللَّيْلَ فِي النَّهَارِ وَيُولِجُ النَّهَارَ فِي اللَّيْلِ **وَسَخَّرَ** الشَّمْسَ وَالْقَمَرَ كُلٌّ يَجْرِي لِأَجَلٍ مُّسَمًّى ۚ ذَٰلِكُمُ اللَّهُ رَبُّكُمْ لَهُ الْمُلْكُ ۚ وَالَّذِينَ تَدْعُونَ مِن دُونِهِ مَا يَمْلِكُونَ مِن قِطْمِيرٍ
38 ص 18	إِنَّا **سَخَّرْنَا** الْجِبَالَ مَعَهُ يُسَبِّحْنَ بِالْعَشِيِّ وَالْإِشْرَاقِ
	Indeed, We **subjected** the mountains [to praise] with him, exalting [Allah] in the [late] afternoon and [after] sunrise.
36	**فَسَخَّرْنَا** لَهُ الرِّيحَ تَجْرِي بِأَمْرِهِ رُخَاءً حَيْثُ أَصَابَ
39 الزمر 5	خَلَقَ السَّمَاوَاتِ وَالْأَرْضَ بِالْحَقِّ ۖ يُكَوِّرُ اللَّيْلَ عَلَى النَّهَارِ وَيُكَوِّرُ النَّهَارَ عَلَى اللَّيْلِ ۖ **وَسَخَّرَ** الشَّمْسَ وَالْقَمَرَ ۖ كُلٌّ يَجْرِي لِأَجَلٍ مُّسَمًّى ۗ أَلَا هُوَ الْعَزِيزُ الْغَفَّارُ
43 الزخرف 13	لِتَسْتَوُوا عَلَىٰ ظُهُورِهِ ثُمَّ تَذْكُرُوا نِعْمَةَ رَبِّكُمْ إِذَا اسْتَوَيْتُمْ عَلَيْهِ وَتَقُولُوا سُبْحَانَ الَّذِي **سَخَّرَ** لَنَا هَٰذَا وَمَا كُنَّا لَهُ مُقْرِنِينَ

45 الجاثية 12	اللَّهُ الَّذِي سَخَّرَ لَكُمُ الْبَحْرَ لِتَجْرِيَ الْفُلْكُ فِيهِ بِأَمْرِهِ وَلِتَبْتَغُوا مِن فَضْلِهِ وَلَعَلَّكُمْ تَشْكُرُونَ	
13	وَسَخَّرَ لَكُم مَّا فِي السَّمَاوَاتِ وَمَا فِي الْأَرْضِ جَمِيعًا مِّنْهُ ۚ إِنَّ فِي ذَٰلِكَ لَآيَاتٍ لِّقَوْمٍ يَتَفَكَّرُونَ	
69 الحاقة 7	سَخَّرَهَا عَلَيْهِمْ سَبْعَ لَيَالٍ وَثَمَانِيَةَ أَيَّامٍ حُسُومًا فَتَرَى الْقَوْمَ فِيهَا صَرْعَىٰ كَأَنَّهُمْ أَعْجَازُ نَخْلٍ خَاوِيَةٍ	

سَخِرَ (سِخْرِيًّا)

2 البقرة 212	زُيِّنَ لِلَّذِينَ كَفَرُوا الْحَيَاةُ الدُّنْيَا **وَيَسْخَرُونَ** مِنَ الَّذِينَ آمَنُوا ۘ وَالَّذِينَ اتَّقَوْا فَوْقَهُمْ يَوْمَ الْقِيَامَةِ ۗ وَاللَّهُ يَرْزُقُ مَن يَشَاءُ بِغَيْرِ حِسَابٍ	
6 الأنعام 10	وَلَقَدِ اسْتُهْزِئَ بِرُسُلٍ مِّن قَبْلِكَ فَحَاقَ بِالَّذِينَ **سَخِرُوا** مِنْهُم مَّا كَانُوا بِهِ يَسْتَهْزِئُونَ	
9 التوبة 79	الَّذِينَ يَلْمِزُونَ الْمُطَّوِّعِينَ مِنَ الْمُؤْمِنِينَ فِي الصَّدَقَاتِ وَالَّذِينَ لَا يَجِدُونَ إِلَّا جُهْدَهُمْ **فَيَسْخَرُونَ** مِنْهُمْ ۙ **سَخِرَ اللَّهُ** مِنْهُمْ وَلَهُمْ عَذَابٌ أَلِيمٌ	
	Those who criticize the contributors among the believers concerning [their] charities and [criticize] the ones who find nothing [to spend] except their effort, so they **ridicule them** - **Allah will ridicule them**, and they will have a painful punishment.	
11 هود 38	وَيَصْنَعُ الْفُلْكَ وَكُلَّمَا مَرَّ عَلَيْهِ مَلَأٌ مِّن قَوْمِهِ **سَخِرُوا** مِنْهُ ۚ قَالَ إِن **تَسْخَرُوا** مِنَّا فَإِنَّا **نَسْخَرُ** مِنكُمْ كَمَا **تَسْخَرُونَ**	
21 الأنبياء 41	وَلَقَدِ اسْتُهْزِئَ بِرُسُلٍ مِّن قَبْلِكَ فَحَاقَ بِالَّذِينَ **سَخِرُوا** مِنْهُم مَّا كَانُوا بِهِ يَسْتَهْزِئُونَ	
23 المؤمنون 110	فَاتَّخَذْتُمُوهُمْ **سِخْرِيًّا** حَتَّىٰ أَنسَوْكُمْ ذِكْرِي وَكُنتُم مِّنْهُمْ تَضْحَكُونَ	
	But you took them **in mockery** to the point that they made you forget My remembrance, and you used to laugh at them.	

37 الصافات 12	بَلْ عَجِبْتَ وَيَسْخَرُونَ	
14	وَإِذَا رَأَوْا آيَةً يَسْتَسْخِرُونَ	
	And when they see a sign, they ridicule	
38 ص 63	أَتَّخَذْنَاهُمْ سِخْرِيًّا أَمْ زَاغَتْ عَنْهُمُ الْأَبْصَارُ	
43 الزخرف 32	أَهُمْ يَقْسِمُونَ رَحْمَتَ رَبِّكَ ۚ نَحْنُ قَسَمْنَا بَيْنَهُم مَّعِيشَتَهُمْ فِي الْحَيَاةِ الدُّنْيَا ۚ وَرَفَعْنَا بَعْضَهُمْ فَوْقَ بَعْضٍ دَرَجَاتٍ لِّيَتَّخِذَ بَعْضُهُم بَعْضًا سُخْرِيًّا ۗ وَرَحْمَتُ رَبِّكَ خَيْرٌ مِّمَّا يَجْمَعُونَ	
49 الحجرات 11	يَا أَيُّهَا الَّذِينَ آمَنُوا لَا يَسْخَرْ قَوْمٌ مِّن قَوْمٍ عَسَىٰ أَن يَكُونُوا خَيْرًا مِّنْهُمْ وَلَا نِسَاءٌ مِّن نِّسَاءٍ عَسَىٰ أَن يَكُنَّ خَيْرًا مِّنْهُنَّ ۖ وَلَا تَلْمِزُوا أَنفُسَكُمْ وَلَا تَنَابَزُوا بِالْأَلْقَابِ ۖ بِئْسَ الِاسْمُ الْفُسُوقُ بَعْدَ الْإِيمَانِ ۚ وَمَن لَّمْ يَتُبْ فَأُولَٰئِكَ هُمُ الظَّالِمُونَ	
	سَدًّا	
18 الكهف 94	قَالُوا يَا ذَا الْقَرْنَيْنِ إِنَّ يَأْجُوجَ وَمَأْجُوجَ مُفْسِدُونَ فِي الْأَرْضِ فَهَلْ نَجْعَلُ لَكَ خَرْجًا عَلَىٰ أَن تَجْعَلَ بَيْنَنَا وَبَيْنَهُمْ سَدًّا	
36 يس 9	وَجَعَلْنَا مِن بَيْنِ أَيْدِيهِمْ سَدًّا وَمِنْ خَلْفِهِمْ سَدًّا فَأَغْشَيْنَاهُمْ فَهُمْ لَا يُبْصِرُونَ	
	And We have put before them **a barrier** and behind them **a barrier** and covered them, so they do not see.	
	سُرُرٍ	
15 الحجر 47	وَنَزَعْنَا مَا فِي صُدُورِهِم مِّنْ غِلٍّ إِخْوَانًا عَلَىٰ سُرُرٍ مُّتَقَابِلِينَ	
37 الصافات 44	عَلَىٰ سُرُرٍ مُّتَقَابِلِينَ	
43 الزخرف	وَلِبُيُوتِهِمْ أَبْوَابًا وَسُرُرًا عَلَيْهَا يَتَّكِئُونَ	

34	
52 الطور 20	مُتَّكِئِينَ عَلَىٰ سُرُرٍ مَّصْفُوفَةٍ ۖ وَزَوَّجْنَاهُم بِحُورٍ عِينٍ
	They will be reclining on **thrones** lined up, and We will marry them to fair women with large, [beautiful] eyes.
56 الواقعة 15	عَلَىٰ سُرُرٍ مَّوْضُونَةٍ
88 الغاشية 13	فِيهَا سُرُرٌ مَّرْفُوعَةٌ
	سِرَّكُمْ
6 الأنعام 3	وَهُوَ اللَّهُ فِي السَّمَاوَاتِ وَفِي الْأَرْضِ ۖ يَعْلَمُ سِرَّكُمْ وَجَهْرَكُمْ وَيَعْلَمُ مَا تَكْسِبُونَ
	And He is Allah, [the only deity] in the heavens and the earth. He knows **your secret** and what you make public, and He knows that which you earn.
	سُطِحَتْ And at the earth - how it is **spread out**?
88 الغاشية 20	وَإِلَى الْأَرْضِ كَيْفَ سُطِحَتْ
	سَفَاهَةٍ
7 الأعراف 66	قَالَ الْمَلَأُ الَّذِينَ كَفَرُوا مِن قَوْمِهِ إِنَّا لَنَرَاكَ فِي سَفَاهَةٍ وَإِنَّا لَنَظُنُّكَ مِنَ الْكَاذِبِينَ
67	قَالَ يَا قَوْمِ لَيْسَ بِي سَفَاهَةٌ وَلَٰكِنِّي رَسُولٌ مِّن رَّبِّ الْعَالَمِينَ
	[Hud] said, "O my people, there is not **foolishness** in me, but I am a messenger from the Lord of the worlds".
	سَفِهَ/ السُّفَهَاءُ/سَفَهًا

2 البقرة 13	وَإِذَا قِيلَ لَهُمْ آمِنُوا كَمَا آمَنَ النَّاسُ قَالُوا أَنُؤْمِنُ كَمَا آمَنَ **السُّفَهَاءُ** ۗ أَلَا إِنَّهُمْ هُمُ **السُّفَهَاءُ** وَلَٰكِن لَّا يَعْلَمُونَ	
130	وَمَن يَرْغَبُ عَن مِّلَّةِ إِبْرَاهِيمَ إِلَّا مَن **سَفِهَ** نَفْسَهُ ۚ وَلَقَدِ اصْطَفَيْنَاهُ فِي الدُّنْيَا ۖ وَإِنَّهُ فِي الْآخِرَةِ لَمِنَ الصَّالِحِينَ	
142	۞ سَيَقُولُ **السُّفَهَاءُ** مِنَ النَّاسِ مَا وَلَّاهُمْ عَن قِبْلَتِهِمُ الَّتِي كَانُوا عَلَيْهَا ۚ قُل لِّلَّهِ الْمَشْرِقُ وَالْمَغْرِبُ ۚ يَهْدِي مَن يَشَاءُ إِلَىٰ صِرَاطٍ مُّسْتَقِيمٍ	
	The foolish among the people will say, "What has turned them away from their qiblah, which they used to face?" Say, "To Allah belongs the east and the west. He guides whom He wills to a straight path."	
4 النساء 5	وَلَا تُؤْتُوا **السُّفَهَاءَ** أَمْوَالَكُمُ الَّتِي جَعَلَ اللَّهُ لَكُمْ قِيَامًا وَارْزُقُوهُمْ فِيهَا **وَاكْسُوهُمْ** وَقُولُوا لَهُمْ قَوْلًا مَّعْرُوفًا	
6 الأنعام 140	قَدْ خَسِرَ الَّذِينَ قَتَلُوا أَوْلَادَهُمْ **سَفَهًا** بِغَيْرِ عِلْمٍ وَحَرَّمُوا مَا رَزَقَهُمُ اللَّهُ افْتِرَاءً عَلَى اللَّهِ ۚ قَدْ ضَلُّوا وَمَا كَانُوا مُهْتَدِينَ	
	Those will have lost who killed their children in **foolishness** without knowledge and prohibited what Allah had provided for them, inventing untruth about Allah. They have gone astray and were not [rightly] guided.	
7 الأعراف 155	وَاخْتَارَ مُوسَىٰ قَوْمَهُ سَبْعِينَ رَجُلًا لِّمِيقَاتِنَا ۖ فَلَمَّا أَخَذَتْهُمُ الرَّجْفَةُ قَالَ رَبِّ لَوْ شِئْتَ أَهْلَكْتَهُم مِّن قَبْلُ وَإِيَّايَ ۖ أَتُهْلِكُنَا بِمَا فَعَلَ **السُّفَهَاءُ** مِنَّا ۖ إِنْ هِيَ إِلَّا فِتْنَتُكَ تُضِلُّ بِهَا مَن تَشَاءُ وَتَهْدِي مَن تَشَاءُ ۖ أَنتَ وَلِيُّنَا فَاغْفِرْ لَنَا وَارْحَمْنَا ۖ وَأَنتَ خَيْرُ الْغَافِرِينَ	

سَفِيهًا

2 البقرة 282	يَا أَيُّهَا الَّذِينَ آمَنُوا إِذَا تَدَايَنتُم بِدَيْنٍ إِلَىٰ أَجَلٍ مُّسَمًّى فَاكْتُبُوهُ ۚ وَلْيَكْتُب بَّيْنَكُمْ كَاتِبٌ بِالْعَدْلِ ۚ وَلَا يَأْبَ كَاتِبٌ أَن يَكْتُبَ كَمَا عَلَّمَهُ اللَّهُ ۚ فَلْيَكْتُبْ وَلْيُمْلِلِ الَّذِي عَلَيْهِ الْحَقُّ وَلْيَتَّقِ اللَّهَ رَبَّهُ وَلَا يَبْخَسْ مِنْهُ شَيْئًا ۚ فَإِن كَانَ الَّذِي عَلَيْهِ الْحَقُّ **سَفِيهًا** أَوْ ضَعِيفًا أَوْ لَا يَسْتَطِيعُ أَن يُمِلَّ هُوَ فَلْيُمْلِلْ وَلِيُّهُ بِالْعَدْلِ ۚ وَاسْتَشْهِدُوا شَهِيدَيْنِ مِن رِّجَالِكُمْ ۖ فَإِن لَّمْ يَكُونَا رَجُلَيْنِ فَرَجُلٌ وَامْرَأَتَانِ مِمَّن تَرْضَوْنَ مِنَ الشُّهَدَاءِ أَن تَضِلَّ إِحْدَاهُمَا فَتُذَكِّرَ إِحْدَاهُمَا الْأُخْرَىٰ ۚ وَلَا يَأْبَ الشُّهَدَاءُ إِذَا مَا دُعُوا ۚ وَلَا تَسْأَمُوا أَن تَكْتُبُوهُ صَغِيرًا أَوْ كَبِيرًا إِلَىٰ أَجَلِهِ ۚ ذَٰلِكُمْ أَقْسَطُ عِندَ اللَّهِ وَأَقْوَمُ لِلشَّهَادَةِ وَأَدْنَىٰ	

أَلَّا تَرْتَابُوا ۖ إِلَّا أَن تَكُونَ تِجَارَةً حَاضِرَةً تُدِيرُونَهَا بَيْنَكُمْ فَلَيْسَ عَلَيْكُمْ جُنَاحٌ أَلَّا تَكْتُبُوهَا ۗ وَأَشْهِدُوا إِذَا تَبَايَعْتُمْ ۚ وَلَا يُضَارَّ كَاتِبٌ وَلَا شَهِيدٌ ۚ وَإِن تَفْعَلُوا فَإِنَّهُ فُسُوقٌ بِكُمْ ۗ وَاتَّقُوا اللَّهَ ۖ وَيُعَلِّمُكُمُ اللَّهُ ۗ وَاللَّهُ بِكُلِّ شَيْءٍ عَلِيمٌ

O you who have believed, when you contract a debt for a specified term, write it down. And let a scribe write [it] between you in justice. Let no scribe refuse to write as Allah has taught him. So let him write and let the one who has the obligation dictate. And let him fear Allah, his Lord, and not leave anything out of it. But if the one who has the obligation is **of limited understanding** or weak or unable to dictate himself, then let his guardian dictate in justice. And bring to witness two witnesses from among your men. And if there are not two men [available], then a man and two women from those whom you accept as witnesses - so that if one of the women errs, then the other can remind her. And let not the witnesses refuse when they are called upon. And do not be [too] weary to write it, whether it is small or large, for its [specified] term. That is more just in the sight of Allah and stronger as evidence and more likely to prevent doubt between you, except when it is an immediate transaction which you conduct among yourselves. For [then] there is no blame upon you if you do not write it. And take witnesses when you conclude a contract. Let no scribe be harmed or any witness. For if you do so, indeed, it is [grave] disobedience in you. And fear Allah. And Allah teaches you. And Allah is Knowing of all things.

سَفِيهُنَا

And that our foolish one has been saying about Allah an excessive transgression.

72 الجن 4		وَأَنَّهُ كَانَ يَقُولُ سَفِيهُنَا عَلَى اللَّهِ شَطَطًا

	سِقَايَةَ
9 التوبة 19	۞ أَجَعَلْتُمْ **سِقَايَةَ** الْحَاجِّ وَعِمَارَةَ الْمَسْجِدِ الْحَرَامِ كَمَنْ آمَنَ بِاللَّهِ وَالْيَوْمِ الْآخِرِ وَجَاهَدَ فِي سَبِيلِ اللَّهِ ۚ لَا يَسْتَوُونَ عِندَ اللَّهِ ۗ وَاللَّهُ لَا يَهْدِي الْقَوْمَ الظَّالِمِينَ
	Have you made the **providing** of water for the pilgrim and the maintenance of al-Masjid al-Haram equal to [the deeds of] one who believes in Allah and the Last Day and strives in the cause of Allah? They are not equal in the sight of Allah. And Allah does not guide the wrongdoing people
12 يوسف 70	فَلَمَّا جَهَّزَهُم بِجَهَازِهِمْ جَعَلَ **السِّقَايَةَ** فِي رَحْلِ أَخِيهِ ثُمَّ أَذَّنَ مُؤَذِّنٌ أَيَّتُهَا الْعِيرُ إِنَّكُمْ لَسَارِقُونَ
	سَقَرَ **The Day they are dragged into the Fire on their faces [it will be said], "Taste the touch of Saqar (** hell. **).**
54 القمر 48	يَوْمَ يُسْحَبُونَ فِي النَّارِ عَلَىٰ وُجُوهِهِمْ ذُوقُوا مَسَّ **سَقَرَ**
74 المدثر 26	سَأُصْلِيهِ **سَقَرَ**
27	وَمَا أَدْرَاكَ مَا **سَقَرُ**
42	مَا سَلَكَكُمْ فِي **سَقَرَ**
	سقط /سُقِطَ
6 الأنعام 59	۞ وَعِندَهُ مَفَاتِحُ الْغَيْبِ لَا يَعْلَمُهَا إِلَّا هُوَ ۚ وَيَعْلَمُ مَا فِي الْبَرِّ وَالْبَحْرِ ۚ وَمَا **تَسْقُطُ** مِن وَرَقَةٍ إِلَّا يَعْلَمُهَا وَلَا حَبَّةٍ فِي ظُلُمَاتِ الْأَرْضِ وَلَا رَطْبٍ وَلَا يَابِسٍ إِلَّا فِي كِتَابٍ مُّبِينٍ
7 الأعراف 149	وَلَمَّا **سُقِطَ** فِي أَيْدِيهِمْ وَرَأَوْا أَنَّهُمْ قَدْ ضَلُّوا قَالُوا لَئِن لَّمْ يَرْحَمْنَا رَبُّنَا وَيَغْفِرْ لَنَا لَنَكُونَنَّ مِنَ الْخَاسِرِينَ
	And when **regret overcame** them and they saw that they had gone astray, they said, "If our Lord does not have

	mercy upon us and forgive us, we will surely be among the losers."
الإسراء 17 92	أَوْ **تُسْقِطَ** السَّمَاءَ كَمَا زَعَمْتَ عَلَيْنَا كِسَفًا أَوْ تَأْتِيَ بِاللَّهِ وَالْمَلَائِكَةِ قَبِيلًا
الشعراء 26 187	**فَأَسْقِطْ** عَلَيْنَا كِسَفًا مِّنَ السَّمَاءِ إِن كُنتَ مِنَ الصَّادِقِينَ
سبإ 34 9	أَفَلَمْ يَرَوْا إِلَىٰ مَا بَيْنَ أَيْدِيهِمْ وَمَا خَلْفَهُم مِّنَ السَّمَاءِ وَالْأَرْضِ ۚ إِن نَّشَأْ نَخْسِفْ بِهِمُ الْأَرْضَ أَوْ **نُسْقِطْ** عَلَيْهِمْ كِسَفًا مِّنَ السَّمَاءِ ۚ إِنَّ فِي ذَٰلِكَ لَآيَةً لِّكُلِّ عَبْدٍ مُّنِيبٍ
	سَقَطُوا
التوبة 9 49	وَمِنْهُم مَّن يَقُولُ ائْذَن لِّي وَلَا تَفْتِنِّي ۚ أَلَا فِي الْفِتْنَةِ **سَقَطُوا** ۗ وَإِنَّ جَهَنَّمَ لَمُحِيطَةٌ بِالْكَافِرِينَ
	And among them is he who says, "Permit me [to remain at home] and do not put me to trial." Unquestionably, into trial they **have fallen**. And indeed, Hell will encompass the disbelievers.
	سَقْفًا
الأنبياء 21 32	وَجَعَلْنَا السَّمَاءَ **سَقْفًا** مَّحْفُوظًا ۖ وَهُمْ عَنْ آيَاتِهَا مُعْرِضُونَ
الزخرف 43 33	وَلَوْلَا أَن يَكُونَ النَّاسُ أُمَّةً وَاحِدَةً لَّجَعَلْنَا لِمَن يَكْفُرُ بِالرَّحْمَٰنِ لِبُيُوتِهِمْ **سُقُفًا** مِّن فِضَّةٍ وَمَعَارِجَ عَلَيْهَا يَظْهَرُونَ
	And if it were not that the people would become one community [of disbelievers], We would have made for those who disbelieve in the Most Merciful - for their houses - **ceilings** and stairways of silver upon which to mount

	سُقْنَاهُ
7 الأعراف 57	وَهُوَ الَّذِي يُرْسِلُ الرِّيَاحَ بُشْرًا بَيْنَ يَدَيْ رَحْمَتِهِ ۖ حَتَّىٰ إِذَا أَقَلَّتْ سَحَابًا ثِقَالًا **سُقْنَاهُ** لِبَلَدٍ مَّيِّتٍ فَأَنزَلْنَا بِهِ الْمَاءَ فَأَخْرَجْنَا بِهِ مِن كُلِّ الثَّمَرَاتِ ۚ كَذَٰلِكَ نُخْرِجُ الْمَوْتَىٰ لَعَلَّكُمْ تَذَكَّرُونَ
	And it is He who sends the winds as good tidings before His mercy until, when they have carried heavy rainclouds, We **drive them** to a dead land and We send down rain therein and bring forth thereby [some] of all the fruits. Thus will We bring forth the dead; perhaps you may be reminded.
35 فاطر 9	وَاللَّهُ الَّذِي أَرْسَلَ الرِّيَاحَ فَتُثِيرُ سَحَابًا **فَسُقْنَاهُ** إِلَىٰ بَلَدٍ مَّيِّتٍ فَأَحْيَيْنَا بِهِ الْأَرْضَ بَعْدَ مَوْتِهَا ۚ كَذَٰلِكَ النُّشُورُ
	And it is Allah who sends the winds, and they stir the clouds, and We **drive them** to a dead land and give life thereby to the earth after its lifelessness. Thus is the resurrection.
	سَقَيْتَ
28 القصص 25	فَجَاءَتْهُ إِحْدَاهُمَا تَمْشِي عَلَى اسْتِحْيَاءٍ قَالَتْ إِنَّ أَبِي يَدْعُوكَ لِيَجْزِيَكَ أَجْرَ مَا **سَقَيْتَ** لَنَا ۚ فَلَمَّا جَاءَهُ وَقَصَّ عَلَيْهِ الْقَصَصَ قَالَ لَا تَخَفْ ۖ نَجَوْتَ مِنَ الْقَوْمِ الظَّالِمِينَ
	Then one of the two women came to him walking with shyness. She said, "Indeed, my father invites you that he may reward you **for having watered for us**." So when he came to him and related to him the story, he said, "Fear not. ".You have escaped from the wrongdoing people
	سَقِيمٌ But We threw him onto the open shore while he was **ill.**
37 الصافات 89	فَقَالَ إِنِّي **سَقِيمٌ**
145	۞ فَنَبَذْنَاهُ بِالْعَرَاءِ وَهُوَ **سَقِيمٌ**

	سُكَارَىٰ	
4 النساء 43	يَا أَيُّهَا الَّذِينَ آمَنُوا لَا تَقْرَبُوا الصَّلَاةَ وَأَنتُمْ **سُكَارَىٰ** حَتَّىٰ تَعْلَمُوا مَا تَقُولُونَ وَلَا جُنُبًا إِلَّا عَابِرِي سَبِيلٍ حَتَّىٰ تَغْتَسِلُوا ۚ وَإِن كُنتُم مَّرْضَىٰ أَوْ عَلَىٰ سَفَرٍ أَوْ جَاءَ أَحَدٌ مِّنكُم مِّنَ الْغَائِطِ أَوْ لَامَسْتُمُ النِّسَاءَ فَلَمْ تَجِدُوا مَاءً فَتَيَمَّمُوا صَعِيدًا طَيِّبًا فَامْسَحُوا بِوُجُوهِكُمْ وَأَيْدِيكُمْ ۗ إِنَّ اللَّهَ كَانَ عَفُوًّا غَفُورًا	
22 الحج 2	يَوْمَ تَرَوْنَهَا تَذْهَلُ كُلُّ مُرْضِعَةٍ عَمَّا أَرْضَعَتْ وَتَضَعُ كُلُّ ذَاتِ حَمْلٍ حَمْلَهَا وَتَرَى النَّاسَ **سُكَارَىٰ** وَمَا هُم **بِسُكَارَىٰ** وَلَٰكِنَّ عَذَابَ اللَّهِ شَدِيدٌ	
	On the Day you see it every nursing mother will be distracted from that [child] she was nursing, and every pregnant woman will abort her pregnancy, and you will see the people [appearing] **intoxicated** while they are **not intoxicated**; but the punishment of Allah is severe.	
	سكرت/ سَكَرًا/ سَكْرَةُ	
15 الحجر 15	لَقَالُوا إِنَّمَا **سُكِّرَتْ** أَبْصَارُنَا بَلْ نَحْنُ قَوْمٌ مَّسْحُورُونَ	
16 النحل 67	وَمِن ثَمَرَاتِ النَّخِيلِ وَالْأَعْنَابِ تَتَّخِذُونَ مِنْهُ **سَكَرًا** وَرِزْقًا حَسَنًا ۗ إِنَّ فِي ذَٰلِكَ لَآيَةً لِّقَوْمٍ يَعْقِلُونَ	
50 ق 19	وَجَاءَتْ **سَكْرَةُ** الْمَوْتِ بِالْحَقِّ ۖ ذَٰلِكَ مَا كُنتَ مِنْهُ تَحِيدُ	
	And the **intoxication** of death will bring the truth; that is what you were trying to avoid.	
	سَكْرَتِهِمْ	
	By your life, [O Muhammad], indeed they were, in their **intoxication**, wandering blindly.	
15 الحجر 72	لَعَمْرُكَ إِنَّهُمْ لَفِي **سَكْرَتِهِمْ** يَعْمَهُونَ	

	السلام
4 النساء 94	يَا أَيُّهَا الَّذِينَ آمَنُوا إِذَا ضَرَبْتُمْ فِي سَبِيلِ اللَّهِ فَتَبَيَّنُوا وَلَا تَقُولُوا لِمَنْ أَلْقَىٰ إِلَيْكُمُ **السَّلَامَ** لَسْتَ مُؤْمِنًا تَبْتَغُونَ عَرَضَ الْحَيَاةِ الدُّنْيَا فَعِندَ اللَّهِ مَغَانِمُ كَثِيرَةٌ ۚ كَذَٰلِكَ كُنتُم مِّن قَبْلُ فَمَنَّ اللَّهُ عَلَيْكُمْ فَتَبَيَّنُوا ۚ إِنَّ اللَّهَ كَانَ بِمَا تَعْمَلُونَ خَبِيرًا
5 المائدة 16	يَهْدِي بِهِ اللَّهُ مَنِ اتَّبَعَ رِضْوَانَهُ سُبُلَ **السَّلَامِ** وَيُخْرِجُهُم مِّنَ الظُّلُمَاتِ إِلَى النُّورِ بِإِذْنِهِ وَيَهْدِيهِمْ إِلَىٰ صِرَاطٍ مُّسْتَقِيمٍ
6 الأنعام 127	۞ لَهُمْ دَارُ **السَّلَامِ** عِندَ رَبِّهِمْ ۖ وَهُوَ وَلِيُّهُم بِمَا كَانُوا يَعْمَلُونَ
10 يونس 25	وَاللَّهُ يَدْعُو إِلَىٰ دَارِ **السَّلَامِ** وَيَهْدِي مَن يَشَاءُ إِلَىٰ صِرَاطٍ مُّسْتَقِيمٍ
19 مريم 33	وَ**السَّلَامُ** عَلَيَّ يَوْمَ وُلِدتُّ وَيَوْمَ أَمُوتُ وَيَوْمَ أُبْعَثُ حَيًّا
20 طه 47	فَأْتِيَاهُ فَقُولَا إِنَّا رَسُولَا رَبِّكَ فَأَرْسِلْ مَعَنَا بَنِي إِسْرَائِيلَ وَلَا تُعَذِّبْهُمْ ۖ قَدْ جِئْنَاكَ بِآيَةٍ مِّن رَّبِّكَ ۖ وَ**السَّلَامُ** عَلَىٰ مَنِ اتَّبَعَ الْهُدَىٰ
59 الحشر 23	هُوَ اللَّهُ الَّذِي لَا إِلَٰهَ إِلَّا هُوَ الْمَلِكُ الْقُدُّوسُ **السَّلَامُ** الْمُؤْمِنُ الْمُهَيْمِنُ الْعَزِيزُ الْجَبَّارُ الْمُتَكَبِّرُ ۚ سُبْحَانَ اللَّهِ عَمَّا يُشْرِكُونَ
	He is Allah, than Whom there is no other Allah, the Sovereign Lord, the Holy One, **Peace**, the Keeper of Faith, the Guardian, the Majestic, the Compeller, the Superb. Glorified be Allah from all that they ascribe as partner (unto Him).

	سَلَامٌ
6 الأنعام 54	وَإِذَا جَاءَكَ الَّذِينَ يُؤْمِنُونَ بِآيَاتِنَا فَقُلْ **سَلَامٌ عَلَيْكُمْ** ۖ كَتَبَ رَبُّكُمْ عَلَىٰ نَفْسِهِ الرَّحْمَةَ ۖ أَنَّهُ مَنْ عَمِلَ مِنكُمْ سُوءًا بِجَهَالَةٍ ثُمَّ تَابَ مِن بَعْدِهِ وَأَصْلَحَ فَأَنَّهُ غَفُورٌ رَّحِيمٌ
7 الأعراف 46	وَبَيْنَهُمَا حِجَابٌ ۚ وَعَلَى الْأَعْرَافِ رِجَالٌ يَعْرِفُونَ كُلًّا بِسِيمَاهُمْ ۚ وَنَادَوْا أَصْحَابَ الْجَنَّةِ أَن **سَلَامٌ عَلَيْكُمْ** ۚ لَمْ يَدْخُلُوهَا وَهُمْ يَطْمَعُونَ
10 يونس 10	دَعْوَاهُمْ فِيهَا سُبْحَانَكَ اللَّهُمَّ وَتَحِيَّتُهُمْ فِيهَا **سَلَامٌ** ۚ وَآخِرُ دَعْوَاهُمْ أَنِ الْحَمْدُ لِلَّهِ رَبِّ الْعَالَمِينَ
	Their prayer therein will be: Glory be to Thee, O Allah! and their greeting therein will be: **Peace**. And the conclusion of their prayer will be: Praise be to Allah, Lord of the Worlds!
11 هود 69	وَلَقَدْ جَاءَتْ رُسُلُنَا إِبْرَاهِيمَ بِالْبُشْرَىٰ قَالُوا **سَلَامًا** ۖ قَالَ **سَلَامٌ** ۖ فَمَا لَبِثَ أَن جَاءَ بِعِجْلٍ حَنِيذٍ
13 الرعد 24	**سَلَامٌ عَلَيْكُم** بِمَا صَبَرْتُمْ ۚ فَنِعْمَ عُقْبَى الدَّارِ
16 النحل 32	الَّذِينَ تَتَوَفَّاهُمُ الْمَلَائِكَةُ طَيِّبِينَ ۙ يَقُولُونَ **سَلَامٌ عَلَيْكُمُ** ادْخُلُوا الْجَنَّةَ بِمَا كُنتُمْ تَعْمَلُونَ
19 مريم 47	قَالَ **سَلَامٌ عَلَيْكَ** ۖ سَأَسْتَغْفِرُ لَكَ رَبِّي ۖ إِنَّهُ كَانَ بِي حَفِيًّا
28 القصص 55	وَإِذَا سَمِعُوا اللَّغْوَ أَعْرَضُوا عَنْهُ وَقَالُوا لَنَا أَعْمَالُنَا وَلَكُمْ أَعْمَالُكُمْ **سَلَامٌ عَلَيْكُمْ** لَا نَبْتَغِي الْجَاهِلِينَ
33 الأحزاب 44	تَحِيَّتُهُمْ يَوْمَ يَلْقَوْنَهُ **سَلَامٌ** ۚ وَأَعَدَّ لَهُمْ أَجْرًا كَرِيمًا
36 يس 58	**سَلَامٌ** قَوْلًا مِّن رَّبٍّ رَّحِيمٍ
37 الصافات	**سَلَامٌ** عَلَىٰ نُوحٍ فِي الْعَالَمِينَ

79		
109	سَلَامٌ عَلَىٰ إِبْرَاهِيمَ	
120	سَلَامٌ عَلَىٰ مُوسَىٰ وَهَارُونَ	
130	سَلَامٌ عَلَىٰ إِلْ يَاسِينَ	
39 الزمر 73	وَسِيقَ الَّذِينَ اتَّقَوْا رَبَّهُمْ إِلَى الْجَنَّةِ زُمَرًا ۖ حَتَّىٰ إِذَا جَاءُوهَا وَفُتِحَتْ أَبْوَابُهَا وَقَالَ لَهُمْ خَزَنَتُهَا سَلَامٌ عَلَيْكُمْ طِبْتُمْ فَادْخُلُوهَا خَالِدِينَ	
43 الزخرف 89	فَاصْفَحْ عَنْهُمْ وَقُلْ سَلَامٌ ۚ فَسَوْفَ يَعْلَمُونَ	
51 الذاريات 25	إِذْ دَخَلُوا عَلَيْهِ فَقَالُوا سَلَامًا ۖ قَالَ سَلَامٌ قَوْمٌ مُّنكَرُونَ	
97 القدر 5	سَلَامٌ هِيَ حَتَّىٰ مَطْلَعِ الْفَجْرِ	

	سَلَامًا	
11 هود 69	وَلَقَدْ جَاءَتْ رُسُلُنَا إِبْرَاهِيمَ بِالْبُشْرَىٰ قَالُوا سَلَامًا ۖ قَالَ سَلَامٌ ۖ فَمَا لَبِثَ أَن جَاءَ بِعِجْلٍ حَنِيذٍ	
15 الحجر 52	إِذْ دَخَلُوا عَلَيْهِ فَقَالُوا سَلَامًا قَالَ إِنَّا مِنكُمْ وَجِلُونَ	
19 مريم 62	لَّا يَسْمَعُونَ فِيهَا لَغْوًا إِلَّا سَلَامًا ۖ وَلَهُمْ رِزْقُهُمْ فِيهَا بُكْرَةً وَعَشِيًّا	
21 الأنبياء 69	قُلْنَا يَا نَارُ كُونِي بَرْدًا وَسَلَامًا عَلَىٰ إِبْرَاهِيمَ	
	We said: O fire, be coolness **and peace** for Abraham,	
25 الفرقان 63	وَعِبَادُ الرَّحْمَٰنِ الَّذِينَ يَمْشُونَ عَلَى الْأَرْضِ هَوْنًا وَإِذَا خَاطَبَهُمُ الْجَاهِلُونَ قَالُوا سَلَامًا	

75	أُولَـٰئِكَ يُجْزَوْنَ الْغُرْفَةَ بِمَا صَبَرُوا وَيُلَقَّوْنَ فِيهَا تَحِيَّةً **وَسَلَامًا**
51 الذاريات 25	إِذْ دَخَلُوا عَلَيْهِ فَقَالُوا **سَلَامًا** ۖ قَالَ **سَلَامٌ** قَوْمٌ مُّنكَرُونَ
56 الواقعة 26	إِلَّا قِيلًا **سَلَامًا سَلَامًا**
	سلم
2 البقرة 71	قَالَ إِنَّهُ يَقُولُ إِنَّهَا بَقَرَةٌ لَّا ذَلُولٌ تُثِيرُ الْأَرْضَ وَلَا تَسْقِي الْحَرْثَ **مُسَلَّمَةٌ** لَّا شِيَةَ فِيهَا ۚ قَالُوا الْآنَ جِئْتَ بِالْحَقِّ ۚ فَذَبَحُوهَا وَمَا كَادُوا يَفْعَلُونَ
112	بَلَىٰ مَنْ **أَسْلَمَ** وَجْهَهُ لِلَّهِ وَهُوَ مُحْسِنٌ فَلَهُ أَجْرُهُ عِندَ رَبِّهِ وَلَا خَوْفٌ عَلَيْهِمْ وَلَا هُمْ يَحْزَنُونَ
128	رَبَّنَا وَاجْعَلْنَا **مُسْلِمَيْنِ** لَكَ وَمِن ذُرِّيَّتِنَا أُمَّةً **مُّسْلِمَةً** لَّكَ وَأَرِنَا مَنَاسِكَنَا وَتُبْ عَلَيْنَا ۖ إِنَّكَ أَنتَ التَّوَّابُ الرَّحِيمُ
131	إِذْ قَالَ لَهُ رَبُّهُ **أَسْلِمْ** ۖ قَالَ **أَسْلَمْتُ** لِرَبِّ الْعَالَمِينَ
132	وَوَصَّىٰ بِهَا إِبْرَاهِيمُ بَنِيهِ وَيَعْقُوبُ يَا بَنِيَّ إِنَّ اللَّهَ اصْطَفَىٰ لَكُمُ الدِّينَ فَلَا تَمُوتُنَّ إِلَّا وَأَنتُم **مُّسْلِمُونَ**
133	أَمْ كُنتُمْ شُهَدَاءَ إِذْ حَضَرَ يَعْقُوبَ الْمَوْتُ إِذْ قَالَ لِبَنِيهِ مَا تَعْبُدُونَ مِن بَعْدِي قَالُوا نَعْبُدُ إِلَـٰهَكَ وَإِلَـٰهَ آبَائِكَ إِبْرَاهِيمَ وَإِسْمَاعِيلَ وَإِسْحَاقَ إِلَـٰهًا وَاحِدًا وَنَحْنُ لَهُ **مُسْلِمُونَ**
136	قُولُوا آمَنَّا بِاللَّهِ وَمَا أُنزِلَ إِلَيْنَا وَمَا أُنزِلَ إِلَىٰ إِبْرَاهِيمَ وَإِسْمَاعِيلَ وَإِسْحَاقَ وَيَعْقُوبَ وَالْأَسْبَاطِ وَمَا أُوتِيَ مُوسَىٰ وَعِيسَىٰ وَمَا أُوتِيَ النَّبِيُّونَ مِن رَّبِّهِمْ لَا نُفَرِّقُ بَيْنَ أَحَدٍ مِّنْهُمْ وَنَحْنُ لَهُ **مُسْلِمُونَ**
208	يَا أَيُّهَا الَّذِينَ آمَنُوا ادْخُلُوا فِي **السِّلْمِ** كَافَّةً وَلَا تَتَّبِعُوا خُطُوَاتِ الشَّيْطَانِ ۚ إِنَّهُ لَكُمْ عَدُوٌّ مُّبِينٌ
233	۞ وَالْوَالِدَاتُ يُرْضِعْنَ أَوْلَادَهُنَّ حَوْلَيْنِ كَامِلَيْنِ ۖ لِمَنْ أَرَادَ أَن يُتِمَّ الرَّضَاعَةَ ۚ وَعَلَى الْمَوْلُودِ لَهُ رِزْقُهُنَّ وَكِسْوَتُهُنَّ بِالْمَعْرُوفِ ۚ لَا تُكَلَّفُ نَفْسٌ إِلَّا وُسْعَهَا ۚ لَا تُضَارَّ وَالِدَةٌ بِوَلَدِهَا وَلَا مَوْلُودٌ لَّهُ بِوَلَدِهِ ۚ وَعَلَى الْوَارِثِ مِثْلُ ذَٰلِكَ ۗ فَإِنْ أَرَادَا فِصَالًا عَن تَرَاضٍ مِّنْهُمَا

	وَتَشَاوُرٍ فَلَا جُنَاحَ عَلَيْهِمَا ۗ وَإِنْ أَرَدتُّمْ أَن تَسْتَرْضِعُوا أَوْلَادَكُمْ فَلَا جُنَاحَ عَلَيْكُمْ إِذَا سَلَّمْتُم مَّا آتَيْتُم بِالْمَعْرُوفِ ۗ وَاتَّقُوا اللَّهَ وَاعْلَمُوا أَنَّ اللَّهَ بِمَا تَعْمَلُونَ بَصِيرٌ	
3 آل عمران 20	فَإنْ حَاجُّوكَ فَقُلْ **أَسْلَمْتُ** وَجْهِيَ لِلَّهِ وَمَنِ اتَّبَعَنِ ۗ وَقُل لِّلَّذِينَ أُوتُوا الْكِتَابَ وَالْأُمِّيِّينَ **أَأَسْلَمْتُمْ** ۚ فَإِنْ **أَسْلَمُوا** فَقَدِ اهْتَدَوا ۖ وَّإِن تَوَلَّوْا فَإِنَّمَا عَلَيْكَ الْبَلَاغُ ۗ وَاللَّهُ بَصِيرٌ بِالْعِبَادِ	
52	۞ فَلَمَّا أَحَسَّ عِيسَىٰ مِنْهُمُ الْكُفْرَ قَالَ مَنْ أَنصَارِي إِلَى اللَّهِ ۖ قَالَ الْحَوَارِيُّونَ نَحْنُ أَنصَارُ اللَّهِ آمَنَّا بِاللَّهِ وَاشْهَدْ بِأَنَّا **مُسْلِمُونَ**	
64	قُلْ يَا أَهْلَ الْكِتَابِ تَعَالَوْا إِلَىٰ كَلِمَةٍ سَوَاءٍ بَيْنَنَا وَبَيْنَكُمْ أَلَّا نَعْبُدَ إِلَّا اللَّهَ وَلَا نُشْرِكَ بِهِ شَيْئًا وَلَا يَتَّخِذَ بَعْضُنَا بَعْضًا أَرْبَابًا مِّن دُونِ اللَّهِ ۚ فَإِن تَوَلَّوْا فَقُولُوا اشْهَدُوا بِأَنَّا **مُسْلِمُونَ**	
67	مَا كَانَ إِبْرَاهِيمُ يَهُودِيًّا وَلَا نَصْرَانِيًّا وَلَـٰكِن كَانَ حَنِيفًا **مُسْلِمًا** وَمَا كَانَ مِنَ الْمُشْرِكِينَ	
80	وَلَا يَأْمُرَكُمْ أَن تَتَّخِذُوا الْمَلَائِكَةَ وَالنَّبِيِّينَ أَرْبَابًا ۗ أَيَأْمُرُكُم بِالْكُفْرِ بَعْدَ إِذْ أَنتُم **مُسْلِمُونَ**	
83	أَفَغَيْرَ دِينِ اللَّهِ يَبْغُونَ وَلَهُ **أَسْلَمَ** مَن فِي السَّمَاوَاتِ وَالْأَرْضِ طَوْعًا وَكَرْهًا وَإِلَيْهِ يُرْجَعُونَ	
84	قُلْ آمَنَّا بِاللَّهِ وَمَا أُنزِلَ عَلَيْنَا وَمَا أُنزِلَ عَلَىٰ إِبْرَاهِيمَ وَإِسْمَاعِيلَ وَإِسْحَاقَ وَيَعْقُوبَ وَالْأَسْبَاطِ وَمَا أُوتِيَ مُوسَىٰ وَعِيسَىٰ وَالنَّبِيُّونَ مِن رَّبِّهِمْ لَا نُفَرِّقُ بَيْنَ أَحَدٍ مِّنْهُمْ وَنَحْنُ لَهُ **مُسْلِمُونَ**	
102	يَا أَيُّهَا الَّذِينَ آمَنُوا اتَّقُوا اللَّهَ حَقَّ تُقَاتِهِ وَلَا تَمُوتُنَّ إِلَّا وَأَنتُم **مُسْلِمُونَ**	
4 النساء 65	فَلَا وَرَبِّكَ لَا يُؤْمِنُونَ حَتَّىٰ يُحَكِّمُوكَ فِيمَا شَجَرَ بَيْنَهُمْ ثُمَّ لَا يَجِدُوا فِي أَنفُسِهِمْ حَرَجًا مِّمَّا قَضَيْتَ وَ**يُسَلِّمُوا تَسْلِيمًا**	
90	إِلَّا الَّذِينَ يَصِلُونَ إِلَىٰ قَوْمٍ بَيْنَكُمْ وَبَيْنَهُم مِّيثَاقٌ أَوْ جَاءُوكُمْ حَصِرَتْ صُدُورُهُمْ أَن يُقَاتِلُوكُمْ أَوْ يُقَاتِلُوا قَوْمَهُمْ ۚ وَلَوْ شَاءَ اللَّهُ لَسَلَّطَهُمْ عَلَيْكُمْ فَلَقَاتَلُوكُمْ ۚ فَإِنِ اعْتَزَلُوكُمْ فَلَمْ يُقَاتِلُوكُمْ وَأَلْقَوْا إِلَيْكُمُ **السَّلَمَ** فَمَا جَعَلَ اللَّهُ لَكُمْ عَلَيْهِمْ سَبِيلًا	

91	سَتَجِدُونَ آخَرِينَ يُرِيدُونَ أَن يَأْمَنُوكُمْ وَيَأْمَنُوا قَوْمَهُمْ كُلَّ مَا رُدُّوا إِلَى الْفِتْنَةِ أُرْكِسُوا فِيهَا ۚ فَإِن لَّمْ يَعْتَزِلُوكُمْ وَيُلْقُوا إِلَيْكُمُ السَّلَمَ وَيَكُفُّوا أَيْدِيَهُمْ فَخُذُوهُمْ وَاقْتُلُوهُمْ حَيْثُ ثَقِفْتُمُوهُمْ ۚ وَأُولَٰئِكُمْ جَعَلْنَا لَكُمْ عَلَيْهِمْ سُلْطَانًا مُّبِينًا
92	وَمَا كَانَ لِمُؤْمِنٍ أَن يَقْتُلَ مُؤْمِنًا إِلَّا خَطَأً ۚ وَمَن قَتَلَ مُؤْمِنًا خَطَأً فَتَحْرِيرُ رَقَبَةٍ مُّؤْمِنَةٍ وَدِيَةٌ مُّسَلَّمَةٌ إِلَىٰ أَهْلِهِ إِلَّا أَن يَصَّدَّقُوا ۚ فَإِن كَانَ مِن قَوْمٍ عَدُوٍّ لَّكُمْ وَهُوَ مُؤْمِنٌ فَتَحْرِيرُ رَقَبَةٍ مُّؤْمِنَةٍ ۖ وَإِن كَانَ مِن قَوْمٍ بَيْنَكُمْ وَبَيْنَهُم مِّيثَاقٌ فَدِيَةٌ مُّسَلَّمَةٌ إِلَىٰ أَهْلِهِ وَتَحْرِيرُ رَقَبَةٍ مُّؤْمِنَةٍ ۖ فَمَن لَّمْ يَجِدْ فَصِيَامُ شَهْرَيْنِ مُتَتَابِعَيْنِ تَوْبَةً مِّنَ اللَّهِ ۗ وَكَانَ اللَّهُ عَلِيمًا حَكِيمًا
125	وَمَنْ أَحْسَنُ دِينًا مِّمَّنْ أَسْلَمَ وَجْهَهُ لِلَّهِ وَهُوَ مُحْسِنٌ وَاتَّبَعَ مِلَّةَ إِبْرَاهِيمَ حَنِيفًا ۗ وَاتَّخَذَ اللَّهُ إِبْرَاهِيمَ خَلِيلًا
5 المائدة 44	إِنَّا أَنزَلْنَا التَّوْرَاةَ فِيهَا هُدًى وَنُورٌ ۚ يَحْكُمُ بِهَا النَّبِيُّونَ الَّذِينَ **أَسْلَمُوا** لِلَّذِينَ هَادُوا وَالرَّبَّانِيُّونَ وَالْأَحْبَارُ بِمَا اسْتُحْفِظُوا مِن كِتَابِ اللَّهِ وَكَانُوا عَلَيْهِ شُهَدَاءَ ۚ فَلَا تَخْشَوُا النَّاسَ وَاخْشَوْنِ وَلَا تَشْتَرُوا بِآيَاتِي ثَمَنًا قَلِيلًا ۚ وَمَن لَّمْ يَحْكُم بِمَا أَنزَلَ اللَّهُ فَأُولَٰئِكَ هُمُ الْكَافِرُونَ
111	وَإِذْ أَوْحَيْتُ إِلَى الْحَوَارِيِّينَ أَنْ آمِنُوا بِي وَبِرَسُولِي قَالُوا آمَنَّا وَاشْهَدْ بِأَنَّنَا **مُسْلِمُونَ**
6 الأنعام 14	قُلْ أَغَيْرَ اللَّهِ أَتَّخِذُ وَلِيًّا فَاطِرِ السَّمَاوَاتِ وَالْأَرْضِ وَهُوَ يُطْعِمُ وَلَا يُطْعَمُ ۗ قُلْ إِنِّي أُمِرْتُ أَنْ أَكُونَ أَوَّلَ مَنْ **أَسْلَمَ** ۖ وَلَا تَكُونَنَّ مِنَ الْمُشْرِكِينَ
71	قُلْ أَنَدْعُو مِن دُونِ اللَّهِ مَا لَا يَنفَعُنَا وَلَا يَضُرُّنَا وَنُرَدُّ عَلَىٰ أَعْقَابِنَا بَعْدَ إِذْ هَدَانَا اللَّهُ كَالَّذِي اسْتَهْوَتْهُ الشَّيَاطِينُ فِي الْأَرْضِ حَيْرَانَ لَهُ أَصْحَابٌ يَدْعُونَهُ إِلَى الْهُدَى ائْتِنَا ۗ قُلْ إِنَّ هُدَى اللَّهِ هُوَ الْهُدَىٰ ۖ وَأُمِرْنَا **لِنُسْلِمَ** لِرَبِّ الْعَالَمِينَ
163	لَا شَرِيكَ لَهُ ۖ وَبِذَٰلِكَ أُمِرْتُ وَأَنَا أَوَّلُ **الْمُسْلِمِينَ**
7 الأعراف 126	وَمَا تَنقِمُ مِنَّا إِلَّا أَنْ آمَنَّا بِآيَاتِ رَبِّنَا لَمَّا جَاءَتْنَا ۚ رَبَّنَا أَفْرِغْ عَلَيْنَا صَبْرًا وَتَوَفَّنَا **مُسْلِمِينَ**
8 الأنفال	إِذْ يُرِيكَهُمُ اللَّهُ فِي مَنَامِكَ قَلِيلًا ۖ وَلَوْ أَرَاكَهُمْ كَثِيرًا لَّفَشِلْتُمْ وَلَتَنَازَعْتُمْ فِي الْأَمْرِ وَلَٰكِنَّ اللَّهَ **سَلَّمَ** ۗ إِنَّهُ عَلِيمٌ بِذَاتِ الصُّدُورِ

43	
61	۞ وَإِن جَنَحُوا **لِلسَّلْمِ** فَاجْنَحْ لَهَا وَتَوَكَّلْ عَلَى اللَّهِ ۚ إِنَّهُ هُوَ السَّمِيعُ الْعَلِيمُ
10 يونس 72	فَإِن تَوَلَّيْتُمْ فَمَا سَأَلْتُكُم مِّنْ أَجْرٍ ۖ إِنْ أَجْرِيَ إِلَّا عَلَى اللَّهِ ۖ وَأُمِرْتُ أَنْ أَكُونَ مِنَ **الْمُسْلِمِينَ**
84	وَقَالَ مُوسَىٰ يَا قَوْمِ إِن كُنتُمْ آمَنتُم بِاللَّهِ فَعَلَيْهِ تَوَكَّلُوا إِن كُنتُم **مُّسْلِمِينَ**
90	۞ وَجَاوَزْنَا بِبَنِي إِسْرَائِيلَ الْبَحْرَ فَأَتْبَعَهُمْ فِرْعَوْنُ وَجُنُودُهُ بَغْيًا وَعَدْوًا ۖ حَتَّىٰ إِذَا أَدْرَكَهُ الْغَرَقُ قَالَ آمَنتُ أَنَّهُ لَا إِلَٰهَ إِلَّا الَّذِي آمَنَتْ بِهِ بَنُو إِسْرَائِيلَ وَأَنَا مِنَ **الْمُسْلِمِينَ**
11 هود 14	فَإِلَّمْ يَسْتَجِيبُوا لَكُمْ فَاعْلَمُوا أَنَّمَا أُنزِلَ بِعِلْمِ اللَّهِ وَأَن لَّا إِلَٰهَ إِلَّا هُوَ ۖ فَهَلْ أَنتُم **مُّسْلِمُونَ**
12 يوسف 101	۞ رَبِّ قَدْ آتَيْتَنِي مِنَ الْمُلْكِ وَعَلَّمْتَنِي مِن تَأْوِيلِ الْأَحَادِيثِ ۚ فَاطِرَ السَّمَاوَاتِ وَالْأَرْضِ أَنتَ وَلِيِّي فِي الدُّنْيَا وَالْآخِرَةِ ۖ تَوَفَّنِي **مُسْلِمًا** وَأَلْحِقْنِي بِالصَّالِحِينَ
15 الحجر 2	رُّبَمَا يَوَدُّ الَّذِينَ كَفَرُوا لَوْ كَانُوا **مُسْلِمِينَ**
16 النحل 28	الَّذِينَ تَتَوَفَّاهُمُ الْمَلَائِكَةُ ظَالِمِي أَنفُسِهِمْ ۖ فَأَلْقَوُا **السَّلَمَ** مَا كُنَّا نَعْمَلُ مِن سُوءٍ ۚ بَلَىٰ إِنَّ اللَّهَ عَلِيمٌ بِمَا كُنتُمْ تَعْمَلُونَ
81	وَاللَّهُ جَعَلَ لَكُم مِّمَّا خَلَقَ ظِلَالًا وَجَعَلَ لَكُم مِّنَ الْجِبَالِ أَكْنَانًا وَجَعَلَ لَكُمْ سَرَابِيلَ تَقِيكُمُ الْحَرَّ وَسَرَابِيلَ تَقِيكُم بَأْسَكُمْ ۚ كَذَٰلِكَ يُتِمُّ نِعْمَتَهُ عَلَيْكُمْ لَعَلَّكُمْ **تُسْلِمُونَ**
87	وَأَلْقَوْا إِلَى اللَّهِ يَوْمَئِذٍ **السَّلَمَ** ۖ وَضَلَّ عَنْهُم مَّا كَانُوا يَفْتَرُونَ
89	وَيَوْمَ نَبْعَثُ فِي كُلِّ أُمَّةٍ شَهِيدًا عَلَيْهِم مِّنْ أَنفُسِهِمْ ۖ وَجِئْنَا بِكَ شَهِيدًا عَلَىٰ هَٰؤُلَاءِ ۚ وَنَزَّلْنَا عَلَيْكَ الْكِتَابَ تِبْيَانًا لِّكُلِّ شَيْءٍ وَهُدًى وَرَحْمَةً وَبُشْرَىٰ **لِلْمُسْلِمِينَ**

102	قُلْ نَزَّلَهُ رُوحُ الْقُدُسِ مِن رَّبِّكَ بِالْحَقِّ لِيُثَبِّتَ الَّذِينَ آمَنُوا وَهُدًى وَبُشْرَىٰ **لِلْمُسْلِمِينَ**
21 الأنبياء 108	قُلْ إِنَّمَا يُوحَىٰ إِلَيَّ أَنَّمَا إِلَٰهُكُمْ إِلَٰهٌ وَاحِدٌ ۖ فَهَلْ أَنتُم **مُّسْلِمُونَ**
22 الحج 34	وَلِكُلِّ أُمَّةٍ جَعَلْنَا مَنسَكًا لِّيَذْكُرُوا اسْمَ اللَّهِ عَلَىٰ مَا رَزَقَهُم مِّن بَهِيمَةِ الْأَنْعَامِ ۗ فَإِلَٰهُكُمْ إِلَٰهٌ وَاحِدٌ فَلَهُ **أَسْلِمُوا** ۗ وَبَشِّرِ الْمُخْبِتِينَ
78	وَجَاهِدُوا فِي اللَّهِ حَقَّ جِهَادِهِ ۚ هُوَ اجْتَبَاكُمْ وَمَا جَعَلَ عَلَيْكُمْ فِي الدِّينِ مِنْ حَرَجٍ ۚ مِّلَّةَ أَبِيكُمْ إِبْرَاهِيمَ ۚ هُوَ سَمَّاكُمُ **الْمُسْلِمِينَ** مِن قَبْلُ وَفِي هَٰذَا لِيَكُونَ الرَّسُولُ شَهِيدًا عَلَيْكُمْ وَتَكُونُوا شُهَدَاءَ عَلَى النَّاسِ ۚ فَأَقِيمُوا الصَّلَاةَ وَآتُوا الزَّكَاةَ وَاعْتَصِمُوا بِاللَّهِ هُوَ مَوْلَاكُمْ ۖ فَنِعْمَ الْمَوْلَىٰ وَنِعْمَ النَّصِيرُ
24 النور 27	يَا أَيُّهَا الَّذِينَ آمَنُوا لَا تَدْخُلُوا بُيُوتًا غَيْرَ بُيُوتِكُمْ حَتَّىٰ تَسْتَأْنِسُوا **وَتُسَلِّمُوا** عَلَىٰ أَهْلِهَا ۚ ذَٰلِكُمْ خَيْرٌ لَّكُمْ لَعَلَّكُمْ تَذَكَّرُونَ
61	لَّيْسَ عَلَى الْأَعْمَىٰ حَرَجٌ وَلَا عَلَى الْأَعْرَجِ حَرَجٌ وَلَا عَلَى الْمَرِيضِ حَرَجٌ وَلَا عَلَىٰ أَنفُسِكُمْ أَن تَأْكُلُوا مِن بُيُوتِكُمْ أَوْ بُيُوتِ آبَائِكُمْ أَوْ بُيُوتِ أُمَّهَاتِكُمْ أَوْ بُيُوتِ إِخْوَانِكُمْ أَوْ بُيُوتِ أَخَوَاتِكُمْ أَوْ بُيُوتِ أَعْمَامِكُمْ أَوْ بُيُوتِ عَمَّاتِكُمْ أَوْ بُيُوتِ أَخْوَالِكُمْ أَوْ بُيُوتِ خَالَاتِكُمْ أَوْ مَا مَلَكْتُم مَّفَاتِحَهُ أَوْ صَدِيقِكُمْ ۚ لَيْسَ عَلَيْكُمْ جُنَاحٌ أَن تَأْكُلُوا جَمِيعًا أَوْ أَشْتَاتًا ۚ فَإِذَا دَخَلْتُم بُيُوتًا **فَسَلِّمُوا** عَلَىٰ أَنفُسِكُمْ تَحِيَّةً مِّنْ عِندِ اللَّهِ مُبَارَكَةً طَيِّبَةً ۚ كَذَٰلِكَ يُبَيِّنُ اللَّهُ لَكُمُ الْآيَاتِ لَعَلَّكُمْ تَعْقِلُونَ
27 النمل 31	أَلَّا تَعْلُوا عَلَيَّ وَأْتُونِي **مُسْلِمِينَ**
38	قَالَ يَا أَيُّهَا الْمَلَأُ أَيُّكُمْ يَأْتِينِي بِعَرْشِهَا قَبْلَ أَن يَأْتُونِي **مُسْلِمِينَ**
42	فَلَمَّا جَاءَتْ قِيلَ أَهَٰكَذَا عَرْشُكِ ۖ قَالَتْ كَأَنَّهُ هُوَ ۚ وَأُوتِينَا الْعِلْمَ مِن قَبْلِهَا وَكُنَّا **مُسْلِمِينَ**
44	قِيلَ لَهَا ادْخُلِي الصَّرْحَ ۖ فَلَمَّا رَأَتْهُ حَسِبَتْهُ لُجَّةً وَكَشَفَتْ عَن سَاقَيْهَا ۚ قَالَ إِنَّهُ صَرْحٌ مُّمَرَّدٌ مِّن قَوَارِيرَ ۗ قَالَتْ رَبِّ إِنِّي ظَلَمْتُ نَفْسِي **وَأَسْلَمْتُ** مَعَ سُلَيْمَانَ لِلَّهِ رَبِّ الْعَالَمِينَ

81	وَمَا أَنتَ بِهَادِي الْعُمْيِ عَن ضَلَالَتِهِمْ ۖ إِن تُسْمِعُ إِلَّا مَن يُؤْمِنُ بِآيَاتِنَا فَهُم **مُّسْلِمُونَ**
91	إِنَّمَا أُمِرْتُ أَنْ أَعْبُدَ رَبَّ هَٰذِهِ الْبَلْدَةِ الَّذِي حَرَّمَهَا وَلَهُ كُلُّ شَيْءٍ ۖ وَأُمِرْتُ أَنْ أَكُونَ مِنَ **الْمُسْلِمِينَ**
28 القصص 53	وَإِذَا يُتْلَىٰ عَلَيْهِمْ قَالُوا آمَنَّا بِهِ إِنَّهُ الْحَقُّ مِن رَّبِّنَا إِنَّا كُنَّا مِن قَبْلِهِ **مُسْلِمِينَ**
29 العنكبوت 46	۞ وَلَا تُجَادِلُوا أَهْلَ الْكِتَابِ إِلَّا بِالَّتِي هِيَ أَحْسَنُ إِلَّا الَّذِينَ ظَلَمُوا مِنْهُمْ ۖ وَقُولُوا آمَنَّا بِالَّذِي أُنزِلَ إِلَيْنَا وَأُنزِلَ إِلَيْكُمْ وَإِلَٰهُنَا وَإِلَٰهُكُمْ وَاحِدٌ وَنَحْنُ لَهُ **مُسْلِمُونَ**
30 الروم 53	وَمَا أَنتَ بِهَادِ الْعُمْيِ عَن ضَلَالَتِهِمْ ۖ إِن تُسْمِعُ إِلَّا مَن يُؤْمِنُ بِآيَاتِنَا فَهُم **مُّسْلِمُونَ**
31 لقمان 22	۞ وَمَن **يُسْلِمْ** وَجْهَهُ إِلَى اللَّهِ وَهُوَ مُحْسِنٌ فَقَدِ اسْتَمْسَكَ بِالْعُرْوَةِ الْوُثْقَىٰ ۗ وَإِلَى اللَّهِ عَاقِبَةُ الْأُمُورِ
33 الأحزاب 35	إِنَّ **الْمُسْلِمِينَ وَالْمُسْلِمَاتِ** وَالْمُؤْمِنِينَ وَالْمُؤْمِنَاتِ وَالْقَانِتِينَ وَالْقَانِتَاتِ وَالصَّادِقِينَ وَالصَّادِقَاتِ وَالصَّابِرِينَ وَالصَّابِرَاتِ وَالْخَاشِعِينَ وَالْخَاشِعَاتِ وَالْمُتَصَدِّقِينَ وَالْمُتَصَدِّقَاتِ وَالصَّائِمِينَ وَالصَّائِمَاتِ وَالْحَافِظِينَ فُرُوجَهُمْ وَالْحَافِظَاتِ وَالذَّاكِرِينَ اللَّهَ كَثِيرًا وَالذَّاكِرَاتِ أَعَدَّ اللَّهُ لَهُم مَّغْفِرَةً وَأَجْرًا عَظِيمًا
56	إِنَّ اللَّهَ وَمَلَائِكَتَهُ يُصَلُّونَ عَلَى النَّبِيِّ ۚ يَا أَيُّهَا الَّذِينَ آمَنُوا صَلُّوا عَلَيْهِ **وَسَلِّمُوا تَسْلِيمًا**
	Lo! Allah and His angels shower blessings on the Prophet. O ye who believe! Ask blessings on him and **salute him** with a **worthy salutation**.
37 الصافات 26	بَلْ هُمُ الْيَوْمَ **مُسْتَسْلِمُونَ**
103	فَلَمَّا **أَسْلَمَا** وَتَلَّهُ لِلْجَبِينِ
39 الزمر 12	وَأُمِرْتُ لِأَنْ أَكُونَ أَوَّلَ **الْمُسْلِمِينَ**

29	ضَرَبَ اللَّهُ مَثَلًا رَّجُلًا فِيهِ شُرَكَاءُ مُتَشَاكِسُونَ وَرَجُلًا **سَلَمًا** لِّرَجُلٍ هَلْ يَسْتَوِيَانِ مَثَلًا ۚ الْحَمْدُ لِلَّهِ ۚ بَلْ أَكْثَرُهُمْ لَا يَعْلَمُونَ	
54	وَأَنِيبُوا إِلَىٰ رَبِّكُمْ **وَأَسْلِمُوا** لَهُ مِن قَبْلِ أَن يَأْتِيَكُمُ الْعَذَابُ ثُمَّ لَا تُنصَرُونَ	
40 غافر 66	قُلْ إِنِّي نُهِيتُ أَنْ أَعْبُدَ الَّذِينَ تَدْعُونَ مِن دُونِ اللَّهِ لَمَّا جَاءَنِيَ الْبَيِّنَاتُ مِن رَّبِّي وَأُمِرْتُ أَنْ **أُسْلِمَ** لِرَبِّ الْعَالَمِينَ	
41 فصلت 33	وَمَنْ أَحْسَنُ قَوْلًا مِّمَّن دَعَا إِلَى اللَّهِ وَعَمِلَ صَالِحًا وَقَالَ إِنَّنِي مِنَ **الْمُسْلِمِينَ**	
43 الزخرف 69	الَّذِينَ آمَنُوا بِآيَاتِنَا وَكَانُوا **مُسْلِمِينَ**	
46 الأحقاف 15	وَوَصَّيْنَا الْإِنسَانَ بِوَالِدَيْهِ إِحْسَانًا ۖ حَمَلَتْهُ أُمُّهُ كُرْهًا وَوَضَعَتْهُ كُرْهًا ۖ وَحَمْلُهُ وَفِصَالُهُ ثَلَاثُونَ شَهْرًا ۚ حَتَّىٰ إِذَا بَلَغَ أَشُدَّهُ وَبَلَغَ أَرْبَعِينَ سَنَةً قَالَ رَبِّ أَوْزِعْنِي أَنْ أَشْكُرَ نِعْمَتَكَ الَّتِي أَنْعَمْتَ عَلَيَّ وَعَلَىٰ وَالِدَيَّ وَأَنْ أَعْمَلَ صَالِحًا تَرْضَاهُ وَأَصْلِحْ لِي فِي ذُرِّيَّتِي ۖ إِنِّي تُبْتُ إِلَيْكَ وَإِنِّي مِنَ **الْمُسْلِمِينَ**	
47 محمد 35	فَلَا تَهِنُوا وَتَدْعُوا إِلَى **السَّلْمِ** وَأَنتُمُ الْأَعْلَوْنَ وَاللَّهُ مَعَكُمْ وَلَن يَتِرَكُمْ أَعْمَالَكُمْ	
	So do not falter and cry out for **peace** when ye (will be) the uppermost, and Allah is with you, and He will not grudge (the reward of) your action	
48 الفتح 16	قُل لِّلْمُخَلَّفِينَ مِنَ الْأَعْرَابِ سَتُدْعَوْنَ إِلَىٰ قَوْمٍ أُولِي بَأْسٍ شَدِيدٍ تُقَاتِلُونَهُمْ أَوْ **يُسْلِمُونَ** ۖ فَإِن تُطِيعُوا يُؤْتِكُمُ اللَّهُ أَجْرًا حَسَنًا ۖ وَإِن تَتَوَلَّوْا كَمَا تَوَلَّيْتُم مِّن قَبْلُ يُعَذِّبْكُمْ عَذَابًا أَلِيمًا	
49 الحجرات 14	قَالَتِ الْأَعْرَابُ آمَنَّا ۖ قُل لَّمْ تُؤْمِنُوا وَلَٰكِن قُولُوا **أَسْلَمْنَا** وَلَمَّا يَدْخُلِ الْإِيمَانُ فِي قُلُوبِكُمْ ۖ وَإِن تُطِيعُوا اللَّهَ وَرَسُولَهُ لَا يَلِتْكُم مِّنْ أَعْمَالِكُمْ شَيْئًا ۚ إِنَّ اللَّهَ غَفُورٌ رَّحِيمٌ	
	The wandering Arabs say: We believe. Say (unto them, O Muhammad): Ye believe not, but rather say "**We submit**," for the faith hath not yet entered into your hearts. Yet, if ye obey Allah and His messenger, He will not withhold from you aught of (the reward of) your deeds. Lo! Allah is Forgiving, Merciful.	

17	يَمُنُّونَ عَلَيْكَ أَنْ **أَسْلَمُوا** ۖ قُل لَّا تَمُنُّوا عَلَيَّ **إِسْلَامَكُم** ۖ بَلِ اللَّهُ يَمُنُّ عَلَيْكُمْ أَنْ هَدَاكُمْ لِلْإِيمَانِ إِن كُنتُمْ صَادِقِينَ
51 الذاريات 36	فَمَا وَجَدْنَا فِيهَا غَيْرَ بَيْتٍ مِّنَ **الْمُسْلِمِينَ**
66 التحريم 5	عَسَىٰ رَبُّهُ إِن طَلَّقَكُنَّ أَن يُبْدِلَهُ أَزْوَاجًا خَيْرًا مِّنكُنَّ **مُسْلِمَاتٍ** مُّؤْمِنَاتٍ قَانِتَاتٍ تَائِبَاتٍ عَابِدَاتٍ سَائِحَاتٍ ثَيِّبَاتٍ وَأَبْكَارًا
68 القلم 35	أَفَنَجْعَلُ **الْمُسْلِمِينَ** كَالْمُجْرِمِينَ
72 الجن 14	وَأَنَّا مِنَّا **الْمُسْلِمُونَ** وَمِنَّا الْقَاسِطُونَ ۖ فَمَنْ **أَسْلَمَ** فَأُولَٰئِكَ تَحَرَّوْا رَشَدًا
	And there are among us some who have **surrendered** (to Allah) and there are among us some who are unjust. And whoso hath **surrendered** to Allah, such have taken the right path purposefully.
	سَلَفًا And We made them a **thing past**, and an example for those after (them).
43 الزخرف 56	فَجَعَلْنَاهُمْ **سَلَفًا** وَمَثَلًا لِّلْآخِرِينَ
	سَمَّاكُمُ
22 الحج 78	وَجَاهِدُوا فِي اللَّهِ حَقَّ جِهَادِهِ ۚ هُوَ اجْتَبَاكُمْ وَمَا جَعَلَ عَلَيْكُمْ فِي الدِّينِ مِنْ حَرَجٍ ۚ مِّلَّةَ أَبِيكُمْ إِبْرَاهِيمَ ۚ هُوَ **سَمَّاكُمُ** الْمُسْلِمِينَ مِن قَبْلُ وَفِي هَٰذَا لِيَكُونَ الرَّسُولُ شَهِيدًا عَلَيْكُمْ وَتَكُونُوا شُهَدَاءَ عَلَى النَّاسِ ۚ فَأَقِيمُوا الصَّلَاةَ وَآتُوا الزَّكَاةَ وَاعْتَصِمُوا بِاللَّهِ هُوَ مَوْلَاكُمْ ۖ فَنِعْمَ الْمَوْلَىٰ وَنِعْمَ النَّصِيرُ
	And strive for Allah with the endeavour which is His right. He hath chosen you and hath not laid upon you in religion any hardship; the faith of your father Abraham (is yours). He hath **named you Muslims** of old time and in this

	(Scripture), that the messenger may be a witness against you, and that ye may be witnesses against mankind. So establish worship, pay the poor-due, and hold fast to Allah. He is your Protecting friend. A blessed Patron and a blessed Helper!
	سَمْكَهَا He raised the **height** thereof and ordered it;
79 النازعات 28	رَفَعَ **سَمْكَهَا** فَسَوَّاهَا
	سَمُومٍ And the jinn did We create aforetime of essential **fire.**
15 الحجر 27	وَالْجَانَّ خَلَقْنَاهُ مِن قَبْلُ مِن نَّارِ **السَّمُومِ**
52 الطور 27	فَمَنَّ اللَّهُ عَلَيْنَا وَوَقَانَا عَذَابَ **السَّمُومِ**
56 الواقعة 42	فِي **سَمُومٍ** وَحَمِيمٍ
	سَمِيًّا
19 مريم 7	يَا زَكَرِيَّا إِنَّا نُبَشِّرُكَ بِغُلَامٍ اسْمُهُ يَحْيَىٰ لَمْ نَجْعَل لَّهُ مِن قَبْلُ **سَمِيًّا**
65	رَّبُّ السَّمَاوَاتِ وَالْأَرْضِ وَمَا بَيْنَهُمَا فَاعْبُدْهُ وَاصْطَبِرْ لِعِبَادَتِهِ ۚ هَلْ تَعْلَمُ لَهُ **سَمِيًّا**
	Lord of the heavens and the earth and all that is between them! Therefor, worship thou Him and be thou steadfast in His service. Knowest thou one that can be **named along with Him**?
	السميع

2 البقرة 127	وَإِذْ يَرْفَعُ إِبْرَاهِيمُ الْقَوَاعِدَ مِنَ الْبَيْتِ وَإِسْمَاعِيلُ رَبَّنَا تَقَبَّلْ مِنَّا ۖ إِنَّكَ أَنتَ **السَّمِيعُ الْعَلِيمُ**	
137	فَإِنْ آمَنُوا بِمِثْلِ مَا آمَنتُم بِهِ فَقَدِ اهْتَدَوا ۖ وَّإِن تَوَلَّوْا فَإِنَّمَا هُمْ فِي شِقَاقٍ ۖ فَسَيَكْفِيكَهُمُ اللَّهُ ۚ وَهُوَ **السَّمِيعُ الْعَلِيمُ**	
3 آل عمران 35	إِذْ قَالَتِ امْرَأَتُ عِمْرَانَ رَبِّ إِنِّي نَذَرْتُ لَكَ مَا فِي بَطْنِي مُحَرَّرًا فَتَقَبَّلْ مِنِّي ۖ إِنَّكَ أَنتَ **السَّمِيعُ الْعَلِيمُ**	
5 المائدة 76	قُلْ أَتَعْبُدُونَ مِن دُونِ اللَّهِ مَا لَا يَمْلِكُ لَكُمْ ضَرًّا وَلَا نَفْعًا ۚ وَاللَّهُ هُوَ **السَّمِيعُ الْعَلِيمُ**	
6 الأنعام 13	۞ وَلَهُ مَا سَكَنَ فِي اللَّيْلِ وَالنَّهَارِ ۚ وَهُوَ **السَّمِيعُ الْعَلِيمُ**	
115	وَتَمَّتْ كَلِمَتُ رَبِّكَ صِدْقًا وَعَدْلًا ۚ لَّا مُبَدِّلَ لِكَلِمَاتِهِ ۚ وَهُوَ **السَّمِيعُ الْعَلِيمُ**	
8 الأنفال 61	۞ وَإِن جَنَحُوا لِلسَّلْمِ فَاجْنَحْ لَهَا وَتَوَكَّلْ عَلَى اللَّهِ ۚ إِنَّهُ هُوَ **السَّمِيعُ الْعَلِيمُ**	
10 يونس 65	وَلَا يَحْزُنكَ قَوْلُهُمْ ۘ إِنَّ الْعِزَّةَ لِلَّهِ جَمِيعًا ۚ هُوَ **السَّمِيعُ الْعَلِيمُ**	
11 هود 24	۞ مَثَلُ الْفَرِيقَيْنِ كَالْأَعْمَىٰ وَالْأَصَمِّ وَالْبَصِيرِ **وَالسَّمِيعِ** ۚ هَلْ يَسْتَوِيَانِ مَثَلًا ۚ أَفَلَا تَذَكَّرُونَ	
12 يوسف 34	فَاسْتَجَابَ لَهُ رَبُّهُ فَصَرَفَ عَنْهُ كَيْدَهُنَّ ۚ إِنَّهُ هُوَ **السَّمِيعُ الْعَلِيمُ**	
17 الإسراء 1	سُبْحَانَ الَّذِي أَسْرَىٰ بِعَبْدِهِ لَيْلًا مِّنَ الْمَسْجِدِ الْحَرَامِ إِلَى الْمَسْجِدِ الْأَقْصَى الَّذِي بَارَكْنَا حَوْلَهُ لِنُرِيَهُ مِنْ آيَاتِنَا ۚ إِنَّهُ هُوَ **السَّمِيعُ الْبَصِيرُ**	
	Glorified be He Who carried His servant by night from the Inviolable Place of Worship to the Far distant place of worship the neighbourhood whereof We have blessed, that We might show him of Our tokens! Lo! He, only He, is the **Hearer**, the Seer.	
21 الأنبياء 4	قَالَ رَبِّي يَعْلَمُ الْقَوْلَ فِي السَّمَاءِ وَالْأَرْضِ ۖ وَهُوَ **السَّمِيعُ الْعَلِيمُ**	
26 الشعراء 220	إِنَّهُ هُوَ **السَّمِيعُ الْعَلِيمُ**	

29 العنكبوت 5	مَن كَانَ يَرْجُو لِقَاءَ اللَّهِ فَإِنَّ أَجَلَ اللَّهِ لَآتٍ ۚ وَهُوَ **السَّمِيعُ** الْعَلِيمُ
60	وَكَأَيِّن مِّن دَابَّةٍ لَّا تَحْمِلُ رِزْقَهَا اللَّهُ يَرْزُقُهَا وَإِيَّاكُمْ ۚ وَهُوَ **السَّمِيعُ** الْعَلِيمُ
40 غافر 20	وَاللَّهُ يَقْضِي بِالْحَقِّ ۖ وَالَّذِينَ يَدْعُونَ مِن دُونِهِ لَا يَقْضُونَ بِشَيْءٍ ۗ إِنَّ اللَّهَ هُوَ **السَّمِيعُ** الْبَصِيرُ
56	إِنَّ الَّذِينَ يُجَادِلُونَ فِي آيَاتِ اللَّهِ بِغَيْرِ سُلْطَانٍ أَتَاهُمْ ۙ إِن فِي صُدُورِهِمْ إِلَّا كِبْرٌ مَّا هُم بِبَالِغِيهِ ۚ فَاسْتَعِذْ بِاللَّهِ ۖ إِنَّهُ هُوَ **السَّمِيعُ** الْبَصِيرُ
41 فصلت 36	وَإِمَّا يَنزَغَنَّكَ مِنَ الشَّيْطَانِ نَزْغٌ فَاسْتَعِذْ بِاللَّهِ ۖ إِنَّهُ هُوَ **السَّمِيعُ** الْعَلِيمُ
42 الشورى 11	فَاطِرُ السَّمَاوَاتِ وَالْأَرْضِ ۚ جَعَلَ لَكُم مِّنْ أَنفُسِكُمْ أَزْوَاجًا وَمِنَ الْأَنْعَامِ أَزْوَاجًا ۖ يَذْرَؤُكُمْ فِيهِ ۚ لَيْسَ كَمِثْلِهِ شَيْءٌ ۖ وَهُوَ **السَّمِيعُ** الْبَصِيرُ
44 الدخان 6	رَحْمَةً مِّن رَّبِّكَ ۚ إِنَّهُ هُوَ **السَّمِيعُ** الْعَلِيمُ
	سَنَابِل
2 البقرة 261	مَّثَلُ الَّذِينَ يُنفِقُونَ أَمْوَالَهُمْ فِي سَبِيلِ اللَّهِ كَمَثَلِ حَبَّةٍ أَنبَتَتْ سَبْعَ **سَنَابِلَ** فِي كُلِّ **سُنبُلَةٍ** مِّائَةُ حَبَّةٍ ۗ وَاللَّهُ يُضَاعِفُ لِمَن يَشَاءُ ۗ وَاللَّهُ وَاسِعٌ عَلِيمٌ
	The likeness of those who spend their wealth in Allah's way is as the likeness of a grain which groweth **seven ears**, in every **ear** a hundred grains. Allah giveth increase manifold to whom He will. Allah is All-Embracing, All-Knowing.
	سنبله
2 البقرة 261	مَّثَلُ الَّذِينَ يُنفِقُونَ أَمْوَالَهُمْ فِي سَبِيلِ اللَّهِ كَمَثَلِ حَبَّةٍ أَنبَتَتْ سَبْعَ **سَنَابِلَ** فِي كُلِّ **سُنبُلَةٍ** مِّائَةُ حَبَّةٍ ۗ وَاللَّهُ يُضَاعِفُ لِمَن يَشَاءُ ۗوَاللَّهُ وَاسِعٌ عَلِيمٌ
12 يوسف 43	وَقَالَ الْمَلِكُ إِنِّي أَرَىٰ سَبْعَ بَقَرَاتٍ سِمَانٍ يَأْكُلُهُنَّ سَبْعٌ عِجَافٌ وَسَبْعَ **سُنبُلَاتٍ** خُضْرٍ وَأُخَرَ يَابِسَاتٍ ۖ يَا أَيُّهَا الْمَلَأُ أَفْتُونِي فِي رُؤْيَايَ إِن كُنتُمْ لِلرُّؤْيَا تَعْبُرُونَ

46	يُوسُفُ أَيُّهَا الصِّدِّيقُ أَفْتِنَا فِي سَبْعِ بَقَرَاتٍ سِمَانٍ يَأْكُلُهُنَّ سَبْعٌ عِجَافٌ وَسَبْعِ **سُنبُلَاتٍ** خُضْرٍ وَأُخَرَ يَابِسَاتٍ لَّعَلِّي أَرْجِعُ إِلَى النَّاسِ لَعَلَّهُمْ يَعْلَمُونَ
47	قَالَ تَزْرَعُونَ سَبْعَ سِنِينَ دَأَبًا فَمَا حَصَدتُّمْ فَذَرُوهُ فِي **سُنبُلِهِ** إِلَّا قَلِيلًا مِّمَّا تَأْكُلُونَ
	سُنَّتُ
8 الأنفال 38	قُل لِّلَّذِينَ كَفَرُوا إِن يَنتَهُوا يُغْفَرْ لَهُم مَّا قَدْ سَلَفَ وَإِن يَعُودُوا فَقَدْ مَضَتْ **سُنَّتُ** الْأَوَّلِينَ
17 الإسراء 77	سُنَّةَ مَن قَدْ أَرْسَلْنَا قَبْلَكَ مِن رُّسُلِنَا ۖ وَلَا تَجِدُ **لِسُنَّتِنَا** تَحْوِيلًا
35 فاطر 43	اسْتِكْبَارًا فِي الْأَرْضِ وَمَكْرَ السَّيِّئِ ۚ وَلَا يَحِيقُ الْمَكْرُ السَّيِّئُ إِلَّا بِأَهْلِهِ ۚ فَهَلْ يَنظُرُونَ إِلَّا **سُنَّتَ** الْأَوَّلِينَ ۚ فَلَن تَجِدَ **لِسُنَّتِ** اللَّهِ تَبْدِيلًا ۖ وَلَن تَجِدَ **لِسُنَّتِ** اللَّهِ تَحْوِيلًا
	[Due to] arrogance in the land and plotting of evil; but the evil plot does not encompass except its own people. Then do they await except **the way** of the former peoples? But you will never find in **the way of** Allah any change, and you will never find in the **way of Allah** any alteration.
40 غافر 85	فَلَمْ يَكُ يَنفَعُهُمْ إِيمَانُهُمْ لَمَّا رَأَوْا بَأْسَنَا ۖ **سُنَّتَ** اللَّهِ الَّتِي قَدْ خَلَتْ فِي عِبَادِهِ ۖ وَخَسِرَ هُنَالِكَ الْكَافِرُونَ
	سندس
18 الكهف 31	أُولَٰئِكَ لَهُمْ جَنَّاتُ عَدْنٍ تَجْرِي مِن تَحْتِهِمُ الْأَنْهَارُ يُحَلَّوْنَ فِيهَا مِنْ أَسَاوِرَ مِن ذَهَبٍ وَيَلْبَسُونَ ثِيَابًا خُضْرًا مِّن **سُندُسٍ** وَإِسْتَبْرَقٍ مُّتَّكِئِينَ فِيهَا عَلَى الْأَرَائِكِ ۚ نِعْمَ الثَّوَابُ وَحَسُنَتْ مُرْتَفَقًا
44 الدخان 53	يَلْبَسُونَ مِن **سُندُسٍ** وَإِسْتَبْرَقٍ مُّتَقَابِلِينَ
76 الانسان 21	عَالِيَهُمْ ثِيَابُ **سُندُسٍ** خُضْرٌ وَإِسْتَبْرَقٌ ۖ وَحُلُّوا أَسَاوِرَ مِن فِضَّةٍ وَسَقَاهُمْ رَبُّهُمْ شَرَابًا طَهُورًا

	Upon the inhabitants will be green garments of **fine silk** and brocade. And they will be adorned with bracelets of silver, and their Lord will give them a purifying drink.
	<div dir="rtl">سُنَنٌ/ سُنَنَ</div>
3 آل عمران 137	<div dir="rtl">قَدْ خَلَتْ مِن قَبْلِكُمْ سُنَنٌ فَسِيرُوا فِي الْأَرْضِ فَانظُرُوا كَيْفَ كَانَ عَاقِبَةُ الْمُكَذِّبِينَ</div>
4 النساء 26	<div dir="rtl">يُرِيدُ اللَّهُ لِيُبَيِّنَ لَكُمْ وَيَهْدِيَكُمْ سُنَنَ الَّذِينَ مِن قَبْلِكُمْ وَيَتُوبَ عَلَيْكُمْ ۗ وَاللَّهُ عَلِيمٌ حَكِيمٌ</div>
	Allah wants to make clear to you [the lawful from the unlawful] and guide you to **the [good] practices of those before you** and to accept your repentance. And Allah is Knowing and Wise.
	<div dir="rtl">سُهُولِهَا</div>
7 الأعراف 74	<div dir="rtl">وَاذْكُرُوا إِذْ جَعَلَكُمْ خُلَفَاءَ مِن بَعْدِ عَادٍ وَبَوَّأَكُمْ فِي الْأَرْضِ تَتَّخِذُونَ مِن سُهُولِهَا قُصُورًا وَتَنْحِتُونَ الْجِبَالَ بُيُوتًا ۖ فَاذْكُرُوا آلَاءَ اللَّهِ وَلَا تَعْثَوْا فِي الْأَرْضِ مُفْسِدِينَ</div>
	And remember when He made you successors after the 'Aad and settled you in the land, [and] you take for yourselves palaces from its **plains** and carve from the mountains, homes. Then remember the favors of Allah and do not commit abuse on the earth, spreading corruption".
	<div dir="rtl">سواء</div>
2 البقرة 6	<div dir="rtl">إِنَّ الَّذِينَ كَفَرُوا سَوَاءٌ عَلَيْهِمْ أَأَنذَرْتَهُمْ أَمْ لَمْ تُنذِرْهُمْ لَا يُؤْمِنُونَ</div>
108	<div dir="rtl">أَمْ تُرِيدُونَ أَن تَسْأَلُوا رَسُولَكُمْ كَمَا سُئِلَ مُوسَىٰ مِن قَبْلُ ۗ وَمَن يَتَبَدَّلِ الْكُفْرَ بِالْإِيمَانِ فَقَدْ ضَلَّ سَوَاءَ السَّبِيلِ</div>
3 آل عمران 64	<div dir="rtl">قُلْ يَا أَهْلَ الْكِتَابِ تَعَالَوْا إِلَىٰ كَلِمَةٍ سَوَاءٍ بَيْنَنَا وَبَيْنَكُمْ أَلَّا نَعْبُدَ إِلَّا اللَّهَ وَلَا نُشْرِكَ بِهِ شَيْئًا وَلَا يَتَّخِذَ بَعْضُنَا بَعْضًا أَرْبَابًا مِّن دُونِ اللَّهِ ۚ فَإِن تَوَلَّوْا فَقُولُوا اشْهَدُوا بِأَنَّا مُسْلِمُونَ</div>

	Say, "O People of the Scripture, come to **a word that is equitable between us and you** - that we will not worship except Allah and not associate anything with Him and not take one another as lords instead of Allah." But if they turn away, then say, "Bear witness that we are Muslims [submitting to Him]".
113	۞ لَيْسُوا سَوَاءً ۗ مِّنْ أَهْلِ الْكِتَابِ أُمَّةٌ قَائِمَةٌ يَتْلُونَ آيَاتِ اللَّهِ آنَاءَ اللَّيْلِ وَهُمْ يَسْجُدُونَ
	They are not [all] **the same**; among the People of the Scripture is a community standing [in obedience], reciting the verses of Allah during periods of the night and prostrating [in prayer].
4 النساء 89	وَدُّوا لَوْ تَكْفُرُونَ كَمَا كَفَرُوا فَتَكُونُونَ سَوَاءً ۖ فَلَا تَتَّخِذُوا مِنْهُمْ أَوْلِيَاءَ حَتَّىٰ يُهَاجِرُوا فِي سَبِيلِ اللَّهِ ۚ فَإِن تَوَلَّوْا فَخُذُوهُمْ وَاقْتُلُوهُمْ حَيْثُ وَجَدتُّمُوهُمْ ۖ وَلَا تَتَّخِذُوا مِنْهُمْ وَلِيًّا وَلَا نَصِيرًا
5 المائدة 12	۞ وَلَقَدْ أَخَذَ اللَّهُ مِيثَاقَ بَنِي إِسْرَائِيلَ وَبَعَثْنَا مِنْهُمُ اثْنَيْ عَشَرَ نَقِيبًا ۖ وَقَالَ اللَّهُ إِنِّي مَعَكُمْ ۖ لَئِنْ أَقَمْتُمُ الصَّلَاةَ وَآتَيْتُمُ الزَّكَاةَ وَآمَنتُم بِرُسُلِي وَعَزَّرْتُمُوهُمْ وَأَقْرَضْتُمُ اللَّهَ قَرْضًا حَسَنًا لَّأُكَفِّرَنَّ عَنكُمْ سَيِّئَاتِكُمْ وَلَأُدْخِلَنَّكُمْ جَنَّاتٍ تَجْرِي مِن تَحْتِهَا الْأَنْهَارُ ۚ فَمَن كَفَرَ بَعْدَ ذَٰلِكَ مِنكُمْ فَقَدْ ضَلَّ سَوَاءَ السَّبِيلِ
60	قُلْ هَلْ أُنَبِّئُكُم بِشَرٍّ مِّن ذَٰلِكَ مَثُوبَةً عِندَ اللَّهِ ۚ مَن لَّعَنَهُ اللَّهُ وَغَضِبَ عَلَيْهِ وَجَعَلَ مِنْهُمُ الْقِرَدَةَ وَالْخَنَازِيرَ وَعَبَدَ الطَّاغُوتَ ۚ أُولَٰئِكَ شَرٌّ مَّكَانًا وَأَضَلُّ عَن سَوَاءِ السَّبِيلِ
77	قُلْ يَا أَهْلَ الْكِتَابِ لَا تَغْلُوا فِي دِينِكُمْ غَيْرَ الْحَقِّ وَلَا تَتَّبِعُوا أَهْوَاءَ قَوْمٍ قَدْ ضَلُّوا مِن قَبْلُ وَأَضَلُّوا كَثِيرًا وَضَلُّوا عَن سَوَاءِ السَّبِيلِ
	Say, "O People of the Scripture, do not exceed limits in your religion beyond the truth and do not follow the inclinations of a people who had gone astray before and misled many and have **strayed from the soundness of the way**".
7 الأعراف 193	وَإِن تَدْعُوهُمْ إِلَى الْهُدَىٰ لَا يَتَّبِعُوكُمْ ۚ سَوَاءٌ عَلَيْكُمْ أَدَعَوْتُمُوهُمْ أَمْ أَنتُمْ صَامِتُونَ

8 الأنفال 58	وَإِمَّا تَخَافَنَّ مِن قَوْمٍ خِيَانَةً فَانبِذْ إِلَيْهِمْ عَلَىٰ **سَوَاءٍ** ۚ إِنَّ اللَّهَ لَا يُحِبُّ الْخَائِنِينَ
13الرعد 10	**سَوَاءٌ** مِّنكُم مَّنْ أَسَرَّ الْقَوْلَ وَمَن جَهَرَ بِهِ وَمَنْ هُوَ مُسْتَخْفٍ بِاللَّيْلِ وَسَارِبٌ بِالنَّهَارِ
14ابراهيم 21	وَبَرَزُوا لِلَّهِ جَمِيعًا فَقَالَ الضُّعَفَاءُ لِلَّذِينَ اسْتَكْبَرُوا إِنَّا كُنَّا لَكُمْ تَبَعًا فَهَلْ أَنتُم مُّغْنُونَ عَنَّا مِنْ عَذَابِ اللَّهِ مِن شَيْءٍ ۚ قَالُوا لَوْ هَدَانَا اللَّهُ لَهَدَيْنَاكُمْ ۖ **سَوَاءٌ** عَلَيْنَا أَجَزِعْنَا أَمْ صَبَرْنَا مَا لَنَا مِن مَّحِيصٍ
16 النحل 71	وَاللَّهُ فَضَّلَ بَعْضَكُمْ عَلَىٰ بَعْضٍ فِي الرِّزْقِ ۚ فَمَا الَّذِينَ فُضِّلُوا بِرَادِّي رِزْقِهِمْ عَلَىٰ مَا مَلَكَتْ أَيْمَانُهُمْ فَهُمْ فِيهِ **سَوَاءٌ** ۚ أَفَبِنِعْمَةِ اللَّهِ يَجْحَدُونَ
21 الأنبياء 109	فَإِن تَوَلَّوْا فَقُلْ آذَنتُكُمْ عَلَىٰ **سَوَاءٍ** ۖ وَإِنْ أَدْرِي أَقَرِيبٌ أَم بَعِيدٌ مَّا تُوعَدُونَ
22 الحج 25	إِنَّ الَّذِينَ كَفَرُوا وَيَصُدُّونَ عَن سَبِيلِ اللَّهِ وَالْمَسْجِدِ الْحَرَامِ الَّذِي جَعَلْنَاهُ لِلنَّاسِ **سَوَاءً** الْعَاكِفُ فِيهِ وَالْبَادِ ۚ وَمَن يُرِدْ فِيهِ بِإِلْحَادٍ بِظُلْمٍ نُّذِقْهُ مِنْ عَذَابٍ أَلِيمٍ
26 الشعراء 136	قَالُوا **سَوَاءٌ** عَلَيْنَا أَوَعَظْتَ أَمْ لَمْ تَكُن مِّنَ الْوَاعِظِينَ
28 القصص 22	وَلَمَّا تَوَجَّهَ تِلْقَاءَ مَدْيَنَ قَالَ عَسَىٰ رَبِّي أَن يَهْدِيَنِي **سَوَاءَ** السَّبِيلِ
30 الروم 28	ضَرَبَ لَكُم مَّثَلًا مِّنْ أَنفُسِكُمْ ۖ هَل لَّكُم مِّن مَّا مَلَكَتْ أَيْمَانُكُم مِّن شُرَكَاءَ فِي مَا رَزَقْنَاكُمْ فَأَنتُمْ فِيهِ **سَوَاءٌ** تَخَافُونَهُمْ كَخِيفَتِكُمْ أَنفُسَكُمْ ۚ كَذَٰلِكَ نُفَصِّلُ الْآيَاتِ لِقَوْمٍ يَعْقِلُونَ
36 يس 10	**وَسَوَاءٌ** عَلَيْهِمْ أَأَنذَرْتَهُمْ أَمْ لَمْ تُنذِرْهُمْ لَا يُؤْمِنُونَ
37 الصافات 55	فَاطَّلَعَ فَرَآهُ فِي **سَوَاءِ** الْجَحِيمِ

38 ص 22	إِذْ دَخَلُوا عَلَىٰ دَاوُودَ فَفَزِعَ مِنْهُمْ ۖ قَالُوا لَا تَخَفْ ۖ خَصْمَانِ بَغَىٰ بَعْضُنَا عَلَىٰ بَعْضٍ فَاحْكُم بَيْنَنَا بِالْحَقِّ وَلَا تُشْطِطْ وَاهْدِنَا إِلَىٰ **سَوَاءِ** الصِّرَاطِ
41 فصلت 10	وَجَعَلَ فِيهَا رَوَاسِيَ مِن فَوْقِهَا وَبَارَكَ فِيهَا وَقَدَّرَ فِيهَا أَقْوَاتَهَا فِي أَرْبَعَةِ أَيَّامٍ **سَوَاءً** لِّلسَّائِلِينَ
44 الدخان 47	خُذُوهُ فَاعْتِلُوهُ إِلَىٰ **سَوَاءِ** الْجَحِيمِ
45 الجاثية 21	أَمْ حَسِبَ الَّذِينَ اجْتَرَحُوا السَّيِّئَاتِ أَن نَّجْعَلَهُمْ كَالَّذِينَ آمَنُوا وَعَمِلُوا الصَّالِحَاتِ **سَوَاءً** مَّحْيَاهُمْ وَمَمَاتُهُمْ ۚ سَاءَ مَا يَحْكُمُونَ
52 الطور 16	اصْلَوْهَا فَاصْبِرُوا أَوْ لَا تَصْبِرُوا **سَوَاءٌ** عَلَيْكُمْ ۖ إِنَّمَا تُجْزَوْنَ مَا كُنتُمْ تَعْمَلُونَ
60 الممتحنة 1	يَا أَيُّهَا الَّذِينَ آمَنُوا لَا تَتَّخِذُوا عَدُوِّي وَعَدُوَّكُمْ أَوْلِيَاءَ تُلْقُونَ إِلَيْهِم بِالْمَوَدَّةِ وَقَدْ كَفَرُوا بِمَا جَاءَكُم مِّنَ الْحَقِّ يُخْرِجُونَ الرَّسُولَ وَإِيَّاكُمْ ۙ أَن تُؤْمِنُوا بِاللَّهِ رَبِّكُمْ إِن كُنتُمْ خَرَجْتُمْ جِهَادًا فِي سَبِيلِي وَابْتِغَاءَ مَرْضَاتِي ۚ تُسِرُّونَ إِلَيْهِم بِالْمَوَدَّةِ وَأَنَا أَعْلَمُ بِمَا أَخْفَيْتُمْ وَمَا أَعْلَنتُمْ ۚ وَمَن يَفْعَلْهُ مِنكُمْ فَقَدْ ضَلَّ **سَوَاءَ** السَّبِيلِ
63 المنافقون 6	**سَوَاءٌ** عَلَيْهِمْ أَسْتَغْفَرْتَ لَهُمْ أَمْ لَمْ تَسْتَغْفِرْ لَهُمْ لَن يَغْفِرَ اللَّهُ لَهُمْ ۚ إِنَّ اللَّهَ لَا يَهْدِي الْقَوْمَ الْفَاسِقِينَ

	سَوْآتِهِمَا
7 الأعراف 20	فَوَسْوَسَ لَهُمَا الشَّيْطَانُ لِيُبْدِيَ لَهُمَا مَا وُورِيَ عَنْهُمَا مِن **سَوْآتِهِمَا** وَقَالَ مَا نَهَاكُمَا رَبُّكُمَا عَنْ هَٰذِهِ الشَّجَرَةِ إِلَّا أَن تَكُونَا مَلَكَيْنِ أَوْ تَكُونَا مِنَ الْخَالِدِينَ
22	فَدَلَّاهُمَا بِغُرُورٍ ۚ فَلَمَّا ذَاقَا الشَّجَرَةَ بَدَتْ لَهُمَا **سَوْآتُهُمَا** وَطَفِقَا يَخْصِفَانِ عَلَيْهِمَا مِن وَرَقِ الْجَنَّةِ ۖ وَنَادَاهُمَا رَبُّهُمَا أَلَمْ أَنْهَكُمَا عَن تِلْكُمَا الشَّجَرَةِ وَأَقُل لَّكُمَا إِنَّ الشَّيْطَانَ لَكُمَا عَدُوٌّ مُّبِينٌ
26	يَا بَنِي آدَمَ قَدْ أَنزَلْنَا عَلَيْكُمْ لِبَاسًا يُوَارِي **سَوْآتِكُمْ** وَرِيشًا ۖ وَلِبَاسُ التَّقْوَىٰ ذَٰلِكَ خَيْرٌ ۚ ذَٰلِكَ مِنْ آيَاتِ اللَّهِ لَعَلَّهُمْ يَذَّكَّرُونَ

27	يَا بَنِي آدَمَ لَا يَفْتِنَنَّكُمُ الشَّيْطَانُ كَمَا أَخْرَجَ أَبَوَيْكُم مِّنَ الْجَنَّةِ يَنزِعُ عَنْهُمَا لِبَاسَهُمَا لِيُرِيَهُمَا **سَوْآتِهِمَا** ۗ إِنَّهُ يَرَاكُمْ هُوَ وَقَبِيلُهُ مِنْ حَيْثُ لَا تَرَوْنَهُمْ ۗ إِنَّا جَعَلْنَا الشَّيَاطِينَ أَوْلِيَاءَ لِلَّذِينَ لَا يُؤْمِنُونَ	
	O children of Adam, let not Satan tempt you as he removed your parents from Paradise, stripping them of their clothing to show them **their private parts**. Indeed, he sees you, he and his tribe, from where you do not see them. Indeed, We have made the devils allies to those who do not believe.	
20 طه 121	فَأَكَلَا مِنْهَا فَبَدَتْ لَهُمَا **سَوْآتُهُمَا** وَطَفِقَا يَخْصِفَانِ عَلَيْهِمَا مِن وَرَقِ الْجَنَّةِ ۚ وَعَصَىٰ آدَمُ رَبَّهُ فَغَوَىٰ	

سود

2 البقرة 187	أُحِلَّ لَكُمْ لَيْلَةَ الصِّيَامِ الرَّفَثُ إِلَىٰ نِسَائِكُمْ ۚ هُنَّ لِبَاسٌ لَّكُمْ وَأَنتُمْ لِبَاسٌ لَّهُنَّ ۗ عَلِمَ اللَّهُ أَنَّكُمْ كُنتُمْ تَخْتَانُونَ أَنفُسَكُمْ فَتَابَ عَلَيْكُمْ وَعَفَا عَنكُمْ ۖ فَالْآنَ بَاشِرُوهُنَّ وَابْتَغُوا مَا كَتَبَ اللَّهُ لَكُمْ ۚ وَكُلُوا وَاشْرَبُوا حَتَّىٰ يَتَبَيَّنَ لَكُمُ الْخَيْطُ الْأَبْيَضُ مِنَ الْخَيْطِ **الْأَسْوَدِ** مِنَ الْفَجْرِ ۖ ثُمَّ أَتِمُّوا الصِّيَامَ إِلَى اللَّيْلِ ۚ وَلَا تُبَاشِرُوهُنَّ وَأَنتُمْ عَاكِفُونَ فِي الْمَسَاجِدِ ۗ تِلْكَ حُدُودُ اللَّهِ فَلَا تَقْرَبُوهَا ۗ كَذَٰلِكَ يُبَيِّنُ اللَّهُ آيَاتِهِ لِلنَّاسِ لَعَلَّهُمْ يَتَّقُونَ	
3 آل عمران 106	يَوْمَ تَبْيَضُّ وُجُوهٌ **وَتَسْوَدُّ** وُجُوهٌ ۚ فَأَمَّا الَّذِينَ **اسْوَدَّتْ** وُجُوهُهُمْ أَكَفَرْتُم بَعْدَ إِيمَانِكُمْ فَذُوقُوا الْعَذَابَ بِمَا كُنتُمْ تَكْفُرُونَ	
16 النحل 58	وَإِذَا بُشِّرَ أَحَدُهُم بِالْأُنثَىٰ ظَلَّ وَجْهُهُ **مُسْوَدًّا** وَهُوَ كَظِيمٌ	
35 فاطر 27	أَلَمْ تَرَ أَنَّ اللَّهَ أَنزَلَ مِنَ السَّمَاءِ مَاءً فَأَخْرَجْنَا بِهِ ثَمَرَاتٍ مُّخْتَلِفًا أَلْوَانُهَا ۚ وَمِنَ الْجِبَالِ جُدَدٌ بِيضٌ وَحُمْرٌ مُّخْتَلِفٌ أَلْوَانُهَا وَغَرَابِيبُ **سُودٌ**	
	Do you not see that Allah sends down rain from the sky, and We produce thereby fruits of varying colors? And in the mountains are tracts, white and red of varying shades and [some] extremely black	
39 الزمر 60	وَيَوْمَ الْقِيَامَةِ تَرَى الَّذِينَ كَذَبُوا عَلَى اللَّهِ وُجُوهُهُم **مُّسْوَدَّةٌ** ۚ أَلَيْسَ فِي جَهَنَّمَ مَثْوًى لِّلْمُتَكَبِّرِينَ	

43 الزخرف 17	وَإِذَا بُشِّرَ أَحَدُهُم بِمَا ضَرَبَ لِلرَّحْمَـٰنِ مَثَلًا ظَلَّ وَجْهُهُ **مُسْوَدًّا** وَهُوَ كَظِيمٌ
	سُورَةٌ
2 البقرة 23	وَإِن كُنتُمْ فِي رَيْبٍ مِّمَّا نَزَّلْنَا عَلَىٰ عَبْدِنَا فَأْتُوا **بِسُورَةٍ** مِّن مِّثْلِهِ وَادْعُوا شُهَدَاءَكُم مِّن دُونِ اللَّهِ إِن كُنتُمْ صَادِقِينَ
9 التوبة 64	يَحْذَرُ الْمُنَافِقُونَ أَن تُنَزَّلَ عَلَيْهِمْ **سُورَةٌ** تُنَبِّئُهُم بِمَا فِي قُلُوبِهِمْ ۚ قُلِ اسْتَهْزِئُوا إِنَّ اللَّهَ مُخْرِجٌ مَّا تَحْذَرُونَ
86	وَإِذَا أُنزِلَتْ **سُورَةٌ** أَنْ آمِنُوا بِاللَّهِ وَجَاهِدُوا مَعَ رَسُولِهِ اسْتَأْذَنَكَ أُولُو الطَّوْلِ مِنْهُمْ وَقَالُوا ذَرْنَا نَكُن مَّعَ الْقَاعِدِينَ
124	وَإِذَا مَا أُنزِلَتْ **سُورَةٌ** فَمِنْهُم مَّن يَقُولُ أَيُّكُمْ زَادَتْهُ هَـٰذِهِ إِيمَانًا ۚ فَأَمَّا الَّذِينَ آمَنُوا فَزَادَتْهُمْ إِيمَانًا وَهُمْ يَسْتَبْشِرُونَ
127	وَإِذَا مَا أُنزِلَتْ **سُورَةٌ** نَّظَرَ بَعْضُهُمْ إِلَىٰ بَعْضٍ هَلْ يَرَاكُم مِّنْ أَحَدٍ ثُمَّ انصَرَفُوا ۚ صَرَفَ اللَّهُ قُلُوبَهُم بِأَنَّهُمْ قَوْمٌ لَّا يَفْقَهُونَ
10 يونس 38	أَمْ يَقُولُونَ افْتَرَاهُ ۖ قُلْ فَأْتُوا **بِسُورَةٍ** مِّثْلِهِ وَادْعُوا مَنِ اسْتَطَعْتُم مِّن دُونِ اللَّهِ إِن كُنتُمْ صَادِقِينَ
11هود 13	أَمْ يَقُولُونَ افْتَرَاهُ ۖ قُلْ فَأْتُوا بِعَشْرِ **سُوَرٍ** مِّثْلِهِ مُفْتَرَيَاتٍ وَادْعُوا مَنِ اسْتَطَعْتُم مِّن دُونِ اللَّهِ إِن كُنتُمْ صَادِقِينَ
24 النور 1	**سُورَةٌ** أَنزَلْنَاهَا وَفَرَضْنَاهَا وَأَنزَلْنَا فِيهَا آيَاتٍ بَيِّنَاتٍ لَّعَلَّكُمْ تَذَكَّرُونَ
47 محمد 20	وَيَقُولُ الَّذِينَ آمَنُوا لَوْلَا نُزِّلَتْ **سُورَةٌ** ۖ فَإِذَا أُنزِلَتْ **سُورَةٌ** مُّحْكَمَةٌ وَذُكِرَ فِيهَا الْقِتَالُ ۙ رَأَيْتَ الَّذِينَ فِي قُلُوبِهِم مَّرَضٌ يَنظُرُونَ إِلَيْكَ نَظَرَ الْمَغْشِيِّ عَلَيْهِ مِنَ الْمَوْتِ ۖ فَأَوْلَىٰ لَهُمْ
	Those who believe say, "Why has a **surah** not been sent down? But when a precise **surah** is revealed and fighting is mentioned therein, you see those in whose hearts is hypocrisy looking at you with a look of one overcome by death. And more appropriate for them [would have been]
	سَوْطَ So your Lord poured upon them a **scourge** of punishment

89 الفجر 13	فَصَبَّ عَلَيْهِمْ رَبُّكَ سَوْطَ عَذَابٍ	
	سَوَّلَتْ	
12 يوسف 18	وَجَاءُوا عَلَىٰ قَمِيصِهِ بِدَمٍ كَذِبٍ ۚ قَالَ بَلْ **سَوَّلَتْ** لَكُمْ أَنفُسُكُمْ أَمْرًا ۖ فَصَبْرٌ جَمِيلٌ ۖ وَاللَّهُ الْمُسْتَعَانُ عَلَىٰ مَا تَصِفُونَ	
	And they brought upon his shirt false blood. [Jacob] said, "Rather, your souls have **enticed you** to something, so patience is most fitting. And Allah is the one sought for help against that which you describe".	
83	قَالَ بَلْ **سَوَّلَتْ** لَكُمْ أَنفُسُكُمْ أَمْرًا ۖ فَصَبْرٌ جَمِيلٌ ۖ عَسَى اللَّهُ أَن يَأْتِيَنِي بِهِمْ جَمِيعًا ۚ إِنَّهُ هُوَ الْعَلِيمُ الْحَكِيمُ	
20 طه 96	قَالَ بَصُرْتُ بِمَا لَمْ يَبْصُرُوا بِهِ فَقَبَضْتُ قَبْضَةً مِّنْ أَثَرِ الرَّسُولِ فَنَبَذْتُهَا وَكَذَٰلِكَ **سَوَّلَتْ** لِي نَفْسِي	
	سَوِيًّا	
19 مريم 10	قَالَ رَبِّ اجْعَل لِّي آيَةً ۚ قَالَ آيَتُكَ أَلَّا تُكَلِّمَ النَّاسَ ثَلَاثَ لَيَالٍ **سَوِيًّا**	
17	فَاتَّخَذَتْ مِن دُونِهِمْ حِجَابًا فَأَرْسَلْنَا إِلَيْهَا رُوحَنَا فَتَمَثَّلَ لَهَا بَشَرًا **سَوِيًّا**	
	And she took, in seclusion from them, a screen. Then We sent to her Our Angel, and he represented himself to her as a **well-proportioned** man.	
43	يَا أَبَتِ إِنِّي قَدْ جَاءَنِي مِنَ الْعِلْمِ مَا لَمْ يَأْتِكَ فَاتَّبِعْنِي أَهْدِكَ صِرَاطًا **سَوِيًّا**	
67 الملك 22	أَفَمَن يَمْشِي مُكِبًّا عَلَىٰ وَجْهِهِ أَهْدَىٰ أَمَّن يَمْشِي **سَوِيًّا** عَلَىٰ صِرَاطٍ مُّسْتَقِيمٍ	
	سويته	
15 الحجر 29	فَإِذَا **سَوَّيْتُهُ** وَنَفَخْتُ فِيهِ مِن رُّوحِي فَقَعُوا لَهُ سَاجِدِينَ	
	And when I have **proportioned him** and breathed into him of My [created] soul, then fall down to him in prostration".	

38 ص 72	فَإِذَا سَوَّيْتُهُ وَنَفَخْتُ فِيهِ مِن رُّوحِي فَقَعُوا لَهُ سَاجِدِينَ	
	سيارة	
5 المائدة 96	أُحِلَّ لَكُمْ صَيْدُ الْبَحْرِ وَطَعَامُهُ مَتَاعًا لَّكُمْ وَلِلسَّيَّارَةِ ۖ وَحُرِّمَ عَلَيْكُمْ صَيْدُ الْبَرِّ مَا دُمْتُمْ حُرُمًا ۗ وَاتَّقُوا اللَّهَ الَّذِي إِلَيْهِ تُحْشَرُونَ	
12 يوسف 10	قَالَ قَائِلٌ مِّنْهُمْ لَا تَقْتُلُوا يُوسُفَ وَأَلْقُوهُ فِي غَيَابَتِ الْجُبِّ يَلْتَقِطْهُ بَعْضُ السَّيَّارَةِ إِن كُنتُمْ فَاعِلِينَ	
19	وَجَاءَتْ سَيَّارَةٌ فَأَرْسَلُوا وَارِدَهُمْ فَأَدْلَىٰ دَلْوَهُ ۖ قَالَ يَا بُشْرَىٰ هَٰذَا غُلَامٌ ۚ وَأَسَرُّوهُ بِضَاعَةً ۚ وَاللَّهُ عَلِيمٌ بِمَا يَعْمَلُونَ	
	And there came a **company of travelers**; then they sent their water drawer, and he let down his bucket. He said, "Good news! Here is a boy." And they concealed him, [taking him] as merchandise; and Allah was knowing of what they did.	
	سَيُبْطِلُهُ	
10 يونس 81	فَلَمَّا أَلْقَوْا قَالَ مُوسَىٰ مَا جِئْتُم بِهِ السِّحْرُ ۖ إِنَّ اللَّهَ **سَيُبْطِلُهُ** ۗ إِنَّ اللَّهَ لَا يُصْلِحُ عَمَلَ الْمُفْسِدِينَ	
	And when they had thrown, Moses said, "What you have brought is [only] magic. Indeed, Allah will **expose its worthlessness**. Indeed, Allah does not amend the work of corrupters.	
	سَيَقُولُ	
2 البقرة 142	**سَيَقُولُ** السُّفَهَاءُ مِنَ النَّاسِ مَا وَلَّاهُمْ عَن قِبْلَتِهِمُ الَّتِي كَانُوا عَلَيْهَا ۚ قُل لِّلَّهِ الْمَشْرِقُ وَالْمَغْرِبُ ۚ يَهْدِي مَن يَشَاءُ إِلَىٰ صِرَاطٍ مُّسْتَقِيمٍ	
	The foolish among the people **will say,** "What has turned them away from their qiblah, which they used to face?" Say, "To Allah belongs the east and the west. He guides whom He wills to a straight path."	

6 الأنعام 148	**سَيَقُولُ** الَّذِينَ أَشْرَكُوا لَوْ شَاءَ اللَّهُ مَا أَشْرَكْنَا وَلَا آبَاؤُنَا وَلَا حَرَّمْنَا مِن شَيْءٍ ۚ كَذَٰلِكَ كَذَّبَ الَّذِينَ مِن قَبْلِهِمْ حَتَّىٰ ذَاقُوا بَأْسَنَا ۗ قُلْ هَلْ عِندَكُم مِّنْ عِلْمٍ فَتُخْرِجُوهُ لَنَا ۖ إِن تَتَّبِعُونَ إِلَّا الظَّنَّ وَإِنْ أَنتُمْ إِلَّا تَخْرُصُونَ
10 يونس 31	قُلْ مَن يَرْزُقُكُم مِّنَ السَّمَاءِ وَالْأَرْضِ أَمَّن يَمْلِكُ السَّمْعَ وَالْأَبْصَارَ وَمَن يُخْرِجُ الْحَيَّ مِنَ الْمَيِّتِ وَيُخْرِجُ الْمَيِّتَ مِنَ الْحَيِّ وَمَن يُدَبِّرُ الْأَمْرَ ۚ **فَسَيَقُولُونَ** اللَّهُ ۚ فَقُلْ أَفَلَا تَتَّقُونَ
17 الإسراء 51	أَوْ خَلْقًا مِّمَّا يَكْبُرُ فِي صُدُورِكُمْ ۚ **فَسَيَقُولُونَ** مَن يُعِيدُنَا ۖ قُلِ الَّذِي فَطَرَكُمْ أَوَّلَ مَرَّةٍ ۚ فَسَيُنْغِضُونَ إِلَيْكَ رُءُوسَهُمْ وَيَقُولُونَ مَتَىٰ هُوَ ۖ قُلْ عَسَىٰ أَن يَكُونَ قَرِيبًا
18 الكهف 22	**سَيَقُولُونَ** ثَلَاثَةٌ رَّابِعُهُمْ كَلْبُهُمْ وَيَقُولُونَ خَمْسَةٌ سَادِسُهُمْ كَلْبُهُمْ رَجْمًا بِالْغَيْبِ ۖ وَيَقُولُونَ سَبْعَةٌ وَثَامِنُهُمْ كَلْبُهُمْ ۚ قُل رَّبِّي أَعْلَمُ بِعِدَّتِهِم مَّا يَعْلَمُهُمْ إِلَّا قَلِيلٌ ۗ فَلَا تُمَارِ فِيهِمْ إِلَّا مِرَاءً ظَاهِرًا وَلَا تَسْتَفْتِ فِيهِم مِّنْهُمْ أَحَدًا
23 المؤمنون 85	**سَيَقُولُونَ** لِلَّهِ ۚ قُلْ أَفَلَا تَذَكَّرُونَ
87	**سَيَقُولُونَ** لِلَّهِ ۚ قُلْ أَفَلَا تَتَّقُونَ
89	**سَيَقُولُونَ** لِلَّهِ ۚ قُلْ فَأَنَّىٰ تُسْحَرُونَ
46 الأحقاف 11	وَقَالَ الَّذِينَ كَفَرُوا لِلَّذِينَ آمَنُوا لَوْ كَانَ خَيْرًا مَّا سَبَقُونَا إِلَيْهِ ۚ وَإِذْ لَمْ يَهْتَدُوا بِهِ **فَسَيَقُولُونَ** هَٰذَا إِفْكٌ قَدِيمٌ
48 الفتح 11	**سَيَقُولُ** لَكَ الْمُخَلَّفُونَ مِنَ الْأَعْرَابِ شَغَلَتْنَا أَمْوَالُنَا وَأَهْلُونَا فَاسْتَغْفِرْ لَنَا ۚ يَقُولُونَ بِأَلْسِنَتِهِم مَّا لَيْسَ فِي قُلُوبِهِمْ ۚ قُلْ فَمَن يَمْلِكُ لَكُم مِّنَ اللَّهِ شَيْئًا إِنْ أَرَادَ بِكُمْ ضَرًّا أَوْ أَرَادَ بِكُمْ نَفْعًا ۚ بَلْ كَانَ اللَّهُ بِمَا تَعْمَلُونَ خَبِيرًا
15	**سَيَقُولُ** الْمُخَلَّفُونَ إِذَا انطَلَقْتُمْ إِلَىٰ مَغَانِمَ لِتَأْخُذُوهَا ذَرُونَا نَتَّبِعْكُمْ ۖ يُرِيدُونَ أَن يُبَدِّلُوا كَلَامَ اللَّهِ ۚ قُل لَّن تَتَّبِعُونَا كَذَٰلِكُمْ قَالَ اللَّهُ مِن قَبْلُ ۖ فَسَيَقُولُونَ بَلْ تَحْسُدُونَنَا ۚ بَلْ كَانُوا لَا يَفْقَهُونَ إِلَّا قَلِيلًا

	سِيمَاهُمْ
2 البقرة 273	لِلْفُقَرَاءِ الَّذِينَ أُحْصِرُوا فِي سَبِيلِ اللَّهِ لَا يَسْتَطِيعُونَ ضَرْبًا فِي الْأَرْضِ يَحْسَبُهُمُ الْجَاهِلُ أَغْنِيَاءَ مِنَ التَّعَفُّفِ تَعْرِفُهُم **بِسِيمَاهُمْ** لَا يَسْأَلُونَ النَّاسَ إِلْحَافًا ۗ وَمَا تُنفِقُوا مِنْ خَيْرٍ فَإِنَّ اللَّهَ بِهِ عَلِيمٌ
7 الأعراف 46	وَبَيْنَهُمَا حِجَابٌ ۚ وَعَلَى الْأَعْرَافِ رِجَالٌ يَعْرِفُونَ كُلًّا **بِسِيمَاهُمْ** ۚ وَنَادَوْا أَصْحَابَ الْجَنَّةِ أَن سَلَامٌ عَلَيْكُمْ ۚ لَمْ يَدْخُلُوهَا وَهُمْ يَطْمَعُونَ
48	وَنَادَىٰ أَصْحَابُ الْأَعْرَافِ رِجَالًا يَعْرِفُونَهُم **بِسِيمَاهُمْ** قَالُوا مَا أَغْنَىٰ عَنكُمْ جَمْعُكُمْ وَمَا كُنتُمْ تَسْتَكْبِرُونَ
47 محمد 30	وَلَوْ نَشَاءُ لَأَرَيْنَاكَهُمْ فَلَعَرَفْتَهُم **بِسِيمَاهُمْ** ۚوَلَتَعْرِفَنَّهُمْ فِي لَحْنِ الْقَوْلِ ۚ وَاللَّهُ يَعْلَمُ أَعْمَالَكُمْ
48 الفتح 29	مُّحَمَّدٌ رَّسُولُ اللَّهِ ۚ وَالَّذِينَ مَعَهُ أَشِدَّاءُ عَلَى الْكُفَّارِ رُحَمَاءُ بَيْنَهُمْ ۖ تَرَاهُمْ رُكَّعًا سُجَّدًا يَبْتَغُونَ فَضْلًا مِّنَ اللَّهِ وَرِضْوَانًا ۖ **سِيمَاهُمْ** فِي وُجُوهِهِم مِّنْ أَثَرِ السُّجُودِ ۚ ذَٰلِكَ مَثَلُهُمْ فِي التَّوْرَاةِ ۚوَمَثَلُهُمْ فِي الْإِنجِيلِ كَزَرْعٍ أَخْرَجَ شَطْأَهُ فَآزَرَهُ فَاسْتَغْلَظَ فَاسْتَوَىٰ عَلَىٰ سُوقِهِ يُعْجِبُ الزُّرَّاعَ لِيَغِيظَ بِهِمُ الْكُفَّارَ ۗ وَعَدَ اللَّهُ الَّذِينَ آمَنُوا وَعَمِلُوا الصَّالِحَاتِ مِنْهُم مَّغْفِرَةً وَأَجْرًا عَظِيمًا
	Muhammad is the Messenger of Allah; and those with him are forceful against the disbelievers, merciful among themselves. You see them bowing and **prostrating** [in prayer], seeking bounty from Allah and [His] pleasure. **Their mark** is on their faces from the trace of **prostration**. That is their description in the Torah. And their description in the Gospel is as a plant which produces its offshoots and strengthens them so they grow firm and stand upon their **stalks**, delighting the sowers - so that Allah may enrage by them the disbelievers. Allah has promised those who believe and do righteous deeds among them forgiveness and a great reward.
55 الرحمن 41	يُعْرَفُ الْمُجْرِمُونَ **بِسِيمَاهُمْ** فَيُؤْخَذُ بِالنَّوَاصِي وَالْأَقْدَامِ

	سُيِّرَتْ
13 الرعد 31	وَلَوْ أَنَّ قُرْآنًا سُيِّرَتْ بِهِ الْجِبَالُ أَوْ قُطِّعَتْ بِهِ الْأَرْضُ أَوْ كُلِّمَ بِهِ الْمَوْتَىٰ ۗ بَل لِّلَّهِ الْأَمْرُ جَمِيعًا ۗ أَفَلَمْ يَيْأَسِ الَّذِينَ آمَنُوا أَن لَّوْ يَشَاءُ اللَّهُ لَهَدَى النَّاسَ جَمِيعًا ۗ وَلَا يَزَالُ الَّذِينَ كَفَرُوا تُصِيبُهُم بِمَا صَنَعُوا قَارِعَةٌ أَوْ تَحُلُّ قَرِيبًا مِّن دَارِهِمْ حَتَّىٰ يَأْتِيَ وَعْدُ اللَّهِ ۚ إِنَّ اللَّهَ لَا يُخْلِفُ الْمِيعَادَ
	And if there was any qur'an by which the mountains would be **removed** or the earth would be broken apart or the dead would be made to speak, [it would be this Qur'an], but to Allah belongs the affair entirely. Then have those who believed not accepted that had Allah willed, He would have guided the people, all of them? And those who disbelieve do not cease to be struck, for what they have done, by calamity - or it will descend near their home - until there comes the promise of Allah. Indeed, Allah does not fail in [His] promise.
20 طه 21	قَالَ خُذْهَا وَلَا تَخَفْ ۖ سَنُعِيدُهَا سِيرَتَهَا الْأُولَىٰ
78 النبإ 20	وَسُيِّرَتِ الْجِبَالُ فَكَانَتْ سَرَابًا
81 التكوير 3	وَإِذَا الْجِبَالُ سُيِّرَتْ
	سَيَرْحَمُهُمُ
9 التوبة 71	وَالْمُؤْمِنُونَ وَالْمُؤْمِنَاتُ بَعْضُهُمْ أَوْلِيَاءُ بَعْضٍ ۚ يَأْمُرُونَ بِالْمَعْرُوفِ وَيَنْهَوْنَ عَنِ الْمُنكَرِ وَيُقِيمُونَ الصَّلَاةَ وَيُؤْتُونَ الزَّكَاةَ وَيُطِيعُونَ اللَّهَ وَرَسُولَهُ ۚ أُولَٰئِكَ سَيَرْحَمُهُمُ اللَّهُ ۗ إِنَّ اللَّهَ عَزِيزٌ حَكِيمٌ
	The believing men and believing women are allies of one another. They enjoin what is right and forbid what is wrong and establish prayer and give zakah and obey Allah and His Messenger. Those - Allah will have mercy upon them. Indeed, Allah is Exalted in Might and Wise.

	سَيَصْلَىٰ
111 المسد 3	سَيَصْلَىٰ نَارًا ذَاتَ لَهَبٍ
	He will [enter to] **burn** in a Fire of [blazing] flame
	بحث في مفردات القرآن الكريم **القسم الثاني**
	الاحرف د- ص حرف ش
	د ذ ر ز س **ش** ص
	شَاخِصَةٌ
21 الأنبياء 97	وَاقْتَرَبَ الْوَعْدُ الْحَقُّ فَإِذَا هِيَ **شَاخِصَةٌ** أَبْصَارُ الَّذِينَ كَفَرُوا يَا وَيْلَنَا قَدْ كُنَّا فِي غَفْلَةٍ مِّنْ هَٰذَا بَلْ كُنَّا ظَالِمِينَ
	And [when] the true promise has approached; then suddenly the eyes of those who disbelieved will be **staring [in horror**, while they say], "O woe to us; we had been unmindful of this; rather, we were wrongdoers".
	شَاطِئِ
28 القصص 30	فَلَمَّا أَتَاهَا نُودِيَ مِن **شَاطِئِ** الْوَادِ الْأَيْمَنِ فِي الْبُقْعَةِ الْمُبَارَكَةِ مِنَ **الشَّجَرَةِ** أَن يَا مُوسَىٰ إِنِّي أَنَا اللَّهُ رَبُّ الْعَالَمِينَ
	But when he came to it, he was called from the right side of the **valley** in a blessed spot - from the tree, "O Moses, indeed I am Allah, Lord of the worlds".
	شَاعِرٌ

21 الأنبياء 5	بَلْ قَالُوا أَضْغَاثُ أَحْلَامٍ بَلِ افْتَرَاهُ بَلْ هُوَ **شَاعِرٌ** فَلْيَأْتِنَا بِآيَةٍ كَمَا أُرْسِلَ الْأَوَّلُونَ
	But they say, "[The revelation is but] a mixture of false dreams; rather, he has invented it; rather, he is **a poet**. So let him bring us a sign just as the previous [messengers] were sent [with miracles]".
37 الصافات 36	وَيَقُولُونَ أَئِنَّا لَتَارِكُو آلِهَتِنَا **لِشَاعِرٍ** مَّجْنُونٍ
52 الطور 30	أَمْ يَقُولُونَ **شَاعِرٌ** نَّتَرَبَّصُ بِهِ رَيْبَ الْمَنُونِ
69 الحاقة 41	وَمَا هُوَ بِقَوْلِ **شَاعِرٍ** ۚ قَلِيلًا مَّا تُؤْمِنُونَ
	شَّافِعِينَ
26 الشعراء 100	فَمَا لَنَا مِن **شَافِعِينَ**
74 المدثر 48	فَمَا تَنفَعُهُمْ **شَفَاعَةُ الشَّافِعِينَ**
	So there will not benefit them the **intercession** of [any] **intercessors**.
	شَاقُّوا
8 الأنفال 13	ذَٰلِكَ بِأَنَّهُمْ **شَاقُّوا** اللَّهَ وَرَسُولَهُ ۚ وَمَن **يُشَاقِقِ** اللَّهَ وَرَسُولَهُ فَإِنَّ اللَّهَ شَدِيدُ الْعِقَابِ
47 محمد 32	إِنَّ الَّذِينَ كَفَرُوا وَصَدُّوا عَن سَبِيلِ اللَّهِ **وَشَاقُّوا** الرَّسُولَ مِن بَعْدِ مَا تَبَيَّنَ لَهُمُ الْهُدَىٰ لَن يَضُرُّوا اللَّهَ شَيْئًا وَسَيُحْبِطُ أَعْمَالَهُمْ
59 الحشر 4	ذَٰلِكَ بِأَنَّهُمْ **شَاقُّوا** اللَّهَ وَرَسُولَهُ ۖ وَمَن **يُشَاقِّ** اللَّهَ فَإِنَّ اللَّهَ شَدِيدُ الْعِقَابِ
	That is because they **opposed** Allah and His Messenger. And whoever **opposes** Allah - then indeed, Allah is severe in penalty.

	شَاكِرٌ
2 البقرة 158	۞ إِنَّ الصَّفَا وَالْمَرْوَةَ مِن شَعَائِرِ اللَّهِ ۖ فَمَنْ حَجَّ الْبَيْتَ أَوِ اعْتَمَرَ فَلَا جُنَاحَ عَلَيْهِ أَن يَطَّوَّفَ بِهِمَا ۚ وَمَن تَطَوَّعَ خَيْرًا فَإِنَّ اللَّهَ **شَاكِرٌ عَلِيمٌ**
	Indeed, as-Safa and al-Marwah are among the symbols of Allah. So whoever makes Hajj to the House or performs 'umrah - there is no blame upon him for walking between them. And whoever volunteers good - then indeed, Allah is **appreciative** and Knowing.
3 آل عمران 144	وَمَا مُحَمَّدٌ إِلَّا رَسُولٌ قَدْ خَلَتْ مِن قَبْلِهِ الرُّسُلُ ۚ أَفَإِن مَّاتَ أَوْ قُتِلَ انقَلَبْتُمْ عَلَىٰ أَعْقَابِكُمْ ۚ وَمَن يَنقَلِبْ عَلَىٰ عَقِبَيْهِ فَلَن يَضُرَّ اللَّهَ شَيْئًا ۗ وَسَيَجْزِي اللَّهُ **الشَّاكِرِينَ**
	Muhammad is not but a messenger. [Other] messengers have passed on before him. So if he was to die or be killed, would you turn back on your heels [to unbelief]? And he who turns back on his heels will never harm Allah at all; but Allah will reward the **grateful**.
145	وَمَا كَانَ لِنَفْسٍ أَن تَمُوتَ إِلَّا بِإِذْنِ اللَّهِ كِتَابًا مُّؤَجَّلًا ۗ وَمَن يُرِدْ ثَوَابَ الدُّنْيَا نُؤْتِهِ مِنْهَا وَمَن يُرِدْ ثَوَابَ الْآخِرَةِ نُؤْتِهِ مِنْهَا ۚ وَسَنَجْزِي **الشَّاكِرِينَ**
4 النساء 147	مَّا يَفْعَلُ اللَّهُ بِعَذَابِكُمْ إِن شَكَرْتُمْ وَآمَنتُمْ ۚ وَكَانَ اللَّهُ **شَاكِرًا** عَلِيمًا
6 الأنعام 53	وَكَذَٰلِكَ فَتَنَّا بَعْضَهُم بِبَعْضٍ لِّيَقُولُوا أَهَٰؤُلَاءِ مَنَّ اللَّهُ عَلَيْهِم مِّن بَيْنِنَا ۗ أَلَيْسَ اللَّهُ بِأَعْلَمَ **بِالشَّاكِرِينَ**
63	قُلْ مَن يُنَجِّيكُم مِّن ظُلُمَاتِ الْبَرِّ وَالْبَحْرِ تَدْعُونَهُ تَضَرُّعًا وَخُفْيَةً لَّئِنْ أَنجَانَا مِنْ هَٰذِهِ لَنَكُونَنَّ مِنَ **الشَّاكِرِينَ**
7 الأعراف 17	ثُمَّ لَآتِيَنَّهُم مِّن بَيْنِ أَيْدِيهِمْ وَمِنْ خَلْفِهِمْ وَعَنْ أَيْمَانِهِمْ وَعَن شَمَائِلِهِمْ ۖ وَلَا تَجِدُ أَكْثَرَهُمْ **شَاكِرِينَ**
144	قَالَ يَا مُوسَىٰ إِنِّي اصْطَفَيْتُكَ عَلَى النَّاسِ بِرِسَالَاتِي وَبِكَلَامِي فَخُذْ مَا آتَيْتُكَ وَكُن مِّنَ **الشَّاكِرِينَ**

189	۞ هُوَ الَّذِي خَلَقَكُم مِّن نَّفْسٍ وَاحِدَةٍ وَجَعَلَ مِنْهَا زَوْجَهَا لِيَسْكُنَ إِلَيْهَا ۖ فَلَمَّا تَغَشَّاهَا حَمَلَتْ حَمْلًا خَفِيفًا فَمَرَّتْ بِهِ ۖ فَلَمَّا أَثْقَلَت دَّعَوَا اللَّهَ رَبَّهُمَا لَئِنْ آتَيْتَنَا صَالِحًا لَّنَكُونَنَّ مِنَ **الشَّاكِرِينَ**
10 يونس 22	هُوَ الَّذِي يُسَيِّرُكُمْ فِي الْبَرِّ وَالْبَحْرِ ۖ حَتَّىٰ إِذَا كُنتُمْ فِي الْفُلْكِ وَجَرَيْنَ بِهِم بِرِيحٍ طَيِّبَةٍ وَفَرِحُوا بِهَا جَاءَتْهَا رِيحٌ عَاصِفٌ وَجَاءَهُمُ الْمَوْجُ مِن كُلِّ مَكَانٍ وَظَنُّوا أَنَّهُمْ أُحِيطَ بِهِمْ ۙ دَعَوُا اللَّهَ مُخْلِصِينَ لَهُ الدِّينَ لَئِنْ أَنجَيْتَنَا مِنْ هَٰذِهِ لَنَكُونَنَّ مِنَ **الشَّاكِرِينَ**
16 النحل 121	**شَاكِرًا** لِّأَنْعُمِهِ ۚ اجْتَبَاهُ وَهَدَاهُ إِلَىٰ صِرَاطٍ مُّسْتَقِيمٍ
21 الأنبياء 80	وَعَلَّمْنَاهُ صَنْعَةَ لَبُوسٍ لَّكُمْ لِتُحْصِنَكُم مِّن بَأْسِكُمْ ۖ فَهَلْ أَنتُمْ **شَاكِرُونَ**
39 الزمر 66	بَلِ اللَّهَ فَاعْبُدْ وَكُن مِّنَ **الشَّاكِرِينَ**
76 الانسان 3	إِنَّا هَدَيْنَاهُ السَّبِيلَ إِمَّا **شَاكِرًا** وَإِمَّا كَفُورًا
	شَاكِرُونَ
21 الأنبياء 80	وَعَلَّمْنَاهُ صَنْعَةَ لَبُوسٍ لَّكُمْ لِتُحْصِنَكُم مِّن بَأْسِكُمْ ۖ فَهَلْ أَنتُمْ **شَاكِرُونَ**
	And We taught him the fashioning of coats of armor to protect you from your [enemy in] battle. So will you then **be grateful**?
	شَاكِلَتِهِ
17 الإسراء 84	قُلْ كُلٌّ يَعْمَلُ عَلَىٰ **شَاكِلَتِهِ** فَرَبُّكُمْ أَعْلَمُ بِمَنْ هُوَ أَهْدَىٰ سَبِيلًا
	Say, "Each works according to his **manner**, but your Lord is most knowing of who is best guided in way".

	شَامِخَاتٍ
77 المرسلات 27	وَجَعَلْنَا فِيهَا رَوَاسِيَ شَامِخَاتٍ وَأَسْقَيْنَاكُم مَّاءً فُرَاتًا
	And We placed therein lofty, **firmly set** mountains and have given you to drink sweet water.
	شَأْن
10 يونس 61	وَمَا تَكُونُ فِي شَأْنٍ وَمَا تَتْلُو مِنْهُ مِن قُرْآنٍ وَلَا تَعْمَلُونَ مِنْ عَمَلٍ إِلَّا كُنَّا عَلَيْكُمْ شُهُودًا إِذْ تُفِيضُونَ فِيهِ ۚ وَمَا يَعْزُبُ عَن رَّبِّكَ مِن مِّثْقَالِ ذَرَّةٍ فِي الْأَرْضِ وَلَا فِي السَّمَاءِ وَلَا أَصْغَرَ مِن ذَٰلِكَ وَلَا أَكْبَرَ إِلَّا فِي كِتَابٍ مُّبِينٍ
	And, [O Muhammad], you are not [engaged] **in any matter** or recite any of the Qur'an and you [people] do not do any deed except that We are witness over you when you are involved in it. And not absent from your Lord is any [part] of an atom's weight within the earth or within the heaven or [anything] smaller than that or greater but that it is in a clear register.
55 الرحمن 29	يَسْأَلُهُ مَن فِي السَّمَاوَاتِ وَالْأَرْضِ ۚ كُلَّ يَوْمٍ هُوَ فِي شَأْنٍ
80 عبس 37	لِكُلِّ امْرِئٍ مِّنْهُمْ يَوْمَئِذٍ شَأْنٌ يُغْنِيهِ
	شَانِئَكَ
	Indeed, your **enemy** is the one cut off
108 الكوثر 3	إِنَّ شَانِئَكَ هُوَ الْأَبْتَرُ
	شُبِّهَ
4 النساء 157	وَقَوْلِهِمْ إِنَّا قَتَلْنَا الْمَسِيحَ عِيسَى ابْنَ مَرْيَمَ رَسُولَ اللَّهِ وَمَا قَتَلُوهُ وَمَا صَلَبُوهُ وَلَٰكِن شُبِّهَ لَهُمْ ۚ وَإِنَّ الَّذِينَ اخْتَلَفُوا فِيهِ لَفِي شَكٍّ مِّنْهُ ۚ مَا لَهُم بِهِ مِنْ عِلْمٍ إِلَّا اتِّبَاعَ الظَّنِّ ۚ وَمَا قَتَلُوهُ يَقِينًا

	And [for] their saying, "Indeed, we have killed the Messiah, Jesus, the son of Mary, the messenger of Allah." And they did not kill him, nor did they crucify him; but [another] was made **to resemble him** to them. And indeed, those who differ over it are in doubt about it. They have no knowledge of it except the following of assumption. And they did not kill him, for certain.	
	شَتَّىٰ	
20 طه 53	الَّذِي جَعَلَ لَكُمُ الْأَرْضَ مَهْدًا وَسَلَكَ لَكُمْ فِيهَا سُبُلًا وَأَنزَلَ مِنَ السَّمَاءِ مَاءً فَأَخْرَجْنَا بِهِ أَزْوَاجًا مِّن نَّبَاتٍ **شَتَّىٰ**	
59 الحشر 14	لَا يُقَاتِلُونَكُمْ جَمِيعًا إِلَّا فِي قُرًى مُّحَصَّنَةٍ أَوْ مِن وَرَاءِ جُدُرٍ ۚ بَأْسُهُم بَيْنَهُمْ شَدِيدٌ ۚ تَحْسَبُهُمْ جَمِيعًا وَقُلُوبُهُمْ **شَتَّىٰ** ۚ ذَٰلِكَ بِأَنَّهُمْ قَوْمٌ لَّا يَعْقِلُونَ	
	They will not fight you all except within fortified cities or from behind walls. Their violence among themselves is severe. You think they are together, but their hearts are **diverse**. That is because they are a people who do not reason.	
92 الليل 4	إِنَّ سَعْيَكُمْ لَ**شَتَّىٰ**	
	شح	
4 النساء 128	وَإِنِ امْرَأَةٌ خَافَتْ مِن بَعْلِهَا نُشُوزًا أَوْ إِعْرَاضًا فَلَا جُنَاحَ عَلَيْهِمَا أَن يُصْلِحَا بَيْنَهُمَا صُلْحًا ۚ وَالصُّلْحُ خَيْرٌ ۗ وَأُحْضِرَتِ الْأَنفُسُ **الشُّحَّ** ۚ وَإِن تُحْسِنُوا وَتَتَّقُوا فَإِنَّ اللَّهَ كَانَ بِمَا تَعْمَلُونَ خَبِيرًا	
	And if a woman fears from her husband contempt or evasion, there is no sin upon them if they make terms of settlement between them - and settlement is best. And present in [human] souls is **stinginess**. But if you do good and fear Allah - then indeed Allah is ever, with what you do, Acquainted.	

33 الأحزاب 19	**أَشِحَّةً** عَلَيْكُمْ ۖ فَإِذَا جَاءَ الْخَوْفُ رَأَيْتَهُمْ يَنظُرُونَ إِلَيْكَ تَدُورُ أَعْيُنُهُمْ كَالَّذِي يُغْشَىٰ عَلَيْهِ مِنَ الْمَوْتِ ۖ فَإِذَا ذَهَبَ الْخَوْفُ سَلَقُوكُم بِأَلْسِنَةٍ حِدَادٍ **أَشِحَّةً** عَلَى الْخَيْرِ ۚ أُولَٰئِكَ لَمْ يُؤْمِنُوا فَأَحْبَطَ اللَّهُ أَعْمَالَهُمْ ۚ وَكَانَ ذَٰلِكَ عَلَى اللَّهِ يَسِيرًا
59 الحشر 9	وَالَّذِينَ تَبَوَّءُوا الدَّارَ وَالْإِيمَانَ مِن قَبْلِهِمْ يُحِبُّونَ مَنْ هَاجَرَ إِلَيْهِمْ وَلَا يَجِدُونَ فِي صُدُورِهِمْ حَاجَةً مِّمَّا أُوتُوا وَيُؤْثِرُونَ عَلَىٰ أَنفُسِهِمْ وَلَوْ كَانَ بِهِمْ خَصَاصَةٌ ۚ وَمَن يُوقَ **شُحَّ** نَفْسِهِ فَأُولَٰئِكَ هُمُ الْمُفْلِحُونَ
64 التغابن 16	فَاتَّقُوا اللَّهَ مَا اسْتَطَعْتُمْ وَاسْمَعُوا وَأَطِيعُوا وَأَنفِقُوا خَيْرًا لِّأَنفُسِكُمْ ۗ وَمَن يُوقَ **شُحَّ** نَفْسِهِ فَأُولَٰئِكَ هُمُ الْمُفْلِحُونَ
	شداد
12 يوسف 48	ثُمَّ يَأْتِي مِن بَعْدِ ذَٰلِكَ سَبْعٌ **شِدَادٌ** يَأْكُلْنَ مَا قَدَّمْتُمْ لَهُنَّ إِلَّا قَلِيلًا مِّمَّا تُحْصِنُونَ
66 التحريم 6	يَا أَيُّهَا الَّذِينَ آمَنُوا قُوا أَنفُسَكُمْ وَأَهْلِيكُمْ نَارًا وَقُودُهَا النَّاسُ وَالْحِجَارَةُ عَلَيْهَا مَلَائِكَةٌ غِلَاظٌ **شِدَادٌ** لَّا يَعْصُونَ اللَّهَ مَا أَمَرَهُمْ وَيَفْعَلُونَ مَا يُؤْمَرُونَ
	O you who have believed, protect yourselves and your families from a Fire whose fuel is people and stones, over which are [appointed] angels, harsh and **severe**; they do not disobey Allah in what He commands them but do what they are commanded.
78 النبإ 12	وَبَنَيْنَا فَوْقَكُمْ سَبْعًا **شِدَادًا**
	شَرّ
2 البقرة 216	كُتِبَ عَلَيْكُمُ الْقِتَالُ وَهُوَ كُرْهٌ لَّكُمْ ۖ وَعَسَىٰ أَن تَكْرَهُوا **شَيْئًا** وَهُوَ خَيْرٌ لَّكُمْ ۖ وَعَسَىٰ أَن تُحِبُّوا **شَيْئًا** وَهُوَ **شَرٌّ** لَّكُمْ ۗ وَاللَّهُ يَعْلَمُ وَأَنتُمْ لَا تَعْلَمُونَ
	Fighting has been enjoined upon you while it is hateful to you. But perhaps you hate a thing and it is good for you; and perhaps you love a thing and it is **bad** for you. And Allah Knows, while you know not.

3 آل عمران 180	وَلَا يَحْسَبَنَّ الَّذِينَ يَبْخَلُونَ بِمَا آتَاهُمُ اللَّهُ مِن فَضْلِهِ هُوَ خَيْرًا لَّهُم ۖ بَلْ هُوَ شَرٌّ لَّهُمْ ۖ سَيُطَوَّقُونَ مَا بَخِلُوا بِهِ يَوْمَ الْقِيَامَةِ ۗ وَلِلَّهِ مِيرَاثُ السَّمَاوَاتِ وَالْأَرْضِ ۗ وَاللَّهُ بِمَا تَعْمَلُونَ خَبِيرٌ	
5 المائدة 60	قُلْ هَلْ أُنَبِّئُكُم بِشَرٍّ مِّن ذَٰلِكَ مَثُوبَةً عِندَ اللَّهِ ۚ مَن لَّعَنَهُ اللَّهُ وَغَضِبَ عَلَيْهِ وَجَعَلَ مِنْهُمُ الْقِرَدَةَ وَالْخَنَازِيرَ وَعَبَدَ الطَّاغُوتَ ۚ أُولَٰئِكَ شَرٌّ مَّكَانًا وَأَضَلُّ عَن سَوَاءِ السَّبِيلِ	
	Say, "Shall I inform you of [what is] **worse** than that as penalty from Allah? [It is that of] those whom Allah has cursed and with whom He became angry and made of them apes and pigs and slaves of Taghut. Those are **worse** in position and further astray from the sound way".	
8 الأنفال 22	إِنَّ شَرَّ الدَّوَابِّ عِندَ اللَّهِ الصُّمُّ الْبُكْمُ الَّذِينَ لَا يَعْقِلُونَ	
55	إِنَّ شَرَّ الدَّوَابِّ عِندَ اللَّهِ الَّذِينَ كَفَرُوا فَهُمْ لَا يُؤْمِنُونَ	
10 يونس 11	وَلَوْ يُعَجِّلُ اللَّهُ لِلنَّاسِ الشَّرَّ اسْتِعْجَالَهُم بِالْخَيْرِ لَقُضِيَ إِلَيْهِمْ أَجَلُهُمْ ۖ فَنَذَرُ الَّذِينَ لَا يَرْجُونَ لِقَاءَنَا فِي طُغْيَانِهِمْ يَعْمَهُونَ	
12 يوسف 77	قَالُوا إِن يَسْرِقْ فَقَدْ سَرَقَ أَخٌ لَّهُ مِن قَبْلُ ۚ فَأَسَرَّهَا يُوسُفُ فِي نَفْسِهِ وَلَمْ يُبْدِهَا لَهُمْ ۚ قَالَ أَنتُمْ شَرٌّ مَّكَانًا ۖ وَاللَّهُ أَعْلَمُ بِمَا تَصِفُونَ	
17 الإسراء 11	وَيَدْعُ الْإِنسَانُ بِالشَّرِّ دُعَاءَهُ بِالْخَيْرِ ۖ وَكَانَ الْإِنسَانُ عَجُولًا	
83	وَإِذَا أَنْعَمْنَا عَلَى الْإِنسَانِ أَعْرَضَ وَنَأَىٰ بِجَانِبِهِ ۖ وَإِذَا مَسَّهُ الشَّرُّ كَانَ يَئُوسًا	
19 مريم 75	قُلْ مَن كَانَ فِي الضَّلَالَةِ فَلْيَمْدُدْ لَهُ الرَّحْمَٰنُ مَدًّا ۚ حَتَّىٰ إِذَا رَأَوْا مَا يُوعَدُونَ إِمَّا الْعَذَابَ وَإِمَّا السَّاعَةَ فَسَيَعْلَمُونَ مَنْ هُوَ شَرٌّ مَّكَانًا وَأَضْعَفُ جُندًا	
21 الأنبياء 35	كُلُّ نَفْسٍ ذَائِقَةُ الْمَوْتِ ۗ وَنَبْلُوكُم بِالشَّرِّ وَالْخَيْرِ فِتْنَةً ۖ وَإِلَيْنَا تُرْجَعُونَ	
	Every soul will taste death. And We test you with **evil** and with good as trial; and to Us you will be returned.	

22 الحج 72	وَإِذَا تُتْلَىٰ عَلَيْهِمْ آيَاتُنَا بَيِّنَاتٍ تَعْرِفُ فِي وُجُوهِ الَّذِينَ كَفَرُوا الْمُنكَرَ ۖ يَكَادُونَ يَسْطُونَ بِالَّذِينَ يَتْلُونَ عَلَيْهِمْ آيَاتِنَا ۗ قُلْ أَفَأُنَبِّئُكُم **بِشَرٍّ** مِّن ذَٰلِكُمُ ۗ النَّارُ وَعَدَهَا اللَّهُ الَّذِينَ كَفَرُوا ۖوَبِئْسَ الْمَصِيرُ
25 الفرقان 34	الَّذِينَ يُحْشَرُونَ عَلَىٰ وُجُوهِهِمْ إِلَىٰ جَهَنَّمَ أُولَـٰئِكَ **شَرٌّ** مَّكَانًا وَأَضَلُّ سَبِيلًا
38 ص 55	هَـٰذَا ۚ وَإِنَّ لِلطَّاغِينَ **لَشَرَّ** مَآبٍ
41 فصلت 49	لَّا يَسْأَمُ الْإِنسَانُ مِن دُعَاءِ الْخَيْرِ وَإِن مَّسَّهُ **الشَّرُّ** فَيَئُوسٌ قَنُوطٌ
51	وَإِذَا أَنْعَمْنَا عَلَى الْإِنسَانِ أَعْرَضَ وَنَأَىٰ بِجَانِبِهِ وَإِذَا مَسَّهُ **الشَّرُّ** فَذُو دُعَاءٍ عَرِيضٍ
76 الانسان 11	فَوَقَاهُمُ اللَّهُ **شَرَّ** ذَٰلِكَ الْيَوْمِ وَلَقَّاهُمْ نَضْرَةً وَسُرُورًا
98 البينة 6	إِنَّ الَّذِينَ كَفَرُوا مِنْ أَهْلِ الْكِتَابِ وَالْمُشْرِكِينَ فِي نَارِ جَهَنَّمَ خَالِدِينَ فِيهَا ۚ أُولَـٰئِكَ هُمْ **شَرُّ** الْبَرِيَّةِ
113 الفلق 2	مِن **شَرِّ** مَا خَلَقَ
3	وَمِن **شَرِّ** غَاسِقٍ إِذَا وَقَبَ
4	وَمِن **شَرِّ** النَّفَّاثَاتِ فِي الْعُقَدِ
5	وَمِن **شَرِّ** حَاسِدٍ إِذَا حَسَدَ
114 الناس 4	مِن **شَرِّ** الْوَسْوَاسِ الْخَنَّاسِ
	شَرِيك
6 الأنعام 163	لَا **شَرِيكَ** لَهُ ۖ وَبِذَٰلِكَ أُمِرْتُ وَأَنَا أَوَّلُ الْمُسْلِمِينَ

17 الإسراء 111	وَقُلِ الْحَمْدُ لِلَّهِ الَّذِي لَمْ يَتَّخِذْ وَلَدًا وَلَمْ يَكُن لَّهُ **شَرِيكٌ** فِي الْمُلْكِ وَلَمْ يَكُن لَّهُ وَلِيٌّ مِّنَ الذُّلِّ ۖ وَكَبِّرْهُ تَكْبِيرًا
	And say, "Praise to Allah, who has not taken a son and has had no **partner** in [His] dominion and has no [need of a] protector out of weakness; and glorify Him with [great] glorification".
25 الفرقان 2	الَّذِي لَهُ مُلْكُ السَّمَاوَاتِ وَالْأَرْضِ وَلَمْ يَتَّخِذْ وَلَدًا وَلَمْ يَكُن لَّهُ **شَرِيكٌ** فِي الْمُلْكِ وَخَلَقَ كُلَّ شَيْءٍ فَقَدَّرَهُ تَقْدِيرًا

شَفَا

3 آل عمران 103	وَاعْتَصِمُوا بِحَبْلِ اللَّهِ جَمِيعًا وَلَا تَفَرَّقُوا ۚ وَاذْكُرُوا نِعْمَتَ اللَّهِ عَلَيْكُمْ إِذْ كُنتُمْ أَعْدَاءً فَأَلَّفَ بَيْنَ قُلُوبِكُمْ فَأَصْبَحْتُم بِنِعْمَتِهِ إِخْوَانًا وَكُنتُمْ عَلَىٰ **شَفَا** حُفْرَةٍ مِّنَ النَّارِ فَأَنقَذَكُم مِّنْهَا ۗ كَذَٰلِكَ يُبَيِّنُ اللَّهُ لَكُمْ آيَاتِهِ لَعَلَّكُمْ تَهْتَدُونَ
	And hold firmly to the rope of Allah all together and do not become divided. And remember the favor of Allah upon you - when you were enemies and He brought your hearts together and you became, by His favor, brothers. And you were on the **edge** of a pit of the Fire, and He saved you from it. Thus does Allah make clear to you His verses that you may be guided.
9 التوبة 109	أَفَمَنْ أَسَّسَ بُنْيَانَهُ عَلَىٰ تَقْوَىٰ مِنَ اللَّهِ وَرِضْوَانٍ خَيْرٌ أَم مَّنْ أَسَّسَ بُنْيَانَهُ عَلَىٰ **شَفَا** جُرُفٍ هَارٍ فَانْهَارَ بِهِ فِي نَارِ جَهَنَّمَ ۗ وَاللَّهُ لَا يَهْدِي الْقَوْمَ الظَّالِمِينَ

شِفَاءٌ

10 يونس 57	يَا أَيُّهَا النَّاسُ قَدْ جَاءَتْكُم مَّوْعِظَةٌ مِّن رَّبِّكُمْ **وَشِفَاءٌ** لِّمَا فِي الصُّدُورِ وَهُدًى وَرَحْمَةٌ لِّلْمُؤْمِنِينَ
	O mankind, there has to come to you instruction from your Lord and **healing** for what is in the breasts and guidance and mercy for the believers.

16 النحل 69	ثُمَّ كُلِي مِن كُلِّ الثَّمَرَاتِ فَاسْلُكِي سُبُلَ رَبِّكِ ذُلُلًا ۚ يَخْرُجُ مِن بُطُونِهَا شَرَابٌ مُّخْتَلِفٌ أَلْوَانُهُ فِيهِ **شِفَاءٌ** لِّلنَّاسِ ۗ إِنَّ فِي ذَٰلِكَ لَآيَةً لِّقَوْمٍ يَتَفَكَّرُونَ	
	Then eat from all the fruits and follow the ways of your Lord laid down [for you]." There emerges from their bellies a drink, varying in colors, in which there is **healing** for people. Indeed in that is a sign for a people who give thought.	
17 الإسراء 82	وَنُنَزِّلُ مِنَ الْقُرْآنِ مَا هُوَ **شِفَاءٌ** وَرَحْمَةٌ لِّلْمُؤْمِنِينَ ۙ وَلَا يَزِيدُ الظَّالِمِينَ إِلَّا خَسَارًا	
	And We send down of the Qur'an that which is **healing** and mercy for the believers, but it does not increase the wrongdoers except in loss.	
41 فصلت 44	وَلَوْ جَعَلْنَاهُ قُرْآنًا أَعْجَمِيًّا لَّقَالُوا لَوْلَا فُصِّلَتْ آيَاتُهُ ۖ أَأَعْجَمِيٌّ وَعَرَبِيٌّ ۗ قُلْ هُوَ لِلَّذِينَ آمَنُوا هُدًى وَ**شِفَاءٌ** ۖ وَالَّذِينَ لَا يُؤْمِنُونَ فِي آذَانِهِمْ وَقْرٌ وَهُوَ عَلَيْهِمْ عَمًى ۚ أُولَٰئِكَ يُنَادَوْنَ مِن مَّكَانٍ بَعِيدٍ	
	And if We had made it a non-Arabic Qur'an, they would have said, "Why are its verses not explained in detail [in our language]? Is it a foreign [recitation] and an Arab [messenger]?" Say, "It is, for those who believe, a guidance and **cure**." And those who do not believe - in their ears is deafness, and it is upon them blindness. Those are being called from a distant place.	
	شَفَاعَةٌ	
2 البقرة 48	وَاتَّقُوا يَوْمًا لَّا تَجْزِي نَفْسٌ عَن نَّفْسٍ شَيْئًا وَلَا يُقْبَلُ مِنْهَا **شَفَاعَةٌ** وَلَا يُؤْخَذُ مِنْهَا عَدْلٌ وَلَا هُمْ يُنصَرُونَ	
123	وَاتَّقُوا يَوْمًا لَّا تَجْزِي نَفْسٌ عَن نَّفْسٍ شَيْئًا وَلَا يُقْبَلُ مِنْهَا عَدْلٌ وَلَا تَنفَعُهَا **شَفَاعَةٌ** وَلَا هُمْ يُنصَرُونَ	
254	يَا أَيُّهَا الَّذِينَ آمَنُوا أَنفِقُوا مِمَّا رَزَقْنَاكُم مِّن قَبْلِ أَن يَأْتِيَ يَوْمٌ لَّا بَيْعٌ فِيهِ وَلَا خُلَّةٌ وَلَا **شَفَاعَةٌ** ۗ وَالْكَافِرُونَ هُمُ الظَّالِمُونَ	

4 النساء 85	مَّن يَشْفَعْ شَفَاعَةً حَسَنَةً يَكُن لَّهُ نَصِيبٌ مِّنْهَا ۖ وَمَن يَشْفَعْ شَفَاعَةً سَيِّئَةً يَكُن لَّهُ كِفْلٌ مِّنْهَا ۗ وَكَانَ اللَّهُ عَلَىٰ كُلِّ شَيْءٍ مُّقِيتًا	
	Whoever **intercedes for a good cause** will have a reward therefrom; and **whoever intercedes for an evil cause** will have a burden therefrom. And ever is Allah, over all things, a Keeper.	
19 مريم 87	لَّا يَمْلِكُونَ **الشَّفَاعَةَ** إِلَّا مَنِ اتَّخَذَ عِندَ الرَّحْمَٰنِ عَهْدًا	
20 طه 109	يَوْمَئِذٍ لَّا تَنفَعُ **الشَّفَاعَةُ** إِلَّا مَنْ أَذِنَ لَهُ الرَّحْمَٰنُ وَرَضِيَ لَهُ قَوْلًا	
34 سبإ 23	وَلَا تَنفَعُ **الشَّفَاعَةُ** عِندَهُ إِلَّا لِمَنْ أَذِنَ لَهُ ۚ حَتَّىٰ إِذَا فُزِّعَ عَن قُلُوبِهِمْ قَالُوا مَاذَا قَالَ رَبُّكُمْ ۖ قَالُوا الْحَقَّ ۖ وَهُوَ الْعَلِيُّ الْكَبِيرُ	
39 الزمر 44	قُل لِّلَّهِ **الشَّفَاعَةُ** جَمِيعًا ۖ لَّهُ مُلْكُ السَّمَاوَاتِ وَالْأَرْضِ ۖ ثُمَّ إِلَيْهِ تُرْجَعُونَ	
43 الزخرف 86	وَلَا يَمْلِكُ الَّذِينَ يَدْعُونَ مِن دُونِهِ **الشَّفَاعَةَ** إِلَّا مَن شَهِدَ بِالْحَقِّ وَهُمْ يَعْلَمُونَ	
74 المدثر 48	فَمَا تَنفَعُهُمْ **شَفَاعَةُ الشَّافِعِينَ**	
	شَفِيعٌ	
6 الأنعام 51	وَأَنذِرْ بِهِ الَّذِينَ يَخَافُونَ أَن يُحْشَرُوا إِلَىٰ رَبِّهِمْ ۙ لَيْسَ لَهُم مِّن دُونِهِ وَلِيٌّ وَلَا **شَفِيعٌ** لَّعَلَّهُمْ يَتَّقُونَ	
70	وَذَرِ الَّذِينَ اتَّخَذُوا دِينَهُمْ لَعِبًا وَلَهْوًا وَغَرَّتْهُمُ الْحَيَاةُ الدُّنْيَا ۚ وَذَكِّرْ بِهِ أَن تُبْسَلَ نَفْسٌ بِمَا كَسَبَتْ لَيْسَ لَهَا مِن دُونِ اللَّهِ وَلِيٌّ وَلَا **شَفِيعٌ** وَإِن تَعْدِلْ كُلَّ عَدْلٍ لَّا يُؤْخَذْ مِنْهَا ۗ أُولَٰئِكَ الَّذِينَ أُبْسِلُوا بِمَا كَسَبُوا ۖ لَهُمْ شَرَابٌ مِّنْ حَمِيمٍ وَعَذَابٌ أَلِيمٌ بِمَا كَانُوا يَكْفُرُونَ	
	And leave those who take their religion as amusement and diversion and whom the worldly life has deluded. But remind with the Qur'an, lest a soul be given up to	

destruction for what it earned; it will have other than Allah no protector and no **intercessor**. And if it should offer every compensation, it would not be taken from it. Those are the ones who are given to destruction for what they have earned. For them will be a drink of scalding water and a painful punishment because they used to disbelieve.

10 يونس 3	إِنَّ رَبَّكُمُ اللَّهُ الَّذِي خَلَقَ السَّمَاوَاتِ وَالْأَرْضَ فِي سِتَّةِ أَيَّامٍ ثُمَّ اسْتَوَىٰ عَلَى الْعَرْشِ ۖ يُدَبِّرُ الْأَمْرَ ۖ مَا مِن **شَفِيعٍ** إِلَّا مِن بَعْدِ إِذْنِهِ ۚ ذَٰلِكُمُ اللَّهُ رَبُّكُمْ فَاعْبُدُوهُ ۚ أَفَلَا تَذَكَّرُونَ	
32 السجدة 4	اللَّهُ الَّذِي خَلَقَ السَّمَاوَاتِ وَالْأَرْضَ وَمَا بَيْنَهُمَا فِي سِتَّةِ أَيَّامٍ ثُمَّ اسْتَوَىٰ عَلَى الْعَرْشِ ۖ مَا لَكُم مِّن دُونِهِ مِن وَلِيٍّ وَلَا **شَفِيعٍ** ۚ أَفَلَا تَتَذَكَّرُونَ	
40 غافر 18	وَأَنذِرْهُمْ يَوْمَ الْآزِفَةِ إِذِ الْقُلُوبُ لَدَى الْحَنَاجِرِ كَاظِمِينَ ۚ مَا لِلظَّالِمِينَ مِنْ حَمِيمٍ وَلَا **شَفِيعٍ** يُطَاعُ	

شِقَاقٍ	

2 البقرة 137	فَإِنْ آمَنُوا بِمِثْلِ مَا آمَنتُم بِهِ فَقَدِ اهْتَدَوا ۖ وَّإِن تَوَلَّوْا فَإِنَّمَا هُمْ فِي **شِقَاقٍ** ۖ فَسَيَكْفِيكَهُمُ اللَّهُ ۚ وَهُوَ السَّمِيعُ الْعَلِيمُ	
176	ذَٰلِكَ بِأَنَّ اللَّهَ نَزَّلَ الْكِتَابَ بِالْحَقِّ ۗ وَإِنَّ الَّذِينَ اخْتَلَفُوا فِي الْكِتَابِ لَفِي **شِقَاقٍ** بَعِيدٍ	
4 النساء 35	وَإِنْ خِفْتُمْ **شِقَاقَ** بَيْنِهِمَا فَابْعَثُوا حَكَمًا مِّنْ أَهْلِهِ وَحَكَمًا مِّنْ أَهْلِهَا إِن يُرِيدَا إِصْلَاحًا يُوَفِّقِ اللَّهُ بَيْنَهُمَا ۗ إِنَّ اللَّهَ كَانَ عَلِيمًا خَبِيرًا	
	And if you fear dissension between the two, send an arbitrator from his people and an arbitrator from her people. If they both desire reconciliation, Allah will cause it between them. Indeed, Allah is ever Knowing and Acquainted [with all things].	
11 هود 89	وَيَا قَوْمِ لَا يَجْرِمَنَّكُمْ **شِقَاقِي** أَن يُصِيبَكُم مِّثْلُ مَا أَصَابَ قَوْمَ نُوحٍ أَوْ قَوْمَ هُودٍ أَوْ قَوْمَ صَالِحٍ ۚ وَمَا قَوْمُ لُوطٍ مِّنكُم بِبَعِيدٍ	
22 الحج 53	لِّيَجْعَلَ مَا يُلْقِي الشَّيْطَانُ فِتْنَةً لِّلَّذِينَ فِي قُلُوبِهِم مَّرَضٌ وَالْقَاسِيَةِ قُلُوبُهُمْ ۗ وَإِنَّ الظَّالِمِينَ لَفِي **شِقَاقٍ** بَعِيدٍ	

38 ص 2		بَلِ الَّذِينَ كَفَرُوا فِي عِزَّةٍ وَشِقَاقٍ
41 فصلت 52		قُلْ أَرَأَيْتُمْ إِن كَانَ مِنْ عِندِ اللَّهِ ثُمَّ كَفَرْتُم بِهِ مَنْ أَضَلُّ مِمَّنْ هُوَ فِي شِقَاقٍ بَعِيدٍ
	شَقَقْنَا/شَقًّا Then We broke open the earth, **splitting [it with sprouts]**,	
80 عبس 26		ثُمَّ شَقَقْنَا الْأَرْضَ شَقًّا
	شَقُوا As for those who were [destined to be] **wretched**, they will be in the Fire. For them therein is [violent] exhaling and inhaling.	
11 هود 106		فَأَمَّا الَّذِينَ شَقُوا فَفِي النَّارِ لَهُمْ فِيهَا زَفِيرٌ وَشَهِيقٌ
	شِقْوَتُنَا They will say, "Our Lord, our **wretchedness** overcame us, and we were a people astray.	
23 المؤمنون 106		قَالُوا رَبَّنَا غَلَبَتْ عَلَيْنَا شِقْوَتُنَا وَكُنَّا قَوْمًا ضَالِّينَ
	شَقِيٌّ	
11 هود 105		يَوْمَ يَأْتِ لَا تَكَلَّمُ نَفْسٌ إِلَّا بِإِذْنِهِ ۚ فَمِنْهُمْ شَقِيٌّ وَسَعِيدٌ
	The Day it comes no soul will speak except by His permission. And among them will be the **wretched** and the prosperous.	
	شَقِيًّا	
19 مريم 4		قَالَ رَبِّ إِنِّي وَهَنَ الْعَظْمُ مِنِّي وَاشْتَعَلَ الرَّأْسُ شَيْبًا وَلَمْ أَكُن بِدُعَائِكَ رَبِّ شَقِيًّا

	He said, "My Lord, indeed my bones have weakened, and my head has filled with white, and never have I been in my supplication to You, my Lord, **unhappy**.
32	وَبَرًّا بِوَالِدَتِي وَلَمْ يَجْعَلْنِي جَبَّارًا **شَقِيًّا**
48	وَأَعْتَزِلُكُمْ وَمَا تَدْعُونَ مِن دُونِ اللَّهِ وَأَدْعُو رَبِّي عَسَىٰ أَلَّا أَكُونَ بِدُعَاءِ رَبِّي **شَقِيًّا**
	أَشْقَاهَا. When the **most wretched** of them was sent forth
91 الشمس 12	إِذِ انبَعَثَ **أَشْقَاهَا**
	الشكور
34 سبإ 13	يَعْمَلُونَ لَهُ مَا يَشَاءُ مِن مَّحَارِيبَ وَتَمَاثِيلَ وَجِفَانٍ كَالْجَوَابِ وَقُدُورٍ رَّاسِيَاتٍ ۚ اعْمَلُوا آلَ دَاوُودَ **شُكْرًا** ۚ وَقَلِيلٌ مِّنْ عِبَادِيَ **الشَّكُورُ**
	They made for him what he willed of elevated chambers, statues, bowls like reservoirs, and stationary kettles. [We said], "Work, O family of David, in **gratitude**." And few of My servants **are grateful**.
	«يعملون له ما يشاء من محاريب» أبنية مرتفعة يصعد اليها بدرج «وتماثيل» جمع تمثال وهو كل شيء مثلته بشيء، أي صور من نحاس وزجاج ورخام، ولم يكن اتخاذ الصور حراما في شريعته «وجفان» جمع جفنه «كالجواب» ـي جمع جابية وهو حوض كبير، يجتمع على الجفنة ألف رجل يأكلون منها «وقدور راسيات» ثابتات لها قوائم لا تتحرك عن أماكنها تتخذ من الجبال باليمن يصعد إليها بالسلالم وقلنا «اعملوا» يا «آل داود» **بطاعة الله «شكرا» له** على ما أتاكم «وقليل من عبادي الشكور» **العامل بطاعتي شكرا لنعمتي.**
	They made for him what he willed: synagogues and statues, basins like wells and boilers built into the ground. **Give**

	thanks, O House of David! Few of My bondmen **are thankful**.
	<div dir="rtl">شَكُورٍ</div>
14 ابراهيم 5	<div dir="rtl">وَلَقَدْ أَرْسَلْنَا مُوسَىٰ بِآيَاتِنَا أَنْ أَخْرِجْ قَوْمَكَ مِنَ الظُّلُمَاتِ إِلَى النُّورِ وَذَكِّرْهُم بِأَيَّامِ اللَّهِ ۚ إِنَّ فِي ذَٰلِكَ لَآيَاتٍ لِّكُلِّ صَبَّارٍ **شَكُورٍ**</div>
31 لقمان 31	<div dir="rtl">أَلَمْ تَرَ أَنَّ الْفُلْكَ تَجْرِي فِي الْبَحْرِ بِنِعْمَتِ اللَّهِ لِيُرِيَكُم مِّنْ آيَاتِهِ ۚ إِنَّ فِي ذَٰلِكَ لَآيَاتٍ لِّكُلِّ صَبَّارٍ **شَكُورٍ**</div>
34 سبإ 19	<div dir="rtl">فَقَالُوا رَبَّنَا بَاعِدْ بَيْنَ أَسْفَارِنَا وَظَلَمُوا أَنفُسَهُمْ فَجَعَلْنَاهُمْ أَحَادِيثَ وَمَزَّقْنَاهُمْ كُلَّ مُمَزَّقٍ ۚ إِنَّ فِي ذَٰلِكَ لَآيَاتٍ لِّكُلِّ صَبَّارٍ **شَكُورٍ**</div>
42 الشورى 33	<div dir="rtl">إِن يَشَأْ يُسْكِنِ الرِّيحَ فَيَظْلَلْنَ رَوَاكِدَ عَلَىٰ ظَهْرِهِ ۚ إِنَّ فِي ذَٰلِكَ لَآيَاتٍ لِّكُلِّ صَبَّارٍ **شَكُورٍ**</div>
	<div dir="rtl">شَنَآنُ</div>
5 المائدة 2	<div dir="rtl">يَا أَيُّهَا الَّذِينَ آمَنُوا لَا تُحِلُّوا **شَعَائِرَ** اللَّهِ وَلَا **الشَّهْرَ** الْحَرَامَ وَلَا الْهَدْيَ وَلَا الْقَلَائِدَ وَلَا آمِّينَ الْبَيْتَ الْحَرَامَ يَبْتَغُونَ فَضْلًا مِّن رَّبِّهِمْ وَرِضْوَانًا ۚ وَإِذَا حَلَلْتُمْ فَاصْطَادُوا ۚ وَلَا يَجْرِمَنَّكُمْ **شَنَآنُ** قَوْمٍ أَن صَدُّوكُمْ عَنِ الْمَسْجِدِ الْحَرَامِ أَن تَعْتَدُوا ۘ وَتَعَاوَنُوا عَلَى الْبِرِّ وَالتَّقْوَىٰ ۖ وَلَا تَعَاوَنُوا عَلَى الْإِثْمِ وَالْعُدْوَانِ ۚ وَاتَّقُوا اللَّهَ ۖ إِنَّ اللَّهَ **شَدِيدُ الْعِقَابِ**</div>
	O you who have believed, do not violate the rites of Allah or [the sanctity of] the sacred month or [neglect the marking of] the sacrificial animals and garlanding [them] or [violate the safety of] those coming to the Sacred House seeking bounty from their Lord and [His] approval. But when you come out of ihram, then [you may] hunt. And do not let the hatred of a people for having obstructed you from al-Masjid al-Haram lead you to transgress. And cooperate in righteousness and piety, but do not cooperate in sin and aggression. And fear Allah; indeed, Allah is severe in penalty.

8	يَا أَيُّهَا الَّذِينَ آمَنُوا كُونُوا قَوَّامِينَ لِلَّهِ شُهَدَاءَ بِالْقِسْطِ ۖ وَلَا يَجْرِمَنَّكُمْ شَنَآنُ قَوْمٍ عَلَىٰ أَلَّا تَعْدِلُوا ۚ اعْدِلُوا هُوَ أَقْرَبُ لِلتَّقْوَىٰ ۖ وَاتَّقُوا اللَّهَ ۚ إِنَّ اللَّهَ خَبِيرٌ بِمَا تَعْمَلُونَ
	شِهَابٌ
15 الحجر 18	إِلَّا مَنِ اسْتَرَقَ السَّمْعَ فَأَتْبَعَهُ شِهَابٌ مُّبِينٌ
27 النمل 7	إِذْ قَالَ مُوسَىٰ لِأَهْلِهِ إِنِّي آنَسْتُ نَارًا سَآتِيكُم مِّنْهَا بِخَبَرٍ أَوْ آتِيكُم بِشِهَابٍ قَبَسٍ لَّعَلَّكُمْ تَصْطَلُونَ
37 الصافات 10	إِلَّا مَنْ خَطِفَ الْخَطْفَةَ فَأَتْبَعَهُ شِهَابٌ ثَاقِبٌ
72 الجن 9	وَأَنَّا كُنَّا نَقْعُدُ مِنْهَا مَقَاعِدَ لِلسَّمْعِ ۖ فَمَن يَسْتَمِعِ الْآنَ يَجِدْ لَهُ شِهَابًا رَّصَدًا
	And we used to sit therein in positions for hearing, but whoever listens now will find a **burning flame** lying in wait for him.
	شهد
2 البقرة 23	وَإِن كُنتُمْ فِي رَيْبٍ مِّمَّا نَزَّلْنَا عَلَىٰ عَبْدِنَا فَأْتُوا بِسُورَةٍ مِّن مِّثْلِهِ وَادْعُوا شُهَدَاءَكُم مِّن دُونِ اللَّهِ إِن كُنتُمْ صَادِقِينَ
84	وَإِذْ أَخَذْنَا مِيثَاقَكُمْ لَا تَسْفِكُونَ دِمَاءَكُمْ وَلَا تُخْرِجُونَ أَنفُسَكُم مِّن دِيَارِكُمْ ثُمَّ أَقْرَرْتُمْ وَأَنتُمْ تَشْهَدُونَ
133	أَمْ كُنتُمْ شُهَدَاءَ إِذْ حَضَرَ يَعْقُوبَ الْمَوْتُ إِذْ قَالَ لِبَنِيهِ مَا تَعْبُدُونَ مِن بَعْدِي قَالُوا نَعْبُدُ إِلَٰهَكَ وَإِلَٰهَ آبَائِكَ إِبْرَاهِيمَ وَإِسْمَاعِيلَ وَإِسْحَاقَ إِلَٰهًا وَاحِدًا وَنَحْنُ لَهُ مُسْلِمُونَ
143	وَكَذَٰلِكَ جَعَلْنَاكُمْ أُمَّةً وَسَطًا لِّتَكُونُوا شُهَدَاءَ عَلَى النَّاسِ وَيَكُونَ الرَّسُولُ عَلَيْكُمْ شَهِيدًا ۗ وَمَا جَعَلْنَا الْقِبْلَةَ الَّتِي كُنتَ عَلَيْهَا إِلَّا لِنَعْلَمَ مَن يَتَّبِعُ الرَّسُولَ مِمَّن يَنقَلِبُ عَلَىٰ عَقِبَيْهِ ۚ وَإِن كَانَتْ لَكَبِيرَةً إِلَّا عَلَى الَّذِينَ هَدَى اللَّهُ ۗ وَمَا كَانَ اللَّهُ لِيُضِيعَ إِيمَانَكُمْ ۚ إِنَّ اللَّهَ بِالنَّاسِ لَرَءُوفٌ رَّحِيمٌ

	And thus we have made you a just community that you will be **witnesses** over the people and the Messenger will be a **witness** over you. And We did not make the qiblah which you used to face except that We might make evident who would follow the Messenger from who would turn back on his heels. And indeed, it is difficult except for those whom Allah has guided. And never would Allah have caused you to lose your faith. Indeed Allah is, to the people, Kind and Merciful.
185	شَهْرُ رَمَضَانَ الَّذِي أُنزِلَ فِيهِ الْقُرْآنُ هُدًى لِّلنَّاسِ وَبَيِّنَاتٍ مِّنَ الْهُدَىٰ وَالْفُرْقَانِ ۚ فَمَن **شَهِدَ** مِنكُمُ الشَّهْرَ فَلْيَصُمْهُ ۖ وَمَن كَانَ مَرِيضًا أَوْ عَلَىٰ سَفَرٍ فَعِدَّةٌ مِّنْ أَيَّامٍ أُخَرَ ۗ يُرِيدُ اللَّهُ بِكُمُ الْيُسْرَ وَلَا يُرِيدُ بِكُمُ الْعُسْرَ وَلِتُكْمِلُوا الْعِدَّةَ وَلِتُكَبِّرُوا اللَّهَ عَلَىٰ مَا هَدَاكُمْ وَلَعَلَّكُمْ تَشْكُرُونَ
	The month of Ramadhan [is that] in which was revealed the Qur'an, a guidance for the people and clear proofs of guidance and criterion. So whoever **sights** [the new moon of] the month, let him fast it; and whoever is ill or on a journey - then an equal number of other days. Allah intends for you ease and does not intend for you hardship and [wants] for you to complete the period and to glorify Allah for that [to] which He has guided you; and perhaps you will be grateful.
204	وَمِنَ النَّاسِ مَن يُعْجِبُكَ قَوْلُهُ فِي الْحَيَاةِ الدُّنْيَا **وَيُشْهِدُ** اللَّهَ عَلَىٰ مَا فِي قَلْبِهِ وَهُوَ أَلَدُّ الْخِصَامِ
282	يَا أَيُّهَا الَّذِينَ آمَنُوا إِذَا تَدَايَنتُم بِدَيْنٍ إِلَىٰ أَجَلٍ مُّسَمًّى فَاكْتُبُوهُ ۚ وَلْيَكْتُب بَّيْنَكُمْ كَاتِبٌ بِالْعَدْلِ ۚ وَلَا يَأْبَ كَاتِبٌ أَن يَكْتُبَ كَمَا عَلَّمَهُ اللَّهُ ۚ فَلْيَكْتُبْ وَلْيُمْلِلِ الَّذِي عَلَيْهِ الْحَقُّ وَلْيَتَّقِ اللَّهَ رَبَّهُ وَلَا يَبْخَسْ مِنْهُ شَيْئًا ۚ فَإِن كَانَ الَّذِي عَلَيْهِ الْحَقُّ سَفِيهًا أَوْ ضَعِيفًا أَوْ لَا يَسْتَطِيعُ أَن يُمِلَّ هُوَ فَلْيُمْلِلْ وَلِيُّهُ بِالْعَدْلِ ۚ **وَاسْتَشْهِدُوا شَهِيدَيْنِ** مِن رِّجَالِكُمْ ۖ فَإِن لَّمْ يَكُونَا رَجُلَيْنِ فَرَجُلٌ وَامْرَأَتَانِ مِمَّن تَرْضَوْنَ مِنَ **الشُّهَدَاءِ** أَن تَضِلَّ إِحْدَاهُمَا فَتُذَكِّرَ إِحْدَاهُمَا الْأُخْرَىٰ ۚ وَلَا يَأْبَ **الشُّهَدَاءُ** إِذَا مَا دُعُوا ۚ وَلَا تَسْأَمُوا أَن تَكْتُبُوهُ صَغِيرًا أَوْ كَبِيرًا إِلَىٰ أَجَلِهِ ۚ ذَٰلِكُمْ أَقْسَطُ عِندَ اللَّهِ وَأَقْوَمُ **لِلشَّهَادَةِ** وَأَدْنَىٰ أَلَّا تَرْتَابُوا ۖ إِلَّا أَن تَكُونَ تِجَارَةً حَاضِرَةً تُدِيرُونَهَا بَيْنَكُمْ فَلَيْسَ

	عَلَيْكُمْ جُنَاحٌ أَلَّا تَكْتُبُوهَا ۗ وَأَشْهِدُوا إِذَا تَبَايَعْتُمْ ۚ وَلَا يُضَارَّ كَاتِبٌ وَلَا شَهِيدٌ ۚ وَإِن تَفْعَلُوا فَإِنَّهُ فُسُوقٌ بِكُمْ ۗ وَاتَّقُوا اللَّهَ ۖ وَيُعَلِّمُكُمُ اللَّهُ ۗ وَاللَّهُ بِكُلِّ شَيْءٍ عَلِيمٌ
	O you who have believed, when you contract a debt for a specified term, write it down. And let a scribe write [it] between you in justice. Let no scribe refuse to write as Allah has taught him. So let him write and let the one who has the obligation dictate. And let him fear Allah, his Lord, and not leave anything out of it. But if the one who has the obligation is of limited understanding or weak or unable to dictate himself, then let his guardian dictate in justice. And bring to witness two **witnesses** from among your men. And if there are not two men [available], then a man and two women from those whom you accept as **witnesses** - so that if one of the women errs, then the other can remind her. And let not the **witnesses** refuse when they are called upon. And do not be [too] weary to write it, whether it is small or large, for its [specified] term. That is more just in the sight of Allah and stronger as evidence and more likely to prevent doubt between you, except when it is an immediate transaction which you conduct among yourselves. For [then] there is no blame upon you if you do not write it. And take **witnesses** when you conclude a contract. Let no scribe be harmed or any **witness**. For if you do so, indeed, it is [grave] disobedience in you. And fear Allah. And Allah teaches you. And Allah is Knowing of all things.
3 آل عمران 18	**شَهِدَ** اللَّهُ أَنَّهُ لَا إِلَٰهَ إِلَّا هُوَ وَالْمَلَائِكَةُ وَأُولُو الْعِلْمِ قَائِمًا بِالْقِسْطِ ۚ لَا إِلَٰهَ إِلَّا هُوَ الْعَزِيزُ الْحَكِيمُ
52	۞ فَلَمَّا أَحَسَّ عِيسَىٰ مِنْهُمُ الْكُفْرَ قَالَ مَنْ أَنصَارِي إِلَى اللَّهِ ۖ قَالَ الْحَوَارِيُّونَ نَحْنُ أَنصَارُ اللَّهِ آمَنَّا بِاللَّهِ **وَاشْهَدْ** بِأَنَّا مُسْلِمُونَ
64	قُلْ يَا أَهْلَ الْكِتَابِ تَعَالَوْا إِلَىٰ كَلِمَةٍ سَوَاءٍ بَيْنَنَا وَبَيْنَكُمْ أَلَّا نَعْبُدَ إِلَّا اللَّهَ وَلَا نُشْرِكَ بِهِ شَيْئًا وَلَا يَتَّخِذَ بَعْضُنَا بَعْضًا أَرْبَابًا مِّن دُونِ اللَّهِ ۚ فَإِن تَوَلَّوْا فَقُولُوا **اشْهَدُوا** بِأَنَّا مُسْلِمُونَ

70	يَا أَهْلَ الْكِتَابِ لِمَ تَكْفُرُونَ بِآيَاتِ اللَّهِ وَأَنتُمْ **تَشْهَدُونَ**
81	وَإِذْ أَخَذَ اللَّهُ مِيثَاقَ النَّبِيِّينَ لَمَا آتَيْتُكُم مِّن كِتَابٍ وَحِكْمَةٍ ثُمَّ جَاءَكُمْ رَسُولٌ مُّصَدِّقٌ لِّمَا مَعَكُمْ لَتُؤْمِنُنَّ بِهِ وَلَتَنصُرُنَّهُ ۚ قَالَ أَأَقْرَرْتُمْ وَأَخَذْتُمْ عَلَىٰ ذَٰلِكُمْ إِصْرِي ۖ قَالُوا أَقْرَرْنَا ۚ قَالَ **فَاشْهَدُوا** وَأَنَا مَعَكُم مِّنَ **الشَّاهِدِينَ**
86	كَيْفَ يَهْدِي اللَّهُ قَوْمًا كَفَرُوا بَعْدَ إِيمَانِهِمْ **وَشَهِدُوا** أَنَّ الرَّسُولَ حَقٌّ وَجَاءَهُمُ الْبَيِّنَاتُ ۚ وَاللَّهُ لَا يَهْدِي الْقَوْمَ الظَّالِمِينَ
99	قُلْ يَا أَهْلَ الْكِتَابِ لِمَ تَصُدُّونَ عَن سَبِيلِ اللَّهِ مَنْ آمَنَ تَبْغُونَهَا عِوَجًا وَأَنتُمْ **شُهَدَاءُ** ۗ وَمَا اللَّهُ بِغَافِلٍ عَمَّا تَعْمَلُونَ
140	إِن يَمْسَسْكُمْ قَرْحٌ فَقَدْ مَسَّ الْقَوْمَ قَرْحٌ مِّثْلُهُ ۚ وَتِلْكَ الْأَيَّامُ نُدَاوِلُهَا بَيْنَ النَّاسِ وَلِيَعْلَمَ اللَّهُ الَّذِينَ آمَنُوا وَيَتَّخِذَ مِنكُمْ **شُهَدَاءَ** ۗوَاللَّهُ لَا يُحِبُّ الظَّالِمِينَ
4 النساء 6	وَابْتَلُوا الْيَتَامَىٰ حَتَّىٰ إِذَا بَلَغُوا النِّكَاحَ فَإِنْ آنَسْتُم مِّنْهُمْ رُشْدًا فَادْفَعُوا إِلَيْهِمْ أَمْوَالَهُمْ ۖ وَلَا تَأْكُلُوهَا إِسْرَافًا وَبِدَارًا أَن يَكْبَرُوا ۚوَمَن كَانَ غَنِيًّا فَلْيَسْتَعْفِفْ ۖ وَمَن كَانَ فَقِيرًا فَلْيَأْكُلْ بِالْمَعْرُوفِ ۚفَإِذَا دَفَعْتُمْ إِلَيْهِمْ أَمْوَالَهُمْ **فَأَشْهِدُوا** عَلَيْهِمْ ۚ وَكَفَىٰ بِاللَّهِ حَسِيبًا
15	وَاللَّاتِي يَأْتِينَ الْفَاحِشَةَ مِن نِّسَائِكُمْ **فَاسْتَشْهِدُوا** عَلَيْهِنَّ أَرْبَعَةً مِّنكُمْ ۖ فَإِن **شَهِدُوا** فَأَمْسِكُوهُنَّ فِي الْبُيُوتِ حَتَّىٰ يَتَوَفَّاهُنَّ الْمَوْتُ أَوْ يَجْعَلَ اللَّهُ لَهُنَّ سَبِيلًا
69	وَمَن يُطِعِ اللَّهَ وَالرَّسُولَ فَأُولَٰئِكَ مَعَ الَّذِينَ أَنْعَمَ اللَّهُ عَلَيْهِم مِّنَ النَّبِيِّينَ وَالصِّدِّيقِينَ **وَالشُّهَدَاءِ** وَالصَّالِحِينَ ۚ وَحَسُنَ أُولَٰئِكَ رَفِيقًا
135	۞ يَا أَيُّهَا الَّذِينَ آمَنُوا كُونُوا قَوَّامِينَ بِالْقِسْطِ **شُهَدَاءَ** لِلَّهِ وَلَوْ عَلَىٰ أَنفُسِكُمْ أَوِ الْوَالِدَيْنِ وَالْأَقْرَبِينَ ۚ إِن يَكُنْ غَنِيًّا أَوْ فَقِيرًا فَاللَّهُ أَوْلَىٰ بِهِمَا ۖ فَلَا تَتَّبِعُوا الْهَوَىٰ أَن تَعْدِلُوا ۚ وَإِن تَلْوُوا أَوْ تُعْرِضُوا فَإِنَّ اللَّهَ كَانَ بِمَا تَعْمَلُونَ خَبِيرًا
166	لَّٰكِنِ اللَّهُ **يَشْهَدُ** بِمَا أَنزَلَ إِلَيْكَ ۖ أَنزَلَهُ بِعِلْمِهِ ۖ وَالْمَلَائِكَةُ **يَشْهَدُونَ** ۚ وَكَفَىٰ بِاللَّهِ **شَهِيدًا**

5 المائدة 8	يَا أَيُّهَا الَّذِينَ آمَنُوا كُونُوا قَوَّامِينَ لِلَّهِ **شُهَدَاءَ** بِالْقِسْطِ ۖ وَلَا يَجْرِمَنَّكُمْ شَنَآنُ قَوْمٍ عَلَىٰ أَلَّا تَعْدِلُوا ۚ اعْدِلُوا هُوَ أَقْرَبُ لِلتَّقْوَىٰ ۖ وَاتَّقُوا اللَّهَ ۚ إِنَّ اللَّهَ خَبِيرٌ بِمَا تَعْمَلُونَ	
44	إِنَّا أَنزَلْنَا التَّوْرَاةَ فِيهَا هُدًى وَنُورٌ ۚ يَحْكُمُ بِهَا النَّبِيُّونَ الَّذِينَ أَسْلَمُوا لِلَّذِينَ هَادُوا وَالرَّبَّانِيُّونَ وَالْأَحْبَارُ بِمَا اسْتُحْفِظُوا مِن كِتَابِ اللَّهِ وَكَانُوا عَلَيْهِ **شُهَدَاءَ** ۚ فَلَا تَخْشَوُا النَّاسَ وَاخْشَوْنِ وَلَا تَشْتَرُوا بِآيَاتِي ثَمَنًا قَلِيلًا ۚ وَمَن لَّمْ يَحْكُم بِمَا أَنزَلَ اللَّهُ فَأُولَٰئِكَ هُمُ الْكَافِرُونَ	
111	وَإِذْ أَوْحَيْتُ إِلَى الْحَوَارِيِّينَ أَنْ آمِنُوا بِي وَبِرَسُولِي قَالُوا آمَنَّا **وَاشْهَدْ** بِأَنَّنَا مُسْلِمُونَ	
6 الأنعام 19	قُلْ أَيُّ شَيْءٍ أَكْبَرُ شَهَادَةً ۖ قُلِ اللَّهُ ۖ **شَهِيدٌ** بَيْنِي وَبَيْنَكُمْ ۚ وَأُوحِيَ إِلَيَّ هَٰذَا الْقُرْآنُ لِأُنذِرَكُم بِهِ وَمَن بَلَغَ ۚ أَئِنَّكُمْ **لَتَشْهَدُونَ** أَنَّ مَعَ اللَّهِ آلِهَةً أُخْرَىٰ ۚ قُل لَّا **أَشْهَدُ** ۚ قُلْ إِنَّمَا هُوَ إِلَٰهٌ وَاحِدٌ وَإِنَّنِي بَرِيءٌ مِّمَّا تُشْرِكُونَ	
130	يَا مَعْشَرَ الْجِنِّ وَالْإِنسِ أَلَمْ يَأْتِكُمْ رُسُلٌ مِّنكُمْ يَقُصُّونَ عَلَيْكُمْ آيَاتِي وَيُنذِرُونَكُمْ لِقَاءَ يَوْمِكُمْ هَٰذَا ۚ قَالُوا **شَهِدْنَا** عَلَىٰ أَنفُسِنَا ۖ وَغَرَّتْهُمُ الْحَيَاةُ الدُّنْيَا **وَشَهِدُوا** عَلَىٰ أَنفُسِهِمْ أَنَّهُمْ كَانُوا كَافِرِينَ	
144	وَمِنَ الْإِبِلِ اثْنَيْنِ وَمِنَ الْبَقَرِ اثْنَيْنِ ۗ قُلْ آلذَّكَرَيْنِ حَرَّمَ أَمِ الْأُنثَيَيْنِ أَمَّا اشْتَمَلَتْ عَلَيْهِ أَرْحَامُ الْأُنثَيَيْنِ ۖ أَمْ كُنتُمْ **شُهَدَاءَ** إِذْ وَصَّاكُمُ اللَّهُ بِهَٰذَا ۚ فَمَنْ أَظْلَمُ مِمَّنِ افْتَرَىٰ عَلَى اللَّهِ كَذِبًا لِّيُضِلَّ النَّاسَ بِغَيْرِ عِلْمٍ ۗ إِنَّ اللَّهَ لَا يَهْدِي الْقَوْمَ الظَّالِمِينَ	
150	قُلْ هَلُمَّ **شُهَدَاءَكُمُ** الَّذِينَ **يَشْهَدُونَ** أَنَّ اللَّهَ حَرَّمَ هَٰذَا ۖ فَإِن **شَهِدُوا** فَلَا **تَشْهَدْ** مَعَهُمْ ۚ وَلَا تَتَّبِعْ أَهْوَاءَ الَّذِينَ كَذَّبُوا بِآيَاتِنَا وَالَّذِينَ لَا يُؤْمِنُونَ بِالْآخِرَةِ وَهُم بِرَبِّهِمْ يَعْدِلُونَ	
7 الأعراف 37	فَمَنْ أَظْلَمُ مِمَّنِ افْتَرَىٰ عَلَى اللَّهِ كَذِبًا أَوْ كَذَّبَ بِآيَاتِهِ ۚ أُولَٰئِكَ يَنَالُهُمْ نَصِيبُهُم مِّنَ الْكِتَابِ ۖ حَتَّىٰ إِذَا جَاءَتْهُمْ رُسُلُنَا يَتَوَفَّوْنَهُمْ قَالُوا أَيْنَ مَا كُنتُمْ تَدْعُونَ مِن دُونِ اللَّهِ ۖ قَالُوا ضَلُّوا عَنَّا **وَشَهِدُوا** عَلَىٰ أَنفُسِهِمْ أَنَّهُمْ كَانُوا كَافِرِينَ	

172	وَإِذْ أَخَذَ رَبُّكَ مِن بَنِي آدَمَ مِن ظُهُورِهِمْ ذُرِّيَّتَهُمْ **وَأَشْهَدَهُمْ** عَلَىٰ أَنفُسِهِمْ أَلَسْتُ بِرَبِّكُمْ ۖ قَالُوا بَلَىٰ ۛ **شَهِدْنَا** ۛ أَن تَقُولُوا يَوْمَ الْقِيَامَةِ إِنَّا كُنَّا عَنْ هَٰذَا غَافِلِينَ	
9 التوبة 107	وَالَّذِينَ اتَّخَذُوا مَسْجِدًا ضِرَارًا وَكُفْرًا وَتَفْرِيقًا بَيْنَ الْمُؤْمِنِينَ وَإِرْصَادًا لِّمَنْ حَارَبَ اللَّهَ وَرَسُولَهُ مِن قَبْلُ ۚ وَلَيَحْلِفُنَّ إِنْ أَرَدْنَا إِلَّا الْحُسْنَىٰ ۖ وَاللَّهُ **يَشْهَدُ** إِنَّهُمْ لَكَاذِبُونَ	
11 هود 54	إِن نَّقُولُ إِلَّا اعْتَرَاكَ بَعْضُ آلِهَتِنَا بِسُوءٍ ۗ قَالَ إِنِّي **أُشْهِدُ** اللَّهَ **وَاشْهَدُوا** أَنِّي بَرِيءٌ مِّمَّا تُشْرِكُونَ	
12 يوسف 26	قَالَ هِيَ رَاوَدَتْنِي عَن نَّفْسِي ۚ **وَشَهِدَ شَاهِدٌ** مِّنْ أَهْلِهَا إِن كَانَ قَمِيصُهُ قُدَّ مِن قُبُلٍ فَصَدَقَتْ وَهُوَ مِنَ الْكَاذِبِينَ	
81	ارْجِعُوا إِلَىٰ أَبِيكُمْ فَقُولُوا يَا أَبَانَا إِنَّ ابْنَكَ سَرَقَ وَمَا **شَهِدْنَا** إِلَّا بِمَا عَلِمْنَا وَمَا كُنَّا لِلْغَيْبِ حَافِظِينَ	
18 الكهف 51	۞ مَّا **أَشْهَدتُّهُمْ** خَلْقَ السَّمَاوَاتِ وَالْأَرْضِ وَلَا خَلْقَ أَنفُسِهِمْ وَمَا كُنتُ مُتَّخِذَ الْمُضِلِّينَ عَضُدًا	
19 مريم 37	فَاخْتَلَفَ الْأَحْزَابُ مِن بَيْنِهِمْ ۖ فَوَيْلٌ لِّلَّذِينَ كَفَرُوا مِن **مَّشْهَدِ** يَوْمٍ عَظِيمٍ	
21 الأنبياء 61	قَالُوا فَأْتُوا بِهِ عَلَىٰ أَعْيُنِ النَّاسِ لَعَلَّهُمْ **يَشْهَدُونَ**	
22 الحج 28	**لِّيَشْهَدُوا** مَنَافِعَ لَهُمْ وَيَذْكُرُوا اسْمَ اللَّهِ فِي أَيَّامٍ مَّعْلُومَاتٍ عَلَىٰ مَا رَزَقَهُم مِّن بَهِيمَةِ الْأَنْعَامِ ۖ فَكُلُوا مِنْهَا وَأَطْعِمُوا الْبَائِسَ الْفَقِيرَ	
78	وَجَاهِدُوا فِي اللَّهِ حَقَّ جِهَادِهِ ۚ هُوَ اجْتَبَاكُمْ وَمَا جَعَلَ عَلَيْكُمْ فِي الدِّينِ مِنْ حَرَجٍ ۚ مِّلَّةَ أَبِيكُمْ إِبْرَاهِيمَ ۚ هُوَ سَمَّاكُمُ الْمُسْلِمِينَ مِن قَبْلُ وَفِي هَٰذَا لِيَكُونَ الرَّسُولُ **شَهِيدًا** عَلَيْكُمْ وَتَكُونُوا **شُهَدَاءَ** عَلَى النَّاسِ ۚ فَأَقِيمُوا الصَّلَاةَ وَآتُوا الزَّكَاةَ وَاعْتَصِمُوا بِاللَّهِ هُوَ مَوْلَاكُمْ ۖ فَنِعْمَ الْمَوْلَىٰ وَنِعْمَ النَّصِيرُ	
24 النور 2	الزَّانِيَةُ وَالزَّانِي فَاجْلِدُوا كُلَّ وَاحِدٍ مِّنْهُمَا مِائَةَ جَلْدَةٍ ۖ وَلَا تَأْخُذْكُم بِهِمَا رَأْفَةٌ فِي دِينِ اللَّهِ إِن كُنتُمْ تُؤْمِنُونَ بِاللَّهِ وَالْيَوْمِ الْآخِرِ ۖ **وَلْيَشْهَدْ** عَذَابَهُمَا طَائِفَةٌ مِّنَ الْمُؤْمِنِينَ	

4	وَالَّذِينَ يَرْمُونَ الْمُحْصَنَاتِ ثُمَّ لَمْ يَأْتُوا بِأَرْبَعَةِ **شُهَدَاءَ** فَاجْلِدُوهُمْ ثَمَانِينَ جَلْدَةً وَلَا تَقْبَلُوا لَهُمْ **شَهَادَةً** أَبَدًا ۚ وَأُولَـٰئِكَ هُمُ الْفَاسِقُونَ
6	وَالَّذِينَ يَرْمُونَ أَزْوَاجَهُمْ وَلَمْ يَكُن لَّهُمْ **شُهَدَاءُ** إِلَّا أَنفُسُهُمْ **فَشَهَادَةُ** أَحَدِهِمْ أَرْبَعُ **شَهَادَاتٍ** بِاللَّهِ ۙ إِنَّهُ لَمِنَ الصَّادِقِينَ
8	وَيَدْرَأُ عَنْهَا الْعَذَابَ أَن **تَشْهَدَ** أَرْبَعَ **شَهَادَاتٍ** بِاللَّهِ ۙ إِنَّهُ لَمِنَ الْكَاذِبِينَ
13	لَّوْلَا جَاءُوا عَلَيْهِ بِأَرْبَعَةِ **شُهَدَاءَ** ۚ فَإِذْ لَمْ يَأْتُوا **بِالشُّهَدَاءِ** فَأُولَـٰئِكَ عِندَ اللَّهِ هُمُ الْكَاذِبُونَ
24	يَوْمَ **تَشْهَدُ** عَلَيْهِمْ أَلْسِنَتُهُمْ وَأَيْدِيهِمْ وَأَرْجُلُهُم بِمَا كَانُوا يَعْمَلُونَ
25 الفرقان 72	وَالَّذِينَ لَا **يَشْهَدُونَ** الزُّورَ وَإِذَا مَرُّوا بِاللَّغْوِ مَرُّوا كِرَامًا
27 النمل 32	قَالَتْ يَا أَيُّهَا الْمَلَأُ أَفْتُونِي فِي أَمْرِي مَا كُنتُ قَاطِعَةً أَمْرًا حَتَّىٰ **تَشْهَدُونِ**
49	قَالُوا تَقَاسَمُوا بِاللَّهِ لَنُبَيِّتَنَّهُ وَأَهْلَهُ ثُمَّ لَنَقُولَنَّ لِوَلِيِّهِ مَا **شَهِدْنَا** مَهْلِكَ أَهْلِهِ وَإِنَّا لَصَادِقُونَ
36 يس 65	الْيَوْمَ نَخْتِمُ عَلَىٰ أَفْوَاهِهِمْ وَتُكَلِّمُنَا أَيْدِيهِمْ **وَتَشْهَدُ** أَرْجُلُهُم بِمَا كَانُوا يَكْسِبُونَ
39 الزمر 69	وَأَشْرَقَتِ الْأَرْضُ بِنُورِ رَبِّهَا وَوُضِعَ الْكِتَابُ وَجِيءَ بِالنَّبِيِّينَ **وَالشُّهَدَاءِ** وَقُضِيَ بَيْنَهُم بِالْحَقِّ وَهُمْ لَا يُظْلَمُونَ
41 فصلت 20	حَتَّىٰ إِذَا مَا جَاءُوهَا **شَهِدَ** عَلَيْهِمْ سَمْعُهُمْ وَأَبْصَارُهُمْ وَجُلُودُهُم بِمَا كَانُوا يَعْمَلُونَ
21	وَقَالُوا لِجُلُودِهِمْ لِمَ **شَهِدتُّمْ** عَلَيْنَا ۖ قَالُوا أَنطَقَنَا اللَّهُ الَّذِي أَنطَقَ كُلَّ شَيْءٍ وَهُوَ خَلَقَكُمْ أَوَّلَ مَرَّةٍ وَإِلَيْهِ تُرْجَعُونَ
22	وَمَا كُنتُمْ تَسْتَتِرُونَ أَن **يَشْهَدَ** عَلَيْكُمْ سَمْعُكُمْ وَلَا أَبْصَارُكُمْ وَلَا جُلُودُكُمْ وَلَـٰكِن ظَنَنتُمْ أَنَّ اللَّهَ لَا يَعْلَمُ كَثِيرًا مِّمَّا تَعْمَلُونَ
43 الزخرف 19	وَجَعَلُوا الْمَلَائِكَةَ الَّذِينَ هُمْ عِبَادُ الرَّحْمَـٰنِ إِنَاثًا ۚ **أَشَهِدُوا** خَلْقَهُمْ ۚ سَتُكْتَبُ **شَهَادَتُهُمْ** وَيُسْأَلُونَ

86	وَلَا يَمْلِكُ الَّذِينَ يَدْعُونَ مِن دُونِهِ الشَّفَاعَةَ إِلَّا مَن **شَهِدَ** بِالْحَقِّ وَهُمْ يَعْلَمُونَ
46 الأحقاف 10	قُلْ أَرَأَيْتُمْ إِن كَانَ مِنْ عِندِ اللَّهِ وَكَفَرْتُم بِهِ **وَشَهِدَ شَاهِدٌ** مِّن بَنِي إِسْرَائِيلَ عَلَىٰ مِثْلِهِ فَآمَنَ وَاسْتَكْبَرْتُمْ ۖ إِنَّ اللَّهَ لَا يَهْدِي الْقَوْمَ الظَّالِمِينَ
57 الحديد 19	وَالَّذِينَ آمَنُوا بِاللَّهِ وَرُسُلِهِ أُولَٰئِكَ هُمُ الصِّدِّيقُونَ ۖ **وَالشُّهَدَاءُ** عِندَ رَبِّهِمْ لَهُمْ أَجْرُهُمْ وَنُورُهُمْ ۖ وَالَّذِينَ كَفَرُوا وَكَذَّبُوا بِآيَاتِنَا أُولَٰئِكَ أَصْحَابُ الْجَحِيمِ
59 الحشر 11	۞ أَلَمْ تَرَ إِلَى الَّذِينَ نَافَقُوا يَقُولُونَ لِإِخْوَانِهِمُ الَّذِينَ كَفَرُوا مِنْ أَهْلِ الْكِتَابِ لَئِنْ أُخْرِجْتُمْ لَنَخْرُجَنَّ مَعَكُمْ وَلَا نُطِيعُ فِيكُمْ أَحَدًا أَبَدًا وَإِن قُوتِلْتُمْ لَنَنصُرَنَّكُمْ وَاللَّهُ **يَشْهَدُ** إِنَّهُمْ لَكَاذِبُونَ
63 المنافقون 1	إِذَا جَاءَكَ الْمُنَافِقُونَ قَالُوا **نَشْهَدُ** إِنَّكَ لَرَسُولُ اللَّهِ ۗ وَاللَّهُ يَعْلَمُ إِنَّكَ لَرَسُولُهُ وَاللَّهُ **يَشْهَدُ** إِنَّ الْمُنَافِقِينَ لَكَاذِبُونَ
65 الطلاق 2	فَإِذَا بَلَغْنَ أَجَلَهُنَّ فَأَمْسِكُوهُنَّ بِمَعْرُوفٍ أَوْ فَارِقُوهُنَّ بِمَعْرُوفٍ **وَأَشْهِدُوا** ذَوَيْ عَدْلٍ مِّنكُمْ وَأَقِيمُوا **الشَّهَادَةَ** لِلَّهِ ۚ ذَٰلِكُمْ يُوعَظُ بِهِ مَن كَانَ يُؤْمِنُ بِاللَّهِ وَالْيَوْمِ الْآخِرِ ۚ وَمَن يَتَّقِ اللَّهَ يَجْعَل لَّهُ مَخْرَجًا
83 المطففين 21	يَشْهَدُهُ الْمُقَرَّبُونَ

شَهْوَةً

	Indeed, you approach men with **desire**, instead of women. Rather, you are a transgressing people".
7 الأعراف 81	إِنَّكُمْ لَتَأْتُونَ الرِّجَالَ **شَهْوَةً** مِّن دُونِ النِّسَاءِ ۚ بَلْ أَنتُمْ قَوْمٌ مُّسْرِفُونَ
27 النمل 55	أَئِنَّكُمْ لَتَأْتُونَ الرِّجَالَ **شَهْوَةً** مِّن دُونِ النِّسَاءِ ۚ بَلْ أَنتُمْ قَوْمٌ تَجْهَلُونَ
	Do you indeed approach men with **desire** instead of women? Rather, you are a people behaving ignorantly".

		شَهِيقًا
67 الملك 7		إِذَا أُلْقُوا فِيهَا سَمِعُوا لَهَا شَهِيقًا وَهِيَ تَفُورُ
	When they are thrown into it, they hear from it a [dreadful] **inhaling** while it boils up.	
		شُوَاظٌ
55 الرحمن 35		يُرْسَلُ عَلَيْكُمَا شُوَاظٌ مِّن نَّارٍ وَنُحَاسٌ فَلَا تَنتَصِرَانِ
	There will be sent upon you a **flame** of fire and smoke, and you will not defend yourselves.	
		شُورَىٰ
42 الشورى 38		وَالَّذِينَ اسْتَجَابُوا لِرَبِّهِمْ وَأَقَامُوا الصَّلَاةَ وَأَمْرُهُمْ شُورَىٰ بَيْنَهُمْ وَمِمَّا رَزَقْنَاهُمْ يُنفِقُونَ
	And those who have responded to their lord and established prayer and whose affair is [determined by] **consultation** among themselves, and from what We have provided them, they spend.	
		شَيْبًا
19 مريم 4		قَالَ رَبِّ إِنِّي وَهَنَ الْعَظْمُ مِنِّي وَاشْتَعَلَ الرَّأْسُ شَيْبًا وَلَمْ أَكُن بِدُعَائِكَ رَبِّ شَقِيًّا
73 المزمل 17		فَكَيْفَ تَتَّقُونَ إِن كَفَرْتُمْ يَوْمًا يَجْعَلُ الْوِلْدَانَ شِيبًا
	Then how can you fear, if you disbelieve, a Day that will make the children **white-haired**?	
		شِيَةَ
2 البقرة 71		قَالَ إِنَّهُ يَقُولُ إِنَّهَا بَقَرَةٌ لَّا ذَلُولٌ تُثِيرُ الْأَرْضَ وَلَا تَسْقِي الْحَرْثَ مُسَلَّمَةٌ لَّا شِيَةَ فِيهَا ۚ قَالُوا الْآنَ جِئْتَ بِالْحَقِّ ۚ فَذَبَحُوهَا وَمَا كَادُوا يَفْعَلُونَ

	He said, "He says, 'It is a cow neither trained to plow the earth nor to irrigate the field, one **free from fault** with no spot upon her.' " They said, "Now you have come with the truth." So they slaughtered her, but they could hardly do it.	
	شَيْخٌ/ شَيْخًا	
11 هود 72	قَالَتْ يَا وَيْلَتَىٰ أَأَلِدُ وَأَنَا عَجُوزٌ وَهَٰذَا بَعْلِي **شَيْخًا** ۖ إِنَّ هَٰذَا لَشَيْءٌ عَجِيبٌ	
	She said, "Woe to me! Shall I give birth while I am an old woman and this, my husband, is an **old man**? Indeed, this is an amazing thing"!	
12 يوسف 78	قَالُوا يَا أَيُّهَا الْعَزِيزُ إِنَّ لَهُ أَبًا **شَيْخًا** كَبِيرًا فَخُذْ أَحَدَنَا مَكَانَهُ ۖ إِنَّا نَرَاكَ مِنَ الْمُحْسِنِينَ	
28 القصص 23	وَلَمَّا وَرَدَ مَاءَ مَدْيَنَ وَجَدَ عَلَيْهِ أُمَّةً مِّنَ النَّاسِ يَسْقُونَ وَوَجَدَ مِن دُونِهِمُ امْرَأَتَيْنِ تَذُودَانِ ۖ قَالَ مَا خَطْبُكُمَا ۖ قَالَتَا لَا نَسْقِي حَتَّىٰ يُصْدِرَ الرِّعَاءُ ۖ وَأَبُونَا **شَيْخٌ** كَبِيرٌ	
	شِئْنَا	
7 الأعراف 176	وَلَوْ **شِئْنَا** لَرَفَعْنَاهُ بِهَا وَلَٰكِنَّهُ أَخْلَدَ إِلَى الْأَرْضِ وَاتَّبَعَ هَوَاهُ ۚ فَمَثَلُهُ كَمَثَلِ الْكَلْبِ إِن تَحْمِلْ عَلَيْهِ يَلْهَثْ أَوْ تَتْرُكْهُ يَلْهَث ۚ ذَّٰلِكَ مَثَلُ الْقَوْمِ الَّذِينَ كَذَّبُوا بِآيَاتِنَا ۚ فَاقْصُصِ الْقَصَصَ لَعَلَّهُمْ يَتَفَكَّرُونَ	
17 الإسراء 86	وَلَئِن **شِئْنَا** لَنَذْهَبَنَّ بِالَّذِي أَوْحَيْنَا إِلَيْكَ ثُمَّ لَا تَجِدُ لَكَ بِهِ عَلَيْنَا وَكِيلًا	
25 الفرقان 51	وَلَوْ **شِئْنَا** لَبَعَثْنَا فِي كُلِّ قَرْيَةٍ نَّذِيرًا	
32 السجدة 13	وَلَوْ **شِئْنَا** لَآتَيْنَا كُلَّ نَفْسٍ هُدَاهَا وَلَٰكِنْ حَقَّ الْقَوْلُ مِنِّي لَأَمْلَأَنَّ جَهَنَّمَ مِنَ الْجِنَّةِ وَالنَّاسِ أَجْمَعِينَ	
	And if We **had willed**, We could have given every soul its guidance, but the word from Me will come into effect [that] "I will surely fill Hell with jinn and people all together.	

76 الانسان 28	نَّحْنُ خَلَقْنَاهُمْ وَشَدَدْنَا أَسْرَهُمْ ۖ وَإِذَا **شِئْنَا** بَدَّلْنَا أَمْثَالَهُمْ تَبْدِيلًا
	شيع
6 الأنعام 65	قُلْ هُوَ الْقَادِرُ عَلَىٰ أَن يَبْعَثَ عَلَيْكُمْ عَذَابًا مِّن فَوْقِكُمْ أَوْ مِن تَحْتِ أَرْجُلِكُمْ أَوْ يَلْبِسَكُمْ **شِيَعًا** وَيُذِيقَ بَعْضَكُم بَأْسَ بَعْضٍ ۗ انظُرْ كَيْفَ نُصَرِّفُ الْآيَاتِ لَعَلَّهُمْ يَفْقَهُونَ
159	إِنَّ الَّذِينَ فَرَّقُوا دِينَهُمْ وَكَانُوا **شِيَعًا** لَّسْتَ مِنْهُمْ فِي شَيْءٍ ۚ إِنَّمَا أَمْرُهُمْ إِلَى اللَّهِ ثُمَّ يُنَبِّئُهُم بِمَا كَانُوا يَفْعَلُونَ
15 الحجر 10	وَلَقَدْ أَرْسَلْنَا مِن قَبْلِكَ فِي **شِيَعِ** الْأَوَّلِينَ
19 مريم 69	ثُمَّ لَنَنزِعَنَّ مِن كُلِّ **شِيعَةٍ** أَيُّهُمْ أَشَدُّ عَلَى الرَّحْمَٰنِ عِتِيًّا
24 النور 19	إِنَّ الَّذِينَ يُحِبُّونَ أَن **تَشِيعَ** الْفَاحِشَةُ فِي الَّذِينَ آمَنُوا لَهُمْ عَذَابٌ أَلِيمٌ فِي الدُّنْيَا وَالْآخِرَةِ ۚ وَاللَّهُ يَعْلَمُ وَأَنتُمْ لَا تَعْلَمُونَ
28 القصص 4	إِنَّ فِرْعَوْنَ عَلَا فِي الْأَرْضِ وَجَعَلَ أَهْلَهَا **شِيَعًا** يَسْتَضْعِفُ طَائِفَةً مِّنْهُمْ يُذَبِّحُ أَبْنَاءَهُمْ وَيَسْتَحْيِي نِسَاءَهُمْ ۚ إِنَّهُ كَانَ مِنَ الْمُفْسِدِينَ
15	وَدَخَلَ الْمَدِينَةَ عَلَىٰ حِينِ غَفْلَةٍ مِّنْ أَهْلِهَا فَوَجَدَ فِيهَا رَجُلَيْنِ يَقْتَتِلَانِ هَٰذَا مِن **شِيعَتِهِ** وَهَٰذَا مِنْ عَدُوِّهِ ۖ فَاسْتَغَاثَهُ الَّذِي مِن **شِيعَتِهِ** عَلَى الَّذِي مِنْ عَدُوِّهِ فَوَكَزَهُ مُوسَىٰ فَقَضَىٰ عَلَيْهِ ۖ قَالَ هَٰذَا مِنْ عَمَلِ الشَّيْطَانِ ۖ إِنَّهُ عَدُوٌّ مُّضِلٌّ مُّبِينٌ
30 الروم 32	مِنَ الَّذِينَ فَرَّقُوا دِينَهُمْ وَكَانُوا **شِيَعًا** ۖ كُلُّ حِزْبٍ بِمَا لَدَيْهِمْ فَرِحُونَ
37 الصافات 83	۞ وَإِنَّ مِن **شِيعَتِهِ** لَإِبْرَاهِيمَ
	And indeed, among his **kind** was Abraham

	بحث في مفردات القرآن الكريم القسم الثاني
	الاحرف د- ص حرف ص
	د ذ ر ز س ش ص
	صَابِرُونَ/ الصَّابِرِينَ/ صَابِرًا/صَابِرَةٌ
2 البقرة 153	يَا أَيُّهَا الَّذِينَ آمَنُوا اسْتَعِينُوا بِالصَّبْرِ وَالصَّلَاةِ ۚ إِنَّ اللَّهَ مَعَ الصَّابِرِينَ
	O you who have believed, seek help through **patience** and prayer. Indeed, Allah is with the **patient**.
155	وَلَنَبْلُوَنَّكُم بِشَيْءٍ مِّنَ الْخَوْفِ وَالْجُوعِ وَنَقْصٍ مِّنَ الْأَمْوَالِ وَالْأَنفُسِ وَالثَّمَرَاتِ ۗ وَبَشِّرِ الصَّابِرِينَ
177	۞ لَّيْسَ الْبِرَّ أَن تُوَلُّوا وُجُوهَكُمْ قِبَلَ الْمَشْرِقِ وَالْمَغْرِبِ وَلَٰكِنَّ الْبِرَّ مَنْ آمَنَ بِاللَّهِ وَالْيَوْمِ الْآخِرِ وَالْمَلَائِكَةِ وَالْكِتَابِ وَالنَّبِيِّينَ وَآتَى الْمَالَ عَلَىٰ حُبِّهِ ذَوِي الْقُرْبَىٰ وَالْيَتَامَىٰ وَالْمَسَاكِينَ وَابْنَ السَّبِيلِ وَالسَّائِلِينَ وَفِي الرِّقَابِ وَأَقَامَ الصَّلَاةَ وَآتَى الزَّكَاةَ وَالْمُوفُونَ بِعَهْدِهِمْ إِذَا عَاهَدُوا ۖ **وَالصَّابِرِينَ** فِي الْبَأْسَاءِ وَالضَّرَّاءِ وَحِينَ الْبَأْسِ ۗ أُولَٰئِكَ الَّذِينَ صَدَقُوا ۖ وَأُولَٰئِكَ هُمُ الْمُتَّقُونَ
249	فَلَمَّا فَصَلَ طَالُوتُ بِالْجُنُودِ قَالَ إِنَّ اللَّهَ مُبْتَلِيكُم بِنَهَرٍ فَمَن شَرِبَ مِنْهُ فَلَيْسَ مِنِّي وَمَن لَّمْ يَطْعَمْهُ فَإِنَّهُ مِنِّي إِلَّا مَنِ اغْتَرَفَ غُرْفَةً بِيَدِهِ ۚ فَشَرِبُوا مِنْهُ إِلَّا قَلِيلًا مِّنْهُمْ ۚ فَلَمَّا جَاوَزَهُ هُوَ وَالَّذِينَ آمَنُوا مَعَهُ قَالُوا لَا طَاقَةَ لَنَا الْيَوْمَ بِجَالُوتَ وَجُنُودِهِ ۚ قَالَ الَّذِينَ يَظُنُّونَ أَنَّهُم مُّلَاقُو اللَّهِ كَم مِّن فِئَةٍ قَلِيلَةٍ غَلَبَتْ فِئَةً كَثِيرَةً بِإِذْنِ اللَّهِ ۗ وَاللَّهُ مَعَ **الصَّابِرِينَ**
3 آل عمران 17	**الصَّابِرِينَ** وَالصَّادِقِينَ وَالْقَانِتِينَ وَالْمُنفِقِينَ وَالْمُسْتَغْفِرِينَ بِالْأَسْحَارِ

142	أَمْ حَسِبْتُمْ أَن تَدْخُلُوا الْجَنَّةَ وَلَمَّا يَعْلَمِ اللَّهُ الَّذِينَ جَاهَدُوا مِنكُمْ وَيَعْلَمَ **الصَّابِرِينَ**
146	وَكَأَيِّن مِّن نَّبِيٍّ قَاتَلَ مَعَهُ رِبِّيُّونَ كَثِيرٌ فَمَا وَهَنُوا لِمَا أَصَابَهُمْ فِي سَبِيلِ اللَّهِ وَمَا ضَعُفُوا وَمَا اسْتَكَانُوا ۗ وَاللَّهُ يُحِبُّ **الصَّابِرِينَ**
200	يَا أَيُّهَا الَّذِينَ آمَنُوا **اصْبِرُوا وَصَابِرُوا** وَرَابِطُوا وَاتَّقُوا اللَّهَ لَعَلَّكُمْ تُفْلِحُونَ
	O you who have believed, **persevere and endure** and remain stationed and fear Allah that you may be successful.
8 الأنفال 46	وَأَطِيعُوا اللَّهَ وَرَسُولَهُ وَلَا تَنَازَعُوا فَتَفْشَلُوا وَتَذْهَبَ رِيحُكُمْ ۖ **وَاصْبِرُوا** ۚ إِنَّ اللَّهَ مَعَ **الصَّابِرِينَ**
65	يَا أَيُّهَا النَّبِيُّ حَرِّضِ الْمُؤْمِنِينَ عَلَى الْقِتَالِ ۚ إِن يَكُن مِّنكُمْ عِشْرُونَ **صَابِرُونَ** يَغْلِبُوا مِائَتَيْنِ ۚ وَإِن يَكُن مِّنكُم مِّائَةٌ يَغْلِبُوا أَلْفًا مِّنَ الَّذِينَ كَفَرُوا بِأَنَّهُمْ قَوْمٌ لَّا يَفْقَهُونَ
66	الْآنَ خَفَّفَ اللَّهُ عَنكُمْ وَعَلِمَ أَنَّ فِيكُمْ ضَعْفًا ۚ فَإِن يَكُن مِّنكُم مِّائَةٌ **صَابِرَةٌ** يَغْلِبُوا مِائَتَيْنِ ۚ وَإِن يَكُن مِّنكُمْ أَلْفٌ يَغْلِبُوا أَلْفَيْنِ بِإِذْنِ اللَّهِ ۗ وَاللَّهُ مَعَ **الصَّابِرِينَ**
16 النحل 126	وَإِنْ عَاقَبْتُمْ فَعَاقِبُوا بِمِثْلِ مَا عُوقِبْتُم بِهِ ۖ وَلَئِن **صَبَرْتُمْ** لَهُوَ خَيْرٌ لِّ**لصَّابِرِينَ**
18 الكهف 69	قَالَ سَتَجِدُنِي إِن شَاءَ اللَّهُ **صَابِرًا** وَلَا أَعْصِي لَكَ أَمْرًا
21 الأنبياء 85	وَإِسْمَاعِيلَ وَإِدْرِيسَ وَذَا الْكِفْلِ ۖ كُلٌّ مِّنَ **الصَّابِرِينَ**
22 الحج 35	الَّذِينَ إِذَا ذُكِرَ اللَّهُ وَجِلَتْ قُلُوبُهُمْ **وَالصَّابِرِينَ** عَلَىٰ مَا أَصَابَهُمْ وَالْمُقِيمِي الصَّلَاةِ وَمِمَّا رَزَقْنَاهُمْ يُنفِقُونَ
28 القصص 80	وَقَالَ الَّذِينَ أُوتُوا الْعِلْمَ وَيْلَكُمْ ثَوَابُ اللَّهِ خَيْرٌ لِّمَنْ آمَنَ وَعَمِلَ صَالِحًا وَلَا يُلَقَّاهَا إِلَّا **الصَّابِرُونَ**
33 الأحزاب 35	إِنَّ الْمُسْلِمِينَ وَالْمُسْلِمَاتِ وَالْمُؤْمِنِينَ وَالْمُؤْمِنَاتِ وَالْقَانِتِينَ وَالْقَانِتَاتِ وَالصَّادِقِينَ وَالصَّادِقَاتِ **وَالصَّابِرِينَ وَالصَّابِرَاتِ** وَالْخَاشِعِينَ وَالْخَاشِعَاتِ وَالْمُتَصَدِّقِينَ وَالْمُتَصَدِّقَاتِ وَالصَّائِمِينَ وَالصَّائِمَاتِ

	وَالْحَافِظِينَ فُرُوجَهُمْ وَالْحَافِظَاتِ وَالذَّاكِرِينَ اللَّهَ كَثِيرًا وَالذَّاكِرَاتِ أَعَدَّ اللَّهُ لَهُم مَّغْفِرَةً وَأَجْرًا عَظِيمًا
38 ص 44	وَخُذْ بِيَدِكَ ضِغْثًا فَاضْرِب بِّهِ وَلَا تَحْنَثْ ۗ إِنَّا وَجَدْنَاهُ **صَابِرًا** ۚ نِّعْمَ الْعَبْدُ ۖ إِنَّهُ أَوَّابٌ
39 الزمر 10	قُلْ يَا عِبَادِ الَّذِينَ آمَنُوا اتَّقُوا رَبَّكُمْ ۚ لِلَّذِينَ أَحْسَنُوا فِي هَٰذِهِ الدُّنْيَا حَسَنَةٌ ۗ وَأَرْضُ اللَّهِ وَاسِعَةٌ ۗ إِنَّمَا يُوَفَّى **الصَّابِرُونَ** أَجْرَهُم بِغَيْرِ حِسَابٍ
47 محمد 31	وَلَنَبْلُوَنَّكُمْ حَتَّىٰ نَعْلَمَ الْمُجَاهِدِينَ مِنكُمْ **وَالصَّابِرِينَ** وَنَبْلُوَ أَخْبَارَكُمْ

صَاحِبَةٌ

6 الأنعام 101	بَدِيعُ السَّمَاوَاتِ وَالْأَرْضِ ۖ أَنَّىٰ يَكُونُ لَهُ وَلَدٌ وَلَمْ تَكُن لَّهُ **صَاحِبَةٌ** ۖ وَخَلَقَ كُلَّ شَيْءٍ ۖ وَهُوَ بِكُلِّ شَيْءٍ عَلِيمٌ
72 الجن 3	وَأَنَّهُ تَعَالَىٰ جَدُّ رَبِّنَا مَا اتَّخَذَ **صَاحِبَةً** وَلَا وَلَدًا
	And [it teaches] that exalted is the nobleness of our Lord; He has not taken **a wife** or a son

صَاحِبُهُ

7 الأعراف 184	أَوَلَمْ يَتَفَكَّرُوا ۗ مَا **بِصَاحِبِهِم** مِّن جِنَّةٍ ۚ إِنْ هُوَ إِلَّا نَذِيرٌ مُّبِينٌ
9 التوبة 40	إِلَّا تَنصُرُوهُ فَقَدْ نَصَرَهُ اللَّهُ إِذْ أَخْرَجَهُ الَّذِينَ كَفَرُوا ثَانِيَ اثْنَيْنِ إِذْ هُمَا فِي الْغَارِ إِذْ يَقُولُ **لِصَاحِبِهِ** لَا تَحْزَنْ إِنَّ اللَّهَ مَعَنَا ۖ فَأَنزَلَ اللَّهُ سَكِينَتَهُ عَلَيْهِ وَأَيَّدَهُ بِجُنُودٍ لَّمْ تَرَوْهَا وَجَعَلَ كَلِمَةَ الَّذِينَ كَفَرُوا السُّفْلَىٰ ۗ وَكَلِمَةُ اللَّهِ هِيَ الْعُلْيَا ۗ وَاللَّهُ عَزِيزٌ حَكِيمٌ
	If you do not aid the Prophet - Allah has already aided him when those who disbelieved had driven him out [of Makkah] as one of two, when they were in the cave and he said to his **companion**, "Do not grieve; indeed Allah is with us." And Allah sent down his tranquillity upon him and supported him with angels you did not see and made the

	word of those who disbelieved the lowest, while the word of Allah - that is the highest. And Allah is Exalted in Might and Wise.
18 الكهف 34	وَكَانَ لَهُ ثَمَرٌ فَقَالَ **لِصَاحِبِهِ** وَهُوَ يُحَاوِرُهُ أَنَا أَكْثَرُ مِنكَ مَالًا وَأَعَزُّ نَفَرًا
37	قَالَ لَهُ **صَاحِبُهُ** وَهُوَ يُحَاوِرُهُ أَكَفَرْتَ بِالَّذِي خَلَقَكَ مِن تُرَابٍ ثُمَّ مِن نُّطْفَةٍ ثُمَّ سَوَّاكَ رَجُلًا
31 لقمان 15	وَإِن جَاهَدَاكَ عَلَىٰ أَن تُشْرِكَ بِي مَا لَيْسَ لَكَ بِهِ عِلْمٌ فَلَا تُطِعْهُمَا ۖ **وَصَاحِبْهُمَا فِي الدُّنْيَا** مَعْرُوفًا ۖ وَاتَّبِعْ سَبِيلَ مَنْ أَنَابَ إِلَيَّ ۚ ثُمَّ إِلَيَّ مَرْجِعُكُمْ فَأُنَبِّئُكُم بِمَا كُنتُمْ تَعْمَلُونَ
54 القمر 29	فَنَادَوْا **صَاحِبَهُمْ** فَتَعَاطَىٰ فَعَقَرَ
	صَاحِبَهُمْ
7 الأعراف 184	أَوَلَمْ يَتَفَكَّرُوا ۗ مَا **بِصَاحِبِهِم** مِّن جِنَّةٍ ۚ إِنْ هُوَ إِلَّا نَذِيرٌ مُّبِينٌ
31 لقمان 15	وَإِن جَاهَدَاكَ عَلَىٰ أَن تُشْرِكَ بِي مَا لَيْسَ لَكَ بِهِ عِلْمٌ فَلَا تُطِعْهُمَا ۖ **وَصَاحِبْهُمَا فِي الدُّنْيَا** مَعْرُوفًا ۖ وَاتَّبِعْ سَبِيلَ مَنْ أَنَابَ إِلَيَّ ۚ ثُمَّ إِلَيَّ مَرْجِعُكُمْ فَأُنَبِّئُكُم بِمَا كُنتُمْ تَعْمَلُونَ
	But if they endeavor to make you associate with Me that of which you have no knowledge, do not obey them but **accompany them in [this] world** with appropriate kindness and follow the way of those who turn back to Me [in repentance]. Then to Me will be your return, and I will inform you about what you used to do.
54 القمر 29	فَنَادَوْا **صَاحِبَهُمْ** فَتَعَاطَىٰ فَعَقَرَ
	صَاحِبَيِ
12 يوسف 39	يَا **صَاحِبَيِ** السِّجْنِ أَأَرْبَابٌ مُّتَفَرِّقُونَ خَيْرٌ أَمِ اللَّهُ الْوَاحِدُ الْقَهَّارُ

41	يَا **صَاحِبَيِ** السِّجْنِ أَمَّا أَحَدُكُمَا فَيَسْقِي رَبَّهُ خَمْرًا ۖ وَأَمَّا الْآخَرُ فَيُصْلَبُ فَتَأْكُلُ الطَّيْرُ مِن رَّأْسِهِ ۚ قُضِيَ الْأَمْرُ الَّذِي فِيهِ تَسْتَفْتِيَانِ
	O two **companions** of prison, as for one of you, he will give drink to his master of wine; but as for the other, he will be crucified, and the birds will eat from his head. The matter has been decreed about which you both inquire".
	صَاعِقَةً
2 البقرة 55	وَإِذْ قُلْتُمْ يَا مُوسَىٰ لَن نُّؤْمِنَ لَكَ حَتَّىٰ نَرَى اللَّهَ جَهْرَةً فَأَخَذَتْكُمُ **الصَّاعِقَةُ** وَأَنتُمْ تَنظُرُونَ
4 النساء 153	يَسْأَلُكَ أَهْلُ الْكِتَابِ أَن تُنَزِّلَ عَلَيْهِمْ كِتَابًا مِّنَ السَّمَاءِ ۚ فَقَدْ سَأَلُوا مُوسَىٰ أَكْبَرَ مِن ذَٰلِكَ فَقَالُوا أَرِنَا اللَّهَ جَهْرَةً فَأَخَذَتْهُمُ **الصَّاعِقَةُ** بِظُلْمِهِمْ ۚ ثُمَّ اتَّخَذُوا الْعِجْلَ مِن بَعْدِ مَا جَاءَتْهُمُ الْبَيِّنَاتُ فَعَفَوْنَا عَن ذَٰلِكَ ۚ وَآتَيْنَا مُوسَىٰ سُلْطَانًا مُّبِينًا
	The People of the Scripture ask you to bring down to them a book from the heaven. But they had asked of Moses [even] greater than that and said, "Show us Allah outright," so the **thunderbolt** struck them for their wrongdoing. Then they took the calf [for worship] after clear evidences had come to them, and We pardoned that. And We gave Moses a clear authority.
41 فصلت 13	فَإِنْ أَعْرَضُوا فَقُلْ أَنذَرْتُكُمْ **صَاعِقَةً** مِّثْلَ **صَاعِقَةِ** عَادٍ وَثَمُودَ
17	وَأَمَّا ثَمُودُ فَهَدَيْنَاهُمْ فَاسْتَحَبُّوا الْعَمَىٰ عَلَى الْهُدَىٰ فَأَخَذَتْهُمْ **صَاعِقَةُ** الْعَذَابِ الْهُونِ بِمَا كَانُوا يَكْسِبُونَ
51 الذاريات 44	فَعَتَوْا عَنْ أَمْرِ رَبِّهِمْ فَأَخَذَتْهُمُ **الصَّاعِقَةُ** وَهُمْ يَنظُرُونَ
	صَاغِرِينَ/ صَاغِرُونَ
7 الأعراف 13	قَالَ فَاهْبِطْ مِنْهَا فَمَا يَكُونُ لَكَ أَن تَتَكَبَّرَ فِيهَا فَاخْرُجْ إِنَّكَ مِنَ **الصَّاغِرِينَ**

119	فَغُلِبُوا هُنَالِكَ وَانقَلَبُوا صَاغِرِينَ
9 التوبة 29	قَاتِلُوا الَّذِينَ لَا يُؤْمِنُونَ بِاللَّهِ وَلَا بِالْيَوْمِ الْآخِرِ وَلَا يُحَرِّمُونَ مَا حَرَّمَ اللَّهُ وَرَسُولُهُ وَلَا يَدِينُونَ دِينَ الْحَقِّ مِنَ الَّذِينَ أُوتُوا الْكِتَابَ حَتَّىٰ يُعْطُوا الْجِزْيَةَ عَن يَدٍ وَهُمْ صَاغِرُونَ
	Fight those who do not believe in Allah or in the Last Day and who do not consider unlawful what Allah and His Messenger have made unlawful and who do not adopt the religion of truth from those who were given the Scripture - [fight] until they give the jizyah willingly while they are **humbled**.
12 يوسف 32	قَالَتْ فَذَٰلِكُنَّ الَّذِي لُمْتُنَّنِي فِيهِ ۖ وَلَقَدْ رَاوَدتُّهُ عَن نَّفْسِهِ فَاسْتَعْصَمَ ۖ وَلَئِن لَّمْ يَفْعَلْ مَا آمُرُهُ لَيُسْجَنَنَّ وَلَيَكُونًا مِّنَ **الصَّاغِرِينَ**
27 النمل 37	ارْجِعْ إِلَيْهِمْ فَلَنَأْتِيَنَّهُم بِجُنُودٍ لَّا قِبَلَ لَهُم بِهَا وَلَنُخْرِجَنَّهُم مِّنْهَا أَذِلَّةً وَهُمْ **صَاغِرُونَ**
	صَافَّاتٍ
24 النور 41	أَلَمْ تَرَ أَنَّ اللَّهَ يُسَبِّحُ لَهُ مَن فِي السَّمَاوَاتِ وَالْأَرْضِ وَالطَّيْرُ **صَافَّاتٍ** ۖ كُلٌّ قَدْ عَلِمَ صَلَاتَهُ وَتَسْبِيحَهُ ۗ وَاللَّهُ عَلِيمٌ بِمَا يَفْعَلُونَ
	Do you not see that Allah is exalted by whomever is within the heavens and the earth and [by] the birds **with wings spread** [in flight]? Each [of them] has known his [means of] prayer and exalting [Him], and Allah is Knowing of what they do.
37 الصافات 1	**وَالصَّافَّاتِ صَفًّا**
67 الملك 19	أَوَلَمْ يَرَوْا إِلَى الطَّيْرِ فَوْقَهُمْ **صَافَّاتٍ** وَيَقْبِضْنَ ۚ مَا يُمْسِكُهُنَّ إِلَّا الرَّحْمَٰنُ ۚ إِنَّهُ بِكُلِّ شَيْءٍ بَصِيرٌ

	صَبَاحُ
6 الأنعام 96	فَالِقُ الْإِصْبَاحِ وَجَعَلَ اللَّيْلَ سَكَنًا وَالشَّمْسَ وَالْقَمَرَ حُسْبَانًا ۚ ذَٰلِكَ تَقْدِيرُ الْعَزِيزِ الْعَلِيمِ
37 الصافات 177	فَإِذَا نَزَلَ بِسَاحَتِهِمْ فَسَاءَ صَبَاحُ الْمُنذَرِينَ
	But when it descends in their territory, then evil is the **morning** of those who were warned.
	صَبَّحَهُم
54 القمر 38	وَلَقَدْ صَبَّحَهُم بُكْرَةً عَذَابٌ مُّسْتَقِرٌّ
	And there came upon them by **morning** an abiding punishment.
	صُبْحًا
	And the chargers at **dawn**,
100 العاديات 3	فَالْمُغِيرَاتِ صُبْحًا
	صَبَّارٍ
14 ابراهيم 5	وَلَقَدْ أَرْسَلْنَا مُوسَىٰ بِآيَاتِنَا أَنْ أَخْرِجْ قَوْمَكَ مِنَ الظُّلُمَاتِ إِلَى النُّورِ وَذَكِّرْهُم بِأَيَّامِ اللَّهِ ۚ إِنَّ فِي ذَٰلِكَ لَآيَاتٍ لِّكُلِّ صَبَّارٍ شَكُورٍ
31 لقمان 31	أَلَمْ تَرَ أَنَّ الْفُلْكَ تَجْرِي فِي الْبَحْرِ بِنِعْمَتِ اللَّهِ لِيُرِيَكُم مِّنْ آيَاتِهِ ۚ إِنَّ فِي ذَٰلِكَ لَآيَاتٍ لِّكُلِّ صَبَّارٍ شَكُورٍ
34 سبإ 19	فَقَالُوا رَبَّنَا بَاعِدْ بَيْنَ أَسْفَارِنَا وَظَلَمُوا أَنفُسَهُمْ فَجَعَلْنَاهُمْ أَحَادِيثَ وَمَزَّقْنَاهُمْ كُلَّ مُمَزَّقٍ ۚ إِنَّ فِي ذَٰلِكَ لَآيَاتٍ لِّكُلِّ صَبَّارٍ شَكُورٍ

	But [insolently] they said, "Our Lord, lengthen the distance between our journeys," and wronged themselves, so We made them narrations and dispersed them in total dispersion. Indeed in that are signs for everyone **patient** and grateful.
42 الشورى 33	إِن يَشَأْ يُسْكِنِ الرِّيحَ فَيَظْلَلْنَ رَوَاكِدَ عَلَىٰ ظَهْرِهِ ۚ إِنَّ فِي ذَٰلِكَ لَآيَاتٍ لِّكُلِّ صَبَّارٍ شَكُورٍ
	صَبْرًا
2 البقرة 250	وَلَمَّا بَرَزُوا لِجَالُوتَ وَجُنُودِهِ قَالُوا رَبَّنَا أَفْرِغْ عَلَيْنَا **صَبْرًا** وَثَبِّتْ أَقْدَامَنَا وَانصُرْنَا عَلَى الْقَوْمِ الْكَافِرِينَ
7 الأعراف 126	وَمَا تَنقِمُ مِنَّا إِلَّا أَنْ آمَنَّا بِآيَاتِ رَبِّنَا لَمَّا جَاءَتْنَا ۚ رَبَّنَا أَفْرِغْ عَلَيْنَا **صَبْرًا** وَتَوَفَّنَا مُسْلِمِينَ
18 الكهف 67	قَالَ إِنَّكَ لَن تَسْتَطِيعَ مَعِيَ **صَبْرًا**
72	قَالَ أَلَمْ أَقُلْ إِنَّكَ لَن تَسْتَطِيعَ مَعِيَ **صَبْرًا**
75	قَالَ أَلَمْ أَقُل لَّكَ إِنَّكَ لَن تَسْتَطِيعَ مَعِيَ **صَبْرًا**
78	قَالَ هَٰذَا فِرَاقُ بَيْنِي وَبَيْنِكَ ۚ سَأُنَبِّئُكَ بِتَأْوِيلِ مَا لَمْ تَسْتَطِع عَّلَيْهِ **صَبْرًا**
82	وَأَمَّا الْجِدَارُ فَكَانَ لِغُلَامَيْنِ يَتِيمَيْنِ فِي الْمَدِينَةِ وَكَانَ تَحْتَهُ كَنزٌ لَّهُمَا وَكَانَ أَبُوهُمَا **صَالِحًا** فَأَرَادَ رَبُّكَ أَن يَبْلُغَا أَشُدَّهُمَا وَيَسْتَخْرِجَا كَنزَهُمَا رَحْمَةً مِّن رَّبِّكَ ۚ وَمَا فَعَلْتُهُ عَنْ أَمْرِي ۚ ذَٰلِكَ تَأْوِيلُ مَا لَمْ تَسْطِع عَّلَيْهِ **صَبْرًا**
	And as for the wall, it belonged to two orphan boys in the city, and there was beneath it a treasure for them, and their father had been righteous. So your Lord intended that they reach maturity and extract their treasure, as a mercy from your Lord. And I did it not of my own accord. That is the interpretation of that about which you could not have **patience**".
70 المعارج 5	فَاصْبِرْ صَبْرًا جَمِيلًا

	صُبُّوا	
44 الدخان 48	ثُمَّ **صُبُّوا** فَوْقَ رَأْسِهِ مِنْ عَذَابِ الْحَمِيمِ	
	Then **pour** over his head from the torment of scalding water".	
80 عبس 25	أَنَّا **صَبَبْنَا** الْمَاءَ صَبًّا	
	صَبِيًّا	
19 مريم 12	يَا يَحْيَىٰ خُذِ الْكِتَابَ بِقُوَّةٍ ۖ وَآتَيْنَاهُ الْحُكْمَ **صَبِيًّا**	
29	فَأَشَارَتْ إِلَيْهِ ۖ قَالُوا كَيْفَ نُكَلِّمُ مَن كَانَ فِي الْمَهْدِ **صَبِيًّا**	
	So she pointed to him. They said, "How can we speak to one who is in the cradle a **child**"?	
	صُحُفِ	
20 طه 133	وَقَالُوا لَوْلَا يَأْتِينَا بِآيَةٍ مِّن رَّبِّهِ ۚ أَوَلَمْ تَأْتِهِم بَيِّنَةُ مَا فِي **الصُّحُفِ** الْأُولَىٰ	
53 النجم 36	أَمْ لَمْ يُنَبَّأْ بِمَا فِي **صُحُفِ** مُوسَىٰ	
74 المدثر 52	بَلْ يُرِيدُ كُلُّ امْرِئٍ مِّنْهُمْ أَن يُؤْتَىٰ **صُحُفًا** مُّنَشَّرَةً	
80 عبس 13	فِي **صُحُفٍ** مُّكَرَّمَةٍ	
81 التكوير 10	وَإِذَا **الصُّحُفُ** نُشِرَتْ	
87 الأعلى 18	إِنَّ هَٰذَا لَفِي **الصُّحُفِ** الْأُولَىٰ	

19	صُحُفِ إِبْرَاهِيمَ وَمُوسَىٰ	
98 البينة 2	رَسُولٌ مِّنَ اللَّهِ يَتْلُو **صُحُفًا** مُّطَهَّرَةً	
	A Messenger from Allah, reciting purified **scriptures**	
	صَخْرَةٍ	
18 الكهف 63	قَالَ أَرَأَيْتَ إِذْ أَوَيْنَا إِلَى **الصَّخْرَةِ** فَإِنِّي نَسِيتُ الْحُوتَ وَمَا أَنسَانِيهُ إِلَّا الشَّيْطَانُ أَنْ أَذْكُرَهُ ۚ وَاتَّخَذَ سَبِيلَهُ فِي الْبَحْرِ عَجَبًا	
31 لقمان 16	يَا بُنَيَّ إِنَّهَا إِن تَكُ مِثْقَالَ حَبَّةٍ مِّنْ خَرْدَلٍ فَتَكُن فِي **صَخْرَةٍ** أَوْ فِي السَّمَاوَاتِ أَوْ فِي الْأَرْضِ يَأْتِ بِهَا اللَّهُ ۚ إِنَّ اللَّهَ لَطِيفٌ خَبِيرٌ	
	[And Luqman said], "O my son, indeed if wrong should be the weight of a mustard seed and should be within a **rock** or [anywhere] in the heavens or in the earth, Allah will bring it forth. Indeed, Allah is Subtle and Acquainted.	
	صَدَدتُّمْ	
16 النحل 94	وَلَا تَتَّخِذُوا أَيْمَانَكُمْ دَخَلًا بَيْنَكُمْ فَتَزِلَّ قَدَمٌ بَعْدَ ثُبُوتِهَا وَتَذُوقُوا السُّوءَ بِمَا **صَدَدتُّمْ** عَن سَبِيلِ اللَّهِ ۖ وَلَكُمْ عَذَابٌ عَظِيمٌ	
	And do not take your oaths as [means of] deceit between you, lest a foot slip after it was [once] firm, and you would taste evil [in this world] for what [people] you **diverted** from the way of Allah, and you would have [in the Hereafter] a great punishment.	
	صَدَدْنَاكُمْ	
34 سبإ 32	قَالَ الَّذِينَ اسْتَكْبَرُوا لِلَّذِينَ اسْتُضْعِفُوا أَنَحْنُ **صَدَدْنَاكُمْ** عَنِ الْهُدَىٰ بَعْدَ إِذْ جَاءَكُم ۖ بَلْ كُنتُم مُّجْرِمِينَ	
	Those who were arrogant will say to those who were oppressed, "Did we **avert you** from guidance after it had come to you? Rather, you were criminals".	
	صُدُورِكُمْ	

3 آل عمران 29	قُلْ إِن تُخْفُوا مَا فِي **صُدُورِكُمْ** أَوْ تُبْدُوهُ يَعْلَمْهُ اللَّهُ ۗ وَيَعْلَمُ مَا فِي السَّمَاوَاتِ وَمَا فِي الْأَرْضِ ۗ وَاللَّهُ عَلَىٰ كُلِّ شَيْءٍ قَدِيرٌ	
154	ثُمَّ أَنزَلَ عَلَيْكُم مِّن بَعْدِ الْغَمِّ أَمَنَةً نُّعَاسًا يَغْشَىٰ طَائِفَةً مِّنكُمْ ۖ وَطَائِفَةٌ قَدْ أَهَمَّتْهُمْ أَنفُسُهُمْ يَظُنُّونَ بِاللَّهِ غَيْرَ الْحَقِّ ظَنَّ الْجَاهِلِيَّةِ ۖ يَقُولُونَ هَل لَّنَا مِنَ الْأَمْرِ مِن شَيْءٍ ۗ قُلْ إِنَّ الْأَمْرَ كُلَّهُ لِلَّهِ ۗ يُخْفُونَ فِي أَنفُسِهِم مَّا لَا يُبْدُونَ لَكَ ۖ يَقُولُونَ لَوْ كَانَ لَنَا مِنَ الْأَمْرِ شَيْءٌ مَّا قُتِلْنَا هَاهُنَا ۗ قُل لَّوْ كُنتُمْ فِي بُيُوتِكُمْ لَبَرَزَ الَّذِينَ كُتِبَ عَلَيْهِمُ الْقَتْلُ إِلَىٰ مَضَاجِعِهِمْ ۖ وَلِيَبْتَلِيَ اللَّهُ مَا فِي **صُدُورِكُمْ** وَلِيُمَحِّصَ مَا فِي قُلُوبِكُمْ ۗ وَاللَّهُ عَلِيمٌ بِذَاتِ **الصُّدُورِ**	
	Then after distress, He sent down upon you security [in the form of] drowsiness, overcoming a faction of you, while another faction worried about themselves, thinking of Allah other than the truth - the thought of ignorance, saying, "Is there anything for us [to have done] in this matter?" Say, "Indeed, the matter belongs completely to Allah." They conceal within themselves what they will not reveal to you. They say, "If there was anything we could have done in the matter, some of us would not have been killed right here." Say, "Even if you had been inside your houses, those decreed to be killed would have come out to their death beds." [It was] so that Allah might test what is in your **breasts** and purify what is in your hearts. And Allah is Knowing of that within the **breasts**.	
17 الإسراء 51	أَوْ خَلْقًا مِّمَّا يَكْبُرُ فِي **صُدُورِكُمْ** ۚ فَسَيَقُولُونَ مَن يُعِيدُنَا ۖ قُلِ الَّذِي فَطَرَكُمْ أَوَّلَ مَرَّةٍ ۚ فَسَيُنْغِضُونَ إِلَيْكَ رُءُوسَهُمْ وَيَقُولُونَ مَتَىٰ هُوَ ۖ قُلْ عَسَىٰ أَن يَكُونَ قَرِيبًا	
40 غافر 80	وَلَكُمْ فِيهَا مَنَافِعُ وَلِتَبْلُغُوا عَلَيْهَا حَاجَةً فِي **صُدُورِكُمْ** وَعَلَيْهَا وَعَلَى الْفُلْكِ تُحْمَلُونَ	
	صَدِيدٍ	
14 ابراهيم 16	مِّن وَرَائِهِ جَهَنَّمُ وَيُسْقَىٰ مِن مَّاءٍ صَدِيدٍ	

Before him is Hell, and he will be given a drink of **purulent** water// Hell is before him, and he is made to drink a **festering** water.,

	صِدِّيقٌ/صِدِّيقِينَ/تَصْدِيقٍ/
4 النساء 69	وَمَن يُطِعِ اللَّهَ وَالرَّسُولَ فَأُولَٰئِكَ مَعَ الَّذِينَ أَنْعَمَ اللَّهُ عَلَيْهِم مِّنَ النَّبِيِّينَ وَ**الصِّدِّيقِينَ** وَالشُّهَدَاءِ وَالصَّالِحِينَ ۚ وَحَسُنَ أُولَٰئِكَ رَفِيقًا
5 المائدة 75	مَّا الْمَسِيحُ ابْنُ مَرْيَمَ إِلَّا رَسُولٌ قَدْ خَلَتْ مِن قَبْلِهِ الرُّسُلُ وَأُمُّهُ **صِدِّيقَةٌ** ۖ كَانَا يَأْكُلَانِ الطَّعَامَ ۗ انظُرْ كَيْفَ نُبَيِّنُ لَهُمُ الْآيَاتِ ثُمَّ انظُرْ أَنَّىٰ يُؤْفَكُونَ

The Messiah, son of Mary, was no other than a messenger, messengers (the like of whom) had passed away before him. And his mother was a **saintly woman**. And they both used to eat (earthly) food. See how We make the revelations clear for them, and see how they are turned away!

10 يونس 37	وَمَا كَانَ هَٰذَا الْقُرْآنُ أَن يُفْتَرَىٰ مِن دُونِ اللَّهِ وَلَٰكِن **تَصْدِيقَ** الَّذِي بَيْنَ يَدَيْهِ وَتَفْصِيلَ الْكِتَابِ لَا رَيْبَ فِيهِ مِن رَّبِّ الْعَالَمِينَ
12 يوسف 46	يُوسُفُ أَيُّهَا **الصِّدِّيقُ** أَفْتِنَا فِي سَبْعِ بَقَرَاتٍ سِمَانٍ يَأْكُلُهُنَّ سَبْعٌ عِجَافٌ وَسَبْعِ سُنبُلَاتٍ خُضْرٍ وَأُخَرَ يَابِسَاتٍ لَّعَلِّي أَرْجِعُ إِلَى النَّاسِ لَعَلَّهُمْ يَعْلَمُونَ
111	لَقَدْ كَانَ فِي قَصَصِهِمْ عِبْرَةٌ لِّأُولِي الْأَلْبَابِ ۗ مَا كَانَ حَدِيثًا يُفْتَرَىٰ وَلَٰكِن **تَصْدِيقَ** الَّذِي بَيْنَ يَدَيْهِ وَتَفْصِيلَ كُلِّ شَيْءٍ وَهُدًى وَرَحْمَةً لِّقَوْمٍ يُؤْمِنُونَ
19 مريم 41	وَاذْكُرْ فِي الْكِتَابِ إِبْرَاهِيمَ ۚ إِنَّهُ كَانَ **صِدِّيقًا** نَّبِيًّا

And mention in the Book [the story of] Abraham. Indeed, he was a man of **truth** and a prophet//

And make mention (O Muhammad) in the Scripture of Abraham. Lo! he was **a saint**, a prophet.

56	وَاذْكُرْ فِي الْكِتَابِ إِدْرِيسَ ۚ إِنَّهُ كَانَ **صِدِّيقًا** نَّبِيًّا

24 النور 61	لَّيْسَ عَلَى الْأَعْمَىٰ حَرَجٌ وَلَا عَلَى الْأَعْرَجِ حَرَجٌ وَلَا عَلَى الْمَرِيضِ حَرَجٌ وَلَا عَلَىٰ أَنفُسِكُمْ أَن تَأْكُلُوا مِن بُيُوتِكُمْ أَوْ بُيُوتِ آبَائِكُمْ أَوْ بُيُوتِ أُمَّهَاتِكُمْ أَوْ بُيُوتِ إِخْوَانِكُمْ أَوْ بُيُوتِ أَخَوَاتِكُمْ أَوْ بُيُوتِ أَعْمَامِكُمْ أَوْ بُيُوتِ عَمَّاتِكُمْ أَوْ بُيُوتِ أَخْوَالِكُمْ أَوْ بُيُوتِ خَالَاتِكُمْ أَوْ مَا مَلَكْتُم مَّفَاتِحَهُ أَوْ **صَدِيقِكُمْ** ۚ لَيْسَ عَلَيْكُمْ جُنَاحٌ أَن تَأْكُلُوا جَمِيعًا أَوْ أَشْتَاتًا ۚ فَإِذَا دَخَلْتُم بُيُوتًا فَسَلِّمُوا عَلَىٰ أَنفُسِكُمْ تَحِيَّةً مِّنْ عِندِ اللَّهِ مُبَارَكَةً طَيِّبَةً ۚ كَذَٰلِكَ يُبَيِّنُ اللَّهُ لَكُمُ الْآيَاتِ لَعَلَّكُمْ تَعْقِلُونَ
26 الشعراء 101	وَلَا صَدِيقٍ حَمِيمٍ Nor any loving friend
57 الحديد 19	وَالَّذِينَ آمَنُوا بِاللَّهِ وَرُسُلِهِ أُولَٰئِكَ هُمُ **الصِّدِّيقُونَ** ۖ وَالشُّهَدَاءُ عِندَ رَبِّهِمْ لَهُمْ أَجْرُهُمْ وَنُورُهُمْ ۖ وَالَّذِينَ كَفَرُوا وَكَذَّبُوا بِآيَاتِنَا أُولَٰئِكَ أَصْحَابُ الْجَحِيمِ
	صَرَفَ / نُصَرِّفُ
3 آل عمران 152	وَلَقَدْ **صَدَقَكُمُ** اللَّهُ وَعْدَهُ إِذْ تَحُسُّونَهُم بِإِذْنِهِ ۖ حَتَّىٰ إِذَا فَشِلْتُمْ وَتَنَازَعْتُمْ فِي الْأَمْرِ وَعَصَيْتُم مِّن بَعْدِ مَا أَرَاكُم مَّا تُحِبُّونَ ۚ مِنكُم مَّن يُرِيدُ الدُّنْيَا وَمِنكُم مَّن يُرِيدُ الْآخِرَةَ ۚ ثُمَّ **صَرَفَكُمْ** عَنْهُمْ لِيَبْتَلِيَكُمْ ۖ وَلَقَدْ عَفَا عَنكُمْ ۗ وَاللَّهُ ذُو فَضْلٍ عَلَى الْمُؤْمِنِينَ
	And Allah had certainly fulfilled His promise to you when you were killing the enemy by His permission until [the time] when you lost courage and fell to disputing about the order [given by the Prophet] and disobeyed after He had shown you that which you love. Among you are some who desire this world, and among you are some who desire the Hereafter. Then he turned **you back from them** [defeated] that He might test you. And He has already forgiven you, and Allah is the possessor of bounty for the believers.
6 الأنعام 16	مَّن **يُصْرَفْ** عَنْهُ يَوْمَئِذٍ فَقَدْ رَحِمَهُ ۚ وَذَٰلِكَ الْفَوْزُ الْمُبِينُ
46	قُلْ أَرَأَيْتُمْ إِنْ أَخَذَ اللَّهُ سَمْعَكُمْ وَأَبْصَارَكُمْ وَخَتَمَ عَلَىٰ قُلُوبِكُم مَّنْ إِلَٰهٌ غَيْرُ اللَّهِ يَأْتِيكُم بِهِ ۗ انظُرْ كَيْفَ **نُصَرِّفُ** الْآيَاتِ ثُمَّ هُمْ يَصْدِفُونَ

65	قُلْ هُوَ الْقَادِرُ عَلَىٰ أَن يَبْعَثَ عَلَيْكُمْ عَذَابًا مِّن فَوْقِكُمْ أَوْ مِن تَحْتِ أَرْجُلِكُمْ أَوْ يَلْبِسَكُمْ شِيَعًا وَيُذِيقَ بَعْضَكُم بَأْسَ بَعْضٍ ۗ انظُرْ كَيْفَ **نُصَرِّفُ** الْآيَاتِ لَعَلَّهُمْ يَفْقَهُونَ
105	وَكَذَٰلِكَ **نُصَرِّفُ** الْآيَاتِ وَلِيَقُولُوا دَرَسْتَ وَلِنُبَيِّنَهُ لِقَوْمٍ يَعْلَمُونَ
7 الأعراف 47	۞ وَإِذَا **صُرِفَتْ** أَبْصَارُهُمْ تِلْقَاءَ أَصْحَابِ النَّارِ قَالُوا رَبَّنَا لَا تَجْعَلْنَا مَعَ الْقَوْمِ الظَّالِمِينَ
58	وَالْبَلَدُ الطَّيِّبُ يَخْرُجُ نَبَاتُهُ بِإِذْنِ رَبِّهِ ۖ وَالَّذِي خَبُثَ لَا يَخْرُجُ إِلَّا نَكِدًا ۚ كَذَٰلِكَ **نُصَرِّفُ** الْآيَاتِ لِقَوْمٍ يَشْكُرُونَ
146	**سَأَصْرِفُ** عَنْ آيَاتِيَ الَّذِينَ يَتَكَبَّرُونَ فِي الْأَرْضِ بِغَيْرِ الْحَقِّ وَإِن يَرَوْا كُلَّ آيَةٍ لَّا يُؤْمِنُوا بِهَا وَإِن يَرَوْا سَبِيلَ الرُّشْدِ لَا يَتَّخِذُوهُ سَبِيلًا وَإِن يَرَوْا سَبِيلَ الْغَيِّ يَتَّخِذُوهُ سَبِيلًا ۚ ذَٰلِكَ بِأَنَّهُمْ كَذَّبُوا بِآيَاتِنَا وَكَانُوا عَنْهَا غَافِلِينَ
	I will **turn away** from My signs those who are arrogant upon the earth without right; and if they should see every sign, they will not believe in it. And if they see the way of consciousness, they will not adopt it as a way; but if they see the way of error, they will adopt it as a way. That is because they have denied Our signs and they were heedless of them.
9 التوبة 127	وَإِذَا مَا أُنزِلَتْ سُورَةٌ نَّظَرَ بَعْضُهُمْ إِلَىٰ بَعْضٍ هَلْ يَرَاكُم مِّنْ أَحَدٍ ثُمَّ **انصَرَفُوا** ۚ **صَرَفَ** اللَّهُ قُلُوبَهُم بِأَنَّهُمْ قَوْمٌ لَّا يَفْقَهُونَ
10 يونس 32	فَذَٰلِكُمُ اللَّهُ رَبُّكُمُ الْحَقُّ ۖ فَمَاذَا بَعْدَ الْحَقِّ إِلَّا الضَّلَالُ ۖ فَأَنَّىٰ **تُصْرَفُونَ**
12 يوسف 24	وَلَقَدْ هَمَّتْ بِهِ ۖ وَهَمَّ بِهَا لَوْلَا أَن رَّأَىٰ بُرْهَانَ رَبِّهِ ۚ كَذَٰلِكَ **لِنَصْرِفَ** عَنْهُ السُّوءَ وَالْفَحْشَاءَ ۚ إِنَّهُ مِنْ عِبَادِنَا الْمُخْلَصِينَ
33	قَالَ رَبِّ السِّجْنُ أَحَبُّ إِلَيَّ مِمَّا يَدْعُونَنِي إِلَيْهِ ۖ وَإِلَّا **تَصْرِفْ** عَنِّي كَيْدَهُنَّ أَصْبُ إِلَيْهِنَّ وَأَكُن مِّنَ الْجَاهِلِينَ
34	فَاسْتَجَابَ لَهُ رَبُّهُ **فَصَرَفَ** عَنْهُ كَيْدَهُنَّ ۚ إِنَّهُ هُوَ السَّمِيعُ الْعَلِيمُ

17 الإسراء 41	وَلَقَدْ **صَرَّفْنَا** فِي هَٰذَا الْقُرْآنِ لِيَذَّكَّرُوا وَمَا يَزِيدُهُمْ إِلَّا نُفُورًا	
89	وَلَقَدْ **صَرَّفْنَا** لِلنَّاسِ فِي هَٰذَا الْقُرْآنِ مِن كُلِّ مَثَلٍ فَأَبَىٰ أَكْثَرُ النَّاسِ إِلَّا كُفُورًا	
18 الكهف 53	وَرَأَى الْمُجْرِمُونَ النَّارَ فَظَنُّوا أَنَّهُم مُّوَاقِعُوهَا وَلَمْ يَجِدُوا عَنْهَا **مَصْرِفًا**	
54	وَلَقَدْ **صَرَّفْنَا** فِي هَٰذَا الْقُرْآنِ لِلنَّاسِ مِن كُلِّ مَثَلٍ ۚ وَكَانَ الْإِنسَانُ أَكْثَرَ شَيْءٍ جَدَلًا	
	And We have certainly **diversified** in this Qur'an for the people from every [kind of] example; but man has ever been, most of anything, [prone to] dispute.	
20 طه 113	وَكَذَٰلِكَ أَنزَلْنَاهُ قُرْآنًا عَرَبِيًّا **وَصَرَّفْنَا** فِيهِ مِنَ الْوَعِيدِ لَعَلَّهُمْ يَتَّقُونَ أَوْ يُحْدِثُ لَهُمْ ذِكْرًا	
24 النور 43	أَلَمْ تَرَ أَنَّ اللَّهَ يُزْجِي سَحَابًا ثُمَّ يُؤَلِّفُ بَيْنَهُ ثُمَّ يَجْعَلُهُ رُكَامًا فَتَرَى الْوَدْقَ يَخْرُجُ مِنْ خِلَالِهِ وَيُنَزِّلُ مِنَ السَّمَاءِ مِن جِبَالٍ فِيهَا مِن بَرَدٍ فَيُصِيبُ بِهِ مَن يَشَاءُ **وَيَصْرِفُهُ** عَن مَّن يَشَاءُ ۖ يَكَادُ سَنَا بَرْقِهِ يَذْهَبُ بِالْأَبْصَارِ	
25 الفرقان 19	فَقَدْ كَذَّبُوكُم بِمَا تَقُولُونَ فَمَا تَسْتَطِيعُونَ **صَرْفًا** وَلَا نَصْرًا ۚ وَمَن يَظْلِم مِّنكُمْ نُذِقْهُ عَذَابًا كَبِيرًا	
50	وَلَقَدْ **صَرَّفْنَاهُ** بَيْنَهُمْ لِيَذَّكَّرُوا فَأَبَىٰ أَكْثَرُ النَّاسِ إِلَّا كُفُورًا	
65	وَالَّذِينَ يَقُولُونَ رَبَّنَا **اصْرِفْ** عَنَّا عَذَابَ جَهَنَّمَ ۖ إِنَّ عَذَابَهَا كَانَ غَرَامًا	
39 الزمر 6	خَلَقَكُم مِّن نَّفْسٍ وَاحِدَةٍ ثُمَّ جَعَلَ مِنْهَا زَوْجَهَا وَأَنزَلَ لَكُم مِّنَ الْأَنْعَامِ ثَمَانِيَةَ أَزْوَاجٍ ۚ يَخْلُقُكُمْ فِي بُطُونِ أُمَّهَاتِكُمْ خَلْقًا مِّن بَعْدِ خَلْقٍ فِي ظُلُمَاتٍ ثَلَاثٍ ۚ ذَٰلِكُمُ اللَّهُ رَبُّكُمْ لَهُ الْمُلْكُ ۖ لَا إِلَٰهَ إِلَّا هُوَ ۖ فَأَنَّىٰ **تُصْرَفُونَ**	
40 غافر 69	أَلَمْ تَرَ إِلَى الَّذِينَ يُجَادِلُونَ فِي آيَاتِ اللَّهِ أَنَّىٰ **يُصْرَفُونَ**	

46 الأحقاف 27	وَلَقَدْ أَهْلَكْنَا مَا حَوْلَكُم مِّنَ الْقُرَىٰ وَ**صَرَّفْنَا** الْآيَاتِ لَعَلَّهُمْ يَرْجِعُونَ	
29	وَإِذْ **صَرَفْنَا** إِلَيْكَ نَفَرًا مِّنَ الْجِنِّ يَسْتَمِعُونَ الْقُرْآنَ فَلَمَّا حَضَرُوهُ قَالُوا أَنصِتُوا ۖ فَلَمَّا قُضِيَ وَلَّوْا إِلَىٰ قَوْمِهِم مُّنذِرِينَ	
	صِرَاطًا	
4 النساء 68	وَلَهَدَيْنَاهُمْ **صِرَاطًا** مُّسْتَقِيمًا	
175	فَأَمَّا الَّذِينَ آمَنُوا بِاللَّهِ وَاعْتَصَمُوا بِهِ فَسَيُدْخِلُهُمْ فِي رَحْمَةٍ مِّنْهُ وَفَضْلٍ وَيَهْدِيهِمْ إِلَيْهِ **صِرَاطًا** مُّسْتَقِيمًا	
19 مريم 43	يَا أَبَتِ إِنِّي قَدْ جَاءَنِي مِنَ الْعِلْمِ مَا لَمْ يَأْتِكَ فَاتَّبِعْنِي أَهْدِكَ **صِرَاطًا** سَوِيًّا	
48 الفتح 2	لِّيَغْفِرَ لَكَ اللَّهُ مَا تَقَدَّمَ مِن ذَنبِكَ وَمَا تَأَخَّرَ وَيُتِمَّ نِعْمَتَهُ عَلَيْكَ وَيَهْدِيَكَ **صِرَاطًا** مُّسْتَقِيمًا	
	That Allah may forgive for you what preceded of your sin and what will follow and complete His favor upon you and guide you to a straight **path**	
20	وَعَدَكُمُ اللَّهُ مَغَانِمَ كَثِيرَةً تَأْخُذُونَهَا فَعَجَّلَ لَكُمْ هَٰذِهِ وَكَفَّ أَيْدِيَ النَّاسِ عَنكُمْ وَلِتَكُونَ آيَةً لِّلْمُؤْمِنِينَ وَيَهْدِيَكُمْ **صِرَاطًا** مُّسْتَقِيمًا	
	صَرْحًا/الصَّرْحَ	
27 النمل 44	قِيلَ لَهَا ادْخُلِي **الصَّرْحَ** ۖ فَلَمَّا رَأَتْهُ حَسِبَتْهُ لُجَّةً وَكَشَفَتْ عَن سَاقَيْهَا ۚ قَالَ إِنَّهُ **صَرْحٌ** مُّمَرَّدٌ مِّن قَوَارِيرَ ۗ قَالَتْ رَبِّ إِنِّي ظَلَمْتُ نَفْسِي وَأَسْلَمْتُ مَعَ سُلَيْمَانَ لِلَّهِ رَبِّ الْعَالَمِينَ	
	She was told, "Enter the **palace**." But when she saw it, she thought it was a body of water and uncovered her shins [to wade through]. He said, "Indeed, it is a **palace** [whose floor is] made smooth with glass." She said, "My Lord, indeed I have wronged myself, and I submit with Solomon to Allah, Lord of the worlds".	

28 القصص 38	وَقَالَ فِرْعَوْنُ يَا أَيُّهَا الْمَلَأُ مَا عَلِمْتُ لَكُم مِّنْ إِلَٰهٍ غَيْرِي فَأَوْقِدْ لِي يَا هَامَانُ عَلَى الطِّينِ فَاجْعَل لِّي **صَرْحًا** لَّعَلِّي أَطَّلِعُ إِلَىٰ إِلَٰهِ مُوسَىٰ وَإِنِّي لَأَظُنُّهُ مِنَ الْكَاذِبِينَ
40 غافر 36	وَقَالَ فِرْعَوْنُ يَا هَامَانُ ابْنِ لِي **صَرْحًا** لَّعَلِّي أَبْلُغُ الْأَسْبَابَ
	صَرْصَرٍ
41 فصلت 16	فَأَرْسَلْنَا عَلَيْهِمْ رِيحًا **صَرْصَرًا** فِي أَيَّامٍ نَّحِسَاتٍ لِّنُذِيقَهُمْ عَذَابَ الْخِزْيِ فِي الْحَيَاةِ الدُّنْيَا ۖ وَلَعَذَابُ الْآخِرَةِ أَخْزَىٰ ۖ وَهُمْ لَا يُنصَرُونَ
	So We sent upon them a **screaming** wind during days of misfortune to make them taste the punishment of disgrace in the worldly life; but the punishment of the Hereafter is more disgracing, and they will not be helped.
54 القمر 19	إِنَّا أَرْسَلْنَا عَلَيْهِمْ رِيحًا **صَرْصَرًا** فِي يَوْمِ نَحْسٍ مُّسْتَمِرٍّ
69 الحاقة 6	وَأَمَّا عَادٌ فَأُهْلِكُوا بِرِيحٍ **صَرْصَرٍ** عَاتِيَةٍ
	صَرْعَىٰ
69 الحاقة 7	سَخَّرَهَا عَلَيْهِمْ سَبْعَ لَيَالٍ وَثَمَانِيَةَ أَيَّامٍ حُسُومًا فَتَرَى الْقَوْمَ فِيهَا **صَرْعَىٰ** كَأَنَّهُمْ أَعْجَازُ نَخْلٍ خَاوِيَةٍ
	Which Allah imposed upon them for seven nights and eight days in succession, so you would see the people therein **fallen** as if they were hollow trunks of palm trees.
	صَرَّفْنَا
17 الإسراء 41	وَلَقَدْ **صَرَّفْنَا** فِي هَٰذَا الْقُرْآنِ لِيَذَّكَّرُوا وَمَا يَزِيدُهُمْ إِلَّا نُفُورًا
89	وَلَقَدْ **صَرَّفْنَا** لِلنَّاسِ فِي هَٰذَا الْقُرْآنِ مِن كُلِّ مَثَلٍ فَأَبَىٰ أَكْثَرُ النَّاسِ إِلَّا كُفُورًا

18 الكهف 54	وَلَقَدْ **صَرَّفْنَا** فِي هَٰذَا الْقُرْآنِ لِلنَّاسِ مِن كُلِّ مَثَلٍ ۚ وَكَانَ الْإِنسَانُ أَكْثَرَ شَيْءٍ جَدَلًا
20 طه 113	وَكَذَٰلِكَ أَنزَلْنَاهُ قُرْآنًا عَرَبِيًّا وَ**صَرَّفْنَا** فِيهِ مِنَ الْوَعِيدِ لَعَلَّهُمْ يَتَّقُونَ أَوْ يُحْدِثُ لَهُمْ ذِكْرًا
25 الفرقان 50	وَلَقَدْ **صَرَّفْنَاهُ** بَيْنَهُمْ لِيَذَّكَّرُوا فَأَبَىٰ أَكْثَرُ النَّاسِ إِلَّا كُفُورًا
46 الأحقاف 27	وَلَقَدْ أَهْلَكْنَا مَا حَوْلَكُم مِّنَ الْقُرَىٰ وَ**صَرَّفْنَا** الْآيَاتِ لَعَلَّهُمْ يَرْجِعُونَ

صَرَفْنَا

46 الأحقاف 29	وَإِذْ **صَرَفْنَا** إِلَيْكَ نَفَرًا مِّنَ الْجِنِّ يَسْتَمِعُونَ الْقُرْآنَ فَلَمَّا حَضَرُوهُ قَالُوا أَنصِتُوا ۖ فَلَمَّا قُضِيَ وَلَّوْا إِلَىٰ قَوْمِهِم مُّنذِرِينَ

صَرِيخَ

36 يس 43	وَإِن نَّشَأْ نُغْرِقْهُمْ فَلَا **صَرِيخَ** لَهُمْ وَلَا هُمْ يُنقَذُونَ
	And if We should will, We could drown them; then no one responding to a **cry** would there be for them, nor would they be saved

صَعِقًا

7 الأعراف 143	وَلَمَّا جَاءَ مُوسَىٰ لِمِيقَاتِنَا وَكَلَّمَهُ رَبُّهُ قَالَ رَبِّ أَرِنِي أَنظُرْ إِلَيْكَ ۚ قَالَ لَن تَرَانِي وَلَٰكِنِ انظُرْ إِلَى الْجَبَلِ فَإِنِ اسْتَقَرَّ مَكَانَهُ فَسَوْفَ تَرَانِي ۚ فَلَمَّا تَجَلَّىٰ رَبُّهُ لِلْجَبَلِ جَعَلَهُ دَكًّا وَخَرَّ مُوسَىٰ **صَعِقًا** ۚ فَلَمَّا أَفَاقَ قَالَ سُبْحَانَكَ تُبْتُ إِلَيْكَ وَأَنَا أَوَّلُ الْمُؤْمِنِينَ
	And when Moses arrived at Our appointed time and his Lord spoke to him, he said, "My Lord, show me [Yourself] that I may look at You." [Allah] said, "You will not see Me, but look at the mountain; if it should remain in place, then

	you will see Me." But when his Lord appeared to the mountain, He rendered it level, and Moses fell **unconscious**. And when he awoke, he said, "Exalted are You! I have repented to You, and I am the first of the believers".	
	صَفًّا	
18 الكهف 48	وَعُرِضُوا عَلَىٰ رَبِّكَ صَفًّا لَّقَدْ جِئْتُمُونَا كَمَا خَلَقْنَاكُمْ أَوَّلَ مَرَّةٍ ۚ بَلْ زَعَمْتُمْ أَلَّن نَّجْعَلَ لَكُم مَّوْعِدًا	
	And they will be presented before your Lord in **rows**, [and He will say], "You have certainly come to Us just as We created you the first time. But you claimed that We would never make for you an appointment".	
20 طه 64	فَأَجْمِعُوا كَيْدَكُمْ ثُمَّ ائْتُوا صَفًّا ۚ وَقَدْ أَفْلَحَ الْيَوْمَ مَنِ اسْتَعْلَىٰ	
37 الصافات 1	وَالصَّافَّاتِ صَفًّا	
61 الصف 4	إِنَّ اللَّهَ يُحِبُّ الَّذِينَ يُقَاتِلُونَ فِي سَبِيلِهِ صَفًّا كَأَنَّهُم بُنْيَانٌ مَّرْصُوصٌ	
78 النبإ 38	يَوْمَ يَقُومُ الرُّوحُ وَالْمَلَائِكَةُ صَفًّا ۖ لَّا يَتَكَلَّمُونَ إِلَّا مَنْ أَذِنَ لَهُ الرَّحْمَٰنُ وَقَالَ صَوَابًا	
89 الفجر 22	وَجَاءَ رَبُّكَ وَالْمَلَكُ صَفًّا صَفًّا	
	صَفْحًا	
43 الزخرف 5	أَفَنَضْرِبُ عَنكُمُ الذِّكْرَ صَفْحًا أَن كُنتُمْ قَوْمًا مُّسْرِفِينَ	
	Then should We turn the message **away**, disregarding you, because you are a transgressing people// Shall We utterly **ignore you** because ye are a wanton folk??	

صُفْرٌ

2 البقرة 69	قَالُوا ادْعُ لَنَا رَبَّكَ يُبَيِّن لَّنَا مَا لَوْنُهَا ۚ قَالَ إِنَّهُ يَقُولُ إِنَّهَا بَقَرَةٌ **صَفْرَاءُ** فَاقِعٌ لَّوْنُهَا تَسُرُّ النَّاظِرِينَ
	They said: Pray for us unto thy Lord that He make clear to us of what colour she is. (Moses) answered: Lo! He saith: Verily she is a **yellow** cow. Bright is her colour, gladdening beholders.
30 الروم 51	وَلَئِنْ أَرْسَلْنَا رِيحًا فَرَأَوْهُ **مُصْفَرًّا** لَّظَلُّوا مِن بَعْدِهِ يَكْفُرُونَ
39 الزمر 21	أَلَمْ تَرَ أَنَّ اللَّهَ أَنزَلَ مِنَ السَّمَاءِ مَاءً فَسَلَكَهُ يَنَابِيعَ فِي الْأَرْضِ ثُمَّ يُخْرِجُ بِهِ زَرْعًا مُّخْتَلِفًا أَلْوَانُهُ ثُمَّ يَهِيجُ فَتَرَاهُ **مُصْفَرًّا** ثُمَّ يَجْعَلُهُ حُطَامًا ۚ إِنَّ فِي ذَٰلِكَ لَذِكْرَىٰ لِأُولِي الْأَلْبَابِ
57 الحديد 20	اعْلَمُوا أَنَّمَا الْحَيَاةُ الدُّنْيَا لَعِبٌ وَلَهْوٌ وَزِينَةٌ وَتَفَاخُرٌ بَيْنَكُمْ وَتَكَاثُرٌ فِي الْأَمْوَالِ وَالْأَوْلَادِ ۖ كَمَثَلِ غَيْثٍ أَعْجَبَ الْكُفَّارَ نَبَاتُهُ ثُمَّ يَهِيجُ فَتَرَاهُ **مُصْفَرًّا** ثُمَّ يَكُونُ حُطَامًا ۖ وَفِي الْآخِرَةِ عَذَابٌ شَدِيدٌ وَمَغْفِرَةٌ مِّنَ اللَّهِ وَرِضْوَانٌ ۚ وَمَا الْحَيَاةُ الدُّنْيَا إِلَّا مَتَاعُ الْغُرُورِ
77 المرسلات 33	كَأَنَّهُ جِمَالَتٌ **صُفْرٌ** (Or) as it might be camels of bright **yellow** hue.

صَفْصَفًا

20 طه 106	فَيَذَرُهَا قَاعًا **صَفْصَفًا** And leave it as an **empty** plain And He will leave the earth a **level plain**;

صَفْوَانٍ

2 البقرة 264	يَا أَيُّهَا الَّذِينَ آمَنُوا لَا تُبْطِلُوا صَدَقَاتِكُم بِالْمَنِّ وَالْأَذَىٰ كَالَّذِي يُنفِقُ مَالَهُ رِئَاءَ النَّاسِ وَلَا يُؤْمِنُ بِاللَّهِ وَالْيَوْمِ الْآخِرِ ۖ فَمَثَلُهُ كَمَثَلِ **صَفْوَانٍ** عَلَيْهِ تُرَابٌ فَأَصَابَهُ وَابِلٌ فَتَرَكَهُ صَلْدًا ۖ لَّا يَقْدِرُونَ عَلَىٰ شَيْءٍ مِّمَّا كَسَبُوا ۗ وَاللَّهُ لَا يَهْدِي الْقَوْمَ الْكَافِرِينَ

	O you who have believed, do not invalidate your charities with reminders or injury as does one who spends his wealth [only] to be seen by the people and does not believe in Allah and the Last Day. His example is like that of a [large] **smooth stone** upon which is dust and is hit by a downpour that leaves it bare. They are unable [to keep] anything of what they have earned. And Allah does not guide the disbelieving people.
	صَلَبُوهُ
4 النساء 157	وَقَوْلِهِمْ إِنَّا قَتَلْنَا الْمَسِيحَ عِيسَى ابْنَ مَرْيَمَ رَسُولَ اللَّهِ وَمَا قَتَلُوهُ وَمَا **صَلَبُوهُ** وَلَٰكِن شُبِّهَ لَهُمْ ۚ وَإِنَّ الَّذِينَ اخْتَلَفُوا فِيهِ لَفِي شَكٍّ مِّنْهُ ۚ مَا لَهُم بِهِ مِنْ عِلْمٍ إِلَّا اتِّبَاعَ الظَّنِّ ۚ وَمَا قَتَلُوهُ يَقِينًا
	صَلْدًا
2 البقرة 264	يَا أَيُّهَا الَّذِينَ آمَنُوا لَا تُبْطِلُوا صَدَقَاتِكُم بِالْمَنِّ وَالْأَذَىٰ كَالَّذِي يُنفِقُ مَالَهُ رِئَاءَ النَّاسِ وَلَا يُؤْمِنُ بِاللَّهِ وَالْيَوْمِ الْآخِرِ ۖ فَمَثَلُهُ كَمَثَلِ صَفْوَانٍ عَلَيْهِ تُرَابٌ فَأَصَابَهُ وَابِلٌ فَتَرَكَهُ **صَلْدًا** ۖ لَّا يَقْدِرُونَ عَلَىٰ شَيْءٍ مِّمَّا كَسَبُوا ۗ وَاللَّهُ لَا يَهْدِي الْقَوْمَ الْكَافِرِينَ
	صَلْصَالٍ
15 الحجر 26	وَلَقَدْ خَلَقْنَا الْإِنسَانَ مِن **صَلْصَالٍ** مِّنْ حَمَإٍ مَّسْنُونٍ
28	وَإِذْ قَالَ رَبُّكَ لِلْمَلَائِكَةِ إِنِّي خَالِقٌ بَشَرًا مِّن **صَلْصَالٍ** مِّنْ حَمَإٍ مَّسْنُونٍ
33	قَالَ لَمْ أَكُن لِّأَسْجُدَ لِبَشَرٍ خَلَقْتَهُ مِن **صَلْصَالٍ** مِّنْ حَمَإٍ مَّسْنُونٍ
55 الرحمن 14	خَلَقَ الْإِنسَانَ مِن **صَلْصَالٍ** كَالْفَخَّارِ
	صَلَّىٰ

2 البقرة 125	وَإِذْ جَعَلْنَا الْبَيْتَ مَثَابَةً لِّلنَّاسِ وَأَمْنًا وَاتَّخِذُوا مِن مَّقَامِ إِبْرَاهِيمَ **مُصَلًّى** ۖ وَعَهِدْنَا إِلَىٰ إِبْرَاهِيمَ وَإِسْمَاعِيلَ أَن طَهِّرَا بَيْتِيَ لِلطَّائِفِينَ وَالْعَاكِفِينَ وَالرُّكَّعِ السُّجُودِ
75 القيامة 31	فَلَا صَدَّقَ وَلَا **صَلَّىٰ**
87 الأعلى 15	وَذَكَرَ اسْمَ رَبِّهِ **فَصَلَّىٰ**
96 العلق 10	عَبْدًا إِذَا **صَلَّىٰ**
	صُمٌّ
2 البقرة 18	**صُمٌّ** بُكْمٌ عُمْيٌ فَهُمْ لَا يَرْجِعُونَ
171	وَمَثَلُ الَّذِينَ كَفَرُوا كَمَثَلِ الَّذِي يَنْعِقُ بِمَا لَا يَسْمَعُ إِلَّا دُعَاءً وَنِدَاءً ۚ **صُمٌّ** بُكْمٌ عُمْيٌ فَهُمْ لَا يَعْقِلُونَ
5 المائدة 71	وَحَسِبُوا أَلَّا تَكُونَ فِتْنَةٌ فَعَمُوا **وَصَمُّوا** ثُمَّ تَابَ اللَّهُ عَلَيْهِمْ ثُمَّ عَمُوا **وَصَمُّوا** كَثِيرٌ مِّنْهُمْ ۚ وَاللَّهُ بَصِيرٌ بِمَا يَعْمَلُونَ
6 الأنعام 39	وَالَّذِينَ كَذَّبُوا بِآيَاتِنَا **صُمٌّ** وَبُكْمٌ فِي الظُّلُمَاتِ ۗ مَن يَشَإِ اللَّهُ يُضْلِلْهُ وَمَن يَشَأْ يَجْعَلْهُ عَلَىٰ صِرَاطٍ مُّسْتَقِيمٍ
8 الأنفال 22	۞ إِنَّ شَرَّ الدَّوَابِّ عِندَ اللَّهِ **الصُّمُّ** الْبُكْمُ الَّذِينَ لَا يَعْقِلُونَ
10 يونس 42	وَمِنْهُم مَّن يَسْتَمِعُونَ إِلَيْكَ ۚ أَفَأَنتَ تُسْمِعُ **الصُّمَّ** وَلَوْ كَانُوا لَا يَعْقِلُونَ
11 هود 24	۞ مَثَلُ الْفَرِيقَيْنِ كَالْأَعْمَىٰ **وَالْأَصَمِّ** وَالْبَصِيرِ وَالسَّمِيعِ ۚ هَلْ يَسْتَوِيَانِ مَثَلًا ۚ أَفَلَا تَذَكَّرُونَ

17 الإسراء 97	وَمَن يَهْدِ اللَّهُ فَهُوَ الْمُهْتَدِ ۖ وَمَن يُضْلِلْ فَلَن تَجِدَ لَهُمْ أَوْلِيَاءَ مِن دُونِهِ ۖ وَنَحْشُرُهُمْ يَوْمَ الْقِيَامَةِ عَلَىٰ وُجُوهِهِمْ عُمْيًا وَبُكْمًا **وَصُمًّا** ۖ مَّأْوَاهُمْ جَهَنَّمُ ۖ كُلَّمَا خَبَتْ زِدْنَاهُمْ سَعِيرًا
21 الأنبياء 45	قُلْ إِنَّمَا أُنذِرُكُم بِالْوَحْيِ ۚ وَلَا يَسْمَعُ **الصُّمُّ** الدُّعَاءَ إِذَا مَا يُنذَرُونَ
25 الفرقان 73	وَالَّذِينَ إِذَا ذُكِّرُوا بِآيَاتِ رَبِّهِمْ لَمْ يَخِرُّوا عَلَيْهَا **صُمًّا** وَعُمْيَانًا
27 النمل 80	إِنَّكَ لَا تُسْمِعُ الْمَوْتَىٰ وَلَا تُسْمِعُ **الصُّمَّ** الدُّعَاءَ إِذَا وَلَّوْا مُدْبِرِينَ
30 الروم 52	فَإِنَّكَ لَا تُسْمِعُ الْمَوْتَىٰ وَلَا تُسْمِعُ **الصُّمَّ** الدُّعَاءَ إِذَا وَلَّوْا مُدْبِرِينَ
43 الزخرف 40	أَفَأَنتَ تُسْمِعُ **الصُّمَّ** أَوْ تَهْدِي الْعُمْيَ وَمَن كَانَ فِي ضَلَالٍ مُّبِينٍ
47 محمد 23	أُولَٰئِكَ الَّذِينَ لَعَنَهُمُ اللَّهُ **فَأَصَمَّهُمْ** وَأَعْمَىٰ أَبْصَارَهُمْ
	الصمد
2 الإخلاص 112	اللَّهُ **الصَّمَدُ**
	صنع
5 المائدة 14	وَمِنَ الَّذِينَ قَالُوا إِنَّا نَصَارَىٰ أَخَذْنَا مِيثَاقَهُمْ فَنَسُوا حَظًّا مِّمَّا ذُكِّرُوا بِهِ فَأَغْرَيْنَا بَيْنَهُمُ الْعَدَاوَةَ وَالْبَغْضَاءَ إِلَىٰ يَوْمِ الْقِيَامَةِ ۚ وَسَوْفَ يُنَبِّئُهُمُ اللَّهُ بِمَا كَانُوا **يَصْنَعُونَ**
63	لَوْلَا يَنْهَاهُمُ الرَّبَّانِيُّونَ وَالْأَحْبَارُ عَن قَوْلِهِمُ الْإِثْمَ وَأَكْلِهِمُ السُّحْتَ ۚ لَبِئْسَ مَا كَانُوا **يَصْنَعُونَ**

7 الأعراف 137	وَأَوْرَثْنَا الْقَوْمَ الَّذِينَ كَانُوا يُسْتَضْعَفُونَ مَشَارِقَ الْأَرْضِ وَمَغَارِبَهَا الَّتِي بَارَكْنَا فِيهَا ۖ وَتَمَّتْ كَلِمَتُ رَبِّكَ الْحُسْنَىٰ عَلَىٰ بَنِي إِسْرَائِيلَ بِمَا صَبَرُوا ۖ وَدَمَّرْنَا مَا كَانَ **يَصْنَعُ** فِرْعَوْنُ وَقَوْمُهُ وَمَا كَانُوا يَعْرِشُونَ	
11 هود 16	أُولَٰئِكَ الَّذِينَ لَيْسَ لَهُمْ فِي الْآخِرَةِ إِلَّا النَّارُ ۖ وَحَبِطَ مَا **صَنَعُوا** فِيهَا وَبَاطِلٌ مَّا كَانُوا يَعْمَلُونَ	
	Those are the ones for whom there is not in the Hereafter but the Fire. And lost **is what they did** therein, and worthless is what they used to do.	
37	**وَاصْنَعِ** الْفُلْكَ بِأَعْيُنِنَا وَوَحْيِنَا وَلَا تُخَاطِبْنِي فِي الَّذِينَ ظَلَمُوا ۚ إِنَّهُم مُّغْرَقُونَ	
38	**وَيَصْنَعُ** الْفُلْكَ وَكُلَّمَا مَرَّ عَلَيْهِ مَلَأٌ مِّن قَوْمِهِ سَخِرُوا مِنْهُ ۚ قَالَ إِن تَسْخَرُوا مِنَّا فَإِنَّا نَسْخَرُ مِنكُمْ كَمَا تَسْخَرُونَ	
13 الرعد 31	وَلَوْ أَنَّ قُرْآنًا سُيِّرَتْ بِهِ الْجِبَالُ أَوْ قُطِّعَتْ بِهِ الْأَرْضُ أَوْ كُلِّمَ بِهِ الْمَوْتَىٰ ۗ بَل لِّلَّهِ الْأَمْرُ جَمِيعًا ۗ أَفَلَمْ يَيْأَسِ الَّذِينَ آمَنُوا أَن لَّوْ يَشَاءُ اللَّهُ لَهَدَى النَّاسَ جَمِيعًا ۗ وَلَا يَزَالُ الَّذِينَ كَفَرُوا تُصِيبُهُم بِمَا **صَنَعُوا** قَارِعَةٌ أَوْ تَحُلُّ قَرِيبًا مِّن دَارِهِمْ حَتَّىٰ يَأْتِيَ وَعْدُ اللَّهِ ۚ إِنَّ اللَّهَ لَا يُخْلِفُ الْمِيعَادَ	
16 النحل 112	وَضَرَبَ اللَّهُ مَثَلًا قَرْيَةً كَانَتْ آمِنَةً مُّطْمَئِنَّةً يَأْتِيهَا رِزْقُهَا رَغَدًا مِّن كُلِّ مَكَانٍ فَكَفَرَتْ بِأَنْعُمِ اللَّهِ فَأَذَاقَهَا اللَّهُ لِبَاسَ الْجُوعِ وَالْخَوْفِ بِمَا كَانُوا **يَصْنَعُونَ**	
18 الكهف 104	الَّذِينَ ضَلَّ سَعْيُهُمْ فِي الْحَيَاةِ الدُّنْيَا وَهُمْ يَحْسَبُونَ أَنَّهُمْ يُحْسِنُونَ **صُنْعًا**	
20 طه 39	أَنِ اقْذِفِيهِ فِي التَّابُوتِ فَاقْذِفِيهِ فِي الْيَمِّ فَلْيُلْقِهِ الْيَمُّ بِالسَّاحِلِ يَأْخُذْهُ عَدُوٌّ لِّي وَعَدُوٌّ لَّهُ ۚ وَأَلْقَيْتُ عَلَيْكَ مَحَبَّةً مِّنِّي **وَلِتُصْنَعَ** عَلَىٰ عَيْنِي	
69	وَأَلْقِ مَا فِي يَمِينِكَ تَلْقَفْ مَا **صَنَعُوا** ۖ إِنَّمَا **صَنَعُوا** كَيْدُ سَاحِرٍ ۖ وَلَا يُفْلِحُ السَّاحِرُ حَيْثُ أَتَىٰ	
21 الأنبياء 80	وَعَلَّمْنَاهُ **صَنْعَةَ** لَبُوسٍ لَّكُمْ لِتُحْصِنَكُم مِّن بَأْسِكُمْ ۖ فَهَلْ أَنتُمْ شَاكِرُونَ	

23 المؤمنون 27	فَأَوْحَيْنَا إِلَيْهِ أَنِ **اصْنَعِ** الْفُلْكَ بِأَعْيُنِنَا وَوَحْيِنَا فَإِذَا جَاءَ أَمْرُنَا وَفَارَ التَّنُّورُ ۙ فَاسْلُكْ فِيهَا مِن كُلٍّ زَوْجَيْنِ اثْنَيْنِ وَأَهْلَكَ إِلَّا مَن سَبَقَ عَلَيْهِ الْقَوْلُ مِنْهُمْ ۖ وَلَا تُخَاطِبْنِي فِي الَّذِينَ ظَلَمُوا ۖ إِنَّهُم مُّغْرَقُونَ	
24 النور 30	قُل لِّلْمُؤْمِنِينَ يَغُضُّوا مِنْ أَبْصَارِهِمْ وَيَحْفَظُوا فُرُوجَهُمْ ۚ ذَٰلِكَ أَزْكَىٰ لَهُمْ ۗ إِنَّ اللَّهَ خَبِيرٌ بِمَا **يَصْنَعُونَ**	
27 النمل 88	وَتَرَى الْجِبَالَ تَحْسَبُهَا جَامِدَةً وَهِيَ تَمُرُّ مَرَّ السَّحَابِ ۚ **صُنْعَ** اللَّهِ الَّذِي أَتْقَنَ كُلَّ شَيْءٍ ۚ إِنَّهُ خَبِيرٌ بِمَا تَفْعَلُونَ	
	And you see the mountains, thinking them rigid, while they will pass as the passing of clouds. [It is] the **work of** Allah, who perfected all things. Indeed, He is Acquainted with that which you do.	
29 العنكبوت 45	اتْلُ مَا أُوحِيَ إِلَيْكَ مِنَ الْكِتَابِ وَأَقِمِ الصَّلَاةَ ۖ إِنَّ الصَّلَاةَ تَنْهَىٰ عَنِ الْفَحْشَاءِ وَالْمُنكَرِ ۗ وَلَذِكْرُ اللَّهِ أَكْبَرُ ۗ وَاللَّهُ يَعْلَمُ مَا **تَصْنَعُونَ**	
35 فاطر 8	أَفَمَن زُيِّنَ لَهُ سُوءُ عَمَلِهِ فَرَآهُ حَسَنًا ۖ فَإِنَّ اللَّهَ يُضِلُّ مَن يَشَاءُ وَيَهْدِي مَن يَشَاءُ ۖ فَلَا تَذْهَبْ نَفْسُكَ عَلَيْهِمْ حَسَرَاتٍ ۚ إِنَّ اللَّهَ عَلِيمٌ بِمَا **يَصْنَعُونَ**	
	صِنْوَانٌ	
13 الرعد 4	وَفِي الْأَرْضِ قِطَعٌ مُّتَجَاوِرَاتٌ وَجَنَّاتٌ مِّنْ أَعْنَابٍ وَزَرْعٌ وَنَخِيلٌ **صِنْوَانٌ** وَغَيْرُ **صِنْوَانٍ** يُسْقَىٰ بِمَاءٍ وَاحِدٍ وَنُفَضِّلُ بَعْضَهَا عَلَىٰ بَعْضٍ فِي الْأُكُلِ ۚ إِنَّ فِي ذَٰلِكَ لَآيَاتٍ لِّقَوْمٍ يَعْقِلُونَ	
	And within the land are neighboring plots and gardens of grapevines and crops and palm trees, [growing] several from **a root or otherwise**, watered with one water; but We make some of them exceed others in [quality of] fruit. Indeed in that are signs for a people who reason.	

	صَوَابًا
78 النبإ 38	يَوْمَ يَقُومُ الرُّوحُ وَالْمَلَائِكَةُ **صَفًّا** ۖ لَّا يَتَكَلَّمُونَ إِلَّا مَنْ أَذِنَ لَهُ الرَّحْمَٰنُ وَقَالَ **صَوَابًا**
	The Day that the Spirit and the angels will stand in **rows**, they will not speak except for one whom the Most Merciful permits, and he will say what **is correct**.
	صُوَاعَ
12 يوسف 72	قَالُوا نَفْقِدُ **صُوَاعَ** الْمَلِكِ وَلِمَن جَاءَ بِهِ حِمْلُ بَعِيرٍ وَأَنَا بِهِ زَعِيمٌ
	They said, "We are missing the **measure** of the king. And for he who produces it is [the reward of] a camel's load, and I am responsible for it".
	صَّوَاعِقِ
2 البقرة 19	أَوْ كَصَيِّبٍ مِّنَ السَّمَاءِ فِيهِ ظُلُمَاتٌ وَرَعْدٌ وَبَرْقٌ يَجْعَلُونَ أَصَابِعَهُمْ فِي آذَانِهِم مِّنَ **الصَّوَاعِقِ** حَذَرَ الْمَوْتِ ۚ وَاللَّهُ مُحِيطٌ بِالْكَافِرِينَ
13 الرعد 13	وَيُسَبِّحُ الرَّعْدُ بِحَمْدِهِ وَالْمَلَائِكَةُ مِنْ خِيفَتِهِ وَيُرْسِلُ **الصَّوَاعِقَ** فَيُصِيبُ بِهَا مَن يَشَاءُ وَهُمْ يُجَادِلُونَ فِي اللَّهِ وَهُوَ شَدِيدُ الْمِحَالِ
	صَوَافَّ
22 الحج 36	وَالْبُدْنَ جَعَلْنَاهَا لَكُم مِّن شَعَائِرِ اللَّهِ لَكُمْ فِيهَا خَيْرٌ ۖ فَاذْكُرُوا اسْمَ اللَّهِ عَلَيْهَا **صَوَافَّ** ۖ فَإِذَا وَجَبَتْ جُنُوبُهَا فَكُلُوا مِنْهَا وَأَطْعِمُوا الْقَانِعَ وَالْمُعْتَرَّ ۚ كَذَٰلِكَ سَخَّرْنَاهَا لَكُمْ لَعَلَّكُمْ تَشْكُرُونَ
	صَوَامِعُ
22 الحج 40	الَّذِينَ أُخْرِجُوا مِن دِيَارِهِم بِغَيْرِ حَقٍّ إِلَّا أَن يَقُولُوا رَبُّنَا اللَّهُ ۗ وَلَوْلَا دَفْعُ اللَّهِ النَّاسَ بَعْضَهُم بِبَعْضٍ لَّهُدِّمَتْ **صَوَامِعُ** وَبِيَعٌ وَصَلَوَاتٌ وَمَسَاجِدُ يُذْكَرُ فِيهَا اسْمُ اللَّهِ كَثِيرًا ۗ وَلَيَنصُرَنَّ اللَّهُ مَن يَنصُرُهُ ۗ إِنَّ اللَّهَ لَقَوِيٌّ عَزِيزٌ

	صَيْحَةً
11 هود 67	وَأَخَذَ الَّذِينَ ظَلَمُوا **الصَّيْحَةُ** فَأَصْبَحُوا فِي دِيَارِهِمْ جَاثِمِينَ
94	وَلَمَّا جَاءَ أَمْرُنَا نَجَّيْنَا شُعَيْبًا وَالَّذِينَ آمَنُوا مَعَهُ بِرَحْمَةٍ مِّنَّا وَأَخَذَتِ الَّذِينَ ظَلَمُوا **الصَّيْحَةُ** فَأَصْبَحُوا فِي دِيَارِهِمْ جَاثِمِينَ
15 الحجر 73	فَأَخَذَتْهُمُ **الصَّيْحَةُ** مُشْرِقِينَ
83	فَأَخَذَتْهُمُ **الصَّيْحَةُ** مُصْبِحِينَ
23 المؤمنون 41	فَأَخَذَتْهُمُ **الصَّيْحَةُ** بِالْحَقِّ فَجَعَلْنَاهُمْ غُثَاءً ۚ فَبُعْدًا لِّلْقَوْمِ الظَّالِمِينَ
29 العنكبوت 40	فَكُلًّا أَخَذْنَا بِذَنبِهِ ۖ فَمِنْهُم مَّنْ أَرْسَلْنَا عَلَيْهِ حَاصِبًا وَمِنْهُم مَّنْ أَخَذَتْهُ **الصَّيْحَةُ** وَمِنْهُم مَّنْ خَسَفْنَا بِهِ الْأَرْضَ وَمِنْهُم مَّنْ أَغْرَقْنَا ۚ وَمَا كَانَ اللَّهُ لِيَظْلِمَهُمْ وَلَٰكِن كَانُوا أَنفُسَهُمْ يَظْلِمُونَ
36 يس 29	إِن كَانَتْ إِلَّا **صَيْحَةً** وَاحِدَةً فَإِذَا هُمْ خَامِدُونَ
49	مَا يَنظُرُونَ إِلَّا **صَيْحَةً** وَاحِدَةً تَأْخُذُهُمْ وَهُمْ يَخِصِّمُونَ
53	إِن كَانَتْ إِلَّا **صَيْحَةً** وَاحِدَةً فَإِذَا هُمْ جَمِيعٌ لَّدَيْنَا مُحْضَرُونَ
38 ص 15	وَمَا يَنظُرُ هَٰؤُلَاءِ إِلَّا **صَيْحَةً** وَاحِدَةً مَّا لَهَا مِن فَوَاقٍ
50 ق 42	يَوْمَ يَسْمَعُونَ **الصَّيْحَةَ** بِالْحَقِّ ۚ ذَٰلِكَ يَوْمُ الْخُرُوجِ
54 القمر 31	إِنَّا أَرْسَلْنَا عَلَيْهِمْ **صَيْحَةً** وَاحِدَةً فَكَانُوا كَهَشِيمِ الْمُحْتَظِرِ
63 المنافقون 4	۞ وَإِذَا رَأَيْتَهُمْ تُعْجِبُكَ أَجْسَامُهُمْ ۖ وَإِن يَقُولُوا تَسْمَعْ لِقَوْلِهِمْ ۖ كَأَنَّهُمْ خُشُبٌ مُّسَنَّدَةٌ ۖ يَحْسَبُونَ كُلَّ **صَيْحَةٍ** عَلَيْهِمْ ۚ هُمُ الْعَدُوُّ فَاحْذَرْهُمْ ۚ قَاتَلَهُمُ اللَّهُ ۖ أَنَّىٰ يُؤْفَكُونَ

VOCABULARY INDEX OF FIRST 07 ARABIC LETTERS

	خ	ح	ج	ث	ت	ب	أ
1	خاب	حَاضِراً	جَاءَ	الثابِّتِ	تَأتِيّكُم ْ	بَابٌ	آبَاءِ
2	الْخَاسِرُونَ	حَاضِرَةً	جَاءَتْكُم ْ	ثابَتٌ	تَأتِيّنا	باتِّخَاذِكُم ُ	أبَانا
3	خَاسِرِينَ	حَاضِرَةَ	جَاءَتْهَا	الثاقِّبُ	تَأكُلُ	بإِذْنِ	آبَاؤُكُم ْ
4	الْخَاسِرِينَ	حَاضِرِي	جَاءَتْهُم ُ	ثاقِبٌ	تَأكُلُوا	بأَرْجُلِهِنَّ	آبَاؤُنا
5	خَاشِعًا	حُبَّ	جَاءَكُم	ثالِثِ	تَألَمُونَ	بَارِكْنا	آبَائِهِنَّ
6	خَاشِعَةً	حُبٌّ	جَاءَكُم ُ	ثالِثُ	تَأوِيلِ	بَازِغَةً	ابْتِغَاءَ
7	خَاشِعُونَ	حَبًّا	جَاءُوهَا	الثالِّثةَ	تَأوِيلهُ	البَأْسِ	أبَدًا
8	خَاشِعِينَ	حُبًّا	جَابُوا	ثانِيَ	تَأوِيلِهِ	البَأْسَاءِ	الْأَبْرَارِ
9	الْخَاشِعِينَ	حِبَالَهُم ْ	جَاثِمِينَ	ثاوِيًا	تَبْتَغُوا	بَاشِرُوهُنَّ	إبْرَاهِيمَ
10	خَاضُوا	حِبَالُهُم ْ	جَاثِيَة	ثبَّتْنَاكَ	تتَنَاجَوْا	بأَعْيُنِنا	أبْصَارُ
11	خَافِضَةٌ	حَبَّبَ	جَادَلتُم ْ	ثجَّاجًا	تِجَارَةً	بالبَيّنَاتِ	الْأَبْصَارَ
12	خَافِيَةٌ	حَبَّةٍ	جَادَلتَنَا	ثقِفتُمُوهُم ْ	تَجِدُوا	بالْحَسَنَاتِ	الْأَبْصَارُ
13	خَالِدِينَ	حَبطَ	جَادَلوكَ	ثقُلَتْ	تَجْرِي	بالْحَقّ	الْأَبْصَارِ
14	الخالق	حَبطَتْ	جَارٌ	ثقِيلًا	تَحْتَهُ	بالَّذِي	أبْصَارُكُم ْ
15	الْخَالِقُونَ	حَبْلٌ	جَارِيَة	ثلَاثِ	تَحْتِهَا	بالعِبَادِ	أبْصَارَنا
16	الْخَالِقِينَ	حَبْلِ	الْجَارِيَةِ	ثلَاثَ	تَحْذرُونَ	بالعَشِيّ	أبْصَارُهَا
17	خَامِدُونَ	حُبّهِ	جَازٍ	ثلَاثُ	تَحْزَنْ	باللَّهِ	أبْصَارُهُم ْ
18	خَامِدِينَ	حَتْماً	جَاعِلٌ	ثلَاثِ	تَحْزَنُوا	بأَنَّ	أبْصَارُهُم ْ
19	خَانُوا	حَتَّىٰ	جَاعِلِ	الثلَاّثةَ	تُحْشَرُونَ	بأَنَّهُم ْ	أبْصَارِهِم ْ
20	خَاوِيَة	حَثِيثا	جَاعِلُكَ	ثلَاثةَ	تُحْصُوهُ	بآيَاتِ	أبْصَارِهِنَّ
21	خَاوِيَة	حَجَّ	جَانِبِ	ثلَاثةَ	تَحِلُّ	البَائِسَ	أبْكَمُ
22	خَاوِيَةٍ	حِجٌّ	جَاهَدَ	ثلَاثةِ	تُحِلُّوا	ببَالِغِهِ	ابْلَعِي
23	خَائِبِينَ	حِجَابٌ	جَاهِدِ	ثلَاثةَ	تَحْمِلْ	ببَغْيِهِم ْ	أبْنَاءِ
24	الْخَائِضِينَ	حِجَابٍ	جَاهَدَاكَ	ثلَاثةَ	تَخَافُوا	بحَبْلٍ	أبْنَائِهِنَّ
25	خَائِنةِ	حِجَابًا	جَاهَدُوا	ثلَاثةِ	تَخَافُونَ	البَحْرِ	أبُوهُما
26	خَائِنةَ	حِجَارَةً	الْجَاهِلِينَ	ثلَاثونَ	تَخَفْ	بحَفِيظٍ	أبَوَيْكَ
27	الْخَائِنِينَ	حُجَّة	جَاوَزَا	ثلَاثِينَ	تَدْخُلُوا	بدَيْنٍ	أتَّخَذنَاهُم ْ
28	خَبَالًا	حُجَّة	جَاوَزَهُ	الثلُثُ	تَدْعُ	بذنُوبِ	اتَّخَذوا
29	خُبْزًا	حُجَّتُنَا	جَائِرٌ	الثلُثَانِ	تَدْعُونَ	برِجْلِكَ	أتْرَابٌ
30	خَبيثةٍ	حُجَّتَهُم ْ	جَبَّارٍ	ثمَانِيَ	تَدْعُونهُ	برَسُولٍ	أتْرَابًا
31	خَبِيرٌ	حُجَّتُهُم ْ	الْجَبَّارُ	الثمَرَاتِ	تَدْعُوهُم ْ	برَسُولِهِم ْ	أتْقَاكُم ْ

32	الْخَبِيرُ	حِجَجٍ	جِبَالٍ	الثَّوَابُ	تُرَابٌ	بُرْهَانَانِ	اتَّقُوا
33	خِتَامُهُ	حِجْرٌ	جِبَالُ	الثَّوَابِ	تَرَاضٍ	بَرِيءٌ	أَتَمَّهَا
34	خَتَمَ	حِجْرٍ	الْجِبَالَ		تَرْجِعُوهُنَّ	بِسَخَطٍ	آتِيَةٌ
35	خُذْهَا	حِجْرًا	الْجِبَالُ		تُرْحَمُونَ	بِسَلَامٍ	آتَيْتُمُوهُنَّ
36	خَرَجُوا	حُجُورِكُم	الْجِبَالِ		تُرْزَقَانِهِ	بِسُوءٍ	أَتَيْنَ
37	خَرْدَلٍ	حِدَادٍ	جِبَاهُهُمْ		تَرْقَىٰ	بُشْرًا	آتَيْنَا
38	خَرُّوا	حَدَائِقَ	جَبَلٍ		تَرَكْتُ	بِشِقِّ	آتَيْنَاهُ
39	خَزَنَتُهَا	حَدَبٍ	الْجَبَلَ		تُرِيدُ	بِشَيْءٍ	أَثْقَالَهَا
40	خِزْيٌ	حُدُودَ	الْجَبَلِ		تَزَالُ	بَصِيرٌ	إِثْمٌ
41	خَسَارًا	حُدُودُ	جِبِلًّا		تَزِرُ	بِعَبْدِهِ	الْإِثْمِ
42	خَسِرُوا	حُدُودَهُ	جِثِيًّا		تَسْتَرْضِعُوا	بَعْدَ	أَثِيمٍ
43	خَسَفْنَا	حَدِيثٍ	جَحَدُوا		تَسْتَطِع	بَعْدُ	اجْتَنِبُوا
44	خُشَّعًا	حَدِيثٌ	جَدُّ		تَسْتَعْجِلُونَ	بَعْدِهِمْ	الْأَجْدَاثِ
45	خَشْيَةِ	حَدِيثًا	جِدَارًا		تَسْتَفْتِحُوا	بِعَذَابٍ	أَجْرًا
46	خَصَاصَةٌ	حَدِيدٌ	جِدَالَ		تَسْتَوِي	بَعْضَ	أَجَلٍ
47	خُضْرٌ	حَدِيدٍ	جِدَالَنَا		تُسْرِفُوا	بَعْضُ	أَجْنِحَةٍ
48	خُضْرٍ	حَدِيدًا	جُدَدٌ		تَسْطِع	بَعْضُهُم	أُجُورَهُنَّ
49	خَضِرًا	حَذَرَ	جُدُرٍ		تَشَاءُ	بَعْضُهُم	أَجِئْتَنَا
50	خُضْرًا	حِذْرَكُمْ	جَدِيدًا		تَشَابَهَ	بِعَظْمٍ	الْأَحَادِيثِ
51	خَطَأً	حِذْرَهُمْ	جُذَاذًا		تَصُدُّونَ	بِعَهْدِهِ	أَحَدٌ
52	خَطَايَاكُمْ	حَرًّا	جِذْعِ		تُصَلِّ	بِعَهْدِهِمْ	أَحَدُكُمْ
53	خَطَايَانَا	حَرَامٌ	جَذْوَةٍ		تُضَارَّ	بُعُولَتِهِنَّ	أَحَدُهُمَا
54	خَطَايَاهُم	حَرَامًا	جُذُوعِ		تَضْحَىٰ	بِغَضَبٍ	إِحْسَانًا
55	خَطِيئَاتِكُمْ	حَرْثٌ	جَرَادٌ		تَضَعُوا	بَغْيًا	أَحْسَنَ
56	خَطِيئَاتِهِمْ	حَرْثَ	جَرَحْتُم		تَطَهَّرْنَ	بِغَيْرِ	أَحْسَنَهُ
57	خَطِيئَةً	حَرْثَكُمْ	جُرُزًا		تَظَاهَرَا	بِقَدَرٍ	أَحْصِنَّ
58	خَطِيئَتُهُ	حَرْثِكُمْ	جُرُفٍ		تَعَاوَنُوا	بِقَدَرِهَا	أَحْقَابًا
59	خَفَّفَ	حَرْثِهِ	جَرَمَ		تَعْتَدُوا	بَقْلِهَا	أَحِلَّ
60	خَفِيٍّ	حَرَجٌ	جُزْءٌ		تَعُدُّ	بِكَ	أَحْلَامُهُم
61	خِلَافٍ	حَرَجٍ	جُزْءًا		تَعْدِلُوا	بِكُلِّ	أَخَافُ
62	خِلَافَ	حَرَجًا	جَزَاءً		تَعْضُلُوهُنَّ	بِكُمْ	أَخَاهُمْ
63	خِلَافَكَ	حَرْدٍ	جَزَاءُ		تَعْفُوا	بِوَالِدَتِي	أَخْدَانٍ
64	خَلَاقٍ	حَرَسًا	جَزَاؤُكُمْ		تَعْقِلُونَ	بِوَالِدَيْهِ	أَخَذَ
65	خَلَاقَ	حَرَصْتَ	جَزَيْنَاهُم		تَعْلَمُوا	الْبَيْتَ	أَخِذُوا

66	الْخَلَّاقُ	حَرَصْتُمْ	جَعَلَ		تَعْلَمُونَ	بِئْسَمَا	الْآخِرِ
67	خِلَالٌ	حَرِّضِ	جَعَلَكُمْ		تُعَلِّمُونَ	بَيْنَ	الْآخِرَةَ
68	خِلَالَ	حَرَضًا	جَعَلْنَا		تَعْمَلُونَ	بَيَّنَكُمْ	أَخْرَجَ
69	خِلَالَكُمْ	حَرْفٍ	جَعَلْنَاهَا		تَعُودُوا	بَيْنَكُم	أَخْرَجَكُم
70	خِلَالِهِ	حَرِّقُوهُ	جَعَلَهُ		تَغْتَسِلُوا	بَيْنَنَا	آخَرُونَ
71	خِلَالَهَا	حَرَّمَ	جُفَاءً		تَغْفُلُونَ	بَيْنَهُمْ	أَخْفَيْتُمْ
72	خِلَالَهُمَا	حُرِّمَ	جِلْدَةٍ		تُغْمِضُوا	بَيْنَهُمَا	أَخْفِيهَا
73	خَلَائِفَ	حُرُمٌ	جُلُودُ		تَفْرَحُوا	بَيْنِي	أَخَوَاتِهِنَّ
74	خُلَّةٌ	حَرَمًا	جُلُودِ		تَفْعَلُوا	بَيْنَكُم	أَخِيهِ
75	خَلَتِ	حُرُمًا	جُلُودًا		تَفِيءَ	بَيْنَنَا	أَدْبَارِهِمْ
76	خَلَتْ	حُرُمَاتِ	جُلُودُكُمْ		تَقْتُلُوا	بَيْنَهُم	أَدْخِلْنِي
77	خَلَصُوا	حُرِّمَتْ	جُلُودُهُم		تَقْتُلُونَ	بَيْنَهُمْ	أَدْنَىٰ
78	خَلَطُوا	حَرَّمْنَا	جُلُودُهُمْ		تُقَدِّمُوا	بَيْنِهِمَا	إِذْ
79	خُلَفَاءَ	حَرَّمَهَا	جَمْعَهُ		تَقْرَبُوا	بَيْنِي	إِذْ
80	خَلْفِهِ	حَرَّمَهُمَا	جَمْعِهِمْ		تَقْرَبُوهُنَّ	الْبُيُوتَ	إِذَا
81	خَلْفَهُمْ	حَرِيرٌ	جَمَعُوا		تَقْشَعِرُّ		آذَانٌ
82	خَلْفِهِمْ	حَرِيصٌ	جَمِيعًا		تَقْعُدُوا		آذَانِنَا
83	خَلَقَ	حِزْبٍ	جَمِيلٌ		تَقُمْ		آذَانِهِمْ
84	الْخَلْقِ	حِزْبَ	الْجَمِيلَ		تَقُولُونَ		أَذْكُرْكُمْ
85	خَلْقًا	حِزْبُ	جَمِيلًا		تَقُومَ		أَذَٰلِكَ
86	خَلَقْنَا	حِزْبَهُ	جَنَّاتُ		تَقُومُ		أَذٰنَ
87	خَلَقْنَاكُم	حَزَنًا	جُنَاحٌ		تَقُومُوا		أَرَادَ
88	خَلَقْنَاكُمْ	حِسَابٍ	جُنَاحَ		التَّقْوَىٰ		أَرَادَنِيَ
89	خُلِقُوا	حِسَابًا	جَنَاحَكَ		تُقَىٰ		أَرَأَيْتُمْ
90	خَلَوْا	حِسَابِكَ	جَنَاحِكَ		تَقِيكُم		الْإِرْبَةِ
91	خَلِيفَةً	حِسَابَهُ	الْجُنُبِ		تَقِيكُمُ		أَرْبَعِينَ
92	خَلِيلًا	حِسَابُهُ	جُنُبًا		تُقِيمُوا		أَرْجِهْ
93	خَمْرٍ	حِسَابَهُم	الْجَنَّةَ		تُكَلَّفُ		أَرْسَلْنَا
94	الْخَمْرُ	حِسَابُهُمْ	الْجَنَّةِ		تَكُن		أَرْضُ
95	الْخَمْرِ	حِسَابِهِم	جُندٌ		تَكُنْ		الْأَرْضِ
96	خَمْرًا	حِسَابِيَهْ	جُندِ		تَكُونَ		أَرَهْطِي
97	خَمْسَةَ	حِسَانٌ	جُندًا		تَكُونُوا		أَزَاغَ
98	خَمْسَةٍ	حِسَانٍ	جُندَنَا		تَلْبِسُوا		أَزْرِي
99	خُمُسَهُ	حَسِبَ	جَنَفًا		تَلْمِزُوا		الْآزِفَةُ

100	خَمْسِينَ	حُسْبَانًا	جُنُوبِكُمْ		تَلِينُ		أَزِفَتِ
101	خَمْطٍ	حَسِبْتَ	جُنُوبُهَا		تُمْسِكُوا		أَزْكَىٰ
102	خِنزِيرٍ	حَسِبْتُمْ	جُنُوبِهِمْ		تَمَسُّوهُنَّ		أَسَاطِيرُ
103	الْخِنزِيرِ	حَسِبَتْهُ	جُنودَ		تَمُوتُنَّ		اسْتَأْذَنُوكَ
104	خُوَارٌ	حَسِبْتَهُمْ	جُنُودٌ		تَنَاجَيْتُمْ		اسْتَطَعْتُمْ
105	خَوَّانٍ	حَسْبُكَ	جُنُودُ		تَنَازَعْتُمْ		اسْتَعْلَىٰ
106	خَوَّانًا	حَسْبُكَ	الْجُنُودِ		تُنَبِّئُهُم		اسْتَغْفِرْ
107	خَوْضٍ	حَسْبُنَا	جُنُودًا		تَنتَهُوا		أَسْتَغْفَرْتَ
108	خَوْضِهِمْ	حَسْبُهُ	جُنُودُهُ		تُنذِرُ		اسْتَغْفِرُوا
109	خَوْفٌ	حَسْبُهُمْ	جَنِيًّا		تَنسَ		اسْتَوْقَدَ
110	خَوْفٍ	حَسْبِيَ	جِهَادًا		تَنسَوُا		الْأَسْحَارِ
111	الْخَوْفُ	حَسَدَ	جِهَادِهِ		تُنفِقُونَ		أَسْفَلَ
112	الْخَوْفِ	حَسَدًا	جُهْدَهُمْ		تَنِيَا		أُسْوَةٌ
113	خَوْفًا	حَسَرَاتٍ	الْجَهرَ		تَهْتَدُونَ		أَشَاءُ
114	خَوْفِهِمْ	حَسْرَةً	جَهَرَ		تُؤْتُونَهُنَّ		اشْدُدْ
115	خَوَّلْنَاكُمْ	حَسْرَتَا	الْجَهْرَ		تُؤْذُوا		أَشُدَّهُ
116	خَوَّلْنَاهُ	حَسْرَتَنَا	الْجَهْرِ		التَّوْرَاةَ		أَشُدَّهُمَا
117	خَوَّلَهُ	حَسَنٍ	جَهْرَةً		التَّوْرَاةُ		أَشْرَاطُهَا
118	خِيَانَةً	حُسْنُ	جَهَنَّمَ		تُوعَدُونَ		أَشْكُرَ
119	خِيَانَتَكَ	حَسَنًا	جَهَنَّمُ		تُوعِدُونَ		أَشْهُرٌ
120	خَيْرٌ	حُسْنًا	جَهُولًا		تَوَفَّنِي		أَصْحَابَ
121	خَيْرُ	حَسَنَاتٍ	جَيْبِكَ		تُؤْمِنُونَ		أَصْحَابُ
122	الْخَيْرِ	حَسَنَةٌ	جُيُوبِهِنَّ		تَيَسَّرَ		أَصْحَابِ
123	خَيْرَاتٌ	حَسَنَةً	جُيُوبِهِنَّ				أَصَلَاتُكَ
124	الْخَيْرَاتُ	حَسَنَةٍ					أَصْلُهَا
125	الْخَيْرَاتِ	حَسُنَتْ					أَصِيبُ
126	خِيفَةً	حُسْنُهُنَّ					أَضَاءَ
127	خِيفَتِهِ	حُسُومًا					أَضَاءَ
128	خَيْلٍ	حَسِيبًا					أَضَاءَتْ
129	الْخَيْلِ	حَسِيرٌ					أَضْلَلْنَ
130	خاب	حَسِيسَهَا					أَطْفَأَهَا
131	الْخَاسِرُونَ	حَشْرٌ					أَطْمَعُ
132	خَاسِرِينَ	حُشِرَ					أَظْفَرَكُمْ
133	الْخَاسِرِينَ	حُشِرَتْ					أَظْلَمَ

134	خَاشِعًا	حَشَرْتَنِي					أَظْلَمَ
135	خَاشِعَةً	حَصَادِهِ					اعْبُدُوا
136	خَاشِعُونَ	حَصَبُ					أَعْجَبَكَ
137	خَاشِعِينَ	حَصْحَصَ					أَعَدَّ
138	الْخَاشِعِينَ	حَصَدتُّمْ					الْأَعْرَابِ
139	خَاضُوا	حَصِرَتْ					أَعْرِضْ
140	خَافِضَةٌ	حُصُونُـهُم					أَعَزَّ
141	خَافِيَةٌ	حَصِيدًا					أَعْلَمُ
142	خَالِدِينَ	حَصِيرًا					أَعْلَنتُمْ
143	الخالق	حَضَرَ					الْأَعْلَىٰ
144	الْخَالِقُونَ	حَضَرُوهُ					أَعْمَلَ
145	الْخَالِقِينَ	حُطَامًا					أَعْمَىٰ
146	خَامِدُونَ	حَطَبًا					أَغْنَىٰ
147	خَامِدِينَ	حِطَّةٌ					أَفَاضَ
148	خَانُوا	حَظٍّ					أَفَاكٍ
149	خَاوِيَةٌ	حَظٌّ					أَفَرَأَيْتُم
150	خَاوِيَةً	حَظًّا					أَفَكَ
151	خَاوِيَةٍ	حُفْرَةٍ					إِفْكٌ
152	خَائِبِينَ	حِفْظُهُمَا					إِفْكًا
153	الْخَائِضِينَ	حُقُبًا					إِفْكُهُمْ
154	خَائِنَةٍ	حُكْمُ					إِفْكِهِمْ
155	خَائِنَةً	حُكْمًا					أَفَلَا
156	الْخَائِنِينَ	حِكْمَةً					أَفْلَحَ
157	خَبَالًا	حُكْمِهِ					أَفَلَمْ
158	خُبْزًا	حَكِيمًا					أَفَمَن
159	خَبِيثَةٍ	حِلٌّ					أَفْنَانٍ
160	خَبِيرٌ	حِلًّا					أَفْوَاجًا
161	الْخَبِيرُ	حَلَّافٍ					أَفْئِدَتَهُمْ
162	خِتَامُهُ	حَلَالٌ					أَفِيضُوا
163	خَتَمَ	حَلَالًا					أَقْطَارِ
164	خُذْهَا	حَلَفْتُمْ					أَقْطَارِهَا
165	خَرَجُوا	حَلَلْتُمْ					أَقْلِعِي
166	خَرْدَلٍ	حِلْيَةً					أَكَادُ
167	خَرُّوا	حِلْيَةٍ					اكْتَسَبَ

168	خَزَنَتُهَا	حَلِيمٌ					أَكْرَمَكُمْ
169	خِزْيٌ	حَلِيمٍ					أَكِنَّةً
170	خَسَارًا	حَلِيمًا					آلِ يَعْقُوبَ
171	خَسِرُوا	حُلِيِّهِمْ					إِلَّا
172	خَسَفْنَا	حم					الْأَلْبَابِ
173	خُشَّعًا	حَمَإٍ					أَلْسِنَتُكُمْ
174	خَشْيَةِ	حِمَارِكَ					أَلْفَافًا
175	خَصَاصَةٌ	حَمَّالَةَ					أَلْقِ
176	خُضْرٌ	حُمُرٌ					أَلْقَى
177	خُضْرٍ	حَمَلَ					أَلَمْ
178	خَضِرًا	حَمْلٍ					أَلَّن
179	خُضْرًا	حُمِّلَ					إِلَـٰهٌ
180	خَطَأً	حِمْلُ					إِلَـٰهِ
181	خَطَايَاكُمْ	حَمْلًا					آلِهَةً
182	خَطَايَانَا	حِمْلًا					آلِهَتِنَا
183	خَطَايَاهُم	حَمَلَتْ					إِلَـٰهُكُمْ
184	خَطِيئَاتِكُمْ	حُمِّلْتُمْ					أَلْوَانُهُ
185	خَطِيئَاتِهِمْ	حَمَلَتْهُ					أَلْوَانُهَا
186	خَطِيئَةً	حَمَلْتَهُ					إِلَىٰ
187	خَطِيئَتُهُ	حَمَلْنَا					إِلَيَّ
188	خَفَّفَ	حُمِّلْنَا					إِلَيْكَ
189	خَفِيٍّ	حَمَلْنَاكُمْ					إِلَيْكُمْ
190	خِلَافٍ	حَمْلَهَا					إِلَيْهِ
191	خِلَافَ	حِمْلِهَا					إِلَيْهِم
192	خِلَافَكَ	حَمْلَهُنَّ					أَمْ
193	خَلَاقٍ	حُمِّلُوا					أُمٌّ
194	خَلَاقَ	حَمُولَةً					أَمَانِيَّ
195	الْخَلَّاقُ	حَمِئَةٍ					أَمْرٍ
196	خِلَالٌ	حَمِيَّةَ					الْأَمْرَ
197	خِلَالَ	حَمِيدٌ					الْأَمْرُ
198	خِلَالَكُمْ	حَمِيدٍ					الْأَمْرِ
199	خِلَالِهِ	حَمِيدًا					امْرِئٍ
200	خِلَالَهَا	حَمِيمٌ					أَمْرِي
201	خِلَالَهُمَا	حَمِيمٍ					إِمْلَاقٍ

202	خَلَائِفَ	حَمِيمًا					أَمْلِكُ
203	خُلَّةٌ	حُنَفَاءَ					أَمَّنَ
204	خَلَتِ	حَنِيذٍ					أَمَّنْ
205	خَلَتْ	حَنِيفًا					آمَنَّا
206	خَلَصُوا	حُنَيْنٍ					آمَنُوا
207	خَلَطُوا	حُوبًا					آمِنُوا
208	خُلَفَاءَ	حُوتَهُمَا					أَمْنِيَّتِهِ
209	خَلْفِهِ	حُورٌ					أُمُّهُ
210	خَلْفَهُمْ	حَوْلَ					أُمَّهَاتِكُمْ
211	خَلْفِهِمْ	حَوْلِ					أَمْوَالُنَا
212	خَلَقَ	حِوَلًا					أَمْوَالِنَا
213	الْخَلْقِ	حَوْلَكَ					أُمِّيُّونَ
214	خَلْقًا	حَوْلَكُم					أن
215	خَلَقْنَا	حَوْلَهُ					أَنَّ
216	خَلَقْنَاكُم	حَوْلَهَا					أَنْ
217	خَلَقْنَاكُمْ	حَوْلَهُم					إن
218	خُلِقُوا	حَوْلِهِمْ					إِنَّ
219	خَلَوْا	حَوْلَيْنِ					إِنْ
220	خَلِيفَةً	حَيٍّ					أَنَا
221	خَلِيلًا	حَيَّ					إِنَّا
222	خَمْرٍ	حَيًّا					آنَاءَ
223	الْخَمْرُ	حَيَاةٌ					أَنْبَتْنَا
224	الْخَمْرِ	حَيَاةٌ					أَنْتُمْ
225	خَمْرًا	حَيَاةٍ					أُنْثَىٰ
226	خَمْسَةٌ	حَيَاتِكُمُ					أَنْزَلَ
227	خَمْسَةٍ	حَيَاتِنَا					أُنْزِلَ
228	خُمُسَهُ	حَيَّةٌ					أَنْزَلْنَاهُ
229	خَمْسِينَ	حِيتَانُهُمْ					الْإِنْسَانَ
230	خَمْطٍ	حَيْثُ					الْإِنْسَانُ
231	خِنْزِيرٍ	حَيْرَانَ					أَنْشَأَ
232	الْخِنْزِيرِ						أَنْشَأَكُم
233	خُوَارٌ						أَنْشَأَكُمْ
234	خَوَّانٍ						أَنْصَارٍ
235	خَوَّانًا						انْظُرْ

236	خَوْضٍ						أَنْعَمْتَ
237	خَوْضِهِمْ						أَنفُسَهُمْ
238	خَوْفٌ						أَنفَقْتُم
239	خَوْفٍ						أَنفِقُوا
240	الْخَوْفُ						أَنَّكَ
241	الْخَوْفِ						إِنَّكَ
242	خَوْفًا						إِنَّكُمْ
243	خَوْفِهِمْ						أَنَّمَا
244	خَوَّلْنَاكُمْ						إِنَّمَا
245	خَوَّلْنَاهُ						إِنَّنَا
246	خَوَّلَهُ						أَنَّهُ
247	خِيَانَةً						إِنَّهُ
248	خِيَانَتَكَ						الْأَنْهَارُ
249	خَيْرٌ						الْأَنْهَارُ
250	خَيْرُ						أَنَّهُم
251	الْخَيْرِ						أَنَّهُمْ
252	خَيْرَاتٌ						إِنَّهُم
253	الْخَيْرَاتُ						إِنَّهُنَّ
254	الْخَيْرَاتِ						أَنِّي
255	خِيفَةً						إِنِّي
256	خِيفَتِهِ						أَهْلِ
257	خَيْلٍ						أَهْلَهُ
258	الْخَيْلِ						أَهْلِهِنَّ
259							أَهَٰؤُلَاءِ
260							أَهْوَنُ
261							أَوِ
262							أَوْ
263							أَوِّبِي
264							أُوتُوا
265							أُوتِيَ
266							أَوْثَانًا
267							أَوْزِعْنِي
268							أَوْفُوا
269							أَوْقَدُوا

270							أَوَّلَ
271							الْأَوَّلُ
272							أَوْلَادَكُمْ
273							أَوْلَادَهُنَّ
274							أُولُو
275							أُولِي
276							أَوْلِيَاءَ
277							أُولَـٰئِكَ
278							الْأَوَّلِينَ
279							آيَاتٌ
280							الْآيَاتِ
281							آيَاتُنَا
282							آيَاتِهِ
283							إِيَّاكَ
284							إِيَّاكُمْ
285							أَيَبْتَغُونَ
286							آيَةً
287							آيَةٍ
288							أَيَّتُهَا
289							ائْتُوا
290							أَيُحِبُّ
291							أيحسب
292							أَيَحْسَبُونَ
293							أَيَّدَكَ
294							الْأَيْدِي
295							أَيْدِيهِمْ
296							أَيْدِيَهُمْ
297							أَيْدِيهِنَّ
298							أَيْمَانُكُم
299							أَيْمَانُهُنَّ
300							أَيْنَمَا
1							أَيُّهَ
2							أَيُّهَا
3							الْبَرْقُ

4							التَّابِعِينَ
5							التَّقْوَىٰ
6							الثَّمَرَاتِ
7							الثَّوَابِ
8							الْجِبَالِ
9							الْجِدَارُ
10							الْجِنِّ
11							الْجَنَّةِ
12							الْجُودِيِّ
13							الْحَجَّ
14							الْحَجُّ
15							الْحَجِّ
16							الْحَدِيدَ
17							الْحَشْرِ
18							الْحَقُّ
19							الْحَقِّ
20							الْحِكْمَةَ
21							الْحَكِيمُ
22							الْحَلِيمُ
23							الْحَمْدُ
24							الْحَنَاجِرَ
25							الْحَيَّ
26							الْحَيِّ
27							الْخَاسِرِينَ
28							الْخَاطِئِينَ
29							الْخَبِيثُ
30							الْخَبِيثِ
31							الْخَبِيرُ
32							الْخُلْدِ
33							الْخُلَطَاءِ
34							الْخَلْقَ
35							الْخَلْقِ
36							الدِّينِ
37							الذِّكْرَ

38							الذُّنُوبَ
39							الَّذِينَ
40							الرَّازِقِينَ
41							الرِّجَالِ
42							الرَّحِيمُ
43							الرِّزْقَ
44							الرَّسُولَ
45							الرَّسُولُ
46							الرَّشِيدُ
47							الرُّعْبَ
48							الزَّادِ
49							الزَّقُومِ
50							الزَّكَاةَ
51							الزَّكَاةِ
52							السَّاعَةَ
53							السَّبِيلِ
54							السُّجُودِ
55							السِّقَايَةَ
56							السَّمَاءَ
57							السَّمَاءِ
58							السَّمَاوَاتِ وَالْأَرْضَ
59							السَّمْعَ
60							السَّمِيعُ
61							الصَّابِرِينَ
62							الصَّادِقِينَ
63							الصَّالِحَاتِ
64							الصَّالِحِينَ
65							الصُّدُورِ
66							الصَّلَاةَ
67							الصَّلَاةِ
68							الصُّورِ
69							الطِّفْلِ
70							الطَّيِّبَاتُ

71							الطَّيِّبَاتِ
72							الظَّالِمِينَ
73							الظَّنِّ
74							الظُّنُونَا
75							الْعَدَاوَةَ
76							الْعَدَاوَةُ
77							الْعَذَابِ
78							الْعِزَّةَ
79							الْعَزِيزُ
80							الْعِلْمِ
81							الْعُلَمَاءُ
82							الْعَلِيمُ
83							الْعَنَتَ
84							الْعِيرُ
85							الْغَافِلُونَ
86							الْغَفُورُ
87							الْفَاسِقِينَ
88							الْفِتْنَةَ
89							الْفِتْنَةِ
90							الْقُرْآنِ
91							الْقِصَاصِ
92							الْقَلْبِ
93							الْقُلُوبُ
94							الْقَوْلَ
95							الْقَوْمَ
96							الْقَوْمِ
97							الْقِيَامَةِ
98							الْكَافِرِينَ
99							الْكِتَابَ
100							الْكِتَابِ
101							الْكَذِبَ
102							الْكُفَّارِ
103							الْكَوَافِرِ
104							الْكَيْلَ

105							اللَّطِيفُ
106							اللَّهَ
107							اللَّهُ
108							اللَّهِ
109							اللَّيْلَ
110							اللَّيْلِ
111							الْمَاءُ
112							الْمَاءِ
113							الْمُتَّقُونَ
114							الْمُتَوَكِّلُونَ
115							الْمُتَوَكِّلِينَ
116							الْمُحْسِنِينَ
117							الْمُحْصَنَاتِ
118							الْمُخَلَّفُونَ
119							الْمَدَائِنِ
120							الْمَدِينَةِ
121							الْمُسْلِمِينَ
122							الْمَشْرِقُ
123							الْمَصِيرُ
124							الْمَصِيرُ
125							الْمُطْمَئِنَّةُ
126							الْمُفْسِدِينَ
127							الْمَلَائِكَةِ
128							الْمَوْتُ
129							الْمُؤْمِنَاتُ
130							الْمُؤْمِنَاتِ
131							الْمُؤْمِنُونَ
132							الْمُؤْمِنِينَ
133							الْمَيِّتَ
134							الْمَيِّتِ
135							النَّارِ
136							النَّاسَ
137							النَّاسُ
138							النَّاسِ

139								النَّبِيُّ
140								النِّسَاءِ
141								النَّفْسُ
142								الْهُدَىٰ
143								الْوَدْقَ
144								الْوَعْدُ
145								الْيَتِيمِ
146								الْيَهُودُ
147								الْيَوْمَ
148								الْيَوْمُ

VOCABULARY INDEX OF NEXT 08 TO 14 ARABIC LETTERS

1	ص	ش	س	ز	ر	ذ	د
2	صَابِرًا	شَاخِصَةَ	سَاءَ	زَادَتْهُ	رُءُوسَكُمْ	ذَاتَ	دَأْبِ
3	صَابِرَةٌ	شَاطِئِ	سَابِغَاتٍ	زَادَتْهُ	رَّابِعُهُمْ	ذَاتُ	دَأَبًا
4	الصَّابِرُونَ	الشَّافِعِينَ	سَاجِدًا	زَادَتْهُمْ	رَّابِيًا	ذَاتِ	دَابَّةً
5	صَابِرُونَ	شَاكِرًا	السَّاجِدِينَ	زَادَتْهُمْ	رَّابِيَةً	ذَاقَا	دَابَّةٍ
6	الصَّابِرِينَ	شَاكِرُونَ	سَاجِدِينَ	زَادَهُمْ	رَاجِعُونَ	ذَاقُوا	دَابَّةٌ
7	صَاحِبَةً	الشَّاكِرِينَ	السَّاحِرُ	زَادُوكُمْ	رَادَّ	ذَاهِبٌ	دَابِرَ
8	صَاحِبَةً	شَاكِرِينَ	سَاحِرٍ	زَادُوهُمْ	رَادُّوهُ	ذَائِقَةُ	دَابِرُ
9	صَاحِبُهُ	شَاكِلَتِهِ	السَّاحِرُونَ	زَاغَ	الرَّازِقِينَ	الذُّبَابُ	دَاحِضَةٌ
10	صَاحِبَهُمْ	شَامِخَاتٍ	سَادِسُهُمْ	زَاغَتِ	رَّأْسِهِ	ذُبَابًا	دَاخِرُونَ
11	صَاحِبِي	شَأْنٌ	سَأَسْتَغْفِرُ	زَاغَتْ	رَأْسِي	ذَبَحَ	دَاخِرِينَ
12	الصَّاعِقَةُ	شَأْنٍ	السَّاعَةُ	زَاغُوا	رَّاسِيَاتٍ	ذِرَاعًا	دَاخِلُونَ
13	صَاعِقَةً	شَانِئَكَ	السَّاعَةِ	زَالَت	الرَّاشِدُونَ	ذَرَّةٍ	الدَّاخِلِينَ
14	صَاعِقَةٌ	شَاهِدٌ	سَافِلَهَا	زَالَتَا	رَّاضِيَةٍ	ذَرْعًا	الدَّارَ
15	صَاعِقَةِ	الشَّاهِدِينَ	سَاقِطًا	زَانٍ	رَاضِيَةً	ذَرْعُهَا	الدَّارُ
16	صَاغِرُونَ	شُبِّهَ	سَاقَيْهَا	الزَّانِي	رَاضِيَةً	ذَرْنَا	الدَّارِ
17	الصَّاغِرِينَ	شَتَّىٰ	سَأَلَ	الزَّانِيَةَ	رَاعِنَا	ذَرْنِي	دَارَ
18	صَاغِرِينَ	الشَّجَرَةِ	سَأَلْتُكُم	زَانِيَةً	رَاعُونَ	ذَرْهُمْ	دَارُ
19	صَافَّاتٍ	الشُّحَّ	سَأَلْتَهُم	الزَّبَدُ	رَاغِبُونَ	ذَرُونَا	دَارِ
20	صَالِحًا	شُحَّ	سَأَلَكَ	زَبَدٌ	رَأْفَةٌ	ذَرُونِي	دَارِكُمْ
21	صَبَاحُ	شِدَادٌ	سَأَلُوا	زَبَدًا	رَأْفَةٌ	ذُرِّيَّةٌ	دَارِهِمْ
22	صَبَّارٍ	شِدَادًا	سَائِبَةٍ	الزُّبُرِ	رَّافِعَةٌ	ذُرِّيَّةً	الدَّاعِ
23	صَبَبْنَا	شَدِيدٌ	سَائِغٌ	زُبَرَ	رَاقٍ	ذُرِّيَّةٌ	الدَّاعِيَ
24	صُبْحًا	شَدِيدُ	سَائِغًا	زُبُرِ	رَاكِعًا	ذُرِّيَّةٍ	دَاعِيَ
25	صَبَّحَهُم	الشَّرَّ	سَائِقٌ	زُبُرًا	الرَّاكِعُونَ	ذُرِّيَّتِنَا	دَافِعٌ
26	صَبْرًا	الشَّرُّ	السَّائِلَ	زَبُورًا	رَاكِعُونَ	ذُرِّيَّتَهُ	دَافِع
27	صَبَرْتُمْ	شَرٌّ	سَائِلٌ	الزُّجَاجَةُ	رَآهَا	ذُرِّيَّتِهِ	دَافِقٍ
28	صَبَرُوا	شَرَّ	السَّبْتِ	الزُّجَاجَةُ	رَّبِّ	ذُرِّيَّتَهُمْ	دَامَتِ
29	صُبُّوا	شَرِّ	سُبْحَانَ	زُجَاجَةٍ	رَبُّ	ذُرِّيَّتُهُم	دَامُوا
30	صَبِيًّا	شَرَابٌ	سُبْحَانَكَ	زُجَاجَةٍ	رَبِّ	ذُرِّيَّتِهِمَا	دَانٍ
31	الصُّحُفُ	شَرِيكٌ	سَبْعٌ	زَجْرًا	رِّبَاطِ	ذُرِّيَّتِي	دَانِيَةٌ

32	الصُّحُفِ	شَرِيكَ	سَبْعَ	زَجْرَةٌ	رَبَّانِيِّينَ	ذُقْ	دَاوُودُ
33	صُحُفٍ	شَعَائِرَ	سَبْعَ	زُحْزِحَ	رَبَّطْنَا	الذِّكَرُ	دَائِبَيْنِ
34	صُحُفِ	شَعَائِرِ	سَبْعِ	زَحْفًا	رَبَّكَ	ذِكْرٌ	دَائِرَةُ
	صُحُفًا	شَفَا		زُخْرُفٍ	رَبِّي	ذِكْرِ	دَائِرَةُ
35	الصَّخْرَةِ	شِفَاءٌ	سَبْعَةَ	زُخْرُفَ	رَبِّكَ	الذِّكْرُ	دَائِمٌ
36	صَخْرَةٍ	الشَّفَاعَةَ	سَبْعِينَ	زُخْرُفَهَا	رَبِّكِ	ذِكْرًا	دَائِمُونَ
37	صَدَدتُّمْ	الشَّفَاعَةَ	سَبَقُونَا	زِدْ	رَبِّكُمْ	الذِّكْرَانَ	الدُّبُرَ
38	صَدَدْنَاكُمْ	شَفَاعَةَ	السُّبُلَ	زِدْنَاهُمْ	رُّبَمَا	ذِكْرَانًا	دُبُرٍ
39	صَدَّقَ	شَفَاعَةَ	سُبُلَ	زِدْنِي	رَبَّنَا	ذِكْرَاهَا	دُبُرَهُ
40	صَدَقَاتِكُم	شَفَاعَةَ	سُبُلًا	زُرْتُمُ	رَبُّنَا	ذِكْرَاهُمْ	دَحَاهَا
41	صَدَقَكُمُ	شَفِيعٌ	سُبُلَنَا	زُرْقًا	رَبِّنَا	ذَكَرْتَ	دُحُورًا
42	صَدَقُوا	شَفِيعٍ	السَّبِيلِ	زَعَمَ	رَبَّهُ	ذَكَّرْتُم	دُخَانٌ
43	الصُّدُورِ	شَقًّا	السَّبِيلِ	زَعَمْتَ	رَبِّهِ	ذِكْرَكَ	دَخَلًا
44	صُدُورِكُمْ	شِقَاقٍ	السَّبِيلِ	زَعَمْتُم	رَبِّهَا	ذِكْرُكُمْ	دَخَلَتْ
45	صَدِيدٍ	شِقَاقَ	سَبِيلِ	زَعَمْتُمْ	رَبِّهِمْ	ذِكْرِنَا	دَخَلْتَ
46	الصِّدِّيقُ	شِقَاقِي	سَبِيلِ	زَعَمْتُمْ	رَبُّهُم	ذَكَرَهُ	دُخِلَتْ
47	صَدِيقٍ	شَقَقْنَا	سَبِيلًا		رَبُّهُمْ	ذِكْرِهِم	دَخَلْتُم
48	صِدِّيقًا	شَقُّوا	سَبِيلًا	زَعِيمٌ	رَبِّهِم	ذَكَرُوا	دَخَلْتُمُوهُ
49	صِدِّيقَةٌ	شِقْوَتُنَا	سَبِيلِهِ	زَفِيرٌ	رَبِّهِمْ	ذَكِّرُوا	دَخَلَهُ
50	صَدِيقِكُمْ	شَقِيٌّ	سَبِيلِي	الزَّقُّومِ	رَبْوَةٍ	ذِكْرَى	دَخَلُوهُ
51	الصِّدِّيقُونَ	شَقِيًّا	سَتَجِدُونَ	زَقُّومٍ	رَبِّي	ذِكْرَىٰ	دِرَاسَتِهِمْ
52	صِرَاطٍ	شَكٍّ	سُجَّدًا	الزَّكَاةَ	رَبَّانِي	الذِّكْرَىٰ	دَرَاهِمَ
53	صِرَاطًا	شُكْرًا	سَجَدُوا	الزَّكَاةَ	رَتْقًا	ذِكْرِي	الدَّرَجَاتُ
54	الصَّرْحَ	شَكَرْتُمْ	السِّجْنَ	الزَّكَاةَ	رِجَالٌ	ذَكَّيْتُمْ	الدَّرَجَاتِ
55	صَرْحٌ	الشَّكُورُ	السِّجْنُ	الزَّكَاةِ	رِجَالًا	ذِلَّةٌ	دَرَجَاتٌ
56	صَرْحًا	شَكُورٍ	السِّجْنِ	زَكَاةً	رِّجْزٍ	الذِّلَّةُ	دَرَجَاتٍ
57	صَرْصَرٍ	شَمَائِلِهِمْ	السُّجُودِ	زَكَاةٍ	الرِّجْزَ	ذَٰلِكَ	دَرَجَةً
58	صَرْصَرًا	شَنَآنُ	سَجَىٰ	زَكَّاهَا	الرِّجْزُ	ذَٰلِكُم	دَرَجَةٌ
59	صَرْعَىٰ	شِهَابٌ	سِجِّيلٍ	زَكَرِيَّا	رِجْزًا	ذَٰلِكُمْ	دَرَسْتَ
60	صَرَفَ	شِهَابًا	السَّحَابَ	زَكَىٰ	رِجْسٌ	ذُلُلًا	دَرَكًا
61	صَرْفًا	شَهَادَاتٍ	السَّحَابِ	زَكِيًّا	الرِّجْسَ	ذَلُولٌ	دُرِّيٌّ
62	صُرِفَتْ	الشَّهَادَةَ	سَحَابٌ	زَكِيَّةً	رِجْسًا	ذَلُولًا	دَسَّاهَا
63	صَرَفَكُمْ	شَهَادَةً	سَحَابًا	زَلَلْتُمْ	رِجْسِهِمْ	ذِمَّةً	دَعَا
64	صَرَّفْنَا	شَهَادَتُهُمْ	سَحَّارٍ	زِلْزَالًا	رَجَعْتُمْ	الذَّنبِ	الدُّعَاءَ
65	صَرَّفْنَا	شَهِدَ	السِّحْرُ	زِلْزَالَهَا	رَّجَعَكَ	ذَنبٌ	الدُّعَاءِ

دُعَاءً	ذَنبٍ	رَجْمًا	زَلْزَلَةَ	السِّحْرِ	الشُّهَدَاءِ	صَرَّفْنَاهُ	66
دُعَاءٍ	ذَنبِكَ	رَّجِيمٍ	زُلْزِلَتِ	سِحْرَانِ	الشُّهَدَاءُ	صَرِيخَ	67
دُعَاءَ	ذَنبِهِ	الرَّجِيمِ	زُلْفَةً	السَّحَرَةَ	شُهَدَاءَ	صَعِقًا	68
دُعَاءُ	الذُّنُوبَ	الرَّجِيمِ	زُلْفَىٰ	السَّحَرَةُ	شُهَدَاءُ	صَفًّا	69
دُعَاءِ	ذُنُوبِ	رَجِيمٌ	زُلْفَىٰ	سِحْرِهِمْ	شُهَدَاءَكُم	صَفْحًا	70
دُعَاءَكُمْ	ذُنُوبًا	رُحَمَاءُ	زَلَقًا	سَحَرُوا	شَهِدتُّمْ	صُفْرٌ	71
دُعَاءَهُ	ذُنُوبَكُمْ	الرَّحْمَةِ	زَلَلْتُم	سَخَّرَ	شَهِدْنَا	صَفْرَاءُ	72
دَعَاكُمْ	ذُنُوبِكُمْ	رَحْمَةً	زُمَرًا	سَخِرَ	شَهِدُوا	صَفْصَفًا	73
دَعَانِ	ذُنُوبَنَا	الرَّحْمَٰنُ	زَمْهَرِيرًا	سَخَّرْنَا	الشَّهْرَ	صَفْوَانٍ	74
دَعْوَاهُمْ	ذُنُوبِهِمْ	الرَّحْمَٰنِ	زَنجَبِيلًا	سَخَّرْنَاهَا	شَهْرُ	الصَّلَاةَ	75
دَعْوَةً	ذَهَابٍ	الرَّحِيمُ	زَنِيمٍ	سَخَّرَهَا	شَهْوَةً	صَلَاتَهُ	76
دَعْوَةٌ	ذَهَبَ	الرَّحِيمِ	زَهْرَةَ	سَخِرُوا	شُهُودًا	صَلَبُوهُ	77
دَعْوَةَ	الذَّهَبَ	رُخَاءً	زَهُوقًا	سُخْرِيًّا	شَهِيدٌ	صَلْدًا	78
دَعْوَةُ	الذَّهَبِ	الرِّزْقَ	زَوَالٍ	سِخْرِيًّا	شَهِيدًا	صَلْصَالٍ	79
دَعَوْتُ	ذَهَبٍ	رِزْقًا	زَوْجٍ	سَدًّا	شَهِيدَيْنِ	صَلَّىٰ	80
دَعْوَتَكَ	ذَهَبَ	رَزَقَكُمُ	زَوْجٍ	سَرَابًا	شَهِيقًا	الصُّمَّ	81
دَعْوَتُكُمْ	ذَهَبًا	رِزْقُكُمْ	زَوْجًا	سَرَابِيلَ	شُوَاظٌ	الصُّمُّ	82
دَّعْوَتُكُمَا	ذَهَبَتْ	رِزْقُكُمْ	زَوْجَانِ	السَّرْدِ	شُورَىٰ	صُمٌّ	83
دَعْوَتُهُمْ	ذَهَبْنَا	رُزِقْنَا	زُوِّجَتْ	سُرُرٌ	شَيْءٍ	صُمًّا	84
دُعِيَ	ذَهَبُوا	رَّزَقْنَاهُ	زَوْجَكَ	سُرُرٍ	شَيْبًا	الصَّمَدُ	85
دُعِيتُمْ	ذَو	رِزْقُهُ	زَوَّجْنَاكَهَا	سِرَّكُمْ	شِيبًا	صُنْعَ	86
دِفْءٌ	ذَو	رِزْقَهَا	زَوَّجْنَاكَهَا	سُطِحَتْ	شِيَةَ	صُنْعًا	87
دَفْعُ	ذِي	رِزْقِهِمْ	زَوْجَهُ	سَفَاهَةَ	شَيْخٌ	صَنْعَةَ	88
دَفَعْتُمْ	الذِّئْبُ	رُزِقُوا	زَوْجَهَا	سَفَاهَةٍ	شَيْخًا	صَنَعُوا	89
دَكًّا		رِسَالَاتِ	زَوْجِهَا	سَفَرٍ	الشَّيْطَانُ	صِنْوَانٌ	90
دَكَّاءَ		رِسَالَتَهُ	زَوْجِهَا	سَفِهَ	الشَّيْطَانِ	صِنْوَانٍ	91
دَكَّةً		الرُّسُلُ	الزَّوْجَيْنِ	سَفَهًا	شِيَعٍ	صَوَابًا	92
دُكَّتِ		رُسُلُ	زَوْجَيْنِ	السُّفَهَاءَ	شِيَعًا	صُوَاعَ	93
دَلَّهُمْ		رَّسُولٍ	زَوْجَيْنِ	السُّفَهَاءُ	شِيعَةٍ	الصَّوَاعِقَ	94
دَلْوَهُ		رَّسُولُ	زِيَادَةٌ	سَفِيهًا	شِيعَتِهِ	الصَّوَاعِقِ	95
دَلِيلًا		الرَّسُولُ	زِيَادَةٌ	سَفِيهُنَا	شِئْنَا	صَوَافَّ	96
دَمًا		رَسُولٌ	زَيْتُهَا	سِقَايَةَ	شَيْئًا	صَوَامِعُ	97
الدِّمَاءَ		رَسُولَ	زَيْتُهَا	السِّقَايَةَ		الصَّيْحَةُ	98
دِمَاءَكُمْ		رَسُولُ	زَيْتُونَةٍ	سَقَرَ		الصَّيْحَةَ	99
دِمَاؤُهَا		الرَّشَادِ	زَيْتُونَةٍ	سَقَرُ		صَيْحَةً	100

101	صَيْحَةٍ		سُقِطَ	زَيْدٌ	الرُّشْدُ		دُمْتَ
102			سَقَطُوا	زَيْدٌ	الرُّشْدِ		دُمْتُ
103			سَقْفًا	زَيْغٌ	رَشَدًا		دُمْتُمْ
104			سُقُفًا	زَيَّنَ	رُشْدًا		دَمَّرَ
105			سُقْتَاهُ	زُيِّنَ	رُشْدَهُ		دَمَّرْنَا
106			سَقَيْتَ	زُيِّنَ	رَّشِيدٌ		دَمَّرْنَاهُمْ
107			سَقِيمٌ	زَيَّنَّا	الرَّشِيدُ		الدُّنْيَا
108			سُكَارَىٰ	زَيَّنَّا	رَّصَدًا		الدَّوَابِّ
109			سَكَرًا	زِينَةَ	رَضُوا		الدَّوَائِرَ
110			سَكْرَةُ	زِينَةَ	رِضْوَانَ		دُولَةً
111			سُكِّرَتْ	زِينَةَ	رِضْوَانٍ		دُونِ
112			سَكْرَتِهِمْ	زِينَةِ	رِضْوَانَهُ		دُونِهِ
113			السَّلَامَ	الزِّينَةِ	رَّضِيَ		دُونِهِمُ
114			السَّلَامِ		رَضِيَ		دَيَّارًا
115			سَلَامٌ		رَضِيًّا		دِيَارِكُم
116			سَلَامًا		رَضِيتُم		دِيَارِكُمْ
117			سُلْطَانٍ		رَطْبٍ		دِيَارِنَا
118			سُلْطَانًا		رُطَبًا		دِيَارِهِم
119			سَلَفَ		رِعَايَتِهَا		دِيَارِهِمْ
120			سَلَفًا		رُعْبًا		دِينِ
121			سَلَكَكُمْ		رَعَوْهَا		الدِّينِ
122			السَّلَمَ		رَغَبًا		دِينَكُمْ
123			السِّلْمِ		رَغَدًا		دِينِكُمْ
124			سَلَّمَ		الرَّفَثُ		دِينِهِ
125			سَلَمًا		رَفَثَ		
126			سَلَّمْتُم		رَفِيعُ		
127			سُلَيْمَانَ		رَفِيقًا		
128			سُلَيْمَانَ		رُقُودٌ		
129			سُلَيْمَانُ		الرَّقِيبَ		
130			السَّمَاءَ		رَقِيبٌ		
131			السَّمَاءِ		رَقِيبًا		
132			سَمَّاكُمُ		رُكَامًا		
133			سَمَّاكُمُ		رُكَّعًا		
134			سِمَانٍ		رَمَضَانَ		

135			سِمَانٍ		رَمَىٰ		
136			السَّمَاوَاتِ		رَمَيْتَ		
137			السَّمْعَ		رَمِيمٌ		
138			سَمِعُوا		رَهْبَةً		
139			سَمْكَهَا		رَهَقًا		
140			السَّمُومِ		رَهْوًا		
141			سَمُومٍ		رَهِينٌ		
142			سَمِيًّا		رَهِينَةٌ		
143			السَّمِيعُ		رَوَاسِيَ		
144			سَنَا		رَوَاكِدَ		
145			سَنَابِلَ		رَّوْحِ		
146			سُنبُلَاتٍ		الرُّوحَ		
147			سُنبُلَةٍ		الرُّوحُ		
148			سَنَةٌ		الرُّوحِ		
149			سُنَّتُ		رُوحُ		
150			سُندُسٍ		رُوحًا		
151			سَنَزِيدُ		رُّوحِنَا		
152			سَنُعِيدُهَا		رُوحَنَا		
153			سُنَنٌ		رُّوحِهِ		
154			سُنَنَ		رُّوحِي		
155			سِنِينَ		رَوْضَاتِ		
156			سُهُولِهَا		رَوْضَةٍ		
157			سُوءٍ		رُوَيْدًا		
158			سُوءًا		رِيحٌ		
159			سُوءًا		رِيحٍ		
160			سَوَاءً		رِيحَ		
161			سَوَاءٍ		الرِّيحَ		
162			سَوَاءَ		الرِّيحُ		
163			سَوَاءِ		الرِّيحِ		
164			سَوْآتِكُمْ		رِيحًا		
165			سَوْآتُهُمَا		رِيحُكُمْ		
166			سَوْآتِهِمَا		رِيعٍ		
167			سُودٌ				
168			سُوَرٍ				
169			سُورَةٌ				

170			سَوْطَ				
171			سُوقِهِ				
172			سُوقِهِ				
173			سَوَّلَتْ				
174			سَوِيًّا				
175			سَوَّيْتُهُ				
176			السَّيَّارَةِ				
177			سَيَّارَةٌ				
178			سَيُبْطِلُهُ				
179			سَيِّدَهَا				
180			سُيِّرَتْ				
181			سِيرَتَهَا				
182			سَيَرْحَمُهُمُ				
183			سَيَصْلَىٰ				
184			سَيَقُولُ				
185			سَيَقُولُونَ				
186			سُئِلَ				
187			سِيمَاهُمْ				
188			السَّيِّئُ				
189			السَّيِّئَاتِ				
190			سَيِّئَاتِكُمْ				

بسم الله الرحمن الرحيم

BOOK SUMMARY

When vocabulary has many verses, the best option was to list few only.

Due to lack of space, nearly half of Vocabularies were not listed on few letters like Alef ..etc.

Vocabularies listed may represent the exact Word, or various derivatives- if any.

I found Words come only when different specific Word in a Verse, I call them Talazum, or Mutalazimat like:

وَلَقَدْ أَرْسَلْنَا مُوسَىٰ بِآيَاتِنَا أَنْ أَخْرِجْ قَوْمَكَ مِنَ الظُّلُمَاتِ إِلَى النُّورِ وَذَكِّرْهُم بِأَيَّامِ اللَّهِ ۚ إِنَّ فِي ذَٰلِكَ لَآيَاتٍ لِّكُلِّ صَبَّارٍ شَكُورٍ

Verse ﴿٥﴾ of Sura 14- Ibrahim. There are four such Verses for the two words when they come together, see Heading صَبَّارٍ شَكُورٍ.

AUTHOR

A retired United Kingdom qualified engineer with seven years research into the Holy Quran Verses, during which the four books below were written:

Similar Meaning in Quran Verses- Tashabuh, (English translation and Arabic Tafsir).

Family Members in Holy Quran Verses, (English translation and Arabic Tafsir).

furthermore, an Audio MP3 File was created on SD/MicroSD for same Family book verses- reciting most of the Verses- useful for people with difficult reading capability.

The long- awaited Summary of the Holy Quran Index will be ready end 2023.
An Arabic Quranic Vocabularies allowing reader to find Verses easily and quickly.
One can use it without Arabic keyboard, but one must know how to read Arabic.
Born in the Holy Land, with the privilege having Arabic as mother tongue, plus Hebrew, English, and Turkish languages, but with a strange study syllabus of four years secondary school during which Quranic and Islamic (History) lessons were replaced by Hebrew literature and TORA- Bible.

First year in the secondary I studied in Roman Orthodox internal school in Nazareth, where after all restrictions, We were able, and been encouraged to -at least- read from an Arabic text book and loudly during our lunch/dinner in front of the dining priests, teaching staff and pupils and to be corrected for any mistakes, and in the following three years secondary school to be taught Arabic by a proud and patriotic Christian teacher who fluently mastered knowledge from Quran verses, and the strength and beauty of verses that led two of the students to divert their study from Scientific branch and to become Arabic teachers and Muslim preacher, but it took me until after retirement to follow suit having slowly stocked my shelves with Islamic books.